Eckhard Reimann / Hagen J. Sexauer (Hrsg.)

Handbuch Praxis Kundenbeziehungs-Management

Vorgehensweisen – Checklisten – Best Practice

Eckhard Reimann, Hagen J. Sexauer (Hrsg.):

Handbuch Praxis Kundenbeziehungs-Management

Vorgehensweisen – Checklisten – Best Practice

mit einem Geleitwort von Prof. Dr. Reinhold Rapp
und Beiträgen von

Oliver Arndt
Michael-Maria Bommer
Thomas Foscht
Gunter Gehrke
Alexandra Geißler
Richard Graf
Sebastian Grimm
Frank Hälsig
Joachim Hauk
Stefan Helmke
Christian Jost
Tobias Kirchhofer
Bert Klingsporn
Torsten Krüger
Rolf Lichter
Oliver Mack
Wolfgang Martin
Werner Paulini

Frank T. Piller
Eckhard Reimann
Stefanie Röhner
Thiemo Rusch
Marcus Schögel
Michael Schröder
Martin Schukart
Anne M. Schüller
Detlef Schulze
Stephan W. Schusser
Hagen J. Sexauer
Rüdiger Spies
Rupert Steffner
Bernhard Swoboda
Stefan Tausche
Bob Thompson
Matthias Uebel
Reinhard Witek

Reimann, Eckhard; Sexauer, Hagen J.:

Handbuch Praxis Kundenbeziehungs-Management: Vorgehensweisen – Checklisten – Best Practice/ Reimann, Eckhard; Sexauer, Hagen J. (Hrsg.) – Königswinter: Denk!Institut, 2007
(Reihe Management)
ISBN 978-3-936940-07-7

Alle Rechte vorbehalten.

© Denk!Institut Verlag, Königswinter 2007

Das Werk einschließlich aller seiner Teile ist urheberrechtlich geschützt. Jede Verwertung außerhalb der engen Grenzen des Urheberrechts ist ohne Zustimmung des Verlages unzulässig und strafbar. Das gilt insbesondere für Vervielfältigungen, Übersetzungen, Mikroverfilmungen und die Einspeicherung und Verarbeitung in elektronischen Systemen.

Printed in Germany.

http://www.denkinstitut.de
info@denkinstitut.de

ISBN 10: 3-936940-07-X
ISBN 13: 978-3-936940-07-7

Inhaltsübersicht

Geleitwort
Reinhold Rapp 11

Voice of the Customer 13

Kundenbeziehungs-Management zwischen Kundenorientierung und Wirtschaftlichkeit - Einführung in das Handbuch
Eckhard Reimann, Hagen J. Sexauer 15

Teil A: Grundkonzepte des Kundenbeziehungs-Managements

König Kunde! Exzellenter Service als Abgrenzung zum Mitbewerb
Alexandra Geißler, Stefan Tausche 43

CRM-Strategie : Basis für effektives und zielorientiertes Kundenbeziehungs-Management
Joachim Hauk, Christian Jost, Rolf Lichter 55

Heute im Programm: Kundenbindung
Bert Klingsporn 81

The Loyalty Connection – das Geheimnis, Kunden zu halten und Gewinne zu steigern
Bob Thompson 99

Total Loyalty Marketing: Mit begeisterten Kunden und loyalen Mitarbeitern zum Unternehmenserfolg
Anne M. Schüller 125

Alternativen zum Kundenbeziehungs-Management
Wolfgang Martin 143

Life Events als Aktionsbasis für Kundenbeziehungs-Maßnahmen
Marcus Schögel, Oliver Arndt 155

Dynamic Customer Profiling: Ein Ansatz zur zeitnahen Adaption von individuellen Kundenprofilen
Rupert Steffner 169

Teil B: Umsetzung und Durchführung des Kundenbeziehungs-Managements

Strategisches Kundenbeziehungs-Management: Vorgehensweise und Konzepte
Hagen J. Sexauer 183

Aufbau dauerhafter Kundenbindungen mit Kundenbeziehungs-Management
Frank T. Piller 203

Das Kunden-Cockpit als Bestandteil eines Kundensegmentmanagements
Stephan W. Schusser 235

CRM-Prozessmodelle – Ein Erfolgsfaktor für CRM?
Michael Schröder 253

Mystery Shopping – Ein modernes strategisches Steuerungsinstrument
Reinhard Witek 285

Teil C: Kundenbeziehungs-Management im Multi Channel Management

Blueprint für eine Multichannel Unternehmens-Architektur
Sebastian Grimm 309

Customer Relationship Management (CRM) – ein nicht endender Prozess im Spannungsfeld zwischen Kundenzufriedenheit und optimalem Vertriebswege-Mix
Eckhard Reimann 329

Direktmarketing & Cross-Selling am Bankautomat
Werner Paulini, Detlef Schulze 357

Mobile Marketing: Neue Wege zum Kunden
Stefanie Röhner, Martin Schukart, Oliver Mack 383

Intelligentes Prozess-Management bringt loyale Kunden
Michael-Maria Bommer 407

Responsemessung im multikanalen Kundenmanagement – Cross Media Response-Messung
Stefan Helmke, Matthias Uebel 419

Homo Digitalis: Der neue Konsument in seinem digitalen Lifestyle
Tobias Kirchhofer 429

Teil D: Kundenbeziehungs-Management im praktischen Einsatz

Kundenbeziehungs-Management im Industriegütersektor – Wann ist welche Strategie die Richtige?
Gunter Gehrke 463

Kundenbeziehungs-Management aus der Sicht eines Industrie-Analysten
Rüdiger Spies 485

Internationale Kundenbeziehungs-Management-Implementierungen –
am Praxis-Beispiel von integriertem Kampagnenmanagement im Automotive-Sektor
Thiemo Rusch 503

Kundenbindung durch den Aufbau einer starken Retail Brand und den
Einsatz spezifischer Kundenbindungsinstrumente
Bernhard Swoboda, Frank Hälsig, Thomas Foscht 523

Der Einsatz kundenorientierter Informationssysteme bei Banken und
Versicherungen
Eckhard Reimann, Hagen J. Sexauer 545

Kundenbeziehungs-Management-Prozesse in IT und Organisation:
Innovation und Erfahrungen von Cortal Consors S.A. und
simple fact AG
Richard Graf, Torsten Krüger 567

Teil E: Anhang

Zusammenfassung der Beiträge und Checklisten zum erfolgreichen
Einsatz von Kundenbeziehungs-Management-Lösungen
Eckhard Reimann, Hagen J. Sexauer 585

Autoren-Kurzbiographien 645

Stichwortverzeichnis 659

Geleitwort

Das Konzept des Kundenbeziehungs-Management gehört zu den innovativsten Ansätzen für das Erarbeiten von Wettbewerbsvorteilen und die Steigerung des Unternehmenswertes. Gerade Letzteres ist allerdings erst in den letzten Jahren von den Unternehmen realisiert worden – und dies ca. 20 Jahre nachdem die ersten Veröffentlichungen in der Wissenschaft zu diesem Thema erschienen. Inzwischen ist Kundenbeziehungs-Management (KBM) bzw. Customer Relationship Management (CRM) zum verbalen Alltagsgegenstand geworden. Trotzdem gehen aber immer mehr Kunden verloren und immer weniger Neukunden-Akquisitionen sind erfolgreich. Glaubte man eine Zeitlang, dass das Investment in neue Technologien, die Entwicklung immer raffinierterer Produkte oder der Zukauf unterschiedlicher Firmen den Wert eines wirtschaftlichen Unternehmens bestimmen, so hat man inzwischen vor allem in der angelsächsischen Financial-Community realisiert, dass zufriedene und ertragreiche Kunden für den finanziellen Erfolg die wichtigsten Ursachen sind. Marketingkonzepte, Vertriebsaktivitäten und Servicemaßnahmen müssen daher auf das fokussiert werden, was sie eigentlich darstellen sollen: nämlich die Herausarbeitung des Kundennutzens. Ausschlaggebender Faktor für dieses Ziel ist nicht allein die Kommunikation, sondern differenzierte Leistung, die ein Kunde von seinem Lieferanten, seiner Bank, seinem Technologiebereitsteller, seinem Händler erwartet und die individualisiert und in der jeweils geeigneten Lebensphase des Kunden erbracht werden muss.

Trotz aller positiven Erfolge innerhalb der Unternehmen hat Kundenbeziehungs-Management aber eines der Primärziele in vielen Situationen bisher nicht erreicht: den Wert für den Kunden dauerhaft zu steigern. Ursachen sind in nahezu allen Fällen mangelnde Qualität und Orientierung der Führungskräfte und die Überzeugung, sich einem neuen Thema mit alten Rezepten annähern zu können. Neue Wege gehen, Veränderungen einleiten, zwischen existierenden Lösungen denken und konsequent alle Nischen der Gestaltungsmöglichkeiten nutzen sind die „Geheimnisse" erfolgreicher Kundenbeziehungen.

Den Autoren des vorliegenden „Handbuches Praxis Kundenbeziehungs-Management" ist es gelungen, die oben beschriebenen Ansätze und Erfolgsfaktoren aus den verschiedensten Blickwinkeln zu betrachten und praxiserprobte Vorgehensweisen vorzuschlagen. Erfreulich ist die klare Strukturierung und Übersichtlichkeit dieses Handbuches.

Ich wünsche diesem Handbuch, dass es auf vielfältiges Interesse stößt und durch die Breite und Tiefe der gebotenen Informationen dazu beiträgt, dass das Kundenbeziehungs-Management in der unternehmerischen Praxis den Stellenwert gewinnt, den es verdient. Die Unternehmen und die Kunden werden es danken.

Ebersberg, im Juli 2007 *Prof. Dr. Reinhold Rapp*
Visiting Professor für Relationship Marketing
an der Cranfield University, England

Voice of the Customer

Hier haben Sie die Möglichkeit, uns als Autoren und Herausgeber dieses Handbuches
- Anregungen für Verbesserungen sowie Ihre Kritik,
- sinnvolle Ergänzungen und andere für Sie wichtige Themenbereiche
- sowie Ihr Urteil

mitzuteilen.

Sie geben uns damit die Möglichkeit,
- mehr über die Erwartungen unserer Leser als Kunden zu erfahren und damit
- noch besser auf Ihre Anforderungen und Informationsbedürfnisse eingehen zu können

Bitte kopieren Sie hierzu die Rückseite dieser Seite und schicken Sie sie direkt an eine der genannten Adressen. Wir freuen uns auf den Dialog mit Ihnen und versprechen, dass wir Ihnen antworten werden.

Eckhard Reimann   *Hagen J. Sexauer*

Buch: Eckhard Reimann / Hagen J. Sexauer (Hrsg.):
Handbuch Praxis Kundenbeziehungs-Management
(Vorgehensweisen – Checklisten – Best Practice)

Hier sind meine Bewertungen und Anregungen als Leser:

Mein Name:
Meine Position:
Meine Anschrift:
Meine Firma:

Meine Telefon-Nummer:
Meine E-Mail-Adresse:

Bitte senden Sie diese Kopie an eine der beiden Anschriften:

Eckhard Reimann, ERCM
Mauerfeldstr. 89
D-61440 Oberursel

Fax: 06171 / 98 26 74
E-Mail: E.Reimann@ERCM.de

Dr. Hagen J. Sexauer
Im Strehling 18
D-64342 Seeheim-Jugenheim

Fax: 0941 / 5992 20989
E-Mail: hagen.sexauer@gmail.com

Kundenbeziehungs-Management zwischen Kundenorientierung und Wirtschaftlichkeit
– Einführung in das Handbuch –

Eckhard Reimann, Hagen J. Sexauer

Zusammenfassung: Zu Zielen und Konzeption eines umfassenden, vor allem integrierten Kundenbeziehungs-Managements will das vorliegende „Handbuch Praxis Kundenbeziehungs-Management" anhand von 26 Einzelbeiträgen von bekannten Autoren aus der Unternehmenspraxis, Dienstleistern sowie der praxisorientierten Wissenschaft beitragen. Es stellt praxiserprobte Vorgehensweisen und Checklisten im Bereich des Kundenbeziehungs-Managements zusammen und gibt branchen-übergreifende „Tipps und Tricks" zur erfolgreichen Einführung und Umsetzung. Dabei findet auch der Einsatz über die verschiedenen Kommunikationskanäle entsprechende Berücksichtigung.

Schlüsselworte: Kundenbeziehungs-Management, Umsetzungskonzept, Strategieorientierte Einführung, Best Practices

Inhaltsverzeichnis

1 Einführung in das Kundenbeziehungs-Management 17

2 Einführung in das Handbuch 20

Literatur 39

1 Einführung in das Kundenbeziehungs-Management

Der Begriff des Kundenbeziehungs-Management – oder Customer Relationship Management (CRM) – hat in jüngster Zeit einen negativen Beigeschmack hinterlassen, weil ein Großteil der Investitionen in die CRM-Systeme verpufft sind. Das liegt aber häufig daran, dass Strategien für ein ganzheitliches und integriertes Management-Framework unterblieben sind. Kundenorientierung und die damit einhergehende Identifikation der Kundenbedürfnisse und –anforderungen bedarf aber einer gezielten Planung, Gestaltung und Steuerung von Kundenbeziehungen. Viele Unternehmen durchdenken ihre kundenrelevanten Prozesse teilweise nicht umsichtig genug, teilweise sogar ineffizient, da sie oftmals lieber den Außendienstbesuchen oder kundeninduzierten Innendienstkontakten mehr vertrauen. Zudem werden Kontakt- und Werbeinstrumente des Marketings derzeit aufgrund von Kostensenkungsmaßnahmen häufig sträflich vernachlässigt (vgl. Vilabril 2005, S. 1 f.)

Relationship Marketing ist als alternativer Marketingansatz innerhalb der Marketingdisziplin zu verstehen und bildet nicht nur eine Grundlage für das Kundenbeziehungs-Management, sondern auch für die Entwicklung und den Einsatz kundenorientierter Informationssysteme. Ihr gemeinsames Merkmal liegt in der Interaktion mit dem Einzelkunden, konkret sind hier die Systeme des Database Marketing, des Computer Aided Selling sowie die Systeme des Online und Mobile Marketing zu nennen. Sie dienen in erster Linie der Interaktion mit dem (Einzel-)Kunden, ermöglichen die Bearbeitung und Erfassung von Kundenwünschen auf eine individuellere, wirkungsvollere, schnellere und kostengünstigere Art und dienen letztendlich dem langfristigen Marketingziel der konsequenten Orientierung an den Bedürfnissen und Anforderungen des Kunden (Kundenorientierung).

Kundenorientierung bezieht sich sowohl auf die strategischen als auch auf die operativen Unternehmensaktivitäten und muss als ein Prozess aufgefasst werden, der zu einer systematischen Gestaltung von Kundenbeziehungen führt. Als logische Konsequenz ergibt sich aus einer verstärkten Kundenorientierung eine langfristige Bindung der Kunden an das Unternehmen, wobei unter Kundenbindung im Allgemeinen die Aufrechterhaltung einer Geschäftsbeziehung verstanden wird. Das Konzept des Customer Relationship Management (CRM) bzw. Kundenbeziehungs-Management (KBM) verfolgt exakt dieses Ziel einer langfristigen Kundenbindung.

> „**Customer Relationship Management** ist ein kundenorientierter Management-Ansatz, der mit Hilfe des Einsatzes integrierter *kundenorientierter Informationssysteme* die Sammlung, Bereitstellung und Nutzung von *Kundenwissen* ermöglicht sowie mit einer ganzheitlichen Ausrichtung aller Unternehmensaktivitäten auf die *Kundenprozesse* eine systematische Anbahnung, Steuerung und Kontrolle individualisierter bzw. langfristig profitabler *Kundenbeziehungen* verfolgt" (Sexauer 2002, S. 221).

Aktuellen Studien zufolge sind bei den meisten Unternehmen nur etwa 20 bis 30 Prozent der Kunden profitabel; trotzdem werden auch über sie ähnliche umfangreiche Datensammlungen angelegt und gepflegt, um sie relativ pauschal zufrieden zu stellen und damit langfristig an sich zu binden. Doch gleicher Umsatz bedeutet nicht unbedingt gleichen Profit. Denn es gilt zu berücksichtigen, welche Kosten und Aufwände der einzelne Kunde verursacht und welche Chancen für den Ausbau der bestehenden Beziehung überhaupt bestehen. Kunden müssen in Abhängigkeit ihres Wertes für das Unternehmen unterschiedlich behandelt werden, zum einen aus Kosten / Nutzen-Aspekten, zum anderen zur angemessenen Verwertung der vorhandenen Ressourcen an betreuenden Mitarbeitern. Voraussetzung für ein effizientes Kundenwertmanagement ist die Identifizierung und Förderung gewinnbringender, wertsteigernder Geschäftsbeziehungen, während gleichzeitig wertvernichtende Kunden entweder aufgegeben oder in ein gewinnbringendes Verhältnis überführt werden (vgl. Schulz 2005, S. 14 f.). Einer der Lehrsätze des Kundenbeziehungs-Management lautet, den richtigen Kunden zum richtigen Zeitpunkt mit dem richtigen Angebot auf dem für den Kunden gewünschten Vertriebsweg für das Unternehmen zu akzeptablen Kosten anzusprechen. Deshalb nutzen in die Zukunft gerichtete Kundenanalysen mehr als ausschließlich rückblickende Analysen - der Blick auf den Kundenwert wird ergänzt um die Prognose des Kundenpotenzials.

So wertvoll also Kundenanalysen für Unternehmen auch sind, wie eine Befragung der Katholischen Universität Eichstätt-Ingolstadt zeigte, so nutzen über 90

Prozent der befragten Unternehmen diese nur sporadisch und nicht regelmäßig; das tun lediglich 7 Prozent. Dabei ist erwiesen, dass die Service-Qualität, das Eingehen auf die besonderen Wünsche des Kunden oft ein entscheidendes Kriterium für die Kundenbindung ist. Und so hat folglich der Kunden-Service bei 95 Prozent der Unternehmen einen hohen Stellenwert. Die Hälfte der Untenehmen setzt ihn dazu ein, in erster Linie Kundenprobleme zu lösen und weniger auch über Cross-Selling den Umsatz während einer Service-Anfrage zu steigern (vgl. End 2005, S. 22 f.). Das Problem eines guten Kundenservice stellt sich vor allem dann, wenn ein Mitbewerber einen besseren Service bietet, um das Geschäft des Kunden zu gewinnen. Man muss daher dafür sorgen, dass es für diese Kunden angenehmer und bequemer ist, beim bisherigen Unternehmen zu bleiben, als eine Beziehung mit einer anderen Firma einzugehen. Das erreicht man durch die Schaffung eines Verhältnisses, das vom gegenseitigem Lernen und Zusammenarbeiten geprägt ist, also eine Beziehung, die mit jeder Interaktion mit diesem Kunden intelligenter wird (vgl. Rogers 2005, S. 24).

Bei ihren CRM-Projekten verheddern sich Unternehmen oft in technischen Spielereien und scheitern deshalb in vielen Fällen. Bevor Projekte angegangen werden, sollte man erst einmal wissen, was und wohin man will. Oberste Priorität ist es, zu allererst die Defizite im Unternehmen zu erkennen und sich klare Ziele zu stecken, wie diese verbessert werden können. Sog. „Quick Wins", also schnelle Erfolge durch kleine Schritte, führen besser zum Ziel, weil die Investitionen sich schneller amortisieren und weil die Motivation nicht auf der Strecke bleibt. (vgl. Roth 2005, S. 13 f). Doch immer wieder trifft man zum einen auf Projekte, die an einem viel zu breiten Vorgehen scheitern und bei denen keine Prioritäten zu erkennen sind, und zum anderen auf blinden Aktionismus. In beiden Fällen steht man am Ende vor einem Trümmerfeld voller offener Baustellen. Damit Probleme aber frühzeitig erkannt werden, ist ein valides Controlling für die Erfüllung der Termine, die Einhaltung des Budgets und jede Art von Projektrisiken unerlässlich. Dabei ist es ebenfalls unerlässlich, dass CRM nicht nur von einigen wenigen oder nur einem Bereich angegangen wird, sondern vielmehr mit der vollen und aktiven Unterstützung des Vorstandes durchgeführt werden muss. Nur dann lassen sich Prozesse, Kanäle und Daten quer über die Bereiche Marketing, Service und Vertrieb derart integrieren, dass der Kunde tatsächlich im Mittelpunkt steht. Nur wenn das gesamte Unternehmen sein Handeln und Denken am Kunden ausrichtet, lassen sich die wesentlichen Ziele des Kundenbeziehungs-Managements wie Festigung der Kundenbindung und Erhöhung der Profitabilität, erreichen. Aber nicht selten versteht man unter CRM bzw. KBM nur die Implementierung entsprechender IT-Lösungen. Was jedoch meistens fehlt, ist die ernste Auseinandersetzung über die Art der Beziehung, die das Unternehmen mit ihren Kunden eingehen will, die ernste Auseinandersetzung mit den geheimen Träumen und unausgesprochenen Sehnsüchten der Menschen. Echte Themen sind erforderlich, um eine echte Beziehung zu den Menschen aufzubauen, Botschaften, die jeden Menschen als Ganzen berühren, nicht als Segment eines Marktes. Dazu ist eine Innenschau notwendig, um zu verstehen, wer wir sind und wovon wir träumen – und eine Art „Traummanagement", um die Kunden und ihre Träume zu verstehen. Die Erfolge so manches Händlers beruhen darauf, dass sie den Markt „romantisieren" – einen Einkaufsbummel in ein Abenteuer, in ein Erlebnis verwandeln. (vgl. Carbonaro 2001, S. 10). Händler wie z.B. Tchibo, Ikea oder B&Q in England machen vor, wie unzufriedene Kunden zu verlässlichen Freunden und Kumpels werden. Gewiss findet man die Produkte dieser Händler vergleichbar auch beim Wettbewerb wieder, doch das einzigartige Einkaufsgefühl niemals (vgl. Juric 2003).

2 Einführung in das Handbuch

Zu Zielen und Konzeption eines umfassenden, vor allem integrierten Kundenbeziehungs-Managements will das vorliegende Handbuch anhand von 26 Einzelbeiträgen von Autoren aus der Unternehmenspraxis, Dienstleistern sowie der praxisorientierten Wissenschaft einen Beitrag leisten. Es stellt praxiserprobte Vorgehensweisen und Checklisten im Bereich des Kundenbeziehungs-Management zusammen und gibt branchen-übergreifende „Tipps und Tricks" zur erfolgreichen Einführung; dabei findet auch das Kundenbeziehungs-Management über die verschiedenen Kommunikationskanäle entsprechende Berücksichtigung.

Im Folgenden werden die inhaltlichen Schwerpunkte der einzelnen Beiträge dieses Buches kurz charakterisiert, um einen Überblick über die behandelten Inhalte zu geben. Zusätzlich sind in der nachfolgenden Tabelle die einzelnen Beiträge danach bewertet worden, auf welche Einzelkriterien ausführlich oder nur ansatzweise eingegangen wird. Dies soll die Möglichkeit schaffen, gezielt zu einzelnen, Fragestellungen in die entsprechenden Artikel zu gehen.

	KBM-Grundkonzepte							KBM-Umsetzung								Multi Channel Management						Best Practices				
	Geissler / Tausche	Hauk / Jost / Lichter	Klingsporn	Thompson	Schueller	Martin	Schögel / Arndt	Steffner	Sexauer	Piller	Schusser	Schröder	Wtek	Grimm	Reimann	Paulini / Schulze	Röhner / Schukatt / Mack	Bommer	Heimke / Uebel	Kirchhofer	Gehrke	Spies	Rusch	Swoboda / Hälsig / Foscht	Reimann / Sexauer	Graf / Krüger
Operatives CRM	o									o												o				
Kundenservice / Servicequalität	o				o									●								o		o		
Direkt- / Dialogmarketing				o						o						●		o	o					●	o	●
Database Marketing / Kampagnenmanagement			o							o						●	o	o					●		●	o
Data Warehousing																	o	o								
Computer Aided Selling / Sales Force Automation		●	●																							
Kundenkarten / Bonus-Programme	o																		o					o		●
Beschwerdemanagement			o																		o		o		o	
Cross-Selling, Up-Selling						o					o	o									o	o		o		
Analytisches CRM	o																									
Kundenabwanderung, Churn Analysis		●												●	●		o	o								
CRM Controlling / Audit	o				o						o	o					o	o		●						
CRM-Performance Measurement		●									o		o					o								
Kundenwert, Customer Life Time Value	o	o					●	o			●			o			o									
Kundenbewertungs-Verfahren							●	o						●												
Loyalty Value														o												
Data Mining										●																
Kundensegmentierung / Zielgruppen						o					o	o					o	o		o	o			o		o
Individualisierung, Profiling, Customizing, 1-to-1										●	●		o				o	o								o
Mass Customization										●							o	o								
Mystery Shopping / Service Check															●					o	●					

Legende: ● ausführlich behandelt   o angesprochen   leeres Feld = nicht behandelt

	Hauk/Jost/Lichter	Geissler/Tausche	Klingsporn	Thompson	Schueller	Martin	Schögel/Arndt	Steffner	Sexauer	Piller	Schussel	Schröder	Witek	Grimm	Reimann	Paulini/Schütze	Röhner/Schukart/Mack	Bommer	Helmke/Uebel	Klechthofer	Gehrke	Spies	Rusch	Swoboda/Hälsig/Foscht	Reimann/Sexauer	Graf/Krüger
	KBM-Grundkonzepte										KBM-Umsetzung						Multi Channel Management						Best Practices			
Kollaboratives CRM	O																						O			
Empfehlungsmarketing / Permission Marketing					●		●																			
Communities, Clubs		O						O					O					●		O	O	O				
Kundenorientierung	O	O		O	●	●	O			O	O	O	O	O			O	O	O				O	O		O
Kundenbindung	●			●	●	●	O		●			●	O	O	O		O				O	O	●	O		
Kundenloyalität		O			●	●	●						O	O	O								O			
Kundenzufriedenheit						●	O	O						●	O									O		O
Neukundengewinnung	O						O	O						●	O		●		●							
Kunden-Rückgewinnung	O						O	O					●	O	●		●									
CRM-Prozess	●				O		●			O		●	●	●	●		●									
CRM-Strategie	O				O		O			●	O		O	O	●	O	●	●	O						●	
Optimierung der Geschäftsprozesse, BPR	●	O							●	●					O		O		●	O				●	●	●
Informationstechnologie	O	O															O			O	●			●	●	●
Change Management	O	●													O		●				O			●	●	●
Projektmanagement	O	●							●						●		●	O	●					●		●
Integration							O								O		●	O	O		●	O	O	●	●	O
Top Management Commitment																	●	O	O						●	O
Einbindung der Abteilungen und Mitarbeiter	O					O	O								O		●	O							●	O
Mitarbeiter-Loyalität						●													●					●	O	
CRM-Implementierung / -Umsetzung	O	●							O					●	●						O	O		●	●	O
Customer Life Cycle Management							O		●						●	O	O									O

Legende: ● ausführlich behandelt   O angesprochen   leeres Feld = nicht behandelt

	KBM-Grundkonzepte									KBM-Umsetzung					Multi Channel Management							Best Practices				
	Geisler/Tausche	Hauk/Jost/Lichter	Klingsporn	Thompson	Schueller	Martin	Schögel/Arndt	Serfner	Sexauer	Piller	Schusser	Schröder	Witek	Grimm	Redmann	Paulini/Schulze	Röhner/Schukart/Mack	Bommer	Helmke/Uebel	Kirchhofer	Gehrke	Spies	Rusch	Swoboda/Hässig/Foscht	Reimann/Sexauer	Graf/Krüger
Life Event-gesteuertes CRM								●	●	○																○
Customer Experience Mgmt. / Learning Relationship	○									○																○
Strategic Alignment		●																								
CRM Strategy Map																										
Datenschutz						●																				
Multi Channel Management / Cross Media							○	○	○		○				●	●	○		○		○				○	○
Internet / Internet-Portale								○			○				○	○	●	○	○						○	●
Kundenselbstbedienung (GAA, Kiosk)								○								○	●	●	○							
Mobile Technologien (Handy, PDA)					○			○							○	○	○	○								
Call Center / Contact Center								○			○						○	○	●			●				●
Automobil-Industrie												○						●	○		●		○			
Auto-Verleiher							○				○				○		○		○	○					○	
Finanzdienstleister, Banken, Versicherungen							○				○		●		●	●	●		○	○						●
Handel, Einzelhandel											○			○	○		○		○	○				●		
Hotels, Gastronomie											○															
Industrie											○										●					
Internet-Dienstleister, -Shops							○													○	●					
Luftfahrt, Fluggesellschaften	○										○								○	○						
Mobilfunk-/Telekommunikations-Anbieter							○				○								○	○						●
Öffentlicher Personenverkehr					○										○											
Tourismus					○										○											

Legende: ● ausführlich behandelt ○ angesprochen leeres Feld = nicht behandelt

Im **Teil A** werden zunächst die **Grundkonzepte des Kundenbeziehungs-Management** behandelt.

Geißler / Tausche zeigen in ihrem Beitrag „König Kunde! Exzellenter Service als Abgrenzung zum Mitbewerb" auf, dass – um in der Praxis und gegenüber dem Mitbewerb bestehen zu können – kundenorientierte Strategie und CRM-Informationssysteme perfekt aufeinander abgestimmt und ausgestaltet werden müssen. Es erfordert zum einen den Einsatz von CRM- bzw. KBM-Systemen als integrierte Informationssysteme, die alle kundenbezogenen Informationen zusammenführen und sämtliche Kommunikationskanäle synchronisieren. Dadurch entsteht eine ganzheitliche Abbildung des Kunden sowie eine abgestimmte Kundenansprache. Kundenbeziehungs-Management darf aber nicht nur als betriebswirtschaftliche Strategie verstanden werden, die sich mit Teilaspekten wie Kundenwert, Kundenzufriedenheit und Kundenbindung befasst, oder einseitig seine technologische Komponente betrachtet. KBM ist sehr viel mehr als eine Softwarelösung und steht für eine neue, kunden- und serviceorientierte Unternehmensstrategie. Um erfolgreich zu sein, muss eine Ausrichtung sämtlicher Geschäftsprozesse und Verantwortlichkeiten auf den Kunden stattfinden. Zuerst muss ein Kundenbeziehungs-Management-Konzept erarbeitet werden, das den strategischen Zielsetzungen des Unternehmens entspricht. Dabei wird festgelegt, welche Kunden oder Kundengruppen wann und wie (über welche Kanäle und mit welchen Mitteln) bearbeitet werden. Erforderlich ist ebenfalls eine Definition der organisatorischen und personellen Rahmenbedingungen sowie der zur Kundenbearbeitung nötigen, kundenorientierten Geschäftsprozesse. Aufbauend auf dieser Grundkonzeption, die im weiteren Sinne auch Unternehmensstrategie ist, kann dasjenige CRM-System ausgewählt und implementiert werden, das die spezifischen Anforderungen des Unternehmens und seiner Prozesse am besten berücksichtigt. Checklisten und entsprechende To-Do-Listen runden den Beitrag ab.

Hauk / Jost / Lichter beschreiben in ihrem Beitrag die „CRM-Strategie als Basis für effektives und zielorientiertes Kundenbeziehungs-Management" – nämlich vom Grundstein über die Umsetzung der strategischen Vorhaben bis hin zur Erfolgsmessung. Da CRM-Strategien in der Regel herkömmliche Abteilungsgrenzen überschreiten, ist es umso wichtiger, dass sie mit der Unternehmensstrategie und korrespondierenden Abteilungsstrategien abgestimmt und koordiniert sind. Ein weiterer entscheidender Faktor ist die Berücksichtigung der Kundenperspektive sowohl im CRM-Audit als auch in der CRM-Erfolgsmessung. Der Kunde entscheidet über den Erfolg der CRM-Strategie, daher ist das Urteil des Kunden über die CRM-Maßnahmen des Unternehmens der ultimative Erfolgsmesser. Ebenso zentral für den Erfolg der Strategie ist die Akzeptanz bei internen Stakeholdern, vor allem den beteiligten Mitarbeitern. Daher ist intern wie extern die Transparenz über CRM-Ziele und die Konsistenz von Zielvorgaben und wahrgenommenem Handeln des Unternehmens eine essentielle Aufgabe. Internes wie externes Change Management ist begleitend zu den verschiedenen CRM-Initiativen und Maßnahmen eine übergreifende, keinesfalls zu unterschätzende Aufgabe. Der Beitrag führt aus, dass eine an den CRM-Zielen orientierte CRM-Erfolgsmessung den Fortschritt der CRM-Maßnahmen misst, und zeigt Zielerreichung und Zielabweichungen und daraus resultierenden Handlungsbedarf auf. Dieser wird entlang der festgelegten CRM-Guidelines wie Vision und Mission adressiert. Auch wenn die grundlegende Strategie transparent und beständig sein sollte, ist bei der CRM-Strategieimplementierung Flexibilität in der Reaktion auf Planabweichungen gefragt.

Klingsporn beleuchtet in seinem Beitrag „Heute im Programm: Kundenbindung" Loyalitäts- und Kundenbindungsprogramme. Obwohl sie sich im Bereich Business to Consumer zunehmender Beliebtheit erfreuen, gelten viele als nicht erfolgreich. Als Grund hierfür wird häufig ein Umsetzungsdefizit Theorie-Praxis angeführt. In seinem Beitrag untersucht er ausgesuchte Theorien aus der Sozialwissenschaft und des Konsumentenverhaltens und prüft ihren Aussagegehalt für die praxisorientierte Gestaltung von Kundenbindungsprogrammen. Klingsporn leitet aus den drei untersuchten Theorien Handlungsempfehlungen und Regeln ab, wie einzelne Programmfunktionen eines Kundenbindungsprogramms praxisorientiert ausgestaltet werden können. Dabei kommt er zu der Feststellung, dass trotz der Fülle der Karten und Clubs diese natürlich nur ein mögliches Gestaltungsmittel im Ringen um Kundenbindung sind, denen sich Unternehmen bedienen können, aber bei weitem nicht müssen. So belegt etwa der Retailer Globus seit Jahren Spitzenplätze in der Kundenorientierung, ohne jemals ein formales Kundenkartenprogramm eingeführt zu haben oder zukünftig einführen zu wollen.

In seinem Beitrag „The Loyalty Connection – das Geheimnis, Kunden zu halten und Gewinne zu steigern" führt *Thompson* aus, dass die Kundenabwanderungsraten derzeit höher sind als je zuvor, aber die Unternehmen oft nicht wissen, wie sie diesen Aderlass stoppen können. Er führt dabei Untersuchungen von CRMGuru in den USA an, wonach 70 Prozent der Kunden den schlechten Service als Hauptabwanderungsgrund nennen, die Unternehmen jedoch glauben, dass es der Preis sei. Obwohl die Mehrzahl der Unternehmen die Kundenloyalität für sehr wichtig hält, investieren sie doppelt so viel in die Neukundengewinnung als in die Kundenbindung. In seinem Beitrag zeigt Thompson daher vier Schritte zur Verbesserung der Kundenloyalität und Kundenbindung auf, die bei richtiger Anwendung auch die Profitabilität steigern helfen. Die Verknüpfung von Kundenloyalität und profitablem Wachstum wird an Beispielen etlicher Marktführer deutlich gemacht. Wichtig ist dabei allerdings, diesen Beispielen zu folgen und entsprechende Maßnahmen zu ergreifen.

Schüller vertieft in ihrem Beitrag „Total Loyalty Marketing: mit begeisterten Kunden und loyalen Mitarbeitern zum Unternehmenserfolg" die Bedeutung der Kundenloyalität gerade angesichts der Margen- und Marktanteilsschlachten der Zukunft und erläutert, wie man zu durch und durch loyalen, dem Unternehmen emotional und dauerhaft verbundenen Stammkunden kommt, die oft und viel kaufen, immer wieder Positives berichten und so zu den besten Verkäufern des Unternehmens werden. Denn die strategische Ausrichtung auf „Total Loyalty Marketing", also auf begeisterte Immer-wieder-Käufer und aktive, positive Empfehler ist die intelligenteste, kostengünstigste und damit erfolgversprechendste Umsatzzuwachs-Strategie. Neukunden werden hier gleich mit geliefert – und zwar kostenlos. Grundvoraussetzung dazu ist es aber, loyale Mitarbeiter im Unternehmen zu haben, die sich mit ihrem Unternehmen identifizieren. Mitarbeiter-Loyalität muss man sich ähnlich der Kunden-Loyalität immer wieder neu verdienen. Die Erfolgsbausteine heißen dazu: kommen, wissen, können, wollen und lassen.

Martin geht in seinem Beitrag „Alternativen zum Kundenbeziehungs-Management" den Frage nach, ob es Alternativen gibt, zumal CRM heute mehr denn je auf dem Prüfstand steht und sich neue Anforderungen aus dem wirtschaftlichen Druck ergeben, der auf allen europäischen Unternehmen lastet. Im Zuge neuer Geschäftsmodelle rollen Billiganbieter auf die Märkte. Martin untersucht, wo der Kunde im Modell der Billiganbieter bleibt und ob man sich CRM in wirtschaftlich schlechten Zeiten überhaupt noch leisten kann. Billiganbieter investieren besonders in Prozess-Innovation und Optimierung und lassen den Kunden per Tiefpreise an den Einsparungen teilhaben. Prozess-Innovation wird durch die konsequente Nutzung von Selbstbedienung in allen Kanälen getrieben. Hier bieten Portale eine technologische Plattform, um die Interaktionen von Kunde zu Unternehmen und auch von Kunde zu Kunde multimedial und per Multikanal zu unterstützen. Für den Billiganbieter bedeutet das Kostenreduktion, indem Aufgaben vom Mitarbeiter auf den Kunden übertragen werden. Und für den Kunden bedeutet das Kundenbequemlichkeit (Convenience), eine nicht zu unterschätzende kundenbindende Maßnahme. Sie hören auf ihre Kunden per Customer Experience Management (CEM): Kundenmeinungen werden in allen Kanälen bei allen relevanten Kundeninteraktionen abgefragt. Traditionelle Marktforschung wird so online und in Echtzeit einsetzbar. Hier greift dann auch noch Analytik ein, um aus den eingesammelten Daten Wissen über den Kunden zu schaffen - als Voraussetzung zur Service- und Produktreduktion. Das Managementmodell eines Billiganbieters basiert auf Sammlung, Bereitstellung und Nutzung von Kundenwissen und verfolgt ganzheitlich und systematisch langfristig profitable Kundenbeziehungen durch innovative Kundenbindungsmaßnahmen wie Tiefpreis und Konvenienz.

Schögel / Arndt führen in ihrem Beitrag „Life Events als Aktionsbasis für Kundenbeziehungs-Maßnahmen" aus, dass häufig als Ziel die 360°-Sicht des Kunden im Mittelpunkt steht, bei der Technologie, Prozesse, Organisation und Strategie integriert werden, um dem richtigen Kunden über den optimalen Kanal zur richtigen Zeit und zu minimalen Kosten ein adäquates Produkt anbieten zu können. Jedoch verfehlen schätzungsweise zwischen 60 und 80 Prozent solcher CRM-Projekte ihr eigentliches Ziel. Sie beleuchten daher in ihrem Beitrag eingehend das in jüngster Zeit in der Unternehmenspraxis zu beobachtende Phänomen des Life Event-orientierten Customer Relationship Management. Dieser Ansatz stellt einen innovativen Gegenvorschlag zur bisherigen ganzheitlichen Ausrichtung des Kundenbeziehungs-Management und eine Weiterentwicklung des traditionellen Life Cycle Management dar. Neu ist dabei der Gedanke, dass die Unternehmung mit dem Kunden dann in Kontakt tritt, wenn es für ihn von Relevanz ist, und zielt darauf ab, den Kunden in den für ihn bedeutenden Lebensereignissen zu unterstützen. Dabei können Life Events einerseits als Segmentierungskriterium herangezogen werden, um die Kundenbedürfnisse zu erkennen und die Zielgenauigkeit von CRM-Aktivitäten zu erhöhen. Andererseits dient die Life Event-Orientierung als effizienter Ansatzpunkt, um eine lebenslange Kundenbeziehung zu erreichen und gleichzeitig Wettbewerbsvorteile für die Unternehmung zu generieren. Neben einem fokussierteren Einsatz der Unternehmensressourcen, der Implikationen hinsichtlich der Kanalgestaltung und der Wahl der Kommunikationsmittel können Life Events gleichermaßen Treiber für Produktvariationen und –innovationen darstellen sowie durch die Möglichkeit zum Cross- und Up-Selling den Unternehmenserfolg steigern. Dabei setzt die Life Event-Orientierung zwar am einzelnen Lebensereignis an, zielt aber in seiner Wirkung auf den Aufbau und die Pflege von kontinuierlichen Beziehungen zu wertvollen Kunden. Der Beitrag beleuchtet dies Thema aus wissenschaftlicher Perspektive und zeigt relevante Ansatzpunkte zur Implementierung eines Life Event-orientierten Kundenbeziehungs-Managements auf.

In seinem Beitrag „Dynamic Customer Profiling: ein Ansatz zur zeitnahen Adaption von individuellen Kundenprofilen" stellt *Steffner* einen Ansatz vor, Kundenprofile ohne großen Aufwand auf dem aktuellen Stand zu halten. Denn von Kundenprofilen wird erwartet, dass sie das Verhalten des jeweiligen Kunden in den Daten korrekt widerspiegeln. Im Regelfall geschieht eine verdichtete Aussage über das Kundenverhalten durch Klassifizierungen, wie z.B. durch entsprechende Segmentierungen. In der Praxis werden diese Klassifizierungen allerdings sehr unregelmäßig bzw. mit hohen Latenzzeiten durchgeführt, weshalb Kunden mit geändertem Verhalten sehr lang fehl klassifiziert bleiben. Ein Kundenmanagement, welches das Verhalten von Kunden zeitnahe in den Kundenprofilen reflektiert, setzt eine Symbiose von analytischen Methoden und Anwendungen für das Kundendaten-Management voraus. Ob und wie weit Unternehmen ein zeitnahes Management und sich selbst adaptierende Kundenprofile benötigen, hängt von Faktoren ab – wie z.B. der damit gewonnenen Ausschöpfung von Kundenwert-Potentialen, der Volatilität der Kundenbedürfnisse sowie letztlich dem Anspruch, den Kunden in seinen aktuellen Wünschen und Bedürfnissen kennen zu wollen bzw. zu müssen.

Teil B vertieft die in Teil A beschriebenen Grundkonzepte hinsichtlich der **Umsetzung und Durchführung des Kundenbeziehungs-Managements.**

In dem Beitrag „Strategisches Kundenbeziehungs-Management: Vorgehensweise und Konzepte" führt *Sexauer* aus, warum viele Projekte im Kundenbeziehungs-Management scheitern: das liegt zum einen oft daran, dass eine systematische Vorgehensweise nur sehr selten stringent verfolgt wird, und zum anderen vielen Managern nicht bewusst ist, welche Stellhebel genutzt werden können, um ihr Unternehmen stärker kundenorientiert auszurichten. Sein Beitrag zeigt auf, welchen Grundprinzipien das Kundenbeziehungs-Management folgen sollte und wie eine strategieorientierte Vorgehensweise systematisch umzusetzen ist. Dazu gibt er anhand eines Beispiels Einblicke, welcher Nutzen mit einer wertorientierten Kundensegmentierung verbunden ist. Dabei ist es essentiell, eine strategieorientierte Vorgehensweise zu wählen, die sowohl die strategischen Unternehmensziele berücksichtigt als auch schnelle Erfolge („Quick-Wins") in den Unternehmen ermöglichen. Vor diesem Hintergrund wird eine wertorientierte Kundensegmentierung als ein erstes Vorgehen empfohlen. Dabei lernt man seine Kunden besser kennen, versteht nun, warum es Sinn macht die sehr knappen Ressourcen innerhalb des Unternehmens effizienter einzusetzen und schafft eine Grundlage und gemeinsamen Konsens für die Etablierung einer „kundenorientierten Denkweise" im Unternehmen. Tipps und Tricks zur Einführung des Kundenbeziehungs-Managements runden den Beitrag ab.

In seinem Beitrag „Aufbau dauerhafter Kundenbindungen mit Kundenbeziehungs-Management" führt *Piller* aus, dass sich in vielen Branchen die Kundenloyalität auf einem Tiefstand befindet. Nur Unternehmen, die mit ihren Kunden interagieren, von diesen lernen und so ihre Produkte ganz genau auf jeden einzelnen Abnehmer ausrichten, können dem entgegensteuern. Der Beitrag zeigt – weitgehend basierend auf den Gedanken der US-CRM-Berater Martha Rogers und Don Peppers – die wichtigsten Hintergründe, nennt Bestandteile einer CRM-Strategie und gibt konkrete Hinweise für die Umsetzung. Dazu erläutert er die fünf Basisregeln eines erfolgreichen CRM und speziell die Bedeutung der „Learning Relationships" sowie die vier entscheidenden Schritte zur Umsetzung von CRM. Einen besonderen Schwerpunkt legt er dabei auf die Individualisierung der kundenbezogenen Aktivitäten und erläutert dabei die Konzeptionen des Mass Customization. Er gibt ferner Anregungen, wie dem Datenschutz, einem der häufigsten Einwände gegen eine ausgiebige Sammlung und Verarbeitung kundenbezogener Informationen, beim CRM entsprochen werden kann. Letztlich wird der Beitrag durch eine Reihe ausführlicher Checklisten sowie einige Praxisbeispiele ergänzt.

Schusser behandelt in seinem Beitrag „Das Kunden-Cockpit als Bestandteil eines Kundensegmentmanagements" ausführlich die Bedeutung der Kundensegmentierung, die Unternehmen die gezielte Ausrichtung der Strategien am Kunden ermöglicht, und stellt besonders das Konzept eines Kunden-Cockpits als Weiterentwicklung bestehender Segmentierungsinstrumente vor. Das Kunden-Cockpit vereinbart die Aspekte einer beschreibenden mit einer wertbestimmenden Kundensegmentierung in einer zweidimensionalen Matrix. Auf dieser Basis werden im Rahmen des Kundensegmentmanagements Strategien für die einzelnen Segmente definiert und an den einzelnen Kundenkontaktpunkten und über das Leistungsportfolio implementiert. Erfahrungen haben gezeigt, dass mit diesem Ansatz eine Ertragsverbesserung um 20 bis 25 Prozent erzielt werden kann.

In seinem Beitrag „CRM-Prozessmodelle – ein Erfolgsfaktor für CRM?" befasst sich *Schröder* ausführlich mit CRM-Prozessmodellen. Er geht dabei davon aus, dass dem Vorhaben, durch vermehrte Kundenorientierung und / oder durch den Einsatz von CRM-Systemen die Marktleistung von Unternehmen zu steigern, Grenzen gesetzt sind. Es gilt vielmehr, eine „Balance" zu finden zwischen Kundenorientierung und Wirtschaftlichkeit. In seinem Beitrag werden Geschäftsprozesse nicht als Ablaufbeschreibungen, sondern als Geschäftsregeln und Handlungsvorgaben für die Durchführung konkreter Geschäftsfälle gesehen. Darauf aufbauend wird beschrieben, wie mit Hilfe eines IT-gestützten Modellierungswerkzeugs ein Geschäftsprozessmodell für Marketing, Vertrieb und Service erstellt werden kann. Dieses Prozessmodell ist dann die Grundlage für Prozessveränderungen und Neugestaltung von Prozessen zur Steigerung der Marktleistung. In einem CRM-Systemauswahlprojekt leistet das Prozessmodell wertvolle Unterstützung bei der Formulierung der Anforderungen und später bei der Umsetzung der neu gestalteten Prozesse. Im CRM-Betrieb ist das Prozessmodell in Verbindung mit Prozesskennzahlen die Basis für kontinuierliche Prozessverbesserung und kundenorientiertes Prozessmanagement.

Witek beschreibt in seinem Beitrag „Mystery Shopping – ein modernes strategisches Steuerungsinstrument" mit Mystery Shopping das wahrscheinlich spannendste Instrument innerhalb des Customer Relationship Management-Kontext, weil es auf bestechende Art und Weise einen permanenten und vor allem objektiven Dialog zwischen Unternehmen und Kunden ermöglicht, wie kaum ein anderes Steuerungsinstrument. Auch wenn in Deutschland der Nutzungsgrad von Mystery Shopping noch in den Anfängen steckt, kommt kein Unternehmen, das sein auf den Kunden ausgerichtetes Markenversprechen wirklich ernst meint, an diesem Instrument vorbei. Das Besondere an Mystery Shopping liegt in den Ausgestaltungsmöglichkeiten und den daraus resultierenden Ansatzmöglichkeiten für das Aktionieren von Resultaten. Seine Ergebnisse spiegeln die Performance eines Unternehmens am POS präzise wider und bilden eine ideale Ausgangslage für die Etablierung eines positiven Veränderungsprozesses, in dessen Zentrum sich die Qualität der Interaktion zwischen Mitarbeitern und Kunden befinden. Es gibt kein vergleichbares Instrument, das eine intelligente und sinnvoll konzipierte Konstruktion unterstellt, so präzise Hinweise quantitativer und qualitativer Art für das Drehen an den kleinen, aber immens wichtigen CRM-Stellschrauben liefert. Mystery Shopping-Ergebnisse eignen sich auch ideal für einen Scorecard Ansatz, in dem verschiedene Performance-Parameter, wie z. B. die Umsatzentwicklung, Kundenzufriedenheit, Inventurverlust, Transaktionen pro Stunde etc. miteinander in Beziehung gestellt und in einer Gesamt-Performance-Kennziffer dargestellt werden können. Eine Checkliste der zu beachtenden Punkte zur Einführung eines Mystery Shopping Programms runden den Beitrag ab.

In **Teil C** wird untersucht, wie das **Kundenbeziehungs-Management im Multi Channel Management** erfolgreich eingesetzt und mit den verschiedenen Vertriebs- und Kommunikationskanälen integriert werden kann und soll.

In seinem Beitrag „Blueprint für eine Multichannel Unternehmens-Architektur" beschreibt *Grimm* die Voraussetzungen für die Einführung einer Multichannel-Strategie. Sie ist verbunden mit einer stärkeren Orientierung am Kunden, da dieser maßgeblich über die Nutzung der Kommunikationskanäle entscheidet. Dies erfordert daher auch eine evolutionäre Anpassung des Unternehmens und damit seiner Organisation, seiner Prozesse und seiner IT-Systeme - mit dem Ziel einer vollkommen kundenzentrierten Organisationsform. Dabei sollten die Unternehmen vor allem davon ausgehen, welche Bedürfnisse die Kunden heute haben und welche sie voraussichtlich morgen haben werden. In dem Beitrag werden die erforderlichen Maßnahmen für eine Multichannel-Architektur aufgezeigt.

In dem Beitrag „Customer Relationship Management (CRM) – ein nicht endender Prozess im Spannungsfeld zwischen Kundenzufriedenheit und optimalem Vertriebswege-Mix" stellt *Reimann* heraus, dass die genaue Kenntnis der heutigen und zukünftigen, auch durchaus verdeckten Kundenbedürfnisse eine der Grundvoraussetzungen für ein erfolgreiches Kundenbeziehungs-Management ist, wobei entscheidend ist, das richtige Zeitfenster des Kunden zu erkennen und entsprechend zu agieren. Ereignis-gesteuertes Kundenbeziehungs-Management bzw. Life Event-gesteuertes CRM ist dabei einer der möglichen Ansätze. Wichtig ist aber auch die subjektive Wahrnehmung, die Kunden von den Leistungen des Unternehmens haben, zu erkennen, messbar zu machen und zu objektivieren. CRM-Systeme sollten sich daher den erfolgreichen Verkäufer alter Prägung zum Vorbild nehmen. Mit der zunehmenden Vielfalt an alternativen Vertriebs- und Kommunikationswegen wächst auch die Bedeutung dieser Alternativen – ein mehrstufiger Prozess, der im Sinne des „Strategic Alignment" ständig den veränderten Umwelt- und Marktgegebenheiten anzupassen ist. Beispiele erfolgreichen Kundenbeziehungs-Managements im Internet und über Selbstbedienungs-Terminals zeigen letztlich auf, wie die Neuen Medien sinnvoll und gewinnbringend integriert worden sind.

Paulini / Schulze ergänzen die Beispiele mit Selbstbedienungs-Terminals und zeigen in ihrem Artikel „Direktmarketing und Cross-Selling am Bankautomat" auf, welchen entscheidenden Beitrag der Geldautomat, schon heute der am häufigsten genutzte Vertriebskanal, leisten kann, um Kunden qualifiziert und persönlich anzusprechen und damit die Effizienz des Kontaktes erheblich zu steigern. In ihrem Beitrag beschreiben sie Bankautomaten und ihre Verwendung als CRM-Instrument im Allgemeinen und als Teil einer Direktmarketing-Lösung. Es hat sich gezeigt, dass die Leistungsfähigkeit von Bankautomaten technisch und organisatorisch bei weitem noch nicht ausgeschöpft ist.

Neben dem Internet und den SB-Terminals hat das Mobiltelefon längst Einzug gehalten in das response-basierte Marketing. *Röhner / Schukart / Mack* zeigen ihrem Beitrag „Mobile Marketing: Neue Wege zum Kunden" auf, dass die allgegenwärtige Verfügbarkeit von Handys Unternehmen nicht nur die Möglichkeit zur ständigen Interaktion mit dem Kunden bietet, sondern auch andere Kommunikationskanäle wie TV oder print auf einfache Weise „interaktivieren" kann. Da das Mobiltelefon von seinem Besitzer stets mitgeführt wird, also „always on" ist, erfolgt die Reaktion des Kunden nahezu in Echtzeit, erlaubt also eine schnelle Messbarkeit des Erfolges und schafft somit fortwährend eine Optimierungsbasis für den Marketing-Mix. Mobiles Performance Marketing bringt zusammen, was zusammen passt und zudem im Trend liegt – nämlich integrierte, personalisierte Kommunikation, Erfolgsmessung sowie eine Werbeform, die zusätzlich einen „First Mover Advantage" und dadurch gesteigerte Aufmerksamkeit bietet. Beispiele aus verschiedenen Unternehmen sowie eine umfangreiche Checkliste hinsichtlich Do's & Don'ts runden diesen Beitrag ab.

Bommer beschreibt in seinem Beitrag „Intelligentes Prozess-Management bringt loyale Kunden", wie Arbeitsabläufe (Prozesse) sinnvoll organisiert und wie die Interaktion mit dem Kunden für beide Seiten über alle zur Verfügung stehenden Kommunikationskanäle gewinnbringend realisiert werden können. Er erläutert wie kundennahe Prozesse effizient gestaltet und dabei die internen Abläufe – das sog. Backoffice – nicht vernachlässigt werden sollen. Das Management von Kundenanfragen über das gesamte Unternehmen hinweg wird durch eine einzige Informationsdrehscheibe für die Kommunikation bewältigt. Es werden jedoch nicht nur Arbeitsbereiche in das Contact Center eingebunden, sondern auch umgekehrt, nämlich Contact Center-Aufgaben in unternehmensinterne Geschäftsabläufe. Dieses Konzept des Business Process Routing (BPR) unterstützt die Erstellung einer globalen Aufgabenliste, um Servicestandards zu sichern, und ermöglicht gleichzeitig die nahtlose Integration von Contact Center und Back Office. Dabei führt die Technologie, die im Contact Center angewandt wird, die gleiche Effizienz auch in die Kundeninteraktionen ein, die im Unternehmen selbst bearbeitet werden.

Helmke / Uebel behandeln in ihrem Beitrag die „Response-Messung im multikanalen Kundenmanagement – Cross Media Response-Messung". Gerade in integrierten Ansätzen der Kommunikation und des Kundenmanagements wirken vielfältige Maßnahmen über die verschiedensten Kanäle auf den Kunden ein. Entscheidungen über den Einsatz der Maßnahmen basieren in der Praxis häufig mehr auf dem Glauben an die Wirkung als auf einer validen rationalen Wirkungsmessung. Die Wirkungs- bzw. Erfolgsmessung gilt häufig als zu komplex und wird deshalb als nicht umsetzbar eingestuft. Der von ihnen vorgestellte Ansatz löst dieses Problem und beschreibt ein datenanalytisches Vorgehen, um Verbundwirkungen im Multikanal-Management aufzuzeigen und fundierte Aussagen über die Wirksamkeit bzw. die Response von Maßnahmen treffen zu können. Methodisch basiert der Ansatz auf dem Data Mining-Verfahren der Analyse strukturierter Wirkungsmuster (ASW). Die Cross Media-Response-Messung verdeutlicht die tatsächliche Wirkung eines Werbemittels. Die Entscheidungsbasis für den Einsatz von Werbemitteln bzw. die Ausgestaltung eines Werbewege-Mixes wird dadurch erweitert und verbessert. Der Werbemitteleinsatz erfolgt zielgerichteter. Der messbare Erfolg äußert sich sowohl in einer gesteigerten Anzahl bestellender Kunden, geringeren Werbekosten pro Kunde als auch in einer höheren Kundenprofitabilität. Erfahrungswerte zeigen, dass die Anzahl bestellender Kunden um bis zu 13 Prozent gesteigert und die Kosten pro Neukunde um bis zu 11 Prozent gesenkt werden können.

Kirchhofer versteht seinen Beitrag „Homo Digitalis: Der neue Konsument in seinem digitalen Lifestyle" als vehementes Plädoyer für den nutzenorientierten Einsatz digitaler Technologien und bettet mit Web 2.0 die aktuellen Entwicklungen im Bereich der Digitalen Wirtschaft in ihren Gesamtkontext ein. Daraus leitet er fundierte Empfehlungen für die zielgerichtete, unternehmerische Verwertung digitaler Innovationen ab. Ansatzpunkte, sich via Internet dem Kunden zu nähern, bieten sich den Unternehmen jede Menge; denn dort, wo Menschen sich zusammenschließen, um ihre Bedürfnisse zu teilen, geben sie in der Regel auch viele Informationen (über sich) preis. Um aber mit Hilfe der digitalen Medien in das soziale Umfeld des Kunden zu gelangen, müssen Unternehmen aber diese neue Generation von Nutzern und ihre Beweggründe verstehen lernen. Wer aber den Bezugsrahmen und die Nutzungsmotive nicht Ernst nimmt oder nicht versteht, kann auf Dauer nicht erfolgreich sein. Gelingt ihnen das aber, denen dankt es der Kunde mit überzeugter Loyalität und empfiehlt es an andere weiter. Echtes Customer Relationship Management findet zunehmend im Netz statt. Es bedeutet, den Kunden als das anzuerkennen, was er ist – ein Freund und Partner. Vor dem Hintergrund, dass das Internet längst zum Entscheidungs- und immer häufiger zum Transaktionsmedium geworden ist, müssen Unternehmen sich an den sozialen Prinzipien ihrer Kunden orientieren. CRM heißt daher, vom Kunden lernen, um schneller auf die Bedürfnisse eingehen zu können. Hier gilt es, das digitale Momentum perfekt umzusetzen, also Produkte, Service, Objekte und Informationen miteinander zu verbinden, den Kunden persönlich und offen anzusprechen. Wer dabei authentisch kommuniziert und zudem die wahren Trends und Bedürfnisse der privaten Cliquen und Individuen erkennt, hat gute Chancen, dauerhaft zu bestehen.

In **Teil D** wird an Hand einiger Best Practices-Beispiele aufgezeigt, wie erfolgreich **Kundenbeziehungs-Management im praktischen Einsatz** funktioniert.

Gehrke erläutert in seinem Beitrag „Kundenbeziehungs-Management im Industriegütersektor – Wann ist welche Strategie die Richtige?", wie Topkundensicherung und intensivere Bearbeitung von Potenzialkunden als eine der größten Herausforderungen der Industrieunternehmen in den nächsten Jahren bewältigt werden kann. Die wichtigste Voraussetzung für die Bewältigung dieser Aufgabe ist operative Exzellenz, also echte Spitzenleistung bei Preis, Qualität und Lieferzeit. Dabei kommt es immer öfter zu einem Kopf-an-Kopf-Rennen mehrerer Anbieter. Am Ende wird dann derjenige die Nase vorn haben, der dem Kunden unaufgefordert einen echten werthaltigen Zusatznutzen bietet. Richtig modelliert, kann dieser Zusatznutzen nicht nur helfen, einen Kunden zu gewinnen, sondern dient auch dazu, Wechselbarrieren zu errichten und die Geschäftsbeziehung zu festigen. Anhand vier verschiedener Kundenbindungsstrategien wird ein vierstufiger Handlungsleitfaden mit entsprechenden Checklisten vorgestellt. Wie wirksam allerdings die verschiedenen Ansätze zur Verbesserung der Kundenbindung im konkreten Fall sind, variiert mit dem entsprechenden Produkt, um das es geht.

In dem Beitrag „Kundenbeziehungs-Management aus der Sicht eines Industrie-Analysten" beschreibt *Spies* die drei Teilbereiche des CRM: operatives, analytisches und kollaboratives CRM. Er behandelt dabei nicht nur technische Themen der Implementierung eines Software-Systems, sondern betrachtet auch andere unternehmerische Teilbereiche wie Organisation, Mitarbeitermotivation und Integration sowohl in technischer als auch Prozess-Sicht. Besonders wird auch der praktische Einsatz des Kundenbeziehungs-Managements in Deutschland einschließlich der Gründe für das Scheitern von CRM-Projekten untersucht.

Rusch beschreibt in seinem Beitrag „Internationale Kundenbeziehungs-Management-Implementierungen – am Praxis-Beispiel von integriertem Kampagnenmanagement im Automotive-Sektor" kritische Erfolgsfaktoren einer internationalen CRM-Implementierung für Kampagnenmanagement und Analytik in der Automobil-Industrie. Dabei gibt er Tipps, wie modernste Informationstechnologie als Enabler für erfolgreiches CRM genutzt werden kann, um alle

Kommunikationsprozesse eines Unternehmens ideal auf den Kunden auszurichten. Dabei ist festzuhalten, dass CRM ein ganzheitlicher Ansatz ist, der in der Unternehmensphilosophie verankert und von allen beteiligten Abteilungen wie Sales, Marketing, After-Sales, Finanzdienstleistungen und Informationstechnologie gelebt werden muss. Ein solches CRM-System kann zwar keine Prozesse automatisch re-designen und keine komplexen Zusammenhänge erkennen, aber es kann unterstützen, die Qualität von Prozess deutlich zu verbessern und auf den Kunden auszurichten, wenn alle CRM-Verantwortlichen Hand in Hand zusammenarbeiten.

Swoboda / Hälsig / Foscht gehen in ihrem Beitrag der Frage nach, wie „Kundenbindung durch den Aufbau einer starken Retail Brand und den Einsatz spezifischer Kundenbindungsinstrumente" Kundenbeziehungen aufgebaut werden können. Denn zu den größten Herausforderungen, mit denen der Handel konfrontiert ist, zählt die hohe Austauschbarkeit und ein damit verbundenes Profilierungsdefizit einzelner Unternehmen aus Kundensicht. Seit Mitte der neunziger Jahre erfolgen daher nicht nur deutliche Veränderungen im Handelsmarketing durch die Erweiterung um Kundenbeziehungsinstrumente und –programme, sondern auch und vor allem dadurch, dass sich Handelsunternehmen aus ganzheitlicher Sicht selbst als Marke, d.h. als Retail Brand begreifen. Ersteres wird anhand von empirischen Ergebnissen aus einer aktuellen Studie am Lehrstuhl für Marketing und Handel der Universität Trier in fünf Handelsbranchen und zweiteres anhand eines Best Practice-Beispiels der dm-drogeriemarkt behandelt.

Reimann / Sexauer analysieren in ihrem Beitrag den „Einsatz kundenorientierter Informationssysteme bei Banken und Versicherungen". Dabei beschreiben sie zunächst die radikalen Veränderungen, die der Finanzdienstleistungsbereich in den vergangenen Jahrzehnten erfahren hat. Durch die weitgehende Homogenität und dadurch Austauschbarkeit der Finanzprodukte kommt neben dem Preis vor allem der Marke eines Produktes sowie den Added Services für den Kunden eine immer größere Bedeutung zu. Die Schlüsselfrage lautet: inwieweit kann der Finanzdienstleister mit all seinen Leistungen dazu beitragen, die Wertschöpfung des Kunden nachhaltig – und zwar besser als der Wettbewerb – zu steigern? Doch die Umsetzung ist bei deutschen Banken und Versicherungen noch bei weitem nicht optimal; sie schneiden im weltweiten Vergleich beim Kundenservice immer noch schlecht ab: zusätzliches Cross- und Up-Selling wird während eines Kontaktes nicht genutzt, auf die Bedürfnisse der Kunden wird weitgehend nicht eingegangen und auf Anfragen kaum reagiert. Es ist daher ein hoher Integrationsbedarf aller Systeme über alle Bereiche und Kommunikationskanäle dringend geboten sowie ein intelligenter und vor allem umfassender Umgang mit den Kundendaten, damit im Kundenkontakt schneller, flexibler und individueller agiert und reagiert werden kann. Anhand einiger Beispiele erfolgreichen CRM-Einsatzes bei Banken wird aufgezeigt, welchen Nutzen Banken und auch Kunden letztlich daraus erfahren konnten.

In Ergänzung zu diesem Beitrag vertiefen *Graf / Krüger* in ihrem Beitrag „Kundenbeziehungs-Management-Prozesse in IT und Organisation: Innovation und Erfahrungen von Cortal Consors S.A. und simple fact AG" den erfolgreichen Einsatz von Customer Relationship Management und Data Warehousing im Finanzdienstleistungsbereich. Der Beitrag zeigt auf, wie bei Cortal Consors der Marketingkreislauf erfolgreich mit einem Closed Loop CRM geschlossen werden konnte, wie eine ertragsorientierte Zielgruppensegmentierung eine gezielte Ansprache und optimale Verwendung des Marketingbudgets ermöglichte, wie durch das rechtzeitige Erkennen von Wanderungstendenzen zwischen den Kundensegmenten Trends unterstützt bzw. gegengesteuert wurde, wie sich durch die Prognose von Kaufaffinitäten Cross- und Up-Selling-Potenziale gezielt abschöpfen ließen und wie letztlich gezielte Kundenservices eingeleitet werden konnten.

Im abschließenden Beitrag fassen *Reimann / Sexauer* die Beiträge noch einmal zusammen und unternehmen den Versuch, daraus Checklisten für den praktischen Einsatz von Kundenbeziehungs-Management-Lösungen zu erstellen. Mögen sie zur mehr Transparenz verhelfen und dazu beitragen, die aufgezeigten Ansätze in der unternehmerischen Praxis erfolgreich umzusetzen.

Literatur

Carbonaro, S.: Do you dream about shopping?, Vortrag auf der 10. Internationalen Ladentagung der GDI "Kundenkommunikation - vom POS zum POC", Rüschlikon, 17. Jan. 2001, S. 1-15

Carbonaro, S. / Votava, Ch.: The Taste of Dreams – Der Weg zu einem postindidustriellen Unternehmertum, in: GDI_Impuls, 1 / 2001, S. 34-41

End, V.: Kunden-Service-Center: der zentrale Kundenzugang, in: salesBusiness, Mai 2005, S. 22-23

Juric, St.: Der Kunde als Kumpel, in: HORIZONT, 7 / 2003

Rogers, M.: Kundenträume erfüllen, in: salesBusiness, Oktober 2005, S. 24

Roth, S.: Implementierungsfalle CRM, in: acquisa, Mai 2005, S. 13-19

Schulz, A.: Kundenwertmanagement: Von der Kunst, Könige zu bewerten, in: CRM-Report 2005 – Special für Customer Relationship Management von sales Business, Wiesbaden 2005, S. 14-16

Sexauer, H.J.: Entwicklungslinien des Customer Relationship Management (CRM), in: Wirtschaftswissenschaftliches Studium (WiSt), 31. Jg. (2002), Nr. 4, S. 218-222

Vilabril, G.: Prozesse im Mittelpunkt des Kundenbeziehungs-Management, in: Competence-Site, www.Competence-Site.de, 02 / 2005, S. 1-3

Teil A:

Grundkonzepte des Kundenbeziehungs-Managements

König Kunde!
Exzellenter Service als Abgrenzung zum Wettbewerb

Alexandra Geißler und Stefan Tausche

Zusammenfassung: Vor dem Hintergrund austauschbarer Produkte und Dienstleistungen und eines sich verschärfenden Wettbewerbs wird in erfolgreichen Unternehmen umgedacht und Geschäftsaktivitäten verstärkt auf aktuelle und potentielle Bedürfnisse der Kunden ausgerichtet. Das Thema Kundenbeziehungs-Management gewinnt an Bedeutung. Doch oft wird Kundenbeziehungs-Management lediglich als betriebswirtschaftliche CRM-Strategie verstanden, die sich mit Teilaspekten wie Kundenwert, Kundenzufriedenheit und Kundenbindung befasst, oder sehr einseitig lediglich die technologische Komponente betrachtet. Dieser Beitrag zeigt auf, dass es, um in der Praxis zu bestehen, nötig ist, kundenorientierte Strategie und CRM-Informationssysteme aufeinander abzustimmen und entsprechend auszugestalten.

Schlüsselworte: Kundenbeziehung, Kundenwert, Change Management, CRM-System

Inhaltsverzeichnis

1 Der Kunde ist König – Strategien für kundenorientierte Unternehmen 45

2 Wachstumsorientiertes Kundenbeziehungs-Management: Erfolg durch profitable Kundenbeziehungen 47

3 Kundenbindung mit System – Der CRM-Prozess 47

4 Software zur Unterstützung der CRM-Maßnahmen 49

5 Zusammenfassung 52

Literatur 53

1 Der Kunde ist König – Strategien für kundenorientierte Unternehmen

Schlagzeilen wie „König Kunde dankt ab" oder „Das Märchen vom König Kunde" werden immer wieder von den Medien aufgegriffen. Dahinter verbirgt sich oftmals Kritik an der reinen Produktorientierung von Unternehmern und Dienstleistern. Kunden kaufen heute nicht mehr nur einfach Produkte, sondern einen Nutzen – und vor allem Problemlösungen. Nur die Anbieter mit den besten Problemlösungen werden langfristig im Wettbewerb bestehen. Denn die meisten Produkte und Leistungen sind vergleichbar und damit austauschbar, so dass der Kunde das Angebot auch bei einem der Wettbewerber erhalten kann.

Erfolgreiche Unternehmen haben bereits umgedacht und ihre Aktivitäten auf die aktuellen und potentiellen Bedürfnisse der Kunden und Kaufinteressenten ausgerichtet. Durch Service und einen persönlichen, menschlichen Umgang mit ihren Kunden profilieren und unterscheiden sie sich. Kundenorientierung lohnt sich, denn diverse Studien belegen: Es ist fünf bis sechsmal teurer, einen neuen Kunden zu gewinnen, als einen Stammkunden zu halten. Jeder zufriedene Kunde bringt mindestens drei weitere Kunden. Auch die Marketing- und Vertriebskosten zur Erhaltung der Kundenbeziehung sinken. Die Weiterempfehlung von Stammkunden ist kostenlose Werbung und zufriedene Kunden geben ihre guten Erfahrungen gern weiter. Kundenbindung wirkt sich so positiv um ein Vielfaches auf den Gewinn aus.

Zur Kundenbindung gehört auch der Faktor Mensch. Gute Mitarbeiter sind durch nichts zu ersetzen und sollten motiviert und an das Unternehmen gebunden werden. Nichts bleibt negativer in Erinnerung, als ein unfreundliches Gespräch mit einem überforderten, schlecht ausgebildeten Mitarbeiter. Nur weil ein Kunde sich dann nicht beschwert, ist er nicht zufrieden. Unternehmen sollten darauf achten, dass die Aussagen ihrer Werbebotschaften und der tatsächlich erbrachten Leistungen übereinstimmen und konsistent sind. Nur so kann ein dauerhaftes Vertrauensverhältnis zum Kunden aufgebaut werden.

To-Do-Liste:

1. Pflegen Sie einen engen Kundenkontakt und erfassen Sie permanent die Bedürfnisse Ihrer Kunden, ihre Erwartungen und Wünsche (Aufgabe des Vertriebs und der Geschäftsleitung).

2. Spezifizieren Sie die Kundenerwartungen als Leistungsanforderungen und konzentrieren Sie sich auf Leistungen, mit denen Sie die Wertschöpfung für den Kunden erhöhen.

3. Überprüfen Sie regelmäßig die Zufriedenheit Ihrer Kunden und achten Sie auf die tatsächliche und die wahrgenommene Qualität (Kundenzufriedenheitsabfragen). Beziehen Sie Ihre Kunden in die Entscheidungsfindung ein.

4. Legen Sie Qualitätsstandards fest und vermitteln Sie Ihren Kunden Sicherheit durch die Entwicklung einer Garantiepolitik.

5. Entwickeln Sie eine Kunden-Rückgewinnungsstrategie. Ermitteln Sie dabei auch die Beschwerderate sowie die pro Kunde anfallenden Kosten und identifizieren Sie wechselwillige Kunden (um rechtzeitig Gegenmaßnahmen einzuleiten).

6. Binden Sie Ihre Mitarbeiter aktiv in Entscheidungen ein. Fragen Sie nach ihren Bedürfnissen und führen Sie Anwender- und Qualitätsschulungen durch. Fördern Sie kundenfreundliche Mitarbeiter und etablieren Sie eine transparente interne Kommunikation, die Ihre Wertvorstellungen vermittelt.

7. Passen Sie Ihre Organisation an die Bedürfnisse und Wahrnehmungen des Kunden an und strukturieren Sie sie entsprechend den Markterfordernissen.

2 Wachstumsorientiertes Kundenbeziehungs-Management: Erfolg durch profitable Kundenbeziehungen

Als Erfolgsfaktor des skizzierten „König-Kunde-Prinzips" gilt die Differenzierung durch Kundennähe. Sie kommt allen Kunden in gleichem Maße zugute, ohne nach dem Kundenwert und der Kundenprofitabilität zu unterscheiden. Weil Kundennähe aber auch mit Kosten verbunden ist, stellt sich die Frage: Wie viele Könige leistet sich ein Unternehmen?

Um nachhaltiges Wachstum zu erzielen, ist ein stabiles, zukunftsfähiges und krisenresistentes Kundenbeziehungs-Management, also ein Customer Relationship Management (CRM) nötig, dessen wesentliche Merkmale die Beziehungsorientierung, die Kundenüberzeugung durch „Value-to-the-Customer" sowie Service als Kundenbindungsinstrument sind.

Im Zentrum des CRM stehen die langfristigen Entwicklungsmöglichkeiten der Kundenbeziehungen. Denn die Profitabilität eines Kunden hängt nicht nur von einer intensiven Geschäftsbeziehung, sondern auch von ihrer Dauer ab (Kundenbeziehungslebenszyklus: Kundenakquisition, Kundenbindung und Kundenrückgewinnung). Weil mit der Dauer der Kundenbeziehung i.d.R. auch der daraus resultierende Gewinn ansteigt, messen Unternehmen zunehmend dem zukünftigen Potential eines Kunden höhere Bedeutung bei. Die hohen Anfangsinvestitionen zum Aufbau der Kundenbeziehung und die laufenden Kosten für ihren Erhalt und Ausbau rechnen sich häufig erst langfristig, eröffnen dann jedoch mehrdimensionale Wachstumsmöglichkeiten (vgl. Wildemann 2003).

3 Kundenbindung mit System – Der CRM-Prozess

Zufriedene Kunden bedeuten auf Unternehmensebene, dass diese ihre Schnittstellen zum Kunden und die dahinter liegenden Prozesse kundenorientiert gestalten müssen. Die Basis dafür bildet ein strategisches, vorher definiertes CRM-Konzept, das festlegt, welche Kundengruppen wann, wie und über welche Kanäle bearbeitet werden sollen. Um die CRM-Strategie erfolgreich umzusetzen, muss sich das gesamte Unternehmen einer service- und kundenorientierten Reorganisation unterziehen. Dabei ist CRM kein zeitlich eng begrenztes, reines IT-Projekt, sondern Unternehmensstrategie und kontinuierlicher Reorganisationsprozess. Wichtig sind neben einer leistungsfähigen CRM-Informationstechnologie die folgenden weiteren Voraussetzungen (vgl. Hippner/Wilde 2004):

1. *Optimierung der Geschäftsprozesse:* Die anvisierte Kundenbeziehungsstrategie ist nur dann erreichbar, wenn die operativen Geschäftsprozesse den Anforderungen genügen und notwendige strategische Maßnahmen im Tagesgeschäft umsetzbar sind. Oft müssen bestehende Geschäftsprozesse abteilungsübergreifend reorganisiert, Organisationsstrukturen neu überdacht und strukturelle Änderungen vorgenommen werden.

2. *Informationstechnologie:* Zeitgemäße IT- und Kommunikationstechnologie ist die Basis jedes kundenbezogenen Geschäftsprozesses. Operative CRM-Systeme unterstützen die Mitarbeiter an den Kundenkontaktpunkten. Um die strategischen CRM-Ziele optimal umzusetzen, muss die Konfiguration der Systeme auf den Ergebnissen der Geschäftsprozessoptimierung aufsetzen. Zur Auswertung der in den kundenbezogenen Geschäftsprozessen anfallenden Daten dienen analytische CRM-Systeme.

3. *Change Management:* Um die neue Kundenbeziehungsstrategie und die Veränderungen in den Geschäftsprozessen durchzusetzen, müssen sowohl Geschäftsleitung als auch Mitarbeiter das CRM-Projekt aktiv mittragen. Voraussetzung dafür ist, dass die Mitarbeiter durch Kommunikations- und Schulungsmaßnahmen informiert, qualifiziert und motiviert werden, so dass Widerstände erst gar nicht auftreten oder gezielt abgebaut werden.

4. *CRM-Projektmanagement:* Die CRM-Realisierung ist ein komplexer Organisationsentwicklungs-Prozess, bei dem verschiedene Kompetenzen zeitgenau integriert werden müssen. Die Steuerung dieses Prozesses erfordert klare Zielvorgaben. Im Vordergrund stehen mittel- und langfristige Ziele. Zur rechtzeitigen Erkennung von Problemen (d.h. wenn eine Erreichung der strategischen Ziele gefährdet ist) werden Frühindikatoren herangezogen. Ein CRM-Controlling, zur Bewertung und um erforderliche Anpassungsmaßnahmen treffen zu können, ist unverzichtbar.

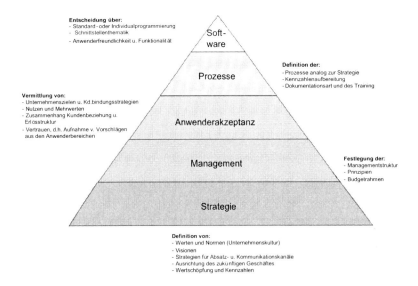

Abbildung 1: Die CRM-Erfolgsfaktoren-Pyramide
(vgl. evosoft business relations 2006)

4 Software zur Unterstützung der CRM-Maßnahmen

Unterstützt werden die CRM-Maßnahmen durch Informations- und Kommunikationslösungen, die als CRM-Systeme bezeichnet werden. Sie decken entweder Teilaspekte ab oder sind umfassende Programme, die alle CRM-Funktionalitäten zur Verfügung stellen. Vor der Einführung von CRM-Konzepten herrschen in der Unternehmens-IT-Landschaft häufig vielfältige Insellösungen in Vertrieb, Marketing und Service vor. Die Einzelsysteme, wie Web-Anwendungen, Helpdesks, Call Center- oder Marketing-Support, erlauben keine einheitliche Sicht auf die vorhandenen Kundendaten und führen zu unvollständigen, oft veralteten und falschen Informationen.

CRM-Systeme führen solche Insellösungen zusammen und vereinen die Anwendungen in einer koordinierten Systemlandschaft. Über Schnittstellen erfolgt die Anbindung an die betriebswirtschaftliche Standardsoftware. Es liegt nur noch eine Kundendatenbank vor, auf die alle Unternehmensbereiche zugreifen. Möglich wird so eine 360-Grad-Sicht auf den Kunden und ein ganzheitlicher, stimmiger Dialog, dessen Verlauf und Timings für alle Mitarbeiter einsichtbar sein sollten: Vom Pförtner über die Assistenten bis hin zur Geschäftsleitung haben sie Zugriff auf die für sie relevanten, situationsspezifischen Kundeninformationen. Beispielhaft seien hier drei konkrete Fälle aufgezeigt:

Beispiel 1: Durch die Integration einer FAQ-Datenbank (Frequently Asked Questions) kann der Außendienstmitarbeiter beim Kunden vor Ort eine schnellere Fehlerdiagnose stellen. Die Folge: Kosteneinsparungen beim Kunden und schnellere Bearbeitungszeiten durch die Mitarbeiter. Letztendlich können mehr Aufträge pro Tag abgewickelt werden.

Beispiel 2: Der Kunde registriert sich online für einen Schulungskurs. Weil die Kundendaten im System vorliegen, erhält er automatisch und zeitnah entsprechende Kursunterlagen, einschließlich Anmeldebestätigung. Seine Daten werden an das ERP-System zur Abrechnung des Kurses weitergeleitet. So geht keine Anmeldung verloren und der Kunde erhält ein schnelles Feedback.

Beispiel 3: Bündelung von Kundenanfragen nach Informationsmaterialien. Früher gingen Anfragen über viele verschiedene Kanäle (Persönlich, Telefon, Fax, Internet, etc.) bei dem Unternehmen ein. Oft war ein Mehrfachversand von derartigen Unterlagen die Folge. Heute werden die Anliegen der Kunden über eine kostenlose 0800er-Service-Rufnummer direkt im Call Center entgegen genommen. Die Mitarbeiter haben Zugriff auf die bestehende Kundendatenbank und können Anforderungen direkt dort vermerken.

Ihre Aufgabenstellung (Synchronisation und operative Unterstützung der zentralen Kundenkontakt-Punkte, Einbindung aller Kommunikationskanäle zwischen Kunde und Unternehmen, Zusammenführung und Auswertung aller Kundeninformationen) macht CRM-Systeme, je nach Auslegung, komplex. Entsprechend ihren Anforderungen lassen sie sich in drei Bereiche unterteilen, die in engem Austausch stehen.

1. *Operatives CRM:* Das operative CRM beinhaltet alle Prozesse, bei denen es um den direkten Kundenkontakt geht (Front Office): Marketing, Vertrieb und Service. Es bindet alle kundenbezogenen Bereiche, wie Außendienst, Kundenkontakt-Center oder Filialen ein, ebenso wie alle Kanäle, über die die

Kontakte zwischen den Kunden und den „Customer-Touch-Points" abgewickelt werden. Seine Grundlage ist eine operative Kundendatenbank. Um zuverlässige Aussagen über etwa Liefertermine oder die Verfügbarkeit von Produkten machen zu können, ist das operative CRM idealerweise an die vorhandenen Back-Office-Lösungen (ERP, SCM, etc.) angebunden.

2. *Analytisches CRM:* Im Gegensatz zum operativen CRM, das auf die direkte Unterstützung kundenbezogener Geschäftsprozesse (wie Kundenanfragen oder Verkaufsgespräche) ausgelegt ist, zeichnet das analytische CRM Kundenkontakte und Kundenreaktionen systematisch auf (Customer Data Warehouse) und wertet sie aus (Data Mining). CRM wird damit zu einem selbstlernenden System, das die Reaktionen der Kunden dazu nutzt, jede Kommunikation sowie alle Dienstleitungen und Produkte auf die Kundenbedürfnisse abzustimmen und sie ständig zu verbessern.

3. *Kollaboratives CRM:* Diese CRM-Ausprägung sorgt in ihrer Umsetzung dafür, dass die Interaktion mit den Kunden über die eigenen Unternehmensgrenzen hinweg reibungslos erfolgt. Integrative Konzepte beziehen verschiedenste Kundenkanäle mit ein. So kann die Kommunikation ohne Hemmnisse verlaufen, Medienbrüche und Prozesskosten werden gesenkt.

Langfristig ergibt sich daraus das folgende Szenario: Die Wünsche des Kunden, die im CRM-System aufgezeichnet wurden, fließen in die Entwicklung neuer Produkte ein. Unternehmen setzen hier zunehmend auf die so genannte Mass Customization. Sie berücksichtigt sowohl die Vorzüge der Massenproduktion als auch jener individueller Kundenwünsche. In der Praxis bedeutet dies, dass bestehende Basiskomponenten mit individuellen Wünschen in Einklang gebracht werden (z.B. bei der Möbel- und Automobilfertigung). Der Kunde erhält so genau das Produkt, das er benötigt und bindet sich deswegen gern an den Lieferanten. Abwanderungstendenzen spielen nunmehr eine geringere Rolle.

5 Zusammenfassung

Zusammenfassend kann angemerkt werden, dass erfolgreiches Kundenbeziehungs-Management auf zwei zentralen Gestaltungsebenen aufbaut:

Es erfordert zum einen den Einsatz von CRM-Systemen als integrierte Informationssysteme. Sie führen alle kundenbezogenen Informationen zusammen und synchronisieren sämtliche Kommunikationskanäle. Dadurch entsteht eine ganzheitliche Abbildung des Kunden und eine abgestimmte Kundenansprache.

Kundenbeziehungs-Management darf aber nicht auf seine technologische Komponente reduziert werden. CRM ist sehr viel mehr als eine Softwarelösung und steht für eine neue, kunden- und serviceorientierte Unternehmensstrategie. Um erfolgreich zu sein, muss eine Ausrichtung sämtlicher Geschäftsprozesse und Verantwortlichkeiten auf den Kunden stattfinden.

Zuerst sollte ein Kundenbeziehungs-Management-Konzept erarbeitet werden, das den strategischen Zielsetzungen des Unternehmens entspricht. Dabei wird festgelegt, welche Kunden oder Kundengruppen wann und wie (über welche Kanäle und mit welchen Mitteln) bearbeitet werden sollen. Erforderlich ist ebenfalls eine Definition der organisatorischen und personellen Rahmenbedingungen sowie der zur Kundenbearbeitung nötigen, kundenorientierten Geschäftsprozesse. Aufbauend auf dieser Grundkonzeption, die im weiteren Sinne auch Unternehmensstrategie ist, ist ein derartiges CRM-System auszuwählen und zu implementieren, das die spezifischen Anforderungen des Unternehmens und seiner Prozesse am besten berücksichtigt.

Literatur

Hippner, H., Wilde K.D. (Hrsg.): Management von CRM-Projekten – Handlungsempfehlungen und Branchenkonzepte, Wiesbaden 2004

Wildemann, H.: Kundenbeziehungsmanagement: Leitfaden zur Kundenintegration und zum wissensbasierten Einsatz von Service, Logistik und E-Technologien, 1. Aufl., München 2003

evosoft business relations GmbH - Gewinnbringende Kundenbeziehungen durch effektive CRM-Lösungen

Kundennähe ist heute ein wesentlicher Bestandteil der Geschäftsstrategie. Wer sich auf dem Markt behaupten will, muss die Bedürfnisse und Entscheidungskriterien seiner Kunden besser kennen und verstehen als der Wettbewerb. Es gilt, neue Interessenten zu gewinnen, profitable Kunden zu binden und die Beziehung zu ihnen weiter auszubauen. Ein CRM-System unterstützt Sie bei diesen Aufgaben durch automatisierte Geschäftsprozesse, hohe Transparenz sowie der Möglichkeit Ihre Geschäftsaktivitäten zu messen und auszuwerten.

evosoft business relations GmbH verfügt über langjährige Erfahrung in der Prozessberatung und Integration von operativen, analytischen und kollaborativen CRM-Systemen und kennt die Belange und komplexen Abläufe unterschiedlicher Branchen. Das Unternehmen ist Partner namhafter Software-Hersteller wie Cognos, Microsoft, SAP und Siebel/Oracle und realisiert auf der Basis von Standardprodukten individuelle, auf die Kunden zugeschnittene Lösungen.

Damit der Erfolg der CRM-Einführung nicht lange auf sich warten lässt, erfolgt die Realisierung der Projekte auf der Basis einer eigenen Projektmethodik. Die Implementierung wird in einzelne Phasen aufgeteilt, so dass die eigentliche CRM-Einführung signifikant verkürzt wird.

CRM - der Weg zu profitableren Kundenbeziehungen!

Kontaktinformationen:

evosoft business relations GmbH
Hugo-Junkers-Str. 11
90411 Nürnberg
Tel.: 0911 53991 324
Fax: 0911 53991 390

www.evosoft-business-relations.com

CRM-Strategie: Basis für effektives und zielorientiertes Kundenbeziehungs-Management

Joachim Hauk, Christian Jost, Rolf Lichter

Zusammenfassung: Dieser Beitrag beschreibt die Kundenbeziehungs-Management-Strategie als Basis für effektive und zielorientierte Kundenbeziehungs-Maßnahmen: Vom Grundstein über die Umsetzung der strategischen Vorhaben bis hin zur Erfolgsmessung. Eine Auswahl an Erfolgsfaktoren unterstützt Entscheider sowie Projektleiter bei der Realisierung von strategischen Kundenbeziehungs-Management-Vorhaben.

Schlüsselworte: Kundenbeziehungs-Management, Customer Relationship Management (CRM), Strategie, Performance Measurement, Erfolgsfaktoren

Inhaltsverzeichnis

1 Einleitung 57

2 Entwicklung und Implementierung einer CRM-Strategie 59

3 Erfolgsfaktoren 74

4 Fazit 76

Literatur 77

1 Einleitung

Eine Strategie ist einfach ausgedrückt ein systematischer Plan zur Zielerreichung. Die Unternehmensstrategie definiert, was eine Organisation erreichen möchte (Ziele) und welchen Weg sie dazu einschlägt (Umsetzung; vgl. Tarlatt 2001, S. 11 ff.) Sie lässt sich vergleichen mit einem Wegweiser, der den Mitarbeiter klar und verständlich die „Marschrichtung" vorgibt. Dabei formuliert die Strategie das Leitbild der Organisation und zeigt intern (Mitarbeiter, Management) sowie extern (Kunden, Wettbewerber) die Positionierung und angestrebte Zukunft des Unternehmens auf (vgl. Bullinger et al. 2002, S. 295). Idealerweise kann entlang dieser Zielgeraden im „Raum des Erlaubten" entschieden und gehandelt werden, ohne vorher fragen zu müssen. Dies unterstützt u.a. die Flexibilität einer Organisation und wurde als ein konstituierendes Merkmal von dynamikrobusten Höchstleistungsunternehmen erkannt (vgl. Wohland et al. 2004, S. 121). Die Strategie spielt für Unternehmen somit eine wesentliche Rolle, um langfristig erfolgreich zu sein.

Kundenbeziehungs-Management – eine kundenorientierte Unternehmensstrategie

„For the last several years, we've spent a lot of time debating what CRM is and is not: It's a strategy, not a software package. It's a journey, not a destination. It's a long-term investment, not a one-time purchase." (Goldmann 2002)

Kundenbeziehungs-Management oder Customer Relationship Management (CRM) tangiert jeden. Denn jeder ist irgendwo und irgendwann ein Kunde. Für Unternehmen wird CRM immer bedeutender. Kundenbeziehungen beeinflussen ihren Wert maßgeblich. Besonders bei Unternehmensakquisitionen wird deutlich, dass der Kundenstamm einen wesentlichen Wertbestandteil des Unternehmens ausmacht (vgl. Hensler/Hoffmann 2003, S. 5 ff.) Unternehmen haben den Wert von Kundenbeziehungen erkannt: Generell versuchen sie, nicht mehr kurzfristig viele Produkte zu möglichst hohen Preisen zu verkaufen, sondern streben eine Beziehung zum Kunden an (vgl. Holland et al. 2001, S. 14 ff.). Sie möchten –

und zwar profitabel – den Kunden langfristig an sich binden. Zur technologischen Unterstützung dieser Zielsetzung, kommen moderne IT-Systeme zum Einsatz.

Die zunehmende Kundenorientierung (Customer Centricity) führt zu einer Evolution von Organisationen (siehe Abbildung 1). Historisch eher bereichsgeprägte Unternehmen entwickeln sich zu kundenzentrierten Dienstleistern. Dabei rückt die CRM-Strategie in den Mittelpunkt. Eng verwoben mit der Marketing-, Vertriebs- und Service Strategie wird sie zum Kernelement der Unternehmensstrategie.

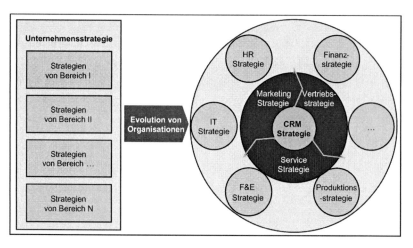

Abbildung 1: CRM-Strategie als Kernelement der Unternehmensstrategie

Zusammenfassend beschreiben Hippner und Wilde CRM „als eine kundenorientierte Unternehmensstrategie, die mit Hilfe moderner Informations- und Kommunikationstechnologien versucht, auf lange Sicht profitable Kundenbeziehungen durch ganzheitliche und individuelle Marketing-, Vertriebs- und Servicekonzepte aufzubauen und zu festigen" (Hippner/Wilde 2006, S. 9). Entsprechend dieser Definition liegt die Zielsetzung der CRM-Aktivitäten im Aufbau und der Stabilisierung profitabler Kundenbeziehungen, die zur Durchsetzung der monetären Ziele eines Unternehmens beitragen (vgl. Wehrmeister 2001, S. 30).

Dieser Beitrag beschreibt die CRM-Strategie als Basis für effektive und zielorientierte CRM-Maßnahmen. Die folgenden Kapitel erörtern die nötigen Schritte, welche zur erfolgreichen Etablierung dieses Fundaments von Nöten sind: Vom Grundstein über die Umsetzung der strategischen Vorhaben bis hin zur Erfolgsmessung. Eine Auswahl an Erfolgsfaktoren unterstützt Entscheider sowie Projektleiter bei der Realisierung von CRM-Strategie-Vorhaben. Abschließend bietet das Fazit eine Zusammenfassung sowie einen Ausblick über aktuelle Entwicklungstrends von CRM-Strategien.

2 Entwicklung und Implementierung einer CRM-Strategie

Die Entwicklung und Implementierung einer CRM-Strategie setzt sich im Wesentlichen aus fünf Arbeitsschritten zusammen. Diese lassen sich in drei Phasen abbilden:

1. Die Zieldefinition (Ziele definieren)
2. Die Planung und Umsetzung der Strategieimplementierung (Maßnahmen ableiten und konsolidieren)
3. Die Erfolgskontrolle (CRM Performance Measurement)

Die einzelnen Phasen werden in den folgenden Kapiteln erörtert und in Abbildung 2 noch einmal anschaulich visualisiert.

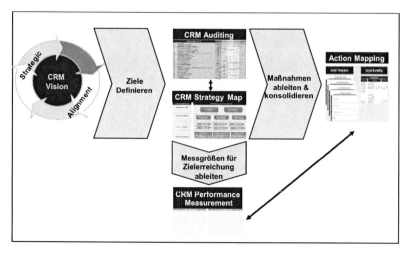

Abbildung 2: Phasen und Arbeitsschritte bei der Entwicklung und Implementierung einer CRM-Strategie

2.1 Strategischer Überbau: Strategic Alignment & CRM-Vision

Am Anfang der CRM-Strategieentwicklung steht das Strategic Alignment (Abstimmung von strategischen Vorhaben) sowie die Bildung einer CRM-Vision (Zielfoto).

Strategic Alignment

Aufgrund der oben beschriebenen Interdependenz zwischen der CRM-Strategie und anderen Bereichs- und Unternehmensstrategien sind diese gegenseitig abzustimmen, um Zielkonflikte und daraus entstehende Implementierungskonflikte und -kollisionen zu vermeiden (vgl. Itami 1991, S. 9f.). Dieses Strategic Alignment erfasst kundengerichtete Aspekte der Unternehmensstrategie und bewertet deren Implikationen für die CRM-Strategie. Ebenso werden CRM-relevante Aspekte der Bereichsstrategien ausgefiltert und dokumentiert. Diese Einflussfaktoren werden auf Konsistenz überprüft, für eventuell ermittelte Konflikte wird ein Klärungsprozess eingeleitet (Form abhängig von den etablierten Strategieprozessen des Unternehmens).

CRM-Vision: Der kundengerichtete Charakter des Unternehmens

„Die Vision bildet ein grundlegendes Instrument der strategischen Führung und Umsetzung" (Simon; von der Gathen, 2002, S. 15.) Sie beschreibt abstrakt, wie ein Unternehmen in der Zukunft aussehen soll. Die Vision muss CRM-Zukunft mit CRM-Gegenwart verbinden (vgl. Fuchs 2006, S. 60). Wie oben skizziert muss die CRM-Vision mit allgemeinen Visionen und Strategien des Unternehmens abgestimmt sein. Für die CRM-Vision gibt es kein Patentrezept. Vielmehr muss sie auf die Eigenheiten und Rahmenbedingungen des Unternehmens zugeschnitten sein. Unumgänglich ist, die Bedürfnisse und Wünsche der Kunden zu berücksichtigen. Sie müssen von der CRM-Vision getragen werden. Um sie erfolgreich in die Kultur des Unternehmens zu integrieren, sollte die Vision einfach zu vermitteln sowie glaubhaft für Kunden und Mitarbeiter sein (vgl. Wessling 2001, S. 172). Nur dann kann sie alle Adressaten motivieren und inspirieren. Für Förderung der Akzeptanz, empfiehlt es sich wichtigsten Kunden, Mitarbeiter und Multiplikatoren bei der Bildung der CRM-Vision zu integrieren.

Im Mittelpunkt der CRM-Vision steht der Wertbeitrag für den Kunden. Sie muss ihm einen klaren Mehrwert bieten. Hierüber grenzt sich das Unternehmen vom Wettbewerb ab. Darüber hinaus beinhaltet die CRM-Vision wichtige, beziehungsrelevante Werte, für die die Organisation steht (z.B. Verlässlichkeit, Offenheit, Qualität). Außerdem beschreibt die CRM-Vision die angestrebte Kundenerfahrung (vgl. Kirkby 2001, S. 2 ff.): Wie sollen Kunden aus unterschiedlichen Segmenten in verschiedenen Situationen die Leistungen des Unternehmens wahrnehmen (z.B. bei einem Luftfahrtunternehmen: In unseren Flugzeugen fühlen sie sich wie zu Hause.).

2.2 Zielbildung und Strukturierung: Die CRM Strategy Map

Strategy Map und CRM-Audit

In dieser Phase werden auf Basis des Strategic Alignments detaillierte CRM-Ziele in Form einer Zielstruktur (Strategy Map) definiert. Parallel werden die aktuelle CRM-Situation des Unternehmens und des Marktumfelds (CRM-Audit) und damit die Ausgangsbasis für die notwendigen Umsetzungsmaßnahmen ermittelt (vgl. auch Hinterhuber 1996, S. 116 ff.).

Auf Basis der in der CRM-Vision und im Rahmen des Strategic Alignments erarbeiteten Rahmenbedingungen werden im nächsten Arbeitsschritt eine detaillierte Definition und eine Strukturierung der CRM-Ziele abgeleitet. Dabei wird auch die Kundenperspektive berücksichtigt (Ergebnisse der Kundenzufriedenheitsbefragung s.u. CRM Audit). Dabei konzentriert sich die Definition der Ziele auf drei Fokusbereiche (vgl. Abbildung 3):

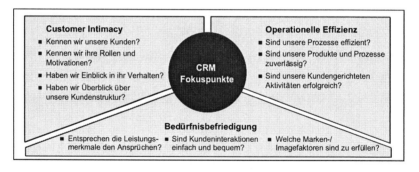

Abbildung 3: Fokuspunkte der CRM-Strategie

Die definierten CRM-Ziele werden in Beziehung zueinander gesetzt, dabei werden Zielinterdependenzen, Zielabhängigkeiten und Zielkonflikte identifiziert und dokumentiert. So entsteht eine konsolidierte CRM-Zielhierarchie: die Strategy Map.

Die individuellen CRM-Ziele werden dabei über folgende Charakteristika detailliert:

- *Zielbestimmung:* Genaue Beschreibung des angestrebten Zielzustandes,
- *Strategie zur Zielerreichung:* Grundlegende Maßnahmen und Zwischenziele (Milestones),
- *Erfolgstreiber:* Welche Prozesse werden beeinflusst, über welche Indikatoren/ Messgrößen ist der Erfolg der Strategie nachweisbar,
- *Potenziale:* Welcher Nutzen bringt die Zielerreichung aus Kunden- und aus Unternehmensperspektive.

Die Strategy Map erlaubt Transparenz über die CRM-Zielhierarchie für alle CRM-Stakeholder im Unternehmen. Damit ist sie eine Grundlage für die Kommunikation und Akzeptanzerzielung der CRM-Strategie im Unternehmen und für externe Stakeholder. Daneben bildet die Strategy Map einen wichtigen Input für die CRM-Erfolgsmessung. Die Ziele und Erfolgstreiber sind eine wichtige Grundlage für die Ausgestaltung des CRM Performance Measurement und weiterer Zielsysteme.

Kundenzentrierung oder Prozesszentrierung?

Eine oft gestellte Frage in diesem Zusammenhang ist, ob die Ziele kundenzentriert (Fokus auf Erhöhung der Kundenzufriedenheit in dedizierten Segmenten) oder prozesszentriert (Prozessoptimierung zur indirekten Generierung von Kundenvorteilen) strukturiert werden sollen. Dies ist primär abhängig von der verfolgten Unternehmensstrategie. In der Praxis begegnet man auch oft Mischformen oder Matrixdarstellungen, die beides berücksichtigen. Nach Erkenntnissen aus dem Jahresgutachten des CRM-Expertenrates für 2005 tendieren Unternehmen in B2C-Segmenten eher zur direkten Kundenorientierung. Wettbewerber, deren Fokus im B2B-Bereich liegt, legen den Fokus eher auf eine Effizienzoptimierung ihrer Prozesse (vgl. Jahresgutachten des CRM-Expertenrates für 2005, S. 4).

2.3 Standortbestimmung: CRM Audit

Die Gestaltung und Umsetzung einer CRM-Strategie bedeutet für Unternehmen, sich einer komplexen und umfassenden Neu- und Umgestaltung gewohnter Prozesslandschaften zu stellen. Die damit einhergehenden Herausforderungen für alle Ebenen eines Unternehmens bedürfen daher einer gemeinsamen, fundierten Wissensbasis über den Status Quo. Diesen benötigen alle Beteiligten zur Schaffung eines gemeinsamen Verständnisses über die Ist-Situation und nachfolgend zur effizienten Erreichung der CRM-Ziele. Diese Wissensbasis wird durch den Prozess des CRM-Audits geschaffen. Gleichwertig daneben ist das zweite Ziel, die Bewertung der aktuellen (wahrgenommenen) CRM-Maßnahmen und -Fähigkeiten des Unternehmens durch den Kunden. Für die Entwicklung einer kundenorientierten Unternehmensstrategie ist die Kundenperspektive natürlich ein maßgeblicher Input. Daher ist die Beleuchtung der Ist-Situation im Rahmen eines CRM-Audits immer aus zwei Kernbestandteilen, der internen Analyse und der Analyse der Außenwirkung kombiniert.

Die Interne Perspektive des CRM Audit

Im Rahmen der internen Analyse werden drei Schwerpunkte betrachtet (vgl. Abbildung 4):

1. *Review früherer CRM-Initiativen:* Herausarbeitung von Erkenntnissen und Lernpunkten, die für die aktuelle Strategieentwicklung und -implementierung relevant sein können,

2. *Analyse der Ist-Situation:* Neben Prozessanalysen und Interview/Workshop-Reihen sind wichtige Bestandteile die Erstellung von Customer Touch Point (CTP)-Matrizen für die verschiedenen Kundensegmente und standardisierte CRM-Bewertungsmodelle wie z.B. das Detecon CRM Maturity Model vgl. Gamm et al., 2005 S. 17 ff.),

3. *Evaluierung der Ist-Situation* gegen Best Practice-Referenzen über verschiedene Kategorien.

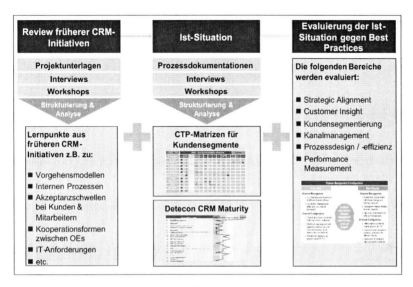

Abbildung 4: Interne Perspektive des CRM Audit (Projektbeispiel)

Die Bedeutung dieser internen Transparenz zum Ist-Zustand ist nicht zu unterschätzen (vgl. Ovum 2003, S. 7). Bei einem so weiten Feld wie CRM mit einer Vielzahl an Beteiligten und/oder interessierten Unternehmenseinheiten ist es in der Praxis immer wieder zu beobachten, dass zu den verschiedensten CRM-Prozessen und -Funktionalitäten unterschiedlichste Standpunkte hinsichtlich aktuellem Status und weiterer Planung in den diversen Unternehmensbereichen vertreten werden.

Die externe Perspektive des CRM Audit

Basis dieser Konkretisierung bilden Kundenzufriedenheits- oder Kundenloyalitätsanalysen über CRM-Attribute und -Prozesse, um die Potentiale der aktuellen Kundenorientierung zu identifizieren. Idealerweise ist zur Stärkung der Aussagekraft auch ein Branchenvergleich in der Bewertung integriert (vgl. Abbildung 5).

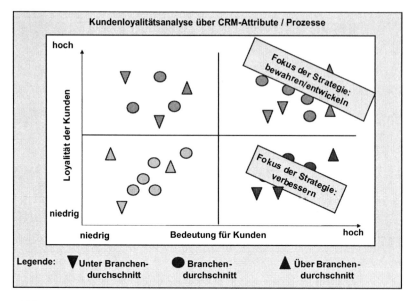

Abbildung 5: Externe Perspektive des CRM-Audit

Im Rahmen dieser Analysen werden Bedeutungs-/Performance-Cluster gebildet, welche klare Hinweise auf erfolgsversprechende Ansatzpunkte der CRM-Strategie geben. Elemente, welche für die Kunden eine hohe Bedeutung haben, jedoch nur zur geringen Zufriedenheits- / Loyalitätswerten führen, d.h. bei welchen das Unternehmen absolut eine schwache Performance zeigt (negativ-signifikantes Bedeutungs-/Performance-Cluster), gehören in den Fokus der CRM-Strategie. Eine negative Beurteilung im Branchenvergleich verstärkt die Notwendigkeit der Beseitigung dieser absoluten und relativen Schwäche, ein positiver Branchenvergleich weist auf eine Möglichkeit hin, sich durch weiteren Ausbau einen klaren Wettbewerbsvorteil zu erarbeiten. Diese beiden Cluster bilden, mit Kennzahlen hinterlegt, das Zielsystem der CRM-Strategie (vgl. Helmke/Dangelmaier 2001, S. 3ff.) Die beiden linken Cluster liegen nicht im Fokus der CRM-Strategieentwicklung. Sie sind allenfalls selektiv zu entwickeln. Bei der externen Analyse ist nicht selten zu beobachten, dass in der internen Analyse propagierte Stärken und auch Schwächen nicht bestätigt werden können.

2.4 Strategieimplementierung: Action Mapping und Umsetzungsplan

„It can be much easier to think of a good strategy than it is to implement it" (Floyd/Wooldridge 1992, S. 27). Jede Strategie ist nur so gut wie Ihre Umsetzung. Daher ist nach der Strategieentwicklung die Identifizierung, Validierung, Planung und Durchführung geeigneter Maßnahmen zur Strategieimplementierung essentiell für den Erfolg der CRM-Strategie.

Action Mapping

Auf Basis der Strategy Maps und der Ergebnisse des CRM-Audits werden nun Strategic Gaps zwischen Ist-Zustand und Ziel-Zustand ermittelt und Umsetzungsmaßnahmen zur Schließung dieser Lücken generiert.

Zunächst wird die Beziehung von Zielen zu Maßnahmen analysiert und visualisiert. Damit wird bereits ein erster Indikator für die Bedeutung der Maßnahme ermittelt. Der genaue Wertbeitrag zu den verschiedenen Zielen und eventuelle Interdependenzen zu anderen Maßnahmen sind noch unklar.

Danach werden – zur besseren Steuerung – gleichgerichtete/ähnliche Maßnahmen zu CRM-Initiativen zusammengefasst (Action Bundling). Dies reduziert die Komplexität der Action Map, erhöht die Transparenz und verhindert im Idealfall Redundanzen, Inkonsistenzen und Reibungsverluste bei der Umsetzung einzelner Maßnamen der Initiative.

Die Verbindung von Zielen mit Maßnahmen und deren Bündelung in Initiativen macht das folgende Beispiel deutlich (vgl. Abbildung 6).

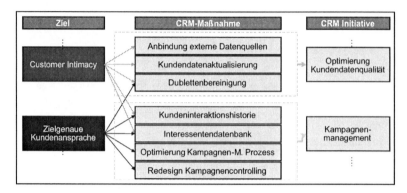

Abbildung 6:   Ausschnitt Praxisbeispiel Action Mapping

Zur detaillierten Bewertung der Einzelmaßnahmen werden diese nun entlang folgender Bewertungskriterien auf die Stärke und Breite ihrer Auswirkungen in den vier Bereichen Organisation, People, Prozesse und Systeme analysiert.

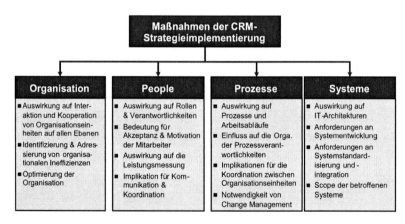

Abbildung 7:   Bewertungskriterien für CRM-Maßnahmen

Diese Bewertung liefert neben einem besseren Bild der Maßnahme auch eine erste Grobindikation für Umsetzungsaufwand und Zeithorizont (z.B. ist ein kurzfristiger Umsetzungszeitpunkt unrealistisch, wenn eine Maßnahme wesentlicher Änderungen in den Kernprozessen Vertrieb und Kundenservice sowie einhergehend in CRM- und Abrechnungs-Systemen bedarf). Auch Interdependenzen mit anderen Maßnahmen werden so leichter erkannt und notwendige Schnittstellen- bzw. Abgrenzungsbedarfe für die Umsetzungsplanung identifiziert. In einem zweiten Analyseschritt werden vertiefend folgende Faktoren bewertet:

- der erwartete Nutzen der Maßnahme (direkter Business Impact und Enabler-Funktion für andere Maßnahmen (vgl. z.B. Hippner/Wilde 2004), mit der Maßnahme verbundene Risiken),
- die Erwartungen bezüglich der Akzeptanz bei Mitarbeitern, Kunden und anderen Stakeholdern (Konsistenz mit Unternehmenskultur, Einflüsse auf die Außenwirkung des Unternehmens, z.B. Marke, Image, PR & IR),
- der notwendige Ressourceneinsatz für die Umsetzung (Art und Umfang der notwendigen Ressourcen (Manpower/Skill-Profile, finanzielle Ressourcen etc.),
- der minimale Umsetzungszeitraum (bei Verfügbarkeit aller notwendigen Ressourcen).

Auf dieser Basis wird ein konsolidierter Umsetzungsplan mit Priorisierung der einzelnen Maßnahmen und Ergebnisständen zu relevanten Zeitpunkten erarbeitet (vgl. Abbildung 8).

Dieser Umsetzungsplan umfasst die Gesamtheit der zu implementierenden CRM-Maßnahmen, die bereits über as Action Mapping in steuerbare Initiativen gegliedert sind. Unabdingbar ist – und zwar bei jeder CRM-Strategieimplementierung – die Durchführung eines unternehmensindividuellen Change-Managements.

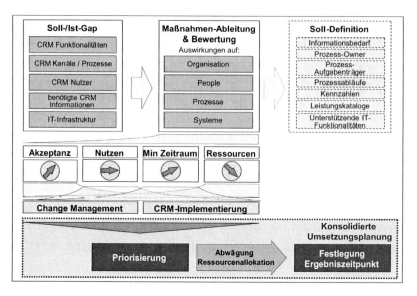

Abbildung 8: CRM Action Mapping

Nur so ist die Akzeptanz der beteiligten Mitarbeiter in einer komplexen Neu- und Umgestaltung gewohnter Prozesse zu gewährleisten. Allein wenn die betroffenen Mitarbeiter verinnerlichen, dass die neuen CRM-Prozesse und -Funktionalitäten auch ihnen persönliche Vorteile bieten (z.b. Reduzierung von administrativen Tätigkeiten, mehr Provision durch bessere Wahrnehmung ihrer Kernaktivitäten), werden sie sich auch für deren nachhaltigen Erfolg einsetzen. Dieser Faktor wird in vielen CRM-Projekten trotz vielfältiger Erwähnung in der Literatur immer noch unterbewertet (vgl. Hippner/Wilde 2004, S. 192ff.).

2.5 Erfolgsmessung: CRM Performance Measurement

Performance Measurement

Die abschließende Aufgabe im Rahmen des Strategieprozesses ist die Erfolgsmessung der CRM-Strategie. Hierbei wird der Umsetzungsfortschritt und -erfolg sowie die operativen Auswirkungen der CRM-Strategie gemessen (zur Bedeutung des strategischen Controllings für den Strategieprozess vgl. z.B. Hinterhuber 1996, S. 263 ff., speziell zu CRM Hauk/Faust 2005, S. 3 f.). Idealerweise erfolgt dies nicht nur im strategischen Controlling, sondern wirkt (mit gewissem Zeitverzug) bis in individuellen Ziel- und Incentivesysteme. Das Committment zur Strategie wird hierdurch neben der organisationalen auch auf der individuellen Ebene sichergestellt. Auch hier gilt: „What gets measured gets done".

Die Erhebung von Informationen über den Erfolg der CRM-Strategie sollte dabei auf allen erfolgsrelevanten Ebenen durchgeführt werden, um ein valides und skalierbares Gesamtbild des CRM-Erfolgs zu erhalten.

Eine integrierte CRM-Erfolgsmessung erfordert angemessene Verfahrensweisen, die das gesamte Zielspektrum der CRM Strategie abdeckt. Dabei ist abhängig von der Komplexität des Zielsystems insgesamt und der Komplexität der Messung einzelner Zielkonstrukte eine Güterabwägung zwischen Messaufwand und Detailierungsgrad/Genauigkeit der Messung notwendig. Die CRM-Erfolgsmessung umfasst daher drei wesentliche Gebiete: Kundenbewertung, CRM-Prozessanalyse und CRM-Außenwirkungsanalyse.

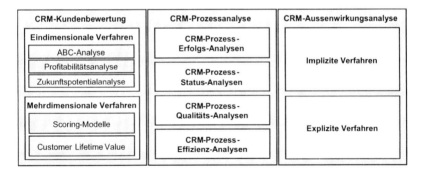

Abbildung 9: Übersicht über aktuelle Methoden der CRM-Erfolgsmessung

CRM-Kundenbewertung

Die CRM-Kundenbewertung (zur Identifikation der „richtigen" Kunden) bildet häufig den Ausgangspunkt der Bemühungen um eine strukturierte CRM-

Erfolgsmessung. Als „richtige" Kunden können dabei diejenigen eingestuft werden, welche sowohl gegenwärtig profitabel sind als auch genügend zukünftiges Potential aufweisen. Hier werden grundsätzlich zwei Verfahren unterschieden:

- *Eindimensionale Verfahren* bieten den Vorteil einer fokussierten Betrachtung und vergleichsweise einfache Erhebung, lassen jedoch Wechselwirkungen außer Acht.

- *Mehrdimensionale Verfahren* der CRM-Kundenbewertung bieten ein differenzierteres Bild des Kunden, sind jedoch methodische aufwändiger.

CRM-Prozessanalyse

Die Effizienz und Effektivität CRM-relevanter Prozesse werden kundensegmentspezifisch gemessen und bewertet. Diese Form der Analyse ist von besonderer Bedeutung, wenn Unternehmen ihre Prozesslandkarte in Richtung Effizienz optimieren wollen und so indirekt Kundenvorteile (über Geschwindigkeit und Qualität von Prozessen) generieren (vgl. Abbildung 10).

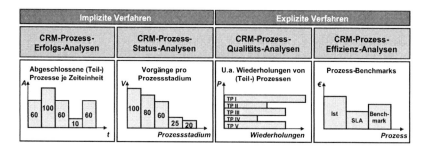

Abbildung 10: Methoden der CRM-Prozessanalyse (vgl. Faust/Hauk 2005, S 14 ff.)

CRM-Außenwirkungsanalyse

Ein Ziel von CRM-Initiativen besteht auch in der systematischen Optimierung der Außenwirkung des jeweiligen Unternehmens. Zu deren Erfassung wird in der Regel eine Mischung impliziter Methoden (z.B. Kundenfeedbackanalyse) und expliziter Ansätze (z.B. Fragenbogengestützte Interviews) angewendet. Explizite Verfahren sind aussagekräftiger – aber auch wesentlich Ressourcen-intensiver. Darüber hinaus ist häufig die Bereitschaft von Kunden zur Mitwirkung beschränkt.

Generell ist je nach Fokus der CRM-Strategie der Bereich der Kundenbewertung oder der der CRM-Prozessanalyse stärker gewichtet (siehe 2.2) In beiden Fällen ist eine Außenwirkungsanalyse eine essentielle Ergänzung zur Erfolgsmessung (vgl. TMF 2005, S.9). Besonders bei einer Kunden(-segment) orientierten Sichtweise empfiehlt sich die Anwendung einer Customer Scorecard als ganzheitliche und nachhaltige CRM-Erfolgsmessung und eine darauf basierende CRM-Optimierung ist mit der Adaption des Balanced Scorecard-Modells zu erreichen (vgl. Faust/Hauk 2005, S 25 ff. sowie Abbildung 11).

Abbildung 11: Ganzheitliche Methode der CRM-Erfolgsmessung - Customer Scorecard

Im Rahmen der Adaption des Balanced Scorecard-Modells werden zunächst die qualitativen Potentiale eines Kunden definiert und dann in eine interpretierbare Form überführt. Neben der Definition von messbaren Parametern pro Kundenpotential werden Zielwerte für die Parameter für die einzelnen Kundensegmente festgelegt. Sind die Potentiale der Kunden beschrieben sowie mit Parametern und Zielen vervollständigt, ist eine wichtige Grundlage für die ganzheitliche Optimierung der CRM-Initiative des Unternehmens geschaffen.

Unabhängig von der Art und den Schwerpunkten der CRM-Erfolgsmessung sollten die relevanten Kennzahlen in einem CRM–Dashboard kombiniert werden, um einen schnellen Überblick über die CRM-Zielerreichung im jeweiligen Verantwortungsbereich zu gewährleisten. Zielabweichungen und eventuell entstehender Handlungsbedarf können so frühzeitig erkannt und durch Anpassung oder Erweiterung der bestehenden CRM-Initiativen erfolgen.

3 Erfolgsfaktoren

Im Folgenden werden wesentliche Erfolgsfaktoren beschrieben, die bei der Entwicklung und Implementierung einer CRM-Strategie berücksichtigt werden sollten:

- *Integration von Management, Mitarbeitern und Kunden bei der CRM-Strategieentwicklung:* Wie bereits oben beschrieben, sollten alle Stakeholder bei der Entwicklung der CRM-Strategie eingebunden werden. Aufgrund der zentralen Rolle der Strategie (vgl. Kapitel 1) ist die Einbindung des (Top)-Management selbstverständlich: Entscheidungen müssen getroffen sowie Mitarbeiter motiviert und eingebunden werden. Zudem bringen speziell Mitarbeiter mit intensivem Kundenkontakt relevante Erfahrungen aus dem Tagesgeschäft mit ein. Die Bedürfnisse der letztendlichen Adressaten der CRM-Strategie – der Kunden – fließen idealerweise schon während des Entwicklungsprozesses mit ein (vgl. Tanoury/Ireland 2002, S. 5 ff.).

- *Etablierung einer Organisationseinheit als „Pate" der CRM-Strategie:* Zur erfolgreichen Etablierung- und Weiterentwicklung der CRM-Strategie sollte eine bereichsübergreifende Organisationseinheit (sofern noch nicht vorhanden) aufgebaut werden. Diese Abteilung sollte die Koordination und Kommunikation aller Aktivitäten zur Strategieentwicklung übernehmen. Sie ist auch für die kontinuierliche Anpassung der Strategie an Veränderungen der Unternehmens- bzw. Wettbewerbsstruktur und der Kundenbedürfnisse verantwortlich.

- *Operationalisierung durch KPIs (Key Performance Indicators = wesentliche Erfolgskennzahlen):* Wie bereits detailliert in Kapitel 2.5 ausgeführt, ist die Erfolgsmessung der CRM-Strategie ein „Muss".

- *Change Management:* CRM erstreckt sich über das ganze Unternehmen. Die Umsetzung von CRM-Maßnahmen hat dabei sowohl Einflusse auf Organisation, Mitarbeiter, Prozesse und IT-Systeme. Diese massiven Veränderungen müssen von der ersten Minute durch Change Management begleitet werden. Aufgrund der langfristigen Perspektive der Strategie, die eine kontinuierliche Anpassung erfordert (vgl. Thompson/Bona 2004, S. 6), bietet sich eine schrittweise Umsetzung der CRM-Maßnahmen an. Zu empfehlen ist, die Performance der einzelnen Projekte separat zu messen werden (vgl. Thompson/Bona 2004, S. 6).

- *Interne und externe Kommunikation:* Es ist entscheidend, dass die CRM-Strategie im Unternehmen bekannt ist und akzeptiert wird. Sowohl vertikal als auch horizontal müssen systematisch Kommunikationswege etabliert werden, um dieses theoretische Forderung auch zu realisieren. Dies sind beispielsweise eine Kick-off Veranstaltung mit allen Stakeholdern, regelmäßige Projektkommunikation oder Events zur Celebrierung von besonderen Meilensteinen. Ziel ist es, begleitend zur CRM-Strategie den Kunden-Fokus im Unternehmen zu verwurzeln. Mitarbeiter müssen motiviert werden, die ehemalige produktzentrierte Unternehmenskultur in eine kundenzentrierte zu überzuführen. Auch extern sollten wesentliche Elemente der CRM-Strategie kommuniziert werden. Allerdings sollten dabei keine Versprechungen gemacht werden, die das Unternehmen nicht einhalten kann. Allgemein gilt: Keep it simple. Je einfacher und eingängiger die CRM-Strategie ist, um so eher manifestiert sie sich in den Köpfen der Mitarbeiter und Kunden.

- *Strategie als Wegweiser mit Spielraum für Flexibilität:* Wie zu Anfang erläutert, ermöglich die Strategie Freiheit zur Individualität und Flexibilität entlang der festgelegten Zielgeraden des Unternehmens (vgl. Wohland et al. 2004, S. 121). Dieses Reaktionsvermögen macht die Organisation anpassungs- und somit überlebensfähig. Sie wird in die Lage versetzt Höchstleistungen zu vollbringen – Höchstleistungen für ihre Kunden.

4 Fazit

CRM-Strategien überschreiten herkömmliche Abteilungsgrenzen. Umso wichtiger ist, dass sie mit der Unternehmensstrategie und korrespondierenden Abteilungsstrategien abgestimmt und koordiniert werden. Ein weiterer entscheidender Faktor ist die Berücksichtigung der Kundenperspektive sowohl im CRM-Audit als auch in der CRM-Erfolgsmessung. Der Kunde entscheidet über den Erfolg der CRM-Strategie, daher ist das Urteil des Kunden über die CRM-Maßnahmen des Unternehmens der ultimative Erfolgsmesser. Ebenso zentral für den Erfolg der Strategie ist die Akzeptanz bei internen Stakeholdern, vor allem den beteiligten Mitarbeitern. Denn: "You can have the greatest strategy in the world but what is the point if no one cares?" (Dixon 2005, S. 233). Daher ist intern wie extern die Transparenz über CRM-Ziele und die Konsistenz von Zielvorgaben und wahrgenommenem Handeln des Unternehmens eine essentielle Aufgabe. Internes wie externes Change Management ist daher begleitend zu den verschiedenen CRM-Initiativen und Maßnahmen eine übergreifende Aufgabe, die keinesfalls unterschätzt werden darf. Eine an den CRM-Zielen orientierte CRM-Erfolgsmessung misst den Fortschritt der CRM-Maßnahmen und zeigt Zielerreichung und Zielabweichungen und daraus resultierenden Handlungsbedarf auf. Dieser wird entlang der festgelegten CRM-Guidelines wie Vision und Mission adressiert. Auch wenn die grundlegende Strategie transparent und beständig sein sollte, ist bei der CRM-Strategieimplementierung Flexibilität in der Reaktion auf Planabweichungen gefragt. Denn – wie auch im militärischen Bereich – der ursprünglichen Quelle strategischer Überlegungen, gilt auch hier: „Few (battle) plans survive initial contact with the enemy." (Zitat, welches Sir Arthur Wellesley, dem 1st Duke of Wellington (brit. Oberbefehlshaber der alliierten Streitkräfte in Waterloo 1815), aus der Zeit des Spanien Feldzugs (1809-1813) zugeschrieben wird).

Literatur

Bullinger, H.-J.; Warnecke, E.; Westkämper, E.: Neue Organisationsformen im Unternehmen. Ein Handbuch für das moderne Management, 2. Auflage, Berlin 2002.

CRM Expertenrat: Jahresgutachten des CRM Expertenrates 2005 – Management Summary, 2005.

Dixon, P.: Building a better business, London 2005.

Faust, F; Hauk, J.: CRM Performance Measurement – CRM-Maßnahmen nachhaltig zielorientiert steuern, Bonn/Eschborn 2005.

Floyd, S. W.; Wooldridge, B.: Managing Strategic Consensus: The Foundation of Implementation, in: Academy of Management Executive, No. 4 (1992), S. 27ff.

Fuchs, G.: Leitfaden zur Einführung von CRM, in: Hippner, H.; Hoffmann, O.; Wilde, K.D. (Hrsg.): CRM-Studie 2006: Customer Relationship Management, 2006, S. 53-72.

Gamm, S.; Grümer, R.; Müller, H.-J.; Radjeb, T.; Riveiro, M.: Telco CRM Maturity – The evolution and Maturity of CRM at telcos in Central & Eastern Europe, Detecon Whitepaper, Bonn/Eschborn 2005.

Goldmann, L.: Customer Relationship Management: Channel Integration: How to Hear the Sweet Sound of CRM Success at Last, www.dmreview.com/article_sub.cfm?articleId=4619, (Zugriff: 19.06.2006), 2002.

Helmke S.; Dangelmaier, W.: CRM-Audit – Grundstein für eine erfolgreiche Einführung von CRM, in: Helmke, S., Dangelmaier, W: Effektives Customer Relationship Management, Gabler-Verlag 2001.

Henseler, J.; Hoffmann, T.: Kundenwert als Baustein zum Unternehmenswert, Hamburg, 2003.

Hippner, H.; Wilde, K.D.: Grundlagen des CRM - Konzepte und Gestaltung, Wiesbaden 2004.

Hippner, H.; Wilde, K.D.: Customer Relationship Management: Strategie und IT-Systeme, in: Hippner, H.; Hoffmann, O.; Wilde, K.D. (Hrsg.): CRM-Studie 2006: Customer Relationship Management, 2006, S. 9-35.

Hinterhuber, H.: Strategische Unternehmensführung, Band 1 & 2 Berlin, New York 1996.

Holland, H.; Huldi, C.; Kuhfuß, H.; Nitsche, M.: CRM im Direktmarketing – Kunden gewinnen durch interaktive Prozesse, Wiesbaden 2001.

Itami, H: Mobilizing Invisible Assets, Cambridge 1991.

Kirkby, J.: Creating a CRM Vision, Stamford 2001.

Ovum: Best Practise in CRM, 2003.

Simon, H.; von der Gathen, A.: Das Große Handbuch der Strategieinstrumente –Werkzeuge für eine erfolgreiche Unternehmensführung, Frankfurt 2002.

Tanoury, D.; Ireland, K.: The Top 10 Reasons CRM Projects Fail, http://www.cgi.com/cgi/pdf/cgi_whpr_09_top10_crm_e.pdf (Zugriff: 19.06.2006), 2002.

Tarlatt, A.: Implementierung von Strategien im Unternehmen, 1. Auflage, Wiesbaden 2001.

Thompson, E.; Bona, A.: Audi's Three Steps to a Winning CRM Strategy, Stamford 2004.

Wehrmeister, D.: Customer Relationship Management – Kunden gewinnen und an das Unternehmen binden, 1. Aufl., Köln 2001.

Wessling, H.: Aktive Kundenbeziehungen mit CRM. Strategien, Praxismodule und Szenarien, Wiesbaden 2001.

Wohland, G.; Huther-Fries, J.; Wiemeyer, M.; Wilmes, J.: Vom Wissen zum Können: Merkmale dynamikrobuster Höchstleistung, Eine empirische Untersuchung auf systemtheoretischer Basis, Eschborn 2004.

Heute im Programm: Kundenbindung

Bert Klingsporn

Zusammenfassung: Obwohl sich Kundenbindungsprogramme im Bereich Business-to-Consumer weiterhin zunehmender Beliebtheit erfreuen, gelten viele als nicht erfolgreich. Als Grund hierfür wird häufig ein Umsetzungsdefizit Theorie-Praxis angeführt. Der folgende Beitrag beleuchtet ausgesuchte Theorien aus der Sozialwissenschaft und des Konsumentenverhaltens und prüft ihren Aussagegehalt für die praxisorientierte Gestaltung von Kundenbindungsprogrammen. Der Beitrag zeigt auf, dass es weniger ein Umsetzungs- als eher ein Theoriedefizit gibt und schließt mit einem Ausblick auf den weiteren Forschungsbedarf.

Schlüsselworte: B2C, Kundenbindung, Loyalitätsprogramme, CRM, Kundenkarten

Inhaltsverzeichnis

1 Relevanz und theoretischer Bezugsrahmen der Kundenbindung 83

2 Definition von Kundenbindungsprogrammen 84

    2.1   Ziele der Anbieter 84

    2.2   Ziele der Nachfrager 85

    2.3   Definition des Programmbegriffs 86

    2.4   Programmarten 87

3 Theoretische Grundlagen 88

    3.1   VIE-Theorie nach Vroom 88

    3.2   Soziale Austauschtheorie 89

    3.3   Soziale Identifikationstheorie 90

4 Handlungsempfehlungen für die Praxis 90

    4.1   Behavioural Loyalty 91

    4.2   Emotional Loyalty 93

5 Fazit und Ausblick 94

Literatur 96

1 Relevanz und theoretischer Bezugsrahmen der Kundenbindung

Seit einigen Jahren sind Unternehmen mit Marktsättigungstendenzen und veränderten Nachfragestrukturen konfrontiert. Produkte oder Dienstleistungen werden zunehmend vergleichbarer. Als eine Antwort darauf verlagert sich der Schwerpunkt seit Anfang der Neunzigerjahre weg von der Neukundenakquisition hin zur Kundenbindung. Die Unternehmen setzen dabei auch zunehmend Instrumente ein, welche die Kundenbindung ausdrücklich verstärken sollen, wie beispielsweise Kundenclubs, Kundenkarten oder Bonusprogramme. Vorreiter waren hier die Luftfahrtindustrie und der Handel. In den USA besitzen etwa 80% der Haushalte beispielsweise mindestens eine Kundenkarte für einen Supermarkt. Viele Haushalte sind zudem Mitglieder in mehr als einem Programm (vgl. Leenheer 2003, S. 3).

In Deutschland war die Entwicklung lange Zeit durch das Rabattgesetz behindert. Seit dessen Wegfall im Juli 2001 nehmen auch hier die Kundenbindungsprogramme sprunghaft zu. Waren beispielsweise im Jahr 2001 bei den kartengestützten Programmen noch 51 Millionen ausgegebene Karten zu verzeichnen, so stieg diese Zahl bis zum Jahr 2005 auf 100 Millionen Karten an. Im Schnitt besitzt heute jeder Bundesbürger 2,5 Karten pro Person, Tendenz steigend.

In den Unternehmen ist jedoch – trotz oder gerade wegen der starken Verbreitung von Kundenbindungsprogrammen – vielfach Ernüchterung eingekehrt. Eine Studie von Roland Berger Strategy Consultants aus dem Jahr 2003 kommt bei 82 befragten Unternehmen beispielsweise zu dem Ergebnis, dass die jeweiligen Programme insbesondere die zentralen Ziele der Senkung der Kundenabwanderungsquote und der Stärkung der Kundenpenetration nicht erreichen (vgl. Berger 2003, S. 13f.). Und gemeldete Erfolge wie etwa die Anzahl der ausgegeben Karten sind wohl kaum hinreichende Kriterien für Kundenbindung (vgl. Klingsporn 2004).

In der jüngsten Zeit hat sich dieser Trend noch verschärft. So zeigt etwa eine Studie der Commerzbank, dass Kundenkartenprogramme für Handelsunternehmen häufig unattraktiv sind. (vgl. Elfers/Ulrichs 2006, S.34). Konsequenterweise werden Programme auch wieder eingestellt, wie beispielsweise die RTL Card. In der Ursachenforschung wird diese Zielverfehlung von Kundenbindungsprogrammen vor allem auf ein Umsetzungsdefizit zwischen Theorie und Praxis zurückgeführt (vgl. Wulf 2002, S. 4; Künzel 2003, S. 3).

Der theoretische Bezugsrahmen für Kundenbindungsprogramme reicht von der Kooperationstheorie über Ansätze aus der Mikroökonomie und der Austauschtheorie bis hin zur Konsumenten- und Sozialpsychologie (vgl. Göttgens / Schmidt 2003, S. 99). Es gibt also keine allumfassende Theorie darüber, wie Kundenbindungsprogramme gestaltet werden sollten. In diesem Beitrag werden stattdessen drei Theorien aus den Bereichen der Sozialwissenschaften und des Konsumentenverhaltens herangezogen. Im Verlauf wird sodann herausgearbeitet, ob diese Theorien genug Anhaltspunkte liefern, um dem angesprochenen Umsetzungsdefizit Abhilfe zu verschaffen und ob sich darauf aufbauend klare Handlungsanweisungen für die Praxis ableiten lassen.

2 Definition von Kundenbindungsprogrammen

2.1 Ziele der Anbieter

Im Fokus von Kundenbindungsprogrammen steht die Geschäftsbeziehung zwischen Anbieter und Kunde, an deren Fortführung ein beiderseitiges Interesse besteht. Anbieterseitig gründet sich das Interesse auf die Erzielung einer Kundenbindung, definiert als „die Einstellung eines Kunden zur Geschäftsbeziehung mit einem Anbieter, die sich in der Bereitschaft zu Folgetransaktionen niederschlägt" (Diller, 1996, S. 83). Die Verhaltensperspektive lässt sich noch weiter differenzieren, in dem nicht nur auf die Wiederkaufabsichten, sondern auf das tatsächliche Kaufverhalten abgestellt wird (vgl. Meyer, Oevermann 1995, S. 1341; Dick/Basu 1994, S. 101).

Zusammenfassend kann somit von Kundenbindung gesprochen werden, wenn Kunden sich gegenüber einem Unternehmen verbunden fühlen und dort wiederholt kaufen (vgl. Künzel 2003, S. 23). Die Einstellungskomponente wird in Anlehnung an den Sprachgebrauch der Praxis im Weiteren als „Emotional Loyalty", die Verhaltenskomponente als „Behavioural Loyalty" bezeichnet. Aus der Kombination beider Komponenten lassen sich verschiedene Gestaltungsempfehlungen ableiten, wie die nachfolgende Abbildung exemplarisch zeigt. (vgl. OgilvyOne 2001, S. 7).

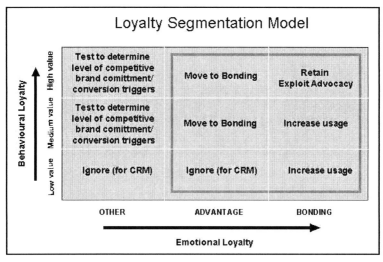

Abbildung 1: Segmentierungsmodell mit den Loyalitätsarten (vgl. OgilvyOne)

2.2 Ziele der Nachfrager

Nachfrager nehmen an Kundenbindungsprogrammen teil, um die folgenden Vorteile zu erzielen (vgl. Solon 2003, S. 13; Voeth/Rabe, C. 2004, S. 280 ff.):

- Informationen,
- Materielle Vorteile (Rabatte, Sachprämien),
- Besondere Serviceleistungen,

- Emotionaler Mehrwert durch Zugehörigkeit,
- Identität.

Jedes Kundenbindungsprogramm muss sich darüber im Klaren sein, dass es die Ziele des Unternehmens nur dadurch erreicht, indem es die Ziele der Nachfrager befriedigt. Kundenkarten alleine machen noch keine Kundenbindung (vgl. Klingsporn 2005, S.100 ff.).

2.3 Definition des Programmbegriffs

Eine Studie mit 686 Unternehmen in Deutschland aus dem Jahr 2003 zählt insgesamt 53 verschiedene Instrumente auf, um Kundenbindung zu erzeugen (vgl. Terlutter/Kricsfallussy 2003, S. 37 ff.). Dabei werden als eigenständige Varianten beispielsweise Newsletter und Kundenbefragungen neben Bonusprogrammen oder Kundenclubs angeführt. Ein Newsletter ist aber sicher noch kein Kundenbindungsprogramm. Eine typische Definition sieht Kundenbindungsprogramme als „an integrated system of marketing actions, which aims to make customers more loyal" (Leenheer et al. 2003, S. 8). Diese Definition sagt allerdings nichts darüber aus, ob nun beispielsweise zwei integrierte Marketinginstrumente, etwa ein Newsletter kombiniert mit einer Kundenbefragung, schon ein Programm sind und worin die Integration genau bestehen muss. Auch eine Definition, die in kartengestützte Programme, Bonusprogramme und Kundenclubs unterscheidet, hilft nicht weiter (vgl. Berger 2003, S. 2). Typische Funktionalitäten der genannten Programmtypen wie Servicefunktion, Bonusfunktion oder Interaktionsfunktion können beispielsweise auch Bestandteile eines einzelnen Instrumentes, wie etwa eines Gewinnspiels sein (vgl. Müller 2004, S. 3f.).

Werden Kundenbindungsprogramme jedoch als strategische Umsetzung des Beziehungsmarketings verstanden, dann lassen sich zur Eingrenzung in Anlehnung an *Diller* die Prinzipien Information, Investition, Identifikation, Interaktion und Integration heranziehen. Damit lassen sich folgende fünf Kriterien für ein Kundenbindungsprogramm definieren (vgl. Diller 1995, S. 50f.):

- *Identifikation:* Der Kunde muss sich registrieren,
- *Investition:* Das Programm ist dauerhaft angelegt (>1 Jahr),

- *Information:* Das Programm vertieft kontinuierlich die Kundenkenntnis über seine Mitglieder,
- *Interaktion:* Das Programm führt Dialoge mit seinen Teilnehmern,
- *Integration:* Das Programm integriert mehrere Marketinginstrumente.

2.4 Programmarten

Grundsätzlich lassen sich unterschiedliche Programmarten unterscheiden, je nachdem, in welchem Maße sie auf die Einstellungs- („Emotional Loyalty") und die Verhaltenskomponente („Behavioural Loyalty") abzielen (vgl. Abbildung 2). Die folgende Graphik gibt einen Überblick, wobei die Grenzen fließend sind. Zahlreiche Clubs gewähren auch Rabatte und ein Bonusprogramm wie Miles&More weist beispielsweise auch einen VIP-Club auf, bei dem im sog. „Hon´s Circle" ein exklusiver Kreis von Vielfliegern angesprochen wird (vgl. Klingsporn 2006, S. 5).

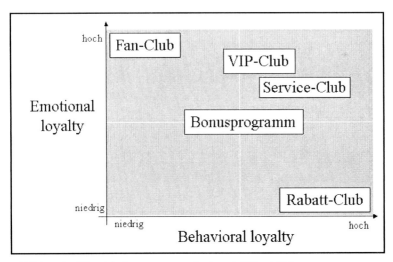

Abbildung 2: Übersicht Programmarten (vgl. auch Diller 1996)

3 Theoretische Grundlagen

Da es in der Literatur bislang keine allgemeingültigen, allumfassenden Erklärungsansätze zur Gestaltung optimaler Kundenbindungsprogramme gibt, werden im Folgenden ausgewählte Theorien aus den Bereichen der Konsumenten- und Sozialpsychologie dargestellt und später dann auf ihren jeweiligen Erklärungsbeitrag für eine optimale Gestaltung hin untersucht.

3.1 VIE-Theorie nach Vroom

Die VIE-Theorie zählt zu den Motivationstheorien. Motive lassen sich definieren als zielorientierte Antriebskräfte, die den Kunden zum Handeln veranlassen (vgl. Künzel 2003, S. 66). Theorien über Motive beschreiben entweder deren Inhalt oder den Prozess der Motivation selbst. Bei der Frage, wie Kunden durch ein Kundenbindungsprogramm in ihrem Verhalten beeinflusst werden können, hilft jedoch die bloße Kenntnis des Motivinhaltes noch nicht viel weiter. Hinzukommen müssen die Bedingungen unter denen das Verhalten gesteuert werden kann. Die VIE-Theorie als ein Vertreter der Prozesstheorie stellt diesen Zusammenhang dar. Dazu definiert sie die drei Kriterien „Valenz", „Instrumentalität" und „Erwartung" (vgl. Vroom 1964 zitiert nach Lauer 2004, S. 79f.). Dabei bedeuten:

- *Erwartung (E)*: Subjektive Einschätzung der Wahrscheinlichkeit dafür, dass die Handlung zu einem Handlungsergebnis führt (auch als Ergebnis 1 bezeichnet),

- *Valenz (V)*: Subjektive Bedeutung einer Handlungsfolge (auch als Ergebnis 2 bezeichnet),

- *Instrumentalität (I)*: Der Grad in dem das Handlungsergebnis zur Handlungsfolge führt

Die Motivation (F) ist dann das Produkt aus den drei Faktoren:

$$F = V \times E$$

$$V_j = F_j \left[\sum (V_k I_{jk})\right] (j = 1, \ldots, n)$$

Die VIE-Theorie erlaubt die Differenzierung zwischen Handlung und Handlungsfolge. Sie liefert somit einen Erklärungsbeitrag, wie die Programm-Mechanik eines Kundenbindungsprogramms auf die „Behavioural Loyalty" wirkt. Dabei lassen sich die Kriterien wie folgt übertragen (vgl. Lauer 2003, S. 79 ff.):

- Die Valenz ist abhängig von der Qualität und Quantität der Prämien,
- Die Erwartung wird gesteuert durch die Incentivierungsrichtlinien,
- Die Instrumentalität wird gesteuert durch die Einlösemechanik.

Ein häufiger Kritikpunkt der VIE-Theorie ergibt sich aus der multiplikativen Verknüpfung der Kriterien sowie dem stark kognitiven Bezug des Modells (vgl. Gebert/Rosenstiel 1981, S. 47 ff.). Letzterer scheint jedoch gerade bei den Wirkungsbedingungen für die Behavioural Loyalty gerechtfertigt zu sein.

3.2 Soziale Austauschtheorie

Die soziale Austauschtheorie beschäftigt sich mit den gegenseitigen Abhängigkeiten menschlicher Beziehungen. Entscheidend für die Bewertung einer Beziehung ist dabei die Balance zwischen Kosten und Belohnung. Diese beiden Größen sind jedoch nicht nur als rein ökonomisches Maß zu verstehen, sondern umfassen beispielsweise auch Anstrengung oder Anerkennung (vgl. Kröber-Riel/Weinberg 1999, S. 469). Eine Beziehung wird beendet, wenn die Kosten nicht mehr durch die Belohnung überkompensiert werden. Im Umkehrschluss impliziert die soziale Austauschtheorie jedoch auch, dass Menschen bestrebt sind, ihrerseits das zurückzugeben, was sie von anderen bekommen haben. Dieser als „Reziprozitätsregel" bezeichnete Sachverhalt gilt in manchen Gesellschaften sogar als formales Ritual. In Asien beispielsweise ist das gegenseitige Beschenken ein weit verbreiteter Brauch, wobei peinlichst genau darauf geachtet wird, dass offene Verpflichtungen bestehen bleiben (vgl. Gouldner 1960, S. 163f.).

Die soziale Austauschtheorie wird über so genannte „Comparison Levels" operationalisiert, die sich aus den bisherigen Erfahrungen mit einer Beziehung ergeben. Da Erfahrungen jedoch immer der individuellen Wahrnehmung unterliegen, ist diese Operationalisierung, wenn überhaupt, nur in einer Eins-zu-Eins-Beziehung hilfreich. Die Austauschtheorie kann daher nur in ihrer allgemeinen Aussage verwendet werden, ohne dabei exakte Vergleichsmaßstäbe bestimmen zu können.

3.3 Soziale Identifikationstheorie

Die soziale Identifikationstheorie ist ein Teil der Sozialpsychologie und beschäftigt sich mit der Frage, warum sich Personen manchen Gruppen zugehörig fühlen, anderen jedoch nicht. Als Erklärung dafür wird das Konstrukt der „sozialen Identität" herangezogen, welches definiert ist als *"that part of an individual's selfconcept which derives from his knowledge of his membership of a social group together with the value and emotional significance attached to that membership"* (Tajfel zitiert nach Künzel 2003, S. 102). Sobald sich also eine Person einer bestimmten Gruppe zugeordnet hat, nimmt sie eine damit verbundene „soziale Identität" an.

Angewendet auf die vorliegende Fragestellung fühlen sich Kunden einem Programm also dann zugehörig und treten diesem bei, wenn sie sich entweder mit dem Programm selbst oder der dahinter stehenden Marke identifizieren können.

Verschiedene Studien konnten zudem zeigen, dass auch die Interaktion der Mitglieder untereinander einen weiteren positiven Einfluss auf die Identifikation mit der Gruppe hat (vgl. Bhattarchary/Hume 1995, S. 54).

4 Handlungsempfehlungen für die Praxis

Die zuvor näher erläuterten drei Theorien werden in diesem Abschnitt nun auf ihre Zielerreichung hin untersucht. Es wird geprüft, ob sich Regeln ableiten lassen, wie einzelne Programmfunktionen eines Kundenbindungsprogramms praxisorientiert ausgestaltet werden können.

4.1 Behavioural Loyalty

Unter Berücksichtigung der VIE-Theorie lassen sich die Gestaltungsfunktionen nach den bereits bekannten drei Kriterien Valenz, Instrumentalität und Erwartung aufgliedern.

Valenz

Die Valenz, also die subjektive Bedeutung, die mit einer Zielerreichung verbunden ist, wird über die Bonushöhe, die Bonusart und die Attraktivität der Prämien beeinflusst. Somit ist die Ausgestaltung dieser Funktion eng an das jeweilige Programm und an dessen Zielgruppe gebunden. Als allgemeine Gestaltungsempfehlungen werden von verschiedenen Autoren hier die nachfolgenden Empfehlungen gegeben (vgl. Künzel 2003, S. 38 u. S. 99; Kivetz/Simonson 2002, S. 155 ff.; Liston-Heyes 2002, S. 21; Lauer 2003, S. 57 ; Müller 2004, S. 17):

- Bei nur einer Prämienart seien Sachprämien Geldprämien vorzuziehen, da diese im Wert häufig überschätzt würden,

- hedonistische Prämien seien nützlichen Prämien vorzuziehen, da diese weniger häufig gekauft würden und damit einen Belohnungscharakter hätten,

- Belohnungen sollten mindestens alle 2 Jahre aktualisiert werden, da sonst der Anreiz des Programms verloren gehen würde.

Instrumentalität

Die Einlösemechanik beeinflusst die Instrumentalität, also den Grad in dem das Verhalten auch zur Belohnung wird. Dabei lassen sich als wesentliche Stellschrauben die Einlöselogistik, die Zuzahlungsmöglichkeiten und die Punkteverfallsregelungen unterscheiden. Dazu werden in der Literatur die folgenden Regeln empfohlen (vgl. Lauer 2003, S. 91 ff.; Yi/Jeon 2003, S. 238):

- Die Einlöselogistik sollte einfach sein,

- Muss-Zuzahlungen sollten vermieden werden, da sie das Image des Programms negativ beeinflussen könnten,

- Kann-Zuzahlungen seien eher zu empfehlen als keine Zuzahlungsmöglichkeiten, da der Kunde so auch ohne entsprechenden Punktestand eine attraktive Prämie erhalten könne. Um jedoch den Sinn einer Incentivierung nicht zu unterminieren, dürfe dieses nur in Verbindung mit einer Mindestanzahl von Bonuspunkten geschehen,

- Punkte sollten erst nach mehreren Jahren verfallen. Die Tatsache, dass Punkte verfallen können, sei von Kunden in der Regel gelernt und würde daher als nicht negativ empfunden. Der drohende Verfall würde im Gegenteil sogar dabei helfen, Punkte rechtzeitig zu verbrauchen. Es sei jedoch darauf zu achten, dass der Verfall nicht zu schnell erfolge, da sonst unter Umständen niemals eine angemessene Prämie erreicht werden könne.

Erwartung

Die Erwartung ist definiert, als die subjektive Einschätzung der Wahrscheinlichkeit dafür, dass eine Handlung auch zu einem Handlungsergebnis führt. Bei Kundenbindungsprogrammen wird diese durch die Incentivierungsmechanik bestimmt. Als Gestaltungsregeln werden in der Literatur genannt:

- Die Incentivierung sollte transparent sein,

- Eine Incentivierung von Umsatz und Verhalten sei sinnvoller, als nur die reine Umsatzincentivierung, da der Kunde hierbei mehr Entscheidungen treffen könne,

- Das incentivierte Verhalten sollte in jedem Fall durch den Kunden steuerbar sein. Somit wäre beispielsweise bei einem Stromanbieter die Incentivierung des Stromverbrauches weniger sinnvoll als die Incentivierung der jährlichen Vertragsverlängerung,

- Eine attraktive Prämie sollte für einen Durchschnittskunden innerhalb eines Jahres erreichbar sein.

Bei „low involvement" Gütern sollte zudem eine erste Prämie unmittelbar nach Teilnahmebeginn an dem entsprechenden Programm erreichbar sein. Der Begriff des Involvements wird hier definiert als „a highly perceived personal relevance to products or services in a particular context" (Yi/Jeon 2003, S. 233). In der

Praxis ist davon auszugehen, dass viele Produkte in dieser Kategorie liegen werden.

4.2 Emotional Loyalty

Die „Emotional Loyalty" wird vor allem durch die Service- und die Differenzierungsfunktion eines Kundenbindungsprogramms beeinflusst. Berücksichtigt man die soziale Identifikationstheorie so lassen sich beispielsweise folgende Regeln bilden:

- Es sollte exklusive Serviceleistungen geben,
- Es sollte nichtkäufliche Prämien geben,
- Es sollte ein geschlossenes Statussystem existieren bei dem der Status erworben werden muss und nicht gekauft werden kann.

Der Retailer Breuninger leistet für seine Kundenkartenbesitzer in diesem Zusammenhang etwa die folgenden Services (vgl. Breuninger, 2006):

- Artikel können bis zu 10 Tage mit nach Hause genommen werden,
- persönlicher Gutschein als Geburtstagsbonus,
- exklusive Informationen über Aktionen, Preisvorteile und Rabattspecials,
- u.a.

Weiterhin bleibt festzuhalten, dass die Gestalter eines Kundenbindungsprogramms dafür Sorge tragen sollten, dass die Kommunikation und Interaktion der Gruppenmitglieder untereinander ermöglicht und gefördert wird, um die Emotional Loyalty zu steigern. So führt beispielsweise der Automobilhersteller Porsche Clubabende nur für Porsche Eigentümer durch, welche die Exklusivität des „Porsche-Fahrens" herausstellen und in diesem Sinne bestätigend wirken.

Die „Reziprozitätsregel" wird von Unternehmen in der Praxis aktiv genutzt. Ein Beispiel hierfür sind Gratisproben, um die herum ganze Geschäftsmodelle entstanden sind. So belassen beispielsweise Verkäufer der amerikanischen Firma „Amway" ein Set von Gratisproben wahlweise 24, 48 oder 72 Stunden bei potentiellen Kunden, ohne dass dadurch irgendwelche Verpflichtungen entstehen sollen. Viele Kunden kaufen jedoch die Produkte, die sie getestet und somit angebrochen haben, dann dennoch (vgl. Cialdini 1997 mit einer Vielzahl weiterer Beispiele, S. 41 ff.).

Berücksichtigt man die Austauschtheorie, dann nehmen Nachfrager an einem Kundenbindungsprogramm teil, da sie glauben, die damit verbundenen Kosten würden durch die erzielbaren Vorteile mehr als aufgewogen. Da sie jedoch bei der Registrierung für ein Kundenbindungsprogramm die erwarteten Vorteile nicht unmittelbar erhalten, sollten die Kosten dafür so niedrig wie möglich gehalten werden. Gleichzeitig sollte beispielsweise bereits kurz danach ein erster Vorteil für den Kunden entstehen, damit die Beziehung aus Kundensicht nicht von vorneherein unausgewogen ist. So belohnte beispielsweise die Deutsche Bahn in ihrem Kundenbindungsprogramm bahn.bonus im Jahr 2005 die Registrierung eines neuen Teilnehmers mit einem Startguthaben von 150 „Willkommenspunkten".

5 Fazit und Ausblick

Als Fazit lässt sich festhalten, dass der Erklärungsbeitrag der einzelnen zuvor aufgeführten Theorien für die Gestaltung von Kundenbindungsprogramme zwar gegeben aber nicht ausreichend ist. Es lassen sich eine Vielzahl von Handlungsempfehlungen ableiten. Diese sind jedoch von eher allgemeiner Art und geben kaum Hinweise für die praxisorientierte Gestaltung eines individuellen Programms. Dass in der Literatur kritisierte Umsetzungsdefizit kann somit durch Zuhilfenahme zumindest der untersuchten Theorien keinesfalls behoben werden. Es steht vielmehr zu vermuten, dass aufgrund des komplexen Zusammenhanges eine spezifische Forschung notwendig ist. *Reinartz* (vgl. Reinartz 2006, S. 378) sieht beispielsweise Forschungsbedarf in folgenden Bereichen:

- Lässt sich die Vielzahl der vorhandenen Programme in irgendeiner Weise typologisieren?

- Gibt es besondere Umstände unter denen Unternehmen bessere Ergebnisse durch den Einsatz von Kundenbindungsprogrammen erzielen?

- Wie hoch ist der relative Erfolgsbeitrag der einzelnen Design-Charakteristika von Kundenbindungsprogrammen?
- Gibt es Branchen die für den Einsatz von Kundenbindungsprogrammen besser geeignet sind als andere?
- Gibt es unterschiedliche Präferenzen hinsichtlich der Gestaltung von Kundenbindungsprogrammen in den unterschiedlichen Produktkategorien und Branchen?
- Lassen sich Muster erkennen wie Kunden ihre Prämien verbrauchen?

Abschließend bleibt noch festzuhalten, dass trotz der Fülle der Karten und Clubs diese natürlich nur ein mögliches Gestaltungsmittel im Ringen um Kundenbindung sind, denen sich Unternehmen bedienen können aber bei weitem nicht müssen. So belegt etwa der Retailer Globus seit Jahren Spitzenplätze in der Kundenorientierung ohne jemals ein formales Kundenkartenprogramm eingeführt zu haben oder zukünftig einführen zu wollen (vgl. Konrad, 2006. S. 34)

Literatur

Berger, R.: Kundenbindungsprogramme in großen deutschen Unternehmen, München 2003

Breuninger: „Die Vorteile der ersten Kundenkarte Deutschlands", Main-Taunus Zentrum, Sulzbach 2006

Bhattarchary, B.A.; Hume, D.: Understanding the Bond of Identification, in: Journal of Marketing, 59 Jg. (1995), S. 46-57

Cialdini, R.B.: Die Psychologie des Überzeugens, Bern 1997

De Wulf, K.; Odekerken-Schröder, G.; Canniere, M.H.; van Oppen, C.: What Drives Customer Participation To Loyalty Programs?, in: Vlerick Working Papers 2002/2 Vlerick Leuven Gent Management School, Gent 2002

De Wulf, K.; Odekerken-Schröder, G.; van Kenhove, P.: Investments in Consumer Relationships: A Critical Reassessment and Modell Extension, Gent 2003

Dick, A.; Basu, K.: Customer Loyalty: Toward an Integrated Conceptual Framework, in: Journal of the Academy of Marketing Science, 22 Jg. (1994), Nr. 2, S. 99-113

Dick, A.: Using Membership Fees to increase Customer Loyalty, in: Journal of Product&Brand Management, 4 Jg. (1995), Nr. 5, S. 65-68

Diller, H.: Kundenbindung als Zielvorgabe im Beziehungsmarketing, in: Arbeitspapier 40, Betriebswirtschaftliches Institut der Universität Erlangen-Nürnberg, Nürnberg 1995

Diller, H.: Kundenbindung als Marketingziel, in: Marketing ZFP, 18 Jg. (1996), Nr. 2, S. 81-94

Diller, H. (1997): Was leisten Kundenclubs? in: Marketing ZFP, 19 Jg. (1997), Nr. 1, S. 33-41

Elfers, J.; Ulrichs, H.: Customer Loyalty Cards, Frankfurt 2006

Gebert, D.; von Rosenstiel, L.: Organisationspsychologie, Stuttgart 1981

Göttgens, O.; Schmidt, A.: CRM-Konzeption aus Kundensicht, in: Teichmann, R.: Customer und Shareholder Relationship Management. Erfolgreiche Kunden- und Aktionärsbindung in der Praxis, Berlin 2002

Gouldner, A.W.: The Norm of Reciprocity; A Preliminary Statement, in: American Sociological Review, Nr. 25 (1960), S. 161-178

Kivetz, R.; Simonson, I.: Earning the Right to Indulge: Effort as Determinant of Customer Preferences Toward Frequency Program Rewards, in: Journal of Marketing Research, 39 Jg. (2002), Nr. 5, S. 155-170

Klingsporn, B.: Er liebt mich, er liebt mich nicht, in: Direktmarketing Praxis, Nr. 2 (2006), S. 5

Klingsporn, B.: Kundenkarten machen noch keine Kundenbindung, in: Absatzwirtschaft, Zeitschrift für Marketing, Nr. 8 (2005), S. 100-102

Klingsporn, B. (2004): Analyse der Kundenbindungsprogramme in Deutschland, Frankfurt 2004

Konrad, J.: Das Kartenhaus wackelt, in: Lebensmittelzeitung, 26.05.2006, S. 33f.

Kröber-Riel, W.; Weinberg, P.: Konsumentenverhalten, 7.Auflage, München 1999

Künzel, S.: Das Bonusprogramm als Instrument zur Kundenbindung, 2. Aufl., Berlin 2003

Lauer, T.: Bonusprogramme, Berlin 2004

Leenheer, J.; Bijmolt, T.; van Heere, H.; Smidts, A.: Do Loyalty Programs Enhance Behavioral Loyalty?, Tilburg 2003

Liston-Heyes, C.: Pie in the Sky? Real Versus Perceived Values of Air Miles, in: Journal of Consumer Policy, 25 Jg. (2002), Nr. 1, S. 1-16

Meyer, A.; Oevermann, D.: Kundenbindung, in: Tietz, B.; Köhler, R.; Zentes, J.: Handwörterbuch des Marketings, 2. Aufl., 1995, S. 1340-1351

Müller, S.: Bonusprogramme als Instrumente des Beziehungsmarketings, in: Arbeitspapier 115, Betriebswirtschaftliches Institut der Universität Erlangen-Nürnberg, Nürnberg 2003

Müller, S.: Bonusprogramme in der Praxis, in: Arbeitspapier 121, Betriebswirtschaftliches Instituts der Universität Erlangen-Nürnberg, Nürnberg 2004

OgilvyOne worldwide: A methodology to build multibrand databases, London 2001

Reinartz, W.J.: Understanding Customer Loyalty Programs, in: Kraft, M.; Mantrala, M.K.; Retailing in the 21st Century – Current and Future Trends, Springer, 1. Aufl., 2006, S.378

Solon: Kundenclubs, München 2003

Terlutter, R.; Kricsfalussy, A.: Kunden gewinnen und halten, in: Marketing Journal, Nr. 6 (2003), S. 37-39

Voeth, M.; Rabe, C.: Kundennetze als Differenzierungsmöglichkeit bei Kundenkartensystemen, in: GFK: Jahrbuch der Absatz- und Verbraucherforschung, Nürnberg 2004

Youjae, Yi; Hosejong, Jeon: Effects of Loyalty Programs on Value Perception: Program Loyalty and Brand Loyalty, in: Journal of the Academy of Marketing Science, 31 Jg. (2003), Nr. 3, S. 229-240

The Loyalty Connection –
das Geheimnis, Kunden zu halten und Gewinne zu steigern

Bob Thompson

Zusammenfassung: Kundenabwanderungsraten sind höher als je zuvor, aber die Unternehmen haben noch nicht herausgefunden, wie dieser Aderlass gestoppt werden kann. Neuere Studien von CRMGuru nennen jedoch die Gründe: obwohl die Unternehmen immer wieder betonen, dass ihnen die Kundenloyalität sehr wichtig ist, unterstützen das die Management-Systeme und die Budgets aber keineswegs. 70 Prozent der Kunden nennen den schlechten Service als Grund, warum sie mit anderen Geschäfte machen; die Unternehmen glauben jedoch immer noch, dass der Preis die Hauptursache gewesen ist. Dennoch glauben die meisten Unternehmen an die Kundenloyalität. Für 80 Prozent des Top Managements ist sie „äußerst wichtig" bis „sehr wichtig". Dennoch investieren sie in die falschen Bereiche – nämlich 40 Prozent priorisieren die Neukundengewinnung und nur 22 Prozent die Kundenbindung, obwohl bekannt ist, dass es weit mehr bringt, Kunden zu halten, als neue zu gewinnen. In diesem Aufsatz sollen daher 4 Schritte zur Verbesserung der Kundenloyalität und Kundenbindung aufgezeigt werden, die bei richtiger Anwendung auch die Profitabilität verbessern helfen. Sie werden das jeweilige Unternehmen folglich mehr kunden-zentriert ausrichten – was ein Customer Relationship Management (CRM) ja eigentlich sein sollte – und bewirken, dass die Umsätze schneller wachsen und folglich mehr Einnahmen fließen. Die Verknüpfung zwischen Kundenloyalität und profitablem Wachstum ist durch etliche Marktführer unter Beweis gestellt worden – lernen Sie, wie Sie auch Ihren Markt beherrschen können.

Schlüsselworte: Customer Relationship Management, Retention Marketing, Loyalität, Kundenbindung, Kundenabwanderung, Churn Analysis, Customer Life Time Value, Beschwerdemanagement, Einflussfaktoren, Erfolgsfaktoren

Inhaltsverzeichnis

1 Die Bedeutung der Loyalitätsführerschaft 101

2 Einflussfaktoren für Loyalität und Abwanderung 104

3 Wie Kunden gehalten oder wieder zurückgewonnen werden 111

4 Betrachtungen zur Einführung von CRM 118

5 Empfehlungen 122

Literatur 124

1 Die Bedeutung der Loyalitätsführerschaft

Kundenbindungsexperten stimmen in der Regel dem zu, dass loyale Kunden sich länger im Geschäft aufhalten und meistens mehr kaufen. Dieses Verhalten resultiert aus der Einstellung der Kunden, dass sie gerne weiter mit dem Unternehmen in Beziehung bleiben möchten. Folglich erfreuen sich Loyalitätsführer eines substantiellen Vorteils hinsichtlich Umsatzwachstum und Profitabilität.

Was ist Loyalität?

In manchen Fällen bleiben Kunden beim Unternehmen, weil sie keine anderen Alternativen haben oder die Abwanderungshindernisse zu hoch sind. Es ist wichtig, diese „gefangenen" Kunden – wie von Walker Information definiert – nicht mit den „wirklich echt loyalen" Kunden zu verwechseln, die eine positive Meinung zur Geschäftsbeziehung haben und entsprechend Empfehlungen an Freunde und Kollegen machen.

Die meisten Unternehmen scheinen dieses Konzept durchaus verstanden zu haben. In einer im Dezember 2004 von CRMGuru durchgeführten Befragung definierten 64 Prozent Loyalität als „repeat buying behavior", 58 Prozent als Kundenempfehlungen an Freunde und Kollegen und 54 Prozent als eine vom Kunden eingegangene emotionale Beziehung. Nur 32 Prozent der Befragten sahen darin einen Kunden, der sehr viel Zeit investiert.

Der Loyalitätseffekt

Der „Loyalitätseffekt", wie ihn der Loyalty-Guru Frederick Reichheld beschreibt, ist ein mächtiges Tool, das immer neue Umsätze generiert, da loyale Kunden nun einmal dazu tendieren, mehr auszugeben, anderen Empfehlungen zu geben und weniger zu kosten. Reichheld, Autor von „The Loyalty Effect" und „Loyalty Rules", hat herausgefunden, dass Loyalitätsführer durchschnittlich mehr als doppelt so schnell wachsen wie der Durchschnitt des Marktes. In einer Studie hat Walker Information kürzlich festgestellt, dass Führer aus der IT-Industrie bei weitem „Zauderer" übertreffen: nach der Befragung von mehr als 4.000 Leuten im September 2004 haben IT-Hersteller mit einer hohen Kundenloyalität eine durchschnittliche Margin von 12 Prozent generiert, während dagegen Zauderer eine negative Marge von 11 Prozent erzielten.

Nach Jeff Marr, Vizepräsident und Senior Consultant von Walker Information, hat Walker Information einen Index entwickelt, der die tatsächlichen Erfahrungen des Kunden mit der beabsichtigen Kundentreue kombiniert. Walker Information betrachtete dabei den Grad, mit dem die Lieferanten und Dienstleister die Kundenerwartungen erfüllt haben, ob die Kunden beabsichtigen, die Geschäftsbeziehung aufrechtzuerhalten und wie groß der Vertrauensvorschuss, den der Kunde dem Unternehmen zu geben bereit war. Der daraus resultierende Index ermöglichte Walker die „wirklich echte Loyalität" eines Kunden zu klassifizieren, der stark mit den finanziellen Leistungen des Unternehmens korrelierte.

In den vergangenen zehn Jahren hat sich der American Customer Satisfaction Index (ACSI) – teilweise auch unterstützt durch die University of Michigan Business School – als nützliche Quelle zur Kundenbewertung erwiesen. Das ACSI-Modell verbindet Kundenerwartungen, erreichte Qualität und erreichter Nutzen zu einem allumfassenden Messkriterium, das wiederum mit daraus folgernden Konsequenzen wie Unzufriedenheit oder Loyalität in Verbindung gebracht wird. Die im ASCI führenden Unternehmen mit einem Ranking von über 50 Prozent waren in der vergangenen Dekade in der Lage gewesen, ihren Marktwert schneller aufzubauen. So hat beispielsweise Southwest Airlines in dieser Zeit höhere Gewinne und einen höheren Markt- / Aktienwert erzielt als alle übrigen Fluggesellschaften zusammen.

Schließlich haben die Untersuchungen von Frederick Reichheld sowie der Loyalty Consultants Jill Griffin und Michael Lowenstein bewiesen, dass das Halten von bestehenden Kunden ein Unternehmen erheblich weniger kostet als das Akquirieren neuer Kunden. In „Customer Winback: How to Recapture Lost Customers – And Keep Them Loyal" zitieren Griffin und Lowenstein eine im Jahre 2002 durchgeführte Marketing Metrics-Studie, nach der ein durchschnittliches Unternehmen zu 60 bis 70 Prozent Wahrscheinlichkeit einen Abschlusserfolg bei bestehenden, loyalen Kunden erzielen wird, zu 20 bis 40 Prozent Wahrscheinlichkeit bei einem bereits verlorenen Kunden und zu nur 5 bis 20 Prozent Wahrscheinlichkeit bei einem Interessenten.

Gründe für den Loyalty Business Case

Diese Beispiele zeigen, dass man nicht über Nacht die Loyalitätsführerschaft erreichen kann. Wie lassen sich dann aber die Investitionen auf diesem Gebiet rechtfertigen? Nun, in der im Dezember 2004 von CRMGuru durchgeführten Befragung haben Loyalitätsführer – also solche Unternehmensvorstände, die ihre Kundenbindungsprogramme als „exzellent" bewerteten – ihre Kundenbindungsprogramme mit erwarteten Verbesserungen hinsichtlich Profitabilität, Umsatzwachstum und erweiterter Kundenbasis gerechtfertigt. Es mag dabei überraschen, dass für 39 Prozent der Unternehmer auch die Verbesserung von Produkten und Dienstleistungen äußerst wichtig war.

Top 5 Methods Leaders Use To Justify Customer Loyalty Programs			
Justification Approach	"Leaders" Pct. Selecting	All Others Pct. Selecting	Comments
1. Increasing total profitability	54%	45%	Leaders are more focused on profit, not just revenue growth.
2. Increasing profitability per customer/segment	46%	33%	Leaders dig deeper into segments to optimize profitability.
3. Increasing total company revenues	46%	43%	At same marketing cost, a company with lower attrition rate grows faster.
4. Increasing total numbers of customers	39%	35%	Loyal customers refer others—and reduce marketing costs.
5. Improving products and services	39%	37%	Loyal customers give more feedback!

Source: CRMGuru Survey, December 2004, 462 Respondents

2 Einflussfaktoren für Loyalität und Abwanderung

Hinsichtlich Kundenloyalität und Kundenbindung gibt es keinen Ersatz für gute Analysen und gute Planung. Unabhängig von der Größe oder Art eines Unternehmens muss damit begonnen werden, herauszufinden, warum Kunden bleiben und warum sie abwandern. Eine solche kunden-zentrierte Sichtweise wird dem Management verdeutlichen, warum Kunden sich so verhalten, wie sie sich verhalten, um daraus letztendlich eine Gewinn bringende Kundenbindungsstrategie entwickeln zu können.

Natürlich ist möglich, unprofitable Kunden zu gewinnen bzw. zu wieder zurück zu gewinnen. Einige Unternehmen begehen den Fehler, indem sie laufend neue Kunden über den Preis gewinnen, und sich dann wundern, warum dieselben Kunden das nächste Geschäft mit einem Mitbewerber abschließen. Eine solche höchst abwanderungs-anfällige und ausschließlich preis-sensitive Kundenbasis kann nie und nimmer profitabel werden. Für ein erfolgreiches CRM ist es daher unerlässlich, die *richtigen* Kunden zu halten.

Analyse der Einflussfaktoren

Große Unternehmen mit Tausend bis Millionen Kunden führen diesen Ansatz weiter, indem sie Analysewerkzeuge und statistische Methoden einsetzen, um die wahren Einflussfaktoren für die Kundenloyalität herauszuarbeiten – Faktoren, die stark mit loyalen Einstellungen und Verhaltensweisen korrelieren.

In der IT-Industrie hat Walker Information beispielsweise herausgefunden, dass loyale Kunden primär durch folgende Faktoren beeinflusst werden:

- Einstellungen – gegenüber Marke, Qualität und Kundenorientierung
- Marken-Image – als Marktführer, vertrauenswürdige Firma und innovativer Anbieter
- Kundenerfahrungen – mit der Produktqualität, den Verkaufsprozessen, der technischen Unterstützung sowie der Beratung.

Die Walker-Studie fand auch heraus, dass „der Preis zwar mit dazu beiträgt, wie Kunden das bewerten, was sie gekauft haben", dass aber „der Preis selbst nur wenig zur Kundenbindung beiträgt".

Der Service ist entscheidend

Im heutigen Wettbewerbsumfeld haben die Kunden durchaus die Möglichkeit, ähnliche Produkte zu ähnlichen Preisen von einer Vielzahl von lokalen und globalen Anbietern zu erwerben. Kundenbindungs-Experten sagen daher, dass eine emotionale Kundenansprache dabei eine viel größere Rolle spielt als die Qualität und der Preis. Und ein schlechter Kundenservice hat die größte Schuld, ein negatives Gefühl beim Kunden zu erzeugen, das ihn schließlich dazu motiviert, abzuwandern.

Nach Arthur Hughes, Autor von „The Customer Loyalty Solution", verlassen die „meisten Leute eine Firma, weil sie sich nicht gut behandelt fühlen. Sie fühlen sich aus welchen Gründen auch immer übersehen oder nicht richtig behandelt. Das Management glaubt in der Regel, dass der Grund für das Verlassen der Preis ist – was natürlich in manchen Fällen auch stimmen mag. Aber üblicherweise ist es deshalb", meint Hughes, „weil sie sich vernachlässigt oder irgendwie schlecht behandelt fühlen." „Sie schreiben einen Brief und niemand antwortet darauf. Sie schicken eine E-Mail und niemand antwortet darauf. Sie rufen per Telefon an und sie werden für zwei Stunden in eine Warteschleife abgeschoben".

Eine im November 2004 von CRMGuru durchgeführte Befragung hat das durchaus bestätigt. Von denjenigen, die ein Produkt oder eine Dienstleistung nicht mehr einsetzen, haben 74 Prozent den Kundenservice als Hauptgrund für ihre Entscheidung genannt. Das zweit-meist genannte Problem – die schlechte Qualität – wurde von 32 Prozent der Befragten genannt, und für 25 Prozent waren Preisgründe ausschlaggebend gewesen.

„Perception Gap" zwischen Management und Kunde

„Unglücklicherweise" hat die CRMGuru-Untersuchung aber auch offenbart, dass sich die Manager sich selbst etwas vormachen, was die Gründe der Kundenabwanderung sind. Wie aus der folgenden Abbildung abzulesen ist, stimmen die Meinungen der Manager mit denen der Kunden überhaupt nicht überein: so glauben 49 Prozent der Manager, dass der Preis der Hauptgrund für die Kundenabwanderung sei, gefolgt von „veränderten Bedürfnissen" mit 36 Prozent und Kundenservice mit nur 22 Prozent.

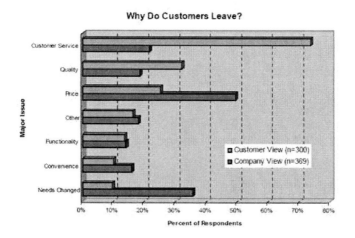

Obwohl jede Branche und jedes Geschäft verschieden sind, empfiehlt diese Studie den Verantwortlichen, ihre Vermutungen zu überprüfen und zu untersuchen, welches die tatsächlichen Gründe der Kundenabwanderung sind. Es ist nur zu menschlich, die Schuld immer woanders zu suchen: „Wenn nur unsere Firma die günstigeren Preise gehabt hätte, dann wären die Kunden nicht gegangen" oder:

„Es ist nicht unsere Schuld, wenn der Kunde seine Bedürfnisse ändert" oder „Schade, unsere Produkte waren nicht wettbewerbsfähig". Eine detailliertere Analyse der wahren Gründe wäre hier angebrachter.

Befrage die Kunden und verwende Analysemethoden!

Es ist häufig nicht so einfach, das Problem überhaupt festzustellen; hierbei können aber Befragungen hilfreich sein. Aber man kann die Kunden nicht ständig befragen, und selbst wenn man es tut, kann es oft zu spät sein.

Ein Unternehmen, das Handys mit Prepaid-Karten vertrieb, hatte eine Abwanderungsrate von 12 Prozent pro Monat zu verzeichnen, was bedeutete, dass es seine gesamte Kundenbasis im Laufe eines Jahres verlor. Das Management war ratlos, was zu tun sei. Eine Befragung kam nicht in Frage, da die einzige Kontaktinformation, die es über die Kunden hatte, deren Mobil-Telefon-Nummer war. Man wollte sie aber nicht anrufen aus Furcht, dass der Anruf sie nur irritieren würde.

Daher wandte man sich dem Thema Marketing-Analysen, einer Art Modellrechnung, zu und fand heraus, dass eine Korrelation zwischen den Vertriebskanälen und den Abwanderern bestand. Denjenigen, die ihr Handy auf dem Massenmarkt, wie Supermärkten gekauft hatten, wurde nicht erklärt, wie sie ihre Handy-Karte ersetzen können, wenn sie abgelaufen ist. Folglich hörten sie auf, das Handy weiter zu nutzen, wenn die Karte abgelaufen war. Mit dieser wichtigen Erkenntnis bearbeitete das Unternehmen den Vertriebskanal Massenmarkt und klärte deren Kunden auf, so dass es nun für sie einfacher wurde, entsprechende Ersatzkarten zu kaufen. Durch diese Maßnahme sank die Abwanderungsrate um 65 Prozent.

Dies ist – nach dem Marketing-Analytics-Experten Naras Eechambadi, CEO und Gründer von Quaero in Charlotte, North Carolina – ein dramatisches Beispiel dafür, wie ein Geschäft zusammenschmelzen kann, bis seine Manager die Wahrheit herausgefunden haben über die Gründe, warum Kunden weiter ein Produkt oder eine Dienstleistung nutzen oder warum sie zur Konkurrenz abwandern. Marketinganalysen können somit ein sehr genaues Bild der Kundenbasis aufzeichnen. Die Techniken erfassen Zahlen und erstellen den Wert eines Kunden gestern, heute und morgen. Eine solche Investition ist sowohl für mittlere bis große Unternehmen sinnvoll.

Beginne klein!

Unternehmen jeglicher Größe können solche Kundenbindungsprogramme implementieren. Der auf kleine Firmen spezialisierte CRM-Experte Jay Curry von Jay Curry Associates unterstützt Firmen dabei, Interviews mit den wichtigsten Kunden zu führen, um Erkenntnisse über die Beziehungen zu erhalten. Solche Interviews können persönlich bei den profitablen Kunden, per Telefon oder Internet bei mittelständischen Kunden oder per Direkt-Mail bei kleinere Kunden durchgeführt werden.

Unabhängig von den Methoden können solche Interviews und Befragungen nach Curry nützliche Informationen bringen über

- Kundenzufriedenheits-Grade
- Produkte und Dienste, die sie nicht kennen
- favorisierte Mitbewerber
- geplante Ausgaben
- wie das Unternehmen mehr von den Ausgaben für sich erzielen kann
- interne Abläufe

Das Unternehmen kann aufgrund dieser Erkenntnisse Entscheidungen fällen hinsichtlich notwendiger Veränderungen im Produkt- und Dienstleistungsangebot, in der Preisgestaltung oder im After-Sales-Kundenservice. Das Unternehmen ist nun in der Lage zu handeln, bevor der Kunde verärgert ist. Was dieser Methode an statistischer Genauigkeit fehlen mag, ersetzt sie durch einen mehr persönlicheren Ansatz, der eine positive Grundstimmung mit dem Kunden erzeugt. Allein die Tatsache, den Kunden um seine Meinung zu fragen, bedeutet schon einen Loyalitäts-bildenden Prozess, vorausgesetzt das Unternehmen handelt auch danach, was es erfahren hat.

Der letzte Anstoß

In 83 Prozent der Fälle gab es nach der CRMGuru-Umfrage über Kundenabwanderung ein auslösendes Ereignis, das zum Abbruch der Beziehungen geführt hatte. Aus vielen schriftlichen Antworten konnte die Bedeutung, die Emotionen, Gefühle dabei spielten, abgelesen werden. In einem Fall berichtete einer der

Befragten, dass er an die Konkurrenz „verloren" wurde, als das Unternehmen eine Veranstaltung eigentlich zur Auszeichnung loyaler Kunden durchführte. Diese Veranstaltung war jedoch schlecht vorbereitet und die Teilnehmer wurden überhaupt nicht betreut. In einem anderen Fall berichtete ein Befragter, dass „jeder in dem Laden mich einfach ignorierte, mich noch nicht einmal zur Kenntnis nahm. Als ich schließlich einen Verkäufer ansprach, wurde meine Frage recht schnippisch beantwortet, als ob ich zu blöd wäre zum Fragen".

Alan Piesse, ein auf Kundenbindung in der Telekommunikation spezialisierter Marketingberater, sollte versuchen, die hohe Anzahl unzufriedener Kunden eines Telefon-Anbieters abbauen zu helfen. Die geringe Kundenbindung, so Piesse, war die Auswirkung eines schlecht ausgeführten Kundenbeziehungs-Managements: „43 Prozent der abgewanderten Kunden führten das schlechte Kundenbeziehungs-Management als Grund an". So verlangte das Unternehmen nach Ablauf eines Vertrages vom Kunden ausbeuterisch hohe Preise, so Piesse, obwohl die Marktpreise selbst gesunken waren. Es waren aber nicht so sehr die hohen Preise, sondern vielmehr die Ungerechtigkeit, die die Kunden verärgerten. „Sobald aber die Kunden festgestellt hatten, dass sie mehr zahlten als beim Wettbewerb, sind sie sofort zu einem anderen Anbieter gewechselt; 30 Prozent des Umsatzes sind so jedes Jahr verloren gegangen, weil sie ihre Kunden nicht ‚fair' behandelt haben".

Vorhersehen der Abwanderungen

Es ist für Unternehmen nicht unbedingt einfach, mögliche Abwanderungen vorherzusehen. „Nur ein kleiner Prozentsatz der Kunden beklagt sich", schreibt Griffin in *Customer Loyalty*. „Normalerweise erfährt ein Unternehmen nur von 4 Prozent der Kunden, dass sie unzufrieden sind. Die restlichen 96 Prozent der Kunden geht so weg, und durchschnittlich 91 Prozent von ihnen kehrt auch nie wieder zurück". Aber es ist möglich, die Aktionen der Kunden nachzuverfolgen. Aus vierjährigen Untersuchungen bei etwa 200 Unternehmen für seine Studie *Customer Loyalty* konnte Griffin eine Liste von sechs Indikatoren zusammenstellen, die für einen Kunden einen Anlass zum Verlassen des Unternehmens darstellen:

- die Zusagen des Kunden auf Vorschläge kommen schleppender
- die Kontakte zum unteren Management nehmen ab

- die Anzahl an Kundendaten verlangsamt sich
- die Pläne für weitere Zusammenarbeit werden zunehmend kurzfristiger Natur
- ein oder mehrere Produkte oder Dienstleistungen werden nicht mehr fortgesetzt
- das Geschäftsvolumen mit dem Kunden nimmt ab.

Einige der Indikatoren, wie z.B. Kundenzusagen und Kontakte zum unteren Management, betreffen mehr den Business-to-Business-Bereich als den Business-to-Consumer-Markt. Dennoch kann durchaus auch im Business-to-Consumer-Bereich festgestellt werden, ob die Geschäfte zurückgehen. Manche Industriezweige, in denen Unternehmen die Kundenaktivitäten aufzeichnen – wie z.b. im Bereich Telekommunikation, Pay-TV und Internet-Dienstleister - , sind besonders gut dran, festzustellen, ob die Tätigkeiten zurückgehen, und können daher handeln, bevor die Kündigung erfolgt.

In einem Gespräch mit CRMGuru erwähnte Lowenstein den Fall eines deutschen Buchclubs, der über ein Jahr lang die Bemühungen, Beziehungen mit ehemaligen Kunden wieder aufzunehmen, verglichen hat mit den Bemühungen, neue Kunden anzuwerben. Das Unternehmen verglich dabei Umsatz, Profitabilität, Inanspruchnahme des Kundenservices sowie Kosten der Rückgewinnung bei den wieder zurückgewonnenen Kunden mit den entsprechenden Werten bei den Neukunden. Dabei stellte sich heraus, dass 10 Dollar an Umsatz und Gewinn bei den früheren Kunden nur 1 Dollar bei den besten Neukunden gegenüberstanden. „Allerdings", so Lowenstein, „gibt es nur eine begrenzte Anzahl guter ehemaliger Kunden für ein jedes Unternehmen".

Es gibt eine Menge Firmen, die zwar den Sinn von Kundenbindung verstehen, aber sie nicht in entsprechenden Geschäftsprozessen umsetzen. Verhältnismäßig wenige Firmen praktizieren nach Griffin und Lowenstein jegliche Art von Kundenbindungsprogrammen und noch weniger Firmen entsprechende Rückgewinnungs-Programme. Die Geschäftsführer von Unternehmen „erkennen vielfach nicht das enorme Potential, das in ihrer verloren gegangenen Kundenbasis steckt", meint Griffin. „Sie erkennen es nicht, oder aber es ist für sie ein heißes Eisen, das niemand gerne anpackt".

Je mehr sich die Dinge ändern ...

Die Untersuchung von CRMGuru bestätigte die Erkenntnisse anderer Studien, wonach Kundenservice das wichtigste Kriterium bezüglich Loyalität ist. In *Excelling in the 1990s: CEO Perspectives* hat R.P. Cooley festgestellt, dass 68 Prozent der Gründe, weshalb Kunden abgewandert sind, Serviceprobleme betrafen, oft auch nur das Gefühl, gleichgültig behandelt zu werden.

Den Kunden stehen in dem heutigen Wettbewerbsumfeld viele Optionen zur Verfügung. Wenn es ein Problem darstellt, wie man mit den Kunden in Beziehung steht, dann mag dies schon ein Antrieb sein, sich anderswo umzuschauen. Warum gibt man ihnen dazu die Gelegenheit?

3 Wie Kunden gehalten oder wieder zurückgewonnen werden

In der Untersuchung von CRMGuru über die Abwanderungsgründe haben 83 Prozent der Befragten angegeben, dass es oft nur ein letzter auslösender Anlass war, der sie zur Konkurrenz gehen ließ. Und dabei waren die meisten Kunden schon eine sehr lange Zeit dem Unternehmen verbunden gewesen.

Gerade dieser letzte, aus Kundensicht auslösende Anlass wird meistens vom jeweiligen Unternehmen nicht erkannt. In zahlreichen Fällen führte nach Aussage der von CRMGuru Befragten ein unhöfliches Verhalten der Kundendienstmitarbeiter oder aber eine irrtümliche Handlung zum Abbruch der Beziehungen. Aus den Aussagen der Kunden konnte allerdings nicht eindeutig ersehen werden, ob der Weggang vom Unternehmen überhaupt wahrgenommen wurde. Tatsächlich wurden 91 Prozent der Kunden niemals darauf angesprochen, nur 26 Prozent berichteten, das das Unternehmen die Kundenbeziehung aufrecht zu erhalten versuchte, bevor die Kunden sie beendet hatten.

Kundenbindungs-Experten empfehlen daher folgende Maßnahmen, um die richtigen Kunden zu halten bzw. verloren gegangene Kunden zurückzugewinnen:

- identifiziere die potentiellen Abwanderungskandidaten,
- sprich mit den Kunden,
- höre auf die Mitarbeiter mit Kundenkontakt,
- behandle die profitablen Kunden richtig,
- sei fair, selbst wenn man es nicht müsste,
- nutze Wechselhemmnisse sorgfältig,
- gewinne die richtigen Kunden wieder zurück.

Identifiziere die potentiellen Abwanderungskandidaten

Wenn es Aufzeichnungen gibt, sollte man sie auch nutzen, um ein schnelles Stimmungsbild über die Kunden zu erhalten, schlägt der Database Marketing-Fachmann Hughes vor. Kreditkartenunternehmen können beispielsweise sehr leicht den Umfang der Kundenaktivitäten feststellen. Wenn sie nachlassen, besteht durchaus die Möglichkeit, dass der Kunde die Karte zurückgibt, wenn eine Verlängerung notwendig wird. Ähnlich verhält es sich mit Handys, da man auch hier ablesen kann, wie oft der Kunde den Service noch nutzt. Man sollte auch nachschauen, wie alt – und nicht mehr auf dem neuesten Stand – das Handy inzwischen ist.

Da gerade Emotionen bei der Entscheidung der Kunden, eine Kundenbeziehung zu beenden, eine wesentliche Rolle spielen, sollten daher auch Emotionen genutzt werden, Kunden von dem Abbruch der Beziehung zurück zu halten., meinen Kundenbindungs-Experten. „Gerade ein unkonventioneller Versuch, mit diesen Leuten wieder Kontakt aufzunehmen ohne jeder Art formellen Programms", so Lowenstein, „bringt einem eine große Anzahl Kunden wieder zurück. Mit anderen Worten, die Leute möchten, dass man sich einsetzt und zwar nicht nur geschäftlich oder mit Hintergedanken, sondern dass man sich um einen kümmert, sie möchten nämlich wieder von einem hören".

Sprich mit den Kunden

Hughes sagt, dass er herausgefunden habe, dass die Kommunikation per Telefon, E-Mail, Brief oder – falls erforderlich – auch persönlich einen Kunden sogar kurz vor dem Absprung zurückhalten könne. Als Hughes für BMW beratend tätig war, hat er eine regelmäßige Abfolge von Kontakten über das ganze Jahr verteilt eingeführt, beginnend mit einem Begrüßungspaket und beigefügtem Kundenmagazin. Bei einem Autokäufer kann man seine Bemühungen auf das Ende der Leasingperiode konzentrieren, normalerweise nach drei Jahren, und dann die neuen Fahrzeugmodelle, die dann verfügbar sind, herausstellen.

Nach Hughes hat Travelers Insurance, eine der größten Personenversicherer in den USA, entdeckt, dass Kunden, die jährlich von Versicherungsagenten angerufen wurden, um mit ihnen über den aktuellen Stand zu sprechen, weniger wahrscheinlich die Versicherung aufkündigen würden. „Allein die Tatsache, dass jemand anruft und mit ihnen darüber spricht, führt dazu, dass sie bleiben". Hughes führt aus, dass die Wirkung dieser simplen Kommunikation mit dem Kunden äußerst leicht festzustellen ist, indem man die Kunden analysiert, die nicht angerufen worden sind. Travelers setzt nach Hughes auch auf Emotionen, Kunden allein von dem Gedanken einer möglichen Kündigung abzuhalten, indem sie zu Geburtstagen oder anderen Feiertagen Glückwunschkarten verschicken.

Höre auf die Mitarbeiter mit Kundenkontakt

David Rance, Geschäftsführer der englischen Firma Round, die Tools entwickelt, die Unternehmen dabei helfen sollen, ihre Kundenorientierung zu verbessern und die Kosten zu senken, empfiehlt, mit den Mitarbeitern des Kundenservice zu sprechen: „Der Kundenservice ist nämlich das Auffangbecken in der Organisation, in dem alle Unstimmigkeiten, Widersprüche, Irrtümer, Unterlassungen und alle sonstige Dummheiten, die Unternehmen ihren Kunden antun, zusammentreffen. Die Mitarbeiter im Kundenservice sind diejenigen, die als erste hören, was Kunden ärgert".

Er führt als Beispiel die Anweisung, die Bill Price, erster Vice President für Global Customer Service, bei Amazon.com eingeführt hat. Jeder Kundenkontakt wurde aufgezeichnet und besonders diejenigen Kundenkontakte wurden entsprechend gekennzeichnet, die notwendig waren, um die Hauptgründe für den Anruf ausfindig zu machen. Die Kosten dafür wurden der entsprechenden Abteilung belastet. „Man kann sicher sein", so Rance, „dass die belastete Abteilung sehr eng mit dem Kundenservice zusammenarbeitet, um so schnell wie möglich solche Anrufe wieder los zu werden".

Behandle die profitablen Kunden richtig

Lowenstein empfiehlt, Kunden zu befragen, um herauszufinden, was sie am Unternehmen schätzen und was sie von den Produkten halten im Vergleich zu denen der Wettbewerber. Wenn die Befragung zeigen sollte, dass der Kunde sich bloß von einem Kauf zum nächsten entscheidet, dann dürfte der Grad der Kundenbeziehung niedrig und die Wahrscheinlichkeit zum Wechsel groß sein.

Wenn man festlegen möchte, wie man Kunden halten soll, dann muss man auch bestimmen, auf *welche* Kunden man sich besonders konzentrieren soll: welche sind für das Unternehmen am profitabelsten und würden dem Unternehmen bei deren Verlust am teuersten zu stehen kommen?

Hughes schlägt vor, eine Risiko/Umsatz-Matrix aufzustellen, um feststellen zu können, auf welche Kundenbeziehungen man besonders achten sollte. Dabei muss man zwei Schritte durchführen: (1) den Kundenwert der Kunden während der Kundenbeziehung (CLV – Customer Lifetime Value) bestimmen und ihn in die Segmente hoch, mittel und niedrig unterteilen und danach (2) die Wahrscheinlichkeit, dass sie wechseln werden, festlegen und die Kunden wiederum in die drei Wahrscheinlichkeitskategorien hoch, mittel, niedrig unterteilen.

Angenommen alle Segmente sind gleich groß, dann sollte man 44 Prozent der Kunden in den Prioritäten A und B haben. „Die einzigen Felder, um die man sich kümmern muss, sind die vier wichtigsten Felder, die ich Priorität A und B genannt habe", sagt Hughes. Unabhängig vom CLV sind diejenigen, die am wahrscheinlichsten bleiben werden, die Kunden der Priorität C. Diejenigen mit dem höchsten CLV und der höchsten Abwanderungs-Wahrscheinlichkeit sind die Kunden der Priorität A.

Risk/Revenue Matrix

Probability of Leaving Soon

Life-Time Value		High	Medium	Low
	High	priority A	priority B	priority C
	Medium	priority B	priority B	priority C
	Low	priority C	priority C	priority C

Source: Arthur Middleton Hughes. *The Customer Loyalty Solution*

„Priorität C bedeutet niedriger CLV oder sehr loyale Kunden, die niemals wechseln werden – das sind solche Kunden, in die man nicht viel Geld investieren muss", meint Hughes. Sobald man sich entschieden hat, welche Kunden man halten will, kann man einfach sicherstellen, dass diese Kunden im Service Center mit Vorrang behandelt werden – oder sogar eine spezielle Service-Hotline-Nummer erhalten.

Sei fair, auch wenn man es nicht müsste

Piesse glaubt, dass die Gleichbehandlung von Kunden eine bedeutende Rolle bei der Bildung von Kundenloyalität spielt. In der Mobilfunkindustrie, so fand er heraus, erfolgte der Wechsel von Kunden größtenteils bei solchen Kunden, die aggressiv mit speziellen Preisangeboten umworben worden sind. „Diese Kunden wechseln", so Piesse, „zur Konkurrenz, weil sie entweder jedes Jahr nach den günstigsten Sonderangeboten Ausschau halten, oder aber das Package, das ihnen verkauft worden war, für sie nicht passend gewesen ist. Treu bleiben dagegen solche Kunden, denen der richtige Tarif verkauft worden war und die es auch glaubten. Sobald wir Kunden den besten verfügbaren Tarif angeboten haben, ist die Kundenbindung bei den hochwertigen Kunden extrem gewachsen".

„Sehr überraschend war, dass die meisten Kunden ihren Tarif nicht änderten, sondern ihren alten beibehielten und dennoch ihre Kundenbindungsrate gestiegen ist. Wenn man Kunden also fair behandelt", so Piesse, „nimmt die Kundenbindung stark zu und zwar zu letztendlich sehr geringen Kosten und stark wachsenden Gewinnen".

„Fortschrittliche Unternehmen sind heutzutage üblicherweise davon überzeugt, dass Kundenbeschwerden, eine Chance sind, die Angelegenheit wieder in Ordnung zu bringen", schreibt Jim Barnes in *Secrets of Customer Relationship Management*. „Wenn Kunden nicht ermuntert werden sich zu beschweren, weiß das Management häufig nicht, dass es überhaupt Schwierigkeiten in der Beziehung gibt. Beschwerden, die schnell und zur Zufriedenheit des Kunden gelöst werden, erzeugen oft eine größere Kundenbindung", sagt Barnes.

Nutze Wechselhemmnisse sorgfältig

Eine Möglichkeit zur Reaktion besteht darin, Kunden den Wechsel zu erschweren. In *Customer Winback* empfehlen Griffin und Lowenstein, ein einfaches Hindernis zum Wechseln aufzubauen, wie z.b. zu verlangen, dass der Kunde eine formale Mitteilung zu machen hat, bevor er die Beziehung aufkündigt. Auf diese Weise bekommt das Unternehmen die Chance, herauszufinden, was falsch gelaufen ist, und es entsprechend in Ordnung zu bringen, *bevor der Kunde gegangen ist*.

Gleichzeitig müssen die Mitarbeiter im Kundenservice, so Griffin und Lowenstein, in der Lage sein, sich des Problems schnell und sorgfältig annehmen. Sie müssen so geschickt sein, den Kunden, der außer sich vor Wut ist, Dampf ablassen zu lassen. „Unterbrechen Sie ihn nicht. Entgegnen Sie nichts. Hören Sie ihm ruhig eine Weile zu.", so Griffin und Lowenstein. „Solche Sätze wie ‚Es tut mir aufrichtig leid, dass Sie Probleme hatten; erklären Sie doch bitte, was passiert ist, dann kann ich Ihnen helfen', werden den Kunden dazu bringen, alles zu erklären – und dabei sich auch wieder ein wenig zu beruhigen."

Gewinne die richtigen Kunden wieder zurück

Trotz bester Bemühungen sind manche Kunden nicht zu halten. Wie kann man sie jedoch wieder zurückgewinnen? Experten raten folgende allseits anerkannte Vorgehensweise: (1) Bestimme, welche Kunden man zurück haben möchte, (2) finde heraus, warum sie weggegangen sind, (3) beseitige das Problem und (4) lade sie ein, wieder zurückzukehren.

„Kundenbeziehungen, die man gerne wieder aufnehmen möchte, sind solche, die einst stark und eng gewesen sind, aber sich aus bestimmten Gründen auseinander gelebt hatten", schreibt Barnes. „Sie bestehen sowohl mit Kunden, die wertvoll sind nicht nur wegen dem, was sie kaufen, sondern auch wegen der Empfehlungen, die abgegeben, als auch mit solchen Kunden, die die Moral der Mitarbeiter aufgrund ihrer positiven Handlungen und Haltungen gestützt haben, als auch mit solchen Kunden, die das Image des Unternehmens aufgrund ihrer Aktivitäten und ihrer Stellung in der Gesellschaft gefördert haben". Diejenigen Kunden jedoch, die man nicht wieder haben möchte, sind nach Barnes solche, die mehr kosten als sie einbringen.

Griffin und Lowenstein raten daher, einen zweiten Kundenlebenswert zu beachten – eine Formel, mit der man den Wert des Kunden während der erneuten Kundenbeziehungsdauer bestimmt. Zunächst multipliziert man die Anzahl der Aufträge pro Jahr mit dem durchschnittlichen Auftragswert. Das ergibt den Basis-Umsatz. Dazu addiert man dann den Cross-Selling-Betrag (15 Prozent des Grundumsatzes) und den Informations-Umsatz (10 Prozent des Basisumsatzes). Unter Cross-Selling-Gelegenheiten versteht man sonstige Produkte, die der Kunden möglicherweise auch noch kaufen wird. Und unter Informations-Umsatz versteht man das, was man über den Kunden weiß – z.B. dass die Firma plant, eine neue Filiale zu eröffnen, was zusätzliche Umsätze verspricht. Von diesem Betrag sind schließlich die gesamten Kosten einschließlich der direkten Kosten sowie der Kosten zur Rückgewinnung bzw. zur Kundenbindung abzuziehen, um daraus den Bruttogewinn abzuleiten. Dieses Verfahren ist entsprechend für das zweite und dritte Jahr zu wiederholen.

Calculating Second Lifetime Value

Base revenue (number of orders/year x dollar amount of average order)

plus   Cross-sell dollar amount (15% of base revenue)

plus   Informational revenue (10% of base revenue)

minus   Total costs (direct, winback and retention costs)

equals Gross profit

In *Customer Winback* führen Griffin und Lowenstein vier unterschiedliche Gründe auf, warum der „zweite Lebenszyklus" eines Kunden von seinem ersten Lebenszyklus abweichen – oder sogar für das Geschäft besser sein kann:

- der abgewanderte Kunde ist inzwischen wieder mit den angebotenen Leistungen vertraut,

- der Dienstleister hat mehr Informationen über des Kunden Wünsche und Abneigungen, als er über Neukunden hat – und kann daher einen zielgerichteten Service anbieten,

- das Unternehmen kann nun eine sehr persönliche Ansprache leisten, die zu besseren Verkaufsleistungen führen können, als sie mit dem „typischen anonym gewordenen Kunden des ersten Lebenszyklus" möglich waren,

- die Dauer der „Prospect-Phase" und der „Neukunden-Phase" wird nun im zweiten Lebenszyklus kürzer sein als im ersten Lebenszyklus.

Eines kann dabei offensichtlich leicht übersehen werden - nämlich das Problem zu beheben, das zur Abwanderung geführt hatte. Lowenstein führt dazu eine persönliche Erfahrung als Kunde von Netflix, einem Online DVD-Miet-Anbieter, an. Bei Netflix schickt man die DVD, die man ausgeliehen hat, nach Gebrauch wieder zurück und erhält daraufhin eine neue DVD von der mitgesandten Liste. Allerdings mussten Lowenstein und seine Frau gelegentlich sehr lange auf die nächste DVD warten, weil Netflix nicht ausreichend Auslieferungslager hatte, um einen reibungslosen Service zu gewährleisten. Lowenstein und seine Frau entschieden schließlich, dass der Lieferservice für sie nicht akzeptabel ist und machten nicht mehr weiter mit Netflix. Diese versandte eines Tages die Ankündigung, dass man die Anzahl der Service Center und Auslieferungslager vermehrt und damit die Umschlagszeit verkürzt habe. „Mit anderen Worten", so Lowenstein, „sie haben genau das Hauptproblem in Angriff genommen".

4 Betrachtungen zur Einführung von CRM

Beim Aufbau von Kundenbindungsprogrammen können CRM-Technologien und „Punkte"-Programme hilfreich sein – je nachdem ob sie die Loyalitäts-Einflussfaktoren beeinflussen. Und unabhängig wie hervorragend die CRM-Strategie oder wie ausgeklügelt das Kundenbindungsprogramm auch ist, ohne die Unterstützung der Mitarbeiter und Führungskräfte im Unternehmen wird nicht viel passieren.

Was ist der Sinn von CRM-Systemen?

CRM ist in den vergangenen zehn Jahren zu einem Modewort geworden. Je nachdem, ob man CRM nur als eine etwas mehr ausgefeiltere Methode des Direktmarketing ansieht oder nur als ein Werkzeug, um Verkaufsaktivitäten nachverfolgen zu können, oder aber hauptsächlich als eine effiziente Methode, einen Kundenservice bieten zu können, kann man einen ausgezeichneten ROI hinsichtlich der eingesetzten CRM-Technologien erzielen. Daran ist nichts falsch.

Aber wenn die Zielsetzung darin besteht, die wirkliche Kundenloyalität zu verbessern, dann muss man den Nutzen, *den der Kunde davon hat*, als entscheidend betrachten. CRM-Systeme haben Auswirkungen auf die Kundenbindung, indem sie dazu beitragen,

1. **die Serviceleistungen aus Sicht eines einzelnen Kunden zu verbessern.** CRM-Systeme, die eine integrierte Sichtweise über jeden einzelnen Kunden über alle Vertriebskanäle und Kontaktpunkte hinweg erstellen, befähigen die Unternehmen einen zu einem fehlerlosen Service, wie ihn die Kunden heute erwarten. Zur Erinnerung: ein schlechter Kundenservice ist einer der Hauptgründe für den Wechsel, die Abwanderung zum Mitbewerber.

2. **das Marketing mit Hilfe von Kundenanalysen zu optimieren.** Anstelle von Marketingkampagnen nach der Gießkannen-Methode verwendet CRM Analysemethoden, um tief in Kundendaten einzudringen, um daraus Kaufgewohnheiten und Kaufeinflussfaktoren herauszufiltern. Damit ist man dann in der Lage, Angebote zu unterbreiten, die auch wirklich gewünscht werden – nämlich Nutzen bringen.

3. **potentielle Abwanderungskandidaten zu identifizieren und proaktiv zu handeln.** Analysen sind notwendig, aber das wahre Geheimnis liegt darin, zu handeln, bevor es zu spät ist. Mit CRM-Systemen, besonders wenn sie mit anderen operativen Systemen verknüpft sind, ist man in der Lage, proaktiv „auf eigenes Risiko" Kunden anzusprechen und ihr Problem zu lösen, bevor sie – ohne etwas zu sagen – abgewandert sind. Solche Gelegenheiten erhält man nicht ein zweites mal.

4. **ein kundenorientiertes Verhalten mit Mitarbeiterbelohnungen zu verbinden.** Wenn man die Faktoren, die die Kundenloyalität fördern, kennt, können CRM-Systeme auch dazu verwendet werden, das Mitarbeiterverhalten zu analysieren. Doch dabei darf es nicht bleiben – eine wirkliche Veränderung erreicht man nur, wenn Mitarbeiter und Führungskräfte dafür belohnt werden, wenn sie sich richtig verhalten.

Die Sache mit den „Punkte"-Programmen

Eine der üblichen Kundenbindungs-Methoden, die Loyalty-Experten nicht hoch genug preisen, sind traditionelle Incentives-Programme wie z.b. Vielflieger-Programme oder ähnliche Programme, bei denen ein Kunde Punkte für einen Flug oder andere Vergünstigungen sammelt. „Der Nutzen von Loyalty Programmen ist aber sehr eingeschränkt bei solchen Firmen, die Produkte und Dienste wie Flugreisen, Übernachtungen oder Video-Ausleihe anbieten – also Produkte mit einem hohen Anteil an Wiederholungskäufen sowie einem wesentlichen anderen Merkmal: Produkte, die ohne zusätzliche Kosten verschenkt werden können", schreiben Howard Schneider und Richard Metzner in *What's the Latest in Loyalty Programs? No Program at All.*

Schneider und Metzner, die beide jahrelang bei Fluggesellschaften tätig waren, bevor sie die Unternehmensberatung Metzner Schneider Associates, Inc. gründeten, behaupten, dass sich selbst Fluggesellschaften die alten Vielflieger-Programme heute kaum noch leisten können. Denn das Versenden von gedruckten Briefen und Karten kann für ein Unternehmen sehr teuer werden. Selbst JetBlue, die zur Einsparung der Marketingkosten die Prozesse ins Internet verlegt haben, müssen „Millionen an Dollarwerten aus den angesammelten Meilen oder Punkten als Verbindlichkeiten verbuchen".

Dennoch hat Englands Handelsriese Tesco enorme Gewinne aus seinem Clubcard Programm erzielt. Tesco war in der Lage, aus dem Verhalten der Kunden in den Stores, analysiert aus den Daten der Clubcard, seine Marketing- und Dienstleistungsaktivitäten entsprechend anzupassen, um Kundenbindung und Gewinne zu optimieren. Die Ergebnisse sprechen für sich selbst: in den vergangenen zehn Jahren hat Tesco große und etablierte Lebensmittelhändler überholt und ist nun führend in England.

Das gesamte Unternehmen muss mit ins Boot genommen werden

Kundenbindungsprogramme müssen basieren auf einem dauerhaften Verständnis der Kundenbedürfnisse, in Einklang gebracht mit der Unternehmensstrategie und unterstützt von Bewertungs- und Messverfahren.

Allerdings fehlt dabei ein wesentlicher Punkt: die Mitarbeiter müssen ermutigt werden, sich richtig zu verhalten, daher ist die Verknüpfung der Bewertungs- und Messverfahren mit Vergünstigungen entscheidend.

In CRMGuru's Loyalitätsbefragung (Dezember 2004) haben über 70 Prozent der Befragten sich selbst als führend (einen "exzellenten" Job bezüglich Kundenbindungsprogrammen verrichtend) bezeichnet und gesagt, dass ihr Unternehmen sowohl fühlbare, als auch nicht fühlbare Vergünstigungen macht. Von allen anderen Befragten gaben nur 46 Prozent Rabatte bzw. Vergünstigungen jeglicher Art an. Das wichtigste Bewertungskriterium für die Vergabe von Vergünstigungen war die Kundenzufriedenheitsrate, gefolgt von der Kundenbindungsrate, dem angenommenen Kundenwert sowie der Loyalitätsrate.

Sind Vergünstigungen eigentlich nur gleichbedeutend mit „gib mir Geld"? Nicht unbedingt. Bei Enterprise Rent-A-Car, nach Reichheld ein in der Branche führendes Unternehmen in Sachen Kundenbindung, sind nur Manager derjenigen Filialen, die 50 Prozent und mehr an Kundenzufriedenheitsrate aufweisen, für eine Auszeichnung berechtigt. Das ist eine sehr anziehende Incentive-Methode für ehrgeizige Manager, ebenfalls Teil eines äußerst leistungsfähigen Teams, das sich durch eine hohe Kundenorientierung auszeichnet, sein zu dürfen.

Bei Amica Life Insurance gehören Auszeichnungen schon zur Unternehmenskultur. Das Unternehmen hat eine treue Kundenbasis aufgebaut, indem es Mitarbeiter eingestellt und gehalten hat, die gerne großen und guten Service leisten. Die Mitarbeiter bleiben daher auch jahrelang bei der Firma, manche sogar mehrere Dekaden lang – und die Kunden ebenfalls. Während der letzten fünf Jahre hat J.D. Power and Associates Amica daher als „den nationalen Autoversicherer mit der allerhöchsten Kundenzufriedenheit" ausgezeichnet.

Wenn man sich also ernsthaft mit dem Thema Kundenloyalität befasst, dann wird man auch geeignete Bewertungs- und Messverfahren finden und diejenigen auszeichnen, die tagein und tagaus dafür sorgen, dass es zur Kundenbindung überhaupt kommt.

5 Empfehlungen

Die gute Nachricht in diesem Zusammenhang ist, dass Manager der Kundenbindung eine hohe Bedeutung zumessen. Die schlechte Nachricht aber ist, dass die Realität von diesem Anspruch weit entfernt ist. Obwohl 80 Prozent der Befragten in der CRMGuru.com-Untersuchung sagen, dass das Management Kundenloyalität für „äußerst" oder „sehr" wichtig hält, bewerten nur 45 Prozent derselben Befragten die Anstrengungen ihres Unternehmens in Sachen Kundenloyalität als „gut" oder „ausgezeichnet".

Da gibt es also noch viel Platz für Verbesserungen – und eine Chance, einen entsprechenden Wettbewerbsvorsprung zu erlangen. Packen Sie es an!

Diejenigen, die ihre Bemühungen in Sachen Kundenbindung als „ausgezeichnet" bewertet haben, haben aller Voraussicht nach auch formale Kundenbindungsprogramme implementiert oder sie in Planung (siehe nachfolgende Abbildung).

Sie haben sicherlich auch

- das Top Management in die Verpflichtung genommen – und zu ihrer Unterstützung einen speziellen Mitarbeiterstab eingesetzt,
- mehr Gelder aus dem Marketingbudget in Kundenbindungsprogramme als in die Neukunden-Akquise gesteckt
- und die Kundenloyalität regelmäßig gemessen und die zuständige Abteilung für die Ergebnisse entsprechend ausgezeichnet.

Folgen Sie dem Beispiel dieser Marktführer. Nehmen Sie die Empfehlung der Kundenbindungs-Experten an. Vor allem aber – tun Sie etwas! Denn alles Wissen auf der Welt hält Kunden nicht davon ab, zum Mitbewerber zu wechseln, oder hilft Ihnen nicht, Kunden wieder zurück zu gewinnen, wenn Sie es nicht versuchen.

Literatur

Barnes, J.G.: Secrets of Customer Relationship Management: It's all about how you make them feel, New York 2001

Griffin, J.; Lowenstein M. W.: Customer Winback: How to recapture Lost Customers – and keep them loyal, San Francisco 2001

Griffin, J.: Customer Loyalty: How to Earn it – How to Keep it, San Francisco 2002

Hughes, A.M.: The Customer Loyalty Solution: What Works (and what doesn't) in Customer Loyalty Programs, New York 2003

Reichheld, F.F.: The Loyalty Effect: The Hidden Force Behind Growth, Profits, and Lasting Value, Tampa, Fl. 1996

Reichheld, F.F.: Loyalty Rules: How Leaders Build Lasting Relationships, Tampa, Fl., 2003

Schneider, H.; Metzner, R.: What's the Latest in Loyalty Progams? No Program at All, in: CRMGuru (www.crmguru.com), 16. Nov. 2004

Total Loyalty Marketing : Mit begeisterten Kunden und loyalen Mitarbeitern zum Unternehmenserfolg

Anne M. Schüller

Zusammenfassung: In den Margen- und Marktanteilsschlachten der Zukunft wird es verstärkt um Loyalität gehen. Denn wenn die Angebote immer zahlreicher, die Kunden dagegen weniger und immer illoyaler werden, ist es umso wichtiger, diejenigen zu halten und zu pflegen, die man schon gewonnen hat – und neue, treue Kunden zu gewinnen. Gerade in konjunkturell schwierigen Zeiten ist es unumgänglich, sich auf seinen bestehenden Kundenstamm zu konzentrieren. Die strategische Ausrichtung auf begeisterte „Immer-wieder-Käufer" und aktive, positive Empfehler ist die intelligenteste, kostengünstigste und damit erfolgversprechendste Umsatzwuchs-Strategie aller Zeiten. Neu-Kunden werden auf diesem Weg gleich mitgeliefert – und zwar kostenlos.

Schlüsselworte: Kundenloyalität, Loyalty Value, Total Loyalty Marketing

Inhaltsverzeichnis

1 Zukunftstrend Kundenloyalität ... 127

   1.1 Loyalität: die schärfste Waffe des Verbrauchers ... 128

   1.2 Loyalität ist ein Turbo für den Erfolg ... 129

   1.3 Eine Rechnung, die aufgeht: Der Loyalty Value ... 130

2 Der Managementprozess des Total Loyalty Marketing ... 132

   2.1 Der Kunde im Fokus ... 133

   2.2 Die Rolle des Management im Total Loyalty Marketing ... 134

3 Die Loyalitätstreppe des Mitarbeiters ... 136

4 Die Loyalitätstreppe des Käufers ... 137

   4.1 Stammkäufer sind wertvoller als Neukunden ... 139

   4.2 Ihr größter Schatz: aktive positive Empfehler ... 139

   4.3 Die Empfehlungsquote ermitteln ... 140

Literatur ... 142

1 Zukunftstrend Kundenloyalität

Nahezu alle Branchen melden inzwischen nachlassende Kundenloyalität. Erst kürzlich schockte das Ergebnis einer internationalen Befragung der Prüfungs- und Beratungsgesellschaft Deloitte, wonach 81 Prozent aller Kunden ihre Bank wechseln wollen. Die Ursachen haben nicht nur mit verändertem Verbraucherverhalten zu tun. In den meisten Fällen sind sie hausgemacht. Weil nicht Menschen, sondern Strukturen und Prozesse im Vordergrund stehen. Weil die Controller und nicht die Marketingleute das Sagen haben (Stichwort Entlassungsproduktivität). Vor allem aber: Weil die Unternehmen nach wie vor zu selbstzentriert agieren – anstatt den Kunden zu hofieren.

Die Zeit der knappen Angebote ist lange vorbei. Das heißt, es gibt von allem viel zu viel, wir haben Käufermärkte. Dank *Ebay* wird bereits kräftig entrümpelt. „In einer Überfluss-Gesellschaft werden nicht mehr die Angebote knapp, sondern die Wünsche", sagt dazu der Philosoph *Günther Anders*. Unternehmen müssen demnach heute Wünsche wecken können, nachhaltig Begeisterung auslösen und einen dauerhaften Nachfrage-Sog erzeugen. Denn: wer übersättigt ist, der braucht einfach nichts mehr, er will höchstens noch kaufen.

Dieses Szenario erfordert neue Einsichten und neue Verhaltensweisen, vor allem aber die uneingeschränkte Betrachtungsweise aus dem Blickwinkel des Kunden. Es erfordert eine angstfreie, unbürokratische Unternehmenskultur mit hoher Flexibilität und schnellem Handeln. Gebraucht werden Führungskräfte, die ihre MitarbeiterInnen kundenfokussiert führen, so dass diese ihre Aktivitäten systematisch auf den Kunden ausrichten können und wollen. Loyalitätsmarketing ist angesagt, Loyalitätsführerschaft heißt das Ziel.

Loyalität ist heute ein knappes Gut – und somit äußerst begehrenswert. Wer sie bekommt, und zwar am besten im Doppelpack, also in Form loyaler Kunden und loyaler Mitarbeiter, ist fein raus. Wer es im Ringen um Loyalität zu wahrer Meisterschaft bringt, dem ist die Zukunft sicher. Und Achtung: Ihre loyalsten Kunden sind gleichzeitig die, die Ihre Konkurrenz am liebsten hätte.

Aber hat Loyalität heutzutage überhaupt eine Chance? Wenn der Handel immer noch täglich mit neuen Tiefstpreisen droht!? Wenn wir förmlich zu den Grabbeltischen getrieben werden!? Wenn uns die Medien glauben machen, wir seien zu einem Volk von Schnäppchenjägern verwildert!? Wenn überall gepredigt wird, Geiz sei geil und alles andere blöde!? Und kommt Loyalität nicht ein wenig verstaubt daher? Denkt man da nicht an blinden Gehorsam und ewige Treue? Passt Loyalität überhaupt noch in unsere schnelllebige Zeit?

1.1 Loyalität: die schärfste Waffe des Verbrauchers

Nicht Konsumverzicht, sondern Loyalität ist die schärfste Waffe des Verbrauchers. Denn irgendwann wird jeder wieder kaufen/konsumieren (müssen), fragt sich nur, bei wem! Kundenloyalität ist somit die wichtigste und gleichzeitig vorrangigste unternehmerische Herausforderung der Zukunft. Wer diese Herausforderung annimmt, wer sich die Loyalitätsführerschaft auf die Fahnen schreibt, wer also die loyalsten Kunden hat, der wird sich erfolgreich von der allgemeinen Marktentwicklung abkoppeln können, der ist in Zukunft vorn!

Der Begriff der Kundenbindung gehört in die Mottenkiste des letzten Jahrhunderts, denn er bezeugt die selbstfokussierte, managementbezogene und oft immer noch arrogante Sicht des Unternehmens auf den Kunden. Kundenloyalität dagegen betrachtet die unternehmerische Welt mit aller Konsequenz aus der Perspektive des Kunden. Eine kundennahe, nachfragerbezogene Sicht ist die einzig relevante Blickrichtung, um möglichst lang anhaltende, gewinnbringende Geschäftsbeziehungen aufzubauen.

Kein Knebelvertrag, kein noch so gutes Kundenbindungsinstrument kann heute und morgen noch Kunden dauerhaft binden – das können nur kundenorientierte Mitarbeiter schaffen. Die Mitarbeiter sind die Umsetzungsverantwortlichen des Marketing – und Loyalitätsmacher. Denn Loyalität entsteht viel leichter zwischen zwei Menschen als zwischen Menschen und mehr oder weniger anonymen Unternehmen. Je individueller die Leistung für den einzelnen Kunden erbracht wird und je unmittelbarer der Kunde-Mitarbeiter-Kontakt ausfällt, desto stärker ist das Gefühl emotionaler Verbundenheit. Und dort, wo Produkte nicht mehr faszinieren können, da müssen es die Menschen tun.

Kundenloyalität bedeutet:
• Freiwillige Treue,
• emotionale, andauernde Verbundenheit,
• leidenschaftliche Fürsprache.

Loyalität braucht Zeit zum Wachsen. Denn Loyalität ist freiwillige Treue. Die muss man sich – genau wie seinen guten Ruf – immer wieder neu (v)erdienen. Loyalität bekommt geschenkt, wer Kundenerwartungen (deutlich) übertrifft. Alles, was mit blumigen Werbeworten Ihr bunter Prospekt, das Internet, Ihr Verkäufergeschwader verspricht, muss nicht nur eingelöst, sondern sogar überboten werden.

Überrascht, verblüfft, begeistert, ja geradezu fasziniert muss der Kunde sein, *das* ist der beste Nährboden für Loyalität. Ein durch und durch loyaler Kunde trägt eine rosarote Brille, so wie ein Verliebter, der nur die guten Seiten sieht und über kleine Schwächen milde hinwegschaut.

1.2 Loyalität ist ein Turbo für den Erfolg

Loyalität ist das wertvollste, was Sie von einem Kunden bekommen können, wertvoller noch, als sein Geld. Wer rein auf das Portemonnaie des Kunden schielt, zielt meist auf den Einmal-Kaufakt. Loyalität dagegen zielt auf die freiwillige Treue des Kunden, auf sein anhaltend emotionales Engagement. Dies spült nicht nur einmal, sondern immer wieder Geld in Ihre Kassen: Und zwar nicht nur das Geld der Kunden, die gerne immer wieder kaufen, sondern auch das Geld von Leuten aus seinem Umfeld. Denn wer durch und durch loyal ist, wird zu Ihrem Botschafter, der leidenschaftlich gerne Gutes über Sie erzählt – wenn Sie ihm wirklich gute Gründe dafür liefern.

Jedoch: Loyalität hat ein flüchtiges Wesen – eine Loyalitätsgarantie gibt es nicht. Man wird also ständig in Vorleistung gehen müssen, nur dann bekommt man schließlich Loyalität geschenkt. Dauerhafte Loyalität führt zu nachhaltiger Ertragssicherung! Sie zielt nicht bloß auf den langfristigen Kundenwert eines Verbrauchers, sondern vor allem auf dessen Empfehlungsgeschäft. Denn als aktive, positive Weiterempfehler sind Kunden am profitabelsten, *so* wird das meiste Geld verdient.

1.3 Eine Rechnung, die aufgeht: Der Loyalty Value

Viele Unternehmen kaprizieren sich heute auf die Errechnung des Kundenwertes. Dieser auch gerne ‚Lifetime Value' genannte Wert bezeichnet den Umsatz bzw. heute meist den Ertrag, den ein Unternehmen mit einem Kunden während des gesamten Kundenbeziehungszeitraums erwirtschaftet.

Viel interessanter – weil profitabler – ist der Loyalitätswert eines Kunden. Er setzt sich aus dem 'Lifetime Value' und dem 'Recommendation Value', also dem Empfehlungswert, zusammen. Wir verwenden als ‚Lifetime Value' bzw. Kundenwert hier der Einfachheit halber den kumulierten zukünftigen Umsatz plus Kosteneinsparungen.

Nehmen wir einmal an, dass ein loyaler Kunde fünf Käufe pro Jahr mit einem durchschnittlichen Umsatz je Kauf von 150 Euro tätigt. Bei einem Kundenbeziehungszeitraum von zehn Jahren und einer Kostenersparnis pro Kauf (für nicht notwendige Werbemaßnahmen, Prozessoptimierungen etc.) von fünf Euro ergibt das:

Kundenwert = (5 x 150 x 10) + (5 x 5 x 10) = 7.500 + 250 = 7.750 Euro

Der Recommendation Value 1 oder Empfehlungswert 1 setzt sich analog aus dem Umsatz der neuen Kunden sowie aus Kostenersparnissen zusammen. Gehen wir davon aus, dass unser loyaler Kunde pro Jahr nur einen einzigen neuen Kunden gewinnt und jeder neue Kunde im Durchschnitt den halben Lifetime Value aufweist, so ergibt das inklusive einer Akquisekosten-Ersparnis von 100 Euro pro Kunde:

Empfehlungswert 1 = (10 x 3.875) + (10 x 100) = 39.750 Euro

Der 'Loyalty Value' beträgt in diesem Beispiel also für einen einzigen Kunden 47.500 Euro und ist etwa fünf Mal so hoch wie sein Kundenwert. Der Wert aus möglichen Verbesserungsvorschlägen bzw. Innovationsanstößen müsste dem noch hinzugerechnet werden. Und das ist bei weitem noch nicht alles. Denn begeisterte Empfohlene werden, wenn man richtig mit Ihnen umzugehen weiß, ihrerseits zu Empfehlern und versetzen ihr ganzes Umfeld in einen Empfehlungsrausch. Schließlich werden sogar Menschen, die nicht einmal Ihre Kunden sind, aber ständig von allen Seiten Gutes über Sie gehört haben, zu aktiven Empfehlern. Aus dem so gewonnenen Geschäft errechnet sich der Empfehlungswert 2. Er beträgt ein Vielfaches des Empfehlungswert 1 und kann meist nur geschätzt werden.

Wer seinen Erfolg potenzieren will, fokussiert auf den Empfehlungswert 2. Ein solches Unternehmen hat nicht nur eine Vielzahl begeisterter Empfehler, sondern macht auch die Empfohlenen zu neuen Empfehlern. So setzt sich eine Empfehlungsspirale in Gang, die sich immer weiter nach oben dreht (vgl. Abbildung 1).

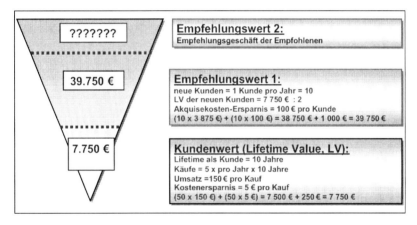

Abbildung 1: Der Loyalty Value eines Käufers in einer vereinfachten Beispielrechnung. Alle Zahlen sind eher konservativ gewählt. So liegen etwa die Akquisekosten für die Neukunden-Gewinnung in vielen Branchen bei weit über 100 Euro. Der Empfehlungswert 2 kann nur grob geschätzt werden.

2 Der Managementprozess des Total Loyalty Marketing

Total Loyalty Marketing ist ein ganzheitlicher strategischer Management-Ansatz, der erstmals die drei Loyalitätsachsen Marketing – Mitarbeiter – Kunde systematisch miteinander vernetzt. Alles aus Marketingsicht Wichtige ist in einem einzigen Modell zusammengefasst und zielt auf loyale Kunden. Die Ausrichtung auf Loyalität wird zu einer Unternehmensstrategie entwickelt und Loyalität als Wert tief in die Unternehmenskultur eingebettet. Hierbei geht es um den Aufbau interner, also mitarbeiterbezogener sowie externer, also kundenbezogener Loyalität – und zwar in dieser Reihenfolge.

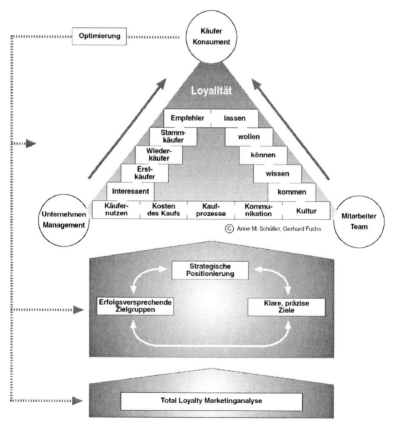

Abbildung 2: Der Managementprozess des Total Loyalty Marketing

Am Anfang des Total Loyalty Marketing steht die loyalitätsfokussierte Analyse. Ziel dieses ersten Schrittes ist es, in Frage kommende Menschen, Märkte und schließlich auch das eigene Unternehmen systematisch nach Loyalitätspotenzial „abzuklopfen".

Der nächste große Block in diesem Prozess ist die Marketingstrategie, die auf der Basis der Analyse entwickelt wird. Hier werden loyalitätsorientierte Ziele formuliert, Erfolg und Loyalität versprechende Zielgruppen definiert sowie die für Konsumenten und Mitarbeiter(!) relevanten Nutzen und USP's in eine strategische Positionierung eingebettet (vgl. Abbildung 2).

2.1 Der Kunde im Fokus

Weil wir im Total Loyalty Marketing alles aus Sicht des Kunden betrachten, bedeutet der USP nun nicht länger 'Unique Selling Proposition' (= das einzigartige Angebot, das wir zu verkaufen haben), so wie es in den Marketingbüchern steht. Vielmehr geht es jetzt um das Versprechen einer einzigartigen, unverwechselbaren Befriedigung von Wünschen und Bedürfnissen unserer Kunden, also um eine ‚Unique Satisfaction Proposition'.

Es interessieren also nur *die* Aspekte, die den Kunden interessieren, die *ihm* Nutzen bringen. Dies verlangt, unsere Vorteile glaubhaft in seine Lebenswelt zu transportieren, *die* Probleme zu lösen, die der Kunde hat und ihm dabei ein gutes Gefühl zu vermitteln. Hierzu werden viele Unternehmen und ganze Branchen ihre Dienstleistung neu erfinden müssen. Folgende Fragen sind dabei zielführend:

- Wer und wie ist unser Kunde?
- Wie ‚tickt' er emotional?
- Was will und braucht er wirklich?
- Was ist gut und richtig für ihn?
- Was hält er von unserer Leistung?
- Was fängt er damit an?
- Wie können wir helfen, unsere Kunden erfolgreich und damit glücklich zu machen?

Und wie erfahren wir all das? Nicht am grünen Tisch, nicht durch Studien und Statistiken, sondern nur durch regelmäßige, offene Dialoge mit den Kunden. Kundenfokussiert führen heißt demnach: Nicht glauben, zu wissen, was der Kunde nötig hat und nützlich findet, sondern die Mitarbeiter dazu anhalten, *täglich* Kunden-Rückmeldungen einzuholen.

Auf dem Fundament der loyalitätsfokussierten Analyse und Strategie steht das Total-Loyalty-Marketing-Dreieck mit seinen Eckpunkten Management, Mitarbeiter und Käufer (vgl. Abbildung 2). Dabei steht der Käufer bzw. Konsument – und nicht etwa der Investor oder die Anteilseigner – in diesem Dreiecksverhältnis unumstößlich an der Spitze. Alle Aktivitäten des Managements und der Mitarbeiter sind systematisch auf ihn ausgerichtet. Drei mal fünf Bausteine führen zu den anvisierten (Loyalitäts-)Zielen.

Aus den selbstzentrierten 4 P des klassischen Marketing (Product, Price, Place, Promotion) werden im Total Loyalty Marketing die auf den Käufer fokussierenden 5 K: der Käufernutzen, die Kosten des Kaufs, die Kaufprozesse, die Kommunikation als Dialog und die Kultur des Unternehmens, so wie der Mitarbeiter sie lebt und der Kunde sie erlebt.

Die Kontroll-Funktionen übernehmen vornehmlich die systematisch zu Kommentaren ermunterten Käufer. Hierdurch erhalten die Mitarbeiter unmittelbares Feedback über ihre Wirkung auf den Kunden und auch die Möglichkeit zur Selbstkontrolle. Dies reduziert den Controlling-Aufwand des Managements auf ein Minimum.

2.2 Die Rolle des Management im Total Loyalty Marketing

Loyalität zu erzielen ist ein komplexer Vorgang. Dies ist *nicht* mit einem Zehn-Punkte-Programm und auch nicht im Rahmen einer Projektgruppe lösbar. Loyalität geht jeden Mitarbeiter im Unternehmen an und ist ein fortlaufender, nie endender Prozess. Grundvoraussetzung ist eine loyalitätsbasierte Unternehmenskultur, die dem Umgang miteinander sehr gut tut.

Ausgelöst werden müssen die Loyalisierungsprozesse durch das Management. Dies umfasst die Loyalität zu den Kunden, den Mitarbeitern und ebenso zu den

Lieferanten und Partnern. Ist Loyalität in der Unternehmensstrategie fest verankert, muss sie vom Management auch vorgelebt werden. Das ist die Basis für Mitarbeiter-Loyalität.

Kunden- und Mitarbeiter-Loyalität stehen in einem engen Zusammenhang. Sie verstärken sich gegenseitig – im positiven wie im negativen. Haben Sie zum Beispiel schon einmal analysiert, wie viele Kunden Sie verlieren, weil Ihre Mitarbeiter Sie verlassen? Unternehmen, die eine hohe (natürliche oder von Controllern verordnete) Mitarbeiterfluktuation haben, werden auch viele Kunden verlieren. Zu manch (austauschbarem) Dienstleister gehen die Kunden ja nur wegen dieser einen freundlichen Person, die einen schon so lange kennt. Kunden sind also oft dem Mitarbeiter gegenüber treu und nicht dem Unternehmen. Und Verkäufer nehmen gerne ihre Kunden mit, wenn sie das Unternehmen wechseln.

Neue Kunden werden Sie schwerlich zu Stammkunden machen können, wenn diese immer nur auf Anfänger treffen. Langjährige, gut geschulte Mitarbeiter verstehen es viel besser, Kunden zu loyalisieren. Und Kunden, die immer wiederkommen, bestätigen dem Mitarbeiter, im richtigen Unternehmen zu arbeiten. Das macht stolz! Und loyal!

Jede Unternehmensstrategie ist nur so gut, wie die Mitarbeiter, die diese umsetzen. Und nur Mitarbeiter, die bei ihrem Arbeitgeber begeistert, ja geradezu glücklich sind, sind loyale Mitarbeiter. Solche Mitarbeiter sind der entscheidende Wettbewerbsvorteil beim Aufbau von Kundenloyalität. Der Loyalitätsfunke muss also das ganze Unternehmen erfassen, damit die so wertvolle Mund-zu-Mund-Werbung beginnt.

Doch nur Spitzenleistungen werden weiterempfohlen. Hierbei betrachtet der Kunde ein Unternehmen immer als Einheit; Abteilungsgrenzen und Zuständigkeiten interessieren ihn nicht. Er erwartet von Jedem eine perfekte Leistung, da unterscheidet er nicht zwischen Chef und Azubi. Und wenn aus Sicht des Kunden auch nur ein einziger Mitarbeiter patzt, war für ihn ‚das Unternehmen' schuld.

3 Die Loyalitätstreppe des Mitarbeiters

Loyale Mitarbeiter sind zweifellos die wertvollsten Mitarbeiter eines Unternehmens. Unengagierte, illoyale Mitarbeiter dagegen sind die größten Umsatzvernichter. Das mangelnde Engagement der Arbeitnehmer kostet die deutsche Wirtschaft jährlich rund 250 Milliarden Euro, errechnete die viel diskutierte Gallup-Studie von 2003. Nur Mitarbeiter, die begeistert und in ihrem Unternehmen glücklich sind, sind loyale Mitarbeiter. Und nur solche Mitarbeiter wollen und können Kunden begeistern, verblüffen, geradezu verzaubern – und damit loyalisieren.

Wer loyale Kunden will, braucht also loyale Mitarbeiter. Loyale Mitarbeiter sind, genau wie loyale Kunden, ihrem Unternehmen (wenn auch heute nicht mehr auf Lebzeiten) treu, sie spüren eine emotionale Verbundenheit. Sie machen sich Gedanken um das Wohl und Wehe ihres Unternehmens. Sie identifizieren sich mit ihrer Firma, sie machen die unternehmerischen Interessen zu ihren eigenen. Sie sprechen oft und gut, begeisternd und leidenschaftlich gerne über ihre Firma – drinnen und draußen.

All dies bekommt ein Unternehmen freilich nicht geschenkt. Mitarbeiter-Loyalität muss man sich – genauso wie Kunden-Loyalität – immer wieder neu verdienen. Hierbei fokussieren wir auf eine mündige, zukunftsweisende Form der Loyalität – und nicht auf den blinden Gehorsam früherer Zeiten.

Wir sprechen auch nicht mehr von der guten alten Mitarbeiterbindung, das hat so etwas Erzwungenes, fast möchte man an Fesseln denken. Loyalität dagegen kann man – selbst mit ‚goldenen Handschellen' – nicht erzwingen. Sie funktioniert wie eine Freundschaft: Man bekommt sie geschenkt.

<u>Mitarbeiter-Loyalität bedeutet:</u>

- **Freiwillige, anhaltende Treue,**
- **hohes Engagement und Freude an der Arbeit,**
- **Ambitionen und unternehmerisches Handeln,**
- **Identifikation und emotionale Verbundenheit,**
- **aktive positive Mund-zu-Mund-Werbung.**

Im Total Loyalty Marketing bewegen sich die Mitarbeiter auf einer fünfstufigen Achse. Die Erfolgsbausteine heißen: kommen, wissen, können, wollen und lassen. In einem ersten Schritt geht es darum, Mitarbeiter zu gewinnen, die gut zur Loyalitätskultur des Unternehmens passen und Loyalitätspotenzial mitbringen. Auf den Stufen Wissen und Können erlangen sie Loyalisierungskompetenz.

Diese Fähigkeiten und Fertigkeiten wollen sie nun einsetzen – wenn man sie lässt, ohne sie dabei allein zu lassen. Auf jeder Stufe sind situativ passende Maßnahmen einzuleiten, um die Mitarbeiter im Sinne des Loyalitätsmarketing zu professionalisieren und die Fluktuation der Mitarbeiter, die man halten will, nahe null zu bringen. Hierzu gehört auch ein neuen Führungsstil: die kundenfokussierte Mitarbeiterführung.

Das 'machen lassen', verbunden mit Vertrauen, mit der Übertragung von Verantwortung und dem Gewähren von Spielräumen, ist der schwierigste Schritt und eine echte Herausforderung für die Führungskräfte. Aber es lohnt sich: Wer seine fähigen und motivierten Mitarbeiter zu Mitwissern macht, sie reichlich üben und dann machen lässt, hat operativ fast nichts mehr zu tun und kann sich nun endlich um seine strategischen Aufgaben kümmern.

4 Die Loyalitätstreppe des Käufers

Ihr Kunde ist zunächst ein Interessent. Wer kommt überhaupt für Sie als Interessent in Frage? Wen wollen Sie als Kunden – und wen wollen Sie nicht? Wenn das geklärt ist, wird überlegt, wie Sie die Zielgruppen, die Ihnen unter Loyalitätsgesichtspunkten am Wertvollsten erscheinen, dazu bringen, bei Ihnen zu kaufen. Und es ist sicherzustellen, dass durch Ihre Aktivitäten nicht falsche, also illoyale und unprofitable Kunden angelockt werden. Einsteiger-Lockangebote, Gutschein-Aktionen und falsch ausgerichtete Vertriebsprämien zielen meist unbedachterweise auf die schnellen Wechsler. Mit Vorzugsangeboten sollten vor allem die treuen Kunden gehalten und belohnt werden! Verzweifelte Sonderpreisaktionen, hohe Rabatte und tiefe Preisstürze loyalisieren nicht. Ganz im Gegenteil: Sie fördern den Schnäppchen-Tourismus. Schnäppchenjäger sind Kaufnomaden. Sie sind dem Schnäppchen treu und nicht dem Unternehmen. Die,

die Ihnen bei jedem Sonderangebot in die Arme fallen, sind genau die, die bei der kleinsten Verlockung mit dem nächsten Anbieter durchbrennen!

Bevor jemand nun Ihr Kunde wird, muss er auf Sie aufmerksam geworden sein. Im nahezu unüberschaubaren Dschungel von Angeboten und Informationen wählt er...

- *den erstbesten Anbieter, den er finden konnte oder*
- *den bekanntesten/renommiertesten/überzeugendsten Anbieter, weil ihm dies die größte Sicherheit verspricht oder*
- *denjenigen, der ihm empfohlen wurde.*

Auf einem dieser Wege entscheidet sich also der Interessent, zum ersten Mal bei Ihnen (und nicht bei einem Ihrer Mitbewerber) zu kaufen. Das ist der schwierigste Schritt! Er muss Neuland betreten! Eine mutige Tat! Schon während er seine Entscheidung für Ihr Produkt oder Ihre Dienstleistung trifft, packt ihn womöglich Kauffreue.

Er ist zum Erstkäufer geworden – und keiner hat's gemerkt?! Er ist vielleicht noch ein wenig unsicher – helfen Sie ihm bei seinen ersten Schritten? Er hat schon eine Menge Werbekosten verursacht und er könnte, langfristig betrachtet, sehr viel Geld in Ihre Kasse bringen. Behandeln alle Ihre Mitarbeiter ihn auch so? Was tun sie, damit 'das erste Mal' für den Neukunden eine angenehme, lange in Erinnerung bleibende Erfahrung wird? Bedanken sie sich für den ersten Kauf? Gibt es ein Willkommensgeschenk? Wertschätzen sie den Vertrauensvorschuss, den man Ihnen da entgegenbringt?

Es ist leicht, zu messen, ob ein Kunde von Ihrer Leistung begeistert war: Er wird zum Wiederkäufer. Oder auch nicht. Gute Verkaufstrainer sagen, der Verkauf sei erst wirklich gemacht, wenn der Käufer wiederkommt. Sehen ihre VerkäuferInnen das auch so? Werden sie womöglich durch Vergütungsmodelle nur dazu bewegt, auf den Erstverkauf zu fokussieren, oder ist Ihre Verkaufsmannschaft motiviert, Ihre Erstkäufer systematisch auf höhere Stufen der Loyalitätstreppe zu heben? Wie wird gezeigt, dass man sich darüber freut, dass der Kunde wieder kauft? Wird es überhaupt bemerkt? Und wie lässt sich diese noch empfindliche Geschäftsbeziehung weiter festigen?

Den Erstkäufer zu einem zweiten Kauf zu bewegen, wird nur gelingen, wenn beim ersten Mal alles Tipptopp gelaufen ist. Vielleicht ist Ihr Käufer das erste Mal wegen günstiger Preise gekommen. Wiederkommen wird er, weil er Vertrauen in die Qualität Ihres Angebots und in einen perfekten After-Sales-Service gefasst hat. Im After-Sales liegen übrigens gewaltige Loyalisierungschancen – nur bleiben diese in vielen Unternehmen ungenutzt.

4.1 Stammkäufer sind wertvoller als Neukunden

Kunden, die regelmäßig bei Ihnen kaufen, senken Ihre Marketingkosten, sie steigern Ihren Umsatz und stärken damit Ihre Marktposition, schwächen also gleichzeitig Ihre Konkurrenz. Was tun Sie also gezielt, damit Kunden wieder und wieder bei Ihnen kaufen und so zum Stammkäufer werden? Ihre Stammkunden sind etwas ganz Besonderes, Teil einer Elite, und das sollten sie spüren. Wir Menschen wurden von Kindheit an konditioniert, für besonders gute Leistungen Aufmerksamkeit, Anerkennung und Belohnungen zu bekommen. Das haben auch Ihre Stammkunden verdient. Sie erhalten Privilegien, Exklusiv-Angebote, den besten Service und die günstigsten Preise.

Ihre Stammkunden können Ihnen übrigens am ehesten sagen, warum sie immer wieder gerne kaufen und geben Ihnen damit die kaufentscheidenden Gründe frei Haus. Nicht das, worauf *Sie* so stolz sind, sondern das, was Ihre Stammkunden an Ihnen so besonders liebens-, lobens- und begehrenswert finden, das gehört ins Prospektmaterial, in die Verkaufsargumentation und ins Internet.

Ihre Stammkunden liefern Ihnen auch das ideale Interessenten-Profil. Mit diesem Profil gehen Sie zu einem Adressbroker und kaufen neue Adressen ein. Denn von solchen Kunden wollen Sie mehr.

4.2 Ihr größter Schatz: aktive positive Empfehler

Von seinen Kunden empfohlen zu werden, ist nicht nur die wirkungsvollste, sondern auch die preisgünstigste Form der Kundenneugewinnung – und eines der Hauptziele des Total Loyalty Marketing! Einem Empfehler gelingt es viel leichter, Ihre Angebote zu verkaufen, als jedem Ihrer Verkäufer. Denn der Empfehler hat einen Vertrauensbonus. Empfohlenes Geschäft ist quasi schon vorverkauft. Dies führt beim Empfohlenen zu einer positiveren Wahrnehmung, zu einer höheren Gesprächsbereitschaft, zu kürzeren Gesprächen, zu einer geringeren Preissensibilität und zu zügigen Entscheidungen. Und schnell zu neuem Empfehlungsgeschäft!

Damit eine Leistung empfohlen wird, muss diese empfehlenswert sein. Nur Spitzenleistungen werden weiter empfohlen – und nur Spitzenleister erzeugen Spitzenleistungen. Wer empfohlen werden will, braucht also hoch qualifizierte Mitarbeiter, die nicht nur fachlich, sondern auch emotional gut drauf sind. Wer fair berät und seine Versprechen einhält, wer sich begehrenswert macht, wer beeindruckt, überrascht und begeistert, wer auf seine Art und Weise einzigartig ist, also im wahrsten Sinne bemerkenswertes leistet und dem Kunden ein faszinierendes Erlebnis verschafft, der bringt sich ganz sicher ins Gespräch und sorgt für den so wichtigen Stoff, der Weiterempfehlungen auslöst.

Mit einer guten Empfehlung erzielt man Aufmerksamkeit und Anerkennung, erntet Lob und Dank. Mit einer schlechten dagegen riskiert man Spott und Tadel. Nun versetzen Sie sich in die Lage eines Ihrer Empfehler. Dank Ihrer Spitzenleistung wird er zusätzliche Wertschätzung von Dritten erfahren. Das wird die Loyalität zu Ihnen weiter stärken. Versagen Sie dagegen, haben Sie vielleicht einen Feind fürs Leben.

4.3 Die Empfehlungsquote ermitteln

Dass positive Mund-zu-Mund-Werbung gut fürs Geschäft ist, ist eine Binsenweisheit. Doch viele Unternehmer halten Empfehlungen offensichtlich für einen Glücksfall. Denn höchst selten weiß jemand genau, wer seine Empfehler sind, wie viel Geschäft er durch diese bekommt und weshalb er von ihnen empfohlen wird. Und fast niemand weiß, dass er es nicht weiß! Wie Sie das Empfehlungsgeschäft vom Zufall befreien? Indem Sie folgende Fragen stellen:

- *Wie viele Kunden empfehlen uns weiter? Und warum genau?*
- *Wer genau hat uns empfohlen? Und wie bedanken wir uns dafür?*

- *Wie viele Kunden sind aufgrund einer Empfehlung zu uns gekommen? Und warum genau?*

Auf Basis der Ergebnisse lässt sich dann ein Programm installieren, das die Empfehlungsquote steigert. Die Empfehlungsquote, also wie viele Kunden aufgrund einer Empfehlung kauften, ist meist einfach zu ermitteln und gleichzeitig eine der wichtigsten betriebswirtschaftlichen Kennzahlen. Denn sie entscheidet über die Zukunft eines Unternehmens. Wer heute nicht mehr empfehlenswert ist, ist morgen nicht mehr kaufenswert. Doch so banal wie das klingt: Kaum jemand, den ich je fragte, konnte mir auf Anhieb seine exakte Empfehlungsquote nennen – regelmäßig ermittelt und nicht nur grob geschätzt!

Das Empfehlungsgeschäft systematisch anzukurbeln, ist wie reiner Sauerstoff für die Umsatzentwicklung. Das gesamte Marketing und die komplette Vertriebsmannschaft müssen lernen, gezielt ihre Kunden und Kontakte als positive Kommunikatoren *so* mit einzubinden, dass sie begeistert Empfehlungen aussprechen. Denn nicht auf der Stammkäuferstufe, sondern auf der Empfehlerstufe sind Kunden am profitabelsten, auf diese Weise wird das meiste Geld verdient. Die entscheidende dabei Frage lautet:

- *Wie mache ich meine Kunden (und Kontakte) zu Topp-Verkäufern meiner Angebote und Leistungen?*

Und das Ergebnis? Eine Loyalitätsspirale, die sich ständig weiter nach oben dreht. In den Märkten der Zukunft wird es immer mehr um Loyalität gehen. Wer diese Herausforderung annimmt, wer sich die Loyalitätsführerschaft auf die Fahnen schreibt, wer in seinem Umfeld die loyalsten Kunden hat, der macht das Rennen.

Literatur

Bruhn, M.; Homburg, Ch. (Hrsg.): Handbuch Kundenbindungsmanagement, 3. erw. Auflage, Wiesbaden 2000

Meyer, A.; Davidson, J. H.: Offensives Marketing, Planegg 2001

Ridderstrale, J.; Nordström, K. A.: Funky Business – Wie kluge Köpfe das Kapital zum Tanzen bringen, 2000

Reichheld, F. F.; Bain & Company: Der Loyalitäts-Effekt, Frankfurt 1997

Reichheld, F. F.: Mundpropaganda als Maßstab für den Erfolg, in: Harvard Business Manager, März 2004

Schüller, A.: Come back! Wie Sie verlorene Kunden zurückgewinnen, Zürich 2007

Schüller, A.: Zukunftstrend Empfehlungsmarketing. Der beste Umsatzbeschleuniger aller Zeiten, Göttingen 2005

Schüller, A.: Zukunftstrend Kundenloyalität. Endlich erfolgreich – durch loyale Kunden, 2. Auflage, Göttingen 2005

Schüller, A.: Erfolgreich verhandeln – erfolgreich verkaufen. Wie Sie Menschen und Märkte gewinnen, Göttingen 2005

Schüller, A.: Zukunftstrend Mitarbeiterloyalität. Endlich erfolgreich – durch loyale Mitarbeiter, 2. Auflage, Göttingen 2006

Schüller, A.; Fuchs, G.: Total Loyalty Marketing, 3. Auflage, Wiesbaden 2006

Alternativen zum Kundenbeziehungs-Management

Wolfgang Martin

Zusammenfassung: Kundenbeziehungs-Management (Customer Relationship Management bzw. CRM) hat sich etabliert. Es ist auf der Vorstandsebene angekommen. Erfolgsgeschichten sind nicht mehr Mangelware. CRM rechnet sich. Dennoch steht CRM in den Unternehmen heute mehr denn je auf dem Prüfstand. Gibt es Alternativen? Neue Anforderungen an CRM ergeben sich aus dem wirtschaftlichen Druck, der auf allen europäischen Unternehmen lastet. Neue Geschäftsmodelle werden geboren: Billiganbieter rollen die Märkte auf. Wo bleibt der Kunde im Modell des Billiganbieters? Kann man sich CRM in wirtschaftlich schlechten Zeiten überhaupt noch leisten? Der Rotstift regiert, und der Billiganbieter streicht den Profit scheinbar alleine ein. In Wirklichkeit schafft er ein Win-Win mit dem Kunden, schafft durch Tiefpreise Kundenbindung. Außerdem schafft er noch mehr: Er erhöht die Kundenbequemlichkeit durch Selbstbedienung (kein Ladenschluss!), Produktangebotsstraffung und Service-Reduktion. Während „normale" Unternehmen massive Vertriebs- und Vermarktungsprobleme haben, steigern Billiganbieter Umsätze und Kundentreue. Solche Erfolge basieren auf dem gezielten Einsatz von Technologien. Portaltechnologien unterstützen Selbstbedienungskonzepte und optimieren Multikanaleinsatz. Analytik bringt Intelligenz in die Unternehmensprozesse und setzt das Wissen über den Kunden ein, um bei Produktangebotsstraffung und Service-Reduktion nicht das Kind mit dem Bade auszuschütten. Insofern sind die Strategien der Billiganbieter durchaus CRM-Strategien.

Schlüsselworte: Customer Relationhip Management, Billiganbieter, Customer Experience Management

Inhaltsverzeichnis

1 CRM im Wandel 145

2 Billig-Anbieter als CRM Killer 145

3 Portale - den Kunden engagieren 147

4 Customer Experience Management – den Kunden kennen lernen 149

5 Analytik – dem Kunden auf der Spur 150

6 Zusammenfassung 152

Literatur 153

1 CRM im Wandel

Die CRM-Prozesse auf den Kunden ausrichten, integrierte Kommunikations- und Absatzkanäle und integrierte Kundendaten, um den Kunden ganzheitlich zu kennen zu bedienen und auszubauen, sind die Eckpfeiler erfolgreicher CRM-Programme. Viele Unternehmen haben es verstanden, CRM zur Chefsache zu machen. Mit einem Vorstand als Sponsor im Rücken, lassen sich Prozesse, Kanäle und Daten quer über Marketing, Service und Vertrieb integrieren, so dass der Kunde dann tatsächlich in den Mittelpunkt gestellt werden kann. Der Sponsor ist der anerkannte und erprobte Garant des Erfolges von CRM-Programmen. CRM ist dann erfolgreich, wenn man es top down, also strategisch angeht (vgl. Borchardt et al. 2004).

In einem solchen Szenario werden dann die klassischen Maßnahmen zur Kunden-Neugewinnung, Penetration und Bestandssicherung inklusive pro- und reaktiver Kundenrückgewinnung eingesetzt. Dann wirbelten die Billiganbieter den Markt auf mit dem neuen Konzept: Warum soll ich meinen Kunden teuren Service anbieten, den sie vielleicht gar nicht wollen. Statt mein Geld in zweifelhafte CRM-Programme zu stecken, teile ich es mit dem Kunden, in dem ich Tiefpreise biete.

2 Billig-Anbieter als CRM-Killer

Billig-Händler (Aldi, Lidl, MäcGeiz, Strauss Innovation etc.), Billig-Flüge (EasyJet, Ryan, German Wings etc.), Billig-Touristiker (Alltours), demnächst auch Billig-Eisenbahnen (SCNF) – im B2C wird alles „billig". Der Erfolg der Billiganbieter steht außer Frage. EasyJet hat beispielsweise am Genfer Flughafen die Position 1 erreicht. Innerhalb kürzester Zeit hat der Anteil der EsayJet Flugbewegungen in Genf die der Lufthansa, der KLM, der AirFrance, der British Airways und dann sogar die der heimischen Swiss überholt. Bleibt der Kunde auf der Strecke? Sind Billiganbieter CRM-Killer?

Das sehen die Billiganbieter ganz anders. Die These lautet: Durch optimierte Kanäle und Prozesse, durch Straffung des Produktangebots, durch Streichung von Services, die der Kunde nicht will und nicht braucht, können die Preise gesenkt werden. Das erzeugt eine echte Win-Win-Situation mit den Kunden: Der Kunde hat etwas davon! Die Kostensenkungsmaßnahmen des Billiganbieters werden in Form von Tiefpreisen an den Kunden weitergegeben. Sind Billiganbieter also Vorreiter in Sachen CRM, weil in diesem Modell vom CRM wirklich was beim Kunden ankommt? Blicken wir doch einmal über den Aspekt des Tiefpreises hinaus.

- Billiganbieter engagieren den Kunden per Selbstbedienung. Im Internet kann rund um die Uhr bestellt werden. Der Kunde kauft dann, wann er will, gemäß seiner Agenda. Reisen lassen sich so bestens organisieren. Warum zum Reisebüro „reisen", einen Parkplatz suchen, anstehen, usw. Von zu Hause per Maus-Klick geht es bequemer und schneller – ein Win-Win.

- Billiganbieter ersparen dem Kunden die Qual der Wahl. Die Straffung des Produktangebots ist ein Treiber für mehr Umsatz. Das Prinzip lautet: „schnell rein, durch und raus". Der Kunde gewinnt Zeit aufgrund der Reduktion des Angebots, aber auch durch eine über alle Läden standardisierte Präsentation des Angebots. Der Kunde kennt sich in jedem Laden aus und braucht nichts zu suchen. Er gewinnt schon wieder Zeit. Und Zeit ist Geld.

- Billiganbieter reduzieren den Konsum auf das wesentliche. Man spricht von „Kernkonsum" in Analogie zu Kernkompetenz. Der Service wird zurückgeschraubt, „Schnickschnack" entfällt. Kein Essen, keine Getränke und keine Zeitungen mehr bei den Billigfliegern. Wird solch ein Service vom Kunden gewünscht, dann hat der einen eigenen Preis. Die Transparenz steigt, auch ein Win-Win im Sinne von CRM.

Natürlich schaffen Selbstbedienung, Straffung des Produktangebots und Service-Reduktion Kostenvorteile und machen Tiefstpreise möglich. Aber dahinter steckt noch ein anderes Prinzip, das der Bequemlichkeit des Kunden (amerikanisch: „convenience"). Tiefpreise für Produkte, die man leicht und einfach kaufen kann und die man ohne teuren, unnützen Schnickschnack konsumieren kann, sind ein neuer CRM-Mix, der Kundenbindung schafft.

Da wir uns bei Billiganbietern heute in einem Massen/Mengengeschäft befinden, spielt natürlich Technologie eine Rolle, wenn man solche Modelle implementieren will, da man es ja mit Tausenden und mehr Kunden zu tun hat. Portaltechnologie ermöglicht Selbstbedienung und Sammeln von Daten über den Kunden, während eine Produktangebotsstraffung und Service-Reduktion nur funktioniert, wenn man den Kunden kennt: Man braucht Analytik und Daten, um den Kunden zu kennen. In den folgenden Abschnitten diskutieren wir diese Technologien unter dem Blickwinkel des Einsatzes bei Billiganbietern.

3 Portale – den Kunden engagieren

Portaltechnologie hat sich – aus der Idee des Browsers entwickelt. Sie stellt die Mensch-Maschine-Schnittstelle zum Cyberspace eines Unternehmens und unterstützt die kollaborativen Aspekte von Teams innerhalb oder außerhalb des Unternehmens. Portallösungen sind die technologische Basis für Selbstbedienungskonzepte. Der Mehrwert von Selbstbedienungskonzepten beim „Managen" von Kundeninteraktionen liegt auf der Hand: Kostenreduktion, in dem man den Kunden wie beim Internet-Banking zum unbezahlten Mitarbeiter macht, und Bequemlichkeit, in dem man es dem Kunde einfach macht, wann immer er will und wo immer er ist, mit dem Unternehmen zu interagieren.

> Ein **Portal** wird verstanden als ein System, das erlaubt, Daten/Informationen, Funktionen/Funktionalität, Inhalte/Wissen und Prozesse Rollen-basiert in kollaborativen Teams zu managen. (Martin/Nußdorfer 2006)

Ein kollaboratives Team ist eine Gruppe von Menschen, die je nach Zielsetzung und Aufgabenstellung zusammengesetzt wird aus den verschiedenen beteiligten Geschäftsparteien (Partner, Mitarbeiter, Kunden, Lieferanten). So lassen sich dynamisch funktionsübergreifende und unternehmensübergreifende virtuelle Teams bilden und unterstützen. Im Sonderfall kann ein Team natürlich auch ein einzelner Mensch sein, z.B. der Kunde beim Internet-Banking oder beim eShopping.

Portale bieten Präsentations- und Kollaborations-Dienste. Die Präsentations-Dienste erlauben eine personalisierte, auf den Teamkontext bezogene Sicht auf

Dienste und Inhalte aufzubauen. Kollaborations-Dienste bestehen aus synchronen und asynchronen kollaborativen Werkzeugen, z.b. Echtzeit-Nachrichten, Chat, Klub-Räume, e-Mail, SMS, Web Konferenzen etc. sowie traditionellen Kollaborations-Diensten wie Brief oder Fax. Portaltechnologie hat sich von einer erweiterten Browserfunktionalität für den Webkanal zum Multikanal-Management entwickelt. So können heute CRM-Programme durch Communities (Klubs gleichgesinnter Kunden) und Selbstbedienungskonzepte technologisch unterstützt werden. Kunden kommunizieren nicht nur mit dem Unternehmen, sondern auch untereinander. Das steigert nachweisbar die Kundentreue. Für Unternehmen ist es wichtig, Portal- und CRM-Strategien miteinander zu verbinden damit Redundanzen vermieden werden.

Ein Portal besteht aus einer Portalinfrastruktur und der Portalsemantik. Die Portalinfrastruktur agiert als Mediator zwischen unterschiedlichen Kontaktpunkten als Multikanal-Schnittstelle zum Menschen, zum Beispiel Desktop, Laptop, PDA, Mobiltelefon etc. und den per Definition medien-neutralen Diensten und Inhalten. Zur Portalinfrastruktur gehören auch die Liefermechanismen. Dabei unterscheidet man zwischen aktiven und passiven Liefermechanismen. Passive Liefermechanismen sind Navigationskonzepte und Suchmaschinen, die die Ergonomie sicherstellen und die menschliche Interaktion unterstützen. Aktive Liefermechanismen sorgen dafür, dass Information sich selbständig verbreitet und immer rechtzeitig verfügbar ist. So können Kunden z.B. per SMS über Verspätungen (Bahn, Flug) oder per e-Mail über die Auslieferung von bestellten Produkten informiert werden (Packstation der Deutschen Post AG). Weitere Beispiele für aktive Liefermechanismen sind Interaktionsserver. Das Portal kann so mit Kunden in einen Dialog treten. Erste Anwendungen waren die Vorschlagsmaschinen bei Amazon: Wer Buch A kaufte, dem wurde Buch B vorgeschlagen, da man per Analytik die Assoziation von A zu B gefunden hatte. Interaktionsserver können durch Avatare visualisiert werden. Der Vorschlag ist dann nicht mehr nur ein einfacher Text, der in einem Fenster erscheint, sondern wird von einem Avatar visuell unterstützt, quasi verkörpert.

Die Portalsemantik beschreibt rollen-basiert den Teamkontext und legt damit fest, welche Inhalte und Dienste wie zu bündeln und paketieren sind, damit sie vom jedem Nutzer konsumiert werden können. Jedem Portal-Nutzer wird so eine personalisierte Portalumgebung zugeordnet, die dann noch vom Nutzer individualisiert werden. Man kann ein Portal auch als Integrationstechnologie verstehen. Die Integration erfolgt hier über den Menschen, z. B. im Rahmen des Teamkontext kann der Mensch einen Nachrichtentransfer zwischen den in Kontext stehenden Diensten und Inhalten durchführen: Der Kunde bestellt das Produkt oder bekommt den Service, nach dem er gesucht hat und ohne dass ein Mitarbeiter des Unternehmens eingreifen musste.

Der Kundenbequemlichkeit und Kostenreduktion ist genüge getan, und der Billiganbieter reibt sich die Hände.

4 Customer Experience Management – den Kunden kennen lernen

CRM gibt uns eine Sicht auf den Kunden mit den Augen des Unternehmens. Aber: Wie sieht der Kunde das Unternehmen und welchen Wert bringt eine Beziehung zum Unternehmen dem Kunden. Hier setzt Customer Experience Management (CEM) ein. CEM stellt die Frage: Was weiß der Kunde über das Unternehmen. Abbildung 1 verdeutlicht die beiden unterschiedlichen Sichtweisen, Kunde auf Unternehmen und Unternehmen auf Kunde.

Abbildung 1: Traditionelles CRM vs. CEM

Wie kann man nun ermitteln, was der Kunde über das Unternehmen weiß? Am besten fragt man ihn. Das haben wir im Marketing schon immer getan durch Kundenumfragen und Marktforschung. Was ist nun neu an CEM? Hier ist tatsächlich etwas neu. Das Problem von Kundenumfragen und Marktforschung ist ja, dass solche Aktionen relativ viel Zeit brauchen, z. B. wenn die Ergebnisse präsentiert werden, dann stellen sie eine statistisch gesicherte Zustandsbeschreibung einer Situation in der Vergangenheit dar und reflektieren nicht unbedingt neueste Einflüsse und Verschiebungen. CEM versucht das zu umgehen, in dem die Kunden im Rahmen jeder Interaktion befragt werden. Sei es auf der Webseite, sei es im Call Center, sei es in der Zweigstelle oder beim Händler. Wenn der Kunde kommt, wird er befragt, und die Ergebnisse der Befragung werden sofort (sprich: in Echtzeit) vom Unternehmen in Aktionen umgesetzt.

Eines der ersten Unternehmen, die das flächendeckend eingesetzt haben, ist amazon.com. Zwar ist amazon.com viel bekannter für seinen Einsatz von Vorschlagsmaschinen, aber die wahre Pioniertat von amazon.com ist das konsequente Nutzen von CEM, um zu wissen, was der Kunde über amazon.com denkt, fühlt und erfährt. Im Endeffekt basiert CEM auf einer gigantischen Datensammelmaschine. Daten werden bei jedem Kontakt erhoben und analysiert. Hier spielt Echtzeit-Analyse die Rolle. Denn Ziel ist es ja, auf Basis der im Augenblick erhobenen Daten sofort zu reagieren und dem Kunden den richtigen Vorschlag zu machen. Der Erfolg von amazon.com unterstreicht das Erfolgspotential von CEM.

CEM ist nicht auf das Medium Internet beschränkt. Überall, wo Kundeninteraktionen stattfinden, kann CEM eingesetzt werden, so auch im Call Center oder bei direkten menschlichen Interaktionen an Verkaufspunkten. CEM ist so eine Methode, die per Portaltechnologie umgesetzt werden kann, denn das Portal bietet ja die Mensch-Maschine-Schnittstelle.

5 Analytik – dem Kunden auf der Spur

CEM ist eine Methode, die in allen CRM-Programmen zur Anwendung kommen kann, also nicht auf die Billiganbieter beschränkt. Billiganbieter aber profitieren besonders vom Einsatz von CEM zu Kundenzufriedenheitsmessungen in Bezug auf Service- und Produktreduktion, denn per CEM sammeln wir die Daten ein, die wir für die Analytik brauchen, um das für einen Billiganbieter wichtige Kundenwissen aufzubauen.

Betrachten wir das am Beispiel der Straffung des Produktangebots eines Billiganbieters. Die ersten beiden Fragen sind hier: Für welche Kunden welche Produkte wichtig sind, und welche Kunden dem Billiganbieter wichtig sein sollten. Das löst man mit einer Kundengruppenanalyse (vgl. Kliger/Messner/Niemeier 2003). Es gilt, jene Kundengruppen zu identifizieren, bei denen sich differenzierte Angebote tatsächlich in Zusatzumsätzen niederschlagen. Beispiele hierfür sind Gruppen mit bestimmten Konsumeinschränkungen (Diabetiker, Allergiker, Konsumenten von Naturkost) oder mit spezifischen Produktanforderungen hinsichtlich Verpackung, Aufmachung, Geschmack (Senioren, Kinder). Natürlich können auch Einstellungen und Einkaufsgewohnheiten (Luxus, Frankreich) als Kriterien für die Identifikation von Kundengruppen dienen. Auf der Grundlage dieser Analyse lässt sich dann das Angebot zielgruppengerecht straffen. Dabei gilt es zu entscheiden, welche Produkte auszulisten sind. Bewährt hat sich hier eine Art umgekehrte 80/20-Regel. Man identifiziert die umsatzstarken Produkte (in der Regel alle Produkte, die 95% des Umsatzes erwirtschaften) und die umsatzschwachen Produkte (die die restlichen 5% des Umsatzes bringen). Dabei stellt sich dann heraus, dass die umsatzschwachen Produkte 20 bis 30% aller Produkte ausmachen. Hier setzt man das Auslisten an, wobei man sich dann fragt, wie hoch der wirtschaftliche Nutzen ist, dieses Produkt weiterzuführen. Strafft man so das Produktangebot, dann wird man nicht nur den gleichen Umsatz mit um ca. 20% reduziertem Angebot erreichen, sondern meist sogar noch eine Umsatzsteigerung um 5%. Das unterstreicht sehr deutlich die Qualitäten von Produktangebotsstraffungen. So lässt sich mittels Analytik das Produktangebot zielgruppengerecht steuern und kontrollieren.

Schließlich gilt es noch, den Erfolg in den Zielgruppen kontinuierlich zu überprüfen. Das ist eine weitere Aufgabe von Analytik, das so genannte Corporate Performance Management (CPM). Hier geht es um das kontinuierliche Messen der Leistung der Prozesse, so dass die Prozessbeteiligten die richtigen und konsistenten Informationen bekommen, um Entscheidungen zu treffen und Maßnahmen auszulösen (vgl. Martin 2005).

6 Zusammenfassung

Billiganbieter sind mit ihren Tiefpreisen attraktiv. Statt in traditionelle CRM-Programme investieren sie in Prozess-Innovation und Optimierung und lassen den Kunden per Tiefpreis an den Einsparungen teilhaben. Prozess-Innovation wird durch die konsequente Nutzung von Selbstbedienung in allen Kanälen getrieben. Hier bieten Portale eine technologische Plattform, um die Interaktionen Kunde-zu-Unternehmen und auch Kunde-zu-Kunde multimedial und Multikanal zu unterstützen. (Nicht nur) für den Billiganbieter bedeutet das Kostenreduktion, in dem Aufgaben vom Mitarbeiter auf den Kunden übertragen werden. Für den Kunden bedeutet das Konvenienz, eine nicht zu unterschätzende kundenbindende Maßnahme.

Billiganbieter tun noch mehr: Sie hören auf ihre Kunden per CEM. Kundenmeinungen werden in allen Kanälen bei allen relevanten Kundeninteraktionen abgefragt. Traditionelle Marktforschung wird so online und in Echtzeit einsetzbar. Hier greift dann auch noch Analytik, um aus den eingesammelten Daten Wissen über den Kunden zu schaffen. Das ist die Voraussetzung zur Service- und Produktreduktion. So können massiv Kosten eingespart werden unter der Minimierung des Risikos, durch Reduktion von für den Kunden wesentlichen Komponenten Kunden zu verlieren.

Legen wir die Definition von Sexauer zugrunde, die in diesem Handbuch eingeführt wurde (vgl. Sexauer 2002, S. 221), dann sind Billiganbieter alles andere als CRM-Killer. Denn das Managementmodell eines Billiganbieters basiert auf Sammlung, Bereitstellung und Nutzung von Kundenwissen und verfolgt ganzheitlich und systematisch langfristig profitable Kundenbeziehungen durch innovative Kundenbindungsmaßnahmen wie Tiefpreis und Konvenienz. Beim Billiganbieter hat der Kunde was vom CRM!

Literatur

Borchardt, F.; Krafft, M.; Martin, W.; Schwetz, W.; Winkelmann, P.: CRM-Jahresgutachten 2005, Würzburg 2004

Kliger, M.; Messner, D.; Niemeier, S.: Kundenbezogene Sortimente: Weniger ist mehr, akzente 30, www.mckinsey.de/Kompetenz 2003

Martin, W.: BI 2005 – Business Intelligence trifft Business Process Management, IT Research, Sauerlach 2005

Martin, W.; Nußdorfer, R.: Portale in einer service-orientierten Architektur (SOA) – Prozesse und Menschen – Kollaborations- und Präsentations-Services: Status und Trend, iBond White Paper Vol. 4, www.soa-forum.net, München 2006

Sexauer, H.J.: Entwicklungslinien des Customer Relationship Management (CRM), in: Wirtschaftswissenschafltiches Studium (WiSt), 31. Jg. (2002), Nr. 4, S. 218-222

Life Events als Aktionsbasis für Kundenbeziehungs-Maßnahmen

Marcus Schögel, Oliver Arndt

Zusammenfassung: In der Unternehmenspraxis ist in jüngster Zeit das Phänomen des Life Event-orientierten Kundenbeziehungs-Management oder Customer Relationship Management (CRM) zu beobachten. Lebensereignisse eines Kunden dienen als Aktionsbasis für eine zielgerichtete und individualisierte Gestaltung des Customer Life Cycle. Ziel ist es, die Bedürfnisse des Kunden zu identifizieren, mit Hilfe adäquater Produkt-Lösungen zu befriedigen und gleichzeitig den Unternehmenserfolg zu sichern. Dieser Beitrag beleuchtet dieses praxisrelevante Thema aus wissenschaftlicher Perspektive und zeigt relevante Ansatzpunkte zur Implementierung eines Life Event-orientierten Customer Relationship Managements auf.

Schlüsselworte: Customer Relationship Management, Lifecycle Management, Marketing, Segmentierung, Life Event

Inhaltsverzeichnis

1 Von der 360°-Kundensicht zur zielgenauen Bedürfnisorientierung 157

2 Status-quo des Customer Lifecycle Managements im CRM 158

3 Effiziente Kundenbindung und -akquisition durch Life Event-
 Orientierung 159

   3.1 Wie geeignet sind traditionelle Segmentierungsansätze für CRM-
 Aktivitäten? 160

   3.2 Life Event-Segmentierung als alternativer Ansatz 161

   3.3 Life Events als effizienter Gestaltungsparameter der lebenslangen
 Kundenbeziehung 163

4 Grenzen des Life Event-Ansatzes 165

5 Zusammenfassung 166

Literatur 167

1 Von der 360°-Kundensicht zur zielgenauen Bedürfnisorientierung

Customer Relationship Management (CRM) kann als Disziplin des Marketing definiert werden, die den Gedanken der effizienten und effektiven Gestaltung der Kundenbeziehung in den Mittelpunkt rückt (vgl. Peppers 2004). Die Kernaufgabe des CRM besteht darin, neue Kundenpotenziale zu erschließen (Kundenakquisition) und diese auszuschöpfen (Kundenbindung), um den Unternehmenserfolg nachhaltig zu sichern (vgl. Tomczak et al. 2002). Maßgeblich bei der Kundenakquisition und Kundenbindung ist die Ausrichtung von Produkten und Dienstleistungen auf die Kundenbedürfnisse. Häufig steht das Ziel der 360°-Sicht des Kunden im Mittelpunkt. Dabei werden Technologie, Prozesse, Organisation und Strategie integriert, um dem richtigen Kunden über den optimalen Kanal zur richtigen Zeit und zu minimalen Kosten ein adäquates Produkt anbieten zu können (vgl. Galbreath 1999). Jedoch verfehlen schätzungsweise zwischen 60% und 80% solcher CRM-Projekte ihr eigentliches Ziel (vgl. Kale 2004). Zudem führt die mit diesem umfassenden CRM-Ansatz verbundene Datenexplosion in den Unternehmungen und der Unentschlossenheit darüber, welche Daten nun tatsächlich notwendig sind, um den Kunden abzubilden, zum Scheitern vieler CRM-Initiativen (vgl. Boulding et al. 2005). Eine 55-75%-tige Misserfolgsquote bei diesen Integrationsbemühungen spricht für eine schwere Umsetzbarkeit dieses Ansatzes (vgl. IBM 2002).

Eine alternative Vorgehensweise stellt das Customer Lifecycle Management dar, anhand dessen die Kundenbeziehung effizient gestaltet, Absatzpotenziale frühzeitig erkannt und CRM-Maßnahmen mit geringen Streuverlusten durchgeführt werden können.

2 Status-quo des Customer Lifecycle Managements im CRM

Um dem Kunden nachhaltig kundenorientierte und individuelle Lösungen unterbreiten zu können wird zur Identifikation zukünftigen Absatzpotenzials in klassischen Lifecycle Management-Konzepten üblicherweise die Stellung des Kunden in seiner Beziehung zum Anbieter und seine gegenwärtige und zukünftige Lebenssituation herangezogen. Das beobachtbare Verhalten des Kunden soll zunächst darüber Aufschluss geben, in welcher Phase sich der Kunde in der Beziehung zum Unternehmen befindet. Üblicherweise wird dabei zwischen Start-, Penetrations-, Reife-, Krisen- und Trennungsphase unterschieden (vgl. Schlenker/Robra-Bissantz/Weiser 2003). Anhand sozioökonomischer Kriterien, wie beispielsweise Alter, Familienstand oder Anzahl der Kinder können aktuelle und zukünftige Bedarfe des Kunden identifiziert werden. Exemplarisch sei hier auf die Haushalts-Lebenszykluskonzepte von Murphy und Staples (1979) und von Gilly und Enis (1982) verwiesen (vgl. Wilkes 1995). Aufgrund der zunehmenden Individualisierung des Kundenverhaltens, der abnehmenden Kundenloyalität sowie des schnellen gesellschaftlichen Wandels ist jedoch zu hinterfragen, ob das Ziel personalisierter Ansprache und individualisierter Kundenangebote mit geringen Streuverlusten der CRM-Maßnahmen auf Basis dieser traditionellen Lifecycle-Konzepte erreicht werden kann (vgl. Anton 1996).

Eine konsequente Weiterentwicklung dieses Gedankens stellt der Life Eventorientierte CRM-Ansatz dar. Wie Abbildung 1 verdeutlicht, richtet sich dieser, ausgehend von den traditionellen Lifecycle-Konzepten als Vorsegmentierungsmethode, an einschneidenden Lebensereignissen ("Life Events") eines Kunden aus, wie beispielsweise Geburt, Heirat, Studium oder Renteneintritt. Für das Customer Relationship Management bedeutet dies, dass spezifische Ereignisse im Leben eines Kunden als Aktionsparameter der Kundenbeziehung dienen, um ein Unternehmen kundenorientiert auszurichten (vgl. Ang/Buttle 2006).

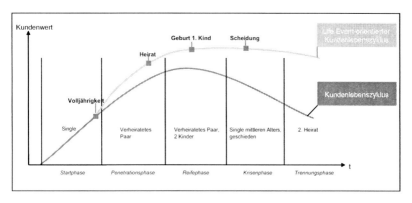

Abbildung 1: Life Event-orientiertes Kundenlebenszykluskonzept

Kerngedanke dieses Ansatzes ist es den Kunden in den relevanten Situationen seines Lebens zu unterstützen. Life Events als Auslöser für spezifische Kundenbedürfnisse gilt es für ein Unternehmen zu identifizieren und festzulegen, welche Produkt-Lösungen geeignet sind, um diese zu befriedigen.

3 Effiziente Kundenbindung und -akquisition durch Life Event-Orientierung

Für Unternehmen ist die Beantwortung der Frage, worauf Ausgaben und Ressourcen für CRM-Initiativen fokussiert werden sollten, von zentraler Bedeutung. Dem Ansatz folgend bedeutet dies, Kundenakquisitions- und Kundenbindungsmaßnahmen dort zu intensivieren, wo sie einerseits für den Kunden von besonderer Relevanz sind und wo der Kunde andererseits den größten Wertbeitrag zum Unternehmenserfolg liefert (vgl. Boulding et al. 2005). *"[...] the key component of CRM is emphasizing not on how to sell product but rather on creating value for the customer and, in the process, creating value for the firm."* (Boulding et al. 2005, S. 156). Bevor Kunden erschlossen und deren Potenzial ausgeschöpft werden kann, sollten deshalb zunächst die "richtigen" Kunden ausgewählt werden (vgl. Kuss/Tomczak 2004).

Daraus lassen sich zwei Verwendungsimplikationen von Life Events als Aktionsparameter für CRM-Maßnahmen ableiten:

1. Life Events als Kriterium der Kundensegmentierung,
2. Life Events als Gestaltungsparameter der lebenslangen Kundenbeziehung.

3.1 Wie geeignet sind traditionelle Segmentierungsansätze für CRM-Aktivitäten?

In ihrem Bemühen profitable Kunden zu akquirieren und beizubehalten, sie besser kennen zu lernen und die sich verändernden Kundenpräferenzen nachzuvollziehen, sehen sich Unternehmen, insbesondere in Massenmärkten, einer zentralen Herausforderung gegenübergestellt: Den Nutzen des CRM durch effiziente Segmentierung zu erhöhen, um Kunden gezielt zu bearbeiten (vgl. Dicke 2003). Traditionelle Segmentierungsansätze stoßen dabei an ihre Grenzen. So kann die Segmentierung basierend auf sozio-demographischen Kriterien vor dem Hintergrund, dass sich Geschmack oder Kundenverhalten nicht mehr allein an Alter oder Einkommen manifestieren, als ungeeignet angesehen werden (vgl. Yankelovich/Meer 2006). Neben der schwierigen Prognostizierbarkeit des zukünftigen Kaufverhaltens und der Kundenpräferenzen ist zudem die Aussagekraft hinsichtlich der Kundenaffinität bezüglich eines spezifischen Marketinginstrumentariums beschränkt (vgl. Meffert 2003). Einer von IBM im Jahre 2003 durchgeführten Unternehmensbefragung zufolge verwenden allerdings noch ca. 77% der befragten Unternehmen demographische Kriterien zur Kundensegmentierung (vgl. Badgett/Stone 2005). Psychographische Segmentierungskriterien, wie beispielsweise die soziale Orientierung oder Werthaltung von Kunden, erweisen sich zwar als geeignetes Kriterium bei der Markenpositionierung, geben aber wenig Aufschluss darüber, welche Kunden tatsächlich angesprochen oder welche Produkte angeboten werden sollen (vgl. Yankelovich/Meer 2006). Zudem werden diese Methoden kritisiert, da innerhalb der einzelnen Segmente oft eine unzureichende Homogenität besteht (vgl. Bach/Gronover/Schmid 2000). Neben diesen bedürfnisorientierten Segmentierungsmethoden existieren Kundenbewertungsmethoden, die versuchen, die Gesamtbedeutung eines Kunden aus Sicht des Anbieters zu quantifizieren. In Wissenschaft und Praxis steht in den letzten Jahren insbesondere der Customer Lifetime Value in der Diskussion. Dabei werden Prinzipien der Investitionsrechnung auf die Kundenbeziehung übertragen (vgl.

Kuss/Tomczak 2004). Schwierigkeit bereitet insbesondere die Erhebung zukünftiger Größen. Sogar im Business-to-Business Bereich, in dem üblicherweise Langfristverträge die Zusammenarbeit zwischen den Unternehmen regeln, und somit eine hohe Prognostizierfähigkeit ökonomischer Größen unterstellt werden könnte, werden Customer Lifetime Value-Bewertungen nur selten durchgeführt (vgl. Krafft 2000).

3.2 Life Event-Segmentierung als alternativer Ansatz

Eine effektive Segmentierungsmethode muss vielmehr die Fragen beantworten:

1. Welcher Kunde soll wann mittels welchem CRM-Instrumentarium angesprochen werden?
2. Wie oft wird ein Kunde ein Produkt kaufen?
3. Wo befindet sich der Kunde im Rahmen des Kaufprozesses?

Zur Beantwortung dieser Fragen sollten Unternehmen deshalb ihre Kunden in ihrer Entwicklung begleiten, um sog. "points of choice" zu identifizieren, das heißt Ereignisse im Leben zu erkennen, die das Kaufverhalten eines Kunden beeinflussen und darüber hinaus zu bestimmen, welche Kundenbedürfnisse daraus resultieren (vgl. Badgett/Stone 2005). Diesen Gedanken greift das Konzept der Life Event-Orientierung auf, indem einschneidende Lebensereignisse eines Kunden als Segmentierungskriterium herangezogen werden. Aufgrund der Vielzahl der existierenden Life Events ist es für die Durchführung der CRM-Maßnahmen jedoch von Bedeutung, die für das Unternehmen relevanten Lebensereignisse zu identifizieren. Das Unternehmen muss in der Lage sein zu wissen, wann dessen Produkte für den Kunden wichtig sind, um schnell und effizient auf das Kundenbedürfnis zu reagieren.

„Zentraler Erfolgsfaktor von CRM-Initiativen ist die Identifikation des Zeitpunktes, wann ein Unternehmen und seine Produkte für den Kunden wichtig sind. Denn sobald sich das 'window of opportunity' auf Kundenseite öffnet, muss die Bedürfnisbefriedigung schnell erfolgen." (Dr. Christian Huldi, Geschäftsführer RBC Consulting AG)

In Anlehnung an die klassischen Anforderungen an Segmentierungskriterien nach *Meffert* (vgl. Meffert 2003), sollten bei der Selektion der relevanten Life Events die in Abbildung 2 dargestellten Anforderungen erfüllt sein.

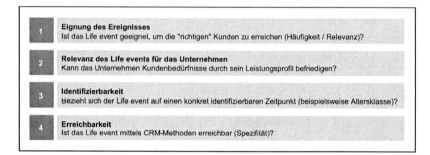

Abbildung 2: Anforderungskatalog an Life Events als Segmentierungskriterium

Dabei bringt die Anforderung „Eignung des Ereignisses" zum Ausdruck, dass das gebildete Kundensegment eine ausreichende Größe besitzen sollte, um für das Unternehmen relevant zu sein. So ist anzunehmen, dass das Segment "Heirat" für einen Juwelier ungleich höhere Relevanz besitzen wird, als jenes, das anhand des Kriteriums "Renteneintritt" gebildet wird. Durch die Anforderung „Relevanz des Life Events für das Unternehmen" soll sichergestellt werden, dass die Kundenbedürfnisse, die aus einem Life Event resultieren, auch durch das Leistungsprofil eines Unternehmens abgedeckt werden können. So wird beispielsweise ein verheiratetes Paar, das sein erstes Kind erwartet, andere Bedürfnisse aufweisen als ein Hochschulabsolvent, der seinen ersten Job antritt. Die Güte eines Life Events wird durch die Anforderung „Identifizierbarkeit" beschrieben. Denn Lebensereignisse, wie beispielsweise "Volljährigkeit" oder "Renteneintritt" lassen sich im Gegensatz zu "Berufseintritt" oder "Heirat" annähernd präzise bestimmen. Die „Erreichbarkeit" soll gewährleisten, dass eine Ansprache des Kunden mittels der bestehenden CRM-Methoden des Unternehmens möglich ist. Die gebildeten Segmente tragen damit zu einer zielgenauen Fokussierung auf die Kundenbedürfnisse bei und gewährleisten eine erfolgreiche aktive Durchführung von CRM-Maßnahmen.

Life Events, die die Anforderung „Identifizierbarkeit" nicht erfüllen, jedoch ein äußerst attraktives Segment darstellen, können aber auch im Rahmen der Selbstselektion von Kunden verwendet werden. Erfolgreich macht sich dies das Allfinanz-Unternehmen Allianz Deutschland unter der Rubrik "Lösungen für Ihre Lebenslage" zu Nutze, um maßgeschneiderte Lösungen für einen bestehenden oder potenziellen Kundenkreis anzubieten. Die Allfinanz-Leistungen der Allianz Deutschland sind in die sieben Hauptrubriken Familie, Ausbildung, Beruf, Mobilität, Bauen&Wohnen, Alter und Gesundheit unterteilt. Jede Rubrik fasst die für das Unternehmen relevanten Life Events zusammen. Potenzielle oder bestehende Kunden können hier im Internetportal selbst selektieren, in welchem Life Event sie sich befinden (vgl. http://www.allianz.de/loesungen/index.html).

Auf diese Weise werden jene Segmente identifiziert, die für Unternehmen und Kunden gleichermaßen relevant sind. Durch die unmittelbare Berücksichtigung der Kundenbedürfnisse im Segmentierungsprozess ist anzunehmen, dass sich die Zielgenauigkeit der CRM-Aktivitäten erhöht sowie die Antwortquote ansteigt. Ebenso sichert die Gegenüberstellung des Leistungsprofils des Unternehmens mit den Bedürfnissen der Kunden den Bezug zum originären Ziel des CRM – der Steigerung des Unternehmenswertes.

3.3 Life Events als effizienter Gestaltungsparameter der lebenslangen Kundenbeziehung

Durch die Identifikation relevanter Life Events, der Ableitung der daraus resultierenden Kundenbedürfnisse und der entsprechenden Befriedigung dieser Bedürfnisse mittels geeignetem Produktportfolio erschließen sich große Wettbewerbsvorteile. Insbesondere bei Unternehmen, die in Massenmärkten agieren, wird oft von hohen Streuverlusten von CRM-Maßnahmen gesprochen, die unspezifiziert auf eine breite Konsumentenschaft gerichtet werden, wobei die Antwortquoten auf diese Maßnahmen gering bleiben. Die gezielte Kundenansprache und spezifische Angebote in Abhängigkeit des Lebensereignisses erlaubt hingegen den fokussierten Einsatz von Ressourcen und trägt somit zu Effizienz und Effektivität des Customer Relationship Management bei. Insbesondere im Finanz-, Versicherungs- oder Tourismusbereich bietet der intensive direkte Kundenkontakt die Möglichkeit Cross- und Up-Selling-Potenziale zu erkennen und auszuschöpfen, die mit einem Life Event verbunden sind (vgl. Datamonitor 2002). Wettbewerbsvorteile eröffnen sich auch durch die Differenzierungsmöglichkeiten in der Kundenbearbeitung und erhöhen sowohl die Kundenbindung als auch den Share of Wallet. Darunter sind Implikationen hinsichtlich des Kommunikations- und Kanalwahlverhaltens von Kunden zu verstehen, die in Abhängigkeit der Lebenssituationen in unterschiedlichem Maße präferiert werden (vgl. Thomas/Sullivan 2005). Auf Basis der relevanten Lebensereignisse kann damit das optimale Kommunikations- und Multikanalsystem bestimmt werden.

Einerseits determinieren Lebensereignisse die Bedürfnisse auf Kundenseite, andererseits aber auch die Unternehmensleistung als Bedürfnisbefriediger. Bei konsequenter Ausschöpfung des Potenzials einer Life-event-Orientierung ist deshalb davon auszugehen, dass die Lebensereignisse auch auf Unternehmensseite Treiber von Produktvariationen und -innovationen darstellen.

Ein solches Customer Relationship Management setzt zwar bei einzelnen Lebensereignissen eines Kunden an, zielt in seiner Wirkung aber auf den Aufbau und die Pflege von kontinuierlichen Beziehungen zu wertvollen Kunden. Unternehmen sollten daher anstreben, Kunden möglichst frühzeitig zu akquirieren und deren Produkte und Dienstleistungen entlang spezifischer Life Events zu konfigurieren. So kann einerseits der Unternehmenserfolg maximiert, andererseits eine dauerhafte Kundenbeziehung erreicht werden, um dem Kunden auch in weiteren Lebensereignissen an sich zu binden.

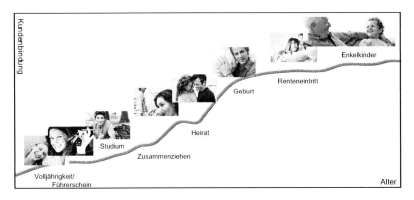

Abbildung 3: Customer for Life durch Life Event-Orientierung

4 Grenzen des Life Event-Ansatzes

Die aufgezeigten Vorteile des Life Event-orientierten Kundenbeziehungs-Management sind jedoch nicht in allen Branchen und Unternehmen gleichermaßen realisierbar. Voraussetzung ist hierbei, einen intensiven Kontakt zu den Kunden zu unterhalten, der es auch ermöglicht Lebensereignisse zu identifizieren und Ansatzpunkte bietet, die proklamierte lebenslange Kundenbeziehung zu realisieren. Entscheidend sind die Existenz mehrerer Kundenkontaktpunkte sowie ein ausreichendes Maß an Beratungsbedürfnis, das mit dem Produkt verbunden wird. Aus diesem Grund erscheint dieser Ansatz insbesondere im Finanzdienstleistungs-, Versicherungs- oder Tourismusbereich als viel versprechend.

Lebensereignisse stellen den Startpunkt einer Neuausrichtung im Leben eines Individuums dar, die sowohl auf positive aber auch auf negative Ursachen zurückzuführen sind. So ist eine „Scheidung" ein heikleres Lebensereignis als beispielsweise „Geburt" oder „Heirat". Ein Unternehmen sollte deshalb sorgfältig entscheiden, ob eine aktive Adressierung des identifizierten Segments durchzuführen ist, oder die Kunden besser ihre Lebensereignisse, wie am Beispiel der Allianz Deutschland verdeutlicht, selbst selektieren. Einen entscheidenden Faktor stellen deshalb zusätzliche Kundeninformationen dar, die das Kundenbild ergänzen und negative Auswirkungen des vorgestellten Ansatzes minimieren.

5 Zusammenfassung

Zusammenfassend kann festgehalten werden, dass der Life Event-orientierte CRM-Ansatz einen innovativen Gegenvorschlag zur bisherigen ganzheitlichen Ausrichtung des Kundenbeziehungs-Management und eine Weiterentwicklung des traditionellen Lifecycle Management darstellt. Neu ist dabei der Gedanke, dass die Unternehmung mit dem Kunden dann in Kontakt tritt, wenn es für ihn von Relevanz ist und zielt darauf ab, den Kunden in den für ihn bedeutenden Lebensereignissen zu unterstützen. Dabei können Life Events einerseits als Segmentierungskriterium herangezogen werden, um die Kundenbedürfnisse zu erkennen und die Zielgenauigkeit von CRM-Aktivitäten zu erhöhen. Andererseits dient die Life Event-Orientierung als effizienter Ansatzpunkt, um eine lebenslange Kundenbeziehung zu erreichen und gleichzeitig Wettbewerbsvorteile für die Unternehmung zu generieren. Neben einem fokussierteren Einsatz der Unternehmensressourcen, der Implikationen hinsichtlich der Kanalgestaltung und der Wahl der Kommunikationsmittel, können Life Events gleichermaßen Treiber für Produktvariationen und -innovationen darstellen sowie durch die Möglichkeit zum Cross- und Up-Selling den Unternehmenserfolg steigern. Dabei setzt die Life Event-Orientierung zwar am einzelnen Lebensereignis an, zielt aber in seiner Wirkung auf den Aufbau und die Pflege von kontinuierlichen Beziehungen zu wertvollen Kunden ab.

Literatur

Ang, L.; Buttle, F.: Managing For Successful Customer Acquisition: An Exploration, in: Journal of Marketing Management, 22 Jg. (2006), Nr.3/4, S. 295-317

Anton, J.: Customer Relationship Management – Making Hard Decisions with Soft Numbers, Prentice Hall, New Jersey 1996

Bach, V.; Gronover, S.; Schmid, R.E.: Customer Relationship Management: Der Weg zur profitablen Kundenbeziehung, Berlin 2000

Badgett, M.; Stone; M.: Multidimensional segmentation at work: Driving an operational model that integrates customer segmentation with customer management., in: Journal of Targeting, Measurement & Analysis for Marketing, 13 Jg. (2005), Nr. 2, 103-121

Boulding, W.; Staelin, R.; Ehret, M; Johnston, W.J.: A Customer Relationship Management Roadmap: What Is Known, Potential Pitfalls, and Where to Go, in: Journal of Marketing, 69. Jg. (2005), Nr. 4, S. 155-166

Datamonitor: Lifestage Marketing in Wealth Management 2002 – An Insight Report 2002

Dicke, A.P.: Unlocking CRM Value Through Segmentation., in: Bank Technology News, 16 Jg. (2003), Nr. 11, S. 70

Galbreath, J.; Rogers, T.: Customer relationship leadership: a leadership and motivation model for the twenty-first century business, in: The TQM Magazine, 11. Jg. (1999), Nr. 3, S. 161-171

IBM: Multi Channel Value Quantification, Somers, New York 2002

Kale, S.H.: CRM Failure and the Seven Deadly Sins, in: Marketing Management, 13 Jg. (2004), Nr. 5, S. 42-46

Krafft, M.; Albers, S.: Ansätze zur Segmentierung von Kunden – Wie geeignet sind herkömmliche Konzepte?, in: Zeitschrift für betriebswirtschaftliche Forschung, 52. Jg. (2000), S. 515-526

Kuss, A.; Tomczak, T.: Marketingplanung: Einführung in die marktorientierte Unternehmens- und Geschäftsfeldplanung, Wiesbaden 2004

Meffert, H.; Bruhn, M.: Dienstleistungsmarketing: Grundlagen – Konzepte – Methoden, Wiesbaden 2003

Peppers, D.; Rogers, M.: Managing Customer Relationships: A Strategic Framework, Wiley & Sons 2004

Schlenker, C.; Robra-Bissantz, S.; Weiser, B.: Kunden proaktiv betreuen, Detecon Management Report, 2003

Thomas, J.S.; Sullivan, U.Y.: Managing Marketing Communications with Multichannel Customers, in: Journal of Marketing, 69 Jg. (2005), Nr. 4, S. 239-251

Tomczak, T.; Reinecke, S.; Mühlmeier, S.: Der aufgabenorientierte Ansatz: Ein Beitrag der Marketingtheorie zu einer Weiterentwicklung des ressourcenorientierten Ansatzes, Arbeitspapier Nr. 3, St. Gallen 2002

Wilkes, R.E.: Household life-cycle stages, transitions, and product expenditures, in: Journal of Consumer Research, 22. Jg. (1995), Heft Nr. 1, S. 27

Yankelovich, D.; Meer. D.: Rediscovering Market Segmentation., in: Harvard Business Review, 84. Jg. (2006), Nr. 2, S. 122-131

Dynamic Customer Profiling: Ein Ansatz zur zeitnahen Adaption von individuellen Kundenprofilen

Rupert Steffner

Zusammenfassung: Von Kundenprofilen wird erwartet, dass sie das Verhalten des jeweiligen Kunden in den Daten korrekt widerspiegeln. Im Regelfall geschieht eine verdichtete Aussage über das Kundenverhalten durch Klassifizierungen, wie z.B. die Segmentierung. In der Praxis werden diese Klassifizierungen jedoch sehr unregelmäßig bzw. mit hohen Latenzzeiten durchgeführt, weshalb Kunden mit geändertem Verhalten sehr lange fehlklassifiziert bleiben. Der vorliegende Artikel möchte dieses Thema sensibilisieren und stellt einen Ansatz vor, um Kundenprofile ohne hohen Aufwand auf dem aktuellen Stand zu halten.

Schlüsselworte: Customer Relationship Management, Customer Profiling, Dynamische Kundenprofile, Customer intellingence, Data mining

Inhaltsverzeichnis

1 Vom Gesamtmarkt zum 1/1-Kundenprofil 171

2 Die Konzeption von Kundenprofilen 173

3 Von der Notwendigkeit dynamischer Kundenprofile............................... 174

4 Ein Framework für „Dynamic Customer Profiling" 176

5 Zusammenfassung.. 178

Literatur 179

1 Vom Gesamtmarkt zum 1/1-Kundenprofil

Verstärkter Wettbewerb und die damit verbundene Notwendigkeit einer effizienten Ausschöpfung von Marktpotentialen haben über die Jahrzehnte in vielen Branchen zu einem intensiveren Blick auf den zugrunde liegenden Markt und dessen Kunden(gruppen) geführt. Über viele Branchen hinweg geltende Hauptströmungen beginnen mit dem *undifferenzierten Massenmarketing* bis Mitte der Sechziger Jahre, dem *differenzierten Massenmarketing* bis Mitte der Siebziger Jahre, dem darauf folgenden *segmentorientierten Marketing* (vgl. Freter 1983), dem *nischenorientierten Marketing* ab Anfang der Achtziger Jahre sowie dem *kundenindividuellen Marketing* ab Ende der Achtziger Jahre (vgl. Becker 2002 sowie Abbildung 1).

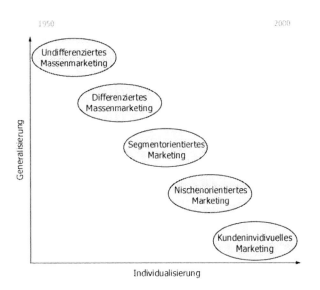

Abbildung 1: Entwicklungsmuster der Markt-/Kundenorientierung (vgl. Becker 2002)

Die Betrachtung der Marktes in immer noch feineren Granularitäten geht neben dem Zeitbezug auch im Regelfall mit der Prioritätsverlagerung von der Produktorientierung auf die Kundenorientierung einher: Für produkt- bzw. transaktionsorientiertes Marketing ist als kleinste Einheit eigentlich nur das Segment sinnvoll – vgl. den „Segmenting-Targeting-Positionioning"-Ansatz von Kotler (vgl. Kotler/Armstrong/Saunders 2003). Erst die Denkansätze des Relationship Marketing (vgl. Berry 1983) mit einem starken Eingehen auf die Bedürfnisse des einzelnen Kunden (vgl. Meffert/Bruhn 2003) schöpfen das Potenzial des kundenindividuellen Ansatzes aus bzw. bedingen eigentlich diese Betrachtung.

Eine durchgängige und logisch schlüssige Granularität erreicht man über die Migration des transaktionsorientierten Marketingansatzes mit jenem des Relationship Marketing. Im Sinne eines „Form-follows-function"-Schema soll dabei jede Aggregationsstufe einer bestimmten Funktion des Marketing dienen.

FORM	FUNKTION
Gesamtmarkt	Marktpotential, Marktanteil
Segmente	Segmentpotential, -größe, Marktänderung
Ad-hoc Zielgruppen	Kampagnen-Management (CrossSelling, UpSelling; Churn prediction)
1/1-Kundenprofil	Servicierung, Contract renewal / Last minute defense

Abbildung 2: Vom Gesamtmarkt zum Kundenprofil

Da bestimmte Aktivitäten des Kundenmanagements (insbesondere Kampagnen) nicht unbedingt auf Einzelebene durchgeführt werden müssen, werden aus diesem Grund sog. Ad-hoc Zielgruppen gebildet – also temporäre, für diese Kampagne besonders viel versprechende, Gruppen von Zielpersonen.

Die Aktivitäten auf Basis dieser Zielgruppen sowie des Kundenprofils stellen großteils jene Maßnahmen dar, die für die Maximierung des *Customer Lifetime Value* (vgl. Blattberg/Getz/Thomas 2001) wichtig sind. In rein ökonomischer Hinsicht wird daher die zusätzliche Ausschöpfung des Customer Lifetime Value über die gesamte Kundenbasis hinweg (= Kundenwert; vgl. Blattberg/Getz/

Thomas 2001) den Aufwendungen für kundenorientiertes Marketing gegenübergestellt werden müssen.

2 Die Konzeption von Kundenprofilen

Im Idealfall repräsentiert ein Kundenprofil den Kunden in den Daten. In der Praxis bedeutet das Auffinden von aussagekräftigen Daten zur Bildung des Kundenprofils einen mittelfristigen Prozess unter Einbeziehung von Erfahrung, Intuition und Trial-and-Error. Die Heranbildung dieser sog. „Single customer view" kann damit beginnen, dass man einen strukturierten Raster aller möglicherweise relevanten Kriterien entwickelt, hier dargestellt an einem Beispiel aus der Telekom-Branche (vgl. Abbildung 3).

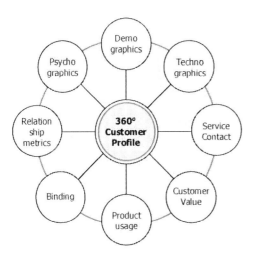

Abbildung 3: Beispiel für Raster eines Kundenprofils

Ein solches Datengerüst ist jedoch zu umfangreich. In der Folge müssen unter Berücksichtigung der priorisierten Aufgaben des Kundenmanagements (Cross-Selling, Wiederkauf bzw. Vertragsverlängerung, Buzz marketing etc.) die jeweiligen Subkriterien definiert und ihr Bezug zu den Zielgrößen validiert werden (vgl. Reinartz/Kumar 2003). So könnten beispielsweise in der Dimension „Relationship metrics" die Subkriterien ServiceQuality, Kundenzufriedenheit, Loyalty usw. definiert sein.

Da jede Branche, gegebenenfalls sogar jedes Unternehmen unterschiedliche Zusammenhänge der Profil-Charakteristika zu den Zielmetriken aufweist, muss ein Unternehmen das Kundenprofil sehr individuell darauf anpassen und es möglichst „schlank" halten. Andernfalls besteht die Gefahr, sehr lange zu viele nutzlose Daten „mitzuschleppen" und zu verwalten.

Die erstmalige Profilbildung bedeutet für das Unternehmen meist auch deswegen einen beträchtlichen konzeptionellen sowie Implementierungs-Aufwand, weil mit einem solchen Projekt in der Regel erstmals die Daten aus der Primär-Marktforschung mit Nutzungsdaten zusammengeführt werden.

3 Von der Notwendigkeit dynamischer Kundenprofile

Kunden ändern sich, und mit ihnen ihre Wünsche und Bedürfnisse! Die Auslöser für geändertes Kundenverhalten bzw. zugrunde liegender Einstellungen können vielfältig sein.

An vorderster Stelle seien die unterschiedlichen Bedürfnisse von Kunden beim Durchlaufen des Kundenlebenszyklus (vgl. Grönroos 2001) genannt. Potentielle Kunden haben im Regelfall vor allem andere Informationsbedürfnisse als langjährige Stammkunden. Selbst „Einmal-Käufer" weisen einen andere psychologischen Bezug zum Anbieter auf als Mehrfachkäufer (vgl. Reichheld/Sasser 1990). Das Erkennen der korrekten Position des Kunden im Kundenlebenszyklus ist ein wesentliches Merkmal, da diese Position das Informationsbedürfnis sowie den Grad an Vertrauen und Vertrautheit (vgl. Bruhn 2001) entscheidend mitbestimmt. Bei kontinuierlichen Services, z.B. Vertrag mit einem Mobilfunkanbieter, ist dieses Merkmal über die Vertragsdauer im Regelfall bekannt, bei langlebigen Konsumgütern (z.B. Auto) kann die Stellung im Kundenlebenszyklus entscheidend mit der (Wieder-)Kaufwahrscheinlichkeit zusammenhängen.

Ein weiterer Auslöser für geänderte Kundenbedürfnisse sind Änderungen der Bedarfssituation, die z.B. im Rahmen des Familienlebenszyklus entstehen (vgl.

Kroeber-Riel/Weinberg 2003). Junge, kinderlose Paare mit Doppeleinkommen werden in Bezug auf Urlaub, Auto etc. im Regelfall sehr unterschiedliche Konsumprioritäten zu Jungfamilien aufweisen – eine Änderung, die sich zumindest im Verlauf eines Jahres einstellen kann.

Unentdeckte saisonal bedingte Präferenzmuster können ebenfalls zu einer Einschätzung führen, die schnurstracks am Kunden vorbei geht: Weintrinker, die im Winter gerne einen schweren Rotwein bevorzugen, im Sommer jedoch einen jungen Weißwein, würden bei einer jährlich durchgeführten Segmentierung wahrscheinlich sehr lange missklassifiziert werden.

In manchen Branchen, wie z.B. Mobilfunkanbietern, gelten Metriken über das Nutzungsverhalten als sehr zuverlässige Indikatoren über den weiteren Verlauf der Kundenbeziehung, nämlich Abwanderung (Churn) oder Vertragsverlängerung. Ohne zeitnahes Verfolgen von Nutzungsdaten, die sich zumindest monatlich neu aufbauen, wäre die Treffergenauigkeit vieler Churn-Modelle eine sehr viel geringere.

Änderungen des Kommunikationsverhaltens von Kunden, konkret gesagt, Verschiebungen der Intensität in der Nutzung von Informationskanälen, können ebenfalls weitreichende Folgen in der Kundenansprache haben, da diese Kunden nicht mehr erreicht werden und somit die Response-Rate von Kampagnen verschlechtern.

Nicht zuletzt können verstärkte Wettbewerbs-Einflüsse, z.B. aggressives Pricing von Mitbewerbern, bei Kunden zu Änderungen im Perceived Price bzw. Perceived Value (vgl. Bruhn, 2001) führen. Massiv preisorientierte Werbung kann bei Kunden die Grenzen der Empfindung verschieben, was ein Produkt oder Service denn überhaupt „kosten darf" bzw. ob der bisherige Anbieter noch in dieser Toleranzschwelle liegt.

Den einzelnen Kunden mit einer bestimmten Wahrscheinlichkeit in seiner aktuellen Bedarfssituation zu treffen, bedingt daher eine dynamische Betrachtungsweise und ist eine ambitionierte, meist unterschätzte Aufgabe. Den Kunden über den Verlauf der Kundenbeziehung zu begleiten und dessen Wünsche bestmöglich zu erfüllen, ist jedoch ein Anspruch, den sich das (Relationship) Marketing selbst auferlegt hat und den es gilt, bestmöglich gerecht zu werden: „...Marketing is to establish, develop, and commercialize long-term customer relationships so that the goals of the involved parties are being met" (Grönroos, 1989).

4 Ein Framework für „Dynamic Customer Profiling"

Wie kann nun ein solches Rahmenwerk aussehen, das dem Kunden relativ zeitnahe auf der Spur bleibt und somit geändertes Kundenverhalten frühzeitig erkennen kann? Betrachten wir das Beispiel eines Online-Weinshops und gehen wir von folgenden Umfeldcharakteristiken aus:

- Kunden kaufen relativ häufig, rangierend von „mehrmals im Jahr" bis zu „mehrmals im Monat".
- Die Kunden sind in folgende Nutzer-Segmente eingeteilt: Rotweintrinker, Weißweintrinker, Rot-und-Weißweintrinker.
- Diese Segmentierung hat einen wesentlichen Einfluss auf die Produktempfehlungen (Cross- und Up-Selling) im Kampagnen-Management.
- Die auf den Warenkorbdaten basierende Kundensegmentierung erfolgt einmal im Jahr (März) über eine Cluster-Analyse. Somit wird jeder Kunde im März jeden Jahres einem bestimmten Segment zugeordnet – jenem der Rotweintrinker, der Weißweintrinker oder Rot-/Weißweintrinker.

Nehmen wir nun den Fall, dass ein Kunde – der erstmals im Dezember kauft – während des Winters schwere Rotweine bevorzugt, von Frühjahr bis in den Spätherbst hinein jedoch leichte, jugendliche Weißweine. Unter bisherigen Rahmenbedingungen würde der Kunde fast ein Jahr lang als reiner Rotweintrinker fehlklassifiziert bleiben, und produktbezogene Kampagnen während der Sommermonate zumindest an seinen Interessen vorbeilaufen, möglicherweise aber sogar zu leichter Ärgernis führen.

Mit Implementierung einer dynamischen Betrachtung des Users werden hingegen auch die jeweils letzten Interaktionen des Kunden in die Betrachtung mit hineingezogen, unabhängig davon, wann die letzte Segmentierung über die gesamte Kundenbasis hinweg stattgefunden hat. Dieses Unterfangen lässt sich im Ablauf wie folgt darstellen (vgl. auch Abbildung 4):

1. *Identifizierte User-Interaktion bzw. Transaktion:* Kunde wählt im Online-Shop die Ware(n) aus, beim Check-Out werden die Produkte mit der jeweiligen Kunden-ID verknüpft und im operativen System gespeichert.

2. *Laden der Transaktions-Daten in das analytische System*: Am Ende der Transaktionsperiode (nach Geschäftsschluss; „Near-realtime") werden die Transaktions-Daten in das analytische System – oftmals ein Data Mart mit Kunden- und Produktdaten – geladen.

3. *LookUp auf Produkt- und Kundendaten*: Dort werden pro Kundeneintrag folgende LookUps in der Produktdatenbank bzw. Kundendatenbank ausgelöst:

    a. Zu welcher Produktgruppe (Rotwein, Weißwein) gehören die gekauften Produkte?

    b. Welchem Segment (Rotwein-, Weißwein-, Rot-/Weißweintrinker) ist dieser Kunde zugeteilt?

4. *Änderung oder Bestätigung der Segmentzuweisung*: Mit diesen Informationen und einfachen „Wenn/Dann-Regeln" kann dann die Segmentinformation im Kundenprofil – falls eine Änderung notwendig ist – automatisch aktualisiert werden.

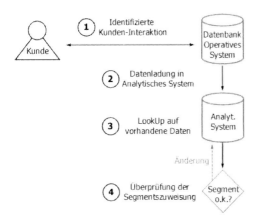

Abbildung 4: Framework für „Dynamic Customer Profiling"

Natürlich beschränkt sich diese Form der zeitnahen Adaptierung von Kundenprofilen an das faktische Nutzerverhalten nicht nur auf die Klassifizierung nach Produktgruppen. Änderungen im Transaktionswert, weil beispielsweise der bisherige Hauptlieferant als nunmehr schlechtere Wahl erscheint und der Kunde mehr Volumen beim neuen Anbieter umsetzt, können ebenso zeitkritisch erfasst werden wie jede andere Dimension, die einen sinnvollen Beitrag zur Kundenwertsteigerung zu leisten mag.

5 Zusammenfassung

Zusammenfassend kann festgestellt werden, dass Kundenmanagement – welches das Verhalten von Kunden zeitnahe in den Kundenprofilen reflektiert – eine gelungene Symbiose von analytischen Methoden und Applikationen für das Kundendatenmanagement voraussetzt. Ob und wie weit Unternehmen ein zeitnahes Management und sich selbst adaptierende Kundenprofile benötigen, hängt von verschiedenen Faktoren ab: Von der damit gewonnenen Ausschöpfung von Kundenwert-Potentialen, der Volatilität der Kundenbedürfnisse sowie dem Anspruch, den Kunden in seinen aktuellen Wünschen und Bedürfnissen kennen zu wollen bzw. zu müssen.

Literatur

Becker, J.: Marketing-Konzeption. Grundlagen des zielstrategischen und operativen Marketing-Managements, 7. Auflage, München 2002

Berry, L.L.: Relationship Marketing, in Berry, L.L.; Shostack, G.L.; Upah G.D. (Hrsg.): Emerging Perspectives on Service Marketing, Chicago 1983

Blattberg, R.C.; Getz, G.; Thomas J.S.: Customer Equity: Building and Managing Relationships as Valuable Assets, Boston 2001

Bruhn, M.: Relationship Marketing: Das Management von Kundenbeziehungen, München 2001

Freter, H.: Marktsegmentierung, Stuttgart 1983

Grönroos, C. (1989): Defining Marketing: A Market-Oriented Approach, in: European Journal of Marketing, 23 Jg. (1989), Nr. 1, S. 52-60

Grönroos, C.: Service Management and Marketing: A Customer Relationship Management Approach. 2. Aufl., Chichester 2001

Kotler, Ph.; Armstrong, G.; Saunders, J.; Wong, V.: Grundlagen des Marketing, 3. Auflage, München 2003

Kroeber-Riel, W.; Weinberg, P.: Konsumentenverhalten, 8. Auflage, München 2003

Meffert, H.; Bruhn, M.: Dienstleistungsmarketing: Grundlagen, Konzepte, Methoden, 4. Auflage, Wiesbaden 2003

Reichheld, F.F.; Sasser, W.E.: Zero Defections. Quality comes to Services, in: Harvard Business Review, Jg. (1990), Nr.5, S. 105-111

Reinartz, W.J.; Kumar V.: The Impact of Customer Relationship Characteristics on Profitable Lifetime Duration, in Journal of Marketing, 67 Jg. (2003), S. 77-99

Teil B:

Umsetzung und Durchführung des Kundenbeziehungs-Managements

Strategisches Kundenbeziehungsmanagement: Vorgehensweise und Konzepte

Hagen J. Sexauer

Zusammenfassung: Viele Projekte im Kundenbeziehungs-Management scheitern häufig. Dies liegt zum einen häufig daran, dass eine systematische Vorgehensweise nur sehr selten stringent verfolgt wird. Zum anderen ist vielen Managern oft nicht bewusst, welche Stellhebel genutzt werden können, um ihr Unternehmen stärker kundenorientiert auszurichten. Dieser Beitrag zeigt auf, welchen Grundprinzipien das Kundenbeziehungs-Management in den Unternehmen folgen sollte, wie eine strategieorientierte Vorgehensweise systematisch umzusetzen ist und gibt anhand eines Beispiels Einblicke, welcher Nutzen mit einer wertorientierten Kundensegmentierung verbunden ist.

Schlüsselworte: Kundenbeziehungs-Management, Umsetzungskonzept, Strategieorientierte Einführung, wertorientierte Kundensegmentierung

Inhaltsverzeichnis

1 Einführung 185

2 Prinzipien des Kundenbeziehungs-Management 187
  2.1 Individualisierung 187
  2.2 Selektion 188
  2.3 Interaktion 189
  2.4 Integration 190

3 Umsetzungskonzept des Kundenbeziehungs-Management 191

4 Strategieorientiertes Vorgehensmodell zur Einführung von
  Kundenbeziehungs-Management 193

5 Beispiel: Wertorientierte Kundensegmentierung 196

6 Zusammenfassung und Einführungstipps zum Kundenbeziehungs-
  Management 199

Literatur 201

1 Einführung

In jüngster Zeit hat sich die Landschaft kundenorientierter Projekte in vielen Unternehmen stark gewandelt. Standen bis vor kurzem häufig Abteilungs-übergreifende, IT-getriebene Kundenbeziehungs-Projekte im Vordergrund, so finden heute in immer stärkerem Maße RoI (Return on Investment)-getriebene Vorhaben Beachtung. Eine Rückbesinnung auf kleinere Erfolge ist oftmals die weiterführende Konsequenz.

Der Begriff des Kundenbeziehungs-Management – oder Customer Relationship Management (CRM) – hat in vielen Unternehmen einen negativen Beigeschmack hinterlassen. Das ist nicht verwunderlich, zeigen doch nicht nur viele Studien, sondern insbesondere die betriebliche Praxis, dass ein Großteil von Investitionen in Informationstechnologie – und damit speziell in sog. CRM-Systeme – verpufft sind. Brachliegende kundenorientierte Informationssysteme, aber auch Ausflüchte – und damit die Abkehr von der Begriffsverwendung CRM – in „neue" Akronyme wie CVM (Customer Value Management) oder CEM (Customer Equity Management) sind die Folge.

Wenn gleichsam mit schmerzhaften Erfahrungen verbunden, hatte die IT-getriebene CRM-Euphorie auch seine guten Seiten: Zum einen rückte das Bewusstsein für die Ausrichtung der Unternehmensaktivitäten auf die Bedürfnisse der Kunden und die damit implizit verbundene Orientierung an den Kundenbeziehungen wieder in den Mittelpunkt unternehmenspolitischer Bemühungen. Zum anderen wurde aber auch erkannt, dass ein erfolgreiches Kundenbeziehungs-Management die Definition adäquater Strategien und somit die Einbeziehung des Top-Management voraussetzt. Jene Führungskräfte sind dafür verantwortlich, den Leitgedanken, die Philosophie und die Intention des Kundenbeziehungs-Management in das Unternehmen zu tragen und Treiber der zuvor definierten, kundenorientierten Strategie zu sein.

Erfolgreiches Kundenbeziehungs-Management setzt somit intelligente und emergente Strategien voraus, die in ein ganzheitliches Management-Framework eingebettet sind (vgl. Abbildung).

Externe Kundenorientierung

Interne Kundenorientierung

Abbildung 1: Management-Framework Kundenbeziehungs-Management (vgl. Sexauer 2004, S. 12)

Vor der Ausgestaltung der *externen* und *internen Kundenorientierung* über die in oben stehender Abbildung dargestellten Instrumente (Marketing-Mix, Organisation, Prozesse und Systeme) gilt es im Rahmen der *Strategiedefinition* die Ziele eines kundenzentrierten Vorhabens zu definieren, auf die Unternehmensziele abzustimmen und in die übergreifende Unternehmens-Strategie einzubetten. *Organisation, Prozesse* und *(IT-)Systeme* sind entsprechend der festgelegten Kundenwert-Strategie auszurichten und miteinander zu verzahnen (*interne Kundenorientierung*). Über die Ausgestaltung der klassischen *Marketing-Mix-Instrumente* – und somit über die Schnittstelle zum Kunden – wird die aus Unternehmenssicht *externe Kundenorientierung* angestrebt.

In vielen Unternehmen ist Ernüchterung eingekehrt. Denn: viele Manager haben inzwischen erkannt, dass eine systematische, strategieorientierte Vorgehensweise notwendig ist, soll Kundenmanagement in den Unternehmen erfolgreich eingeführt und umgesetzt werden. Bevor nun jedoch eine derartige Vorgehensweise in ihren Grundzügen beschrieben wird, ist es zunächst einmal essentiell zu verstehen, welchen zentralen Grundprinzipien ein professionelles Kundenbeziehungs-Management folgen sollte (vgl. hierzu und im Folgenden Sexauer 2006, S. 53 ff.).

2 Prinzipien des Kundenbeziehungs-Management

Inhaltlich lässt sich das Kundenbeziehungs-Management – neben dem Aspekt der angestrebten *Langfristigkeit* – durch die folgenden vier Prinzipien charakterisieren (vgl. Diller 1995, S. 443 f.):

- *Individualisierung,*
- *Selektion,*
- *Interaktion,*
- *Integration.*

Diese zentralen Grundsätze dienen, im Sinne einer Orientierungshilfe, der Umsetzung des Kundenbeziehungs-Management in den Unternehmen und werden im Folgenden näher erläutert. Beispiele zu den erwähnten Kriterien finden sich unter anderem auch in dem Artikel von Piller in diesem Buch, welcher – aufbauend auf diesen Kriterien – eine umfangreiche und anschauliche Checkliste zur Einführung von Kundenbeziehungs-Management skizziert (vgl. Piller, Artikel in diesem Buch).

2.1 Individualisierung

Mit dem Prinzip der *Individualisierung* wird in erster Linie der Aufbau individueller Kundenbeziehungen verfolgt (vgl. Hildebrand 1998, S. 58). Dabei kann sich die Leistungsindividualisierung – also eine auf die Bedürfnisse und Wünsche der Kunden zugeschnittene Marktbearbeitung – in Form von maßgeschneiderten Produkten (sog. „customizing"), einer dialogorientierten Kundenansprache, Preisdifferenzierungen sowie in kundenindividuellen distributionspolitischen Maßnahmen ausdrücken (zu weiteren Beispielen vgl. Homburg/Bruhn 1999, S. 21). Der Einsatz dieser traditionellen und den gesamten Marketing-Mix betreffenden Instrumente, soll durch flankierende Maßnahmen unterstützt werden, die wiederum unter Einbeziehung der aus Kundendatenbanken gewonnenen Erkenntnisse (z.B. Database Marketing) zu einer erhöhten Individualisierung führen (vgl. Meffert 1999, S. 129).

> **Welche Ansatzpunkte finden sich in Ihrem Unternehmen zur *Individualisierung*, um...**
> - **... auf individuelle Kundenbedürfnisse angepasste und damit maßgeschneiderte Produkte zu gestalten?**
> - **... nach einer dialogorientierten Kundenansprache zu differenzieren (Kommunikationsbedürfnisse Kunden etc.)?**
> - **... spezifische Kundengruppenaffinitäten in Bezug auf Preisbereitschaften zu identifizieren?**

2.2 Selektion

Auf Grund der Tatsache, dass nicht jede Kundenbeziehung für den Anbieter den gleichen Wert hat, ist eine Allokation der knappen Anbieterressourcen auf einzelne Kunden(-segmente) vorzunehmen (vgl. Hentschel 1991, S. 26). Im Mittelpunkt steht dabei die langfristige und zukunftsbezogene Ausrichtung der Unternehmensaktivitäten auf erfolgsversprechende Kunden (vgl. Wehrli/Jüttner 1996, S. 33). Um jedoch einen kundenwertspezifischen Einsatz effizienter Marketingmaßnahmen gewährleisten zu können, bedarf es der *Selektion* langfristig aussichtsreicher Kunden (vgl. z.B. Peppers/Rogers/Dorf 1999, S. 153).

Für die qualitative oder quantitative Ermittlung profitabler Kunden bieten sich in diesem Zusammenhang zahlreiche Verfahren an (vgl. Homburg/Schnurr 1998, Köhler 1998). Diese geben nicht nur Auskunft über die Investitionswürdigkeit eines Kunden hinsichtlich der zu ergreifenden Marketingmaßnahmen, sondern lassen auch Aussagen über den Beitrag eines Kunden zum Unternehmenserfolg zu (vgl. Link/Hildebrand 1997, S. 160). Beispiele hierfür sind die Portfolio-Analyse, mehrdimensionale Scoringmodelle oder aber auch – als praktikable Variante – die klassische ABC-Analyse.

In der Praxis gilt es jedoch immer einen gesunden Mix zwischen hoch komplexen und – insbesondere auch von den Mitarbeitern – verstehbaren Kundensegmentierungs-Ansätzen zu finden, soll eine reibungslose Umsetzung in der betrieblichen Praxis gewährleistet werden. Häufig sind komplexe Verfahren erst als *„Ausbaustufe"* nach einer Etablierung einer pragmatischen Kundenklassifikation zu empfehlen.

> **Welche Ansatzpunkte finden sich in Ihrem Unternehmen zur *Selektion*, um...**
>
> **... den individuellen Beitrag von Kunden bzw. Kundengruppen zum Unternehmenserfolg zu messen?**
>
> **... mehr über die Investitionswürdigkeit Ihrer Kunden zu erfahren und darauf aufbauend die knappen unternehmensinternen Ressourcen zu verteilen?**

2.3 Interaktion

Die *Kunden-Anbieter-Interaktion* stellt ein weiteres Prinzip des Kundenbeziehungs-Management dar. Als Bindeglied zwischen dem Wissenserwerb und der Wissensanwendung kommt ihr eine zentrale Bedeutung zu (vgl. Fassott 2001, S. 152.) Sie dient nicht nur der kontinuierlichen Aufnahme und der systematischen Verarbeitung relevanter Informationen, sondern zielt auch auf die Herstellung direkter intensiver Kontakte ab, die wiederum den Kunden veranlassen sollen, in einen beziehungsintensivierenden Dialog einzutreten (vgl. Diller 1995, S. 443; Homburg/Sieben 2000, S. 9). Im Idealfall sollen – beispielsweise unterstützt durch Database Marketing-Maßnahmen – derartige kooperative Interaktionsmuster gefördert werden, die schließlich einen wesentlichen Beitrag zur Vertiefung und Festigung der Kundenbeziehungen leisten.

In der Praxis bedeutet dies, dass Kommunikation ein fortlaufender, aber dennoch vom Unternehmen kontrollierter Prozess sein sollte, der durch intelligente Interaktionsstrategien unterstützt wird. Zum Beispiel sollte jedem Unternehmen bekannt sein, zu welchem Zeitpunkt der letzte Kundenkontakt stattfand – und zwar allen Mitarbeitern in allen Funktionsbereichen, die im direkten Kontakt zum Kunden stehen. Im Vordergrund stehen hier insbesondere die Abteilungen von Marketing, Vertrieb und Service. Immer wieder lässt sich feststellen, dass der reibungslose Austausch von Informationen über die jeweiligen Interaktionen und funktionsübergreifend in den seltensten Fällen funktioniert.

> **Welche Ansatzpunkte finden sich in Ihrem Unternehmen zur *Interaktion*, um...**
>
> **... mit Ihren Kunden einen beziehungsintensivierenden Dialog aufzubauen?**
>
> **... die Informationen über den Kundendialog so zu erfassen, dass er allen Mitarbeitern in Marketing, Vertrieb und Service zur Verfügung steht?**
>
> **... die kundenspezifischen Interaktionsmuster über alle Kanäle (Internet, Call Center, Außendienst etc.) zu identifizieren und in erfolgreiche Kommunikationskonzepte umzusetzen?**

2.4 Integration

Die Einbeziehung bzw. die Eingliederung des Kunden in den wertschöpfungsübergreifenden Leistungserstellungsprozess der Unternehmen (vgl. Meyer/Westerbarkey 1995, S. 94) ist ein weiteres charakteristisches Merkmal des Kundenbeziehungs-Management. Die *Kundenintegration* ist dabei nicht auf singuläre, einseitige Transaktionen, sondern auf eine über den einmaligen Geschäftsprozess hinaus gehende bidirektionale Interaktion gerichtet (vgl. Hansen/Jeschke 1992, S. 88). Der mit diesem wechselseitigen Dialog einhergehende Informationsaustausch ermöglicht die Spezifikation kundenindividueller Wünsche sowie deren Berücksichtigung im Leistungserstellungsprozess des Anbieters (vgl. Kleinaltenkamp 1999, S. 261).

In der betrieblichen Praxis bedeutet dies vor allem eine systematische Erfassung aller Kundenwünsche und Anliegen, die in eine Verbesserung – im Sinne einer verstärkten Kundenorientierung – der Produkte münden. Viele Unternehmen vernachlässigen diesen Aspekt häufig und nutzen die oft freiwillig und ohne Aufforderung abgegebenen Kundenwünsche und -vorschläge selten bis überhaupt nicht. Immer wieder ist zu beobachten, dass eine kanalübergreifende Erfassung kundenseitig artikulierter Produktvorschläge nur in den seltensten Fällen erfolgt. Warum nutzen Sie nicht die im Internet, im Call Center oder gar über Ihren Außendienstmitarbeiter entgegengenommenen Anliegen um diese zu analysieren und daraus entsprechende Handlungsempfehlungen abzuleiten?

> **Welche Ansatzpunkte finden sich in Ihrem Unternehmen zur *Integration*, um...**
>
> **... Ihre Kunden bei der Produktentwicklung in den Leistungserstellungsprozess zu integrieren?**
>
> **... Produktvorschläge und Verbesserungsmöglichkeiten systematisch zu erfassen und in kundenorienterte(re) Produkte bzw. Dienstleistungen umzusetzen?**

3 Umsetzungskonzept des Kundenbeziehungs-Management

Aufbauend auf diesen vier *konstitutiven Prinzipien* des Kundenbeziehungs-Management und in Anlehnung an *Peppers*, *Rogers* und *Dorf* (vgl. Peppers/Rogers/Dorf 1999, S. 152 ff.) ermöglicht das hier skizzierte 3-stufige *Vorgehensmodell* nun weitergehend eine Darstellung der idealtypischen Umsetzung des Kundenbeziehungs-Management in den Unternehmen (vgl. Abbildung 2).

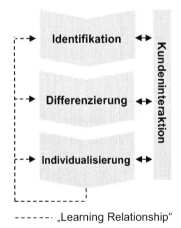

------ „Learning Relationship"

Abbildung 2: Umsetzungskonzept des Kundenbeziehungs-Management (vgl. Sexauer 2006, S. 56)

Die drei Phasen *Identifikation*, *Differenzierung* und *Individualisierung* beschreiben dabei den chronologischen Verlauf des Grundkonzepts des Kundenbeziehungs-Management:

Die *Identifikationsphase* befasst sich mit dem generellen Aspekt der Lokalisierung bereits vorhandener Kunden. Neben dem Gesichtspunkt der Aufnahme allgemeiner Daten (wie beispielsweise Name, Adresse etc.) gilt es insbesondere festzustellen, welche jeweiligen Präferenzen und Gewohnheiten jeder einzelne Kunde aufweist.

Entsprechend dem bereits dargestellten Selektionsprinzip sollen die Kunden in der *Differenzierungsphase* sowohl nach deren Beitrag zum Unternehmenserfolg als auch nach deren individuellen Präferenzen selektiert bzw. differenziert werden.

In der anschließenden *Individualisierungsphase*, die dem bereits erwähnten Individualisierungsprinzip entspricht, werden für die bereits identifizierten und differenzierten Kunden individualisierte Leistungsangebote abgeleitet.

Der kaufphasenübergreifende Prozess der *Anbieter-Kunden-Interaktion* verläuft gleichermaßen über alle drei Stufen und ermöglicht – verstanden als sog. *"Learning Relationship"* – den ständigen Erwerb von Wissen über den Kunden (vgl. Peppers/Rogers/Dorf 1999, S. 151). Dieser Wissenserwerb, der im Sinne eines iterativen Vorgangs, die Erhebung und Feststellung von Kundendaten bzw. -präferenzen umfasst, soll über die gesamte Beziehungsdauer hinweg ein immer exakteres Kundenprofil generieren (vgl. Fassott 2001, S. 136). Unter Einbeziehung der auf diesem Profil basierenden Kenntnisse können sodann individualisiertere Leistungen angeboten werden usw.

Vor diesem Hintergrund kann zusammenfassend festgehalten werden, dass sich die vier vorher erwähnten Grundprinzipien sowohl implizit als auch explizit in dem 3-stufigen Umsetzungskonzept des Kundenbeziehungs-Management manifestieren. Das Konzept stellt nicht nur ein generisches Modell zur Analyse und Strukturierung, sondern ebenfalls eine Orientierungshilfe für die Ausgestaltung eines systematischen Kundenbeziehungs-Management dar. Im Rahmen der Operationalisierung dieses Vorgehensmodells stehen dabei insbesondere der Aufbau, der Erhalt und der Ausbau von dauerhaft profitablen Kundenbeziehungen im Mittelpunkt.

4 Strategieorientiertes Vorgehensmodell zur Einführung von Kundenbeziehungs-Management

Immer wieder kann festgestellt werden, dass Unternehmen nur selten eine stringente Systematik beim Aufbau eines ganzheitlichen Kundenbeziehungs-Management verfolgen. Dies kann sich bspw. darin ausdrücken, dass häufig eine Reihe von Abteilungen und damit auch Mitarbeiter aus unterschiedlichen Hierarchieebenen in derartige Projekte involviert werden. Um eine Daseinsberechtigung jedes einzelnen Funktionsbereiches „anzumelden", werden hinderlicherweise nicht nur immer wieder Projektverantwortliche aus <u>allen</u> kundenorientierten Abteilungen (Marketing, Vertrieb und Service) hinzugezogen, sondern jenen auch ähnlich hohe Einflussmöglichkeiten zugestanden. Die Folge: Unkoordinierte Abstimmungsprozesse, Verantwortlichkeiten werden entweder „an sich gerissen" und die damit im Zusammenhang stehenden Aufgaben nicht nachgehalten oder aber eine sinnvolle Arbeitsteilung vor dem Hintergrund eines vermeintlichen Machtverlustes verhindert.

Um den Erfolg derartiger Projekte sicherzustellen, sollten Sie <u>einen</u> Projektverantwortlichen (z.B. „Manager Kundenbeziehungen") in Ihrem Unternehmen benennen. Dieser sollte bereits über langjährige Projekterfahrung sowohl im klassischen Projektmanagement (Steuerung und Koordination) als auch über Know-how im Kundenbeziehungs- und Umsetzungs-Management verfügen. Treiben Sie Ihre Projekte durch das Top-Management voran. Von entscheidender Bedeutung ist dabei die Präsenz des Management-Teams bei wichtigen Workshops und Meilenstein-Meetings – denn nur Sie können die Bedeutung dieser Projekte gegenüber Ihren Mitarbeitern glaubhaft vermitteln.

> **Was aber bedeutet in diesem Zusammenhang eine systematische Einführung von Kundenbeziehungs-Management in der betrieblichen Praxis?**

Generell lässt sich – so zeigen die Projekterfahrungen – die Einführung eines erfolgreichen Kundenbeziehungs-Management typischerweise über die fünf zentralen Projekt-Phasen *Strategiedefinition, Analyse, Design, Implementierung* und *Kontrolle* beschreiben (vgl. Abbildung 3).

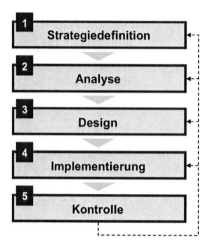

Abbildung 3: Strategieorientiertes Vorgehen im Kundenbeziehungs-Management

Im Rahmen der *Strategiedefinition* werden – insbesondere in Abstimmung mit den Funktionsbereichen Marketing, Vertrieb und Service und unter Einsatz bewährter Management-Techniken – wie Workshops, Fokusinterviews, etc. – funktionsübergreifende, kundenorientierte Ziele definiert und auf die übergeordneten Unternehmensziele abgestimmt. So lassen sich häufig bereits in dieser Phase der Formulierung einer Kundenbeziehungs-Management-Strategie Defizite in dem Unternehmen aufdecken. Des Weiteren ist als Basis für das weitere Vorgehen eine Kundenbewertung zu empfehlen, welche der Identifikation der für das weitere Vorgehen relevanten Kundensegmente dient. Im Einzelnen sind hier folgende drei Schritte zu beachten:

1. Wert- und potenzialorientierte Kundensegmentierung,

2. Bewertung der Kundenstabilität,

3. Bestimmung des Kundenwertes.

Durch die durchzuführende Kundensegmentierung erhalten die Unternehmen eindeutig definierte Segmente mit zugeordneten Wertbeiträgen und Wertpotenzialen und damit Kenntnis über die wichtigsten Treiber der Kundenwertentwicklung. Transparenz über zukünftige Potenziale der Kunden ermöglicht die Identifikation von Benchmarks zur Erkennung von Spitzenleistungen bei Kunden.

Die Bewertung der Kundenstabilität erfolgt durch den Einsatz statistischer Verfahren, um Kunden mit hoher Abwanderungswahrscheinlichkeit ausfindig zu machen, während die Bestimmung des Kundenwertes – also die Analyse des Lebenszeitwertes (Customer Lifetime Value) – der Ausgestaltung und Ausrichtung von Kundenmanagement-Aktivitäten auf Erfolg versprechende Kunden dient. Darüber hinaus werden branchenübergreifende Benchmarks genutzt, um eine kundenorientierte Unternehmensbewertung vorzunehmen. Diese erlauben die Ermittlung derjenigen Unternehmensbereiche, in denen die größten Potenziale durch den Einsatz adäquater Kundenmanagement-Maßnahmen erwartet werden können.

Innerhalb der ausgewählten Unternehmensbereiche wird im Rahmen der *Analyse* für jedes Kundensegment eine Ist-Geschäftsvorfallanalyse durchgeführt. Diese liefert eine segmentspezifische Übersicht über die relevanten Kunden- und die damit unmittelbar im Zusammenhang stehenden Unternehmensprozesse. Anschließend ist eine Gap-Analyse zu empfehlen, die durch den Vergleich von IST- und SOLL-Prozessen der Aufdeckung von Schwachstellen dient. Beispielsweise lassen sich auf diese Weise Brüche im Kommunikationsprozess zwischen Unternehmen und den eigenen Kunden identifizieren (Multi Channel-Mix).

In der anschließenden *Design-Phase* erfolgt – auf Basis der innerhalb der Analyse gewonnen Erkenntnisse – die Ableitung ganzheitlicher und funktionsbereichsspezifischer Kundenmanagement-Aktivitäten, die in der Regel durch IT-Systeme unterstützt werden. Dabei handelt es sich beispielsweise um die Etablierung zielgruppenspezifischer Direct-Marketing-Maßnahmen unter besonderer Berücksichtigung des Kundenbeziehungs-Lebenszyklusses. Alle wesentlichen kundenorientierten Maßnahmen werden daraufhin mit Timings hinterlegt und durch den Einsatz der Transformation Mapping-Technik in einer Roadmap dokumentiert.

Die *Implementierung* der Kundenmanagement-Aktivitäten erfordert die Durchführung einzelner Projekte, welche aus der Sicht der Gesamtstrategie zu sukzessiven Verbesserungen führen. Diese Projekte müssen im Sinne eines Multiprojektmanagement wiederum auf Basis ihrer Dringlichkeit gewichtet und priorisiert sowie auf Wechselwirkungen hin untersucht werden. Dazu ist es notwendig bereits etablierte Projektcontrolling-Tools einzusetzen, die einen ganzheitlichen Blick auf die momentane Projektlandschaft ermöglichen.

Die *Kontrollphase* zielt ab auf die ständige Überprüfung der Zielerreichung als auch der Dokumentation der gewonnenen Erfahrungen. Die Ergebnisse gehen dann in die weiteren Schritte zur Anpassung bzw. Erweiterung der zuvor definierten Roadmap ein. Dabei ist ein Rücksprung in jede vorherige Phase des skizzierten Vorgehensmodells möglich. Zu beachten ist jedoch, dass zum Beispiel eine Änderung der Strategiedefinition, die aufgrund gewonnener Erkenntnisse notwendig werden kann, auch Anpassungen der bereits gestarteten Teilprojekte erfordert.

5 Beispiel: Wertorientierte Kundensegmentierung

Die Beantwortung der Frage nach der Sinnhaftigkeit adäquater Marketing- und Vertriebs-Aktivitäten setzt die Kenntnis über die Profitabilität und damit über die Investitionswürdigkeit einzelner Kunden(-segmente) voraus. Obgleich diese Tatsache im Allgemeinen bekannt, herrscht in vielen Unternehmen dennoch mangelnde Transparenz über die Wertbeiträge ihrer Kunden. Die Folge: hohe Unsicherheit über die Rentabilität von Investitionen in die eigenen Kundenbeziehungen. Vor diesem Hintergrund und insbesondere angesichts des Strebens nach dem Erhalt der Wettbewerbsfähigkeit des eigenen Unternehmens stehen Marketing- und Vertriebsmanager heute vor neuen Herausforderungen (vgl. hierzu und im Folgenden Sexauer 2004, S. 8 f.).

Nicht jede Kundenbeziehung hat für ein Unternehmen den gleichen Wert, weshalb eine Allokation der knappen Anbieterressourcen auf einzelne Kunden(segmente) notwendig ist. Im Mittelpunkt steht dabei die langfristige und zukunftsbezogene Ausrichtung der Unternehmensaktivitäten auf erfolgsversprechende Kunden, um dem langfristigen Ziel – nämlich der Steigerung der Profitabilität des gesamten Unternehmens – gerecht werden zu können. Soweit zur Theorie.

In der betrieblichen Praxis ist jedoch zu konstatieren, dass in einer Vielzahl von Unternehmen kein klares Bild, d.h. mangelnde Transparenz über die Wertbeiträge des eigenen Kundenstammes besteht (vgl. Abbildung 4, linke Grafik). Marketing- und Vertriebsverantwortliche sind häufig überfordert, sollen sie auf folgende zentrale Fragestellungen klare Antworten geben:

- Welchen Wertbeitrag liefern Ihre wichtigsten Kunden(-segmente)?
- Welche Ihrer Kunden leisten die höchsten respektive niedrigsten Wertbeiträge?
- In welche Kundenbeziehung werden Sie zukünftig überproportional investieren und bis zu welcher Höhe?
- Welche Ihrer Kunden bieten keine Ertragsperspektiven?
- Welche Kundengruppen wollen Sie zukünftig verstärkt erschließen?

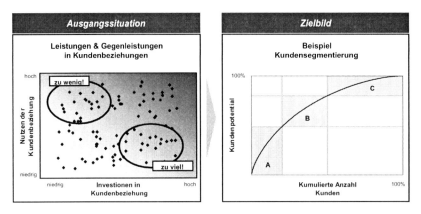

Abbildung 4: Ausgangssituation und Zielbild wertorientierte Kundensegmentierung (vgl. Sexauer 2004, S. 8)

Eine klare Beantwortung dieser Fragen erfordert eine adäquate und wertorientierte Kundensegmentierung. Für die qualitative oder quantitative Ermittlung profitabler Kunden bieten sich in diesem Zusammenhang zahlreiche Verfahren an. Diese geben nicht nur Auskunft über die Investitionswürdigkeit eines Kunden hinsichtlich der zu ergreifenden Maßnahmen, sondern lassen auch Aussagen über den Beitrag eines Kunden zum Unternehmenserfolg zu.

Unsere Projekterfahrungen zeigen, dass es in einem ersten Schritt sinnvoll ist relativ zügig eine auf einem Scoring-Modell basierende ABC-Segmentierung vorzunehmen, die sowohl unternehmensindividuelle als auch bewertungsrelevante Dimensionen, wie bspw. Umsatz, Deckungsbeitrag, Wachstumsentwicklung, etc., berücksichtigt (vgl. Abbildung 4, rechte Grafik). In einem zweiten Schritt sollte die Zuordnung zu den A-, B- und C-Segmenten nicht nur auf Grund dem reinen quantitativen und damit statischen Ergebnis der Kunden-Analyse erfolgen, sondern ebenso – und, sofern es die Anzahl der Kunden zulässt – durch die Außendienst-Mitarbeiter final vorgenommen werden. Durch den Einsatz multivariater Analysemethoden gilt es im Rahmen der Ausbaustufe den – auf Potenziale und Erfolgsbeitrag ausgerichteten – Segmentierungs-Ansatz zu verfeinern.

Ergebnisse der wertorientierten Kundensegmentierung

Durch die vorgenommene Kundensegmentierung verfügen Unternehmen über ...

- eindeutig definierte Segmente mit zugeordneten Wertbeiträgen und Wertpotenzialen,
- Kenntnis über die wichtigsten Treiber der Kundenwertentwicklung,
- Transparenz über zukünftige Potenziale der Kunden,
- Benchmarks zur Erkennung von Spitzenleistungen bei Kunden.

Darüber hinaus unterstützt diese wertorientierte Kundensegmentierung Entscheidungen zur Festlegung von Konditionen und Preisen, Kundenbindungs-Maßnahmen sowie zur Optimierung des Kundenstamms. Sie ermöglicht dezidierte Aussagen zu Inhalt und Intensität der vertrieblichen Betreuung und ist damit Ausgangsbasis für eine systematische und effiziente Marktbearbeitung.

6 Zusammenfassung und Einführungstipps zum Kundenbeziehungs-Management

Zusammenfassung

Die Grundprinzipien des Kundenbeziehungs-Management konnten aufzeigen, welche Ansatzpunkte und Strukturierungsebenen existieren, um in den Unternehmen ein systematisches Kundenbeziehungs-Management einzuführen. Dabei ist es essentiell eine strategieorientierte Vorgehensweise zu wählen, die sowohl die strategischen Unternehmensziele berücksichtigt als auch schnelle Erfolge in den Unternehmen ermöglichen. Vor diesem Hintergrund kann eine wertorientierte Kundensegmentierung als ein erstes Vorgehen empfohlen werden. Hierbei lernen Sie Ihre Kunden besser kennen, verstehen nun, warum es Sinn macht die sehr knappen Ressourcen innerhalb Ihres Unternehmens effizienter einzusetzen und schaffen somit eine Grundlage und gemeinsamen Konsens für die Etablierung einer „kundenorientierten Denkweise" in Ihrem Unternehmen.

Tipps zur Einführung von Kundenbeziehungs-Management

- Versuchen Sie an Hand der vier Grundprinzipien des Kundenbeziehungs-Management *Individualisierung*, *Selektion*, *Interaktion* und *Integration* erste Ansatzpunkte für eine kundenorientierterte Ausrichtung Ihres Unternehmens zu identifizieren.

- Achten Sie dabei darauf, dass die identifizierten Ansatzpunkte sowohl in einer relativ kurzen Zeitspanne umgesetzt werden können als auch schnell zu messbaren Erfolgen („Quick Wins") führen.

- Bestimmen Sie einen Projektverantwortlichen, der eine Koordinations- und Steuerungsfunktion übernimmt und damit die unterschiedlichen Sichten aus den Funktionsbereichen Marketing, Vertrieb und Service zusammenführt. Somit verhindern Sie unkoordinierte Abstimmungsprozesse.

- Stellen Sie den Projekterfolg durch den Einsatz von Managern mit langjähriger Projekterfahrung – sowohl im klassischen Projekt- als auch im Kundenbeziehungs-Management – sicher.

- Sorgen Sie dafür, dass das Top-Management der Treiber bzw. Initiator derartiger Projekte ist und kommunizieren dies auch gegenüber Ihren Mitarbeitern.

- Gehen Sie systematisch und „Top-Down" bei der Erstellung eines Konzeptes zum Kundenbeziehungs-Management vor. Nutzen Sie als Orientierungshilfe die skizzierte Vorgehensweise über die Projekt-Phasen *Strategiedefinition, Analyse, Design, Implementierung* und *Kontrolle*.

- Starten Sie idealerweise mit einer wertorientierten Kundensegmentierung. In einem ersten Schritt ist es hilfreich, relativ zügig eine auf einem Scoring-Modell basierende ABC-Segmentierung vorzunehmen, die nicht nur die wesentlichen Erfolgsdimensionen berücksichtigt, sondern auch von jenen Mitarbeitern verstanden wird, die täglich mit den Implikationen dieser Segmentierung umzugehen haben.

Literatur

Diller, H.: Beziehungs-Marketing, in: Wirtschaftswissenschaftliches Studium (WiSt), 24. Jg. (1995), Nr. 9, S. 442-447

Fassott, G.: eCRM-Instrumente: Ein beziehungsorientierter Überblick, in: Eggert, A./Fassott, G. (Hrsg.): eCRM – Electronic Customer Relationship Management: Management der Kundenbeziehungen im Internet-Zeitalter, Stuttgart 2001, S. 133-157

Hansen, U./Jeschke, K.: Nachkaufmarketing – Ein neuer Trend im Konsumgüterbereich?, in: Marketing ZFP, 14. Jg. (1992), Nr. 2, S.88-97

Hentschel, B.: Beziehungsmarketing, in: WISU (Das Wirtschaftsstudium), 20. Jg. (1991), Nr. 1, S. 25-28

Hildebrand, V.G.: Kundenbindung mit Online Marketing, in Link, J. (Hrsg.): Wettbewerbsvorteile durch Online Marketing, Heidelberg 1998, S. 56-75

Homburg, C./Bruhn, M.: Kundenbindungsmanagement: Eine Einführung in die theoretischen und praktischen Problemstellungen, in: Bruhn, M./Homburg, C. (Hrsg.): Handbuch Kundenbindungsmanagement: Grundlagen – Konzepte – Erfahrungen, 2. Aufl., Wiesbaden 1999, S. 3-35

Homburg, C./Sieben, F.: Customer Relationship Management: Strategische Neuausrichtung statt IT-getriebenem Aktivismus, Institut für Marktorientierte Unternehmensführung, Nr. M 52, Mannheim 2000

Homburg, C./Schnurr, P.: Kundenwert als Instrument der Wertorientierten Unternehmensführung, in: Bruhn, M./Lusti, M./Müller, W. R./Schierenbeck, H./Studer, T. (Hrsg.): Wertorientierte Unternehmensführung. Perspektiven und Handlungsfelder für die Wertsteigerung von Unternehmen, Wiesbaden 1998, S. 169-189

Kleinaltenkamp, M.: Kundenbindung durch Kundenintegration, in: Bruhn, M./Homburg, C. (Hrsg.): Handbuch Kundenbindungsmanagement: Grundlagen – Konzepte – Erfahrungen, 2. Aufl., Wiesbaden 1999, S. 255-271

Köhler, R.: Kundenorientiertes Rechnungswesen als Vorraussetzung des Kundenbindungsmanagements, in: Bruhn, M./Homburg, C. (Hrsg.): Handbuch Kundenbindungsmanagement, Wiesbaden 1998, S. 329-357

Link, J./Hildebrand, V.G.: Ausgewählte Konzepte der Kundenbewertung im Rahmen des Database Marketing, in: Link, J./Brändli, D./Schleuning, C./Kehl, R. (Hrsg.): Handbuch Database Marketing, 2. Aufl., Ettlingen 1997, S. 159-173

Meffert, H.: Kundenbindung als Element moderner Wettbewerbsstrategien, in: Bruhn, M./Homburg, C. (Hrsg.): Handbuch Kundenbindungsmanagement: Grundlagen – Konzepte – Erfahrungen, 2. Aufl., Wiesbaden 1999, S. 115-133

Meyer, A./Westerbarkey, P.: Bedeutung der Kundenbeteiligung für die Qualitätspolitik von Dienstleistungsunternehmen, in: Bruhn, M./Stauss, B. (Hrsg.): Dienstleistungsqualität: Konzepte, Methoden, Erfahrungen, 2. Aufl., Wiesbaden 1995, S.81-103

Peppers, D./Rogers, M./Dorf, B.: Is Your Company Ready For One-to-One Marketing?, in: Harvard Business Review, 77. Jg. (1999), Nr. 1, S. 151-160

Piller, F.: Aufbau dauerhafter Kundenbindungen mit Kundenbeziehungs-Management, Artikel in diesem Buch, S. 203 ff., Königswinter 2007

Sexauer, H.J.: Einführung, in: Sexauer, H.J. (Hrsg.): Konzepte des Customer Relationship Management (CRM): Strategien – Instrumente – Umsetzung, S. 11-13, Wiesbaden 2004

Sexauer, H.J.: Wertorientierte Kundensegmentierung erhöht die Wettbewerbsfähigkeit, in: SEMPORA VALUE SCOPE, Nr. 5, S. 8-9, Bad Homburg 2004

Sexauer, H.J.: Einsatzdeterminanten und Integrationsgrad kundenorientierter Informationssysteme: Ein empirischer Beitrag zum Customer Relationship Management (CRM), Wiesbaden 2006

Wehrli, H.P./Jüttner, S.: Beziehungsmarketing in Wertsystemen, in: Marketing ZFP, 18. Jg. (1996), Nr. 1, S. 33-41

Aufbau dauerhafter Kundenbindungen mit Kundenbeziehungs-Management[*]

Frank Thomas Piller

Zusammenfassung: Zunehmender Wettbewerb und steigende Kosten der Neukundengewinnung stellen viele Unternehmen vor neue Herausforderungen. In vielen Branchen ist die Kundenloyalität nicht zuletzt durch neue Internet-Angebote auf dem Tiefstand. Nur Unternehmen, die mit ihren Kunden interagieren, von diesen lernen und so ihre Produkte ganz genau auf jeden einzelnen Abnehmer ausrichten, können diesem Trend entgegensteuern. Hier setzt das Konzept des Kundenbeziehungs-Management bzw. Customer Relationship Management (CRM) an. Der Beitrag zeigt – weitgehend basierend auf den Gedanken der US-CRM-Berater Martha Rogers and Don Peppers – die wichtigsten Hintergründe, nennt Bestandteile einer Kundenbeziehungs-Strategie und gibt konkrete Hinweise für die Umsetzung.

Schlagworte: Kundenbeziehungs-Management, Customer Relationship Management (CRM), Mass Customization, klassische Fallstudien.

---

[*] Hinweis: Dieser Beitrag ist ein veränderter Wiederabdruck eines Beitrags in dem Sammelwerk „Praktische Unternehmensführung", 4. Aufl., hrsg. von Kurt Nagel, Landsberg/Lech, Verlag Moderne Industrie, 31. Ergänzungslieferung Februar 2000.

Inhaltsverzeichnis

1 Neue Herausforderungen verlangen neue Lösungen..................205

2 Was ist Customer Relationship Management? 208

3 Die fünf Basisregeln des erfolgreichen CRM 209

4 Wie funktioniert CRM?..212

5 CRM in der Praxis: Fangen Sie an....................................224

6 Hohe Ansprüche an Datenschutz.....................................230

Literatur 233

1 Neue Herausforderungen verlangen neue Lösungen

Kundenloyalität kann als eine der wesentlichen Herausforderungen von Unternehmen des 21. Jahrhunderts gesehen werden. Manche Branchen (z.b. Mobilfunk, Kreditkartenunternehmen, Autovermietungen) verlieren heute innerhalb von drei Jahren mehr als die Hälfte ihrer Kunden – und alle Zeichen sprechen dafür, dass dies erst der Anfang ist. Zunehmende globale Konkurrenz und steigender Marktdruck haben die meisten Branchen von Verkäufer- zu Käufermärkten mit stark ausgeprägter abnehmerseitiger Verhandlungsmacht gewandelt. Zeichen hierfür ist bei industriellen Abnehmern die wachsende Bedeutung eines systematischen Beschaffungsmanagements. Hinzu kommt, dass sich nicht wenige Branchen durch eine erhebliche Nachfragekonzentration auszeichnen. Das damit verbundene Verhandlungspotential führt zu einer Verschärfung des Wettbewerbs. Neben den Automobilherstellern ist dies derzeit insbesondere bei den großen Handelsunternehmen zu beobachten.

Doch auch im Bereich des privaten Verbrauchs nimmt der Druck zu. So zeigt sich trotz eines größeren und komplexeren Produktangebots eine zunehmende Aufgeklärtheit der Käufer. Dies kann auf einen höheren Informationsstand als Folge zunehmender Produkttests in Fachzeitschriften und Verbrauchermagazinen oder vergleichende Werbung zurückgeführt werden. Dort wird jeweils das Produkt mit dem besten Preis-/Leistungsverhältnis betont. Der Preis büßt seine Wirkung als Qualitätsindikator immer mehr ein. Damit greift in vielen Märkten weder eine reine Differenzierungsstrategie noch eine klassische Strategie der Kostenführerschaft. Die Preis-Leistungs-Relation verschiebt sich insofern, als die Abnehmer auch bei einem günstigen Absatzpreis relativ hohe Ansprüche an Qualität, Service, Varietät oder Funktionalität stellen oder umgekehrt bei einer ausgeprägten Differenzierung einer Leistung gewisse Mindestanforderungen an deren Preisgestaltung haben. Auch verlieren gerade bei jüngeren Konsumenten angestammte Markennamen zunehmend an Bedeutung. Gekauft wird, was gerade im Moment modern ist, und das kann morgen schon das Produkt Ihrer Konkurrenz sein.

Nicht zuletzt trägt die unaufhaltsame Verbreitung des Internets in Unternehmen und Haushalten zu einer steigenden Abnehmermacht bei. Dieses friktionslose und leistungsstarke Instrument für Information und Transaktionen unterstützt private Käufer wie Organisationen, ihre Einkaufsoptionen in kürzester Zeit und ohne große Mühe enorm auszudehnen. Der grenzenlose Einkauf, seien es lokale, regionale oder internationale Grenzen, wird so einfach sein wie heute der Kauf im Supermarkt „um die Ecke". Im Börsenhandel mit privaten Kunden haben die Online-Broker den lokalen Hausbanken schon heute eine sehr beträchtliche Zahl von Kunden abgenommen. Preisagenturen oder gar kostenlose Agenten-Technologien erlauben es, ohne große Suchkosten den billigsten Anbieter einer definierten Leistung zu suchen. Der bessere Informationsstand führt zu sinkenden Kosten eines Lieferantenwechsels. Wesentliche Aufgabe eines Anbieters in solchen Märkten ist es, durch zusätzliche Maßnahmen eine langfristige Kundenbindung zu garantieren.

Doch neben der unaufhaltsamen Entwicklung zu Käufermärkten nimmt zugleich auch die internationale Konkurrenz immer mehr zu. Die Wettbewerbssituation vieler Anbieter ist durch gesättigte Märkte gekennzeichnet, in denen die Nachfrage nur noch verhalten oder gar nicht mehr ansteigt. Dies hat dazu geführt, dass der Wachstumswettbewerb dem sehr viel härteren Verdrängungswettbewerb gewichen ist. Wenn sich das Wachstum vieler etablierter Produktmärkte stark verlangsamt, muss die Nachfrage von alten Produkten auf neue erweitert werden. Dafür müssen die neuen Produkte besser den Kundenbedürfnissen entsprechen sowie eine höhere Qualität und einen günstigeren Preis aufweisen als die etablierten Produkte. Viele Unternehmen werden gezwungen, Produktnachfolger trotz verbesserter Ausstattung zum gleichen oder sogar gesenkten Preis anzubieten. Damit verschärfen sich die Wettbewerbsansprüche noch einmal.

Steigender Druck durch die Wettbewerber auf der einen und zunehmende Forderungen der Kunden auf der anderen Seite zwingen Unternehmen, alte Wertschöpfungsprozesse radikal zu überdenken. Viele Unternehmen setzen heute in erster Linie auf immer neue Kostensenkungspotentiale, um im Preiswettbewerb mithalten zu können. Doch so wichtig angesichts des steigenden Kostendrucks auch organisatorische Effizienz durch weitere Rationalisierungsmaßnahmen und eine „verschwendungsfreie" Gestaltung der Unternehmensprozesse ist – die Lösung kann nur eine völlig neue Sicht des Verhältnisses zwischen Kunde und Unternehmen sein: Die Abnehmer müssen wieder in den wirklichen Mittelpunkt der Leistungserstellung rücken und nicht erst in der Vertriebsphase beachtet werden (vgl. Abbildung 2). Während in der Vergangenheit die meisten Unternehmen ihre Kunden als mehr oder weniger anonyme Masse sahen, die vielleicht mit modernen Segmentierungstechniken in kleinere Cluster unterteilt werden konnte, ist heute eine individuelle Beziehung zwischen Abnehmer und Anbieter erforderlich. Denn auch das kleinste Mikrosegment („männliche 30-35-jährige rauchende, unverheiratete Großstädter mit mittlerem Einkommen, die in ihrer Freizeit gerne Mountain-Bike fahren") wurde in sich anonym betrachtet. Die Anbieter versuchen, für dieses Segment irgendwelche Waren zu entwickeln, zu produzieren und dann zu verkaufen. Die einzelnen Mitglieder eines Segments werden aber alle gleich behandelt. Wirkliche Kundenbindung kann aber nur geschaffen werden, wenn nicht eine Gruppe von vermeintlich homogenen Abnehmern, sondern jeder einzelne Kunde selbst mit seinen individuellen Wünschen und Bedürfnissen im Mittelpunkt der Marktbearbeitung steht. Nur Unternehmen, die mit ihren Kunden interagieren, von diesen lernen und so ihre Produkte ganz genau auf den einzelnen Kunden ausrichten, können diesem Trend entgegen steuern.

Hier setzt das Konzept des Kundenbeziehungs-Management bzw. Customer Relationships Management (CRM) an (andere Bezeichnungen sind Beziehungs-, One-to-one- oder Zielkundenmarketing). Sein Ziel ist es, Loyalität für den Kunden einfacher und bequemer zu machen als Nicht-Loyalität. Denn dies ist der stärkste Anreiz für eine dauerhafte Kundenbindung.

Und nebenbei: In letzter Konsequenz ist eine wirklich kundenbezogene Leistungserstellung auch die effizienteste Wertschöpfungsform, da völlig ohne Verschwendung produziert werden kann. Gefertigt wird nur, was die Kunden auch wirklich wünschen, angesprochen werden nur die Kunden, die auch ein entsprechendes Kaufpotential aufweisen, betreut werden nur die Kunden, bei denen ein Wiederkauf zu erwarten ist.

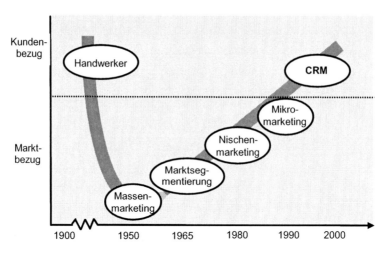

Abbildung 2: Der Kunde tritt wieder in den Mittelpunkt der Wertschöpfung

2 Was ist Kundenbeziehungs-Management?

Unter Kundenbeziehungs-Management bzw. Customer Relationship Management (CRM) wird die ganzheitliche Bearbeitung der Beziehung eines Unternehmens zu seinen Kunden verstanden. Kommunikations-, Distributions-, Angebots- und Produktionspolitik sind nicht losgelöst voneinander zu betrachten, sondern integriert an den Kundenbedürfnissen auszurichten. Zentrales Messkonstrukt des CRM-Erfolgs ist die Kundenzufriedenheit, die einen Indikator für Kundenbindung und somit letztendlich für den langfristigen Unternehmenswert darstellt. Die Steigerung der Kundenzufriedenheit darf dabei nicht alleinige Aufgabe des Vertriebs und des Marketings sein, obwohl diese zweifelsohne hier einen besonders hohen Einfluss haben. Die Ausrichtung an der Kundenzufriedenheit ist von der Marktseite auf die Produktionsseite zu transportieren und somit vollständig im Unternehmen zu implementieren.

Erfolgreich und systematisch implementiert wird CRM derzeit in vielen Finanz-, Kommunikations- und Transportdienstleistungsunternehmen. Aber auch in der produzierenden Industrie kann der Ansatz das gesamte Unternehmen kundenorientiert umwälzen. Vorreiter in CRM sind Unternehmen wie American Airlines und Deutsche Lufthansa, American Express, Handelsunternehmen wie Tesco, Wal-Mart oder auch Amazon.com, das große Paradebeispiel für CRM im Internet. Diese Firmen sind höchst erfolgreich, da sie es schaffen, unterschiedliche Kunden unterschiedlich anzusprechen und ihnen die entsprechenden Produkte und Dienstleistungen zu verkaufen.

3 Die fünf Basisregeln des erfolgreichen CRM

Erfolgreiches CRM beruht auf einigen grundsätzlichen Regeln (siehe Abbildung 3): Erstens: Im Mittelpunkt von CRM steht die Kundenbeziehung. Kern einer jeden Beziehung – im persönlichen Leben genauso wie im geschäftlichen – ist die Interaktion zwischen den Beteiligten. Eine Beziehung kann nicht erfunden oder definiert werden, sie ist Ergebnis einer Folge von gemeinsamen Interaktionen zwischen Anbieter und Nachfrager. Da eine Beziehung damit immer zeitgebunden ist, entwickelt sie einen spezifischen „Inhalt", einen Kontext, der sich von allen anderen Beziehungen unterscheidet – einzigartig wie ihre Beteiligten. Dies heißt nicht, dass eine Beziehung im Sinne des CRM stets eine persönliche Bindung zwischen zwei menschlichen Akteuren darstellt. Die Seite des Anbieters kann heute auch höchst erfolgreich durch automatisierte Abwicklungssysteme ersetzt werden. Denn – und dies ist die zweite wesentliche Regel des CRM – Ihre Kunden sind nicht an einer Beziehung zu Ihren Unternehmen interessiert, sondern an einer Unterstützung bei der Erfüllung ihrer jeweiligen Bedürfnisse. Hier kann ein modernes Computersystem unter Umständen der weitaus kompetentere Beziehungspartner sein.

Moderne Informationssysteme und vor allem eine völlig neue Gruppe von Softwarelösungen erlauben heute, sowohl kostengünstig als auch individuell mit einer Vielzahl individueller Abnehmer zu interagieren. Solche CRM-Systeme unterstützen so nicht nur die Effizienz, sondern insbesondere auch die Effektivität der Kundenbearbeitung. Die durch neue Technologien wesentlich detaillierter aufnehm- und aufbereitbaren Kundendaten erlauben eine differenziertere Marktbearbeitung und finden ihre Vollendung im One-to-One-Marketing. Im Vordergrund steht bei CRM-Systemen also die Erhöhung der qualitativen Marktbearbeitung und im Zweiten erst eine bloße quantitative Erhöhung der Kundenkontakte.

> 1. Im Mittelpunkt von CRM steht die Kundenbeziehung. Diese ist Ergebnis einer Folge von gemeinsamen Interaktionen zwischen Anbieter und Nachfrager.

> 2. Ihre Kunden sind nicht an einer Beziehung mit den Anbietern interessiert, sondern an einer Unterstützung bei der Erfüllung ihrer jeweiligen Bedürfnisse.

> 3. Die Interaktionen müssen mit der Zeit eine lernende Beziehung (Learning Relationship) zwischen Anbieter und Kunde aufbauen, mit dem Ziel, dessen Bedürfnisse schneller, einfacher und kostengünstiger zu erstellen.

> 4. Je bequemer, leistungsstärker und besser für den Kunden die Abwicklung von Geschäften mit dem Unternehmen wird, desto höher wird seine Loyalität.

> 5. Während der klassische Anbieter versucht, immer mehr Kunden für seine Produkte zu gewinnen, bedeutet CRM, mehr Produkte und Leistungen für seine Kunden zu finden.

Abbildung 3: Die fünf Basisregeln eines erfolgreichen CRM-Konzepts

Ein typischer CRM-Dialog zwischen Anbieter und Kunden könnte wie folgt lauten: „Ich kenne Sie, Sie sind in meiner Datenbank. Erzählen Sie mir, was Sie wünschen und ich stelle dies so für Sie her." Diese Interaktion ist eine Stufe einer weitergehenden Kette von Interaktionen, die eine Beziehung aufbauen, die über die Zeit immer tiefer und intensiver wird. So könnte die nächste Interaktion lauten: „Letztes mal haben wir Ihr Bedürfnis so und so gelöst. Wollen Sie heute die gleiche Lösung? Oder vielleicht eher so? Oder so?" Jede weitere Interaktion und erneute Anpassung der Leistungserstellung an die Bedürfnisse der Kunden versetzt das Unternehmen in die Lage, sein Produkt oder seine Leistung immer besser an die Bedürfnisse der Kunden anzupassen. Deshalb werden diese Beziehungen auch in Anlehnung an die amerikanischen CRM-Berater Don Peppers und Martha Rogers als „Learning Relationship", als lernende Beziehung zwischen Kunde und Abnehmer, bezeichnet. Ziel einer solchen Learning Relationship ist, Regel Nummer 3, der Erwerb von Wissen über den Kunden, das hilft, dessen Bedürfnisse schneller, einfacher und gegebenenfalls auch kostengünstiger zu erstellen.

Dieser Prozess lässt sich wie in Abbildung 4 als sich ständig optimierender Kreislauf darstellen. Zu Beginn steht die erste Interaktion zwischen Kunde und Hersteller, bei der die Bedürfnisse des Kunden erhoben und dementsprechend eine passende Leistung erstellt wird. In der Folge wird durch weitere Interaktionen eine Verbesserung des Wissens über den Kunden erreicht, mit dem Ergebnis, dass ein Wiederholauftrag nun noch besser durchgeführt wird. Regel Nummer 4: Für einen Kunden, der in eine solche Learning Relationship einbezogen ist, wird es mit der Zeit immer einfacher und bequemer, weiterhin bei diesem Unternehmen einzukaufen. Denn einem anderen Anbieter müsste er ja erst wieder das Wissen beibringen, das der erste Anbieter bereits erworben hat.

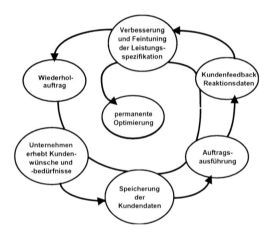

Abbildung 4: Aufbau von Learning Relationships als Grundlage des CRM

In der so entstehenden Kundenbindung liegt der Hauptunterschied zwischen CRM oder One-to-One-Marketing und dem herkömmlichen Vermarktungsprinzip. Der klassische Massenhersteller ist aufgrund seiner Unflexibilität und Behäbigkeit darauf bedacht, solange wie möglich einen Status quo beizubehalten, um den Verlust einmal aufgebauter Potentiale zu vermeiden. Deshalb wird versucht, kurzfristig den Profit zu maximieren. Hieraus resultiert das sklavische Streben nach immer höheren Marktanteilen. Ein solcher Anbieter versucht, immer mehr Kunden für seine Produkte zu finden.

Ein Unternehmen dagegen, das die Prinzipien des CRM verinnerlicht hat, versucht, *mehr und bessere Produkte und Leistungen für seine (bestehenden) Kunden* zu finden. Diese fünfte Basisregel erlaubt dem Unternehmen, sich auf seine langfristige Entwicklung zu konzentrieren. Die ständige Anpassung an die Bedürfnisse des Markts und die Konzentration auf die profitabelsten Kunden sichert ein langfristiges Gewinnwachstum. Damit erlaubt konsequentes CRM auch, sich von der alten Weisheit zu lösen, alle Kunden seien König. Im Gegenteil, verschiedene Kunden sind unterschiedlich wertvoll, und die besten Kunden sollten auch am besten behandelt werden. Viele Unternehmen machen mit 20 Prozent ihrer Kunden 80 Prozent ihres Umsatzes. Die Bindung dieser besten Kunden an das Unternehmen kann zum einen nur dann gelingen, wenn diese auch identifiziert und gezielt angesprochen werden können. Aber darüber hinaus muss diesen Kunden auch ein zusätzlicher Nutzen und Anreiz geboten werden.

Dazu müssen aber Techniken und Kennzahlen zur Verfügung stehen, um die Kunden überhaupt bewerten zu können. Dies ist für einen Einzelfertiger nichts Unbekanntes, aber für einen Massenhersteller völliges Neuland. Diese kannten lediglich ihre Schlüsselkunden im Handel, aber keine individuellen Endabnehmer. Wie sieht nun ein Prozess aus, mit dem CRM die genannten Regeln umsetzen kann?

4 Wie funktioniert CRM?

In Anlehnung an ein in der Praxis vielfach bewährtes Umsetzungskonzept nach Peppers und Rogers können vier wesentliche Schritte unterschieden werden, wenn es darum geht, dauerhafte profitable Kundenbeziehungen aufzubauen (vgl. Abbildung 5). Damit Sie auch Anhaltspunkte erhalten, wie Sie diese Schritte in Ihrem Unternehmen umsetzen und gestalten können, finden Sie einige Checklisten, die Ihnen helfen sollen, Ihren Weg in Richtung CRM zu finden (viele weitere Checklisten finden Sie im „1to1 Fieldbook", siehe Literatur).

- (A) **Identifizieren Sie Ihre Kunden.**

- (B) **Differenzieren Sie Ihre Kunden.**

- (C) **Interagieren Sie mit Ihren Kunden.**

- (D) **Individualisieren Sie einige der kundenbezogenen Aktivitäten.**

Abbildung 5: Die vier Schritte der Umsetzung von CRM

(A) Identifizieren Sie Ihre Kunden.

Sie können keine Beziehung zu jemanden aufbauen, den Sie nicht kennen. Deshalb ist der wesentliche Faktor zu Beginn einer CRM-Initiative, seine Kunden mit so vielen Details wie möglich kennenzulernen – und auch an allen möglichen Kontaktpunkten, durch alle Medien, in jeder Division und für jedes angebotene Produkt wieder zu identifizieren. Ein Unternehmen, das noch keine Daten über eine ausstreichende Anzahl „lohnender" Kunden (siehe dazu auch Stufe B) besitzt, ist für ein CRM-Programm nicht bereit. Für ein Konsumgüterunternehmen können hier die Einführung eines Kundenclubs oder Frequent-Buyer-Programme Abhilfe schaffen. Diese Instrumente schaffen für die Abnehmer einen Anreiz, sich bei jedem Kauf zu identifizieren. Im Investitionsgütergeschäft kann hierzu gehören, die spezifischen Namen und Positionen all der Verantwortlichen kennenzulernen, die einen Einfluss auf den Kaufprozess haben.

Welche Möglichkeiten gibt es nun, Ihre Kunden kennenzulernen? Verfolgen Sie hierzu drei Schritte, die jeweils einen steigenden Aufwand bedeuten (vgl. Checkliste 1). Deshalb gilt: Wenn Sie bereits nach Schritt 1 oder 2 das Gefühl haben, eine ausreichende Kundenbasis identifiziert zu haben, stoppen Sie erst einmal hier. Unterstützend können Sie dazu Checkliste 2 verwenden, mögliche Quellen und Methoden zur Sammlung von Kundendaten zu identifizieren, die für Ihr Unternehmen von Bedeutung sind.

Maßnahme	verantwortlich	zu erledigen bis
Stellen Sie ein Verzeichnis all der Kundendaten auf, die bereits in elektronischer Form vorliegen: • Dazu gehört an erster Stelle Ihre Kundendatenbank. • Aber auch an anderen Stellen in Ihrem Unternehmen gibt es Informationen über Ihre Kunden: Haben Sie eine Web-Site, auf der sich die Besucher registrieren können? • Sammelt Ihr Call-Center Kundennamen als Bestandteil der Behandlung von Beschwerden, Garantieansprüchen oder Anfragen? • Können Sie auf Kreditkarteninfomationen zurückgreifen oder andere Kaufdokumentationen?		
Suchen Sie nach Informationen über Ihre Kunden, die zwar vorhanden, aber noch nicht zentral elektronisch gespeichert sind: • „Private" Datenbanken einer einzelnen Abteilung • Daten Ihrer Reparaturabteilung • Daten der Rechnungsstelle.		
Sammeln Sie aktiv neue Kundeninformationen auf einer täglichen, kosteneffizienten Art und Weise: • Beauftragen Sie z.B. einen externen Anbieter von Daten, Ihnen passende Kundeninformation zur Verfügung zu stellen. • Initiieren Sie einen Kundenclub, ein Frequent-Buyer-Programm oder auch das klassische Preisausschreiben.		

Checkliste 1: Maßnahmen zur Gewinnung von Kundendaten

Quelle / Methode	Zahl der verfügbaren Kundennamen	Erhältlich in digitaler Form?	Brauchbar für Geschäftseinheit?	Verlässlichkeit der Datenquelle?
Rechnungen				
Preisausschreiben				
Garantiedaten				
Rabattaktionen				
Kundenanfragen, -beschwerden				
Marktforschungsdaten				
Außendienst				
Mailingaktionen				
Frequent Buyer Programme				
Kundenclubs				
spezielle Anwendergruppen				
Zeitschriften oder Newsletter				
Kooperationen mit Handel, Weiterverkäufer				
Austausch der Kundendaten mit „Wettbewerbern"				
Broker von Adressdaten				

Checkliste 2: Quellen zur Sammlung von Kundendaten

(B) Differenzieren Sie Ihre Kunden

Kunden sind in mehrfacher Sicht verschieden. Sie repräsentieren zum einen verschiedene Werte für ein Unternehmen. Zum anderen unterscheiden sie sich in ihren Bedürfnissen und Ansprüchen. Deshalb muss auf die Identifikation der Kunden ihre Differenzierung folgen. Ziel hierbei ist, die Aufwendungen zu priorisieren und auf die am vielversprechendsten Kunden zu konzentrieren. Für diese Kunden müssen dann die gesamten Wertschöpfungsprozesse individuell ausgerichtet werden. Diese Stufe beinhaltet so einerseits den Entwurf geeigneter Kriterien für ein Ranking der Kunden nach ihrer Profitabilität, andererseits aber auch eine Kategorisierung der Kunden nach ihren Bedürfnissen als Vorbereitung für ihre individuelle Behandlung (Stufe D). Zur Ermittlung des Kundenwerts gibt es eine Vielzahl von Möglichkeiten. Ausgangspunkt ist sein aktueller Wert, der sich aus den bisherigen Transaktionen mit Ihrem Unternehmen ergibt. Diese Zahl muss aber mit dem zukünftigen Potential des Kunden gewichtet werden. Für diese Prognose gibt es verschiedene Anhaltspunkte, die teilweise durch konkrete Zahlenwerte, teilweise aber nur durch ein Scoring-Modell bewertet werden können. Checkliste 2 nennt einige Möglichkeiten.

Prognose-Variable	Anwendbar?	Dateninput durch ...
Vergangener und erwarteter Umsatz pro Kunde		
Vergangener und erwarteter Gewinn pro Kunde		
Erwartung über die zukünftige Loyalität des Kunden		
Möglichkeiten für Up- und Cross-Selling		
Interaktionsbereitschaft (Teilnahme an Umfragen, Preisgabe von Informationen)		
Zahlungsmoral		
Bedeutung der Beziehung für den Kunden		

Checkliste 2: Anhaltspunkte zur Abschätzung des Kundenwertes

Der nächste Schritt ist eine Differenzierung der (lohnenden) Kunden nach ihren Bedürfnissen. Ausgehend von einer erweiterten Produktdefinition (Problemlösung als Kombination von Produkt, Informationen und Dienstleistungen) lässt sich aus Sicht des Kunden eine Vielzahl von Individualisierungsmöglichkeiten aufzeigen, die zur Differenzierung des Angebots beitragen. Checkliste 3 gibt eine Reihe von Anhaltspunkten, wo eine Leistung überall differenziert werden kann. Wichtig dabei ist, dass der dargestellte Ablauf keine zwingende Abfolge sukzessiv aufeinanderfolgender Stufen ist, sondern diese ineinander übergehen (und bei manchen Produkten überhaupt nicht anfallen). Aus Anbietersicht kommen natürlich noch die internen Funktionen der Wertkette hinzu (Fertigung, Entwicklung etc.). *Untersuchen Sie, welche der folgenden Wertschöpfungsstufen geeignet sind, um spezifische Bedürfnisse Ihrer Kunden zu erfüllen:*

Vorkaufphase

1. **Wecken eines bestimmten Bedürfnisses**
   z.B. durch Ansprache bei Bedarf: elektronischer Einkaufszettel; Zahnbürste, die anzeigt, wann sie gewechselt werden sollte

2. **Bewertung der Angebote verschiedener Hersteller**
   z.B. individuelle Beratung; Multimedia-System; Internet-Agent, der Enstcheidungskosten der – potentiellen – Kunden reduziert

3. **Treffen der Entscheidung zum Kauf bei einem Hersteller**
   z.B. Übertragung der Auswahl an den Kunden selbst, um negative Assoziationen auszuschließen

Individualisierungsphase

1. **Spezifikation der Individualisierungsinformation**
   z.B. Hilfestellung des Kunden bei Definition seiner genauen Wünsche: Fachberatung, Multimediasystem, Expertensystem (Senkung der Komplexitätskosten des Kunden)

2. **Preisfindung**
   z.B. Möglichkeit des Kunden, durch Wahl von Ausstattungsmerkmalen Preis mitzubestimmen; Preisfindung entsprechend Preissensiblilität und Nutzen für jeden Kunden

Kaufphase

1. **Kaufabwicklung**
   z.B. Erleichterung der Bestellung durch Online-Verkauf, automatische Bestellung, 24-Stunden-Bestellservice

2. **Lieferung der Ware**
   z.B. Lieferung zu jeder gewünschten Tageszeit

3. **Abwicklung der Bezahlung**
   z.B. Lesbarkeit und Schlüssigkeit der Rechnung, Gestaltung der Finanzierung

Gebrauchsphase

1. **Zeit zwischen Lieferung und erstem Gebrauch**
   z.B. Entsorgung der Verpackung, Auspacken der Ware, Abwicklung der Inspektion auf Lieferschäden etc.

2. **Installation / Inbetriebnahme**
   z.B. Anleitung zur Inbetriebnahme, Selbstinstallation, lesbare Gebrauchsanweisung, Videopräsentation, Fernsteuerung vom Hersteller aus

3. **Gebrauch des Produkts / Konzentration auf wahren Kundennutzen**
   z.B. Passgenauigkeit, Handhabbarkeit, Ausstattung, Leistung

4. **Umtauschbedingungen**
   z.B. „no questions asked"-Umtauschpolitik

5. **Verstauen / Lagern des Produkts während der Gebrauchsphase**
   z.B. Möglichkeit des einfachen Verstauens bei Nichtgebrauch, Sicherheitssysteme gegen unbefugte Nutzung, Eindämmung von Gefahren, Anpassung an vorhandene Systeme

6. **Bewegen des Produkts während des Gebrauchs**
   z.B. Leichtigkeit der Umhüllung (Plastik- statt Glasflasche), Kompatibilität mit vorhandenen Transportsystemen

7. **Hilfestellung bei Problemen**
   z.B. kostenlose Servicenummern, Hilfestellung im Internet durch Einsatz intelligenter Agentensysteme, Einrichtung und Förderung von Newsgroups der Nutzer eines Produkts (dies gilt für Tütensuppen genauso wie für Superrechner)

8. **Erweiterung um zusätzliche Komponenten**
   z.B. Austausch bestimmter Module bei geänderten Ansprüchen oder neuen Funktionen

9. **Reparatur**
   z.B. vorausschauende Fernwartung in benutzungsarmen Zeiten, Bereithaltungsgrad und -dauer von Ersatzteilen, Vor-Ort-Service

Nachgebrauchsphase

1. **Entsorgung / Rückgabe**
   z.B. kostenlose Rücknahme durch Paketdienst

2. **Betreuung bis Wiederkauf**
   z.B. Erinnerung an neuen Bedarf, Versorgung mit Informationsmaterial

Checkliste 3: Ansatzpunkte für eine Differenzierung der Kundenbedürfnisse

(C) Interagieren Sie mit Ihren Kunden.

Wesentlicher Bestandteil eines CRM-Programms ist die intensive Interaktion mit den Kunden. Nur so entstehen Beziehungen. Dazu müssen sowohl die Kosteneffizienz als auch die Effektivität der Kundenkommunikation stimmen. Ziel ist nicht nur, die Kommunikationskosten zu senken und ggf. eine persönliche Kommunikation durch automatisierte Prozesse zu ersetzen. Ebenso muss die Kommunikation auch nützlicher werden, d.h. Informationen bereitstellen, die der Intensivierung und dem Ausbau der Kundenbeziehung dienen.

Jede Kommunikation mit einem Kunden muss im Kontext der vorangehenden Interaktionen mit genau diesem Abnehmer stattfinden. Sie muss dort beginnen, wo die letzte Kommunikation aufhörte, mag diese Tage oder Monate zurückliegen, über das Call-Center, eine Verkaufsstätte oder die Web-Site stattgefunden haben. Kommunikation im Sinne des CRM ist immer zweiseitig, d.h. ihr liegt eine Interaktion zugrunde, um das Feedback eines bestimmten Kunden zu nutzen, um seine besonderen Wünsche zu entdecken. Auf diesen Informationen basiert dann der nächste Schritt der Implementation dauerhafter Kundenbeziehungen. Dank der neuen IuK-Technologien – und hier insbesondere des WWW – kann auch eine personalisierte, tiefgehende Interaktion mit einem Kunden heute erfolgreich automatisiert und kostengünstig über das Internet abgewickelt werden.

Erfolgreiche Interaktion mit dem Kunden folgt einigen einfachen Regeln:

- Jede Interaktion mit dem Kunden muss ein klares Ziel haben.
- Fragen Sie Ihren Kunden keine Sachen zweimal.
- Interagieren Sie mit den Kunden über das Medium seiner Wahl.
- Stellen Sie den Kunden und seine Bedürfnisse und nicht Ihr Produkt in den Vordergrund.
- Sorgen Sie dafür, dass Ihre wertvollsten Kunden immer sofort erkannt werden.
- Schützen und respektieren Sie die Privatsphäre Ihrer Kunden. Datenschutz ist ein kritischer Punkt in jedem CRM-Geschäft.

- Laden Sie Ihre Kunden zum Dialog ein: Geben Sie überall Ihre Telefonnummer (eine 0800 Nummer!!) und Ihre Web-Adresse an.
- Verschwenden Sie nicht die Zeit Ihrer Kunden: Zeigen Sie ihnen während der Interaktion neuen Nutzen oder neue Bedürfnisse auf. Versuchen Sie aber auch nicht, auf einmal alles über Ihren Kunden herauszubekommen.

Zwei Checklisten sollen Ihnen helfen, Ihre Interaktions-Strategie zu überdenken und neu zu gestalten. Überlegen Sie zunächst, wie Sie bereits heute – und in Zukunft – mit Ihren Kunden interagieren können? Füllen Sie dazu die beiden Seiten von Checkliste 4 aus (normalerweise wird die linke Seite deutlich länger sein als die rechte. Ein Ziel Ihrer CRM-Aktivitäten sollte sein, beide Seiten auszugleichen). Schauen Sie sich nun mit Hilfe von Checkliste 5 näher an, wie die einzelnen Interaktionsmöglichkeiten gestaltet sind und wie sie bereits genutzt werden.

Über welche Wege können Sie mit Ihren Kunden kommunizieren?	*Über welche Wege können Ihre Kunden mit Ihrem Unternehmen kommunizieren?*
• Briefpost	• Briefpost
• Telefon in Form von ...	• Telefon ...
• ...	• ...
•	•
•	•

Checkliste 4: Interaktionsmöglichkeiten zwischen Unternehmen und Kunden

Medium	Qualitätscheck	Ergebnis / Aktion
Direktvertrieb per Telefon	In welcher Frequenz finden Verkaufsgespräche statt? Von welcher Substanz sind sie?	
	Welche Produkte und Leistungen werden in welchen Anteilen über direkten Telefonverkauf abgesetzt?	
	Gibt es eine Methode, um Kundengespräche nach ihrer Priorität zu planen?	
E-Mail und EDI	Wie viele Ihrer Kunden möchten mit Ihnen elektronisch kommunizieren?	
	Welche Transaktionen können schon heute und welche in Zukunft Online abgewickelt werden?	
	Welche Geschäftsprozesse könnten Sie schon heute komplett online abwickeln (Rechnungsstellung, Auslieferung etc.)?	
Faxverkehr	Welche Informationen gibt es per Fax?	
	Bestehen Verbindungen zwischen Ihrem Faxsystem und anderen Kommunikationskanälen (kann z.B. ein Call-Center-Mitarbeiter per Knopfdruck ein Info-Fax versenden?)	
	Wie werden eingehende Fax-Nachrichten empfangen, bearbeitet und weitergeleitet?	
Briefpost	Welche Frequenz haben Ihre Direkt-Mailings? Welchen Erfolg?	
	Welche Kunden bekommen die meiste Post?	
Verkaufspunkte / Handel	Welche Informationen werden von den Kunden bei der Beratung, an der Kasse, bei der Auslieferung oder der Erbringung von Services erhoben?	
	Welche anderen Organisationen helfen Ihnen bereits bei der Beschaffung dieser Informationen oder könnten dies in Zukunft tun?	
Telefon	Wie werden Telefongespräche entgegen genommen?	
	Wie werden die Anrufe der verschiedenen Kundengruppen verteilt und unterschieden?	
Web-Site	Wie einfach finden Kunden Ihre Web-Site?	
	Welche Informationen können Kunden dort finden? Wie aktuell sind diese?	
	Welche Tools verwenden Sie, um über die Web-Site Informationen über Ihre Kunden zu erhalten?	
	Passt sich die Web-Site an Ihre Kunden an?	
	Welche Interaktionsmöglichkeiten bieten Sie über Ihre Web-Site an? Können Kunden dort ihr Profil ändern, Leistungen konfigurieren, beraten werden, den nächsten Händler finden, den Staus einer Bestellung abfragen, sich mit anderen Nutzern austauschen?	

Checkliste 5: Umfang und Qualität der Nutzung verschiedener Interaktionsmedien

(D) Individualisieren Sie einige der kundenbezogenen Aktivitäten.

Eigentlich alle Direktmarketer und Vertreter von Beziehungsmanagement-Strategien sind sich heute einig: Kunden sollen wie „Freunde" oder „gute Bekannte" behandelt werden. Doch genauso wie jeder von uns nicht jeden seiner Freunde gleich behandelt, genauso darf auch ein Unternehmen nicht jeden Kunden als „gleichen Freund" ansehen. Klassisches Direktmarketing muss in diesem Sinne zu einem individuellen Beziehungsmarketing werden, das der Tatsache Rechnung trägt, dass jede Kundenbeziehung verschieden ist, jeder Kunde andere Wünsche und Bedürfnisse hat.

Hier liegt der wesentliche Unterschied eines echten CRM-Konzepts zum klassischen Direktmarketing. Letzteres ist häufig nur ein Massenmarketing mit „kosmetischem" Individualisierungsmantel. So macht eine Response-Möglichkeit per Call-Center, das dann einen massenhaften Prospekt verschickt, noch kein individuelles Marketing" aus. Auch der letzte Verbraucher hat heute die Massenhaftigkeit vermeintlich direkter, „individueller" Werbesendungen durchschaut. Schätzungsweise die Hälfte aller Werbeschreiben (alle schön „individualisiert" und angeblich „zielgruppengenau") landen heute ungeöffnet im Papierkorb. Viel zu viele Unternehmen setzen angesichts der Managementmode „Relationship Marketing" auf angeblich langlebige Kundenbeziehungen, verschönern aber in Wahrheit nur ihre bestehenden und unveränderten Prozesse mit einer Kundenschnittstelle mit hoher Individualitätsanmutung, die in Wahrheit aber die Prinzipien des Massenmarketings weiterführt.

Wirklich erfolgreiches CRM geht deshalb den entscheidenden Schritt weiter: Es zielt auf den Aufbau individueller Beziehungen zu jedem (lohnenden) Kunden durch das Angebot individueller Produkte und Leistungen! Um einen Kunden dauerhaft an Ihr Unternehmen zu binden, ja: zu „fesseln", müssen zumindest einige Aspekte der kundenbezogenen Wertschöpfungsaktivitäten genau auf den Kunden ausgerichtet werden. Individualisierung bedeutet dabei nicht, dass für jeden Kunden eine eigene Leistung erstellt werden muss, entscheidend ist viel mehr, dass jeder Kunde das Gefühl bekommt, dass seine spezifischen Bedürfnisse berücksichtigt werden. Dies kann in einer weitgehenden Form bedeuten, dass die Produkte selbst individualisiert werden. Die Strategie der Mass Customization stellt hierzu heute dank neuer Informations- und Produktionstechnologien viele Möglichkeiten zur Verfügung, Produkte und Leistungen auch in Massenmärkten individuell zu erstellen, ohne dass die Kosten ins Bodenlose steigen. Mass Customization kann dabei nicht nur an den eigentlichen (physischen) Produktbestandteilen ansetzen, sondern auch an der Art und Weise, wie Produkte oder Leistungen präsentiert, verpackt, konfiguriert, ausgeliefert, abgerechnet, arrangiert, finanziert oder in der Nachkaufphase angewendet werden. Als Anregung kann hier wieder Checkliste 3 dienen, die Sie bereits bei Schritt (B) kennengelernt haben. Denn die Grundlagen zur Differenzierung der Bedürfnisse Ihrer Kunden stellen ja zugleich auch die Ansatzpunkte zur Individualisierung Ihrer Leistungen dar! Verschiedene Strategien, wie Sie effizient Ihre Produkte individualisieren können, finden Sie in Abbildung 6.

Konzeptionen der Mass Customization

Soft Customization:	Hard Customization:
Kein Eingriff in die Fertigung, Vollzug der Individualisierung außerhalb des Unternehmens	Varietät basiert auf Aktivitäten der Fertigung, Änderung der internen Funktionen notwendig
Selbstindividualisierung Konstruktion und Fertigung standardisierter Produkte mit eingebauter Flexibilität, die vom Kunden selbst angepaßt werden *Bosch: selbstgestaltbares Amaturenbrett im KFZ* *Hallmark: bespielbare Glückwunschkarten* *Lutron: Programmierung von Lichtsteuerungen* *Neff: individualisierbarer Kühlschrank*	**Individuelle End- / Vorproduktion mit standardisierter Restfertigung** Entweder die ersten (Materialverarbeitung) oder die letzten Wertschöpfungsschritte (Montage, Veredelung) werden kundenindividuell durchgeführt, alle anderen standardisiert *Iprint: Individuelle Druckprodukte im Internet* *Mattel: anpaßbare Barbiepuppe* *Levis: maßgeschneiderte Damenjeans* *Bernhardt: maßgeschneiderte Herrenanzüge*
Individuelle Endfertigung im Handel/Vertrieb Auslieferung eines einheitlichen Rohprodukts, das im Handel nach Kundenwunsch vollendet wird *Paris Miki: Individuelles Brillendesign* *MySki: Veredelung von Skiern (Farbe, Logo)* *Smart: Anpassung von Interieur und Design des Kleinwagens beim Händler*	**Modularisierung nach Baukastenprinzip** Erstellung kundenspezifischer Produkte aus standardisierten kompatiblen Bauteilen *Creo: Schuhe mit individuellem Design* *Dell: modulare Computer* *Krone: Anpaßbare Nutzfahrzeuge und Auflieger* *Sandvik: Sonderwerkzeuge zur Stahlbearbeitung*
Serviceindividualisierung Ergänzung von Standardprodukten um individuelle sekundäre Dienstleistungen *ChemStation: Bestandsmanagement für Reinigungsseifen* *Cisco: Online-Entwurfssystem für Netztechnologien* *Zoots: Individualisierung der „Reinigung an der Ecke"*	**Massenhafte Fertigung von Unikaten** Individuelle Leistungserstellung über ganze Wertkette durch standardisierte Prozesse *CyberChocky: Individuelle Schokoladentafeln* *Küche-Direkt: Einbauküchen* *My Twinn: Puppen nach Vorbild* *NBIC: Fahrräder mit individuellen Rahmen*

Umfang kundenindividueller Wertschöpfungsstufen

Eine Beschreibung vieler Beispiele findet sich im Internet unter www.mass-customization.de

Abbildung 6: Ansatzpunkte für Mass Customization

5 CRM in der Praxis: Fangen Sie an!

Unternehmen, die ein solches umfassendes CRM-Konzept umsetzen, eröffnen sich eine Vielzahl von Potentialen, die es erlauben, auch unter den Eingangs geschilderten neuen turbulenten Wettbewerbsbedingungen dauerhafte Wettbewerbsvorteile zu erlangen. Learning Relationships, wissensbasierte Kundenbeziehungen, verbessern die Effizienz der Leistungserstellung und bilden somit eine wichtige Möglichkeit zur Optimierung der Kostenposition. Bei Folgekäufen kann die Erhebung der Individualisierungsinformation entfallen bzw. wird viel einfacher. Auch für die Kunden entsteht weniger Arbeit: Kaufentscheidung und -prozess werden viel bequemer und lassen so den Kunden bei Wiederholungskäufen erneut Ihr Unternehmen wählen.

Learning Relationships erlauben auch eine aktive Kundenansprache. Denken Sie für Ihre Abnehmer mit! So sollte ein Kunde nach Ablauf der durchschnittlichen Verbrauchszeit des Produkts automatisch erneut angesprochen werden. Selbiges gilt bei bestimmten Ereignissen, wenn der Kunde das Produkt als Geschenk gekauft hat. Viele Versandhändler bieten die Option einer Geschenksendung. Aber so gut wie keiner verschickt zwei Wochen vor der jährlichen Wiederkehr des Ereignisses ein Erinnerungs-E-Mail an den Auftraggeber, wie zum Beispiel zwei Wochen vor dem Hochzeitstag sein, an den ein Blumenhändler den gestressten Manager erinnert. Ein Beispiel ist das amerikanische Unternehmen 1-800 Brithday, ein Geschenkversandservice. Hier können Kunden eine Liste mit Geburtstagsterminen hinterlegen, an die sie entweder per Telefonanruf oder E-Mail erinnert werden. Auch ein vor-ausgefüllter Bestellschein mit Namen und Lieferadresse der Beschenkten vom letzten Weihnachtsfest bietet sich zum Beispiel bei Wein- oder Delikatessenversendern an. Insbesondere, wenn ein Unternehmen auf mehrere Käufe eines Kunden zurückblicken kann, ist es in der Lage, sein Wissen über den Kunden immer gewinnbringender für diesen einzusetzen.

Damit bilden Learning Relationships einen wesentlichen Schutz gegen neue Konkurrenten. Sie stellen eine hohe Markteintrittsbarriere dar. Warum sollte ein Kunde zu einem Konkurrenten wechseln, selbst wenn dieser ein technisch/funktional gleichwertiges Produkt liefern kann, wenn ein anderes Unternehmen bereits all das weiß, was für die Erbringung der Leistung notwendig ist. Learning Relationships sind *das* Instrument zur Schaffung loyaler Kunden. Sie bieten damit auch die Möglichkeit, die Preiselastizität der Abnehmer durch eine erhöhte Kundenbindung zu verringern. Zufriedene Kunden, die in ihrer eigenen Bequemlichkeit an Ihr Unternehmen gebunden sind, wechseln nicht für ein paar Prozent Preisdifferenz zu einem Wettbewerber. Weiterhin erlaubt die Individualisierung der Leistungen aber auch, kundenindividuelle Preise festzulegen (individualisierte Preissegmentstrategien).

Darüber hinaus gibt es noch eine Vielzahl weiterer Potentiale dauerhafter, individueller Kundenbeziehungen. Schauen Sie einmal in Checkliste 6 und überprüfen Sie, welche dieser Vorteile auch für Ihr Unternehmen noch zutreffen können. Nutzen Sie diese Aufzählung, um Ihre Vorgesetzten oder Mitarbeiter von den Vorteilen von CRM zu überzeugen.

Vielleicht haben Sie schon die ganze Zeit das Gefühl, die Grundlagen des CRM sind Ihnen doch eigentlich vom Prinzip her klar? Richtig, die Auseinandersetzung mit Kundenbindung und Kundenbeziehungen ist ein altes Thema. Schauen Sie noch einmal auf Abbildung 2: Die handwerkliche Produktion hat genau hier angesetzt. Doch heute müssen alle Unternehmen diese Prinzipien umsetzen. So sind Kundenorientierung, Kundenzufriedenheit und Kundennähe seit einigen Jahren in das Vokabular vieler Unternehmer eingedrungen. Einige positive Beispiele bezeugen den Erfolg, sich durch solche Maßnahmen im Wettbewerb abzusetzen. Allerdings gibt es auch eine Vielzahl von Firmen, bei denen die Idee des Kunden als Fokus allen Handelns beim reinen Lippenbekenntnis geblieben ist.

Potential	Beschreibung	Maßzahl	Ansatzpunkte für Ihr Business?
Steigerung der Cross-Selling-Potenziale	CRM erlaubt, Transaktionen eines Kunden zu verfolgen. Dies ist die Grundlage für ein • „Cross-Selling" (Videokassetten zu Videorecorder; Buch über Filmstar zu einem Videofilm; Werkzeugbehälter zu einer Maschine) sowie ein • „Up-Selling" (Verkauf von Updates und Erweiterungskomponenten).	Umsatz pro Kunde	
Reduktion der Bearbeitungs- und Transaktionskosten	CRM basiert darauf, den Einkauf für die Kunden immer einfacher zu machen. Das führt oft auch dazu, die internen Abwicklungskosten einer Bestellung zu senken.	Kosten der Auftragsabwicklung	
Erhöhung der Kundenloyalität	Eines der wesentlichen Potentiale eines CRM-Programms ist die Reduktion der „Kundensterblichkeit".	Verhältnis Neu- zu Altkunden; Kauffrequenz eines Kunden	
Schnellere Auftragsabwicklung	Einfachheit und Bequemlichkeit für die Kunden korrespondiert auch mit einer schnelleren Auftragsbearbeitung im Unternehmen. Ein Kunde, der weniger spezifizieren muss, kann auch schneller bedient werden.	Zeit der Auftragsabwicklung	
Bessere Planungsbedingungen	Die Informationen, die Sie über Ihre Kunden erhalten, können zur Anpassung Ihres Produktprogramms verwendet werden. Je mehr Sie über Ihre Kunden erfahren, desto besser können Sie auch Ihre Absatz- und Produktplanung optimieren.	Flopprate von Neuprodukten Lieferservicegrad	

Checkliste 6: Potentiale eines CRM-Konzepts

Viele gut gemeinten Ansätze verpuffen in der Praxis häufig, weil...

- sie häufig als losgelöste Initiativen gestartet werden, denen das Gesamtkonzept fehlt,
- sie aus Kostendruckgründen nur halbherzig und inkonsequent umgesetzt werden,
- häufig die Ausgangsbasis des Verständnisses für den Kunden und die erforderliche Datengrundlage fehlen,
- sie zu allgemein gehalten sind und die individuellen Kundenbedürfnisse nicht berücksichtigen,
- die organisatorischen Auswirkungen nicht bedacht wurden und die Aktionen als Marketing-Gag untergehen.

Mit einem systematischen Kundenbeziehungs-Management im Sinne des CRM überwinden Unternehmen diese Schwachpunkte. Möglich wird dies nicht zuletzt durch die Potentiale der neuen Informations- und Kommunikationstechnologien. Der Markt für entsprechende Softwareprodukte für das CRM ist derzeit eines der am stärksten wachsenden Segmente im Softwaremarkt überhaupt: Die Zuwächse von CRM-Systemen übertreffen das bisherige Wachstumsprodukt ERP (betriebswirtschaftliche Standardanwendungssoftware wie SAP R/3) mit fast 60% p.a. um das Dreifache. Moderne CRM-Systeme integrieren die herkömmlichen CAS-, Data-Warehouse- und Data-Mining-Anwendungen, Konfigurationssysteme und moderne Web-Technologien zu einem umfassenden System. Die Entwicklungen und Möglichkeiten ändern sich durch den hohen technischen Fortschritt in diesem Bereich ständig, so dass hier auf eine Darstellung technischer Einzelheiten verzichtet wird (siehe dazu die unten angegebenen Internet-Sites, die aktuelle Informationen bereithalten). Wichtig ist aber eine systematische Vorgehensweise bei der Einführung einer entsprechenden Software. Abbildung 7 nennt ein mögliches Vorgehensmodell.

Vorgehensmodell zur Einführung eines CRM-Systems

1) Strategischer Ansatz von CRM

- Abgleich mit Unternehmens- und IT-Strategie
- Analyse der betroffenen Aufbau- und Ablauforganisation
- Ist-Analyse der IT-Systemlandschaft und der Schnittstellen
- Wirtschaftlichkeitsberechnung
- ROI-Berechnung
- Integrierte CRM-Strategie

2) Auswahl eines CRM-Tools

- Ausschreibungsunterstützung
- Produktempfehlung
- Lösungsorientierter Kriterienkatalog
- Bewertungsschema

3) Fachkonzeption von CRM

- Ist-Soll-Prozessmodellierung
- Gap-Analyse der Abbildung von Sollprozessen in den IT-Systemen
- Aufbauorganisationsoptimierung/Berechtigungskonzept
- Bestimmung fachlicher und technischer Anforderungen
- Kosten-/Nutzen-Analyse

4) Umsetzungsstrategie für das CRM-System

- Definition der Vorgehensweise/Projektorganisation
- Feinprozessspezifikation
- Masken- und Datenmodellierung
- Schnittstellenspezifikation
- Schulungskonzepte
- Test-, Betriebs- und Wartungskonzepte

5) Realisierung der CRM-Lösung

- Prototyping
- Customizing
- Schnittstellenentwicklung und Einführung von Middleware
- Rapid Application Development
- Implementierung
- Qualitätssicherung
- Evaluierung der Erfolge; ggfs. Anpassung

Abbildung 7: Vorgehensmodell zur Einführung eines CRM-Systems

Doch bevor Sie sich an den wichtigen Schritt der Software-Implementation machen, halten Sie sich stets vor Augen, dass echtes CRM mehr ist als die bloße Anwendung ausgereifter Softwarelösungen. Echtes CRM setzt an den Bedürfnissen des Kunden und beruht auf dem Aufbau einer dauerhaften Beziehung zwischen Ihrem Unternehmen und seinen Abnehmern. Deshalb beginnen Sie Ihre CRM-Initiative auf der wettbewerbsstrategischen Ebene: Was bedeutet echtes CRM für Ihr Unternehmen? Checkliste 7 kann Ihnen hierzu abschließend einige wichtige Anhaltspunkte geben.

1. Nennen Sie vier Gründe, warum Ihr Unternehmen ein CRM-Programm braucht.

2. Welche Ihrer wichtigsten Wettbewerber haben bereits Schritte Richtung CRM unternommen?

3. Welche Praktiken wenden sie an?

4. Überlegen Sie, zu welchen Anbietern Sie als Kunde bereits individuelle Beziehungen im Sinne des CRM aufgebaut haben (sowohl in ihrem beruflichen als auch in Ihrem privaten Umfeld)? Welche Aktivitäten unternehmen diese Anbieter?

5. Was könnten die größten Hindernisse für ein CRM-Programm in Ihrem Unternehmen sein? Wer könnte Ihnen helfen, diese Hindernisse zu überwinden (integrieren Sie diese Person in Ihre CRM-Bemühungen!)?

6. Über was beschweren sich die meisten Ihrer Kunden? Welche dieser Probleme könnten durch ein CRM Programm überwunden werden?

7. Womit sind Ihre Kunden am meisten zufrieden? Welcher dieser Punkte reflektiert bereits erste Ansätze von CRM?

8. Überlegen Sie welche Möglichkeiten ein großer Anbieter von „Commodities" (z.B. eine Tankstelle, ein Supermarkt) hätte, um Sie als Kunden enger an ihn zu binden?

Checkliste 7: Fangen Sie an! Sieben Denkanstöße für Ihre CRM-Strategie

6 Hohe Ansprüche an Datenschutz

Ein wichtiges Thema noch zum Schluss: der Datenschutz. Denn einer der häufigsten Einwände gegen eine ausgiebige Sammlung und Verarbeitung kundenbezogener Informationen ist, dass die Übertragung und der Schutz der persönlichen Daten der Abnehmer nicht gesichert seien. Denn auch wenn das Internet heute die Basis für viele CRM-Konzepte darstellt, so betreffen viele der Bedenken über die Sicherheit abnehmerspezifischer Daten vor allem die Übermittlung der in „Selbstbedienung" beim Kunden erhobenen Daten über das Internet an den Hersteller.

Allgemein lassen sich vier Ansprüche an den Datenschutz formulieren:

- *Verbindlichkeit* bedeutet, dass kein Partner nach Vertragsabschluss die Möglichkeit hat, diesen abzustreiten.

- Die *Authentizität* einer Transaktion fordert die Möglichkeit der eindeutigen Identifikation der Beteiligten.

- *Datenintegrität* bezieht sich auf die Sicherheit vor Manipulation der übertragenen Transaktionsdaten während oder nach dem Kaufabschluss.

- *Vertraulichkeit* dagegen bezieht sich weniger auf technische als vielmehr auf persönliche Aspekte der Geschäftspartner. Hier geht es um den Schutz der damit zwangsläufig personenbezogenen Daten.

Die ersten drei Anforderungen werden in erster Linie durch technische Maßnahmen gesichert. So haben das riesige Geschäftspotential und der hohe Anbieterdruck für die Etablierung sicherer Übertragungsstandards im Internet gesorgt. Moderne Verschlüsselungstechnologien, die jeder neue Internet-Browser standardmäßig beherrscht, lassen im Vergleich zur klassischen Geschäftsabwicklung Sicherheitsrisiken eher zu einem psychologischen als zu einem tatsächlichen Risiko werden. Um das Vertrauen der Abnehmer in die elektronische Geschäftsabwicklung zu stärken, kann auch ein zertifizierter Dienstleister zur Zahlungsabwicklung eingeschaltet werden, der sich auf die sichere Übertragung persönlicher Informationen spezialisiert hat. Dabei werden meist die Kundendaten mit einer speziellen Sicherheitssoftware lokal in einer „elektronischen Brieftasche" auf der Festplatte des Kunden gespeichert und bei einer Online-Transaktion verschlüsselt an den Verkäufer übermittelt. Ein Beispiel ist das System *EWallet* (www.ewallet.com), das von mehreren Hundert großen WebSites genutzt wird. Als Alternative bieten sich zur Zahlungsabwicklung die im Versandhandel üblichen Verfahren an (Verkauf gegen Rechnung, Lastschrifteinzug etc.).

Besonders bei einer Individualisierung der Leistungserstellung wird der Schutz der damit zwangsläufig personenbezogenen Daten dringlicher. *Vertraulichkeit* bedeutet in diesem Zusammenhang, dass der Kunde die Nutzung und Weitergabe seiner Daten an Dritte kontrollieren und auch verhindern kann. Die zunehmenden technischen Möglichkeiten und eine steigende informationstechnische Vernetzung der Unternehmen haben bei vielen Abnehmern zu einer erhöhten Sensibilität in diesem Bereich geführt. So zeigen Studien in den USA, dass fast 90% der Befragten über den Schutz ihrer privaten Daten besorgt sind und glauben, dass sie die Kontrolle über ihre Daten verloren haben. Viele Internet-Nutzer reagieren empfindlich, wenn es um den Schutz ihrer Privatsphäre geht und betrachten beispielsweise Cookie-Dateien auf der eigenen Festplatte – selbst wenn sie einem nützlichen Zweck dienen – mit großer Skepsis.

Eine Reihe neuer Initiativen der nationalen Gesetzgeber soll den notwendigen Datenschutz garantieren (Beispiele sind die „Directive 95/46" der Europäischen Gemeinschaft oder das deutsche Gesetz zur Regelung der Rahmenbedingungen für Informations- und Kommunikationsdienste vom 22.7.1997, dort insbesondere Artikel 2). Allerdings lässt sich mit vorhandenen und neuen Gesetzen der Dynamik der Entwicklungen nicht beikommen. Zu komplex sind die Interessenlagen, zu rasant ist der technische Fortschritt, zu groß der Wunsch bei den Unternehmen, die entstandenen neuen Möglichkeiten angesichts der verschärften Wettbewerbsbedingungen auch intensiv zu nutzen. Die Grenzen der Datenströme verlaufen heute schon lange nicht mehr entlang der Nationalstaaten. Zwar fordert deshalb beispielsweise die UNO ein globales Datenschutzgesetz, das Kundendaten als das behandelt, was sie heute sind – als Wirtschaftsgut. Das Recht an diesem Gut kann nur beim Kunden selbst liegen. Allerdings ist zweifelhaft, ob adäquate Regelungen tatsächlich von trägen staatlichen Instanzen ausgehen können.

Effektiver Schutz der Privatsphäre kann heute nur von den eigentlichen Nutznießern dieser Informationen ausgehen: den Unternehmen, die Daten sammeln und verwerten. Nur marktbasierte Lösungen der Selbstregulation können einen wirklichen Schutz für die Konsumenten garantieren. Gerade die großen globalen Unternehmen, die bereits heute millionenfach Daten generieren und anwenden, drängen auf eine Stärkung der Rechte der Konsumenten. Denn nur wenn diese langfristig das Vertrauen in den Schutz ihrer preisgegebenen Informationen haben, können die Vorteile von CRM erst verwirklicht werden. Auch der wirtschaftliche Erfolg des Internets wird ganz entscheidend von der Garantie eines weitgehenden Datenschutzes abhängen.

Bei allen Datenschutzüberlegungen sollte man sich abschließend vor Augen führen, dass One-to-One-Marketing und einzelkundenbezogene Kommunikation im Internet oft nichts anderes ist als die effiziente und vergrößerte Umsetzung des allseits vermissten Tante-Emma-Ladens, der sich eben dadurch auszeichnete, dass die Ladeninhaberin die genauen Vorlieben und Wünsche ihrer Kunden kannte. Hier liegt die wesentliche Chance eines Unternehmens begründet, das nicht nur seine Marketingfunktion durch eine „Individualitätsanmutung" mit Hilfe von diversen Maßnahmen des Direktmarketings erweitert, sondern wirklich konsequent seine gesamte Wertkette auf die Erstellung kundenindividueller Leistungen ausrichtet. Im Gegensatz zu einem klassischen Direktmarketing, das zu Recht heute von vielen Abnehmern, die sich von Werbebriefen überhäuft und Verkaufsanrufen in ihrer Freizeit belästigt fühlen, als störend und Eingriff in die eigene Privatsphäre gesehen wird, bietet ein echtes CRM-Konzept den Kunden einen weitreichenden, zusätzlichen Nutzen: die bessere Befriedigung der eigenen Bedürfnisse und (oft) mehr Bequemlichkeit – und dies zu einem günstigen Preis. Es geht nicht um kundenindividuelles Massenmarketing, sondern um eine Kundenbindungsstrategie, die für beide Seiten eine „win-win"-Situation darstellt. Ein Unternehmen, dass es schafft, diesen Vorteil zu kommunizieren und seine Kunden durch passende und nach einem umfassenden Qualitätsverständnis bessere Leistungen zufrieden zu stellen, wird auch auf Marktteilnehmer stoßen, die bereit sind, ihre persönlichen Daten preiszugeben und verarbeiten zu lassen.

Literatur

Cliff, A. / K. Deborah / B. Yaeckel: Guide to One-to-One Web Marketing. Build a relationship marketing strategy one customer at a time, New York 1998

Peppers, D / Rogers, M. (1997), Enterprise one to one: tools for competing in the interactive age, New York 1997

Peppers, D / Rogers, M. (1999), The One-to-One Fieldbook, New York 1998

Schmid, S.; Symannek, R.: CRM effizient steuern: Das CRM Management Cockpit, Unterlagen einer Präsentation am CRM-Expertenforum von Mummert +Partner, Düsseldorf 2002

Das Kunden-Cockpit als Bestandteil eines Kundensegmentmanagements

Stephan W. Schusser

Zusammenfassung: Eine Kundensegmentierung ermöglicht dem Unternehmen die gezielte Ausrichtung der Strategie am Kunden. Das Kunden-Cockpit stellt eine Weiterentwicklung bestehender Segmentierungsinstrumente dar. Es vereinbart die Aspekte einer beschreibenden mit einer wertbestimmenden Kundensegmentierung in einer zweidimensionalen Matrix. Auf dieser Basis werden im Rahmen des Kundensegmentmanagement Strategien für die einzelnen Segmente definiert und an den einzelnen Kundenkontaktpunkten und über das Leistungsportfolio implementiert. Erfahrungen zeigen, dass mit diesem Ansatz eine Verbesserung des Ertrags um 20-25% realistisch ist.

Schlüsselworte: Customer Relationhip Management, Marketing, Kundensegmentierung, Kundensegmentmanagement, Kundenwertmanagement

Inhaltsverzeichnis

1 **Kundensegmentierung als Managementaufgabe** 237

2 **Das Kunden-Cockpit als Steuerungsgrundlage** 238

   2.1 Der finanzielle Kundenwert als quantitative Perspektive 239

   2.2 Die Kundenbedürfnisse als qualitative Perspektive 210

   2.3 Verknüpfung des finanziellen Kundenwertes und der Kundenbedürfnisse hin zum Kunden-Cockpit 242

3 **Kunden-Cockpit als Grundlage für Kundensegmentmanagement** 243

   3.1 Ableitung von Kundensegmentstrategien 244

   3.2 Entwicklung eines Kundensegmentmanagements 246

4 **Fazit** 249

Literatur 250

1 Kundensegmentierung als Managementaufgabe

Eine Kundensegmentierung ermöglicht dem Unternehmen die gezielte Ausrichtung der Strategie am Kunden. Sie darf aber nicht einem reinen Selbstzweck dienen. Die Notwendigkeit einer Kundensegmentierung ergibt sich sowohl aus der Unternehmensstrategie als auch dem Geschäftsmodell. Jede Segmentierung muss die Unternehmensziele unterstützen und dazu beitragen, den Geschäftserfolg zu steigern und den Wettbewerbsvorteil auszubauen.

Bereits seit Anfang der 80er Jahre wird das Instrument der „Kundensegmentierung" als ein probates Managementinstrument in der wissenschaftlichen Literatur verstärkt genannt. Interessant ist dabei zu beobachten, wie sich die Inhalte und der Kontext dieses Begriffs im Laufe der Jahre gewandelt haben.

Bis zum Ende der 80er Jahre wurde das Thema Kundensegmentierung im Wesentlichen nur im Zusammenhang mit dem gesamten Service Management-Ansatz genannt. Aspekte wie Kundenzufriedenheit oder Optimierung der Kundenkontaktpunkte standen damals im Vordergrund.

Mit Beginn der Etablierung des Customer Relationship Management (CRM) in den 90er Jahren entwickelte sich das Einsatzspektrum der Kundensegmentierung weiter. Kundenzufriedenheitsaspekte wurden ergänzt durch Fragestellungen nach Möglichkeiten zur Angebotsdifferenzierung und nach Ansatzpunkten zur Steigerung der Kundenprofitabilität. Ebenso waren die Themen Kundenbindung und Cross- & Upselling eng mit dem Begriff Kundensegmentierung verknüpft.

Seit dem Anfang des neuen Jahrtausends hat sich das Anwendungsspektrum des Instruments Kundensegmentierung abermals weiterentwickelt. Im Vordergrund steht seitdem vor allem die Entwicklung eines systematischen Kundensegmentmanagements auf Basis einer verständlichen und trennscharfen Kundensegmentierung zur Verbesserung des Unternehmensergebnisses.

Erst das Segmentmanagement, ein Konzept, das die Planung, die Durchführung und die Kontrolle der einzelnen Segmente beinhaltet, ermöglicht die erfolgreiche Nutzung der Segmente im Tagesgeschäft. Segmentmanagement lässt sich sowohl aus einer strategischen als auch operativen Sichtweise betrachten.

Voraussetzung dafür ist, dass die zu Grunde liegende Kundensegmentierung Aussagen zu zwei wesentlichen Fragen ermöglicht: „Wie viel Budget darf in die einzelnen Kundensegmente maximal investiert werden um die Profitabilität sicherzustellen?" und „Welche Angebote sind für die einzelnen Segmente erforderlich, um einen Mehrwert zu generieren?".

2 Das Kunden-Cockpit als Steuerungsgrundlage

Aus diesen Fragen heraus wurde in den letzten Jahren das Managementinstrument „Kunden-Cockpit" (vgl. Abbildung 1) entwickelt. Das Kunden-Cockpit stellte eine Weiterentwicklung bestehender Segmentierungsinstrumente dar. Es vereinbart die Aspekte einer beschreibenden mit einer wertbestimmenden Kundensegmentierung in einer zweidimensionalen Matrix.

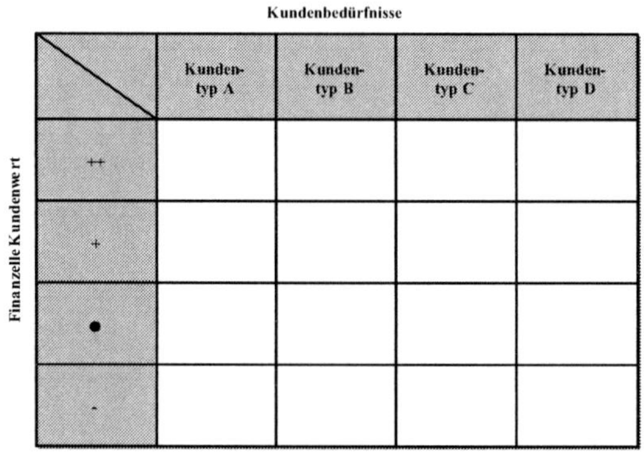

	Kundenbedürfnisse			
	Kunden-typ A	Kunden-typ B	Kunden-typ C	Kunden-typ D
++				
+				
•				
-				

Finanzielle Kundenwert

Abbildung 1: Das Kunden-Cockpit

Das Kunden-Cockpit ist ein umfassender Ansatz für strategisches Kundenmanagement und ein Steuerungsinstrument, welches funktionsübergreifend über alle

Abteilungen im Unternehmen sowohl die Anforderungen des systematischen Bestandskundenmanagements der gezielten Akquisition von Neukunden als auch der Kontrolle des Kundenverhaltens erfüllt.

Das Kunden-Cockpit ist in der Lage quantitative, datenbankgetriebene Ansätze mit den qualitativen Ergebnissen einer Marktforschung zu verbinden. Es ermöglicht eine einheitliche Betrachtung aller Kundenanalysen in einem Steuerungsinstrument. Auf einen Blick können Potentiale und Gefahren in den unterschiedlichen Kundensegmenten identifiziert werden. Unternehmen werden damit in der Lage versetzt entsprechende Strategien zu entwickeln, diese Potentiale auszuschöpfen und Gefahren zu vermeiden.

2.1 Der finanzielle Kundenwert als quantitative Perspektive

Auf der vertikalen Achse des Kunden-Cockpits werden die Kunden nach dem finanziellen Wert segmentiert. In Abhängigkeit von der Datenverfügbarkeit werden Kennzahlen wie Umsatz, Deckungsbeitrag, allgemeiner Beziehungswert oder andere Kennzahlen zur Einteilung der Kunden in verschiedene Segmente herangezogen. Diese Achse bildet die Entscheidungsgröße für die Allokation von Budgets und Ressourcen je Kunde oder Kundengruppe ab.

Ziel ist es, jedem Kunden, basierend auf den ausgewählten Informationen – die sowohl eine historische als auch prognostizierende Perspektive haben können – Kenngrößen zuzuordnen, die für das jeweilige Geschäftsmodell von hoher Bedeutung sind.

Im Laufe unserer Analysen haben sich folgende drei Größen als branchenunabhängige Kriterien manifestiert:

- *Die Dauer der Kundenbeziehung:* Je länger und intensiver die Beziehung zwischen Kunde und Unternehmen ist, desto höher ist der Wert des Kunden einzustufen. Gewachsene Beziehungen sind stabiler und bieten deshalb häufig höhere Chancen auf bessere Margen, da bspw. der Akquisitionsaufwand entfällt. Beispielsegmente können hier Neukunden, Bestandskunden und langjährige Kunden sein.

- *Der finanzielle Wert der Kundenbeziehung:* Die Bewertung des finanziellen Wertes des Kunden dient zur Sicherung der Kundenprofitabilität. Basierend auf Umsatzzahlen, Marge oder Deckungsbeitrag lässt sich genau berechnen welchen Beitrag der Kunde zum Unternehmenserfolg liefert. Hierbei sollte auch das Potential der Geschäftsbeziehung mit berücksichtigt werden um Kunden – die sich in der Aufbau- oder Wachstumsphase befinden – richtig einzuteilen. Mögliche Segmente können bei dieser Dimension sein: Wertvolle Kunden, Wachstumskunden, Kunden mit positiven Deckungsbeitrag, Kunden mit negativem Deckungsbeitrag.

- *Das Produktinteresse:* Hier wird analysiert, welche Produkte der Kunde derzeit nutzt bzw. für welche er sich interessiert hat und ob er zum Beispiel erfolgreich an Marketing- und Vertriebsmaßnahmen teilgenommen hat.

Für jede dieser Größen werden gemeinsam mit den betroffenen Fachabteilungen trennscharfe, jedoch leicht kommunizierbare Segmente herausgearbeitet. In B2C-Industrien erfolgt dies zumeist mittels statistischer Verfahren. Vor allem die Cluster-, Regressions- und Diskriminanzanalyse eignen sich gut um diesen Prozess zu unterstützen. In B2B-Industrien erfolgt dies sehr häufig in sehr enger Zusammenarbeit mit kundennahen Bereichen, wie bspw. dem Außendienst.

Damit sich das Kunden-Cockpit auch im Tagesgeschäft anwenden lässt und eine einfache Steuerung der Kundenbasis möglich ist, sollten auf der vertikalen Achse vier, maximal aber sechs Segmente abgebildet werden. Falls weitere Unterteilungen nötig seinen sollten, kann hier auch in einem zweistufigen Verfahren vorgegangen und Hauptsegmente mit Untersegmenten gebildet werden. Die einzelnen Dimensionen lassen sich entweder unabhängig oder in Abhängigkeit voneinander betrachten.

2.2 Die Kundenbedürfnisse als qualitative Perspektive

Die horizontale Achse des Kunden-Cockpits segmentiert die Kunden nach deren unterschiedlichen Bedürfnissen, Prozessen oder Anforderungen in verschiedene Kundentypen. Diese Kundentypen bilden die beschreibende Perspektive des

Kunden-Cockpits ab. Analog zur wertbestimmenden Achse empfehlen sich aus Gründen der Komplexitätsreduktion vier, maximal jedoch sechs Segmente.

Ein typisches Beispiel im Textilhandel ist zum Beispiel der „modisch-trendbewusste Kunde". Er lässt sich durch Mode- und Lifestylezeitschriften inspirieren, sein Einkaufsverhalten richtet sich an aktuellen Trends aus, er kauft bevorzugt am Saisonanfang und ist markenbewusst. Die Erwartungen dieses Kunden an ein Unternehmen sind unterschiedlich im Vergleich zum „funktions- und bedarfsorientierten Kunden". Dieser Kundentyp tätigt seine Einkäufe zweckorientiert: Der neue Anzug wird gekauft, wenn der alte zum Beispiel abgenutzt ist oder nicht mehr passt. Der Vorgang des Einkaufens ist emotionslos und wird sogar häufig als notwendiges Übel betrachtet.

Die Kundentypen und die dazugehörigen Charakteristika sowie eine begleitende Analyse der ihnen eigentümlichen Kundenprozesse, Aktivitäten und den daraus resultierenden Kundenbedürfnissen ermöglichen es dem Unternehmen spezifische Angebote und Serviceleistungen zu erarbeiten.

Diese kundentypenspezifischen Angebote sollten aus einer Reihe unterschiedlicher Komponenten bestehen: Produktbestandteile, Serviceleistungen, Kommunikationsleistungen, Preismodelle oder sonstige Sonderleistungen, um nur einige Beispiele zu nennen.

Entsprechend der Wertigkeit des Kunden gibt es segmentspezifische Sonderleistungen die entweder gratis oder zu Staffelpreisen angeboten werden. Ziel ist es, mit diesen typenspezifischen Angeboten den Wertschöpfungsprozess und die Bedürfnisse der Kunden zu unterstützen, dadurch den Kunden zu binden und so einen signifikanten Wettbewerbsvorteil zu erlangen.

Grundlage für das systematische Arbeiten mit Kundentypen ist die Zuordnung jedes einzelnen Kunden zu einem der identifizierten Kundentypen. Dafür haben sich in der Praxis verschiedene Ansätze als tragfähig herauskristallisiert:

- A priori-Selbstselektion durch den Kunden: Die kundentypspezifischen Angebote werden im Markt platziert. Durch die Wahl eines bestimmten Angebotes ordnet sich der Kunde selbst einem bestimmten Kundentypen zu. Die Anwendung dieser Methode ist sowohl bei der Neukundenakquisition als auch im Bestandskundenmanagement möglich.

- Ex post-Zuordnung über das Kundenverhalten: Hier wird das Kundenverhalten interpretiert. Im B2B-Bereich erfolgt dies sehr häufig in enger Zusammenarbeit mit dem Außendienst unter Zuhilfenahme so genannter „Golden Questions". Bei letzteren handelt es sich um eine Charakterisierung der Kundentypen, welche dem Außendienst als Zuordnungshilfe dient. Im B2C-Bereich mit häufig sehr großen Kundenbeständen greift man zumeist auf statistische Zuordnungsverfahren zurück. Bei dieser Methode ist es wichtig, dass man auf Kundendaten mit einer einheitlichen Qualität zurückgreifen kann.

- Ex post-Befragung der Kunden: Durch eine gezielte Befragung der Kunden kann man Rückschlüsse auf die Zugehörigkeit zu einem bestimmten Kundentyp treffen.

Die idealtypische Vorgehensweise wäre die Selbstselektion durch den Kunden. Diese Methode ist auf Neukunden sehr gut anwendbar. Bei Bestandskunden müssen gezielt Erweiterungsangebote zur Zuordnung entwickelt werden. Die ex post-Zuordnung der Kunden aufgrund ihres Verhaltens ist sehr stark abhängig von der Datenqualität und den Abgaben der Mitarbeiter die im direkten Kundenkontakt stehen. Leider scheitert die Befragung der Kunden häufig an dem Responseverhalten der Kunden. Eine gute Möglichkeit dies zu umgehen ist die sofortige Befragung des Neukunden während des Akquisitionsprozesses. Allerdings ist diese Methode sehr kostspielig.

2.3 Verknüpfung des finanziellen Kundenwertes und der Kundenbedürfnisse hin zum Kunden-Cockpit

Der entscheidende Vorteil des Kunden-Cockpits im Vergleich zu anderen Segmentierungsmethoden liegt in der Verknüpfung der wertbestimmenden mit der beschreibenden Perspektive über eine zweidimensionale Matrix.

Manager können auf einen Blick sehen, wie die Verteilung ihrer Kunden innerhalb den beschreibenden und den wertbestimmenden Kundensegmenten und zwischen den beiden Dimensionen ist. Grund dafür ist, dass jeder Kunde exakt einer Zelle der zweidimensionalen Matrix zugeordnet wird. So kann die gesamte Kundenbasis in dem Kunden-Cockpit abgebildet werden.

Bei der Visualisierung der beiden Dimensionen ist die Balance zwischen der Anzahl der Segmente pro Dimension und Übersichtlichkeit zu finden. Wie bereits angedeutet empfiehlt es sich auf vier maximal aber sechs Segmente pro Dimension zu beschränken, um die einzelnen Kundenkontaktpunkte differenziert steuern zu können.

Sind mehr als sechs Segmente identifiziert worden empfiehlt es sich diese – vor dem Hintergrund der angestrebten Ziele – zu bündeln bzw. zu konsolidieren. Nur so lässt sich ein allgemeines Verständnis über die Zusammensetzung des Kundenbestandes erhalten. Vor allem Abteilungen mit einem hohen Anteil an direktem Kundenkontakt wie Vertrieb, Kundenservice und Call Center haben damit die Möglichkeit mit verständlichen und wenigen Kundensegmenten zu arbeiten und schnelle Erfolge zu erzielen.

Mit dieser Darstellung der Kundenbeziehungen lassen sich eine Vielzahl von Kennzahlen und Analysen erstellen. Durch die Einbeziehung der wertbestimmenden Perspektive wird das Kunden-Cockpit in der Praxis auch als Controlling-Instrument eingesetzt, da es eine ergänzende Perspektive zum reinen Produktfokus bietet, in der z.B. der Deckungsbeitrag einzelner Kunden dargestellt wird. So kam bspw. ein Unternehmen zu der Erkenntnis, dass 50% der Kunden einen negativen Deckungsbeitrag generierten.

Das Kunden-Cockpit sollte in regelmäßigen Abständen (z. B. monatlich) aktualisiert werden, da Kunden ihr Verhalten ändern können. Gründe für Verhaltensänderungen können durch ein verändertes Marktverhalten durch Wettbewerber bedingt sein oder durch Produktinnovationen erfolgen.

3 Kunden-Cockpit als Grundlage für Kundensegmentmanagement

Das Entwickeln der Kundensegmentierung und das Erstellen eines Kunden-Cockpits sind vorbereitende Aktivitäten, um in einem zweiten Schritt geschäftsrelevante Maßnahmen zum systematischen Management des Kundenportfolios abzuleiten.

Ziel des Kundensegmentmanagements ist es zu definieren, welche Strategien für die einzelnen Segmente anzuwenden sind, um das Unternehmensergebnis zu steigern und wie diese Strategien erfolgreich im Unternehmen umgesetzt werden.

3.1 Ableitung von Kundensegmentstrategien

Durch das Ableiten von Kundensegmentstrategien wird definiert, mit welchen Kundensegmenten Wachstum angestrebt wird, welche Kundensegmente gehalten werden sollen oder bei welchen Kundensegmenten die Profitabilität gesteigert werden muss. In einzelnen Geschäftsmodellen werden auch Segmente definiert, die abgebaut werden sollen.

Das Ableiten von Strategien für jede einzelne Zelle des Kunden-Cockpits erweist sich als zu komplex und selten durchführbar. Vor diesem Hintergrund hat sich in der Praxis als erfolgreich herausgestellt, Zellen miteinander zu verknüpfen und für jedes dieser Zellencluster eine Strategie zu entwickeln.

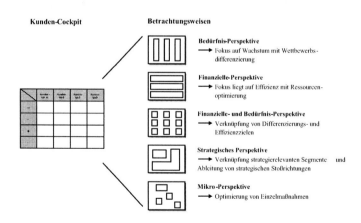

Abbildung 2: Blickwinkel auf Kundensegmente

Eine Verknüpfung der Zellen kann aus verschiedenen Blickwinkeln erfolgen (vgl. Abbildung 2). Eine Möglichkeit ist die Fokussierung auf beschreibende Dimension der Kundensegmentierung. Diese Betrachtung eignet sich vor allem dann, wenn die Unternehmensstrategie auf Wachstum und Innovation ausgerichtet ist.

Eine andere Betrachtungsweise ist, den Kundenwert in den Vordergrund zu stellen. Dieser Schwerpunkt wird häufig gewählt, wenn die Unternehmensziele Kostenreduzierung und Ressourcenoptimierung priorisieren.

Eine sehr beliebte Variante der Segmentbildung auf der Basis des Kunden-Cockpits ist die Bildung von so genannten Strategiesegmenten. Dabei werden all diejenigen Segmente zusammengefasst, bei denen das Unternehmen plant dieselbe Strategie zu verfolgen. Beispielsweise werden dabei Segmente zusammengefasst, mit denen das Unternehmen wachsen möchte. Diese so unter einer Strategie gebündelten Segmente sind in den meisten Fällen kundenwert- und kundenbedürfnisunabhängig.

In einem Unternehmen mit knapp 10 Millionen Endkunden im Kundenbestand wurden jeweils fünf unterschiedliche beschreibende als wertbestimmende Kundensegmente abgeleitet. Diese 25 Zellen des Kunden-Cockpits waren zu viele als dass eine praktische, verständliche und gewinnbringende Anwendung der Segmentierung hätte gewährleistet werden können. Deshalb wurden diese 25 Segmente unter Berücksichtigung der Unternehmensstrategie zu drei Strategiesegmenten zusammengeführt: Pflegen, Entwickeln und Ändern.

Die drei Strategiesegmente „Pflegen", „Entwickeln" und „Ändern" basieren auf vier strategischen Unternehmensvorgaben: Die Kosten reduzieren, die Marge pro Kunde erhöhen, die Vertragslaufzeiten verlängern und gezielt investieren. Je Segment wurde der Schwerpunkt auf unterschiedliche Unternehmensvorgaben gelegt.

Als letzte Alternative zur Verknüpfung von Zellen im Kunden-Cockpit sei die Ausrichtung auf so genannte Mikrosegmente genannt. Hierbei liegt der Fokus auf der Identifikation von segmentübergreifenden Kleingruppen. Dieser Ansatz wird selten für die Ableitung langfristiger Segmentstrategien genutzt. Vielmehr handelt es sich um einen Scoring-Ansatz, der genutzt wird, um Kunden zumeist einmal für zielkundenspezifische Marketingmaßnahmen zu selektieren.

Ein Beispiel für die Bildung von Mikrosegmenten liefert ein Mobilfunkunternehmen, welches im deutschen Markt agiert. Dieses Unternehmen bietet einen speziellen Deutschland-Türkei-Tarif an. Dieser Tarif ermöglicht es den Kunden zu den gleichen Konditionen in die Türkei zu telefonieren wie in Deutschland. Bei einer Anzahl von über 4 Millionen Deutsch-Türken handelt es sich um eine große Zielgruppe, die sich als Mikrosegment in jeder Kundengruppe finden lässt.

3.2 Entwicklung eines Kundensegmentmanagements

Die Umsetzung und Implementierung der Erkenntnisse aus dem Kunden-Cockpit und der Kundensegmentstrategien in tägliche Routinen erfolgt durch ein systematisches Management der Kundensegmente und die damit einhergehende Differenzierung der Leistungen an den Kundenkontaktpunkten.

Im Rahmen verschiedener Projekte und empirischer branchenübergreifender Studien hat sich herauskristallisiert, dass – ergänzend zur Kundensegmentstrategie – sechs weitere Erfolgsfaktoren (vgl. Abbildung 3) für den Erfolg eines Kundensegmentmanagements verantwortlich sind:

- Rolle des Segmentmanagement in dem gesamten Unternehmen im Verhältnis zu den beiden Dimensionen Produkt und geographische Region,
- Grad der Differenzierung der Angebote und Beziehungsmodelle zwischen den einzelnen Kundensegmenten,
- Prozesse zur Steuerung, Umsetzung und Monitoring des Segmentmanagements,
- Grad der organisatorischen Umsetzung, Verteilung der Verantwortlichkeiten und Umsetzung in der Kultur,
- Kennzahlen und Entlohnungsmodelle, welche das Segmentmanagement unterstützen sowie schließlich
- unterstützende IT-Systeme und Unternehmenskultur.

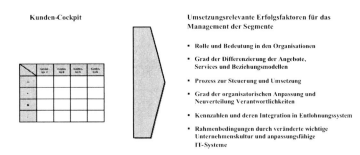

Abbildung 3: Erfolgsfaktoren eines Kundensegmentmanagements

Die Rolle des Kundensegmentmanagements und die Konsequenz mit der die einzelnen Bausteine realisiert werden bestimmt, ob sich das Kundensegmentmanagement lediglich auf operative Maßnahmen beschränkt oder auch strategischen Charakter hat.

- Von *operativem Segmentmanagement* spricht man, wenn einzelne, zumeist isolierte oder temporär befristete Aktivitäten in den Bereichen Marketing, Vertrieb oder Service optimiert werden. Ein Einzelhändler, der über ein Clubmodell Produkte an seine Kunden verkauft, hat den Wert seiner Kunden jeweils für die nächsten drei Jahre mit Hilfe statistischer Modell prognostiziert. Auf Basis der Ergebnisse hat er Kundensegmente gebildet und seine Marketingmaßnahmen für die einzelnen Segmente neu gestaltet und die segmentspezifischen Beziehungsmodelle überarbeitet. Einzelne Kampagnen waren im Nachgang dazu um bis zu 300% erfolgreicher.

- *Strategisches Segmentmanagement* folgt einem cross-funktionalen Ansatz und versucht den Kunden über alle Prozesse in den kundennahen Funktionen Marketing, Vertrieb, Service und Produktentwicklung vor dem Hintergrund einer definierten Strategie zu steuern. Einen solchen Weg ist eine Bank in ihrem Retail-Bereich gegangen. Sie hat ihre Kunden in drei strategische Segmente eingeteilt und für jedes Segment eine Strategie mit entsprechenden Kennzahlen definiert. Die Aktivitäten in den Bereichen Marketing, Vertrieb und Service wurden dementsprechend angepasst, wie beispielsweise ein priorisiertes Routing von Zielkunden im Call-Center. Dieses Projekt hat zu einer Steigerung der Loyalität der Kunden und zu einer nachhaltigen Verbesserung der Rentabilität um bis zu 50% in einzelnen Kundengruppen geführt.

In der Praxis haben sich insbesondere die beiden folgenden Bausteine des Kundensegmentmanagements als erfolgsentscheidend herauskristallisiert: Rolle des Segmentmanagements in der Organisation und Nachhaltigkeit der organisatorischen Implementierung. Je tragender die Rolle und je stärker das Kundensegmentmanagement durch die Organisation durch klar definierte Verantwortlichkeiten unterstützt wird, desto strategischer und bereichsübergreifender konnten auch die einzelnen Maßnahmen implementiert werden.

Bei einer Reihe untersuchter Fallbeispiele zeigte sich, dass sich ein klarer Zusammenhang zwischen dem gewählten Segmentmanagement-Ansatz und der Auswirkungen auf den finanziellen Erfolg belegen lässt:

- Unternehmen, die vor allem operatives Segmentmanagement betreiben konnten schneller und gezielter Erfolge realisieren.

- Unternehmen, die strategisches Segmentmanagement einführen, hatten in der Initialphase im Allgemeinen einen höheren Invest, realisierten danach aber auch höhere finanzielle Ergebnisse. Aus unserer Erfahrung ist eine Verbesserung des Ergebnisses um 20-25% realistisch.

4 Fazit

Die Implementierung und Nutzung des Kunden-Cockpits in verschiedenen Industrien hat gezeigt, dass es ein geeignetes Instrument ist, das Bestandskundenportfolio transparent und verständlich nach den Dimensionen „finanzieller Kundenwert" und „Kundenbedürfnisse" darzustellen und zu segmentieren. Es unterstützt das Management auf unterschiedlichen Hierarchieebenen im Entscheidungsprozess bei der Entwicklung und Differenzierung kundenspezifischer Maßnahmen.

Zur Erzielung eines finanziellen Erfolges bedarf es – ergänzend zur Erstellung des Kunden-Cockpits – zweier weiterer Schritte: Ableitung von Kundenstrategien und deren Umsetzung im Rahmen eines Kundensegmentmanagements.

In der Praxis haben sich insbesondere die beiden folgenden Bausteine des Kundensegmentmanagements als erfolgsentscheidend herauskristallisiert: Rolle des Segmentmanagements und Nachhaltigkeit der organisatorischen Implementierung.

Die Konsequenz mit denen beide Bausteine implementiert werden determiniert die Ausprägung des Kundensegmentmanagements. Das bedeutet beispielsweise, dass je stärker das Kundensegmentmanagement durch die Organisation durch klar definierte Verantwortlichkeiten unterstützt wird, desto strategischer und bereichsübergreifender können die einzelnen Maßnahmen sein. Dementsprechend korrelieren auch die finanziellen Potentiale die damit realisiert werden können.

Unternehmen, die vor allem operatives Segmentmanagement betreiben realisieren schneller und gezielter finanzielle Erfolge. Wohingegen Unternehmen, die strategisches Segmentmanagement einführen, in der Initialphase im Allgemeinen einen höheren Invest betreiben, danach aber auch einen größeren Hebel erzielen können. Aus unserer Erfahrung ist eine Verbesserung des Ergebnisses um 20% bis 25% realistisch.

Literatur

Arndt, D.; Gersten, W.: Data Management in Analytical Customer Relationship Management, in: Workshop Data Mining for Marketing Applications, Proceedings of the ECML/PKDD, Freiburg 2001, S. 25-38

Backhaus, K.: Relationship Marketing. Ein neues Paradigma im Marketing? In: Bruhn, M., Steffenhagen, H. (Hrsg.): Marktorientierte Unternehmensführung: Reflexionen – Denkanstöße – Perspektiven. Heribert Meffert zum 60. Geburtstag. Wiesbaden 1997, S. 19-35

Berry, J. A.; Linoff, G.S.: Mastering Data Mining. New York 2000

Christopher, M.; Payne, A., Ballantyne, D.: Relationship Marketing. Bringing quality, customer service and marketing together, Oxford 1996

Gouillart, F.J.; Kelly, J.N.: Transforming the Organization, New York 1995 u.a.

Grönroos, C.: Relationship approach to marketing in service contexts. The marketing and organizational behaviour interface. In: Journal of Business Research, 20. Jg. (1990), Nr. 1, S. 3-11

Hendersen, B.D.: Das Portfolio, in: Oetinger, von B. (Hrsg.): Das Boston Consulting Group Strategie Buch: Die wichtigsten Managementkonzepte für den Praktiker. 5. Aufl., Düsseldorf 1997, S. 286-292

Hennig-Thurau, T.: Die Klassifikation von Geschäftsbeziehungen mittels Kundenportfolios, in: Payne, A., Rapp, R. (Hrsg.): Handbuch Relationship Marketing: Konzeption und erfolgreiche Umsetzung, München 1999, S. 91-112

Hüffer, W.: Der Beitrag von Data Mining zur Steuerung des Marketingerfolges, in: Dallmer, H. (Hrsg.): Das Handbuch Direct Marketing & More, 8. Aufl., Wiesbaden 2002, S. 719-736

Mertens, P.; Bissantz, N.; Hagedorn, J.: Data Mining im Controlling. Überblick und erste Praxiserfahrungen. In: Zeitschrift für Betriebswirtschaftslehre ZfB, 67. Jg. (1997), Nr. 2, S. 179-201

Payne, A.: Hanbook of CRM. Achieving Excellence in Customer Management. Oxford 2006

Peppers, D.; Rogers, M.: Enterprise one to one. Tools for competing in the interactive age, New York 1997

Porter, M.: Competitive Advantage. Creating and sustaining superior performance, New York 1985

Raffée, H.: Chancen und Risiken des interaktiven Fernsehens für öffentlich-rechtliche Rundfunkanstalten aus der Sicht des Marketing, in: Reinhar, U. (Hrsg.): Interaktives Fernsehen, Vortrag im Rahmen der 2. Veranstaltung zum Thema Rundfunkmarketing an der Universität Mannheim am 26. April 1994, Heidelberg, S. 23-37

Rapp, R.: Customer Relationship Management. Das neue Konzept zur Revolutionierung der Kundenbeziehung. 2. Aufl., Frankfurt a.M 2000

Reichheld, F.F.: Loyalität und die Renaissance des Marketing, in: Payne, A., Rapp, R. (Hrsg.): Handbuch Relationship Marketing. Konzeption und erfolgreiche Umsetzung. München 1999, S. 49-68

Scholzen, J.N.; Schuber, A.: Richtlinien zur erfolgreichen Kundenanalyse, in: Dallmer, H. (Hrsg.): Das Handbuch Direct Marketing & More, 8. Aufl., Wiesbaden 2002, S. 705-718

Schultz, D.E.; Tannenbaum, S.I.; Lauterborn, R.F.: Integrated Marketing communications. The new marketing paradigm, Lincolnwood 1997

Schusser, S.W.: Strategic Management of customer portfolios. Combining customer value with provider value, in: Explore!, o.Jg. (2000), Nr. 3, S. 2

Schusser, S.W.: CRM-Cockpit als Management-Instrument zur systematischen Steuerung des Kundenportfolios. In: Payne, A., Rapp, R. (Hrsg.): Handbuch Relationship Marketing. Konzeption und erfolgreiche Umsetzung. 2. überarbeitete Auflage, München 2003, S. 141-154

Schusser, S.W.; Harald, C.: Managing Customer Segments, in: Explore, 2005, Nr. 2, S. 4f.

Storbacka, K., Strandvik, T., Grönroos, C: Gewinn durch Relationship Management, in: Payne, A., Rapp, R. (Hrsg.): Handbuch Relationship Marketing: Konzeption und erfolgreiche Umsetzung, München 1999, S. 69-90

Storbacka, K., Lethinen, J.R.: Customer Relationship Management. Creating Competitive Advantage through Win-Win Relationship Strategies. Singapore 2001

Wacker, C.: Data Warehousing: Erfolgreiche Umsetzung im Gesamtkonzept der systematischen Kundenbindung, in: Dallmer, H. (Hrsg.): Das Handbuch Direct Marketing & More, 8. Aufl., Wiesbaden 2002, S. 881-900

CRM-Prozessmodelle – ein Erfolgsfaktor für CRM?

Michael Schröder

Zusammenfassung: Ausgangspunkt der Überlegungen sind die vielfältigen Bemühungen, durch vermehrte Kundenorientierung und/oder durch den Einsatz von CRM-Systemen die Marktleistung von Unternehmen zu steigern. Diesem Vorgehen sind Grenzen gesetzt, die Herausforderung des Kundenbeziehungs-Management ist nicht (mehr) die Steigerung der Kundenorientierung, sondern es gilt die „Balance" zwischen Kundenorientierung und Wirtschaftlichkeit zu finden. In dem Beitrag werden Geschäftsprozesse nicht als Ablaufbeschreibungen gesehen, sondern als Geschäftsregeln und Handlungsvorgaben für die Durchführung konkreter Geschäftsfälle. Darauf aufbauend wird beschrieben, wie mit Hilfe eines IT-gestütztes Modellierungswerkzeugs ein Geschäftsprozessmodell für Marketing, Vertrieb und Service erstellt werden kann. Dieses Prozessmodell ist dann die Grundlage für Prozessveränderungen und Neugestaltung von Prozessen zur Steigerung der Marktleistung. In einem CRM-Systemauswahlprojekt leistet das Prozessmodell wertvolle Unterstützung bei der Formulierung der Anforderungen und später bei der Umsetzung der neu gestalteten Prozesse. Im CRM-Betrieb ist das Prozessmodell in Verbindung mit Prozesskennzahlen die Basis für kontinuierliche Prozessverbesserung und kundenorientiertes Prozessmanagement.

Schlüsselworte: Customer Relationship Management (CRM), Geschäftsprozessmanagement, Prozessmodelle, Modellierungswerkzeuge

Inhaltsverzeichnis

1 Geschäftsprozesse - Erfolgsfaktor für das Kundenbeziehungs-Managemtent? 255

2 Geschäftsprozesse und CRM-Prozessmodelle 259

3 Die Basis: Ein CRM-Prozessmodell für den Ist-Zustand 260

4 Handlungsbedarf und Zielvorgaben für die Prozessgestaltung 271

5 Steigerung der Marktleistung durch Prozessveränderungen und Neugestaltung 273

6 Aufgaben des CRM- Prozessmodells in einem CRM-Systemauswahlprojekt 277

7 Das CRM-Prozessmodell - die Basis für kontinuierliche Prozessverbesserung 279

8 Zusammenfassung und Vorteile für CRM-Projekte 281

Literatur 283

1 Geschäftsprozesse – Erfolgsfaktor für das Kundenbeziehungs-Management?

Die CRM-Herausforderung: Steigerung der Marktleistung - die Probleme!

Eine Vielzahl von Unternehmen unterschiedlicher Branchen und Größe haben eines gemeinsam: Es wird Handlungsbedarf in Richtung Erhaltung und/oder Steigerung der Marktleistung gesehen. Die Vertriebsmitarbeiter sind voll ausgelastet, sie haben neben den vertrieblichen Tätigkeiten eine Vielzahl von Verwaltungsaufgaben zu erfüllen und müssen einen hohen Zeitaufwand für die Beschaffung von Informationen erbringen.

Trotz aufwändiger Bemühungen, die Anforderungen der Kunden bestmöglich zu erfüllen, bleiben die Umsätze hinter den Vorgaben zurück, während der Aufwand eine steigende Tendenz aufweist.

Die Serviceleistungen nach Kaufabschluss gewinnen stetig an Bedeutung, sowohl bereits bei der Kaufentscheidung als auch dann in der Nutzungsphase als wichtiger Umsatzträger. Auch hier nimmt der Kostendruck zu und sollte durch IT-Einsatz aufgefangen werden. Vertrieb und Service sind meistens funktional getrennt organisiert, die Organisation des Informationsaustausches und die Koordination der Aktivitäten ist eine weitgehend neue und anspruchsvolle Herausforderung, sowohl menschlich als auch technisch in Richtung IT- Systeme gesehen.

Marketingaktionen werden zunehmend „direkt" an Zielgruppen und Kunden adressiert, um Effektivität und Effizienz der Gewinnung von Verkaufschancen zu erhöhen. Planung und Durchführung dieser Aktionen erfordert die intensive Zusammenarbeit mit dem Vertrieb, im Speziellen eine gute Abstimmung der gemeinsam genutzten Datenbestände und der Informationen über Verkaufschancen, die an den Vertrieb zur weiteren Bearbeitung übergeben werden.

Die Ausführungen zeigen, dass erfolgreich durchgeführte Kundenorientierung den Informationsbedarf enorm gesteigert hat, beginnend beim ersten Kontakt mit einem Interessenten über Leads und Opportunities bis hin zum Kaufverhalten und Interessenprofilen der Bestandskunden.

Dieser Anstieg des Informationsbedarfs führt dazu, dass „persönliche" Informationssysteme, die von den Außendienstmitarbeitern oft mit Erfolg eingesetzt wurden, an die Grenzen ihrer wirtschaftlichen Anwendbarkeit stoßen.

Daher werden zunehmend Anforderungen an die IT- Abteilungen der Unternehmen gestellt, die von den vorhandenen ERP-Systemen aus einer Reihe von verschiedenen Gründen oft nicht erfüllt werden können: ERP-Systeme wurden zu einer Zeit der Anbietermärkte entwickelt und der Kunde wurde erst im ERP-System wahrgenommen, wenn er einen Auftrag erteilt hat. ERP war dazu da, Aufträge abzuwickeln bis hin zum Zahlungseingang. Die Aktivitäten davor waren weniger bedeutsam, denn die Kunden standen ohnedies in Warteschlangen, die Mitarbeiter im Außendienst waren „Auftragsabholer" und der Innendienst hatte die Aufträge anzunehmen und abzuwickeln.

Wie ist die heutige Situation? Die Märkte haben sich zu Nachfragemärkten gewandelt, die Interessenten und Kunden müssen gezielt gesucht werden, die aktive Bearbeitung des Marktes steht im Vordergrund. Dazu ist eine Vielzahl von Informationen über Kunden notwendig, die im Bedarfsfall auf „Knopfdruck" zur Verfügung stehen sollten.

ERP-Systeme können diese Aufgabe - siehe oben - nicht erfüllen, PC-basierte Insellösungen sind auf den Bedarf des "Besitzers" zugeschnitten und nicht auf die Anforderungen aller Mitarbeiter, die an der Marktleistung beteiligt sind.

Daher wurden und werden Überlegungen angestellt, diese Anforderungen durch den Einsatz eines CRM-Systems zu lösen. Aber bereits bei dem Versuch, die Anforderungen an ein CRM-System zu formulieren, zeigen sich verschiedene Sichtweisen auf eine Vielzahl von unterschiedlichen Abläufen, die in Abhängigkeit von der aktuellen Verkaufssituation individuell und intuitiv gestaltet werden.

Wenn es wirklich gelingt, alle Anforderungen an ein CRM-System in der Vielfalt und Komplexität zu formulieren, dann übersteigen die Angebote der CRM-Systemanbieter oft die geplanten Budgetmittel. Spätestens dann treten Zweifel auf, ob durch den Einsatz eines CRM- Systems und die dadurch erzielbaren Rationalisierungseffekte die Marktleistung verbessert werden kann.

Es bleibt dann noch die Frage zu beantworten, ob durch „noch mehr Kundenbeziehungs-Management" – im Sinne von „Mehrwert" für die Kunden zu schaffen – Verbesserungen der Marktleistungen möglich sind. Mehr Kundenorientierung bedeutet im Regelfall auch mehr Arbeitszeitaufwand, einen steigenden Informationsbedarf und eine weitere Zunahme von Vielfalt und Komplexität der vertrieblichen Aktivitäten.

Man muss daher davon ausgehen, dass dieser Lösungsweg erst dann beschritten werden kann, wenn ein leistungsfähiges CRM-System zur Verfügung steht und die Arbeitsabläufe durch den IT-Einsatz rationalisiert werden können. Aber genau das ist ja auch schon ohne zusätzliche Kundenorientierung nicht möglich, wie im Absatz zuvor ausgeführt wurde!

Gibt es einen Erfolg versprechenden Ausweg aus dieser Situation? Die Gestaltung der Arbeitsabläufe in Marketing, Vertrieb und Service auf der Basis von Geschäftsprozessen, der Aufbau eines Geschäftsprozessmodells und seine Nutzung als Basis für CRM-Prozessmanagement sind ein Erfolg versprechender Weg. Diese Behauptung wollen wir in den folgenden Abschnitten näher erläutern.

Geschäftsprozesse: Erfolgsfaktor für CRM – die Lösung!

Bevor wir uns damit näher befassen, wollen wir die Frage klären, was unter Geschäftsprozessen verstanden werden kann.

Geschäftsprozesse bestehen aus logisch zusammenhängenden Teilprozessen oder Prozessaktivitäten, sie werden durch Ereignisse ausgelöst und liefern definierte, werthaltige Ergebnisse an externe oder interne Prozesskunden. Teilprozesse/Prozessaktivitäten werden durch Rollen/Stellen und/oder durch Informationsverarbeitungssysteme durchgeführt (vgl. Hammer 1993).

Die Beschreibung von Geschäftsprozessen kann in unterschiedlicher Form erfolgen, von strukturierten Texten bis zu Prozessdiagrammen mit den unterschiedlichsten Symbolen und Darstellungsformen.

Dieser Prozessbegriff kann grundsätzlich auch auf Prozesse in Marketing, Vertrieb und Service angewandt werden. Allerdings sind folgende Eigenschaften der Prozesse in diesen Bereichen zu berücksichtigen:

- Die große Vielfalt und hohe Komplexität der Prozesse – zum Teil als „natürliche" Folge der Kundenorientierung,
- der starke Einfluss der persönlichen Beziehungen zwischen Vertriebsmitarbeiter und Kunde auf den Prozesserfolg,
- die ausgeprägte Dynamik im Verhalten von Interessenten und Kunden.

Diesen Eigenschaften berücksichtigen wir dadurch, dass wir Geschäftsprozesse als „Handlungsvorgaben" verstehen, die zur Durchführung der realen Geschäftsfälle eingesetzt werden. Es geht also um die „Geschäftsregeln", die zu einem bestimmten Zeitpunkt für die Durchführung der Geschäftsfälle gültig sind.

Damit ist es möglich, die praktisch unübersehbare Vielfalt der realen Geschäftsfälle auf eine überschaubare Anzahl von Prozessvorgaben zu reduzieren.

Gleichzeitig steht ein wirkungsvolles Instrument zur Verfügung, um Geschäftsfälle mit Hilfe von „Handlungsschablonen" weitgehend gleichartig durchführen zu können, abgestimmt auf die jeweilige Gruppe von Interessenten und Kunden.

Prozessvorgaben ermöglichen und benötigen sogar eine „Interpretation" durch die Vertriebsmitarbeiter entsprechend den Anforderungen der jeweiligen Situation. Damit kann die notwendige „Personalisierung" des Vertriebshandelns innerhalb des Handlungsrahmens durchgeführt werden.

Es ist jetzt aber auch möglich, aus den Prozessvorgaben die Anforderungen an IT-Unterstützung abzuleiten und Verarbeitungsschritte durch IT-Einsatz zu rationalisieren.

Wenn Änderungen erforderlich sind – z.B. weil Kunden ihre Anforderungen ändern oder weil intern Rationalisierungschancen erkannt werden – dann können diese über einmalige Änderung der Prozessvorgaben effizient und effektiv durchgeführt werden.

2 Geschäftsprozesse und CRM-Prozessmodelle

Geschäftsprozesse werden in der Praxis in ganz unterschiedlichen Formen beschrieben. Es finden sich strukturierte Textdarstellungen ebenso wie die verschiedenen Formen von Diagrammen, zumeist in Anlehnung an Datenflussdiagramme. Vor- und Nachteile der verschiedenen Formen hängen vor allem davon ab, zu welchen Zwecken die Prozessbeschreibung erfolgt.

Wenn es so wie hier darum geht, Geschäftsprozesse als Handlungsvorgaben in Marketing, Vertrieb und Service einzusetzen, muss eine einheitliche und in der Praxis anwendbare Methode für das Erstellen und Verwenden von Geschäftsprozessen gefunden werden.

Am Softwaremarkt werden mittlerweile eine Vielzahl von IT-gestützte Werkzeugen zur Prozessmodellierung angeboten. Diese Werkzeuge beinhalten i.d.R:

- eine grafische Oberfläche zur Erstellung von Prozessdiagrammen,
- eine Datenbank (Repository) zur Verwaltung der Objekte eines Prozessmodells,
- eine oder mehrere Modellierungsmethoden (das sind vereinfacht ausgedrückt verschiedene Regeln und Vorgaben, wie Prozessdiagramme zu erstellen und zu interpretieren sind) und
- Werkzeuge zur benutzergerechten Aufbereitung der Modellinhalte.

Die Prozesse können jetzt um Rollen und Stellen erweitert werden und zeigen die Zuständigkeiten ebenso wie die Aufbauorganisation. Ebenso kann dargestellt werden, welche Anwendungen an welchen Prozessen beteiligt sind oder in Zukunft beteiligt sein sollen. Die Inhalte des Prozessmodells können nach verschiedenen Kriterien ausgewertet und den verschiedenen Zielgruppen bedarfsgerecht zur Verfügung gestellt werden.

Ein wesentlicher Vorteil der Prozessmodelle – im Vergleich zu Prozesszeichnungen – wird dann sichtbar, wenn Prozessänderungen dargestellt und umgesetzt werden sollen: Da jedes Modellobjekt nur einmal im Modell angelegt ist, braucht nur dieses geändert zu werden und die Änderung ist im ganzen Modell wirksam.

Durch den Einsatz solcher IT-gestützten Modellierungswerkzeuge ist es jetzt möglich, umfassende Geschäftsprozessmodelle in der Praxis effektiv und effizient erstellen und nutzen zu können.

3 Die Basis: Ein CRM-Prozessmodell für den Ist-Zustand

Ist ein CRM-Ist-Modell notwendig?

Zu Beginn eines CRM-Projektes wird oft die Frage gestellt, ob der Ist-Zustand überhaupt beschrieben werden soll und ob es nicht rationeller ist, direkt auf den Sollzustand hinzuarbeiten.

Folgende Argumentation wird häufig gebracht: „Wir alle kennen die Ist-Abläufe und warum sollen wir Zeit aufwenden, wenn doch ohnedies alles geändert wird".

In dieser Diskussion sind folgende Überlegungen hilfreich: Erinnern wir uns daran, dass Prozesse Handlungsregeln darstellen, mit denen Geschäftsfälle durchgeführt werden. Beispielsweise kennt jeder Außendienstmitarbeiter die Regeln, die er für den erfolgreichen Vertrieb benötigt. Sind das für alle Mitarbeiter die gleichen Regeln? Sind sie auch den Mitarbeitern im Innendienst bekannt?

Die zweite Überlegung geht dann in Richtung der erwarteten Veränderungen durch Reorganisation und CRM-Systemeinsatz. Es werden sich Prozesse dahingehend verändern, dass verschiedenen Aktivitäten durch CRM-Systeme durchgeführt werden, damit werden sich auch Verarbeitungsregeln ändern. Aber betrifft das auch die „Geschäftsregeln"?

Ein weiterer Punkt ist darin zu sehen, dass auch nach Einführung eines CRM-Systems wichtige Verarbeitungsschritte durch die Vertriebsmitarbeiter in gleicher oder ähnlicher Form durchführen werden (z.B. Präsentationen beim Interessenten). Dazu kommt noch, dass nur ein Teil der neu gestalteten Prozesse die Vorgänger vollständig ersetzen wird, in vielen anderen Fällen wird es sich um „Prozessvarianten" für bestimmte Konstellationen handeln, wobei die ursprünglich vorhandenen Prozesse im Normalfall weiter angewendet werden.

Ein Ist-Modell ist unserer Erfahrung nach unbedingt erforderlich und auch zielführend, wie die weiteren Ausführungen zeigen werden. Allerdings gibt uns die Modellierungsmethodik die Möglichkeit, die Tiefe der Darstellung in Richtung Details zu variieren und damit die oben genannten Argumente zu berücksichtigen.

Erstellen einer CRM-Prozess-Übersicht

In diesem ersten Schritt geht es darum, eine Übersicht über die Geschäftsprozesse zu gewinnen, die für das Kundenbeziehungs-Management von Bedeutung sind. Das sind alle Prozesse, die entweder von Interessenten und Kunden ausgelöst werden und/oder an diese Prozessergebnisse liefern. Ausgehend von diesen „Prozess-Endpunkten" werden die Prozessaktivitäten beschrieben, die zur Erstellung der Prozessergebnisse erforderlich sind.

Bei einem CRM-Projekt werden die wertschöpfenden Aktivitäten aus Marketing, Vertrieb und Service im Vordergrund stehen. Die Prozesse der Auftragsbearbeitung werden hier in der obersten Ebene „mitgenommen", um die Wertschöpfungskette insgesamt darstellen zu können.

In dieser Phase ist es wichtig, die gesamte Breite der Tätigkeiten darzustellen, um einen ersten und umfassenden „Blick von Oben" auf das CRM-Geschehen zu gewinnen.

Wichtig ist es, rasch zu einem ersten Entwurf zu kommen, die endgültige Prozessgliederung wird sich erst im Laufe der Arbeiten ergeben (vgl. Abbildung 1).

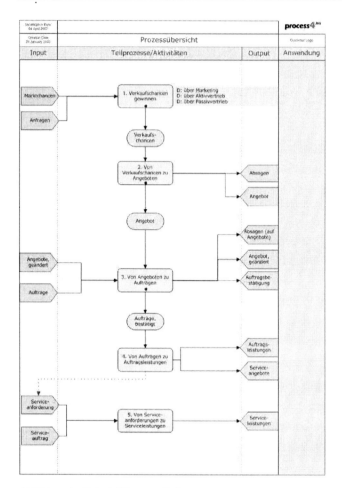

Abbildung 1: Beispiel Prozessgliederung

Geschäftsprozesse modellieren

Was sind die Grundlagen, um Geschäftsprozesse modellieren zu können?

1. Eine Prozessgliederung (wie oben beschrieben),
2. Wissen des Projektteams über die Modellierungsmethode und Handlungswissen über die Geschäftsfälle,

3. Dokumente von Geschäftsfällen, zumeist Auslöser (z.B. Fax vom Kunden) und Ergebnisse (z.B. Information an Interessenten, Angebot an Kunden), interne Zwischenergebnisse (z.B. Kalkulationsblatt, Bonitätsbewertung),

4. Zeitvorgaben aus der Projektplanung.

Organisation des Modellierungsprozesses

In der Praxis hat es sich bewährt, für den Ablauf des Modellierungsprozesses ein Programm festzulegen, welche Prozesse an welchem Tag bearbeitet werden sollen. Des Weiteren sind Zeitkontingente pro Prozess und Teamsitzung zielführend – z.B. 2 Stunden –, da andernfalls die Gefahr groß ist, an Detailfragen hängen zu bleiben. Es ist wichtig, alle Ergebnisse während der Teamsitzung im Modell festzuhalten, ggf. unmittelbar nachher aufzubereiten und anschließend in geeigneter Form (z.B. über ein Web-Portal) zu publizieren. Offene Fragen werden an Teammitglieder delegiert, die diese in „Hausarbeit" bearbeiten und deren Ergebnisse in der folgenden Sitzung abgestimmt werden. Dieses Vorgehen empfiehlt sich grundsätzlich für Detailaspekte, im Projektmeeting werden die Prozesse skizziert, die Grundzüge erarbeitet und die Detaillierung wird durch Spezialisten „off-line" vorgenommen.

Hinweise und Tipps für die Durchführung

Ausgehend von der Prozessgliederung werden die darin enthaltenen Prozesse schrittweise verfeinert und detailliert beschrieben. Dabei kommt man erfahrungsgemäß sehr schnell zu Prozessvarianten, die in der Regel auf unterschiedliche Auslöser zurückzuführen sind. Damit ist man bei dem Problem angelangt, Klassen zu bilden, die zu jeweils unterschiedlichen Prozessen führen. Problem? Im Grunde genommen schon eine Lösung, wenn Kundenklassen gefunden werden, die jeweils einen bestimmten Prozess auslösen!

Bei der Erstellung der Prozessdiagramme hat sich eine Zerlegung in 5-10 Teilprozesse als zweckmäßig erwiesen. Diese Anzahl von Teilprozessen mit Auslösern und Ergebnissen lassen sich auf einer Diagrammseite mit hinreichender Lesbarkeit darstellen. Wird die Zahl überschritten, müssen Teilprozesse zusammengefasst und die Detailschritte auf der nächsten Ebene dargestellt werden.

Wichtiges Ziel ist es, den Prozessfluss insgesamt komplett darstellen zu können, also die gesamte „Breite" des Projektbereichs abdecken zu können. Unterschiede in der Darstellungstiefe können zu einem späteren Zeitpunkt ausgeglichen werden.

Bei der Prozessmodellierung muss man sich bewusst sein, dass die schrittweise Verfeinerung eine Vielzahl von Möglichkeiten zulässt und es eine „perfekte" Prozesszerlegung in der Praxis nicht gibt!

Aber es gibt die Möglichkeit, mit den Prozessvorgaben einige reale Geschäftsfälle nochmals zu bearbeiten und zu erkennen, dass Ergänzungen und/oder Prozessvarianten notwendig sind.

Es kann aber auch sein, dass nicht für alle Geschäftsfälle die Verarbeitungsregeln gefunden werden und das Prozessmodell sog. „weiße Flecken" aufweist. Darunter verstehen wir Handlungsabläufe, für die es auslösende Ereignisse und Ergebnisse geben, jedoch dann informell und/oder intuitiv gehandelt wird und daher keine eindeutigen Regeln für die Verarbeitung und/oder Weitergabe gefunden werden.

Gerade im direkten Kontakt mit Kunden und Interessenten steht die persönliche Einschätzung der Situation durch den Mitarbeiter im Vordergrund, die dann das konkrete Handeln bestimmt. Es ist wichtig, diese Freiräume zu erkennen, um sie dann als eine Art „Black Box" im Prozessmodell abzubilden. Bei Überlegungen zur Neugestaltung der Prozesse wird dann die Frage zu klären sein, ob und in welcher Form diese Handlungsfreiräume bestehen bleiben sollen – auch in Hinblick auf eine mögliche/sinnvolle IT-Unterstützung.

Wie detailliert sollen Ist-Prozesse beschrieben werden? Diese Frage ist in allgemeiner Form kaum zu beantworten. Wichtig ist, dass die Prozesse von allen Prozessbeteiligten in gleicher Weise verstanden werden und dass sie die wichtigsten Regeln repräsentieren, die für die Durchführung der Geschäftsfälle notwendig sind (Breite vor Tiefe!). Wenn dieser Zustand erreicht ist und das Team überzeugt ist, dass alle wichtigen Prozessvarianten im Modell abgebildet sind, sollte man zum nächsten Schritt übergehen.

Schwachstellen und Verbesserungsvorschläge

Beim Aufbau des Prozessmodells werden viele unterschiedliche „Phänomene" als Schwachstellen genannt, vor allem dann, wenn sie bei anderen Prozessen auftreten!

Das Erkennen von Schwachstellen im Ist-Zustand ist ein ebenso wichtiger wie auch kritischer Punkt in dieser Projektphase. Wichtig deshalb, weil Verbesserungspotenziale vermutet werden können. Kritisch deswegen, weil eine Schwachstelle eine subjektive Bewertung von Prozesseigenschaften darstellt und hinter diesen Prozessen wiederum Prozessmitarbeiter stehen, die sich mit den Abläufen identifizieren.

Die Diskussion darüber ist eine Gefahrenquelle für das Arbeitsklima, wenn aus einer Einzelsicht heraus argumentiert wird und die Ursachen im Handeln anderer Personen, Rollen oder Stellen gesehen werden. Hier ist die Rolle des Moderators gefragt, der Kritikpunkte den Prozessen zuordnet und versucht, den Bezug zur Sache in den Vordergrund zu stellen.

Folgende Fragen können ergänzend zu der Beschreibung hilfreich sein:

- Welche Ursachen für die Schwachstelle werden vermutet?
- Welche Auswirkungen und Folgen haben welche Aktivitäten (intern und extern)?
- Wie häufig treten welche Fehler auf und verursachen welche Schäden?
- Wie hoch wird der Handlungsbedarf eingeschätzt mit welchen Prioritäten?
- Welche Ideen für Verbesserungsmöglichkeiten sind vorhanden?

Erfahrungsgemäß wird hier eine Vielzahl von Punkten genannt, deren Aufbereitung durchaus Probleme im Zeitablauf verursachen kann. Es ist aber wichtig, jeden Beitrag zu bearbeiten und zu dokumentieren, unter anderem auch, um die Motivation der Projektmitarbeiter zu erhalten.

Es gibt aber auch Projektsituationen, in denen dieser Schwachstellenanalyse-Prozess initialisiert werden muss. Dabei können folgende Indikatoren herangezogen werden:

- Qualitätsprobleme aus Sicht interner und externer Prozesskunden (Inhalte, Form, Zeitpunkt),
- Reklamationen und Nachbearbeitungsaktivitäten,
- Doppelarbeiten, „Blindleistungen" sowie Medienbrüche,
- Kontrollaufwand (im Vergleich zum „Fehlerwert") und Korrekturaufwand,
- Aufwand für Kommunikation und Recherchen,
- Zeitaufwand für manuelle Tätigkeiten aufgrund fehlender Automation,
- Zeitaufwand für Tätigkeiten, um Automation zu ermöglichen.

Wenn es um die Frage geht, wie der Kunde denn Prozessergebnisse und Prozesseigenschaften bewertet und welche Schwachstellen aus seiner Sicht gegeben sind, muss sehr oft der Moderator unterstützen. Die Ergebnisse von Kundenzufriedenheitsanalysen können hier Hinweise geben; oft werden auch die Außendienstmitarbeiter diese Fragen nach der Prozessbeurteilung durch den Kunden mit hinreichender Sicherheit beantworten. Die in dieser Phase festgestellten Schwachstellen und vor allem die Verbesserungsvorschläge sind eine wichtige Informationsquelle für die Gestaltung des Sollmodells.

Eigenschaften von Prozessen und Prozesskennzahlen

Wie sind Prozesskennzahlen zu verstehen, wenn wir von unserem Prozessbegriff als Geschäftsregel oder Handlungsvorgabe ausgehen? Dazu ist die Vorstellung hilfreich, dass Prozesse aus der Verallgemeinerung von konkreten Geschäftsfällen gewonnen werden und die Handlungsvorgaben repräsentieren, die bei der Durchführung dieser Geschäftsfälle in der Vergangenheit angewendet wurden (vgl. Abbildung 2).

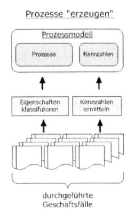

Abbildung 2: Prozesse „erzeugen"

Prozesskennzahlen werden ebenso aus den Eigenschaften durch statistische Aufbereitung dieser Geschäftsfälle gewonnen (z.B. mittlere Bearbeitungsdauer von Kundenanfragen oder durchschnittlicher Zeitaufwand pro Angebot). Diese Ist-Kennzahlen beziehen sich auf eine definierte Grundgesamtheit (z.B. bestimmte Kundengruppen) und auf eine Zeitperiode der Vergangenheit. Die folgende Abbildung gibt einen Überblick über Kennzahlenklassen:

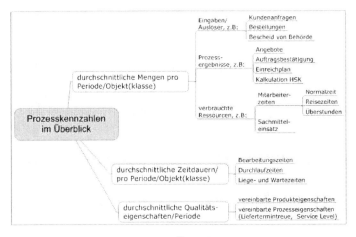

Abbildung 3: Prozesskennzahlen im Überblick

Die Mengengerüste für Prozessergebnisse und Prozessauslöser können in der Praxis mit vergleichsweise geringem Aufwand ermittelt werden.

Viel schwieriger und aufwändiger ist es, die Mengen der in den Prozessen verbrauchten Ressourcen – z.B. Zeitaufwand – zu ermitteln. Eine ähnliche Situation findet sich bei Zeitdauern. In beiden Fällen ist man oft auf Schätzungen angewiesen.

Die im folgenden Abschnitt beschriebene Überprüfung des Modells gibt dann zusätzliche Möglichkeiten, Kenngrößen durch Messungen und statistische Aufbereitung genauer zu ermitteln und damit auch Schwachstellen und Verbesserungsvorschläge einer Bewertung zu unterziehen.

Eine wichtige Rolle spielen dann die Prozesskennzahlen bei der Formulierung von Zielvorgaben für die Prozessgestaltung. Hier werden die Prozessvorgaben und Soll-Kennzahlen bzw. Zielvorgaben ergänzt und repräsentieren die Eigenschaften der Geschäftsfälle, die mit den Prozessvorgaben erzeugt werden sollen (vgl. Abbildung 4).

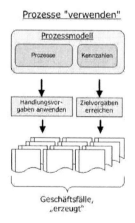

Abbildung 4: Prozesse und Kennzahlen „verwenden"

Bei der Einführung veränderter oder neuer Prozesse – zum Beispiel im Zusammenhang mit CRM-Systemen – ist der Vergleich von Ist- mit Soll-Prozesskennzahlen die Basis für die Erfolgsmessung. Im Rahmen der kontinuierlichen Prozessverbesserung (KPV) ist der Soll-Ist-Vergleich der Prozesskennzahlen die Grundlage dafür, um Handlungsbedarf zu erkennen und Maßnahmen zu planen.

Überprüfung des Prozessmodells

Für die weiteren Schritte ist ein von allen Beteiligten akzeptiertes Prozessmodell von entscheidender Bedeutung. Dabei geht es nicht um Perfektion in der Modellierung, sondern um Einigkeit darüber, dass die Prozessvorgaben weitgehend korrekt, vollständig und praktisch anwendbar sind.

In jedem Fall sollte ein „Trockentest" durchgeführt werden. Aus dokumentierten Prozessergebnissen (z.B. Angeboten) und Prozessauslösern (z.B. Anfragen) werden mit dem Wissen der Prozessmitarbeiter Geschäftsfälle rekonstruiert und dann anhand der Prozessvorgaben im Projektteam nochmals durchgeführt. Das gibt die Möglichkeit, Erfahrungen auszutauschen und Vorgehensweisen abzustimmen – z.B. wenn unterschiedliche Auffassungen über den Ablauf sichtbar werden. Diese können dann in Form von Prozessvarianten berücksichtigt werden und einen wichtigen Beitrag dafür leisten, dass das Prozessmodell von allen Beteiligten anerkannt wird.

Eine zweite Möglichkeit – die allerdings eine hohe Belastung für die Mitarbeiter darstellt – besteht darin, die Prozessvorgaben in Form eines „Pilotversuchs" auf konkrete, neue Geschäftsfälle im Tagesgeschäft anzuwenden und dabei Erfahrungen in jeder Hinsicht zu sammeln. Diese Tätigkeiten werden durch die Prozessmitarbeiter am Arbeitsplatz durchgeführt. Die Ergebnisse des Pilotversuchs werden in einer Projektsitzung präsentiert, abgestimmt und im Modell durch „Freigabe" oder Änderung entsprechend berücksichtigt.

Publikation und Präsentation

Nach der Überprüfung des Prozessmodells und Einarbeiten der Änderungen wird die Endfassung z.B. über das Intranet publiziert und die aktive Zustimmung aller daran beteiligten Projekt- und Prozessmitarbeiter eingeholt.

Um die Ergebnisse dem Auftraggeber präsentieren zu können, wird ein „Blick von Oben" auf die CRM-Prozesslandschaft mit den wichtigsten Ergebnissen wie Schwachstellen, Kennzahlen und Verbesserungsvorschlägen vorbereitet. Ziel ist es, dem Projektauftraggeber Informationen zu liefern, die bei der Formulierung der CRM-Zielvorgaben und der Rahmenbedingungen unterstützen.

Zusammenfassung – der Nutzen des Prozessmodells

Das CRM-Prozessmodell ermöglicht einen umfassenden „Blick von Oben" auf die Vielzahl der Aktivitäten, mit denen die Marktleistungen erzielt werden. Damit existiert eine Prozesslandkarte, auf der die Wege vom ersten Kontakt mit Interessenten bis hin zum möglichen Auftragsabschluss eingezeichnet sind. In dieser Landkarte werden alle möglichen Varianten dargestellt („Hauptstrassen", „Nebenstrassen" und „Verbindungswege") und damit ist jetzt eine Kommunikation über die Vor- und Nachteile sowie die Folgen der verschiedenen Varianten möglich.

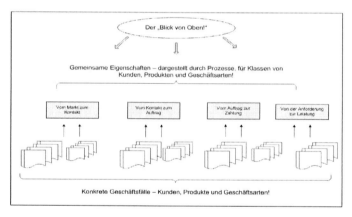

Abbildung 5: „Der Blick von Oben"

Geschäftsfälle werden von Mitarbeitern durchgeführt und in einem bestimmten Umfang durch IT-Anwendungen unterstützt. Im Geschäftsprozessmodell werden die werden Mitarbeiter durch Rollen oder Stellen dargestellt, die an den Prozessen beteiligt sind, IT-Anwendungen durch entsprechende Klassen von Anwendungen.

Überall dort, wo klar definierte Prozessregeln vorhanden sind, kann der Einsatz von IT-Anwendungen geplant werden, um Verbesserungen in den Arbeitsabläufen zu erzielen. Umgekehrt können auch neue, IT-gestützte Prozesse im Modell aufgenommen werden, die vorhandene Prozesse ablösen, wenn sie insgesamt zur Verbesserung beitragen können.

Schließlich bietet das CRM-Prozessmodell in Verbindung mit Prozesskennzahlen die Möglichkeit, die Abwicklung der Geschäftsfälle zu steuern und zu verbessern. Der Änderungsbedarf wird durch Soll-Ist-Vergleiche erkannt, bei Bedarf werden die Prozessvorgaben verändert und der Erfolg wird durch weitere Soll-Ist-Vergleiche überprüft.

4 Handlungsbedarf und Zielvorgaben für die Prozessgestaltung

Mit dem Ist-Prozessmodell gibt es – in vielen Fällen erstmalig – einen Überblick auf bestehende Prozesse in den Bereichen Marketing, Vertrieb und Service, einschließlich der Schnittstellen zu Interessenten, Kunden und externen Partnern.

Die zu diesem Zeitpunkt bekannten Probleme (z.B. fehlende Informationen über Kundeneigenschaften) können nun direkt den einzelnen Prozessen zugeordnet werden. Damit ist es möglich, die Ursachen objektiv festzustellen, die Auswirkungen auf andere Prozesse und/oder auf Interessenten und Kunden abzuschätzen und Verbesserungsvorschläge zu erarbeiten.

Bei diesen Überlegungen spielen die Prozesskennzahlen eine wichtige Rolle, sie weisen entweder direkt auf Verbesserungspotenziale hin oder sie sind die Basis für die Bewertung der Schwachstellen und Verbesserungsvorschläge. In Abhängigkeit von der konkreten Problemsituation gibt es in der Praxis sehr unterschiedliche Ausprägungen Zielvorgaben für CRM-Projekte. Eine Gemeinsamkeit ist darin zu sehen, dass Rationalisierungsziele in Verbindung mit der Einführung von CRM-Systemen häufig genannt und hoch gewichtet werden.

Die Aufgabe besteht nun darin, diese CRM-Zielvorgaben soweit zu konkretisieren, dass sich daraus Maßnahmen für die Prozessveränderungen oder neue Prozesse ableiten lassen.

Beispiel:

- *Oberziel:* Vertriebsaufwand soll um 10 % gesenkt werden.
- *Unterziel:* Der Aufwand zur Erstellung der Angebote soll um 20% reduziert werden.
- *Maßnahmen/Prozessgestaltung:* Angebotserstellung wird durch einen CRM-Systemmodul unterstützt und die Blindleistung (Aufwand für verlorene Angebote) durch verbesserte Angebotspräsentation reduziert.

Die „bottom up" erstellten Verbesserungsvorschläge werden mit CRM-Visionen zu einer CRM-Strategie und zu einem Zielsystem mit Zielvorgaben und Handlungsrahmen für die Prozessgestaltung verarbeitet.

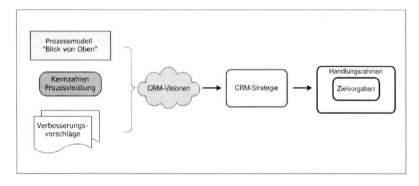

Abbildung 6: CRM-Strategie und Zielvorgaben

Diese Zielvorgaben sind aus CRM-Gesamtzielen abgeleitet – z.B. Steigerung der Vertriebsleistung – und nach verschiedenen Kriterien gegliedert, beispielsweise nach Vertriebsgebieten und/oder Kundengruppen. Diese Vorgaben müssen nun durch Subziele bis auf die Ebene von Prozesskennzahlen konkretisiert werden. Diese Ableitung ist im Regelfall mehrdeutig, das heißt, es gibt mehrere Möglichkeiten, das Oberziel durch Subziele zu erreichen. Um beispielsweise die Vertriebsleistung um einen bestimmten Betrag zu steigern, können die Anzahl der Angebote erhöht und der durchschnittliche Angebotswert gesteigert werden. Für jede dieser Maßnahmen gibt es dann eine Prozesskenngröße, die durch Prozessveränderungen erreicht werden soll. Die Relationen zwischen den Subzielen und dem Oberziel können in vielen Fällen nur geschätzt werden: Bei Prozessen, wo die Kunden über den Prozesserfolg entscheiden, ist man auf mehr oder weniger sichere Annahmen angewiesen.

5 Steigerung der Marktleistung durch Prozessveränderungen und Neugestaltung

Input für diese Phase sind nun die verschiedenen Zielvorgaben und ein Handlungsrahmen für die Prozessgestaltung. Gesucht sind geänderte oder neu gestaltete Prozesse, die es ermöglichen, diese Zielvorgaben zu erreichen. Die Möglichkeiten dazu werden im Folgenden systematisch dargestellt. Das Ergebnis: verschiedenen Szenarien, die nach unterschiedlichen Kriterien (Wirtschaftlichkeit, Erfolgsrisiko) bewertet werden.

Änderung von Freiheitsgraden

Bei der Änderung von Freiheitsgraden steht die Frage nach der Notwendigkeit von Prozessvorgaben im Vordergrund. Es geht um die „weißen" Flecken auf der Prozesslandkarte in folgenden Ausprägungen:

- Auslöser ohne Empfangsregel (z.B. es ist nicht festgelegt, durch welche Stelle telephonische Kundenanfragen bearbeitet werden),
- nicht geregelte Transaktionen (z.B. innerhalb welcher Zeit eine Kundenanfrage zu beantworten ist),
- Ergebnis ohne Weitergaberegel (z.B. Absagen auf Anfragen können, müssen aber nicht an den Kunden gehen).

Für Auslöser und Ergebnisse, die gewissermaßen die „Eckpunkte" der Prozesse bilden, sollten in jedem Fall Vorgaben festgelegt werden, wobei ein Spielraum durch Zwischenergebnisse gegeben ist und damit die „Transaktionsstrecke" verändert werden kann.

Bei Prozessinhalten kann es durchaus zielführend sein, diese als Black Boxes stehen zu lassen und die Form der Abwicklung dem Prozessmitarbeiter zu überlassen. Ebenso ist denkbar, vorhandene Prozessregeln aufzuheben, um mehr Flexibilität zu erzielen. Dabei ist aber zu berücksichtigen, dass diese Transaktionen dann nicht von einem CRM-System übernommen werden können.

Änderung der Prozessparameter

Änderungen der Prozessfrequenz sind vergleichsweise einfach durchzuführende Maßnahmen, sie sind aber an zwei Voraussetzungen gebunden:

1. Es muss bei einer Erhöhung der Ergebniszuwachs größer als der zusätzliche Aufwand sein (das kann z.b. durch Automation erreicht werden), bei einer Senkung gilt die Umkehrung.

2. Es sind die Leistungen vorgelagerter Prozesse zu berücksichtigen, z.b. erfordern mehr Angebote auch mehr Anfragen. Umgekehrt sind bei einer Senkung der Frequenz die Auswirkungen auf nachgelagerte Prozesse in die Überlegungen mit einzubeziehen.

Solange es sich um „interne" Prozesse handelt, sind die Auswirkungen relativ leicht feststellbar, schwierig ist das bei externen Prozessen, bei denen die Bewertung vom Kunden vorgenommen wird.

Bei Änderung der Prozesszuordnung gehen wir davon aus, dass für verschiedene Kundengruppen auch verschiedene Prozessvarianten eingesetzt werden. Ein Sachverhalt, der mit Hilfe eines Prozessmodells erarbeitet und anschaulich dargestellt werden kann. Jetzt wird die Frage gestellt, ob nicht bereits durch eine Änderung der Zuordnung von Prozessvarianten zu Kunden wesentliche Vorteile erzielt werden können. Werden „einfachere" Varianten gewählt – gleiche Bewertung durch den Kunden vorausgesetzt – dann können z.B. Arbeitszeiteinsparungen in andere Kunden investiert werden und umgekehrt. Natürlich ist diese Überlegung auch auf Basis von Sollprozessen sinnvoll, allerdings wird dann die Bewertung schwierig, wenn Änderungen in mehr als einer Dimension (geänderter Prozess und geänderte Zuordnung) durchgeführt werden.

Die Problematik, die Bewertung durch den Kunden abzuschätzen, ist ebenso wie bei Änderung der Prozessfrequenz gegeben.

Alle die hier genannten Maßnahmen verändern die Prozessinhalte und -abläufe nicht, sind daher schnell umzusetzen und können eine Quick-Win-Projektphase unterstützen.

Veränderung und Neugestaltung der Prozesse

Wenn es nun um die Veränderung und Neugestaltung der Prozesse geht, sind folgende grundsätzliche Möglichkeiten gegeben:

- Veränderung der Prozessergebnisse (Steigerung des Outputs, bessere Qualität),
- Veränderung der Prozessaktivitäten (geänderte Reihenfolge, geänderte Inhalte, zusätzliche/Entfall von Aktivitäten),
- Veränderung der Arbeitsorganisation (Aufgabenzuordnung, Verantwortung, Kenntnisse/ Fähigkeiten, Motivation der Mitarbeiter),
- Einsatz der Informations- und Kommunikationstechnik (CRM-Systeme).

Dabei ist es wichtig zu berücksichtigen, dass zwischen allen Gestaltungselementen Wechselwirkungen bestehen. So kann z.B. der Einsatz eines CRM-Systems die Anforderung an die Mitarbeiter stark verändern und andere Formen der Arbeitsorganisation erfordern.

Das Prozessmodell bietet den Rahmen und das IT-Werkzeug dafür, diese vielfältigen Gestaltungsmöglichkeiten effektiv und effizient zu erarbeiten und gemeinsam mit den Beteiligten die Vor- und Nachteile zu bewerten.

In der Praxis findet sich häufig das Problem, dass dieser Gestaltungsprozess eher nur langsam in Gang kommt und mit vielen „Wenn und Aber"-Fragen verbunden ist.

In diesen Situationen kann der Einsatz eines CRM-Referenzmodells Vorteile bringen. Diese Modelle enthalten Musterlösungen für Geschäftsprozesse – oft mit innovativen IT-gestützten Methoden – und sie und werden zunehmend von

CRM-Systemanbietern im Vertrieb eingesetzt. Dies Lösungen sind entweder prozessähnlich beschrieben oder sie werden in Form von Pilotinstallationen angeboten. Diesem Vorteil des Ausprobierens steht der Nachteil gegenüber, dass die Überlegungen in Richtung eines bestimmten CRM- Systems gelenkt werden.

Es gibt aber auch mittlerweile softwareherstellerneutrale Referenzmodelle, die Lösungen im Sinne von „Best Practice Cases" enthalten und somit eine Fülle von Anregungen für die Prozessgestaltung bieten.

Eine weitere Möglichkeit ist darin zu sehen, einen Leistungskatalog für CRM-Systemfunktionen einzusetzen, der alle möglichen Formen der Systemunterstützung enthält und dadurch ebenfalls Anregungen für die Prozessgestaltung bietet.

Prozessvarianten und Bewertung

In dieser Phase ist das CRM-Prozessmodell die Kommunikationsbasis für das CRM- Projektteam und alle Prozessmitarbeiter. Es liefert ein anschauliches Bild von den aktuellen angewandten und von den veränderten bzw. neu gestalteten zukünftigen Prozessen (das sind ausgearbeitete, aber noch nicht freigegebene Prozesse).

Das Prozessmodell bietet die Möglichkeit, mit minimalem Aufwand die verschiedenen Prozessvarianten einschließlich der Anforderungen an die IT-Unterstützung in einer Modellumgebung zu simulieren und die und Vor- und Nachteile zu vergleichen.

In der Praxis wird oft der Einsatz eines CRM-Systems als die einzige und beste Lösung gesehen. Die Frage, ob die organisatorischen Voraussetzungen dafür gegeben sind und welche Anforderungen an ein CRM-System gestellt werden, kann mit Hilfe eines Prozessmodells beantwortet werden. Es kann aber auch die Strategie zielführend unterstützen, mit einem kontinuierlichen Verbesserungsprozess (KPV) zu beginnen und die Verbesserungsmöglichkeit zu realisieren, die nicht zwingend an die Einführung eines CRM- Systems gebunden sind. Beide Alternativen werden im Folgenden beschrieben.

6 Aufgaben des CRM- Prozessmodells in einem CRM-Systemauswahlprojekt

CRM-Systemauswahl

Ausgangspunkt ist das neu gestaltete und mit den Beteiligten abgestimmte CRM-Prozessmodell, welches unter Berücksichtigung der Möglichkeiten des Einsatzes von CRM-Systemen erstellt wurde.

Die Sollprozesse mit den Anforderungen an IT-Unterstützung liefern wichtige Inhalte eines Lastenheftes für Auswahl eines CRM-Systems im Rahmen eines Systemauswahlverfahrens (vgl. Schwetz 2005).

Durch die umfassende und klare Darstellung im CRM-Prozessmodell ist es den Anbietern möglich, neben den Standardfunktionen auch den Aufwand für die erforderlichen Softwareanpassungen abzuschätzen und verbindlich anzubieten. Dieser Aufwand, der sich oft in ähnlicher Größenordnung wie der für die Standardfunktionen bewegt, kann nun bei der CRM-Systementscheidung berücksichtigt werden.

Wenn in der Endauswahl Pilotinstallationen vorgesehen sind, können die für die Umsetzung ausgewählten Prozesse detailliert und dann unmittelbar als Vorgabe für die Pilotinstallationen eingesetzt werden.

Erfahrungsgemäß werden in den Endverhandlungen noch Veränderungen an den Prozessvorgaben vorgenommen. Wenn diese im Prozessmodell dokumentiert sind, dann kann das Prozessmodell Bestandteil des Liefervertrages mit dem ausgewählten CRM- Systemanbieter werden.

CRM-Systemeinführung

Nach der CRM-Systementscheidung ist das CRM-Prozessmodell auch die Grundlage für die Umsetzung der neu gestalteten Prozesse. Durch die ganzheitliche Sicht des CRM-Prozessmodells können unterschiedliche Umsetzungsstrategien nach verschiedenen Kriterien wie CRM-Funktionen und/oder Unternehmensbereichen/Regionen angewendet werden, vor allem bei dezentral organisierten Unternehmen, ist es möglich, verschiedene Rollout-Strategien zu entwickeln und umzusetzen.

Eine wichtige Funktion des Prozessmodells ist es, die Vorbereitung und Schulung der Prozessmitarbeiter zu unterstützen. Im Gegensatz zu Funktionsbeschreibungen der CRM-Systeme werden hier die Prozesse in ihrer Gesamtheit – vom Auslöser bis zum Prozessergebnis für manuell durchgeführte und automatisierte Aktivitäten – beschrieben. Systemspezifische Detailprozesse – z.B. Änderungen an Kundenstammdaten – werden bei Bedarf in die Prozessbeschreibung übernommen.

Bei allen geänderten Prozessen besteht die Möglichkeit, diese mit den „Vorgängern", die noch im Modell enthalten sind, zu vergleichen und den Lernprozess durch die Gegenüberstellung „alt-neu" zu unterstützen.

Jede Art von „Kommentaren" zu den Prozessen wie Fragen, Hinweise, Änderungsvorschläge oder sonstige Erkenntnisse können entweder direkt oder indirekt durch einen Administrator im Modell festgehalten werden. Das Prozessmodell ist auch in dieser Phase eine Art Kommunikationsdrehscheibe für die Sammlung von Prozesserfahrungen und Aufbereitung zu Prozesswissen.

Ein formeller Projektabschluss zum CRM-Systempartner ist dann möglich, wenn alle in der Bestellung definierten Prozesse eingeführt und abgenommen wurden.

Vorgezogene Maßnahmen im Projekt – "Quick Wins"

Das CRM-Prozessmodell bietet die Möglichkeit – parallel zum CRM-Systemauswahlprojekt – mit Prozessverbesserungen zu beginnen: Diejenigen Prozesse, die vorwiegend organisatorische Veränderungen umfassen und deren Anforderungen mit den vorhandenen IT-Funktionen erfüllbar sind, können kurzfristig umgesetzt werden, wie z.B. Veränderung der Freiheitsgrade oder der Prozesszuordnung. Die Mitarbeiter „lernen" mit Prozessvorgaben zu arbeiten, die kurzfristig erzielbaren Erfolge sollten sich positiv auf die Motivation der Mitarbeiter auswirken und das Projektbudget entlasten. Prozesskennzahlen stehen zur Verfügung, über Soll-Ist-Vergleiche kann in kleinem Rahmen mit Prozessverbesserungen begonnen werden. Das ist ein erster Schritt in Richtung CRM-Betrieb mit Prozessmanagement in einem kleinen Rahmen als Vorbereitung auf die umfassende Lösung.

7 Das CRM-Prozessmodell - die Basis für kontinuierliche Prozessverbesserung

Kundenbeziehungs-Management auf der Basis von kundenorientiert gestalteten Geschäftsprozesse hat zur Folge, dass die gesamte Dynamik des Verhaltens von Interessenten Kunden und voll auf die Ablauforganisation durchschlägt. Geschäftsprozesse, die in der Vergangenheit als optimal angesehen wurden, liefern nicht mehr den gewünschten Erfolg, ebenso - wenn auch weniger häufig – ist der umgekehrte Fall anzutreffen.

Nach der Umsetzung von internen Prozessveränderungen besteht generell die Gefahr, dass diese neuen Handlungsvorgaben die Wirkung verlieren und die Bearbeitung der Geschäftsfälle wieder nach den ursprünglichen Vorgaben erfolgt. Dieser Sachverhalt lässt sich auch nach der Einführung von CRM-Systemen feststellen, wenn IT- gestützte Anwendungen nicht so genützt werden, wie es ursprünglich vorgesehen war.

Das CRM-Prozessmodell kann nun diesen „Verbesserungsprozess" auf verschiedene Art und Weise unterstützen: Es bietet einmal Möglichkeit, Erfahrungen aus der Prozessdurchführung (Kommentare, Hinweise), Vorschläge für verbesserte Prozessvarianten und Prozesskennzahlen – Ist-Werte und Zielvorgaben – direkt bei dem betroffenen Prozess zu erfassen und zu verwalten. Die Prozessteams ermitteln periodisch die aktuellen Kennzahlen aus den Geschäftsfällen und prüfen, ob die Zielvorgaben erfüllt wurden.

Bei Abweichungen stellen sich Fragen nach den Ursachen in mehreren Richtungen: Die erste Frage betrifft die statistische Aufbereitung der Kennzahlen. Wie viele Geschäftsfälle sind in der aktuellen Kennzahl verarbeitet worden? Ist die Abweichung als „Ausreißer" anzusehen oder ist sie statistisch gesehen signifikant? Gibt es Kennzahlen aus Vorperioden und, wenn ja, in welcher Relation stehen sie zum aktuellen Wert?

Die zweite Frage geht in Richtung Kundenverhalten. Gibt es Hinweise dafür, dass bestimmte Kunden ihr Bedarfsprofil geändert haben, sich die Entscheidungssituation verändert hat oder zusätzliche Wettbewerber aufgetreten sind?

Bei der dritten Frage geht es dann um die eigenen Prozesse. Wurden die Geschäftsfälle abweichend von den Prozessvorgaben durchgeführt? Wenn ja, aus welchen Gründen? Wenn nein, gibt es an der aktuellen Prozessvariante vermeintliche Schwachstellen bzw. Verbesserungsmöglichkeiten? Hier kann die zuvor beschriebene Systematik (Änderung der Freiheitsgrade, Prozessparameter und Prozessveränderungen) hilfreich sein.

Wichtigste Aufgabe des Prozessmodells in dieser Phase ist es, Änderungsvorschläge anschaulich darzustellen und ganz konkret für jeden einzelnen Prozessschritt die Vor- und Nachteile zu erarbeiten und mit den Beteiligten abzustimmen. Das gilt vor allem auch für die Prozessvarianten, die entweder eine Änderung oder zusätzliche IT- Unterstützung benötigen.

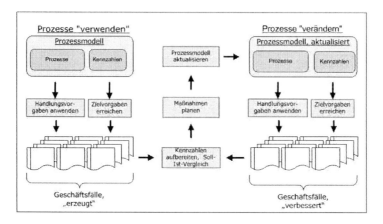

Abbildung 7: Prozesse kontinuierlich verbessern

Für die Umsetzung dieses Konzepts der kontinuierlichen Prozessverbesserung im CRM-Bereich gibt es eine Vielzahl von organisatorischen Varianten, die stark von den Gegebenheiten im Unternehmen bestimmt sind. Als Beispiel ist hier die Abstimmung der Kundenverantwortlichkeit der Vertriebsmitarbeiter mit der Prozessverantwortung zu nennen.

Ein Punkt ist aber unerlässlich, um das Konzept der kontinuierlichen Prozessverbesserung erfolgreich umsetzen zu können. Er liegt einerseits in der weitgehenden Selbstkontrolle der Prozesse durch die Prozessbetreiber, andererseits in der Möglichkeit, Prozessänderungen ohne Fremdbestimmung eigenverantwortlich durchführen zu können.

Natürlich muss es dafür einen Handlungsrahmen geben. Wenn dieser Rahmen entweder von den „Problemdimensionen" oder vom „Prozesserfolgsrisiko" überschritten wird, ist eine Abstimmung mit der übergeordneten Organisationsebene notwendig.

In allen anderen Fällen sollte das Prozessteam auch die Kompetenz haben, geänderte Prozesse nach Abstimmung mit „Prozesspartnern" für die Umsetzung frei zu geben. Damit wird ein kontinuierlicher Verbesserungsprozess eingeleitet und betrieben, in dem die Prozessmitarbeiter die Verantwortung für „ihre" Prozesse tragen.

Zwei Dinge sind maßgeblich für den Erfolg des Konzepts: Die Arbeiten am Prozessmodell müssen direkt aus dem täglichen Betrieb heraus sehr effizient durchgeführt werden können und erfordern daher ein leistungsfähiges und benutzerfreundliches Softwaretool. Nur dann kann verhindert werden, dass sich aus Zeitgründen wieder „informelle Abläufe" entwickeln bzw. Prozessmodell und Handlungsrealität auseinander laufen.

Zum anderen werden die Handlungsvorgaben von den Mitarbeitern gemacht, die sie auch durchführen werden. Damit erhöht sich die Wahrscheinlichkeit, dass die Prozesse auch „gelebt" werden und informelle Abläufe auf Ausnahmen beschränkt bleiben.

8 Zusammenfassung und Vorteile für CRM-Projekte

Abschließend wollen wir die wichtigsten „Botschaften" des Beitrags zusammenfassen und versuchen, die Vorteile zu zeigen, durch ein CRM-Prozessmodell und CRM-Prozessmanagement erzielt werden können.

Die erste Botschaft ist eine geänderte Sicht auf die Rolle der Prozesse. Für uns sind Prozesse nicht nur eine Beschreibung von Abläufen, sondern Prozesse sind vor allem systematisch erarbeitete, umfassende Regeln für die Durchführung von Geschäftsfällen. Die praktisch nicht überschaubare Vielfalt wird durch die Prozesssicht „verdichtet" und auf die Elemente konzentriert, die für alle Geschäftsfälle gültig sind. Dadurch bietet sich ein „Blick von Oben" auf die Beziehungen zwischen dem Markt und einem Unternehmen und damit eine neue Sicht auf das Geschehen.

Inhalt der zweiten Botschaft ist die Darstellung der Geschäftsprozesse in Marketing, Vertrieb und Service in einem umfassenden Prozessmodell. Dieses wird systematisch mit einer Modellierungsmethode und einem IT-gestützten Modellierungswerkzeug durch die an den Prozessen beteiligten Mitarbeiter erstellt. Das Prozessmodell ist dann die Grundlage für die Formulierung von Anforderungen an ein CRM-IT-System und in weiterer Folge die Basis für die Umsetzung der CRM- Sollprozesse.

Die dritte Botschaft betrifft die zielgerichtete Veränderung eines Ist-Zustandes über die geänderten Vorgaben eines Prozessmodells, sowohl im Projekt als auch laufend im CRM-Betrieb – die Grundlage für kundenorientiertes Prozessmanagement.

Die Beherrschung von Vielfalt, Komplexität und Dynamik sind Erfolgsfaktoren für die „Balance" zwischen Kundenorientierung und Prozesswirtschaftlichkeit. CRM-Prozessmodelle und Prozessmanagement können dazu einen wesentlichen Beitrag leisten.

Literatur

Hammer, M; Champy, J.: Business Reengineering, London 1993

Schwetz, W.: CRM-Marktspiegel 2005/2006 mit aktuellem Marktüberblick, Karlsruhe 2005

Mystery Shopping:
Ein modernes strategisches Steuerungsinstrument

Reinhard Witek

Zusammenfassung: Mystery Shopping ist im Kontext des Customer Relationship Management (CRM) wahrscheinlich das spannendste Instrument, weil es auf bestechende Art und Weise einen permanenten und objektiven Dialog zwischen Unternehmen und Kunden ermöglicht, der in seinen Ausgestaltungsmöglichkeiten eine große Bandbreite bietet wie kaum ein anderes Steuerungsinstrument. Unternehmen die ihr Markenversprechen, in denen der Kunde im Mittelpunkt des Geschehens steht, tatsächlich ernst meinen, kommen an Mystery Shopping nicht vorbei. Allerdings muss man konstatieren, dass der Nutzungsgrad von Mystery Shopping in Deutschland im Vergleich speziell zu den angelsächsischen Ländern insgesamt viel niedriger ist. Leider sehen auch manche Arbeitnehmervertreter in großen Unternehmen den Nutzen des Instrumentes aus einer eher bedrohlichen Perspektive, statt aus einer unterstützenden, das Unternehmen vorwärts bringenden Sicht. Trotzdem ist Mystery Shopping auf dem Vormarsch und eine Erfolgsstory. In allen Topetagen der Einzelhandelsunternehmen ist Kundenservicequalität ganz oben auf der Agenda. Im Vergleich zu, sagen wir vor 15 Jahren, findet der Verbraucher in der „Service Wüste" Deutschland mittlerweile viele große blühende Oasen. Jedoch, es gibt nach wie vor viel zu tun im Beziehungsmanagement zwischen Anbietern und Kunden oder wie es so schön neudeutsch heißt: „B to C" (Business to Customer) und Mystery Shopping repräsentiert ein ideales Instrument dieses zu verbessern.

Schlüsselworte: Mystery Shoppring, Mystery Shoppring-Markt, Fallbeispiele, Checkliste

Inhaltsverzeichnis

1 Eingangsprämisse 287

2 Mystery Shopping – Woher kommt der Begriff 287

3 Wie funktioniert Mystery Shopping 290

    3.1 Phase 1: Programmkonzeption 291

    3.2 Phase 2: Programmdurchführung 294

    3.3 Phase 3: Ergebnisumsetzung 295

4 Mystery Shopping aus unternehmensinterner Sicht 297

5 Erfolgsmessung 298

6 Der Mystery Shopping-Markt 301

7 Zusammenfassung 302

8 Checkliste der unbedingt zu beachtenden Punkte bei der Einführung eines Mystery Shopping-Programms 303

1 Eingangsprämisse

In einer hoch entwickelten Einzelhandelswettbewerbskultur wird es bei einer immer ähnlicheren und austauschbareren Angebotsstruktur für das einzelne Unternehmen immer schwieriger, sich vom Wettbewerb zu unterscheiden. Wenn, zugespitzt formuliert, das Produktangebot in Punkto Preis, Design, Verfügbarkeit, Präsentation und Qualität, sich nicht mehr fühlbar voneinander unterscheidet, was macht dann den Unterschied zum Wettbewerb?

Der Konsument interessiert sich weder für den Forschungsaufwand, noch für den Werbetat eines Unternehmens oder für interne Weiterbildungsmaßnahmen der Mitarbeiter. Den Konsumenten interessiert vor allen Dingen, wie er vor Ort, in den Filialen als Kunde wahrgenommen und bedient wird und seine ganz individuellen Bedürfnisse erkannt und erfüllt werden.

2 Mystery Shopping – Woher kommt der Begriff?

Mystery Shopping ist ein Begriff aus dem Amerikanischen und wurde vor etwa 40 Jahren in USA kreiert. Er umschrieb ursprünglich die Durchführung eines verdeckten Kundenbesuches in einem Einzelhandelsgeschäft mit dem Ziel, dem Auftrag gebenden Unternehmen anhand der Beobachtungen während dieses Besuches, ein einigermaßen klares Feedback zu geben.

Heute ist Mystery Shopping im Prinzip derselbe Vorgang, allerdings sehr viel weiter entwickelt und verfeinert. Nach einem vorgegebenen Fragenkatalog messen Mystery Shopper (Service Checker) im Rahmen von verdeckten Testkaufbesuchen die tatsächliche Qualität von Transaktionen zwischen realen Kunden und Mitarbeitern eines Unternehmens.

Primäres Ziel hierbei ist es nicht, eine Aussage zur Kundenzufriedenheit zu treffen, sondern auf der Basis eines „Ja/Nein"-Fragenkataloges die Erfüllungsgrade von definierten, kommunizierten und trainierten Service Standards zu messen. Somit erhält das beauftragende Unternehmen ein klares Vergleichsinstrument zwischen der „Service Soll-" und „Service Ist-Situation" für jede Filiale, jeden Bezirk, jede Region und auf nationaler Ebene. Selbst Ländervergleiche sind für international operierende Unternehmen ohne weiters möglich.

Mystery Shopping Konstrukte finden wir heute nicht nur im klassischen Einzelhandel sondern messen auch die Qualität von „B-to-C-Interaktionen" in anderen Bereichen wie z. B. in Call Centern.

Wir bewegen uns mit dieser Methode am Rande klassischer Marktforschungsmethoden, deren Untersuchungsziel die Messung der Kundenzufriedenheit ist, die aber viel mehr widerspiegelt, wie der Kunde sein Einkaufserlebnis empfunden hat, wohingegen bei Mystery Shopping festgestellt wird: Was ist geschehen und was nicht? Klassische Marktforschung misst retroaktiv, d. h. z. B.: mittels Exit- oder Panelinterviews und offenen, skalierten Fragen nach dem Ereignis, also nach einem Einkauf. Das Ergebnis ist eine subjektive Feststellung wie etwas empfunden wurde, sei es Freundlichkeit, sei es die Qualität der Fachberatung. Mystery Shopping dagegen stellt fest, ob bestimmte, vorgegebenen Verhaltensweisen der Mitarbeiter eines Unternehmens tatsächlich stattgefunden haben oder nicht.

Normalerweise wird das Markenversprechen (Brand Promise) eines Unternehmens durch vielfältige Werbemaßnahmen, aber in erster Linie durch die Mitarbeiter in den Filialen den Kunden gegenüber kommuniziert und in die Tat umgesetzt und anschließend, wie oben beschrieben, retroaktiv gemessen, nachdem die Interaktion zwischen Kunden und Mitarbeitern stattgefunden hat. Mystery Shopping geht viel weiter und ist viel präziser, indem es durch ein klares Feedback dessen, was der Mystery Shopper erlebt, dazu inspiriert, Verhaltensweisen, die das Markenversprechen des Unternehmens repräsentieren, zu optimieren. Idealerweise bedeutet dies, dass, je höher der Erfüllungsgrad der gemessenen Service-Standards eines Unternehmens ist, umso besser dessen Markenversprechen durch dessen Mitarbeiter erfüllt wird (vgl. auch Abbildung 1).

Abbildung 1: Das theoretische Mystery Shopping Modell

Ein bestechendes Beispiel: In der Markenphilosophie des Weltmarktführers der Fast Food Industrie spielt folgender Service-Standard eine herausragende Rolle und dies seit Jahrzehnten: „Wurden Sie innerhalb von 90 Sekunden bedient?" Bedient bedeutet hier klipp und klar, dass die Uhr in dem Moment zu ticken beginnt, wenn der nächste Kunde am Tresen begrüßt wird bis zur Verabschiedung, nachdem der Kunde bezahlt hat und seine Bestellung entgegengenommen hat. Es geht nicht darum, ob der Kunde mit der Dauer des Bedienvorgangs zufrieden war oder nicht, sondern darum, ob der Standard von 90 Sekunden eingehalten wurde oder nicht, also Ja oder Nein. Die Freundlichkeit des Personals, die Qualität der Begrüßung und Verabschiedung, die Qualität des Kassiervorgangs etc. sind Gegenstand weiterer Fragen.

Das Einhalten der 90 Sekunden mag für einen Kunden von unerheblicher Bedeutung sein, aus der Sicht des Unternehmens, in dessen Markenphilosophie dieser Wert aber eine entscheidenden Größe darstellt, ist die Frage, ob durchschnittlich täglich 2.000 Besucher eines jeden Restaurants, von denen es weltweit ca. 30.000 gibt, von entscheidender Bedeutung.

Bei Mystery Shopping ist der so genannte Mystery Shopper oder Testkäufer oder Service Checker also Zeuge und nicht Richter.

3 Wie funktioniert Mystery Shopping?

Wie funktioniert nun Mystery Shopping im Detail und warum ist es ein strategisches Instrument der Unternehmensführung im Kontext moderner Client Relation Management-Systeme?

Nehmen wir uns einige „Markenversprechen", d. h. die Aussagen, die Unternehmen in ihrem Marketing-Mix dem Publikum gegenüber kommunizieren und deren Erfüllung durch Mystery Shopping Modelle am POS gemessen werden (vgl. Abbildung 2 und 3).

Das „Tchibo" Markenversprechen

- Nichts ist unmöglich
- Jede Woche eine neue Welt
- Führend in Kaffee-Innovationen
- Eine interessante, aufregende und immer wieder neue Produktwelt
- Führender Lieferant von Kaffee und Non Food Produkten
- Eine Welt der Erfahrungen: Einkaufen und entspannen bei einer frischen Tasse Kaffee, frisch gebrüht
- Starke Marke, hohe Kundenorientierung
- Kunden verdienen und treiben unsere tägliche Leistung

Abbildung 2: Was verspricht Tchibo seinen Kunden?

Das „KTAG" Markenversprechen

- Kaiser's Tengelmann bedeutet Service, Frische und Qualität mit Herz
- Hier schlägt das Herz
- Qualitätsanbieter im deutschen Lebensmittelhandel
- Individueller Service für die Kunden
- Das gute Leben günstig, die Prämien umsonst
- Qualität ist unser 1. Gebot
- Der Kunde ist König

Abbildung 3: Was verspricht Kaiser's Tengelmann seinen Kunden?

3.1 Phase 1: Programmkonzeption

Am Ausgangspunkt eines jeden Mystery Shopping-Programms steht immer die Konzeption eines Messkonstrukts, das in sich logisch ist, das Markenversprechen bestmöglich repräsentiert, operationell durchführbar ist und sich auf die wichtigen und wesentlichen Dinge konzentriert. In diesem, für die Gesamtoperation zugegebenermaßen schwierigsten Teil, nähern sich Vertreter von Operations, Personalentwicklung, Marketing und Sales, Filial- und Gebietsleitung, Marktforschung und Arbeitnehmervertretung und des durchführenden Unternehmens in Schritten einem endgültigen Fragekonstrukt, das zunächst in Bereiche untergliedert wird.

Die Bereiche oder Hauptmesskriterien repräsentieren Oberbegriffe, die sich in eine Anzahl von Fragen unterteilen und die die einzelnen Bausteine eines Markenversprechens darstellen. Beispiel:

- Äußeres Erscheinungsbild der Filiale und des Eingangsbereiches
- Informationstheke
- Fachabteilung
- Kundenbindung/Cross Selling
- Kasse

Für jeden Einzelbereich hat das Unternehmen eine Vorstellung, was jeder Kunde dort idealerweise erleben sollte, um das Markenversprechen bestmöglich zu erleben. Da jedes Unternehmen ein mehr oder weniger präzise formuliertes Markenversprechen hat, unterscheiden sich die Mystery Shopping-Konstrukte von Unternehmen zu Unternehmen zum Teil erheblich in Umfang und Inhalt.

Nächster Schritt ist die Aufschlüsselung der Hauptkriterien in präzise „Ja/Nein"-Fragestellungen, die alle wichtigen Verhaltensweisen der Mitarbeiter eines Unternehmens, bzw. alle wichtigen objektiv feststellbaren Tatbestände festhalten, die das Einkaufserlebnis des Kunden signifikant beeinflussen. Der Schwerpunkt liegt hierbei in der Regel auf dem Mitarbeiter-verhaltensbezogenen Sachverhalten, die direkten Einfluss auf das Empfinden des Kunden haben können. Mit einfachen Worten: Wird dem Kunden in einem vorgegebenen Konzept der Grad an Aufmerksamkeit, Freundlichkeit, Fachberatung und Service geboten, der die Loyalität der Kunden generiert und oder gar erhöht?

Die Prämisse hierfür liegt in der Annahme einer Korrelation zwischen hohen Service-Standard-Erfüllungsgraden und steigender Kundenloyalität. Abgesehen von der Tatsache, dass diese Korrelation nachweisbar und logisch ist, allerdings eben nicht in jedem Einzelfall, sprechen wir in diesem Kontext nicht mehr von Kundenzufriedenheit, sondern von Kundenloyalität. Loyale Kunden sind die Kunden, die sich durch Empfehlungsverhalten auszeichnen, öfter wiederkommen und durchschnittlich pro Besuch mehr ausgeben als zufriedene und andere Kunden.

„Hat der Sie bedienende Verkäufer auf Zusatzprodukte aufmerksam gemacht?, „Hat der Sie bedienende Verkäufer Ihnen einen kostenlosen Sehtest angeboten?", „Wurden Sie von dem Sie bedienenden Verkäufer auf eine Garantieverlängerungsoption aufmerksam gemacht?" Dies könnten typische Fragestellungen sein.

Besteht in der Arbeitsgruppe, die für die Konzeption des Konstrukts verantwortlich zeichnet, Übereinkunft über das Fragengerüst, ist der nächste Schritt die Gewichtung jeder einzelnen Frage. Naturgemäß gibt es sehr wichtige Kriterien (Killerkriterien), wichtige und weniger wichtige Kriterien. Die Frage ist nur, wer bestimmt, was sehr wichtig und eher unwichtig ist. Hier zeigen sich spätestens die unterschiedlichen Interessen der einzelnen Vertreter der Unternehmensbereiche und es wird spätestens jetzt klar, das Mystery Shopping-Ergebnisse die Leistung einer Organisation im Verlauf der Durchführung immer transparenter macht und somit auch die Verantwortung für Schwachpunkte und eventuellen Stillstand.

An dieser Stelle muss noch einmal betont werden, Mystery Shopping ist nicht ein Instrument zur Beobachtung, wo wer etwas falsch macht, sondern ein Instrument, das durch die „Entdeckung" von Best Practice Methoden der Filialen mit tendenziell sehr hohem Service Standard Erfüllungsniveau und Übertragung dieser, ein permanenter Lern- und Verbesserungsprozess im Unternehmen etabliert werden soll.

Der Erfolg eines Mystery Shopping-Programms steht und fällt unter anderem mit der Qualität der Einführungskommunikation innerhalb der Organisation. Je klarer und transparenter die Message: Weshalb machen wir dies, mit welchem Ziel und in welchem Rahmen wird welcher Partner beauftragt, umso besser und umso weniger Widerstand und umso mehr Unterstützung und Interesse wird generiert. Idealerweise sind Mitarbeiternamen nicht Bestandteil des Frageknostrukts und Einzelergebnisse nicht Gegenstand von Veränderungsmaßnahmen oder gar Disziplinarmaßnahmen. Ganz im Gegenteil, in den Fällen, in denen Mystery Shopping-Programme mit Anerkennungsprogrammen für hohe Ergebnisse verknüpft sind, werden die besten Ergebnisse erzielt.

Parallel zur Entwicklung des Fragebogens bereitet das Mystery Shopping-Unternehmen den Einsatz seiner Mystery Shopper/Service Checker vor. Die Bandbreite der individuellen Schulung und Vorbereitung der Checker auf ihre Aufgabe ist sehr groß und reicht von schriftlicher Unterweisung bis hin zu persönlichen Schulungen entweder im einem herkömmlichen Rahmen oder durch so genannte E-Learning und oder Company TV-Trainingssysteme. A und O aber ist, die Leistung des Auftrag gebenden Unternehmens aus der Sicht „realer Kunden" widerzugeben. Das bedeutet, dass das Profil der Service Checker in etwa der durchschnittlichen Kundenzielgruppe des Auftraggebers entsprechen muss. Dies bedingt eine entsprechend hohe Mitarbeiterzahl des auftragnehmenden Unternehmens und ein umfangreiches demographisches Datenmaterial.

Letzter Schritt – bevor der grüne Knopf gedrückt wird – ist die Festlegung der Messfrequenz der teilnehmenden Filialen, eventuelle Zeitfenster, in denen nicht gecheckt werden darf oder muss, Checker Rotationsregeln, Regeln für evtl. Produktkäufe und Umtauschmodalitäten im Rahmen des Service Checks sowie Umfang, Inhalt und Liefermethode für die gesamte Resultatübermittlung. Die Frage, wie oft ein und derselbe Service Checker dieselbe oder mehrer Filialen in welchem Zeitraum besuchen darf oder wer auf Seiten des Auftraggebers welchen Einzelbericht oder zusammenfassende Berichte auf welchem Weg erhält, ist von Unternehmen zu Unternehmen unterschiedlich geregelt. An dieser Stelle wird auch entschieden, ob Wettbewerber-Filialen Teil des Programms sind und ebenfalls besucht werden.

Moderne Mystery Shopping-Programme zeichnen sich dadurch aus, dass die unterste Ebene, also die Filialleitung, mit den wichtigsten Einzel- und Vierteljahresberichten versorgt werden und die nachgeordneten Ebenen auf Monatsbasis mit zusammenfassenden Trendergebnissen beliefert werden. Die Ergebnisse werden auf allen vorgegebenen Unternehmensebenen aggregiert und aus verschiedenen Blickwinkeln dargestellt und entweder per E-Mail oder per Zugriff auf Web-basierte Reportingplattformen zur Verfügung gestellt. Das bedeutet, dass, zumindest in sehr fein strukturierten Mystery Shopping-Programmen, jederzeit ein glasklarer Blick auf die Leistung einer Organisation aus verschiedenen Blickwinkeln ermöglicht wird, der direkt beeinflussbar ist durch die Mitarbeiter vor Ort, die natürlich im Gesamtkontext aller übrigen entscheidenden Leistungsparameter wie z. B. Personalentwicklungsmaßnahmen, Personalstärke, Wettbewerbssituation etc. gesehen werden muss. Insgesamt sprechen wir hier von den so genannten Programm-Spezifikationen.

Um kein Missverständnis aufkommen zu lassen: Mystery Shopping selbst bewirkt keine Veränderung in einem Unternehmen, sondern liefert objektive Ergebnisse, also das Qualitätsniveau aus der Sicht der Kunden. Erst die Aktionierung der Ergebnisse, sprich die Handlungsaktionen, die aus den Trendergebnissen abgeleitet werden und Verbesserungscharakter haben, können eine Veränderung bewirken. Mystery Shopping ist der Werkzeugkasten, der die Tools enthält, deren Nutzung zu besseren Ergebnissen führen. Die Information selbst, die punktgenau die Stärken und Schwächen eines Unternehmens aus Sicht der Kunden belegen, sind zwar interessant, aber wenn sie nicht in Verbesserungsmaßnahmen münden, ändert sich nichts am Ist-Zustand.

3.2 Phase 2: Programmdurchführung

Wir wollten aber den grünen Knopf drücken und die erste Welle an Service-Checks starten. Idealerweise wird jede Filiale eines Unternehmens mindestens einmal im Monat gecheckt, im ersten Monat dreimal, um eine solide Ausgangsbasis für den Ist-Zustand zu bekommen. Es versteht sich von selbst, dass die Messfrequenz auch immer in einer Beziehung zu einem vorhandenen Budget steht und zu der strategischen Bedeutung dieses Steuerungsinstrumentes. Ideal heißt hier nicht immer real, aber als Leitlinie gilt folgender Gedanke: Je höher die Messfrequenz, je präziser die Ergebnisse, je präziser die daraus abgeleiteten Verbesserungsmaßnahmen. Etwas ketzerisch formuliert: Zwei Messwellen im

Jahr sind zwei Blitzlichtergebnisse ohne hohe Aussagekraft und haben eher Alibi-Charakter. Dieses aufzuwendende Geld sollte man sich sparen.

Innerhalb von 24 Stunden liefert der Service-Checker über das Internet seine Ergebnisse an das Mystery Shopping-Unternehmen, der Eingabevorgang unterliegt einem mehrstufigen Kontrollverfahren, das fehlerhafte und oder unvollständige Ergebnisse erkennt und zur Korrektur oder Check-Wiederholung zwingt. Hochentwickelte Mystery Shopping-Programme enthalten zusätzlich zu dem objektiven Frageteil einen subjektiven, so genannten Erlebnisbericht, in dem der Checker mit seinen eigenen Worten sein Einkaufserlebnis schildert. Somit ergibt sich ein Bild dessen, was tatsächlich stattfand und wie das, was stattfand, erlebt wurde. Eine manuelle Kontrolle und ein Gegenchecken des objektiven Teils mit dem subjektiven Bericht stellt die höchste Qualitätskontrolle dar, die Mystery Shopping bietet, neben allem anderen im System angelegten automatischen Kontrollen, die z. B. Service-Checker erkennen, die tendenziell immer hoch oder niedrig bewerten. Die Übermittlung von Mystery Shopping-Gesamtergebnissen per SMS an die Filialleitungen oder an die nächst höhere Ebene ist ohne weiteres möglich. Nachdem der manuelle Kontrollvorgang, das Lektorat, beendet ist, werden die Daten an das Rechenzentrum des Mystery Shopping-Lieferanten übermittelt und nach insgesamt 48 Stunden dem Auftraggeber auf dem vereinbarten Weg zur Verfügung gestellt.

3.3 Phase 3: Ergebnisumsetzung

Nach Ablauf eines Monats oder einer Welle erhalten alle Programmanwender auf Auftraggeberseite umfassende Ergebnisauswertungen- und -darstellungen, Vergleiche und Rankings. Auf jeder Organisationsstufe erhält der Auftraggeber einen präzisen Überblick über die Umsetzung des Markenversprechens am Point of Sale. So entsteht eine sowohl qualitative als auch quantitative Transparenz der tatsächlichen Ist-Leistung des Unternehmens aus der Sicht seiner Kunden im Vergleich zu der Soll-Leistung.

Auf einen Aspekt soll hier besonders hingewiesen werden, stellt er doch den eigentlichen Hebel eines Mystery Shopping-Programms dar. Moderne Mystery Shopping Reporting-Systeme bieten dem Auftraggeber in bestimmten Zeitabständen ein Berichtstool an, das pro Filiale die Service-Standards in einer gewichteten Rangfolge zeigen, die den niedrigsten Erfüllungsgrad aufweisen, heißt: die gewichtet größten Serviceschwachpunkte. Stellen wir uns vor, und hier liegt der eigentliche Nutzen oder das Produkt, in das der Auftraggeber investiert, eine Organisation mit 500 Filialen wird monatlich gecheckt und erhält alle drei Monate, also viermal im Jahr eine Übersicht mit den jeweils am niedrigsten und am höchsten erfüllten Service-Standards. Stellen wir uns weiter vor, dass jede Filiale für jeden der drei Service-Standards mit den niedrigsten Erfüllungsgraden einmal im Quartal, also viermal im Jahr, je einen Verbesserungsplan gemeinsam als Filialteam erarbeitet und schriftlich festlegt, wer wann was tun wird, um im kommenden Quartal für jeden der drei Standards ein besseres Ergebnis zu erzielen. Dies bedeutet in der Realität, dass bei diesem Unternehmen punktgenau insgesamt 6.000 Einzelverbesserungspläne (500 x 3 x 4) über einen Zeitraum von zwölf Monaten generiert und realisiert werden, die, natürlich im Idealfall, auf allen Ebenen Unterstützung finden. Und Ausgangspunkt ist immer die unterste Ebene, also die Filiale und nicht eine Unternehmensberatung oder eine anonyme Taskforce am grünen Tisch. Stellen wir uns einen Realisierungs- und Durchdringunsgrad von nur 50% vor, dann bleiben immer noch etwa 3.000 Einzelmaßnahmen mit Verbesserungscharakter, die die Etablierung einer Veränderungskultur ganz erheblich unterstützen können.

Flankiert von einer Einführungsroadshow, Anerkennungprogrammen, regelmäßigen Programm Reviews, internen anonymen Anwenderbefragungen, hohem Visualisierungsgrad und professioneller interner PR, kann die Umsetzung von Mystery Shopping tatsächlich zu einem Erfolgssteuerungsinstrument werden, wie dies bei Weltmarktserviceführern bereits heute der Fall ist. Der Schlüssel hierzu liegt in Übertragung von Best Practice-Methoden derjenigen Filialen, die kontinuierlich hohe Mystery Shopping-Ergebnisse aufweisen, auf Filialen mit niedrigen Ergebnissen. Die Erfahrung zeigt, dass in fast jedem Mystery Shopping- Projekt die Ergebnisbandbreite zwischen den Filialen am Anfang enorm ist, aber es immer eine Anzahl von Filialen gibt, die tendenziell hohe Ergebnisse aufweisen, während der überwiegende Teil der Filialen eher Mittelmaß darstellt, gefolgt von einem geringen Teil mit sehr niedrigen Ergebnissen. In der Regel streben Unternehmen ein Service-Niveau von 85% plus an, wohl wissend, dass die Lücke zu 100% sehr schwer erreichbar ist. Fragt man Unternehmensvertreter vor Beginn eines Mystery Shopping-Programms, wo das gefühlte Niveau wohl liegen könnte, lautet die Antwort in aller Regel zwischen 50% und 70%, was bedeuten würde, dass zwischen 30% und 50% der Kunden nicht das Einkaufserlebnis erleben, das ihnen das Unternehmen verspricht. Und in der Tat belegen dann erste Ergebnisse genau dieses Bild, wobei die Bandbreite der Ergebnisse extrem gespreizt ist. Mit zunehmender Dauer eines Mystery Shopping-Programms werden die Aussagen und Trends stabiler und es bieten sich nun Handlungsoptionen aufgrund von objektiven Daten direkt am POS.

4 Mystery Shopping aus unternehmensinterner Sicht

Mystery Shopping ist ein Prozess und niemals eine temporäre Veranstaltung und schon gar nicht ein statisches Instrument. Genauso wie sich interne und/oder externe Rahmenbedingung ändern, kann und sollte sich die Struktur eines professionellen Mystery Shopping-Programms ändern. Allerdings kann als Leitlinie gelten, dass sich bei hochprofessionellen Programmen in der Regel folgendes Prozessmuster ergibt:

Ablehnungsphase → Interne Bekanntheitsphase → Akzeptanzphase → Umsetzungsphase

Unabhängig von der Einführungs- und Implementationsqualität eines Programms gibt es in aller Regel an manchen Stellen innere Widerstände und Ablehnung eines Programms. Unbegründete Furcht vor einem Missbrauch der Ergebnisse oder vor der Transparenz von Leistung, die so vorher nicht gegeben war, sind Tatsachen, die nur von der Realität überrollt werden können.

Ein sehr fein strukturiertes Mystery Shopping-Programm ist ein umfangreiches Tool, das viele Ansatz- und Informationsmöglichkeiten bietet und nicht vom ersten Moment in allen Köpfen präsent sein kann. Erst wenn erste Ergebnisse bekannt werden und entsprechend gehandhabt werden, erhöht sich der Bekanntheitsgrad und ist dann nicht mehr „Just another program".

Daraus ergibt sich im Idealfall ein akzeptiertes Tool, auf dessen Ergebnisse man „wartet" und neugierig ist und immer wieder eine Gelegenheit bietet, qualifiziert über Fakten und Maßnahmen zu sprechen.

Wenn dieser Punkt erreicht ist, kann die Dauer dieser Entwicklung weder vorher bestimmt, noch festgelegt werden, sondern hängt immer von einem Mix aus verschiedenen Umständen ab; dann fängt das Programm an zu „greifen". Und zwar im Sinne eines systematischen Ansatzes, der eine klare Zielsetzung hat, der auf Fakten basiert und dessen Erreichung auf kreativer Eigeninitiative beruht.

„Greifen" bedeutet, Mystery Shopping-Ergebnisse werden systematisch und kontinuierlich kommuniziert, analysiert und aktioniert, also umgesetzt in Handlungsaktionen, deren Erfolg oder Misserfolg immer wieder neu durch Mystery Shopping überprüft wird und neue Handlungsaktionen auslöst.

5 Erfolgsmessung

Die Frage, wie kann der Erfolg eines Mystery Shopping-Programms gemessen werden und zwar mit harten Fakten, ist berechtigt und zugegebenermaßen nicht ganz einfach, aber vielleicht nicht so schwer zu beantworten wie die Frage, die den messbaren Erfolg einer Bandenwerbung in einem WM-Stadion während der Fußballweltmeisterschaft betrifft. Es gibt sowohl qualitative, wie auch quantitative Antworten.

Abbildung 4:   Mystery Shopping-Korrelationen

Mystery Shopping ist das einzige präzise Instrument, das ein gezieltes und punktgenaues Veränderungsmanagement auf Filialebene am POS ermöglicht und sich direkt auf das Befinden des Kunden auswirkt. Eine noch so gute Bandenwerbung, als Beispiel, mag den Bekanntheitsgrad einer Marke zwar erhöhen, aber der Nachweis, um wie viel Prozent sich der Anteil der loyalen Kunden mit Empfehlungsverhalten gewachsen ist, dürfte schwer zu führen sein.

Kundenzufriedenheit, besser Kundenloyalität, entsteht aber erst dann, wenn die definierten Service-Standards eines Unternehmens einen hohen Erfüllungsgrad erreichen. Hohe Servicestandarderfüllungsgrade wiederum gehen einher mit fallenden Beschwerdequoten und überdurchschnittlichen Umsatzzuwächsen. Wenn Mystery Shopping z. B. die Information liefert, dass statistisch gesehen nur jedem zweiten Kunden, der ein Produkt nachfragt, ein höherwertigeres Produkt oder ein Zusatzprodukt angeboten wird, kann diese Information gezielt in Verbesserungsmaßnahmen mit dem Ziel umgesetzt werden, jedem Kunden ein höherwertigeres und oder einer Zusatzangebot zu machen. Natürlich ist der Bekanntheitsgrad einer Marke, positiv durch Bandenwerbung stimuliert, um bei dem o. g. Beispiel zu bleiben, ein Wert an sich. Er bietet aber keine Handlungsoption am POS. Mystery Shopping hingegen liefert die Information für viele Handlungsoptionen, die direkten Einfluss auf die Beziehung „Unternehmen – Kunde" haben.

Fallbeispiele quantitativer und qualitativer Ergebnisse von Mystery Shopping Programmen:

Abbildung 5: Korrelation zwischen Mitarbeiterzufriedenheit mit Kundenzufriedenheit

Abbildung 6: Korrelation zwischen Mystery Shopping und Kundenzufriedenheit

Abbildung 7: Korrelation zwischen Mystery Shopping und Wettbewerbsvorteil

6 Der Mystery Shopping-Markt

Im gesamten angelsächsischen Markt hat sich Mystery Shopping als ein bewährtes Steuerungsinstrument für Unternehmensführungen im Einzelhandel und auf dem Dienstleistungssektor entwickelt. Es gibt kaum Unternehmen, die Mystery Shopping nicht oder nur in geringem Umfang nutzen. Dementsprechend sieht der Anbietermarkt, den man in drei Gruppen einteilen kann, auch in Deutschland wie folgt aus:

- Wenige internationale Mystery Shopping-Organisationen, deren Kerngeschäft einzig und allein Mystery Shopping mit einem sehr hohen Spezialisierungsgrad ist.

- Die Mystery Shopping-Abteilungen der großen Marktforschungsunternehmen mit eher niedrigem Spezialisierungsgrad und Überlappung mit Marktforschungsansätzen.

- Kleinere nationale und regionale Anbieter, deren Angebot teilweise mit Trainings- und anderen Angeboten verknüpft sind.

Die Anwenderseite in Deutschland ist sehr heterogen. Es gibt auf der einen Seite Einzelhandelsorganisationen, die Mystery Shopping auf höchstem Niveau seit Jahren und mit großem Erfolg einsetzen, auf der anderen Seite ebenso große Organisationen, die in ganz frühen Überlegungen stecken, ob Mystery Shopping ein sinnvolles Instrument sein könnte und die sich durch eine sehr große Zögerlichkeit auszeichnen. Die an anderer Stelle beschriebenen inneren Widerstände spielen hier eine sehr große Rolle, ebenso die teilweise vorhandene dezentrale Entscheidungsstruktur bei manchen Unternehmen, bei denen das Entscheidungsrecht pro oder contra Mystery Shopping in der Fläche und nicht in der Zentrale liegt.

Nicht zu übersehen ist der Faktor Mitarbeitermitbestimmung, der es besonders einigen Großkonzernen unmöglich macht, Mystery Shopping zu etablieren, will man einer gerichtlichen Konfrontation mit dem Betriebsrat nicht aus dem Wege gehen. Das zeigt, dass das Image und das eigentliche Wirken von Mystery Shopping in einigen Teilen in unserer Wirtschaft missverstanden wird, bzw. man den Möglichkeiten eher reserviert gegenübersteht und von daher nicht oder nur sehr zögerlich agiert. Erinnert uns das an etwas?

7 Zusammenfassung

Mystery Shopping ist eines von vielen wertvollen Steuerungsinstrumenten, die sich gegenseitig ergänzen und erfährt eine immer wichtigere Bedeutung, ganz speziell auf der direkten Ebene B-to-C. Das Besondere an Mystery Shopping liegt in den Ausgestaltungsmöglichkeiten und den daraus resultierenden Ansatzmöglichkeiten für das Aktionieren von Resultaten. Es kann nicht oft genug betont werden: Mystery Shopping-Ergebnisse spiegeln die Performance eines Unternehmens am POS präzise wider und bilden eine ideale Ausgangslage für die Etablierung eines positiven Veränderungsprozesses, in dessen Zentrum sich die Qualität der Interaktion zwischen Mitarbeitern und Kunden befinden. Es gibt kein vergleichbares Instrument, das, eine intelligente und sinnvoll konzipierte Konstruktion unterstellt, so präzise Hinweise quantitativer und qualitativer Art für das Drehen an den kleinen, aber immens wichtigen CRM-Stellschrauben liefert, wie Mystery Shopping.

Mystery Shopping-Ergebnisse eignen sich auch ideal für einen Score Card-Ansatz, in dem verschiedene Performanceparameter, wie z. B. die Umsatzentwicklung, Kundenzufriedenheit, Inventurverlust, Transaktionen pro Stunde etc. miteinander in Beziehung gestellt und in einer Gesamtperformancekennziffer dargestellt werden können.

8 Checkliste der unbedingt zu beachtenden Punkte bei der Einführung eines Mystery Shopping-Programms

Welchen Stellenwert soll das Programm intern haben: Ein reines Messsystem mit Informationscharakter analog zur Marktforschung oder den Charakter eines Leistungsverbesserungsprogramms?

Empfehlung: Es sollte als Steuerungsinstrument für die Filialleitung sowie des gesamten Vertriebs positioniert sein.

Wer ist der interne „Program Owner? Marktforschung oder Sales/Marketing?

Empfehlung: Sales/Marketing

Inwieweit ist der Betriebsrat mit ins Boot zu nehmen?

Empfehlung: So früh wie möglich, so umfassend wie möglich, so transparent wie möglich.

Wer ist verantwortlich für die Struktur des Programms und der zu entwickelnden und zu messenden, gewichteten Service-Standards, die das Firmenmarkenversprechen repräsentieren?

Empfehlung: Vertreter von Sales/Marketing, Regionalleitung, Filialleitung, Human Resources und des Mystery Shopping Partners.

Sollte mit einem Vollprogramm begonnen werden, das alle Filialen umfasst?

Empfehlung: In Abhängigkeit von der Organisationsgröße empfiehlt sich ein Pilot-Projekt über drei Monate, das etwa 10% des Filialnetzes umfasst.

Welche Messfrequenz und welche Dauer sollte das Programm haben?

Empfehlung: Die Frequenz und Dauer hängt von einer Vielzahl von verschiedenen Faktoren wie z. B. vom Budget ab. Die Frequenz muss auf jeden Fall einer Regelmäßigkeit unterliegen und die Dauer sollte unbefristet sein. Im Sinne eines permanenten Leistungsverbesserungsprozesses ist Mystery Shopping ein Steuerungsinstrument mit Langfristcharakter. Idealerweise wird jede Filiale mindestens einmal im Monat gemessen.

Wie soll das Programm intern kommuniziert werden?

Empfehlung: Je früher, je offener, je transparenter – desto besser.

Soll das Programm mit einem Anerkennungsprogramm verknüpft werden?

Empfehlung: Ja, die Erfahrung zeigt, dass die effektivsten Programme diese Komponente beinhalten.

Soll die Nennung von Mitarbeiternamen der Filialen Bestandteil des Konstrukts sein?

Empfehlung: Nein, sonst besteht die Gefahr das Programm als Mitarbeitersteuerungsinstrument zu „missbrauchen". Es geht um systematische Schwächen und Stärken, nicht um einzelne persönliche.

Wer soll welche Ergebnisinformationen wann und wie bekommen?

Empfehlung: Resultatempfänger, allerdings in unterschiedlicher verdichteter Form, sind von der Filialleitung bis zur GL alle organisatorisch verantwortliche Ebenen des Retailbereiches des Unternehmens inkl. der Fachebene Human Resources. Das Reporting sollte aus den jeweiligen Testkaufberichten sowie den verdichteten Monats- oder Wellenresultaten bestehen, die ab Welle zwei kumulierte Gesamt- und Veränderungswerte zeigen.

Wie soll das Programm instrumentalisiert werden um Verbesserungen zu erzielen?

Empfehlung: Auf Basis kumulierter Werte sollten immer in einem Rhythmus von drei Monaten oder drei Wellen die jeweils drei gewichteten Service-Standards mit den niedrigsten Erfüllungsgraden durch gemeinsame, auf Filialebene im Team erstellter Verbesserungspläne, aktioniert werden. Nach weiteren drei Monaten werden die Ergebnisse dieser Verbesserungspläne überprüft und wiederum die drei schwächsten Standards aktioniert, dadurch ergibt sich ein systematischer Verbesserungsprozess der mittelfristig das Gesamtservice-Niveau positiv beeinflusst.

Wann sollte eine erste Programmüberprüfung vorgenommen werden?

Empfehlung: Nach einem Dreivierteljahr bei monatlicher Messung.

Nach welchen Kriterien sollte der Mystery Shopping-Partner ausgesucht werden?

Empfehlung: Nationale und internationale Branchenerfahrung, Qualitätskontrollsysteme, Größe und Qualität der Feldmannschaft, IT-Leistungsfähigkeit- und Organisationsgrad, Reaktionsgeschwindigkeit und Flexibilität, Referenzen und Programmbetreuung sind die wichtigsten Kriterien bei der Auswahl eines Anbieters.

Ihr Unternehmen mit den Augen Ihrer Kunden gesehen!

International Service Check seit 10 Jahren Nr. 1 im Mystery Shopping

Ihre Vorteile durch International Service Check:

- qualitativ hochwertige Service Checks
- 150.000 geschulte Service Checker (Testkunden)
- seit 1996 Erfahrung und beste Referenzen im Mystery Shopping
- stets technisch neueste Standards und hochmoderne Test Tools
- super schnelle Auswertungssoftware innerhalb gewünschter Zeit x

und das alles

- weltweit
- kompetent, objektiv und zu fairen Preisen
- verlässlich und 365 Tage rund um die Uhr abrufbereit

Service Checks von International Service Check eröffnen Ihnen einen ganz anderen Einblick in Ihr Unternehmen, nämlich den aus Kundensicht!

Und wissen Sie wirklich immer was Ihre Kunden gerade über Sie denken?

Durch speziell entwickelte Fragebögen und die persönlich verfassten Erlebnisberichte der Service Checker sehen Sie Ihr Unternehmen aus der Sicht Ihrer Kunden und das absolut neutral und unabhängig!

Optimieren auch Sie jetzt Ihren Servicestandard in Ihrem Unternehmen mit den weltweit renommierten Service Checks von International Service Check!

Andere tun es bereits sehr erfolgreich! Sie wissen die Konkurrenz schläft nie!

Kontaktieren Sie uns: www.internationalservicecheck.com

International Service Check/Multisearch GmbH – Stiglmaierplatz/Dachauer Str. 37 – 80335 München

Buenos Aires	Hong Kong	Mailand	Paris	Warschau
Budapest	Istanbul	Moskau	Prag	Wien
Dubai	Madrid	München	Schanghai	Zürich

Teil C:

Kundenbeziehungs-Management mit Multi Channel Management

Blueprint für eine Multichannel Unternehmens-Architektur

Sebastian Grimm

Zusammenfassung: Die Umsetzung einer Multichannel-Strategie erfordert eine evolutionäre Anpassung des Unternehmens und damit seiner Organisation, seiner Prozesse und seiner IT-Systeme, da ansonsten der Nutzen einer solchen Strategie nicht erreicht werden kann.

Schlüsselworte: Multichannel Management, Kundenprozess, Organisation, IT-Einsatz

Inhaltsverzeichnis

1 Blueprint für eine Multichannel Unternehmens-Architektur 311

2 Organisationsaufbau 312

3 Die Optimale Multichannel-Architektur 318

4 Die Umsetzung des Blueprints 325

5 Zusammenfassung 326

1 Blueprint für eine Multichannel Unternehmens-Architektur

Die Umsetzung der Multichannel-Strategie beeinflusst ein Unternehmen in seiner Gesamtheit, da sie neuartige Prozesse und andere Organisationsstrukturen erfordert. Der Aufbau einer Multichannel Company, zieht demnach Anpassungen in den folgenden Bereichen nach sich:

- Organisation,
- Mitarbeiter,
- Prozessmanagement,
- IT-Einsatz.

Abbildung 1 zeigt die Faktoren, die diese Änderungen positiv oder negativ beeinflussen.

Abbildung 1: Einwirkungen auf das Unternehmen durch die Einführung einer Multichannel Organisation

Im Einzelnen bedeutet dies für das Unternehmen, dass die vorherrschende verrichtungs- oder objektorientierte Organisationsform in eine kundenorientierte Organisation übergeht. Damit einher geht die Schulung und Motivation der Mitarbeiter, die sich vor neue Anforderungen gestellt sehen, wie etwa dem Ruf nach einem tieferen Kundenverständnis gestellt sehen. Das bedeutet auch eine Änderung der internen Kommunikation sowie der internen Prozesse, die sich zunehmend am Kunden orientieren. All diese Aufgaben und Anforderungen lassen sich effizient nur durch einen verbesserten Einsatz von IT-Systemen bzw. durch den Aufbau einer umfangreichen Multichannel-Plattform lösen. Daneben werden folgende Faktoren auf die Gestaltung einer Multichannel Company Einfluss nehmen:

- Veränderungswille der Mitarbeiter,
- Wissen und Erfahrung,
- Kundenverständnis,
- Unternehmenskultur.

2 Organisationsaufbau

Die Umsetzung einer Multichannel-Strategie bedeutet auch eine Organisationsänderung. Die Schwierigkeit dabei ist, dass die Organisation vieler Unternehmen heute immer noch entweder entlang des Produktportfolios (Inside-Out) oder der einzelnen Verrichtungsstufen (Taylor'sches Prinzip) ausgerichtet ist, während eine Multichannel-Strategie eine stark auf den Kunden ausgerichtete Organisation benötigt. Demgegenüber zeigt Abbildung 2 eine mögliche Organisation eines Multichannel-Unternehmens.

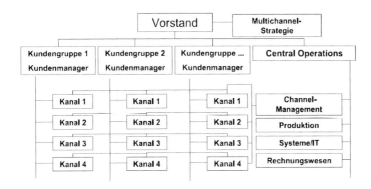

Abbildung 2: Idealtypische Organisation einer Multichannel-Organisation

Die Einführung einer Multichannel-Strategie ist verbunden mit einer stärkeren Orientierung am Kunden, da dieser maßgeblich über die Nutzung der Kommunikationskanäle entscheidet, und erfordert aus diesem Grund auch eine evolutionäre Anpassung der bisherigen Organisationsform mit dem Ziel einer vollkommen kundenzentrierten Organisationsform. Die traditionell vorhandene Verrichtungsorganisation wird dadurch nicht direkt abgelöst, sondern ihre Aufgaben und Rollen werden zugunsten der kundenfokussierteren Organisation neu definiert.

Die mögliche Organisationsform, die sich je nach Unternehmen unterschiedlich gestalten kann, orientiert sich dabei an den Kundensegmenten eines Unternehmens. Dabei kann sich die Art und Weise dieser Segmentierung an unterschiedlichen Faktoren ausrichten:

- **Kundenwert:** Wird vielfach in Finanzinstituten genutzt, wie etwa der Begriff High Networth Individual (Kunden mit einem hohen Vermögen und langer Kundenbeziehung) zeigt.
- **Kommunikationshäufigkeit:** Kommuniziert der Kunde regelmäßig mit dem Unternehmen?
- **Organisation:** Ist der Kunde Privat- oder Firmenkunde?
- **Branchenfaktoren (B2B):** Gehört der Kunde einer bestimmten Branche an?
- **Demografische Faktoren (B2C):** Gehört der Kunde einem bestimmten Sinus-Milieu an?

Die Ausrichtung eines Unternehmens nach den Sinus-Milieus empfiehlt sich vor allem für Unternehmen mit einer großen Anzahl von Kunden, vor allem im Endkundenbereich, da sie viele der oben angeführten Faktoren mit berücksichtigen, wie etwa die Kommunikation und die Kanalnutzung, die entsprechende Rückschlüsse auf den Kundenwert zulassen. Neben einer kundenfokussierten Organisationsstruktur benötigt ein Multichannel Unternehmen weitere Aufgabenbereiche und Abteilungen, sofern diese noch nicht in einer anderen Ausprägung, d.h. mit einer etwas anders gelagerten Zielfunktion, im Unternehmen vorhanden sind:

- Strategieabteilung,
- Kundenmanager,
- Channel-Management.

Strategieabteilung

Die Strategieabteilung, die dem Vorstand als Stabsabteilung zugeordnet werden sollte, schlägt die gesamtbetriebliche Strategiedefinition vor und berät den Vorstand bei Strategieentscheidungen. Eine solche Abteilung ist in vielen Unternehmen bereits eingesetzt und kann im Rahmen einer Multichannel-Strategie eine solche erarbeiten, bewerten und zur Entscheidung vorschlagen. Eine Entscheidung für eine Multichannel-Strategie muss durch eine konsequente Firmenpolitik unterstützt werden, da nur dann die entsprechenden Organisationsänderungen auch durchführbar sind.

Die Strategieabteilung nutzt zur Vorbereitung der Entscheidung alle im Unternehmen selbst und möglichst viele extern vorliegende Informationen, um dem Vorstand eine langfristige und auch sinnvolle Multichannel-Strategie vorzuschlagen. Gleichzeitig sollte die Strategieabteilung auf der Basis des vorgestellten Kennzahlensystems diese Strategie überprüfen und bei Bedarf eine Anpassung vorschlagen.

Kundenmanager einer Kundengruppe

Der Kundenmanager ist für ein Kundensegment umfassend verantwortlich. Das umfasst sämtliche Aufgaben von der Markt- und Bedürfnisanalyse über die Erstellung des für die Kunden spezifischen Kommunikations- und Kanalangebots bis hin zur kundenspezifischen Zusammenstellung des Produkt- und Dienstleistungsportfolios. Dadurch können je nach Kundensegment völlig unterschiedliche Nutzungsarten der einzelnen Kanäle und Kommunikationsinhalte entstehen.

Neben diesen, auf ein Kundensegment beschränkten Aufgaben übernimmt der Kundenmanager in Koordination mit den anderen Kundenmanagern die Definition von Faktoren, die das jeweilige Kundensegment von anderen Kundensegmenten abgrenzt. Damit soll sichergestellt werden, dass die Kunden optimal betreut werden können.

Es gibt darüber hinaus folgende weitere Schnittstellen eines Kundenmanagers:

- Zu den Verantwortlichen für die einzelnen Kanäle des jeweiligen Segmentes, die in das Gesamtkonzept integriert sind,
- Zu den Abteilungen der Central Operations, um das Produktangebot entsprechend ausgestalten zu können und um Kennzahlen für das Kundensegment zu erhalten,
- Zu den Kunden, um deren Bedürfnisse zu erfahren und das Angebot entsprechend ausrichten zu können.

Die Abteilung des Kundenmanagers hat nicht nur Mitarbeiter für die einzelnen Kanäle, sondern wird ergänzt um Mitarbeiter, die den Kunden entlang der gesamten Kommunikationskette betreuen. Dabei ist es notwendig, dass ein reger Austausch zwischen den einzelnen Mitarbeitern stattfindet, um so den Kunden tatsächlich umfassend über alle Kanäle hinweg zu betreuen.

Ein Kundenmanager ist stark vergleichbar mit einem Produktmanager, nur dass der Fokus der Arbeit des Kundenmanager auf dem Kunden und seinen Anforderungen liegt, während der Produktmanager in erster Linie das Produkt im Auge hat.

Channel-Management

Das Channel-Management ist als Teil der Central Operations dafür zuständig, dass die im Rahmen der Multichannel-Strategie unterstützten Kanäle auch verfügbar sind. Das umfasst:

- Die Definition von Funktionen die auf den Kanälen angeboten werden sollen. Dabei ist zu unterscheiden zwischen den kundensegmentspezifischen Funktionen und den generellen Funktionen. Generelle Funktionen könnten etwa Adressänderungen oder Informationsanfragen sein, während eine kundensegmentspezifische Funktion etwa eine kostenlose Beratung sein kann, die es nur für eine bestimmte Zielgruppe gibt.

- Die Positionierung der einzelnen Kanäle.

- Die Abstimmung zwischen den Kanälen.

- Die Abstimmung der Channel-Manager mit den Kundenmanagern, um ein optimal auf die Kundengruppe abgestimmtes Channel-Konzept zu erhalten

Das Channel-Management arbeitet dabei stark mit dem System-/IT-Bereich zusammen, um die notwendigen IT-Systeme zu identifizieren und auszuwählen. Damit soll eine homogene IT-Landschaft geschaffen werden, in der die einzelnen Bereiche des Unternehmens keine separaten Lösungen verwenden.

Das Channel-Management umfasst zusätzlich alle Aufgaben, die nicht in einzelne Kundensegmente fallen, und stellt damit auch eine zentrale Anlaufstelle für die Strategieabteilung dar. Zudem dient das Channel-Management als integrierendes Element in der gesamten Organisation.

IT-Umsetzung

Um eine effektive Umsetzung einer Multichannel-Strategie zu gewährleisten, ist eine funktionierende und effiziente IT-Landschaft notwendig. Nachfolgend soll ein Überblick über eine optimale IT-Landschaft im Rahmen der Umsetzung einer Multi-Channel-Strategie gegeben werden, die als Basis für eine unternehmensspezifische Umsetzung dienen kann. Es wird darauf hingewiesen, dass die Umsetzung der Multichannel-Strategie durch IT-Systeme in jedem Unternehmen sehr stark von dem hier vorgestellten idealen Modell abweichen kann, da die vorhandene Infrastruktur einen großen Einfluss auf den Aufwand für die Umsetzung dieses Idealmodells hat. Von daher kann das Modell nur als eine Richtlinie dienen, anhand derer sich ein Unternehmen einen eigenen Blueprint erstellen kann. Zudem ist dieser Vorschlag bewusst als Modell aufgebaut, da eine Beschreibung aller möglichen Varianten den Rahmen dieses Buches bei weitem sprengen würde. Deshalb gilt hier insbesondere, dass die unternehmenseigenen Prozesse und deren individuelle Umsetzung die Basis für den Erfolg der Multichannel-Strategie und der Wettbewerbsfähigkeit sind.

Die meisten Unternehmen stehen jedoch vor dem Problem einer gewachsenen IT-Landschaft, die nur einen langfristigen und schrittweisen Umbau erlaubt. Gleichzeitig besteht in vielen Unternehmen die Situation, dass aufgrund der internen Organisation an verschiedenen Stellen unterschiedliche Soft- und Hardware für die Lösung eines identischen Problems angeschafft wurde.

Die erste Aufgabe bei der IT-Unterstützung für das Multikanalmanagement stellt das Erfassen und Bewerten der vorhandenen IT-Systeme dar. Dabei werden alle vorhandenen Systeme nach folgenden Kriterien bewertet und in Beziehung zueinander gesetzt:

- Hat das System kanalspezifische Komponenten?
- Dient das System der Unterstützung kundenspezifischer Prozesse?
- Dient das System der Unterstützung unternehmensspezifischer Prozesse?
- Welche (vorhandenen) Systeme ergänzen das System?
- Welche (vorhandenen) Systeme ersetzen das System?
- Wird das System zentral oder dezentral eingesetzt?
- Welche Kosten verursacht das System (Wartung, Ausfall, Updates)?
- Wie kann das System mit anderen zusammenarbeiten?

In der Regel sind diese Informationen im Rahmen des IT-Management oder eines IT-Governance Prozesses vorhanden. Falls nicht, sind sie explizit zu erheben. Abhängig davon, wer die Verantwortung für das Multichannel-Management inne hat, (z.B. Strategieabteilung, Fachabteilung oder IT-Abteilung) ist hier eine sehr enge Abstimmung und Zusammenarbeit mit der Unternehmensorganisation und/oder dem IT-Bereich notwendig.

In vielen Fällen wird sich herausstellen, dass bestimmte Daten von Kunden, aber auch von Prozessen und internen Regeln mehrfach vorhanden sind bzw. dass Daten die ein System benötigen würde, in einem anderen vorliegen, diese zwei Systeme jedoch nicht miteinander kommunizieren.

Nach der Aufnahme und Bewertung der einzelnen IT-Systeme gilt es, die zukünftige, einer Multikanalstrategie angepasste, IT-Landschaft zu entwerfen und in einem weiteren Schritt langfristig umzusetzen. Dieser Entwurf einer IT-Landschaft wird dabei vor allem von der Ausprägung der Multichannel-Strategie bzw. der Kanalvision beeinflusst. Denn je mehr Kanäle von einem Unternehmen unterstützt werden, umso komplexer und aufwändiger wird die eigentliche Umsetzung innerhalb der IT-Landschaft. Als Basis für eine solche Multikanal-IT-Landschaft kann der nachfolgend vorgestellte Blueprint dienen, der jedoch ein idealtypisches Bild darstellt.

3 Die Optimale Multichannel-Architektur

Die ideale IT-Unterstützung für ein strategisches Multichannel-Management orientiert sich an der Kommunikation mit dem Kunden und versucht diese optimal zu unterstützen. Aus diesem Grund lassen sich, wie in Abbildung 3 verdeutlicht, auch verschiedene Ebenen in der Systemgestaltung ableiten:

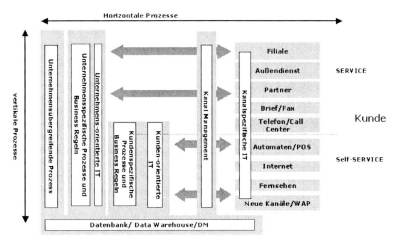

Abbildung 3: Blueprint für eine Multichannel IT-Infrastruktur

All diese Ebenen sind nicht voneinander getrennt, sondern müssen sehr eng miteinander vernetzt sein, um so auch systemübergreifend kommunizieren zu können, Redundanzen zu vermeiden und Daten miteinander zu verbinden. So liegen etwa Kundendaten in einem System vor, die Kundenhistorie aber in einem anderen. Zur Unterstützung ist die Definition von einheitlichen und offenen Schnittstellen notwendig.

In einer Multichannel-IT-Landschaft gibt es sowohl horizontale Prozesse, als auch vertikale Prozesse. Die horizontalen Prozesse beschreiben die Prozesse vom Kunden in das Unternehmen und ggf. über das Unternehmen hinweg, also die kundenspezifischen und durch den Kunden ausgelösten und teilweise auch verwaltbaren Prozesse. Die Kundenkommunikationsprozesse sind ein wesentlicher Bestandteil dieser Prozesse. Ein Beispiel für einen solchen Prozess ist die Produktion eines kundenspezifischen Produktes.

Die vertikalen Prozesse beschreiben Prozesse, die innerhalb eines Unternehmens ablaufen, die möglicherweise durch den Kunden ausgelöst wurden, jedoch nicht von ihm beeinflussbar sind. Ein Beispiel dafür ist der Entwicklungsprozess eines neuen Produktes. Der Prozess der Produktdefinition und der Produkterstellung ist oft fest definiert. Es steht also fest, wer die Verantwortung hat und wo die Schnittstellen zwischen einzelnen Abteilungen sind. Eine Anforderung eines

Kunden nach einem veränderten oder neuen Produkt kann diesen Prozess zwar in Gang setzen, er wird aber aufgrund des Kunden nicht verändert werden.

Die Multichannel IT-Landschaft hat somit die Aufgabe, sowohl die horizontalen als auch die vertikalen Prozesse miteinander zu verbinden und effektiv zu unterstützen. Dazu ist eine entsprechende Vernetzung der Systeme ebenso notwendig, wie eine genaue Kenntnis der Prozesse.

Die Betrachtung der IT-Systeme der einzelnen Kommunikationskanäle lässt folgenden Schluss zu: Je zentraler IT-Systeme angesiedelt sind und je direkter der Kunde auf die Geschäftsprozesse Einfluss nehmen kann, umso geringer wird die Anzahl der Applikationen und genutzten Systeme, aber umso komplexer werden diese. Das bedeutet für ein Unternehmen: Je mehr Kommunikationskanäle ihr eigenes IT-System nutzen, umso größer ist die Anzahl dieser Systeme und umso aufwändiger ist die notwendige Synchronisation zwischen diesen Systemen. Das führt zu steigenden Kosten und ineffizienter Kommunikation. Auf der anderen Seite ist die Komplexität eines einzelnen, alle Kanäle unterstützenden IT-Systems hoch. Das bedeutet aber weniger Medienbrüche, bessere Automatisierungsmöglichkeiten und damit geringere Kosten. Dies ergibt sich aus der Tatsache, dass durch die Unterstützung von horizontalen, kundenindividuellen Prozessen die Anzahl und die Komplexität der Schnittstellen zwischen den bisherigen Systemen zunimmt, gleichzeitig aber gerade die Wartung und der Aufbau von Schnittellen eine der aufwändigsten Arbeiten der IT darstellt. Unternehmen werden dazu übergehen, die Anzahl ihrer IT-Systeme zu verringern und die Schnittstellen, z.B über EAI-Tools (Enterprise Application Integration) zu standardisieren, soweit dies möglich ist.

Für eine effiziente Multichannel-Strategie ist es problematisch und teuer, dass jeder Kanal über seine eigenen Applikationen und IT-Systeme verfügt, da auf diese Weise eine Steuerung der Kommunikation des Kunden nicht möglich ist und zudem die Daten redundant vorliegen. Aus diesem Grund werden nach und nach die einzelnen IT-Systeme der Kommunikationskanäle durch ein zentrales System ersetzt werden. Dieses zentrale System ist dabei nicht im Sinne einer zentralistischen IT zu sehen, sondern vielmehr als eine Architektur, die gemeinsame Funktionen von Kanälen bündelt und kanalspezifische Funktionen miteinander verknüpft. Dies wird in mehreren Stufen erfolgen:

1. Verbindung von bestimmten (den meist genutzten) Kommunikationskanälen über feste, wenn möglich standardisierte Schnittstellen oder WebServices.
2. Verbindung von allen Kommunikationskanälen über flexible Schnittstellen und Synchronisation der Kanäle. Dabei wird das Unternehmen auch über die Möglichkeit verfügen den Kunden bewusst auf bestimmte Kanäle zu lenken.
3. Sukzessiver Ersatz von IT-Systemen durch multichannelfähige IT-Systeme.
4. Einheitliches Multi-Channel-System, das jedoch nicht als ein zentralistisches System verstanden wird, sondern vielmehr als eine Architektur in der mehrere Systeme miteinander kommunizieren.

Das Ziel das ein Unternehmen bei der Umsetzung seiner Multichannel-Strategie verfolgen muss, ist der Aufbau eines IT-Systems, dass ihm sowohl die optimale Unterstützung der Kanalspezifika gewährleistet, als auch die Möglichkeit bietet, den Kunden gezielt zu Kanalwechseln zu bewegen bzw. die Daten von einem vom Kunden initiierten Kanalwechsel in das andere System zu überführen.

Das wichtigste Element: Ein Kanalmanagementsystem

Ein Kanalmanagementsystem hat im Rahmen der Umsetzung einer Multichannel-Strategie die Aufgabe, Prozesse, Daten und Informationen – die auf den unterschiedlichen Kanälen entstehen und durchgeführt werden – mit allen anderen Kanälen zu vernetzen und zu synchronisieren, so dass jedem kanalspezifischen IT-System und den Mitarbeitern alle Informationen über alle Kanäle hinweg zu Verfügung stehen.

Aufgrund der Historie eines Unternehmens werden viele der Kommunikationskanäle mit dem Kunden separat voneinander betrachtet. Dies hatte in vielen Fällen zur Folge, dass jeder Kommunikationskanal mit einem separaten IT-System ausgestattet wurde, obwohl sich die Mehrzahl der Funktionen überschnitt.

Zudem gingen Unternehmen i.d.R. davon aus, dass ein Kunde den gesamten Prozess – von der Information und Beratung über die Transaktion bis hin zum Service – immer über einen Kanal abwickelt. Doch dieser Ansatz wird dem heutigen Kunden nicht mehr gerecht, da dieser auf eine Vielzahl von Kanälen zurückgreifen kann und denjenigen Kanal nutzen wird, der am bequemsten erreichbar ist bzw. ihm den größten Nutzen bringt. Weiterhin wird er oftmals innerhalb eines Kommunikationsprozesses den Kanal wechseln, ohne dass die Daten dabei verloren gehen sollen.

Aus diesem Grund müssen Unternehmen im Rahmen der Multichannel-Strategie dazu übergehen, die unterschiedlichen Kanäle miteinander kommunizieren zu lassen, die Kanäle gezielt zu verwalten und für unterschiedliche Kommunikationsformen und -inhalte zu nutzen. Dazu ist ein Kanalmanagementsystem aufzubauen. Dieses besteht vor allem aus folgenden Komponenten:

- Schnittstellen zu bereits vorhandenen Systemen,
- Routing-Regeln,
- Ausgabesteuerung,
- Rechte- und Sicherheitsarchitektur,
- Monitoring-Funktion.

Ein solches Kanalmanagementsystem sollte dabei im Optimalfall auf einer unternehmensweiten Prozess-Plattform aufbauen, in der die interaktiven Kundenprozesse mit den eher langlebigen Unternehmensprozessen verbunden werden.

Prozess Plattform

Die Prozessschicht bzw. Prozessplattform (vgl. Abbildung 4) stellt das Kernelement dar. In diesem wird anhand des angestoßenen Geschäftsvorfalls die Behandlung und Reaktion der Kommunikation eingerichtet und gesteuert.

Prozessmanagementsysteme gibt es in einer Vielzahl von Ausprägungen. So gibt es auf Geschäftsprozessmanagement spezialisierte Applikationen, die dann jedoch mit den vorhandenen IT-Systemen integriert werden müssen. Daneben gibt es eine Reihe von Geschäftsprozess-Technologien, die in ERP-Systeme oder andere, teilweise kanalspezifische Systeme (etwa Software für Internet-Portale), integriert sind. Drittens gibt es EAI-Systeme, die neben den Schnittstellen und den Regeln auch das Geschäftsprozessmanagement unterstützen. Welcher dieser

Ansätze für ein Unternehmen sinnvoll ist, hängt stark von den vorhandenen Systemen ab. Besitzt das vorhandene ERP-System die Möglichkeit kanalübergreifende Geschäftsprozesse abzubilden, so wird man sicherlich dessen Funktionen nutzen. Sollte jedoch zukünftig ein anderes System die Kommunikation mit dem Kunden steuern, etwa das Internet-Portal, so werden sicherlich dessen Möglichkeiten zum Geschäftsprozessmanagement genutzt. Sollten dagegen die vorhandenen Systeme über ein Prozessmanagement miteinander verbunden werden, so empfiehlt sich der EAI-Ansatz.

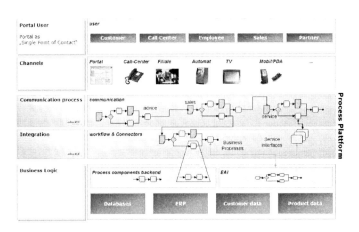

Abbildung 4: Nutzung einer Prozess Plattform für die Umsetzung (Quelle: abaXX Technology AG)

Der einzelne Geschäftsprozess muss dabei die Möglichkeit haben, die Schnittstellen zwischen den Systemen und Kanälen zu integrieren und nach Bedarf mit Daten zu füllen. Hauptaufgabe der Prozessschicht ist es, den angestoßenen Prozess zu überwachen, zu steuern und ihn vom jeweiligen Kanal unabhängig durchzuführen. Konkret heißt das, dass der Geschäftsprozess von jedem vom Unternehmen definierten Kommunikationskanal angestoßen werden kann, danach zwischengespeichert wird und auf einem anderen Kanal fortgesetzt werden kann oder aktiv vom Unternehmen fortgesetzt wird.

Innerhalb des Geschäftsprozesses werden dabei Routing-Regeln eingesetzt, die zudem eine Umwandlung der Daten in kanalspezifische Ausgabeformate gewährleisten.

Problematisch für die Umsetzung einer Multichannel-Strategie ist die teilweise fehlende Möglichkeit, Prozesse durch den Kunden über unterschiedliche Kanäle hinweg als Self-Service durchführen zu lassen. Aus diesem Grund besteht die Notwendigkeit nach separaten zusätzlichen Systemen. Viele Hersteller (z.B. abaXX, SAP, Siebel, Oracle) haben dies jedoch erkannt und arbeiten an entsprechenden Lösungen.

Dieser Self-Service-Gedanke geht davon aus, dass der Kunde willens ist und darum auch in der Lage sein muss, Geschäftsprozesse mit einem Unternehmen selbst zu durchzuführen. Dazu zählen auch die Überwachung und die Ergebniskontrolle. Um eine solche kundenzentrierte Multi-Channel-Strategie zu betreiben müssen die kundenorientierten IT-Systeme sowohl in der Lage sein, den internen Mitarbeiter bei der Arbeit mit dem Kunden zu unterstützen, aber auch gleichzeitig dem Kunden selbst die Möglichkeit geben, kundenspezifische Geschäftsprozesse durchzuführen.

Deshalb benötigt die kundenorientierte IT – neben einer sinnvollen Kundendatenbank mit Kundenprofilen – auch Applikationen um kundenspezifische Prozesse abzuwickeln und für den Kunden personalisierte Angebote und Kommunikationsinhalte zu bedienen.

Der Bedarf nach einem kundenorientierten Prozessmanagement im Rahmen von CRM wird vor allem durch die vermehrte Nutzung des Internets und anderer elektronischer Kanäle gefördert, da der Kunde mittels dieser Kanäle in der Lage ist, selbstständig Prozesse zu initiieren und durchzuführen. Viele Unternehmen haben jedoch noch nicht das enorme Potential erkannt, welches durch die vom Kunden durchgeführten Prozesse entsteht. Dieses Potential begründet sich vor allem darauf, dass der Kunde im Internet die Möglichkeit hätte, fast alle Prozesse, bei denen er bisher einen Berater benötigt hat, selbst durchzuführen und damit die Beratungs- und Transaktionskosten massiv zu senken. Die meisten Unternehmen beschränken sich dagegen auf die passive Darstellung von Informationen.

Das kundenorientierte Prozessmanagement muss in der Lage sein, basierend auf einem standardisierten Geschäftsprozess kundenspezifische Ausprägungen dieses Prozesses zuzulassen. Gleichzeitig muss dieser Prozess vom Kunden ohne Kenntnis der vorhandenen Systeme angestoßen und durchgeführt werden können. Dabei spielt vor allem auch die Integration in das Kanalmanagement eine Rolle, da dieser kundenspezifische Prozess über mehrere Kanäle durchgeführt werden kann.

Als Beispiel kann der Prozess des Immobilienkaufs dienen. Der Kundenprozess basiert auf dem generischen Kommunikationsprozess Information, Transaktion und Service. In diesem speziellen Fall des Immobilienkaufs sind eine Reihe von Informationen durch den Kunden einzuholen, wie z.B. Baugenehmigung, Objektinformationen oder Finanzierungsinformationen. Erst wenn all diese Informationen vorliegen, ist der Kunde in der Lage, seine Transaktion abzuschließen. Derzeit gibt es nur wenige Unternehmen, die diesen Kundenprozess komplett unter Einbeziehung der Partner abwickeln können. Ein Beispiel dafür ist planethome, eine Tochter der Hypovereinsbank. Diese stellt dem Kunden über eine Multichannel-Strategie den gesamten Prozess zur Verfügung. Dabei kann der Kunde selbst wählen, in welcher Stufe der Information oder Transaktion er Unterstützung durch planethome benötigt.

Das Prozessmanagement muss zudem erweiterbar sein, so dass peu-à-peu viele der bisher innerhalb eines Unternehmens ablaufenden Prozesse durch den Kunden selbst durchgeführt werden können.

4 Die Umsetzung des Blueprints

Der Aufbau einer Multichannel-Architektur kann von verschiedenen Seiten vorangetrieben werden. Viele Unternehmen gehen derzeit den Weg, dass sie sich mittels einer einheitlichen Middleware eine Schicht schaffen, in der die Daten des Kunden und der Kanäle zusammengeführt und vereinheitlicht werden. Problematisch an diesem Ansatz ist die reine Daten- und die kaum vorhandene Prozesssicht, die jedoch zur Unterstützung der kanalübergreifenden Prozesse unbedingt notwendig ist. Die Alternative ist der Ausbau eines vorhandenen und entsprechend offenen (auf Standards basierenden) und flexiblen Systems zu einem Kanalmanagementsystem. Zur Auswahl stehen dabei kundenorientierte Systeme, wie die CRM Systeme oder die kanalspezifischen Systeme (wie Internet-Portale), die um Möglichkeiten des Kanalmanagements ergänzt werden. Derzeit gibt es zu beiden Wegen erste Beispiele, wie etwas das Universal Application Network von Siebel oder prozessorientierte Portale, wie von abaXX zeigen.

Im Augenblick wird der Aufbau dieses Kanalmanagements durch die Entwicklung der kundenorientierten Kanäle, wie das Internet, getrieben. Aus diesem Grund scheint es auch wahrscheinlich, dass die dem Kanalmanagement zugrunde liegende Technologie und die verwendeten Standards durch das Internet vorgeben werden. Deshalb können Unternehmen durch den Einsatz einer Applikation, die sowohl das Internet und andere elektronische Kanäle unterstützen, aber auch gleichzeitig als Kanalmanagement mit Workflow, Ausgabesteuerung und Routing dienen können, beginnen, ein Multi-Channel-Management aufzubauen.

5 Zusammenfassung

Die Umsetzung einer Multichannel-Strategie kann nicht ohne das Mittel der IT-Systeme erfolgen, da diese maßgeblich an der Wertschöpfung eines Unternehmens und an dessen „Funktionieren" beteiligt sind. Aus diesem Grund hat die Umsetzung der Multichannel-Strategie Auswirkungen auf die gesamte IT-Landschaft und damit auch auf das Unternehmen. Wie stark diese Auswirkungen sind, hängt von den vorhandenen Systemen und deren Anpassbarkeit sowie dem Vorgehen ab. Das vorgestellte Modell ist dabei ein Idealbild und soll mehr ein Beispiel, als ein konkreter Umsetzungsvorschlag sein.

Die Umsetzung und der Aufbau einer der Multichannel Strategie angemessenen IT-Landschaft muss mit der vorhandenen IT-Strategie und den vorhandenen IT-Systemen abgestimmt werden.

Dabei sollten Unternehmen vor allem davon ausgehen, welche Bedürfnisse die Kunden heute haben und welche sie voraussichtlich morgen haben werden. Diese Ausrichtung am Kunden erleichtert die Definition der Multi-Channel-

Organisation und IT-Landschaft. Daneben sollten Unternehmen sich ihre vorhandenen Systeme im Unternehmen betrachten und diese auf ihre Fähigkeit hin untersuchen, ob eine Kundenzentrierung möglich ist oder nicht. Systeme die dieses nicht unterstützen, sollten langfristig durch kundenzentrierte System ersetzt werden, die aber zusätzlich die Fähigkeit haben müssen die vorhandenen Unternehmensprozesse zu unterstützen.

Diese Möglichkeit einer personalisierten und durch den Kunden initiierten und überwachten Kommunikation eröffnet dem Unternehmen enorme Potentiale bei der Senkung der Transaktions- und Prozesskosten. Dazu ist jedoch die Nutzung von IT-Systemen notwendig, die die personalisierte Abwicklung von Prozessen durch die Kunden unterstützen.

Customer Relationship Management (CRM) – ein nicht endender Prozess im Spannungsfeld zwischen Kundenzufriedenheit und optimalem Vertriebswege-Mix

Eckhard Reimann

Zusammenfassung: Prüft man Unternehmen auf ihre effektiv gelebte Kundenorientierung, so ist das Resultat oft ernüchternd – von einer Integration mit anderen Systemen ganz zu schweigen. Die Schlüsselfrage lautet: inwieweit kann ein Unternehmen mit all seinen Leistungen dazu beitragen, die Wertschöpfung des Kunden nachhaltig – und zwar besser als der Wettbewerb – zu steigern? Die genaue Kenntnis der heutigen und zukünftigen, auch verdeckten Kundenbedürfnisse ist eine Grundvoraussetzung, wobei entscheidend ist, das richtige Zeitfenster zu erkennen und entsprechend zu agieren. Wichtig ist aber auch die subjektive Wahrnehmung, die Kunden von den Leistungen des Unternehmens haben, zu erkennen, messbar zu machen und zu objektivieren. CRM-Systeme sollten sich daher den erfolgreichen Verkäufer alter Prägung zum Vorbild nehmen. Mit der zunehmenden Vielfalt an alternativen Vertriebs- und Kommunikationswegen wächst auch die Bedeutung der strategischen Bewertung und Optimierung dieser Alternativen – ein mehrstufiger Prozeß, der im Sinne von „Strategic Alignment" ständig den veränderten Umwelt- und Marktgegebenheiten anzupassen ist. Beispiele erfolgreichen Kundenbeziehungs-Managements im Internet und über Selbstbedienungs-Terminals zeigen auf, wie die Neuen Medien sinnvoll integriert werden können.

Schlüsselworte: Customer Relationship Management, Database Marketing, Integration, Internet, Kioskterminals, Kundenkarten, Kundenzufriedenheit, Multi Channel Mix, Qualität, Retention Marketing, SB-Terminals, Strategic Alignment

Inhaltsverzeichnis

1 Retention Marketing: die Rückbesinnung auf die Beziehungen zum Kunden 331

2 Der „Customerize"-Prozess 332

3 Database Marketing als Simulation des erfolgreichen Verkäufers 334

4 Kundenbeziehungs-Management: Integration unabdingbar! 338

5 Ereignis-gesteuertes Kundenbeziehungs-Management 339

6 Kundenzufriedenheit: Qualitätswahrnehmung durch den Kunden 341

7 Multi Channel Management: Optimierung des Vertriebs- und Kommunikationswege-Mix 344

    7.1 Das Kundenbeziehungs-Management im Internet und E-Commerce 346

    7.2 Das Kundenbeziehungs-Management über SB-Terminals 348

Literatur 354

1 Retention Marketing: die Rückbesinnung auf die Beziehungen zum Kunden

Die Rückbesinnung auf das wichtigste Kapital jedes Unternehmens – die Kundenbeziehung – ist in vollem Gange. Und das hat seinen guten Grund: ohne Kunden kein Erfolg, ohne Kunden keine Zukunft. Alles hängt vom Kunden ab. Er bestimmt, was gut und was schlecht ist. Er ist die Basis für das unternehmerische Handeln. Und so verankern erfolgreiche Unternehmen die Konzentration ihrer Kräfte auf den Kunden nicht allein in ihren Leitbildern, sondern sie sind auch bestrebt, diese Grundhaltung in den Untenehmensalltag hineinzutragen. Deshalb sind Schlagworte in Mode wie „Customer Focus", „Im Zentrum unseres Handelns steht der Kunde" oder Sätze wie „Unsere Kunden vertrauen uns, denn unsere Mitarbeiter gehen kompetent auf Kundenwünsche ein" bzw. „Der Markt unserer Kunden bestimmt unsere Handeln".

Prüft man jedoch Unternehmen auf ihre effektiv gelebte Kundenorientierung, so ist das Resultat oft ernüchternd: im operativen Bereich, nämlich dort, wo der Kontakt zum Kunden und Interessenten stattfindet, besteht verbreitet ein Vakuum. Da ist von Kundenorientierung, von der oft beschworenen Liebe zum Kunden wenig zu spüren. Kein Wunder, dass ohne verankerte Kundenbindungsstrategien des Anbieters Kunden zu anderen Anbietern wechseln. Man sollte sich klar vor Augen führen, dass zu jeder Zeit etwa 25 Prozent aller Kunden dazu bereit sind, zu einem anderen Unternehmen zu wechseln. Das Unternehmen hört jedoch nur von 4 Prozent der Abwanderer, dass sie unzufrieden sind: 96 Prozent verlassen das Unternehmen kommentarlos, 91 Prozent der unzufriedenen Kunden kehren nie wieder zurück. Ein unzufriedener Kunde erzählt es acht bis zehn weiteren potentiellen Kunden, dass er mit dem verlassenen Unternehmen unzufrieden war. Dagegen sind etwa zwölf positive Aussagen nötig, um eine negative auszugleichen. Sieben von zehn Kunden würden die Beziehung wieder aufnehmen, wenn ihre Probleme gelöst würden. 95 Prozent der Kunden würden beim Unternehmen bleiben, wenn ihre Probleme ad hoc gelöst würden. Der Geschäftsabschluss mit einem Neukunden dauert durchschnittlich fünf- bis sechsmal länger als mit einem Stammkunden. Es ist also wesentlich leichter und profitabler, die Beziehungen zum bereits bestehenden Kundenstamm zu intensivieren, als Neukunden zu gewinnen. So ist es durchaus möglich, den Gewinn um 60 Prozent zu steigern, wenn nur 5 Prozent der Kunden gehalten werden können. Retention Marketing setzt daher den Fokus eindeutig auf den bisherigen Kundenstamm mit dem Ziel, die profitabelsten zu halten und zufrieden zu stellen und somit den Erlös pro Kunde zu erhöhen und die nicht profitablen Kunden ggfs. ziehen zu lassen. Eine kundenbezogene Deckungsbeitragsrechnung zeigt bei einer Segmentanalyse sehr deutlich, welche Kunden welchen Profit erbringen. Aber dennoch ist vor einer allzu großen Kundenbindungs-Euphorie zu warnen; die Bindung von Kunden stößt nämlich schnell an Grenzen,

- wenn Kunden gar nicht bindungsbereit sind
- wenn Kundenerwartungen enttäuscht werden und
- wenn der „Bindungswettbewerb" zu einer Kundenbindung um jeden Preis erfolgt (vgl. Keller 1995, S. 87; Reimann 1996, S. 1).

2 Der „Customerize"-Prozess

Mit der zunehmenden Entwicklung in Richtung virtuellem Unternehmen kommt dem Aspekt der Kundenbindung eine immer größere Bedeutung zu. James A. Unruh (vgl. Unruh 1996, S. 4) hat daher – basierend auf umfangreichen Gesprächen mit über 100 Unternehmen – sechs Schritte eines auf den Kunden ausgerichteten Prozesses beschrieben und dabei vorausgesetzt, dass das gesamte Unternehmen – angefangen vom Unternehmensziel über die Mitarbeiter, die Unternehmensabläufe bis hin zur Informationsgewinnung und –verarbeitung – auf den Kunden ausgerichtet wird; dann werden auch die Früchte folgen, nämlich größere Profitabilität, steigende Umsätze, loyale Kunden und zufriedene Mitarbeiter:

Abbildung 1: Der „Customerize"-Prozess (vgl. Unruh 1996, S. 4)

- Voraussetzung ist das *Commitment des Topmanagements*: Es ist das Topmanagement, das eine Organisation auf den Kunden ausrichten lässt. Es ist das Topmanagement, dass die Entwicklung einer entsprechenden Strategie in Auftrag gibt, die Vision laufend kommuniziert und sicherstellt, dass sich der Unternehmensalltag mit der Vision im Einklang befindet. Und letztendlich muss das Topmanagement mit gutem Beispiel vorangehen.

- *Verständnis des Kunden*: Sobald sich das Topmanagement für eine kundenfokussierte Unternehmenspolitik entschieden hat, gilt es herauszufinden, was die Kunden wünschen. Das bedeutet, nicht nur festzustellen, was sie über die Produkte denken, sondern was sie vom Unternehmen in Wirklichkeit wünschen, benötigen und erwarten.

- *Kundenorientierungs-Strategien:* Diese Strategien müssen darauf abzielen, die Kundenwünsche und -erwartungen zu befriedigen, jedoch nicht jedes Kunden, sondern hauptsächlich der profitablen Kunden. Und ferner sind diejenigen Kunden herauszuselektieren, zu denen man einen individuellen Service aufbauen kann und die damit langfristig loyal zum Unternehmen stehen werden.

- *Pflege und Kultivieren von Pro-Kunde-Mitarbeiter- und Service-Programmen:* Die beste kundenorientierte Strategie ist jedoch nur so gut, wie die Mitarbeiter sie akzeptieren und praktizieren. Deshalb sind Pro-Kunde ausgerichtete Mitarbeiter heranzubilden und zwar durch entsprechende Personalpolitik, Informationspolitik, Ausbildungsprogramme, Übertragung von Verantwortung und Kompetenz sowie durch entsprechende Vergütungen und Anerkennungen.

- *Schwerpunkt auf Kundenbindung (Retention Marketing):* Der Aufbau von Kundenbeziehungen ist sehr ähnlich dem Aufbau persönlicher Beziehungen. Er setzt Offenheit, Ehrlichkeit und Vertrauen, Verlässlichkeit und Beständigkeit voraus. Firmen und Kunden müssen gegenseitig voneinander lernen und verstehen, was Kunden wünschen und was Firmen leisten können.

- *Die Gewinnung von Neukunden* kostet fünf- bis sechsmal soviel wie das Halten eines Kunden. Deshalb verstehen viele Unternehmen darunter auch das Ausweiten neuer Geschäfte mit den bestehenden Kunden. Das beinhaltet natürlich die sorgfältige Analyse der Kundendatenbanken und setzt die Schaffung entsprechender Informationen über zu gewinnende Neukunden voraus.

- *Einsatz von InformationsTechnologien und Database-Marketing- / Kundeninformationssystemen:* Bei den genannten Phasen des „Customerize"-Prozesses ist der Einsatz der Informationstechnologie ein absolutes Muss, um überhaupt Kundenservice ermöglichen zu können. Informationstechnologie kann, wenn sie auf die besonderen Belange wie Sicherheit, Kontrolle und Datenschutz Rücksicht nimmt, spezielle die menschlichen Aspekte der Kundenwünsche zufrieden stellen, wie z.B. sich kompetent fühlen. Interaktive Medien bieten dem Kunden eine hervorragende Möglichkeit, zu jeder Zeit von jedem Ort Service zu erhalten.

3 Database Marketing als Simulation des erfolgreichen Verkäufers

Database Marketing als Teil des Kundenbeziehungs-Managements ist die Methodik der datenbank-gesteuerten Kommunikation mit Zielgruppen. Hier wird der erfolgreiche Verkäufer simuliert. Der erfolgreiche Verkäufer hat immer schon – schon lange bevor es Database Marketing oder Customer Relationship Management als Begriffe gab – alle relevanten Informationen über jeden seiner Kunden und Interessenten zusammengetragen nach dem Motto „Wer gut kommuniziert, kennt seinen Partner". Diese Informationen interpretiert er und setzt sie gezielt im Beziehungs- und Verkaufsprozess ein. Für ihn ist es selbstverständlich, sich intensiv und grundlegend mit seinen Kunden und Interessenten zu befassen, sie kennenzulernen und sich über ihre Bedürfnisse, ihre Interessen, ihre Vorlieben, ihre Abneigungen sowie Ausprägungen klar zu werden. Denn jeder Kunde hat in seinem Leben sog. „Magic Moments" oder „Sternstunden", wie z.B. Abschluss einer Berufsausbildung, Heirat, Umzug, Haus- oder Autokauf. Diese Anlässe nutzt er für die Kommunikation mit dem Kunden und bezieht sie entsprechend in seine Beratungsgespräche mit ein. Er sammelt aber nicht nur einmal Informationen über seine Kunden, vielmehr aktualisiert er sein Wissen immer wieder neu. Dieses wichtige Prinzip wird auch beim Kundenbeziehungs-Management eingesetzt: Kunden und potentielle Kunden werden in einen systematisch aufgebauten Dialog einbezogen. Und so ergibt sich mit der Zeit ein immer vollständigeres und klareres Bild des einzelnen Kunden. Die Informationsbasis ist die Grundlage für den Einsatz der kundenzentrierten Kommunikation zum Aufbau eines intensiven Dialogs. An die Stelle von Einweg-Informationen ist nun die kundenzentrierte Kommunikation getreten. Bewertet man die Wirkung der einzelnen Elemente des Kundenbeziehungs-Managements, kommt der Kommunikation die größte Bedeutung zu. Botschaft, Prägung und kommunikativer Stil müssen so gewählt werden, dass sie den Charakteristiken der ausgewählten Zielgruppe möglicht genau entsprechen und eine positive Beeinflussung ermöglichen. Eine standardisierte Kommunikation mindert die Gesamtwirkung des Kundenbeziehungs-Management mit einem Schlag. Die Kommunikation mit dem Kunden kann nur erfolgreich sein, wenn sie zum richtigen Zeitpunkt beim richtigen Kunden zum richtigen Preis in der richtigen vom Kunden bevorzugten Ansprache mit dem richtigen Argumenten ein richtiges, maßgeschneidertes Informations- bzw. Leistungsangebot über den für beide optimalen Vertriebs- und Kommunikationsweg unterbreitet (Segment-of-One-Marketing).

Die Schlüsselfrage muss daher lauten: inwieweit kann das Unternehmen mit all seinen Leistungen dazu beitragen, die Wertschöpfung des Kunden nachhaltig –

und zwar besser als der Wettbewerb – zu steigern? Die genaue Kenntnis der heutigen und zukünftigen, auch verdeckten Kundenbedürfnisse ist die Voraussetzung dazu. In den Neuen Medien hat daher diese Erkenntnis inzwischen Einzug gehalten – via Permission Marketing, Data Mining, intelligente Agenten, Mass Customizing ist die individuelle Kundenansprache selbstverständlich geworden. Nun ist auch der Verkäufer, der Berater gefordert, im persönlichen Kontakt einen echten Mehrwert zu bieten. Denn je informierter die Kunden bereits sind, desto anspruchsvoller werden sie. Der Verkäufer muss umdenken, nämlich weg vom Fokus auf einzelne Verkaufsabschlüsse hin zu strategischen Partnerschaften. Dazu gehört seine Befähigung, in unterschiedlichen Rollen zu agieren:

- als Unternehmer plant und realisiert er die ökonomischen Ziele wie Umsatz, Marktanteil und Deckungsbeitrag in seinem Verantwortungsbereich,

- als Beziehungs-Manager pflegt er den persönlichen Kontakt zu seinen Kunden, ist Ansprechpartner bei akuten Problemen und bietet individuellen Service und Hilfestellung,

- als Berater entwickelt er langfristige Konzepte zur Steigerung der Wertschöpfung seiner Kunden,

- als Informations-Makler stellt er den Informationsfluss vom Unternehmen zum Markt und umgekehrt her und

- als Netzwerk-Manager koordiniert er das Verkaufsunterstützungs-Team aus Spezialisten aller Bereiche und Hierarchien einschließlich des Multi-Channel-Managements und setzt es aufgaben- und zielbezogen ein.

Moderne Computer Aided Selling- oder Sales Force Automation-Lösungen tragen diesen Aspekten Rechnung, um den Verkäufer, den Berater noch näher am Ohr des Kunden zu haben, ihn damit schneller im Markt agieren zu lassen und damit dem Wettbewerb voraus zu sein. Durch CAS-gestützte, interaktive Verkaufstechniken wird der persönliche Verkauf unterstützt, indem er die Möglichkeiten aller neuen Medien, abhängig von der jeweiligen Verkaufssituation, sozusagen in einem Technologie-Mix einsetzt. Zusätzlich helfen Sales Intelligence-Systeme unter Einbeziehung aller Technologien, die den Kunden, seine Verhaltensweisen, seine Bedürfnisse und Erwartungen ausfindig machen (wie Data Warehousing und Data Mining), um den Kunden individuell zu beraten. Ein integriertes Informationssystem steigert die Verkaufsproduktivität, da er sich voll auf den Dialog mit dem Kunden konzentrieren kann.

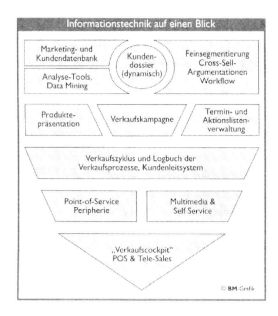

Abbildung 2: „Verkaufs-Cockpit" (vgl. Reimann 1995, S. 13)

In seinem „Verkaufs-Cockpit" entsprechend Abb. 2 verfügt er über ein Navigationsinstrumentarium ähnlich des Armaturenbretts eines Autos. Die höhere Beratungskompetenz erreicht er durch umfassenden und schnellen Zugriff auf Kunden-, Produkt- und Verkaufsinformationen sowie deren Umwandlung in zielgerichtete Informationen. Die Beratungsgespräche werden somit strukturierter. (vgl. Reimann 1995, S. 13).

4 Kundenbeziehungs-Management: Integration unabdingbar!

Wichtig ist dabei das Verständnis, dass es sich beim Kundenbeziehungs-Management, beim Database Marketing und beim Data Warehousing nicht um ein Produkt von der Stange oder um eine schlüsselfertige Standardlösung handelt. Es handelt sich vielmehr um einen Prozess, in dem die wiederholte, iterative Anwendung eines Vorgehensmodells unabdingbar ist, um in überschaubaren Schritten zu den gewünschten Ergebnissen zu kommen. Dabei müssen die sich ändernden und verfeinerten Geschäftsanforderungen und Umweltgegebenheiten ständig mit berücksichtigt werden. Der produktive Start eines CRM, eines Data Warehouses wird daher nie die Endstation sein, sondern vielmehr eine Reise und kein Ziel darstellen. Zum strategischen Wettbewerbsvorteil wird es nur durch eine konsistente und mittels übergreifender Kombination von Analyseergebnissen ganzheitliche Sicht auf alle Aspekte einer Kundenbeziehung. Die Forderung nach Konsistenz und übergreifenden Auswertungen aber bedingt eine integrierte, entsprechend skalierbare und leistungsfähige Systemarchitektur (vgl. Maier, Reimann 1998, S. 18f.) und eine Integration in den gesamten Unternehmensprozess. Es reicht aber nicht aus, die neuen Vertriebswege wie Call Center, Internet und Handy in den Vertriebswege-Mix einzubinden. Die eigentliche Herausforderung liegt in einer einheitlichen Kommunikationsplattform, die alle Kunden-Kontakt-Punkte bis hin zu den Filialen und Beraterarbeitsplätzen integriert. Nur wenn alle Kontaktinformationen aus allen Vertriebsplattformen in einer zentralen (logischen) Datenbank maßgeschneidert zusammenlaufen, lassen sich Database Marketing, One-to-One-Marketing, Customer Relationship Management erfolgreich realisieren. Dies – eigentlich als Selbstverständlichkeit angenommen – ist immer noch nur sehr unzureichend realisiert worden. Es ist erstaunlich, dass, obwohl die Finanzinstitute aufgrund der enormen Kundendaten, über die sie verfügen, und deren frühzeitigem Einstieg in den Aufbau von Database Marketing und CRM, die praktische Umsetzung weit hinter den Ansprüchen zurückliegt. So können 62 Prozent den Nutzen von Marketingmaßnahmen nicht direkt ersehen, nur 50 Prozent verfügen über Profitabilitätsrechnungen ihrer Kunden. 56 Prozent kennen ihr genaues Kundenpotential nicht und 77 Prozent sehen sich nicht in der Lage, den Customer Lifetime Value, also den Wert eines Kunden über seinen gesamten Lebenszyklus, zu ermitteln. Trotz aller Euphorie in Sachen CRM und Kundenbindung ist bei Banken und Versicherungen jedes vierte Database Marketing-System, etwa die Hälfte der Online-Marketing-Systeme, jedes sechste CAS-System sowie ein Drittel der Call Center nicht mit anderen Systemen integriert (vgl. Sexauer, Reimann, 2001, S. 51).

5 Ereignis-gesteuertes Kundenbeziehungs-Management

Es gibt inzwischen sehr ausgefeilte Methoden, dem Kunden auf der Spur zu sein, seine Wünsche und Bedürfnisse, seine Absichten, seine Präferenzen, seine Abwanderungstendenzen in Erfahrung zu bringen – und zwar durch Auswertung all seiner „elektronischen Spuren", die er im Laufe seiner Kundenbeziehung auf all den angebotenen Vertriebswegen hinterlässt. Doch sehr oft zerstören sie Kundenbeziehungen, anstatt sie aufzubauen, weil sie ihn nicht zur richtigen Zeit, nicht mit dem richtigen Angebot und unter Vernachlässigung seiner persönlichen

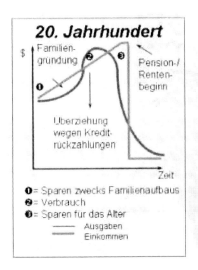
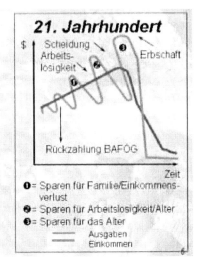

Abbildung 3: Dynamik im Kundenverhalten am Beispiel „Lifestyle Cashflow" (vgl. Teerlink 1998, S. 3)

Situation und Lebensumstände erreichen, weil die Ergebnisse aus der Analyse des Kundenverhaltens bei der Interaktion mit dem Kunden letzten Endes doch nicht berücksichtigt worden sind oder weil es nicht gelungen ist, am Ort des Kundenkontaktes einen tatsächlichen Mehrwert zu generieren. Und so kann es passieren, dass zum Zeitpunkt einer Marketing-Kampagne an dem angebotenen Produkt kein Bedarf mehr oder noch nicht besteht – und die ganze Kampagne beim Kunden verpufft. Denn aufgrund des gegenüber früheren Lifestyle-Kurven heutzutage doch sehr veränderten Einkommensflusses im Laufe des Lebens haben sich auch erhebliche Veränderungen im Entscheidungsprozeß des Kunden entwickelt, wie in Abb. 3 zu sehen ist: es besteht nur dann Bedarf an einem Produkt, wenn der Kunde es wirklich braucht oder aber man ihm aufzeigen kann, dass er es eigentlich braucht (vgl. Terrlink 1998, S. 3).

Doch wie gelingt es angesichts bzw. trotz der Vielzahl technischer Möglichkeiten, die Kunden individuell anzusprechen, ihnen auf ihre Bedürfnisse ausgerichtete Angebote zur richtigen Zeit zu machen? Dynamisches, ereignis-gesteuertes Customer Relationship Management ist einer der möglichen Ansätze; denn es berücksichtigt die verschiedenen Ereignisse und Anlässe im Leben eines Kunden sowie die kurzen Zeitfenster, in denen der Kunde für spezielle Dienstleistungen offen ist. Während des gesamten Lebenszyklus eines Kunden stehen bei ihm für eine gewisse, meist nur für eine kurze Zeit Überlegungen z.B. bezüglich des Bedarfs an Finanzdienstleistungen an. Solche typischen Zeitfenster können sein:

- die aktive Suche nach einer Problemlösung (=echter Bedarf),

- die Entscheidung, ob eine Dienstleistung mit demselben Anbieter weitergeführt werden soll,

- die Überprüfung, ob die bestehende Dienstleistung noch sinnvoll ist,

- die Veränderung des Risiko-Profils und

- der Zeitpunkt, an dem eine neue Dienstleistung in Betracht kommen könnte.

Bis auf den ersten Punkt, nämlich dem echten Bedarf an einer Lösung, ist dem Kunden in der Regel überhaupt nicht bewusst, dass er sich in einem solchen Zeitfenster befindet. Das bedeutet, dass die Kunden sich in der Regel auch gar nicht ihrer eigenen Bedürfnisse und Notwendigkeiten bewusst sind und folglich auch die entsprechenden Gelegenheiten und Termine einfach verstreichen lassen.

Mit einem dynamischen, ereignis-gesteuerten Kundenbeziehungs-Management können dagegen signifikante Abweichungen im Verhalten und in seinen Ansprüchen herausgefunden werden, die mögliche Bedürfnisse eines Kunden und damit die Verfügbarkeit eines speziellen Zeitfensters aufzeigen, die den Anbieter folglich zu einer proaktiven Ansprache des Kunden in die Lage versetzt. Signifikante Kundenereignisse sind ständig aufzuspüren, zu beurteilen und zu bewerten hinsichtlich einer möglichen Vertiefung der Kundenbeziehung. Solche Ereignisse sind z.B. signifikante Kontostandsänderungen, hohe Verfügungen bzw. Änderung ihrer Anzahl, Konto-Eröffnungen bzw. Schließungen, Laufzeitende von Verträgen, Fälligkeiten von Festgeldern, SB-Verfügungen an anderen Standorten bzw. bei anderen Instituten, Änderung des bislang genutzten Vertriebsweges. Einzelne solcher Ereignisse und insbesondere die Kombination daraus können eine günstige Gelegenheit zur Kontaktaufnahme darstellen, aber erst eine nachfolgende Priorisierung – aufgrund der Bedeutung dieses Ereignisses in Hinblick auf die jüngsten und vergangenen Verhaltensweisen, aufgrund des für den Kunden geeignetsten Vertriebsweges sowie aufgrund der speziellen Kenntnisse des Kundenberaters – macht Ereignisse zum eigentlichen Auslöser für einen Kontakt. Dabei ist entscheidend, das richtige Zeitfenster zu kennen und den Kontakt innerhalb von 24 bis 48 Stunden und vor allem vor dem Mitbewerb zu realisieren. Ein solches Vorgehen ist aber die Voraussetzung für ein echtes One-to-One-Marketing, weil nicht der Produktansatz und die erwarteten Kundenbedürfnisse aus Sicht des Anbieters im Fokus stehen, sondern welche Verhaltensänderungen und welche Reaktionen auf der Kundenseite signifikant sind (vgl. Reimann 1999, S. 25 – 28).

6 Kundenzufriedenheit: Qualitätswahrnehmung durch den Kunden

Die Zukunft einer Unternehmung wird verstärkt davon abhängen, mit welcher Intensität es in welchen Netzwerken eingebunden ist. Marktbeziehungen, Kundenbeziehungen, Customer Values und Kompetenzen bestimmen in vermehrtem Maß den Markterfolg. Je begrenzter ihre Imitierbarkeit und je schwieriger ihre Transferierbarkeit, desto höher ist die Einmaligkeit von Kompetenzen, d.h. desto eher entstehen Kernkompetenzen und mögliche Wettbewerbsvorteile. Die Beziehung zwischen Kunde und Unternehmen wird immer mehr von vom Kunden subjektiv empfundenen Leistungen und Auftreten geprägt. Die Kundenzufriedenheit basiert nicht nur darauf, wie individuell ein Unternehmen seine Dienstleistungen sozusagen „just-for-me" auf die Wünsche des Kunden maßschneidern kann, sondern auch wie bequem und auf welch unterschiedliche Weise es für den einzelnen Kunden erreichbar ist, wobei der Kunde subjektiv für sich die Auswahlkriterien festlegt. Kundenzufriedenheit ist zu verstehen als „erfolgreiche Orientierung an der Qualitätswahrnehmung des Kunden", was bedeutet:

1. der Kunde hat eine Qualitätswahrnehmung, die seiner eigenen entspricht,

2. diese wird zur Zielgröße für unternehmerische Aktivitäten und

3. man entspricht ihr nachweisbar, messbar.

Qualität bedeutet daher Qualität, die der Kunde als solche auch wahrnimmt, auch als „Qualität aus Marktsicht" bzw. „vom Markt wahrgenommene Qualität" bezeichnet. Dies bedeutet, die subjektive Wahrnehmung, die Kunden von den Leistungen, von der Qualität des Anbieters gewinnen, messbar zu machen, zu objektivieren. Die Objektivierung der Subjektivität von Qualitätswahrnehmungen ist der entscheidende Wettbewerbsvorteil, die Meßlatte für den Markterfolg: wer erfolgreich sein will, muss sich daran orientieren. Hinter diesen Kriterien liegt ein Lernprozess, der das gesamte Unternehmen beeinflusst und fünf Entwicklungsstufen der Kundenzufriedenheit umfasst, wie sie in Abb. 4 dargestellt sind.

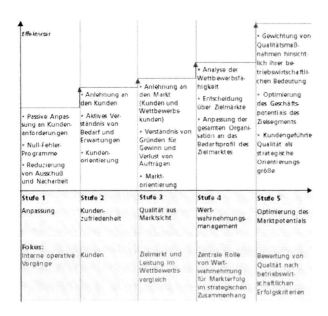

Abbildung 4: Entwicklungsstufen der Kundenzufriedenheit (vgl. Gale 1994; Reimann 2000, S. 251)

Zudem sind Service- und Kundenorientierung nicht unbedingt gleichbedeutend. Entscheidend ist der Kundennutzen („Value-to-Customer"). Dieser sowie die Kenntnis seiner Wünsche und Bedürfnisse – dargestellt anhand der Bedürfnis-/Befriedigungs-Kette und über Verfahren des Database Marketing und Data Mining erfasst und präsent gemacht – sind wesentliche Erfolgskriterien. Wesentlich für den dauerhaften Erfolg sind flexible Prozesse, die aus der Unternehmung heraus gestaltet werden. Nur „Strategic Alignment", d.h. die jederzeitige Rückkoppelung und Übereinstimmung der operativen Entscheidungen im personellen, technologischen und organisatorischen Bereich mit der Gesamt-Unternehmensstrategie sowie der Fähigkeit zur permanenten Anpassung an die rasche Veränderung der Rahmenbedingungen von Markt, Wettbewerb und Kundenverhalten sichern die Effizienz komplexer Marktstrategien (vgl. Reimann 2000, S. 250 ff).

7 Multi Channel Management: Optimierung des Vertriebs- und Kommunikationswege-Mix

Mit der zunehmenden Vielfalt an alternativen Vertriebswege-Möglichkeiten wächst auch die Bedeutung der strategischen Bewertung dieser Alternativen; denn die Konzentration auf neue Kunden darf nicht den Blick für die Sicherung und den Ausbau des bestehenden Kerngeschäftes verschließen. Insofern hat die Frage nach der Optimierung der Vertriebswege eine defensive und eine offensive Komponente zugleich. Die Optimierung der Vertriebswege kann nur gelingen, wenn sie auf der Verbindung von strategischer Analyse und technologischer Bewertung der Möglichkeiten basiert. Die strategische Optimierung alternativer Vertriebs- und Kommunikationswege (Multi Channel Management) ist ein mehrstufiger Prozess, er umfasst

- die Definition der strategischen Kerngeschäftsfelder des Unternehmens,

- das Erfassen der Anforderungsprofile der Zielkunden,

- die Definition der möglichen Vertriebskanäle,

- die Festlegung der Kundenprozesse pro Kundensegment und Kommunikationskanal sowohl für die derzeitige Kommunikation, als auch für die zukünftige Kommunikation anhand der strategischen Ziele des Unternehmens,

- die Ableitung eines Maßnahmenkatalogs, um entlang des Kommunikationsprozesses die Inhalte der Kommunikation zuordnen zu können,

- die Bündelung der Maßnahmen in Arbeitspakete unter Berücksichtigung der vorhandenen Ressourcen sowie Umsetzung derselben und Festhalten der Ergebnisse in einer Intensionslandkarte (Kundensegment-Produkt-Kanal-Matrizen) bzw. in einer Vertriebswege-Produkte-Matrix.

Bei der Optimierung der Vertriebswege geht es um die kombinierte Nutzung von direkt miteinander konkurrierenden Vertriebswegen durch ein Untenehmen. Durch den Einsatz von elektronischen Systemen wie Handy und Internet gewinnt der Multichannel-Absatz zunehmend an Bedeutung: insbesondere durch den parallelen Verkauf über stationäre Einkaufsstätten und über das Internet sowie mit der Konvergenz des Internet mit dem Mobilfunk eröffnen neue Kommunikations- Vertriebskanäle mit enormen Chancen, aber auch verschärften Wettbewerbsbedingungen (der nächste Anbieter ist nur einen Click entfernt), wodurch Kundenakquise und Kundenbindung zu zentralen Themen werden. Die Vielzahl der Kommunikationsinstrumente erfordert jedoch eine Integrationsnotwendigkeit sämtlicher Kommunikationsaktivitäten, damit kein diffuses Bild entsteht. Viele Multichannel-Strategien bündeln allerdings derzeit zumeist nur mehrere separate Kanäle, statt sie zu vernetzen und einen Kanalwechsel auch während des Kaufprozesses möglich zu machen. Sie sind oft unstrukturiert und ohne Führung gewachsen, die dahinterliegenden Prozesse wurden nicht konkret definiert. Dabei sollte man sich vergegenwärtigen, dass die gestiegenen Erwartungen und Ansprüche der Kunden der eigentliche Treiber der Multi Channel-Strategien gewesen ist: sie wollen nämlich selbst entscheiden und frei wählen, über welchen Vertriebsweg sie sich informieren wollen, über welchen Vertriebsweg sie mit einem Unternehmen wann in Kontakt treten wollen und auch über welchen Vertriebsweg sie ein Produkt kaufen oder auch umtauschen wollen. Das alles drückt sich aus in gestiegenen Bedürfnissen nach Individualität, Mobilität und Convenience. Der sog. „Channel Hopper" nutzt so während eines Kaufprozesses durchaus mehrere Vertriebswege parallel, wie z.B. preis-, convenience-, erlebnis- oder zweckorientierte Einkaufswege. Er erwartet dabei allerdings einen schnellen, effektiven und qualitativen Service, egal welchen Channel er gerade nutzt. Als Anforderungen an Kontaktpunkte der verschiedenen Channels gilt daher, dass sie im Sinne der Mobilität sowie des Informationsbedürfnisses und des Konsumverhaltens des Kunden der jeweiligen Situation angepasst werden müssen, d.h. dort, wo der Kunde Zeit hat und die emotionale Umgebung vorfindet und wo er gezielt kommunizieren möchte. Der vom Kunden begonnene Informations- und Verkaufsprozess muss an allen Kontaktpunkten jederzeit unterbrochen beliebig an einem anderen wieder aktiviert werden können.

In Abbildung 5 sind die einzelnen Vertriebskanäle hinsichtlich ihrer Stärken und Schwächen, hinsichtlich ihrer zeitlichen und örtlichen Verfügbarkeit, hinsichtlich ihrer Anonymität und Objektivität, hinsichtlich ihrer Erreichbarkeit, ihrer Ownership und ihres Raumbedarfs analysiert (vgl. Stöhr; Reimann 2005, S. 11).

Aspekt \ Kanal	Katalog	Brief, Fax	Call Center	Außendienst	Shop Verkäufer	T-Comm. TV	E-Comm., Internet	m-Comm., Handy, PDA	K-Comm., eKiosk, Automat
zeitl. Verfügbarkeit	immer	immer	Öffnung	Öffnung Vereinbarung	Öffnung	Zu spez. Sendezeiten	Immer – wenn eingeschaltet	Immer – wenn eingeschaltet	Immer (24 / 7 / 365)
örtl. Verfügbarkeit	Zu Hause	Zu Hause	Zu Hause, Büro	Zu Hause	Nur im Ladengeschäft	Zu Hause (Büro)	Zu Hause, Büro, am Internet-Kiosk	Nahezu überall	Wo Bedürfnis erwartet wird
Anonymität	ja/nein	nein	nein	nein	ja/nein	ja	ja/nein	nein	ja
Objektivität	nein	nein	nein	nein	ja/nein	ja/nein	ja	ja/nein	ja/nein
Angebot da	nein	nein	nein	ja/nein	Ja/nein	nein	ja/nein	ja/nein	ja
Kosten trägt	Anbieter / Kunde	Anbieter / Kunde	Anbieter / Kunde	Anbieter	Anbieter	Kunde	Kunde	Kunde	Anbieter
erreichbar für	alle Kunden	alle Kunden	alle Kunden	alle Kunden	alle Kunden	Kunde mit Set-Top-Box	ca. 50 Prozent der Kunden	ca. 70 Prozent der Kunden	Alle Kunden
Raumbedarf	gering	gering	groß	groß	groß	keiner	keiner	keiner	gering
Ownership	Anbieter	Anbieter	Anbieter	Anbieter	Anbieter	Kunde	Kunde	Kunde	Anbieter

© Anja Stöhr / Eckhard Reimann, 2005

Abbildung 5: Vergleich ausgewählter Vertriebskanäle (vgl. Stöhr; Reimann 2005, S. 12)

7.1 Das Kundenbeziehungs-Management im Internet

Für Unternehmen ist das Ein- und Verkauf im Internet, der E-Commerce, eine ökonomische Chance ohne Parallele. E-Commerce hat das Einkaufen hinsichtlich Schnelligkeit, Bequemlichkeit und Vielfalt revolutioniert. Kunden können nun Zeit sparen und Dinge erledigen, die sie bisher nicht tun konnten. Aber Kaufen ist nicht nur Warenaneignung, Kauf bedeutet vor allem Erlebnis, Lust, Befriedigung, wie sie jeder immer wieder beim Anprobieren von Bekleidung, Riechen von Parfüm oder beim Berühren von Produkten erlebt. E-Commerce bietet dagegen nach Grünewald „nur eine kastrierte und apersonale Erlebniswelt, die nicht zum Besuch lockt. Es fehlen die Gerüche, Klangkulissen, die Tiefe des Raums, die Möglichkeiten, Dinge zu betasten" (vgl. Grünewald 1999, S. 1). Hier sind seit dem Beginn des Electronic Commerce allerdings deutliche Verbesserungen festzustellen: so haben z.B. die Montafoner Hochjochbahnen auf ihrer Internetseite das „Erlebnis am Berg" über das Skifahren hinaus virtuell erlebbar gemacht und lassen die Besucher den Wunsch „Hier ist was los! Da will ich hin!" hochkommen. Zahlreiche Community-Tools wie Foto-Galerien von Events, E-Cards, Fun-Barometer, Live-Cams, Panorama-Bilder runden das Angebot ab und laden die Besucher immer wieder zum Wiederkehren ein. Sämtliche Aktivitäten fügen sich nahtlos in das CRM-System ein, um die Besucher auch ganz individuell ansprechen zu können. Die Kundenorientierung wird gerade im Internet zu einer zentralen Herausforderung, weil der Kunde durch seine steigende Macht schneller Fehlleistungen aufdecken und sofort entsprechend durch das Suchen und Auffinden fehlerfreier Anbieter reagieren kann. Die Internetseite wendet sich zunächst an viele Empfänger ähnlich dem „One-to-Many"-Prinzip der klassischen Werbung, doch sie haben nun einen direkten Rückkanal eingerichtet wie E-Mail, Call-Back-Buttons, Gästebuch, Mailinglists, Hypertext-Links, Diskussionsforen, mit denen man nun bequem mit dem Anbieter Kontakt aufnehmen kann. Diese individuelle Art des Kundenkontaktes ist außerordentlich wertvoll, weil der Kunde damit Aufschluss über seine wirklichen Wünsche liefert, ferner seine Bereitschaft zum weiteren Dialog signalisiert und damit ein nicht unerhebliches Interesse zeigt. Dialog und Feedback sind immer mehr zum unverzichtbaren Bestandteil des Marketings geworden. Die E-Mail ist heute aus dem marketing-Mix nicht mehr wegzudenken. Doch der Einsatz von Spam-Filtern und die Verschärfung der rechtlichen Vorgaben stellen sie vor eine große Bewährungsprobe. Etwa 15 Prozent der seriösen E-Mail-Newsletter verfehlen heute leider ihr Ziel. Doch wer die rechtlichen Regeln einhält und die Gestaltungsprinzipien für E-Mail-Marketing beachtet, verfügt auch in Zeiten einer anschwellenden Spam-Flut über ein leistungsfähiges Instrument zur Betreuung alter Kunden und zur Erschließung neuer Kunden- und Absatzpotentiale. Allerdings wird dieses Instrument von sehr vielen Unternehmen auch heute noch sehr vernachlässigt: 63 Prozent deutscher Unternehmen antworten nicht auf E-Mail-Anfragen. Aber auch diejenigen, die auf E-Mail-Fragen antworten, antworten entweder zu spät, unvollständig oder – was besonders erstaunlich ist – ziemlich unfreundlich (vgl. Reimann 2005, S. 5).

Database Marketing, CRM und One-to-One-Marketing haben mit dem Internet und E-Commerce einen ganz neuen Schwung erhalten; denn. Kunden sind sehr oft bereit, Informationen von sich preiszugeben, wenn für sie daraus ein konkreter Nutzen entsteht. Hierfür wurde der Begriff „Permission Marketing" geprägt, der aussagt, dass die Verwendung der Kundendaten mit der Erlaubnis durch den Kunden geschieht. Er braucht z.B. seine Informationen nicht mehr aus unzähligen Quellen zusammensuchen, sondern erhält sie wunschgemäß präsentiert. Er dafür wird mit Namen begrüßt und als Individuum bedient. Aus der Beobachtung des Surfverhaltens jedes Kunden auf der Internetseite und aus dem Beantworten von Fragen wird das Wissen über den Kunden verbessert und das Angebot immer gezielter auf die Wünsche des Kunden abgestimmt. Mit Hilfe von Profilierungstechniken ist es zudem möglich, den Web-Besucher so individuell zu behandeln, wie er es von dem Verkäufer im realen Laden erwarten würde. Das Lüneburger Unternehmen HUMANzone KG bringt belebt Online-Shops durch Beraterinnen, die via Web-Kamera die Kunden beraten. Das Verkaufsgespräch findet dabei über einen Text-Chat statt, damit der Kunde nach der Beratung den Dialog ausdrucken oder speichern kann. Und das Unternehmen kann aus den Gesprächsprotokollen seine Leistungen weiter verbessern und Kundenwünsche voraussehen. Aus den Gesprächen mit den Online-Besuchern lernt ein Shop seine potentiellen Kunden tatsächlich kennen als echten Kontakt mit emotionaler Bindung und eventuell sogar mit Adresse; denn die Beraterinnen bekommen im Durchschnitt in jedem fünften Chat eine Adresse. (vgl. Stumpf 2004, S. 2). Mercedes-Benz hat zeitgleich zur Markteinführung des neuen Sprinters ein Webspecial mit einer multimedialen Inszenierung unter dem Motto „Der neue Sprinter. Komme, was wolle." gestartet, in der der Kunde auf unterhaltsame und anschauliche Weise über eine intuitive und bedarfsorientierte Navigation mit Informationen versorgt wird. Dabei können die Fahrzeuge aus zahlreichen Perspektiven in jeder gewünschten Aufbauform und Konfiguration betrachtet werden. Informationen zu den einzelnen Features können über Hotspots am Fahrzeug abgerufen werden. Mit Hilfe verschiedener E-CRM-Funktionalitäten hat der Interessent die Möglichkeit, direkt und ohne Umwege mit einem Händler seiner Wahl Kontakt aufnehmen.

7.2 Das Kundenbeziehungs-Management über SB-Terminals

Es ist inzwischen unstrittig, dass Selbstbedienungsterminals aufgrund ihrer optischen Präsenz, örtlichen Verbreitung sowie ihrer innovativen Technologie eine ideale Verknüpfung von klassischen und modernen Vertriebskanälen darstellen, aber nur in den seltensten Fällen wird trotz seiner hohen strategischen Bedeutung der Vertriebskanal SB effizient eingesetzt. Dabei hat eine Studie gezeigt, dass über die Hälfte der am SB-Terminal angesprochenen Kunden im Anschluss sofort von einem Kundenberater angesprochen werden möchten und auch die Möglichkeit nutzen würden, über das SB-Terminal einen Rückruf zu erbitten (vgl. NCR 2004, S. 1). Die Automobilindustrie hat schon seit Beginn des Multimedia-Zeitalters mit multimedialen Kiosksystemen Verkaufsförderung betrieben und solche Lösungen immer wieder mit den Möglichkeiten der geeigneten Vertriebswege kombiniert, wie z.B. die MCC smart GmbH: in der Phase, in der der Kunde sich mit dem Gedanken eines Autokaufs, unterstützen ihn dabei das Internet und öffentlich Kioskterminals (z.B. auf Messen) – in der Phase verstärkten Interesses

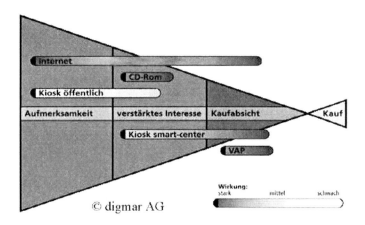

Abbildung 6: Multi-Channel-Verkaufsprozess beim smart (vgl. Bader 1999, S. 312)

sind CD-ROMs und das Internet von zu Hause aus sowie Kioskterminals in den Verkaufsräumen des Händlers zur anonymen Selbstinformation und -beratung sehr wirkungsvoll – das eigentliche Abschlusstool ist letzten Endes aber der Verkäuferarbeitsplatz (VAP). Entscheidend ist aber, dass in allen Phasen des Informations- und Verkaufsprozesses alle vom Kunden eingegebenen Informationen auf allen Vertriebskanälen verfügbar und abrufbar gewesen sind (vgl. Bader 1999, S. S.312).

Ein aktueller Trend ist der Einsatz von Kundenkarten, um den Kunden noch stärker an das Unternehmen zu binden. So sammelt derzeit mehr als jeder zweite Bundesbürger Bonuspunkte, die er über das Internet und noch effektiver über entsprechende Instore Redemption Terminals einlösen kann. Inhaber von Kundenkarten kaufen eher Produkte, auch bislang nicht gekaufte Produkte beim die Kundenkarte herausgebenden Handelsunternehmen als Nicht-Kundenkarten-Besitzer. Mitglieder von Bonusprogrammen empfehlen den jeweiligen Anbieter weitaus häufiger als Nicht-Mitglieder, weil sie sich dadurch zusätzliche Punkte versprechen. Sie haben sich zudem als weitaus zufriedener mit dem jeweiligen Händler erwiesen als Nicht-Mitglieder. 65 Prozent der Kundenkartenbesitzer haben daher auch ihr Einkaufsverhalten entsprechend umgestellt: 31 Prozent tätigen ihre Einkäufe nur noch bzw. überwiegend in den Geschäften, für die sie eine Kundenkarte besitzen und für 34 Prozent ist die Kundenkarte zumindest Anlass, jetzt dort noch häufiger einzukaufen als bisher (vgl. Glusac/Hinterhuber 2005). Der Einsatz von Kundenkarten an Kioskterminals macht Kiosks z.B. in England und den USA zu „Advantage Points", die dem Besitzer solcher Karten mit Hilfe von Database Marketing und Data Mining ganz spezielle, auf ihre bisherigen Kaufgewohnheiten sowie auf Käufe ähnlicher Kundengruppen basierende Angebote macht. Loyalty-Card-Besitzer, die den Kiosk gleich beim Betreten des Ladengeschäftes aufsuchten, kauften etwa doppelt so viel wie Loyalty-Card-Besitzer, die den Kiosk nicht benutzten und sogar dreimal soviel wie Kunden, die keine solche Karte besitzen (vgl. Inter-Act Systems 1999). In Deutschland wird etwa ein Drittel der Kundenkarten nicht genutzt („Sleeping Cards"), weil es die Händler nicht verstanden haben, den Nutzen der Karte deutlich zu machen, und weil ein wirklicher Dialog mit dem Kunden darüber noch nicht stattgefunden hat. In der Flut des Kartenangebots wird nur derjenige Kartenanbieter eine klare Vorteilsposition beziehen, der mehr bietet als austauschbare Preisnachlässe. So werden beispielsweise durch die direkte Koppelung mit anderen Anreizsystemen (Rabattmarke, Coupons, Gutscheinhefte, etc.) wichtige zusätzliche Informationen über das Kaufverhalten der Kunden gewonnen. So werden beim Check-out-Couponing Rabatt-Angebote ganz individuell - nämlich abhängig vom gerade abgerechneten Warenkorb – gemacht, sodass Streuverluste ausgeschlossen sind. Allerdings bewerten derzeit nur 25 Prozent der deutschen Handelsunternehmen die über Kundenkarten gewonnenen Informationen; so werden zwar Daten gewonnen, aber nicht für relevante Angebote genutzt, wie es beispielsweise Tesco oder Sainbury's in England tun. Der Versandhandel hat dagegen seit jeher einen großen Vorsprung in der Kundenkenntnis gegenüber dem Einzelhandel, da er mit einer kompletten Kundenhistorie ausgestattet ist. Längst sind daher hier ausgefeilte Scoring-Systeme entwickelt worden, um die Kaufinteressen und Produktaffinität, das Cross- und Up-Selling-Potential und nicht zuletzt auch die Kreditwürdigkeit einzuschätzen. Individuelle Analysemethoden unterstützen den Versandhandel, dem einzelnen Kunden die richtigen Spartenkataloge auszusenden, passende Angebote zu unterbreiten und vor allem unpassende eben nicht.

Der Einzelhandel holt inzwischen durch die Einrichtung und Nutzung von Rabatt- und Kundenkartensystemen in Sachen Kundenkenntnis und Kundenbindung auf. Bereits im Jahre 1979 hat die spanische Modekette Cortefiel die Kundenkarte eingeführt und konnte dadurch nicht nur den Erfolg des Direktmarketings maximieren und der Abwanderung der Kunden entgegenwirken, sondern auch die Filialleiter mit Scorecards unterstützen, ihr Sortiment und ihre Marketingaktivitäten auf ihren örtlichen Kundenstamm zuschneidern (vgl. Grävemeyer 2005).

Lowes, einer der US-Handelsgiganten mit mehr als 1.200 Geschäften, beabsichtigt in Kürze CRM-Lösungen auf Instore-Kioskterminals einzusetzen, um den Kunden einen persönlichen Service bieten und auch um sie persönlich begrüßen zu können (vgl. Kiosk Business; Gartner 2005, S. 9). Einer der größten und ältesten Handelsketten in der Türkei, die Migros Turk T.A.S., setzt schon seit langem Data Warehousing, CRM, Customer Life Time und One-to-One-Marketing ein, um den Kunden einen besonderen Kundenservice zu bieten. Über Kioskterminals können sie sich mit ihrer Migros Club Card anmelden, sie werden ebenfalls persönlich begrüßt, am Geburtstag sogar mit einem Geburtstagslied. Sie erhalten ferner aufgrund ihres Kaufverhaltens auf sie persönlich zugeschnittene Gutscheine und Coupons. Durch den Einsatz der Terminals sparte Migros Turk mehr an Portogebühren ein, als das gesamte Projekt überhaupt gekostet hatte. (vgl. Tort 2002). In ähnlicher Weise setzt auch der US-Handelskonzern Giant Eagle sein CRM-System über sog. „Personal Shopping System"-Kioskterminals ein. Angesichts der Furcht vieler Bürger vor dem „gläsernen Kunden" bietet die holländische de Bijenkorf-Handelskette ihren Kunden die Möglichkeit, ihre persönlichen Daten und Präferenzen im de Bijendorf-CRM-System an Instore-Kioskterminals jederzeit einsehen und abändern zu können (vgl. Martin 2002, S. 8). Viele Unternehmen in den USA wie Ford, Honda, Microsoft oder Radio Shack nutzen Photo-Terminals als Basis ihrer One-to-One-Marketing-Kampagnen. Besucher auf Rock-Konzerten oder in Bars werden dazu animiert, von sich und Freunden am Photo Terminal ein Foto von sich machen zu lassen, anschließend registrieren sie sich im Internet und tragen freiwillig persönliche Daten ein, um die Fotos ansehen und ausdrucken zu können. Der Wunsch, die Fotos zu erhalten, ist so groß, dass das 50 bis sogar 80 Prozent der Besucher tun. Das System ist somit onsite per Photo Terminal mit dem potentiellen Kunden auf einem Event in Kontakt, bringt ihn anschließend online, um mehr Informationen zu erhalten und ermöglicht dann in einer ongoing-Kommunikation individuelle Direkt- und E-Mail-Kampagnen mit dem Kunden (vgl. PictureMarketing 2006). Englands Handelsriese Tesco hat enorme Gewinne aus seinem Clubprogramm erzielt. Tesco ist in der Lage, aus dem Verhalten der Kunden in seinen Stores, analysiert aus den Daten der Clubcard, seine Marketing- und Dienstleistungsaktivitäten entsprechend anzupassen, um Kundenbindung und Gewinne zu optimieren. So können Kunden bei Tesco an Kioskterminals speziell für den einzelnen Kunden individuell passende Coupons ausdrucken und einlösen – aufgrund dieser kundenorientierten Unternehmensstrategie hat Tesco in den vergangenen Jahren große und etablierte Händler überholen und sich an die Spitze setzen können (vgl. Thompson 2005; Reimann 2002). In Deutschland haben zunächst einige der Payback-Partner damit begonnen, den Kunden das Einlösen der angesammelten Bonuspunkte direkt vor Ort im Laden an entsprechenden Kioskterminals zu ermöglichen und somit einen großen Anteil an den Konsumausgaben des Kunden (Share of Wallet) auf das eigene Angebot zu lenken – nämlich an etwa 330 PAYBACK Service Desk-Terminals bei Galeria Kaufhof, an 300 OBI PAYBACK Service-Punkten bei den OBI- Heimwerker- und Baumärkten, an 250 Punktomaten bei real sowie an etwa 720 dm-Service-Punkten bei dm-drogerie-markt. Seit Herbst 2005 haben auch „HappyDigits"-Kundenkarten-Inhaber die Möglichkeit, entsprechende Gutscheine an 180 Karstadt-Kundenterminals auszudrucken und bei Karstadt einzulösen. So wurden bei Karstadt allein im Dezember 2005 Gutscheine in Höhe von über 5,4 Mio. Euro ausgedruckt – das war dreimal so viel wie erwartet.

Rabatte, Bonuspunkte und Prämien alleine schaffen allerdings heute keinen besonderen Anreiz mehr, eine bestimmte Karte einer anderen vorzuziehen. Convenience wird sich immer mehr als Erfolgsfaktor etablieren. Wer Leistungen anbietet, die den Kunden beim Einkauf unterstützen, schafft Kundennutzen und steigert damit Akzeptanz und Einsatz der Kundenkarten. Kioskterminals vor Ort im Ladengeschäft werden sich angesichts der knappen personellen Ressourcen immer stärker als Freund und Helfer für Shoppingfragen durchsetzen (vgl. Reimann 2002). So werden Kioskterminals und auch Geldautomaten in Zukunft sogar die Gemütslage des Benutzers ablesen und entsprechend reagieren. Verschiedene IT-Anbieter arbeiten derzeit an der Entwicklung von Terminals, die automatisch per Gesichtsinterpretation erkennen, ob der Obstkäufer gerade verärgert oder der Weinkäufer guter Laune ist. Wer am Geldautomaten aufgrund der kleinen Buchstaben beim Lesen des Bildschirms Schwierigkeiten hat – ausgedrückt z.B. durch gesenkte Augenbrauen oder leichtes Stirnrunzeln, dem werden beim nächsten Besuch die Angebote automatisch in größeren Buchstaben angezeigt (vgl. Buck 2003).

Literatur

Bader, G.: Einsatz von elektronischen Medien im Verkauf am Beispiel smart, in: Tomczak, T.; Belz, Ch.; Schögel, M.; Birkhofer, B. (Hrsg.): Alternative Vertriebswege, St. Gallen 1999, S. 310-321

Buck, K.: Sensible Automaten: Kiosksysteme sollen je nach Kundenstimmung reagieren, in: Lebensmittel-Zeitung, 24. Jan. 2003

Gale, B.T.: Managing Customer Value: Creating Quality & Service that Customers Can See, New York 1994

Glusac, N.; Hinterhuber, H.H.: Wie Miles & More und Payback wirken, in: Harvard Business manager, Dezember 2005, S. 8-10

Grävemeyer, A.: Kunde mit Profit, in: TeleTalk, Juli 2005

Grünewald, S.: E-Commerce: Revolution oder Kastration?, in: rheingold-Newsletter, Februar 1999, S. 1

Keller, H.U.: Strategisches Kundenmanagement und Retention Marketing, in: Bernet, B; Schmid, P. (Hrsg.): Retail Banking: Visionen, Konzepte und Strategien für die Zukunft, Wiesbaden 1995, S. 87-104

Kiosk Business; Gartner: 5th Annual Kiosk Benchmark Study „Service on Demand", Randolph, NJ. 2005, S. 1-40

Inter-Act Systems Ltd.: Consumer Marketing at a Touch, Hemel Hempstead (UK) 1999

Maier, D; Reimann, E.: Datenquellen langfristig erschließen: Database Marketing, Data Mart und Data Warehousing – und dann?, in: geldinstitute, Oktober 1998, S. 18-20

Martin, D.: Makting it easier for customers to buy and more profitable for retailers, in: KIOSK Magazin, Januar 2002, S. 8-9

NCR GmbH: GfK-Studie belegt: SB-Kanal wird zum unverzichtbaren Marken- und Kundenbindungsinstrument für Banken, NCR-Pressemitteilung, Augsburg, 20. Sept. 2004

PictureMarketing, Inc.: Convert Event Attendees into Online Participants, www.picture-marketing.com , 2006

Reimann, E.: Maßgeschneidertes Kunden-Beziehungsmanagement: Kundeninformations- und Database Management, in: BANK Magazin , Oktober 1995, S. 8-13

Reimann, E.: Multimedia als Instrument der Differenzierung, Kundenbindung und Kundenservice, in: Fischer, G. (Hrsg.): Marketing, Teil E, Landsberg/Lech 1996, S. 1-24

Reimann, E.: Database-Marketing und Relationship-Management im Zeitalter der neuen Medien, in: Fischer, G. (Hrsg.): Marketing, Teil E, Landsberg/Lech 1998, S. 1-29

Reimann, E.: Neue Medien in der Finanzdienstleistungsbranche: Analysen, Trends und Prognosen, Vortragsmanuskript auf der 5. Multimedia-Praxisveranstaltung der Pichen & Stiebing Unternehmensberatung GmbH, Köln 1999

Reimann, E.: Qualitäts-Controlling und Kalkulation von Kioskprojekten, in: Silberer, G.; Fischer, L. (Hrsg.): Multimediale Kioskterminals – Infotankstellen, Telekommunikationssysteme und Smart Shops der Zukunft, Wiesbaden 2000, S. 247-269

Reimann, E.: E-Commerce: Freund und Helfer für Shoppingfragen, in: HORIZONT, 49 Jg. (2002), S. 48

Reimann, E.: CRM im E-Commerce, in: Digitale Fachbiliothek „Verkauf: Kundenmanagement, Vertriebssteuerung, E-Commerce", Kapitel 06.11, Teil 1, Düsseldorf 2005, S. 1-21

Sexauer, H.J.; Reimann, E.: Customer Relationship Management: Integration mangelhaft, in: acquisa, Mai 2001, S. 50-51

Sexauer, H.J.; Reimann, E.: Serie: Der Einsatz kundenorientierter Informationssysteme bei Finanzdienstleistern – Das Management von Kundenbeziehungen, in: geldinstitute 6/2001, S. 104-106, 111; geldinstitute 7-8/2001, S. 32-35; geldinstitute 9/2001, S. 36-40; geldinstitute 10/2001, S. 40-45

Stöhr, A.; Reimann, E.: Multichannel-Mix: Erfolgsstrategie für den Handel, in: Digitale Fachbiliothek „Kundenorientierung: Strategie und Umsetzung", Kapitel 04.07, Düsseldorf 2005, S. 1-26

Stumpf, Ch.: Ein Gesicht für Online-Shops, in: ECIN, http://www.ecin.de/shops/chatberater, 2004, S. 1-3

Teerlink, M.: Towards Consumer Marketing in the New Millennium, NCR Whitepaper, Kopenhagen 1998

Thompson, B.: The Loyalty Connection: Secrets to Customer Retention and Increased Profits, RightNow Technologies, März 2005

Tort, O.O.: New Bridges to the Customer – CRM Strategies at the POS, Vortrag auf dem 3. POS-MarketingCongress „Überleben am Point of Sale", Düsseldorf 2002

Unruh, J.A.: Customers Mean Business – Six Steps to Building Relationships, Reading,MA et al. 1996

Direktmarketing und Cross Selling am Bankautomat

Werner Paulini, Detlef Schulze

Zusammenfassung: Das Privatkundengeschäft in der Kreditwirtschaft leidet nach wie vor an mangelnder Profitabilität. Nach Phasen der Kostenreduzierung konzentrieren sich Institute künftig auf kontinuierliches Wachstum durch gezielte Potentialausschöpfung ihres Kundenbestands. Dabei können Bankautomaten – schon heute der am häufigsten genutzte Vertriebskanal – einen entscheidenden Beitrag leisten, um Kunden qualifiziert und persönlich anzusprechen und damit die Effizienz des Kontaktes erheblich zu steigern. Der vorliegende Artikel beschreibt Bankautomaten und ihre Verwendung als CRM-Instrument im Allgemeinen sowie als Teil einer Direktmarketing-Lösung von Wincor Nixdorf International im Besonderen und gibt einen abschließenden Überblick zu entsprechenden Anwendungen auf dem internationalen Markt.

Schlüsselworte: Customer Relationship Management (CRM), Direktmarketing, Kampagnenmanagement, Bankautomat, GAA, Personalisierung

Inhaltsverzeichnis

1 Kundenbeziehungen im Wandel 359

2 Erfolgsfaktoren des CRM und der Bankautomation 362

3 Der kundenorientierte Vertriebsprozess 368

4 Praxisbeispiel Geldautomat 372

5 Anwendungsvarianten und Ausblick 378

Literatur 382

1 Kundenbeziehungen im Wandel

Der Privatkunde steht heute wieder im Mittelpunkt vieler Kreditinstitute als Garant für dauerhaft stabile Erträge. Institute, die sich noch vor wenigen Jahren vom Retailbanking getrennt haben, bewerben heute einmal mehr den Retailkunden. Nie war der Wettbewerb um diese Zielgruppe intensiver. Was ist passiert?

Um im kostenintensiven Massengeschäft die Profitabilität zu erhöhen, dünnen Kreditinstitute ihr Filialnetz aus und kooperieren mit einstigen Mitbewerbern. Kunden-SB und Online-Banking sind deutlich kostengünstiger und zeitunabhängiger als die stationäre Dienstleistung.

Diese kostenorientierte Sicht droht aber zum Bumerang zu werden: Die Dienstleistung verliert ihre persönliche Note, die Verlagerung der Dienstleistung auf die Technik führt zu immer weniger Kontakten in der Filiale, solange der Kunde keinen Anreiz zum Besuch seiner Filiale erhält. Die Leistungen der Institute sind austauschbar – der Mitbewerber ist nur einen Klick entfernt. Das Ziel der Kreditinstitute, den stationären Betrieb stärker auf Beratung und Vertrieb auszurichten, setzt voraus, die richtigen Kundenkontakte in Vertriebserfolg umsetzen zu können.

Viele Kunden vermissen den früher erlebten persönlichen Kontakt; Unzufriedenheit einerseits, andererseits kostengünstigere Alternativen veranlassen diese, ihre Loyalität aufzugeben.

Heutige Bankkunden sind anspruchsvoller, sie nutzen mehrere Vertriebskanäle und Bankverbindungen. Ihr Konsumverhalten ist primär durch den Handel geprägt und dementsprechend verhalten sie sich: sie sind einerseits kostenbewusst, andererseits wissen sie Kundenorientierung zu schätzen und honorieren dies.

Nachdem viele Kreditinstitute die Phasen der Kostenreduzierung initiiert haben, konzentriert man sich nun auf stetiges Wachstum (vgl. Capgemini/EFMA/ING 2005). Dieses soll nicht nur durch Akquisition von Neukunden, sondern hauptsächlich durch umfassenderes Ausschöpfen des Bestandskundenpotentials (Steigerung des "share of wallet") erreicht werden.

Vor diesem Hintergrund stellt sich folgende Frage: Wie kann der durch rückläufigen persönlichen Service schwindenden Kundendialog wieder neu belebt und das Interesse für die (vertriebsorientierte) Filiale wieder geweckt werden?

Das systematische Management der Kundenbeziehungen bekommt in Umfragen unter Vertriebs- und Marketingleitern immer wieder den höchsten Stellenwert. Dabei ist die Erkenntnis, dass eine intensive Kundenbeziehung der wichtigste Wettbewerbsvorteil ist und den Wert eines Unternehmens messbar steigert, keinesfalls neu (vgl. Rapp 2005).

Systeme zur Pflege der Kundenbeziehung bzw. Customer Relationship Management (CRM) sind meist schon etabliert: die Möglichkeit, Kunden zu analysieren, sie in Segmente einzuteilen und sie einer bestimmten Geschäftsstrategie zuzuordnen, ist grundsätzlich vorhanden. Die Aufgabe, den Kunden wirkungsvoll anzusprechen, konnte jedoch bislang nicht zufriedenstellend gelöst werden.

Dies ist den Kreditinstituten offensichtlich bewusst, denn in Umfragen, die sich auf künftige strategische Schwerpunkte beziehen, stehen Maßnahmen zur Optimierung der Kundenbeziehung und -bindung meist an erster Stelle (vgl. Booz Allen Hamilton 2004, MSU Consulting 2004). Vor allem steht dabei die profitablere Gestaltung des Kundenkontaktes in der Filiale immer stärker im Fokus bei gleichzeitig immer stärker werdendem Druck.

Abbildung 1: Das Dilemma im Retail Banking

So mancher Bankmanager wird sich von dem Gedanken verabschieden müssen, traditionelle Vorstellungen von Marktpräsenz und persönlichem Service mit den Forderungen aus Profitabilität und Wettbewerb in Einklang bringen zu können.

Kundennähe ist nicht allein lokale Präsenz, sondern vielmehr auch Erreichbarkeit, Funktionalität und Leistungsfähigkeit. Die künftige Herausforderung für Kreditinstitute besteht darin, jeden Kundenkontakt, insbesondere den nicht geplanten spontanen Kontakt wirkungsvoller zu nutzen! Marketing muss dort stattfinden, wo der Kunde mit seinem Kreditinstitut verkehrt, z.B. bei der Selbstbedienung in jeder Form.

Eine Studie ermittelte den europäischen Vertriebskanalmix für das Privatkundengeschäft, hochgerechnet auf das Jahr 2010 (vgl. Celent 2004): demnach werden 45% aller Banktransaktionen über den Geldautomat (im Folgenden mit GAA abgekürzt) erfolgen (vgl. Abbildung 2). Müsste man ein ideales Marketinginstrument erfinden, es würde sicher einem GAA nicht unähnlich sein – derzeitige Verbreitung: 1.5 Mio. Geräte weltweit, mit einem 24 stündigen Zugang und das 7 Tage pro Woche. Dieser Trend wird durch den zunehmenden Einsatz von multifunktionalen Selbstbedienungsterminals noch unterstützt.

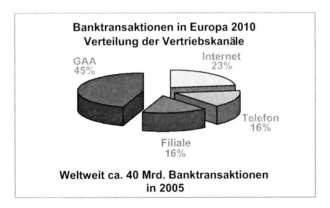

Abbildung 2: Banktransaktionen in Europa 2010 (vgl. Celent 2004, S. 13)

2 Erfolgsfaktoren des CRM und der Bankautomation

Eine Einführung in das Customer Relationship Management (CRM) würde an dieser Stelle zu weit führen. Wichtig ist uns, sowohl den Begriff CRM kurz zu beleuchten als auch Forderungen zu nennen, die grundsätzlich zu erfüllen sind, um CRM erfolgreich anzuwenden.

CRM verstehen wir als das Organisieren von profitablen und dauerhaften Kundenbeziehungen zur Stärkung der Kundenbindung und der Rendite. Dies erfolgt über personelle, organisatorische und technische Ausrichtung auf diese Ziele und umfasst analytische, operative und kommunikative Instrumente.

Mehr Umsatz aus dem Kundenbestand zu generieren, ist keine triviale Aufgabenstellung. Im Vergleich zur Akquisition von Neukunden, die gemäß der American Bankers Association etwa € 2.860 kostet, ist diese Aufgabe in der Regel um den Faktor 5 kostengünstiger, setzt aber ein beziehungsorientiertes Vorgehen und bestimmte Fähigkeiten voraus (vgl. Abbildung 3 sowie folgende Abschnitte).

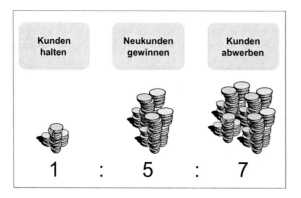

Abbildung 3: Kostenvergleich Kundenbindung versus Neukundengewinn
(vgl. Anmacher et al. 2000)

Beziehungsansatz statt Produktorientierung

Statt seine Kunden lediglich als Konsumenten verschiedener Bankprodukte zu sehen betrachtet man sie individuell, ganzheitlich und begleitet sie angemessen in ihrer Lebenssituation. Zufriedene Kunden sind nicht immer loyale Kunden, loyale Kunden sind nicht immer profitable Kunden. Beziehungsmanagement ist daher bestrebt, aus Kunden loyale Kunden zu machen und den loyalen Kunden eine ihres Kundenwertes entsprechende Betreuung zu gewährleisten.

Analytisches CRM kann helfen, den Kundenwert im Unternehmen zu überprüfen und zu verbessern. Die hohe Bedeutung von loyalen Kunden für die Unternehmung ist durch Studien belegt, so dass der loyale Kunde im Vergleich zum Neukunden in der Regel...

- geringere Kosten verursacht,
- mehr konsumiert,
- sich weniger preissensibel zeigt,
- durch Weiterempfehlungen den ganzheitlichen Kundengewinn fördert.

Multikanalfähigkeit (einheitlicher Service über alle Kanäle)

CRM ist darauf angewiesen, alle Kunden über die "richtigen" Kanäle ansprechen zu können, um das vorhandene Geschäftspotential optimal auszuschöpfen. Dementsprechend sind alle Vertriebskontakte und -kanäle von Bedeutung, um daraus Wissen über Kunden und ihr Potential, und damit Prognosen und Aktivitäten ableiten zu können. Um das Ergebnis einer konsequenten und konsistenten Multikanal-Ansprache zu erreichen, ist eine Vernetzung aller operativen Kanäle (z.B. Online, Call Center, SB, Betreuer) zu gewährleisten.

IT-Infrastruktur für einen geschlossenen Marketing-Zyklus

Nur wer seine Kunden kennt, kann sie richtig beraten. Das ist leichter gesagt als getan. Denn die Pflege der Kundenbeziehung ist nur als ganzheitlicher Prozess erfolgreich, mit Maßnahmen in Marketing, Vertrieb, Service, Personal und – nicht zuletzt – in der Informationstechnik.

Eine erfolgreiche Marktbearbeitung ist im Wesentlichen abhängig von einer funktionsfähigen IT-Struktur zur Abbildung des Marketingkreislaufs: einem Regelkreis bestehend aus Marktanalyse, Kundenansprache und -kontakt mit einer anschließenden Auswertung, die wiederum als Basis für eine neue Marktanalyse dient. Im Idealfall sind alle kundenrelevanten Vertriebskanäle in diesem Kreislauf berücksichtigt. Auf diese Weise erzielt man ein optimales "time-to-market", vor allem, wenn man die Kundenreaktion auf eine Kampagne schon beim nächsten Kundenkontakt verwerten kann.

Wir wissen, dass nicht jedes CRM-Projekt die Erwartungen erfüllt. Die Fehler liegen häufig in zu hohen Erwartungen, in mangelnder Vorbereitung des Unternehmens auf die Innovation und in Missverständnissen (z.b. zu starke IT-Orientierung).

Personalisierte Ansprache

Eine Untersuchung des amerikanischen Unternehmens YesMail (vgl. Loos 2002) unterstreicht die Bedeutung der persönlichen Kundenansprache: Unaufgefordert gesendete ungerichtete Werbe-E-Mails wandern zu 99% sofort in den elektronischen Papierkorb. Es hat sich gezeigt, dass nicht nur der Inhalt, sondern auch die Personalisierung des Inhalts einer Werbebotschaft mittlerweile sehr wichtig ist. Enthält eine Botschaft personalisierte Elemente, steigt die Klickrate um mehr als den Faktor 3 gegenüber einer Kampagne ohne Personalisierung (die Klickrate kennzeichnet das Aktivieren einer Adresse, die weitere Information zu einem Angebot liefert). Die Untersuchung ergab außerdem, dass personalisierte Werbebotschaften die Abmelderate auf den Wert von ca. 30% reduziert. Generell gilt, dass nur interessante, auf den Kunden zugeschnittene Informationen den Adressat günstig beeinflussen – unerwünschte und uninteressante Botschaften wirken negativ und können sogar das Image des Unternehmens schädigen!

Die Informationsflut hat ein gigantisches Ausmaß angenommen, ein hoher Prozentsatz herkömmlicher Werbung erreicht den Verbraucher nicht: laut GfK Marktforschung sind 78% der Deutschen der Meinung "es gibt zuviel Werbung". Menschen nehmen selektiv nur noch solche Informationen und Signale auf, die sie neugierig machen oder ihnen Vorteile versprechen. Es gibt kein einheitliches Verhalten des Konsumenten, was die Definition von Zielgruppen und ihre Ansprache deutlich erschwert.

Direktmarketing am Bankautomat

Konventionellen Kommunikationskanälen wie Post, Telefon, Plakat fehlen sowohl Akzeptanz als auch Effizienz, um Bankkunden erfolgreich mit Cross Selling Angeboten zu gewinnen. Kundenkampagnen nach dem Gießkannenprinzip sind wenig erfolgreich und rechtfertigen kein Werbebudget. Die Effektivität des Kundenkontakts wächst mit der Qualität bei der Auswahl der Adressaten, der persönlichen Botschaft und der Reaktionsgeschwindigkeit. Zur Erfolgskontrolle sind messbare Kriterien vorzugeben.

Bankautomaten unterstützen den Aspekt des Marktzugangs optimal – sie garantieren eine hohe Kundenfrequenz, stehen nahezu überall, sind meist 24-Stunden verfügbar und besitzen ein positives Image beim Kunden.

Der Geldautomat (GAA) kennt seinen Kunden am Servicepunkt und kann ihn mit gezielten Informationen individuell ansprechen. Er weist ein nur vom Fernsehen erreichtes Kontaktpotential (Reichweite) auf und bietet im Vergleich zu traditionellen Medien deutliche Kostenvorteile auf. Den üblichen Kommunikationskanälen (Post, Plakat, TV-/Radio-Werbung) ist er als dialogfähiges Medium deutlich überlegen in Bezug auf folgende Aspekte:

- Optimale Ausnutzung einer bestehenden hohen Kundenfrequenz
- Vertrauen und Aufmerksamkeit des Kunden
- Personalisierung der Kundenansprache
- Geringe Kosten, große Reichweite
- Geschlossener Marketingzyklus (Feedback des Kunden)
- Keine Belastung der Kundentransaktion
- Mehrwert durch Direktmarketing bzw. die Vermarktung von Werbung

Langfristig können Geldautomaten – so eine Prognose – schrittweise Funktionen anderer Vertriebskanäle übernehmen, z.B. jene des Online Banking, Call Center oder der Filialen (vgl. Celent 2002). Beispiele dafür sind Werbung inkl. Terminvereinbarung, Cross Selling Angebote oder Finanzplanung (über Druckausgabe).

Direktmarketing am Automat nutzt einen hochfrequenten SB-Kanal (GAA) zusätzlich als Instrument zur Beziehungspflege. Der GAA kann die Filiale mit ihrer persönlichen Betreuung zwar nicht ersetzen, bietet aber Unterstützung zur persönlichen Kontaktaufnahme und wirkt als Frequenzgenerator für die Filiale.

Um die Wirkung der individualisierten Ansprache am Bankautomat auf den deutschen Konsumenten zu testen, wurde in 2003 ein Projekt durchgeführt mit Beteiligung einer Sparkasse, eines Psychologenteams, eines IT-Partners und eines Bankautomatenherstellers (vgl. IST 2003).

Grundsätzlich galt es dabei folgendes Risiko zu berücksichtigen: Der Service-Ablauf am Automaten ist ein festgefügtes Handlungsschema, in das nicht zwanglos neue Elemente eingebaut werden dürfen. Außerdem ging es um Elemente der Kundenansprache, die den Kunden subjektiv als "gläsern" erscheinen lassen und somit die hohen Diskretionserwartungen beim Geldabheben empfindlich stören könnten.

Zum Feldversuch: Beim Geldabheben wurden dem Kunden Lose angeboten, die einerseits einen Gewinn erzielen können, andererseits einen Sparbeitrag leisten. Zielgruppe waren Kunden, die noch nicht im Besitz solcher Lose waren. Eine Gruppe wurde namentlich angesprochen, eine andere Gruppe erhielt die Information ohne namentliche Anrede. Auf die Frage, ob dem Kunden zu den Losen Unterlagen zugeschickt werden sollten, konnte mit Ja, Nein oder Später reagiert werden.

Das Ergebnis: Direktmarketing am Geldautomat wurde auf keinen Fall abgelehnt, die positiven Urteile überwogen. Der Eingriff in das feste Handlungsschema "Geldabheben am Automat" wurde nicht als kritisch erlebt. Selbst ein Zeitverzug von 20 Sekunden wurde in keinem Fall negativ vermerkt.

Die namentliche Anrede des Kunden erwies sich in dieser Untersuchung eindeutig im Vorteil gegenüber der nicht namentlichen Anrede:

1. Die Kontaktfrage wurde öfter mit "ja" und deutlich weniger mit "nein" beantwortet.
2. Das Thema „Lose" wurde deutlich häufiger erinnert.
3. Information über den Geldautomat wurde allgemein positiver beurteilt.

Statt des unguten Gefühls, als gläserner Kunde behandelt zu werden, aktiviert die namentliche Anrede offensichtlich die Aufmerksamkeit, fördert die Erinnerungsleistung und führt zu einer positiveren Bewertung des Direktmarketings und des anbietenden Kreditinstituts. Namentlich angesprochen, fällt es offenbar auch schwerer, das Angebot abzulehnen (vgl. IST 2003).

Fazit: Personalisierung ist ein Vorteil gegenüber nicht personalisierter Ansprache (Sicht der Bank) und personalisierte Information am GAA wird vom Kunden nicht abgelehnt, sondern überwiegend positiv gewertet.

Diese Grundlagen waren schließlich ausschlaggebend für Überlegungen, Direktmarketing als eine zusätzliche Lösung am Bankautomat (GAA) weiterzuentwickeln.

Die heute noch recht begrenzte Verbreitung solch neuer Funktionalitäten muss allerdings nicht überraschen. Denn: traditionelle GAA-Anwendungen waren häufig nicht leicht für solche Ziele anpassbar; ebenso sind die meisten Institute aus softwaretechnischer Sicht nicht unabhängig in ihren Entscheidungen. Heute sind solche Funktionen mit moderner Softwaretechnologie problemlos umsetzbar, z.B. durch weitgehend einheitliche Betriebssysteme, offene Schnittstellen und die Web-Technologie auf dem Bankautomat.

Zur Erläuterung von Web-Technologie: Dieser Begriff und auch "web-enabling" tauchen immer wieder auf in Verbindung mit der Beschreibung einer neuen Generation von Bankautomaten.

Web-enabling bezeichnet die Präsentation des Kundendialogs mit Hilfe eines Webbrowsers; dies bedeutet nicht, dass SB-Kunden Zugriff aufs World Wide Web erhalten. Richtiger ist es daher, über browserbasierte Präsentation zu sprechen. Der Nutzen besteht u.a. in der Wiederverwendbarkeit von Objekten (Daten und Software): eine zentral auf einem Server gespeicherte Werbung kann demnach sowohl im Bankautomaten als auch im Online Banking verwendet werden. Auf diese Weise lassen sich Synergiepotenziale heben (z.B. keine Mehrfachentwicklung notwendig) und eine gleichzeitige Durchgängigkeit der Bankanwendungen erzielen.

3 Der kundenorientierte Vertriebsprozess

Jede Interaktion – sei es im persönlichen Kundenkontakt oder über elektronische Medien – ist für das Kreditinstitut eine Chance, ein neues Geschäft abzuschließen und somit die Kundenzufriedenheit zu erhöhen. Jeder Kundenkontakt ist wichtig: um den Kunden besser kennenzulernen, ihm neue Angebote zu unterbreiten und besten Service zu leisten. Ein kundenorientierter Vertriebsprozess stützt sich auf eine ganzheitliche Sicht des Kunden, über alle Kontaktstellen hinweg und berücksichtigt dessen Situation, Potential und Konsumverhalten gleichermaßen.

Die folgende Abbildung zeigt den kompletten Vertriebsprozess von der Datenanalyse bis hin zum Controlling (vgl. Abbildung 4). Voraussetzung ist ein funktionierender Kreislauf, ohne dabei einen Prozessbruch hervorzurufen. Grundlage für diesen Zyklus sind aussagefähige Kunden- und Transaktionsdaten (z.B. dokumentiert in einem Data Warehouse) und darauf aufbauende Instrumente, mit denen alle Prozessschritte im Rahmen eines Workflow-Konzepts abgebildet werden können.

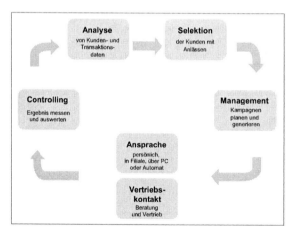

Abbildung 4: Der Vertriebszyklus

Im Folgenden werden die Einzelschritte des Vertriebsprozesses kurz skizziert.

Analyse

Dieser Prozess dient der Ermittlung von Kundenbedürfnissen und des daraus resultierenden vertrieblichen Potentials. Die Analyse bezieht sich nicht nur auf institutsbezogene statische Daten, sondern auch auf dynamische Daten, z.B. aus dem Zahlungsverkehr, um Kundenprofile und Anspracheanlässe zu erhalten. Die daraus gewonnene Information umfasst u.a. frei verfügbares Einkommen, Vermögen, Fälligkeiten, Nutzung von Fremdprodukten, uvm.

Je nach Zielsetzung der Analyse kommen unterschiedliche Techniken zum Einsatz, z.B. Data Mining für die Kundensegmentierung oder z.B. OLAP für die Analyse der Kanalnutzung bzw. des Zahlungsstroms. Die Zusammenführung der Daten aus verschiedenen Quellen und die Beratung über alle Produkte hinweg machen es erforderlich, dass ein einheitliches Datenmodell zur Verfügung steht.

Selektion

Die Auswahl der Kunden, die aufgrund der Analyse für die Kampagne in Frage kommen, setzt die Berücksichtigung folgender Punkte voraus:

- Festlegung der geschäftspolitischen Ziele,
- Übersetzung in Kundenbedürfnisse,
- Eingrenzung der Zielkundengruppe,
- Definition der Selektionskriterien zur Filterung der Zielgruppenmitglieder.

Kampagnenmanagement

Kampagnen entstehen entweder durch kundenspezifische Anspracheanlässe, die den Vertrieb bestimmter Leistungen stimulieren sollen oder durch produktspezifische Anlässe, wie z.B. eine neue Finanzdienstleistung, die gezielt an relevante Zielgruppen kommuniziert werden soll. Im Einzelnen ist im Rahmen einer Kampagne folgende Vorgehensweise zu empfehlen (vgl. auch Abbildung 5):

1. Design der Kundenansprache (Inhalt, Text, Grafik), mit besonderem Schwerpunkt auf Individualisierung,
2. Festlegung der Kommunikationskanäle,

3. Gestaltung der eigentlichen Kampagne,
4. Prozessplanung,
   - Planung der Abläufe
   - Im Prozess eingebundene Abteilungen
   - Einbindung des Vertriebs
5. Ressourcenplanung,
   - Erst-Kontakt (SB-System): Anzahl, Art, Standort
   - Nachfasskontakt: Call-Center, Produktinformation
   - Abschlusskontakt: Filialen, Verkaufsleitfaden, Schulung
6. Festlegung der Mess- und Zielgrößen; Aufbau des Vertriebscontrollings,
7. Start der Kampagne,
8. Auswertung der Kampagne.

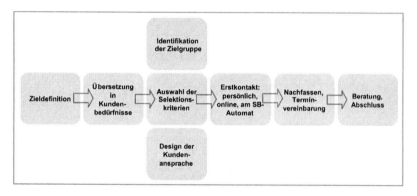

Abbildung 5: Kampagnenmanagement und -ablauf (allgemein)

Kundenansprache und Vertriebskontakt (Beispiel Geldautomat)

Die Kundenansprache gliedert sich in mehrere Abschnitte: zunächst in die Erstansprache mit einem attraktiven Angebot, auf das der Bankkunde zustimmend oder ablehnend reagieren kann. In jedem Fall erfolgt darauf ein zweiter Kontakt: entweder, um bei einer negativen Reaktion nachzufassen oder, im positiven Fall, zur Vereinbarung eines Termins. Der dritte Kontakt ist das vertriebliche Gespräch mit möglichem Verkaufsabschluss.

Zum Kundenkontakt am Geldautomat ist folgendes zu beachten: der Kontakt sollte den Charakter der Kundenselbstbedienung wahren, also einfach und schnell ablaufen, und die übliche Transaktionsdauer nicht unnötig verlängern (vgl. Abbildung 6). Eine negative Auswirkung auf Warteschlangen ist unbedingt zu vermeiden! Das primäre Ziel des Marketings ist die Rückmeldung des Bankkunden; aus diesem Grund verdient die Botschaft an den Kunden und ihr Design eine besondere Beachtung – sie sollte attraktiv sein und die Eingabe einer positiven Antwort erleichtern.

Der Kundendialog und die Nachbearbeitung durch das Kreditinstitut müssen nahtlos ineinander übergehen, zu empfehlen ist daher zumindest die Fähigkeit, die Kundeneingabe real-time an eine Analysestelle liefern zu können. Auf diese Weise arbeiten SB-Service und Kundenbetreuung Hand in Hand – der Servicekontakt sorgt für Beratungstermine und Betreuungsfrequenz in der Filiale.

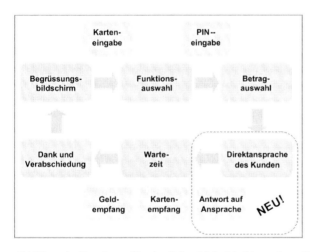

Abbildung 6: Erweiterter Kundendialog (siehe Markierung) am Geldautomat

Controlling

Mit der Auswertung der Kundenreaktion vom Ansprachepunkt ist das Kreditinstitut in der Lage, die erforderlichen Folgeschritte durchzuführen. Diese umfassen in der Regel: Nachfassen, Kontaktaufnahme zum Kunden organisieren (Call Center), Termin vereinbaren, Versand von Informationsmaterial veranlassen,

Aktualisierung des CRM-Datenbestands und Initialisierung neuer Analyseprozesse.

4 Praxisbeispiel Geldautomat

Als dialogfähiges System mit Zugriff auf kundenrelevante Daten kann der Geldautomat deutlich mehr leisten als der Routine-Bankservice. Genau hier setzen Lösungen (vgl. ProSales Marketing von Wincor Nixdorf International GmbH) an, die den SB-Automaten zur direkten Kundenansprache nutzen. Die Chance, über den Geldautomaten seine Kunden zu erreichen, ist wesentlich größer als über herkömmliche Verfahren, die nicht auf den Kunden zugeschnitten sind, keine Feedbackmöglichkeit bieten und vom Kunden geringe Akzeptanz finden.

Aufgrund seiner hohen Nutzungsfrequenz und der Akzeptanz beim Kunden ist der Geldautomat prädestiniert für verschiedene Varianten von Marketingaktivitäten. Angefangen bei Werbeanzeigen bis hin zum personalisierten Dialog mit Antwortoption.

Die Lösung erlaubt die Verwendung schon bestehender CRM-Daten, um damit Kampagnen zu verwalten, Kunden bei der Geldtransaktion direkt anzusprechen und deren Reaktion in den Analyseprozess einfließen zu lassen. Die Marketinganwendung schließt die Lücke zwischen Kundendaten und selbstbedienten Vertriebskanälen.

Bei der Entwicklung der Lösung standen folgende Aspekte und Forderungen im Mittelpunkt der Betrachtung:

- Einfache Integration bestehender Kundendaten in operative CRM-Aktivitäten,

- Etablierung eines Marketing-Regelkreises,

- Unabhängigkeit eines Kampagnenmangements vom Analyseprozess und der Kundenschnittstelle,

- Skalierbarkeit der Funktionalität und der Kundenschnittstelle,

- Kampagnenverwaltung und –server für verschiedene Bankvertriebskanäle,

- Planbarkeit der zu tätigender Investitionen für das Kreditinstitut.

Folgende Abbildung skizziert die Integration der Marketinglösung in ein vertriebliches Umfeld (vgl. Abbildung 7). Es verdeutlicht die Rolle der Marketinglösung als Bindeglied zwischen analytischem CRM auf der einen Seite sowie Vertriebssteuerung und den Vertriebskanälen (Kundenschnittstelle) auf der anderen Seite.

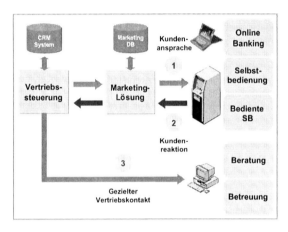

Abbildung 7: Direktmarketing an mehreren Vertriebskanälen

Die Lösung versteht sich sowohl als operative CRM-Komponente für die Verwaltung von kundenorientierten Kampagnen (inkl. Fremdwerbung), als auch als kommunikative CRM-Komponente für die Vertriebskanäle "Bankautomat" und "Online Banking" (dieser Kanal wird im Folgenden nicht beschrieben). Funktional bietet die Marketinglösung somit:

- CRM-Datenintegration (Standardschnittstelle),
- Mandantenfähige Kampagnenverwaltung,
- Mandantenfähige Verwaltung von Fremdwerbung,
- Personalisierte Kundenansprache im Rahmen der SB-Finanzdienstleistung,
- Transfer der Kundenantwort zur Standardschnittstelle.

Die strategische Ausrichtung international tätiger Finanzdienstleister erfordert von einer Direktmarketinglösung eine einfache und schnelle Integration in eine Anwendungslandschaft ohne dabei das Gesamtkonzept zu gefährden. Ebenso ist internationale Einsetzbarkeit, Mehrsprachigkeit sowie die Lauffähigkeit auf SB-Automaten unterschiedlicher Hersteller gefordert. Neben diesen grundsätzlichen Anforderungen sind folgende technische Aspekte in der Marketinglösung berücksichtigt:

Direktmarketing besteht aus einer Server- und einer Client-Komponente. Der Server dient zunächst als Kampagnenmanager und darüber hinaus als Daten- und Webserver für die SB-Automaten. Die Client-Komponente ist für den Marketingdialog auf dem Geldautomat zuständiger und integraler Bestandteil der SB-Anwendung (vgl. Abbildung 8).

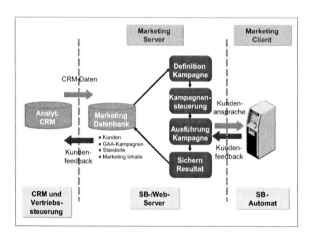

Abbildung 8: Lösungsarchitektur

Datenintegration

Das Direktmarketing nutzt Kunden- und Kampagnendaten aus dem Bestand. Typische Daten – z.B. über Kunden, die anzusprechen sind, über SB-Automaten, auf denen die Ansprache erfolgt oder Bankleitzahlen zur gezielten Ansprache von Fremdkunden – lassen sich, über normierte Verfahren, direkt aus dem bestehenden CRM-System importieren (vgl. Abbildung 8). Über dieselbe Schnittstelle exportiert das Direktmarketing die Kundenantwort vom Geldautomaten zur Vertriebssteuerung. Zentrale Informationsquelle der Anwendung ist die Marketing-Datenbank, in der sich nicht nur die importierten Daten, sondern auch alle Verwaltungsobjekte des Kampagnenmanagements befinden.

Kampagnenmanagement

Die Verwaltung von Kampagnen ist ein Kernprozess im operativen CRM. Die Verwaltungssoftware erlaubt die detaillierte Spezifikation einer Kampagne: diese kann auf bestimmte Zielkunden, Geldautomaten und Bankleitzahlen ausgerichtet werden. Ebenso lässt sich eine Kampagne zeitlich begrenzen durch zwei Terminangaben oder über Festlegung der Anzahl der zu schaltenden Anzeigen auf dem Geldautomaten. Für Fremdkunden kann man – je nach Institut – unterschiedliche differenzierende Botschaften vorsehen. Es ist u.a. auch möglich, Geldautomaten für die Werbung bankfremder Unternehmen zu verplanen (vgl. auch Kap. 5, Abschnitt Fremdwerbung).

Das Kampagnenmanagement unterstützt darüber hinaus die komplette Gestaltung des Kundendialogs am SB-Automat, mit Text, Grafik und Layout, was im HTML-Format in der Marketing-Datenbank abgelegt wird (vgl. Abbildung 9.) Dazu gehört auch die Festlegung der Tasten, mit denen der Bankkunde am Automat die Fragen beantwortet.

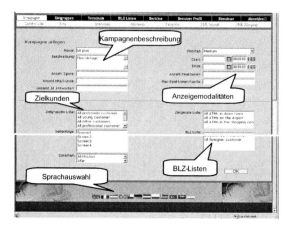

Abbildung 9: Kampagnenmanagement: Benutzeroberfläche

Individualisierte Kundenansprache

Die persönliche Direktansprache mit der Antwortmöglichkeit des Adressaten ist ein wesentliches Alleinstellungsmerkmal von Kampagnen am SB-Automaten. Diese Vorteile bieten herkömmliche Medien nicht oder nur zu einem vergleichsweise hohen Preis. Am Bankautomaten erfolgt die Ansprache des Kunden über einen zusätzlichen Dialog, der die originäre Transaktion zeitlich nicht belastet.

Die Integration dieses Dialogs ist Teil eines standardisierten Customizing-Prozesses, der je nach Netzanschlussvariante des SB-Automaten unterschiedlich ausfällt. Innerhalb der SB-Transaktion gibt es mehrere Dialogpunkte (bis zu vier „screens"), die für den Marketingdialog genutzt werden können. Beispiele hierzu sind:

- Leerlaufphase des Automaten (Begrüßung),
- Wartephase des Kunden (vertrieblicher Dialog),
- Abschluss der Transaktion (Verabschiedung).

Der Marketingdialog basiert auf der Technologie des Web Enabling, d.h. die Präsentation des Kundendialogs erfolgt durch einen Webbrowser, der HTML-Seiten vom Marketing Server lädt und auf dem Marketing Client anzeigt. Die auf dem Server gespeicherten HTML-Seiten stehen auch anderen Vertriebskanälen (z.B. Internet Banking) zur Verfügung.

Marketingkreislauf

Statt teurer Kampagnen über Telefon oder Brief (ca. Faktor 8-12 höhere Kosten) bieten hochfrequente Bankautomaten – neben Bankservice – auch einen Marketingkontakt mit Antwortmöglichkeit. Die Reaktion des Kunden kann schnell und direkt in einen Analyse- und Evaluierungsprozess einfließen, der wieder den Ausgangspunkt einer neuen Vertriebskampagne darstellt.

Mandantenfähigkeit

Das beschriebene Direktmarketing ist rechenzentrumskonform – die Lösung ist mandantenfähig. Sie sorgt für institutsspezifische „Abschottung" von Daten, Benutzerverwaltung, Präsentation und Konfigurierung. Damit ist die Auslagerung des Direktmarketings an externe Dienstleister ohne weiteres möglich.

Integration in Bankanwendung

Die Anbindung des Marketing Servers an die Bankautomaten erfolgt über eine TCP/IP-Verbindung, unabhängig vom Host-Netzwerk (vgl. Abbildung 10). Technische Voraussetzung für den Server Betrieb sind ein J2EE-konformer Application Server und eine SQL-kompatible Datenbank. Der Bankautomat benötigt einen Web Browser, um Präsentationsdaten (HTML) vom Server zu laden.

Der Einsatz der Lösungskomponenten ist stets mit einem Integrationsprojekt verknüpft. Dieses besteht in der Regel aus überschaubaren Tätigkeiten wie:

- Installation des Marketing Servers,
- anschließende Datenintegration,
- Erweiterung der SB-Anwendung durch Einführung des Marketing-Dialoges.

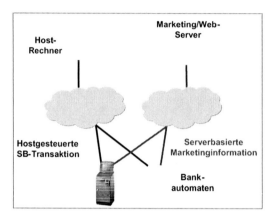

Abbildung 10: Beispiel GAA-Netzwerk mit Marketing Server

Betriebsaspekte

Der Bankautomat ist seinem erweiterten Funktionsangebot grundsätzlich unter den gleichen Bedingungen einsetzbar wie bisher, da weder zusätzliche Sicherheitsanforderungen noch zeitliche Belastungen damit verknüpft sind. Sobald der Geldautomat auch als Werbeträger verwendet wird, ist eine werbewirksame Position zu berücksichtigen, ohne jedoch die einwandfreie Funktion der Finanzdienstleistung damit in Frage zu stellen.

5 Anwendungsvarianten und Ausblick

Bankautomaten als Vertriebsmedium zu bezeichnen ist sicher zu weit gefasst, aber die Rolle als Marketinginstrument passt hervorragend: Optisch Interesse wecken, Kunden namentlich ansprechen, einfache Fragen stellen, die Kundenreaktion schnell weitergeben – all das sind Tätigkeiten, die nur geringen Aufwand erfordern, die aber für das künftige Kundenmanagement im Retail Banking an entscheidender Bedeutung gewinnen.

Im Folgenden skizzieren wir kurz verschiedene Anwendungsvarianten – die Bandbreite der Möglichkeiten ist dabei jedoch bei Weitem noch nicht ausgeschöpft.

Eigenwerbung

Der Geldautomat begrüßt den Kunden mit seinem Namen und präsentiert ihm ein Angebot, das seiner Lebens- bzw. Bedarfssituation entspricht. Der Kunde kann dieses relativ leicht beantworten, z.b. mit "Ja", "Nein" oder "Später". Seine positive Antwort kann direkt seinen Berater erreichen, der mit ihm ein Gespräch vereinbart. Negative Reaktionen können weitere Angebote erzeugen oder weitere Werbekontakte ausschließen. Die Direktansprache hilft, die Kontaktfrequenz in der Filiale zu erhöhen und Beratungskapazität gezielt auszulasten.

Post- und Telefonersatz

Der Geldautomat kann als Ersatz für den heutigen Direktkontakt genutzt werden. Ganz gleich, ob es sich um eine Terminvereinbarung handelt oder um einen wichtigen Geschäftshinweis oder um eine Meinungsumfrage. Eine gezielte Umfrage in Richtung Nichtkunden kann z.B. helfen, den Erfolg und die Qualität des Wettbewerbs besser analysieren zu können. So denkt bspw. eine europäische Großbank darüber nach, ihre Kunden (in siebenstelliger Anzahl) über den Geldautomat u.a. an wichtige gesetzliche Pflichten bzw. Termine zu erinnern.

Vertrieb von Non-Banking Produkten

Die Netzdichte von Bankautomaten außerhalb von Kreditinstituten nimmt ständig zu, in vielen Ländern sind solche Standorte heute schon der Regelfall (z.B. USA mit 65%; hier sind Kunden bereit, für die Bequemlichkeit bis zu mehrere Dollar Gebühr zu bezahlen). Dementsprechend groß sind der Bedarf und die Chance, den SB-Automaten über die Bankdienstleistung hinaus zu nutzen. Kunden werden bei entsprechendem Standort das Angebot von z. B. Tickets für Nahverkehr oder Veranstaltungen als Bequemlichkeit empfinden und positiv mit der Bankdienstleistung assoziieren. In vergleichbarer Weise lassen sich ebenso Informationsdienste (standortsensitiv) vermarkten. Aufgrund der Kosten sowie der geringen Umsätze pro Automat und einer nicht durchgängig bestätigten positiven Wirkung auf die Kundenbeziehung sind solche Funktionserweiterungen nicht in beliebigen Umgebungen erfolgreich.

Aus den USA ist uns folgende Marketingvariante bekannt: Unternehmen nutzen den menschlichen Wunsch, ein erlebtes Ereignis für ewig festzuhalten. Ein SB-Kiosk fotografiert Besucher, z.B. von Sehenswürdigkeiten oder Konzerten, zusammen mit ihren Freunden und stellt die Fotos dem Besucher entweder im Internet oder auf dem Mobil-Telefon zur Verfügung. Für den Zugriff auf das Foto wird dem Besucher eine personalisierte, mit Bild versehene Plastikkarte ausgestellt, die alle Daten für die Etablierung einer Online-Beziehung enthält. Dies ist ein erster Schritt eines Prozesses, der aus Interessenten (auf dem Weg zu ihrem Foto) zu "Informationslieferanten" macht. Nach Initialisierung des Online-Dialogs erhält der "Kunde" per E-Mail in einem hohem Maße personalisierte Werbeangebote, die aufgrund dieser Individualisierung sehr erfolgversprechend sind.

Fremdwerbung

Einige Standorte mit hohem Publikumsverkehr (Einkaufs-/Verkehrs-/Urlaubszentren, Tankstellen) eignen sich ausgezeichnet für die Vermarktung von Fremdwerbung auf SB-Automaten. In diesem Fall mietet ein Werbeinteressent gegen Entgelt z.B. eine Bildschirmseite eines Geldautomaten für eine bestimmte Zeit oder für eine bestimmte Anzahl von Werbeanzeigen. Abhängig vom beworbenen Produkt, vom Markt und von der Anzahl Beteiligter in diesem Prozess kann das Geschäftsmodell recht unterschiedlich definiert sein. Für den Betreiber des Geldautomaten (vgl. USA: 46% aller GAA werden von "independent sales organizations (ISO)" betrieben) bedeutet Werbung eine zusätzliche Einnahmequelle in einem für mehrere Beteiligte (Kunde, Bank, ISO, Händler etc.) gültigen Gebührenmodell.

Komfort und Mehrwert für Kunden

Der Kunde erhält die Möglichkeit, seinen Kontakt zum SB-Automat zu standardisieren und zu vereinfachen: der Kunde kann eine bevorzugte Sprache, einen Standardbetrag für die Geldausgabe sowie eine Quittung seiner Transaktion in seinem persönlichen Profil festlegen.

Die Ausgabe von Rabatt-Coupons durch einen Geldautomaten – z.b. in einem Einkaufszentrum – ist für viele Beteiligte, z.B. den SB-Kunden, den Automatenbetreiber und den Partner (Handel, Tankstellen, usw.) gleichermaßen attraktiv. Denn: der Kunde erhält einen Geldvorteil durch einen Rabatt-Coupon, der Automatenbetreiber kann sich zufriedener und dadurch motivierter Kunden sicher sein, was ihm entsprechend honoriert wird und der Partner erhöht seinen Umsatz und bindet seine Kunden. Informationsdienste bzw. Gewinnspiele können dem Bankkunden vergleichbaren Mehrwert bieten.

Ausblick

Auf dem Weg, das Potential eines Kundenbestands intensiver auszuschöpfen, wird der Geldautomat künftig eine wichtige Rolle spielen. Für Kreditinstitute gilt es, jeden Kundenkontakt zu verwerten, große Reichweiten mit Kampagnen zu erzielen und, last but not least, Kosten gering zu halten. Die Leistungsfähigkeit von Bankautomaten ist technisch und organisatorisch noch nicht ausgeschöpft. Wenngleich Automaten den persönlichen Kontakt zum Kunden nicht ersetzen werden (was die Filiale als vertrieblich wichtigste Kontaktstelle bestätigt), werden sie als Instrument des Kundenmanagements und Direktmarketings in Zukunft eine größere Bedeutung besitzen, als dies heute noch der Fall ist.

Literatur

Anmacher, T. (et al.): My Guide To Customer Relationship Management, Zürich 2000

Booz Allen Hamilton (Schädler, Isenegger, Fettes): Realizing Growth Opportunities, Schweizer Top-Management-Umfrage, 2004

Capgemini; EFMA; ING: World Retail Banking Report, Internet 2005

Celent: An overview of the European Branch Automation Technology Market, Boston 2004, S. 13, Fig. 3

Celent: Advanced-Functionality ATMs: The Next Generation, März 2002

Loos, J.: Persönliche Ansprache – das A und O, München 2002, www.contentmanager.de/magazin/artikel_226_persoenliche_ansprache.html

MSU Consulting Financial Services (Parra Mora, Schlaghecken): Vertriebsoptimierung bei den Verbünden, in bank und markt, Nr. 5 (2004), S. 30-32

Rapp, R.: Customer Relationship Management, Vorwort zur Neuauflage, 2005

IST Sanssouci (Sill, Reschke, Schulze, Prokop): 1:1-Marketing am SB-Automaten, Ergebnisbericht der Akzeptanzprüfung, Nicht öffentliche Auftragsstudie, Potsdam 2003

Wincor Nixdorf International GmbH: ProSales Marketing, Direktmarketing, Cross Selling und Personalisierung am Bankautomaten, Produktbroschüre 5/2006; Vorläufer 7/2004

Mobile Marketing: Neue Wege zum Kunden

Stefanie Röhner, Martin Schukart, Oliver Mack

Zusammenfassung: Nach dem Internet hält nun das Mobiltelefon Einzug in das response-basierte Marketing. Die allgegenwärtige Verfügbarkeit von Handys bietet Unternehmen dabei nicht nur die Möglichkeit zur ständigen Interaktion mit dem Kunden. Das Mobiltelefon kann zudem auch andere Kommunikationskanäle wie TV oder Print auf einfache Weise „interaktiveren", wodurch nicht zuletzt auch bei diesen klassischen Medien Performance Measurement möglich wird. Der dabei zwangsläufig entstehende Medienbruch könnte geringer nicht sein: Das Mobiltelefon wird von seinem Besitzer stets mitgeführt – „always on". Zudem erfolgt die Reaktion des Kunden nahezu in Echtzeit, erlaubt also eine schnelle Messbarkeit des Erfolges und schafft somit fortwährend eine Optimierungsbasis für den Marketing-Mix. Mobiles Performance Marketing bringt demnach zusammen, was zusammen passt und zudem im Trend liegt: Integrierte, personalisierte Kommunikation, Erfolgsmessung und eine Werbeform, die zusätzlich einen First-Mover Advantage und dadurch gesteigerte Aufmerksamkeit bietet.

Schlüsselworte: Response-basiertes Marketing, Mobile Marketing, Integrierte Kommunikation, Performance Marketing, Digitale Medien, Dialogmarketing

Inhaltsverzeichnis

1 Einleitung: Die Zeichen stehen auf Mobile Marketing 385

2 Einordnung und Grundlagen: Rahmenbedingungen für den Einsatz von Mobile Marketing 386

3 Einbindung in den Marketing-Mix: Welche Maßnahmen sind möglich und welche Ziele können damit erreicht werden? 389

    3.1 Product 390

    3.2 Price 391

    3.3 Place 392

    3.4 Promotion 393

4 Besonderheiten bei der Erfolgskontrolle 399

5 Erfolgsfaktoren: Do's und Don'ts 400

6 Zusammenfassung: Sechs gute Gründe Mobile Marketing in Ihrem Unternehmen einzusetzen 404

Literatur 405

1 Einleitung: Die Zeichen stehen auf Mobile Marketing

Mit über 3.000 Werbebotschaften wird nach einer Studie aus dem Jahr 2005 der durchschnittliche deutsche Konsument täglich konfrontiert. 52 von diesen Botschaften nimmt er wahr. Das sind etwa 1,7 Prozent. Um diese 1,7 Prozent konkurrieren rund 60 TV-Sender, 300 Radiostationen, 400 Zeitungen und 610 Zeitschriften in Deutschland (vgl. Lönneker 2005).

Es liegt auf der Hand, dass damit ein erheblicher Teil des Werbebudgets für klassische Werbung ohne spürbare Wirkung bleibt. Zudem stehen die klassischen Medien ohnehin auf dem Prüfstand, seitdem das Internet, Podcasts, Personal Video Recorders (PVRs) zunehmend erfolgreich um die Zeitbudgets der Kunden konkurrieren. Aus diesen Gründen werden Werbebudgets immer mehr zugunsten nicht-klassischer Werbung umgeschichtet: Direktmarketing, Online-Marketing, Viral Marketing, Guerilla Marketing usw. (vgl. Direktmarketing Monitor Deutsche Post 2005).

Eine deutliche Ausgabensteigerung ist beispielsweise im Direktmarketing zu beobachten: Hier werden per Brief oder E-Mail bestimmte Kundensegmente gezielt mit einer individuell auf sie zugeschnittenen Botschaft angesprochen. Dies erfolgt zumeist mit der Möglichkeit einer direkten Reaktion durch Response-Elemente (vgl. Bruhn 2005, S. 363 ff.). Die hierdurch mögliche Erfolgsmessung erlaubt wiederum die stetige Verfeinerungen der Maßnahmen und der angesprochenen Zielgruppe. Streuverluste werden von Ansprache zu Ansprache minimiert, es entstehen Effizienzgewinne und Kostenersparnisse (vgl. Link/ Schleuning 1999).

Die Entwicklung ist noch längst nicht zu Ende. So ist in den letzten Jahren das Mobiltelefon aufgrund der hohen Verfügbarkeit als neues Direktmarketing-Instrument hinzugekommen. Allerdings haben viele Unternehmen noch Berührungsängste: Wie gelingt es, Mobiltelefone gewinnbringend einzusetzen? Welche Maßnahmen können mit ihnen realisiert, welche Ziele verfolgt werden? Und ist das Mobile Marketing nur ein kurzfristiger Trend? Diese Fragen beantwortet der folgende Beitrag. Er zeigt die Möglichkeiten und Grenzen des Mobile Marketing auf und gibt Unternehmen Handlungsempfehlungen für den erfolgreichen Einsatz.

2 Rahmenbedingungen für den Einsatz von Mobile Marketing

Betrachtet man die Evolution des Marketing, wird eines deutlich: Tritt ein neues Kommunikationsmedium in Erscheinung, wird es anfangs zumeist kritisch beäugt – und schließlich doch zur dauerhaften Institution. Konsumenten nehmen technische Innovationen rasch auf, da sollten auch Unternehmen schnell reagieren: Um die Schwelle von 50 Millionen Benutzern zu überwinden, benötigte das Festnetztelefon noch 50 Jahre. Dem Fernsehen gelang dies schon nach 20 Jahren, beim Internet dauerte es nur noch 15 Jahre und das Mobiltelefon überspringt diese 50-Millionen-Hürde schon nach weniger als sieben Jahren (vgl. Oswald/ Tauchner 2005, S. 13; Zobel 2001, S. 16).

Mit der erreichten Abdeckung von rund 81 Millionen Mobilfunkanschlüssen allein in Deutschland im 1. Quartal 2006 (vgl. RegTP 2006) kann kein anderes Medium konkurrieren. Dank der 1:1-Zuordnung zu seinen Nutzern und der bidirektionalen Kommunikation bildet das Mobiltelefon einen Gegenpol zur anonymen Massenkommunikation mit ihren großen Streuverlusten und kann die Vorteile des Direktmarketing voll nutzen. So kann die Marketing-Prämisse „*den richtigen Kunden zum richtigen Zeitpunkt mit den richtigen Maßnahmen ansprechen*" (Link/Schleuning 1999, S. 81) erfüllt und sogar um den „richtigen Ort" erweitert werden. Der „neue Konsument", auch als „Prosumer" bezeichnet, akzeptiert diese dialogorientierte Werbung, so lange sie ihm zum richtigen Zeitpunkt mit der richtigen Botschaft begegnet (vgl. Lönneker 2005).

Der Einsatz des Mobiltelefons in der Kommunikation ist jedoch nicht auf das Direktmarketing beschränkt, sondern darüber hinaus im Integrierten Marketing anzusiedeln, da es die klassischen Medien um einen Rückkanal erweitern kann. So können auch diese Medien von den Vorteilen des Direktmarketing profitieren (vgl. Bruhn 2005, S. 367; Kotler/Bliemel 1999, S. 1137; Link/Schleuning 1999, S. 61f.).

Über die mediale Nutzung hinaus ist das Mobiltelefon auch für weitere absatzpolitische Fragestellungen interessant. Ausgehend von McCarthy's „4 P" (vgl. Bruhn 2005, S. 8) zeigt die folgende Übersicht, an welchen Stellen Mobile Marketing zum Einsatz kommen kann und welcher spezifische Nutzen dadurch im Vergleich zu den bislang genutzten Medien entsteht. Konkrete Maßnahmen werden im dritten Kapitel dieses Artikels vorgestellt.

- **Product**: Anbieten von mobilen Produkten und Services in Abhängigkeit vom Unternehmenszweck (Beispiele: vgl. Abschnitt 3.1 Product).

  Vorteile: Schaffung eines USP durch den First-Mover Advantage beim Anbieten von Mobilen Services. Es entsteht eine positive Abgrenzung gegenüber Wettbewerbern. Weiterhin können neue Umsatzquellen über Cross-Selling und/oder Up-Selling erschlossen werden.

- **Price**: Nutzung des Mobiltelefons als Rabattinstrument (vgl. Abschnitt 3.2 Price).

  Vorteile: Rabattcoupons in Form von SMS sind mit dem Mobiltelefon ständig präsent und müssen nicht wie Coupons aus Zeitschriften vom Kunden ausgeschnitten oder wie E-Mail-Coupons ausgedruckt und extra mitgenommen werden. Die Erfolgsmessung ist absolut präzise (vgl. Kapitel 4 „Erfolgsmessung"). Die Distribution von SMS-Coupons ist zeit- und ortsabhängig möglich und erreicht dadurch den Kunden zur richtigen Zeit am richtigen Ort. Zudem kann ein viraler Effekt durch Weitergabe der Coupons durch die Kunden erzielt werden.

- **Place**: Nutzung des Mobiltelefons als Vertriebskanal. Dies wird analog zum Electronic Commerce auch als „Mobile Commerce" bezeichnet (vgl. Abschnitt 3.3 Place).

  Vorteile: Kauftransaktionen können – im Gegensatz zum E-Commerce oder anderen Distributionskanälen – nahezu überall vorgenommen werden. Die einfache Bezahlung über die Telefonrechnung ist möglich. Das Abholen, Warteschlangen am Schalter oder die beim Kauf über das Internet notwendige Vorausplanung werden umgangen. Kosteneinsparungen gegenüber dem persönlichen Verkauf sind zu erzielen (vgl. http://www.ecin.de/mobilebusinesscenter/mobileticketing/index.html).

- **Promotion**: Diese Nutzung, auch „Mobile Advertising" genannt, bietet ein fast unbegrenztes Maßnahmenspektrum (vgl. Abschnitt 3.4 Promotion).

Vorteile: Gegenüber klassischer Werbung und anderen nicht-klassischen Kanälen gibt es vor allem Effizienzvorteile durch die geringen Streuverluste, die hervorragende Messbarkeit und die konkurrenzlos schnelle Verteilung der Botschaft. Zudem kann – zumindest bislang – durch den bloßen Einsatz ein positiver Image-Effekt erzielt werden. Auch die Orts- und Zeitungebundenheit kann sich positiv auswirken. Und schließlich tragen Individualisierbarkeit und Interaktivität auch im medien-integrativen Ansatz zur Effizienz bei: Jedem Kunden können die zu seinem Profil passenden Angebote gemacht werden.

Die Möglichkeiten des Mobile Marketing sind also sehr vielfältig – doch wo liegen die Grenzen? Abgesehen von den technischen Faktoren, die sehr eng mit den konkreten Maßnahmen zusammenhängen und deshalb in Kapitel 3 beschrieben werden, grenzen auch rechtliche Aspekte den Handlungsspielraum ein.

Wie beim Direktmarketing sind auch im Mobile Marketing der Datenschutz und die Kunden-Einwilligung zur Ansprache ein zentrales Thema. Zahlreiche Gesetze zum Datenschutz im Allgemeinen und zur elektronischen Kommunikation im Besonderen regeln den Umgang mit personenbezogenen Daten – also deren Erhebung, Nutzung und Speicherung – zum Schutz der Privatsphäre. Allerdings ist mit ständigen Überarbeitungen bzw. Erweiterungen zu rechnen. Genannt seien an dieser Stelle beispielhaft Gesetze wie das BDSG, TDDSG, TDG, die Richtlinie 2002/58/EG, UWG und MDStV.

Das Zauberwort beim Mobile Marketing heißt Permission Marketing. Zur Ansprache der Zielgruppe mittels Push-Kampagnen eignen sich Datenbanken von Anbietern, die im Vorfeld eine entsprechende Einwilligung der Kunden eingeholt haben. Bei Pull-Kampagnen erfolgt die Bekanntmachung der mobilen Angebote über Kanäle wie TV oder Internet. Eine dritte Möglichkeit zur Verbreitung von Mobile Marketing-Maßnahmen ist die virale Verbreitung, bei der ausgewählte Empfänger erster Ordnung dazu angehalten werden, die Botschaft an Freunde und Bekannte weiterzuleiten.

Bei der Identifizierung geeigneter Kampagnen-Zielgruppen sollte der Blick nicht allein auf jugendliche Handynutzer beschränkt bleiben. Die hohe technische

Abdeckung mit Handys sollte genutzt werden; verschiedene Kampagnen haben gezeigt, dass auch ältere Zielgruppen mit einer entsprechend angepassten Ansprache effektiv erreicht werden können. Auch die zu vermarktenden Güter benötigen ein solches differenziertes Vorgehen: Investitionsgüter werden mit anderen Strategien vermarktet als Konsumgüter. Deshalb gilt es, die passenden Instrumente auszuwählen und im passenden Rahmen einzusetzen (vgl. hierzu die Beispielkampagnen für Automobilindustrie und FMCG in den Kapiteln 3.1 bis 3.4). Grenzen sind hier kaum gesetzt. Die Herausforderung liegt jedoch in der richtigen Planung der Kampagne.

3 Einbindung in den Marketing-Mix: Welche Maßnahmen sind möglich und welche Ziele können damit erreicht werden?

So vielfältig und stetig anwachsend wie die Funktionen moderner Mobiltelefone sind auch die Werbemittel, die über sie verbreitet werden können. Deshalb sind neben marktökonomischen Zielen auch marktpsychologische Ziele in Form von Image-Kampagnen Gegenstand mobiler Kampagnen. Im folgenden Kapitel werden mögliche Maßnahmen aufgezeigt und die damit verknüpften Ziele genannt (vgl. Becker 2006, S. 61ff.). Konkrete Beispiele veranschaulichen den erfolgreichen Einsatz verschiedener Instrumente (zu den Quellen der Beispiele vgl. u.a. Hesselborn/Fremuth 2004, S. 20; Oswald/Tauchner 2005, S. 83ff.).

Die in der unten stehenden Grafik dargestellten technischen Grundfunktionen von Mobiltelefonen bilden die Basis von Mobile Marketing-Maßnahmen (vgl. Abbildung 1). Die Funktionen variieren zwar von Modell zu Modell. Der Standard moderner Geräte unterstützt jedoch die unten genannten Funktionen, bis auf einige Innovationen wie bspw. Digital Video Broadcasts-Handhelds (DVB-H) oder Radio Frequency Identification (RFID), die nur wenig oder noch gar nicht verbreitet sind. Business-Mobiltelefone, Communicator, Smartphones etc. der neuen Generation sind zudem mit nahezu derselben Software ausgestattet wie PCs. Aufgrund der derzeit gegebenen Nischenabdeckung wird hier jedoch nicht näher auf sie eingegangen.

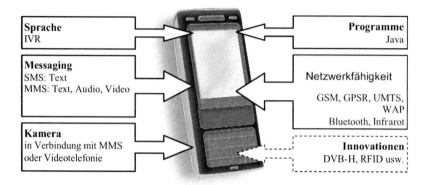

Abbildung 1: Grundfunktionen von Mobiltelefonen

Der nachfolgende Überblick über mögliche Maßnahmen gliedert sich nach den Instrumenten des Marketing-Mix. Die Aufzählung erhebt jedoch keinen Anspruch auf Vollständigkeit – der Kreativität und dem Einfallsreichtum sind keine Grenzen gesetzt. In einer Mobile Marketing-Kampagne werden verschiedene Maßnahmen je nach Zielen und Zielgruppe kombiniert oder es werden im Rahmen einer übergreifenden Kampagne einzelne Elemente eingesetzt.

3.1 Product

Über die klassische Produktpalette hinaus fällt auch das Angebot von kostenpflichtigen Diensten unter diese Kategorie. Kostenlose Dienste können dem Kunden zudem als Service angeboten werden. Mittels Ortungsverfahren oder der Eingabe des Standortes können solche Angebote auch ortsbezogen gemacht werden. Man spricht in diesem Fall von Location Based Services (LBS). An Stelle der Ortung können für LBS auch Bluetooth-Stationen eingesetzt werden, die mittels Bluetooth-Übertragung Inhalte an Mobiltelefone senden können. Die Maßnahmen zielen auf Kundenbindung, Kundenzufriedenheit und eine Steigerung des Umsatzes ab.

> **Beispiele**
>
> **Mobile Informationsdienste:** Ein gelungenes Beispiel für das mobile Produktmarketing liefert die Financial Times Deutschland. Sie bietet Mobiltelefon- und PDA-Besitzern eine Reihe von Diensten und Services an:
>
> - Eine WAP-Seite mit kostenlosen und kostenpflichtigen Inhalten,
> - einen kostenpflichtigen Newsticker sowie
> - kostenlose SMS-Benachrichtigungen für Abonnenten und einige weitere Angebote, aus denen man je nach technischer Ausstattung und je nach Mobilfunknetzbetreiber auswählen kann (vgl. www.ftd.de/mobil/1218.html).
>
> Ein weiteres der zahllosen Beispiele: Die Lufthansa bietet ihren Kunden unter anderem eine Flugbenachrichtigung per SMS, wenn der gebuchte Flug verspätet startet (vgl. http://www.lufthansa.com/online/portal/lh/de/info_services/mobile_services?tl=1&l=de).

3.2 Price

Das Mobiltelefon wird hierbei gezielt als preispolitisches Instrument eingesetzt. Ziele preisbezogener Maßnahmen sind die direkte Steigerung des Abverkaufs oder das Cross-Selling. Die Umsetzung der Maßnahmen erfolgt in der Regel mittels mobilem Couponing:

- **Schritt 1:** Auf das Mobiltelefon wird eine SMS mit einem Code oder eine Bild-SMS mit einer Matrix gesendet.
- **Schritt 2:** Am POS wird die Nummer bzw. der Code von einem Lesegerät eingegeben bzw. eingescannt.
- **Schritt 3:** Entweder druckt das Gerät den Code aus oder das Gerät ist an die Kasse angeschlossen und verifiziert und überträgt die Daten direkt elektronisch. Der Kunde erhält einen prozentualen oder absoluten Preisnachlass bzw. eine Zugabe.

Beispiele
Mobile Couponing: - Der Einzelhändler Coop bietet auf seiner Internetseite die Möglichkeit zur Registrierung für ein kostenloses Coupon-Abonnement an (vgl. http://www.coop.ch/mobile/mobile_couponing_detail-de.htm). Coop nutzt das Mobile Marketing in diesem Fall also zur Hinführung vom heimischen Internetzugang zum POS. - Der Textilhersteller S. Oliver verschickte per Push-SMS einen Coupon, den die Empfänger in einer Filiale einlösen konnten. In der Filiale druckte ein Scanner nach dem Einlesen der SMS-Matrix einen Coupon aus. Eine Einlöserate von 9 Prozent sowie eine Kundenbefragung zeigten, dass die Kunden nicht nur an den POS geführt wurden, sondern tatsächlich auch der Abverkauf gesteigert werden konnte.

3.3 Place

Mobiltelefone werden hierbei als neuartiger Vertriebskanal genutzt und ergänzen bzw. ersetzen somit die klassischen Vertriebskanäle. Der neue Vertriebsweg ist vor allem für Convenience Goods interessant. Die Ware oder Dienstleistung wird über das Mobiltelefon gekauft, über die Rechnung des Mobilfunknetzbetreibers bezahlt und – soweit dies die Produktbeschaffenheit zulässt – auch auf dem Mobiltelefon in Empfang genommen.

Erfolgreich wird dieser Ansatz beim mobilen Verkauf von Eintrittskarten, dem „Mobile Ticketing" eingesetzt. In der Regel wird das mobil erworbene Ticket in Form einer pixelbasierten Bildmitteilung versendet und an einem Kassen-Scanner eingelesen. Damit handelt es sich um die Technologie der Mobile Coupons, erweitert um eine Bezahl-Funktion.

Beispiele
Mobile Ticketing: Mit großem Erfolg setzen die Kölner Verkehrsbetriebe das „HandyTicket^{KVB}" ein (vgl. http://www.kvb-koeln.de/german/tarife/tickets/han-

> dy.html; http://www.zdnet.de/mobile/tkomm/0,39023192,39142686,00.htm).
> Zum Bestellen eines Einzeltickets ruft der Kunde vor Betreten von Bus oder Bahn eine kostenlose Hotline an, legt nach dem Abhören einer Ansage auf und bekommt umgehend sein Ticket in Form eines Zahlencodes per SMS geschickt. Ticket bzw. Code werden dann im Transportmittel vom Kontrolleur unter Zuhilfenahme der letzten drei Stellen der Mobilfunknummer überprüft. Durch dieses Abgleich-Verfahren kann der Ticketkauf notfalls auch alleine mittels der Mobilfunknummer nachgewiesen werden, etwa bei einem leeren Akku. Zur Nutzung registriert sich der Kunde zuvor über das Internet, wo auch ein aufladbares Konto für das Bezahlen eingerichtet wird. Die Kanäle Online und Mobile sind damit also auf sinnvolle Art und Weise miteinander verbunden.

3.4 Promotion

Die Folgenden Mobile Marketing-Maßnahmen der Kommunikationspolitik sind in die Instrumente Werbung, Verkaufsförderung und Direktmarketing (vgl. Kotler 1999, S. 926) gegliedert. Außerdem werden die Nutzung als Response-Kanal für andere Medien und der integrierte Ansatz vorgestellt.

a) Mobile Advertising

Damit Mobile Advertising Akzeptanz beim Kunden findet, müssen Anreize geboten werden. Dies können soziale Anreize sowie interessante oder unterhaltsame Informationen sein. Unterhalten wird der Kunde beispielsweise von Mobile Games, die mit der beworbenen Marke in Verbindung stehen, also „gebrandet" sind. Die Akzeptanz hierfür ist Studien zufolge bei der Zielgruppe der 15- bis 29jährigen am höchsten (vgl. Siedow/Goeltzer 2004, S. 7). Videos können den Nutzer auf dem Handydisplay auch unterwegs unterhalten, wenn es sich etwa um einen lustigen Werbespot handelt. Beim Einsatz von MMS- oder Sound-Grüßen wird der Gegrüßte angerufen und bekommt eine Botschaft über ein Interactive Voice Response (IVR)-System mitgeteilt. Soziale Anreize hingegen werden durch Klingeltöne, Hintergrundbilder und so genannte „Themes" (sog. grafische

Überarbeitungen des gesamten Menüs des Mobiltelefons) geschaffen. Ziel ist es, damit dem Mobiltelefon eine persönliche Note zu verleihen. Produktinformationen können dem Verbraucher auf unterhaltsame Weise nahe gebracht werden, um einen doppelten Anreiz zu schaffen: Animierte Hintergründe eignen sich hervorragend für die Präsentation einfacher Features und dienen gleichzeitig der Unterhaltung des Nutzers.

Handydisplays generieren beim Nutzer etwa 20 Sichtkontakte pro Tag. Vor diesem Hintergrund wird deutlich, dass solche Maßnahmen in erheblichem Ausmaß zur Erreichung von marktpsychologischen Zielen wie dem Erzeugen von Markenbekanntheit und der Positionierung neuer Produkte beitragen (vgl. Becker 2006, S. 61ff.).

Beispiele

Sound-Grüße: Die Firma Wella hat eine solche Mechanik bei ihrer "Kiss&Style"-Aktion eingesetzt und erhielt dafür den New Media's Best Usage of Mobile 2002 Award. Dabei bekam der Angerufene einen Kuss zu hören. 55.000 Sound-Grüße wurden verschickt und 17.000 Nutzer konnten zum Opt-in für spätere Kampagnen motiviert werden. Die Brand Awareness für die beworbene neue Produktlinie wurde dadurch verdoppelt (vgl. Hesselborn/Fremuth 2004, S. 24).

Animierter Hintergrund: Im Rahmen der Volvo-Präsentation eines neuen Cabrios auf der IAA 2005 konnte der Interessent per Wap Push/MMS ein animiertes Handy-Hintergrundbild herunterladen. Auf diesem war zu sehen, wie sich das Dach des Cabrios öffnete und wieder schloss.

b) Verkaufsförderung

Maßnahmen zur Verkaufsförderung werden vom Kunden aufgrund finanzieller Anreize akzeptiert bzw. genutzt. Im Mobile Marketing können solche Anreize durch On-Pack-Promotion oder Gewinnspiele am POS geboten werden. Bei der On-Pack-Promotion werden Codes auf die Ware gedruckt, die der Konsument an eine Kurzwahl-Nummer sendet und dadurch etwas umsonst erhält –meist Elemente aus dem Mobile Advertising. Der Kunde erhält also mit dem Coupon einen Anreiz, dieses Produkt und nicht eines der Konkurrenz zu erwerben. Mobile Gewinnspiele kombinieren einen finanziellen Anreiz mit Unterhaltung. Auch hier sendet der Konsument ein Stichwort, einen Code oder ein Lösungswort an eine Kurzwahl-Nummer. Er kann daraufhin in Echtzeit darüber informiert werden, ob er gewonnen hat oder nicht. Und da es um Verkaufsförderung geht: Voraussetzung für die Teilnahme am Gewinnspiel ist der Kauf eines Produkts. Weitere marktökonomische Ziele dieser Art der Verkaufsförderung sind – neben der Steigerung des Abverkaufs – auch das Generieren von Kundendaten und das Gewinnen von Neukunden (vgl. Kotler 1999, S. 1026).

Beispiele

On-Pack: McDonalds, Coca Cola, Ferrero und viele andere setzen diese Art von Verkaufsförderung in einer Vielzahl von Kampagnen ein.

Moderne „Schnitzeljagd": Opel informierte zum Launch des neuen Tigra-Modells zuvor registrierte Benutzer in der Schweiz per SMS darüber, dass der Tigra in ihrer Stadt war. Daraufhin konnten sich diese mit ihrem Fotohandy auf die Jagd nach dem neuen Modell begeben. Der Gewinner bekam einen neuen Opel Tigra.

Gewinnspiel: Chio Chips verloste Snowboards im Chio-Design über ein SMS-Gewinnspiel, das in einem beliebten Snowboardgebiet in Gondeln beworben wurde. Abgerundet wurde die Maßnahme durch Probepackungen, die durch Promotion-Teams und am Liftkartenverkauf verteilt wurden, auch Hüttenwirte nahmen das Produkt in ihr Angebot auf (vgl. Oswald/Tauchner 2005, S 203).

---

c) Direktmarketing

Bei mobilen Direktmarketing-Maßnahmen geht es weniger um unterhaltende oder soziale Anreize, als vielmehr um handfeste Informationen und Angebote, mit denen Kunden individuell versorgt werden. So ermöglichen Programme, die auf Handys installiert werden können, das Betrachten von digitalen Produktbroschüren in Text und Bild inklusive interaktiver Funktionen. Über eine verlinkte Telefonnummer oder eine WAP-Seite wird ein Response-Kanal geschaffen, der mit nur einem Tastendruck zu nutzen ist. Analog zum E-Mail-Newsletter bietet sich der SMS-Newsletter an. Kostenintensiver, aber auch emotionaler ist der MMS-Newsletter, bei welchem mit dem Text Bilder, Töne und kurze Videos verschickt werden können. Die Informationsebene ist bei beiden Newsletter-Varianten deutlich flacher als beim E-Mail-Versand. Es kann deshalb sinnvoll sein, sie ergänzend zu E-Mails einzusetzen. Alternativ kann eine WAP-Seite verlinkt oder eine Internet-URL angegeben werden. WAP-Seiten eröffnen das mobile Internet auch für durchschnittlich ausgestattete Handys, die herkömmliche Internet-Seiten nicht darstellen können. So können Texte, Bilder und Verlinkungen von herunterladbaren Inhalten angeboten werden.

Gemeinsames Ziel dieser Direktmarketing-Maßnahmen ist es, eine Handlung beim Konsumenten auszulösen. Neben der direkten Bestellung gehört hierzu auch die Zwischenstufe der Vorstellung von Produkten und der Beratung von (potenziellen) Kunden (vgl. Kotler 1999, S. 1112). Ein Automobilhersteller beispielsweise kann auf diese Weise Interessenten zum Händler führen und zu einer Probefahrt animieren.

> **Beispiele**
>
> **Produktbroschüre:** Die mobile Produktbroschüre von Volvo enthält Bilder der Fahrzeuge, Informationen über die Fahrzeug-Features und eine Response-Möglichkeit, über die eine Probefahrt vereinbart werden kann.
>
> **WAP:** BMW hat im Rahmen der "BMW 1er"-Kampagne eine WAP-Seite eingesetzt (vgl. http://www.7-forum.com/news/Innovative-Werbe-Kampagne-fuer-den-BMW-1-311.html). Unter http://one.bmw.com konnten Fahrzeuginformationen in mehreren Sprachen abgerufen und Fahrzeugbilder betrachtet werden. Außerdem standen Klingeltöne, Bildschirmhintergründe und ein Video zum Download bereit. Darüber hinaus war ein Call-Center eingebunden, das mit nur einem Tastendruck angerufen werden konnte. So wurde der Schritt zur direkten Kommunikation mit dem Kunden erleichtert. Auch Mercedes-Benz präsentierte die neue R-Klasse im Rahmen eines interaktiven Mobile-Portals mit ähnlichen Funktionalitäten.

e) Mobiler Response-Kanal als Verlängerung klassischer Kampagnen

Das mobile Medium kann Werbeträger ohne direkten Response-Kanal wie TV, Radio oder Print um diesen ergänzen. So können auch die klassischen Massenmedien zu einem effektiven Dialoginstrument ausgebaut werden. Wo bislang trotz der Angabe einer Internetadresse ein nicht unerheblicher Medienbruch vorlag, ist nun die direkte Antwort möglich – das Mobiltelefon trägt der Nutzer schließlich meist mit sich. Weitere Response-Möglichkeiten sind die Einbindung eines Call-Centers oder – als kostengünstigere Variante – der Interactive Voice Response (IVR). Zum Beispiel können Visitenkarten eines POS bzw. eines Händlers oder Veranstaltungshinweise über eine Kurzwahl als Kalendereintrag direkt aufs Mobiltelefon angefordert werden.

> **Beispiele**
>
> **Response-Kanal zur Aktivierung:** Eine Aufmerksamkeit erregende Möglichkeit kreierte Gardena im Sommer 2004 unter dem Motto „Versprühen Sie Lebensfreude". Per SMS konnte man am Dortmunder Hauptbahnhof eine in ein Poster integrierte überdimensional große Gartenbrause zum Wassersprühen bringen. Flankiert wurde die interaktive Maßnahme mit Anzeigen, der Übertragung ins Internet mittels Webcam und zusätzlichen Steuerungsmöglichkeiten der Brause übers Internet (vgl. Oswald/Tauchner 2005, S. 201).

f) Integrierte Kampagnen

Will eine mobile Kampagne erfolgreich sein, sollte sie – wie bereits beschrieben – aus mehreren Bausteinen bestehen und außerdem durch andere Medien bekannt gemacht werden. Erst im Rahmen einer integrierten Kampagne können jedoch die Stärken des Mobiltelefons optimal zum Tragen kommen. Key Visuals, die in allen Medien wiederkehren sowie ein einheitliches Look and Feel erzielen dabei höhere Wiedererkennungswerte. Wichtig ist im Medienmix, die Vorzüge eines jeden Mediums auszuschöpfen. So kann TV beispielsweise in der Startphase auf breiter Basis Markenbekanntheit erzeugen, während die neuen digitalen Kanäle wie Internet und Mobile für den nachgelagerten Dialog mit den generierten Interessenten prädestiniert sind. Aufgrund der extrem schnellen Einsetzbarkeit, der hohen Flexibilität und der unmittelbaren Response des Nutzers hat der Kanal Mobile in diesem Mix vor allem als taktisches Instrument seine Stärken.

> **Beispiele**
>
> **Integrierte Kampagne:** Eine Cross-Promotion-Kampagne von McDonalds und Pixar/Disney sollte in den Fastfood-Restaurants den Film „The Incredibles" promoten. Ein TV-Spot machte die Aktion der breiten Masse bekannt. An die eigentlichen Kampagneninhalte gelangte man über die Einsendung eines On-Pack-Codes per SMS, der auf die Becher im Restaurant gedruckt war. Als Unterhaltungselemente für das Handy wurden zudem verschiedene Wallpapers, Mailbox-Ansagen und Spiele mit den Helden des Films eingesetzt.
>
> **Wettbewerb:** Mit einem Wettbewerb der besonderen Art hat Murphy's seine Kunden zu lyrischen Höchstleistungen motiviert: Unter dem Motto „Take the Murphy's Challenge" veröffentlichte die Biermarke in Bars und Getränkeläden die ersten Zeilen eines Reims, der per SMS an eine Kurzwahlnummer vervollständigt werden konnte (vgl. Oswald/Tauchner 2005, S.209).

4 Besonderheiten bei der Erfolgskontrolle

Durch seine 1:1-Zuordnung und seine Echtzeit-Reaktionsmöglichkeit bietet das Mobiltelefon bei der Erfolgsmessung besondere Vorteile. Insbesondere die Echtzeit-Abläufe ermöglichen eine unmittelbare Kontrolle und damit das schnelle Adaptieren einer Kampagne. Dabei unterstützen – wie auch im Online-Marketing – ausgefeilte Tracking-Tools die differenzierte Messung einer Kampagne, etwa die Anzahl der Antworten, den zeitlichen Verlauf der Response, die automatische Auswertung der Antworten, Dialogdauer und -schritte, Fehler beim Abruf, abgebrochene Dialoge etc. Schon bei der Planung der mobilen Kampagne sollte deshalb deren spätere Messung integriert werden.

> **Beispiele**
>
> Bei einem Video, das sich viral unter den Kunden verbreitet, ist eine Erfolgsmessung sehr schwierig. Setzt man hingegen Sound-Grüße ein, bei denen IVR eingebunden ist, ist die Messbarkeit durch das System wieder hergestellt. Beim Mobile Couponing sind die Anforderung der Coupons und die Zahl der Coupon-Einlösungen Maßstäbe für den Erfolg.
>
> Das Beispiel On-Pack-Promotion verdeutlicht weitere Möglichkeiten der Erfolgskontrolle: Ein Kunde kauft ein Produkt mit aufgedrucktem Code und verwendet diesen für den angegebenen Zweck. Kauft und verwendet der Kunde ein weiteres Produkt mit Code, gewinnt das Unternehmen Informationen darüber, welcher Kunde wie oft, in welcher Menge und in welchem Geschäft das Produkt erworben hat. Werden die generierten Adressen – mit der Einwilligung durch den Nutzer – gespeichert, können sie gezielt für zukünftige Aktionen verwendet werden. Die gewonnene Informationstiefe erlaubt eine stark verfeinerte Unterteilung der Kundensegmente (vgl. Hennig-Thurgau 2000, S. 10).

5 Erfolgsfaktoren: Do's und Don'ts

Die beschriebenen vielseitigen Einsatzmöglichkeiten des Mobile Marketing erschweren es, konkrete Tipps zur Kampagnen-Planung zu geben. Die folgende Checkliste soll jedoch dabei helfen, die Erfolgsfaktoren zu erkennen und Fehler zu vermeiden. Aufgrund der schnellen Weiterentwicklung in diesem Bereich ist es unausweichlich, dass sich die Faktoren mit der Zeit ändern können. Der First-Mover Advantage, den Mobile Kampagnen oder einzelne Instrumente zurzeit noch genießen, wird schon bald verpuffen. Zudem werden sich die rechtlichen Restriktionen voraussichtlich noch verschärfen. Und nicht zuletzt sind auch die technischen Rahmenbedingungen einem rasanten Wandel unterworfen.

Permission-based/Request based: Wie spreche ich den Kunden an?

Grundsätzlich werden drei Arten von mobilen Kampagnen unterschieden:

- *Pull-Kampagnen*: Kundenansprache über Zweit-Medien, die eine Kurzwahlnummer mit mobilen Diensten bewerben. Ziel: Generierung von eigenen Adressen. Die für Push-Kampagnen benötigten Datensätze werden aufgebaut, indem die Erlaubnis der Nutzer eingeholt wird.
- *Einfaches Opt-in:* Dabei gibt der Kunde einmalig seine Zustimmung. Dem Kunden muss bei und nach dem Opt-in jederzeit die Möglichkeit zum Opt-out gegeben werden (siehe hierzu auch gesetzliche Bestimmungen).
- *Double-Opt-in:* Es erfolgt eine doppelte Bestätigung durch den Kunden. Bei der zweimaligen Zustimmung bestätigt der Nutzer die Anmeldungsdaten nochmals, um Missbrauch einzudämmen. Dieser Weg sollte nur gegangen werden, wenn ein Regel-Dialog geplant ist. Denn die Hürde für den Kunden ist höher ist als beim einfachen Opt-in und es entstehen ihm ggf. zusätzliche Kosten für den Versand einer SMS.
- *Opt-out:* Die Möglichkeit zum Widerruf der Einwilligung ist gemäß Gesetzeslage zu schaffen.
- *Push-Kampagnen*: Einkauf von Datensätzen von Kunden, die ihre Einwilligung zuvor gegeben haben (Opt-in) oder Verwendung einer selbst aufgebauten Opt-in-Kunden-Datenbank.
- *Virale Verbreitung:* Kunden tauschen die Werbemittel untereinander aus. Erfolgsfaktoren sind die richtige Media-Selektion (Pull-Kampagnen), eine möglichst maßgeschneiderte Adressliste (Push-Kampagnen) sowie in allen Fällen die Kompatibilität mit den unterschiedlichsten Gerätetypen und der Einsatz zielgruppenspezifischer Kreation und Benefits.

Anreize und Mehrwert für den Kunden schaffen

Das Mobiltelefon ist das persönlichste aller Medien. Bei Pull-Kampagnen werden Kunden deshalb nur durch starke Anreize dazu animiert, ihre Daten preiszugeben. Mögliche Anreize sind: *Entertainment (Infotainment, Edutainment), Information, soziale Anreize, monetäre Anreize.* Bei Push-Kampagnen kann eine wirklich gute, innovative, witzige, überraschende *Idee* zur Akzeptanz beim Kunden beitragen. Die Relevanz für die eigene Marke sollte dabei jedoch nicht auf der Strecke bleiben.

Interaktivität nutzen und Kundenbindung erhöhen

Die Interaktivität des Mobiltelefons sollte vom Absender gezielt als Vorteil genutzt werden. Hat sich ein Interessent – durch Opt-in oder Response auf Pull-Maßnahmen – zur Kontaktaufnahme mit dem Unternehmen entschlossen, gilt es mit dem Ziel einer dauerhaften Kundenbindung daran anzuknüpfen. Dem Kunden kann zum Beispiel im Anschluss an die durchgeführte Maßnahme ein Opt-in für spätere Benachrichtigungen angeboten werden. Anschließend kann der Kunde regelmäßig – in Abhängigkeit vom Produkt, jedoch nicht zu häufig – mit Informationen, Unterhaltung oder Coupons versorgt werden. Mit dem Aufbau und der Pflege einer Datenbank kann ein Unternehmen dem Ziel einer engen Kundenbindung am besten gerecht werden.

Richtige Zielgruppenansprache und Personalisierung der Botschaft

Eine adäquate Zielgruppenansprache kann durch **Personalisierung** (One-to-One) erfolgen. Besonders gut ist dies bei einer Marktsegmentierungsstrategie möglich: Jedes einzelne Segment wird dabei individuell angesprochen. Auch eine Einteilung nach Kundenwert erlaubt eine solche gezielte Ansprache spezifischer Gruppen. Beispielsweise kann im Zuge der Kundenbindung an A-Kunden ein Coupon geschickt werden, während B- und C-Kunden nur eine einfache Werbe-SMS erhalten. Wichtig: Der Kunde sollte mit der Maßnahme zur **richtigen Zeit** angesprochen werden. So verspricht beispielsweise eine SMS zu einem Lebensmittel-Produkt an einem Samstagvormittag, pünktlich zum Wochenendeinkauf, mehr Erfolg.

Technische Voraussetzungen beachten

Funktionalität: Auf Unternehmensseite sollte darauf geachtet werden, dass die technische Kapazität für die erwartete Nachfrage ausreichend ist. So können zum Beispiel nach einem TV-Spot hunderttausende SMS pro Sekunde ins System eingehen. Um den Nutzer nicht zu enttäuschen, sollte auch in diesem Fall die Antwort sofort erfolgen. Setzt eine Kampagne bestimmte technische Anforderungen an die Mobiltelefone auf der Nutzerseite voraus, muss deren Verfügbarkeit geprüft werden. Darüber hinaus sollte sichergestellt sein, dass die angesprochene Zielgruppe diese technischen Anforderungen auch beherrscht.

Messbarkeit vorsehen

Response messbar machen: Dies geschieht durch Einbinden eines Response-Elements wie der Integration eines Abrufs aus einem System (z.B. ein IVR- oder ein SMS/MMS-Inbound- und Outbound-System) oder einer Antwort bzw. einer sonstigen Interaktion mit diesem System. Die Erfolgsmessung durch Codes, die den Nutzern zugeordnet werden können, ergibt qualitativ hochwertigere Ergebnisse (vergleiche Kapitel 4).

Auswahl von passenden Werbeträgern in integrierten Kampagnen

Besonders wichtig für eine hohe Response in Pull-Kampagnen ist die Auswahl **von passenden Werbeträgern**. Problematisch sind zum Beispiel Autobahnplakate oder ähnliche Medien mit sehr kurzer Betrachtungszeit. Dagegen erhöhen eingängige Kurzwahlnummern und einfache Keywords für Antworten (z.B. T9 Wörterbuch!) die Erfolgsaussichten.

Keep it simple

Das oberste aller Gebote ist auch hier: Keep it simple! Die beste Kampagne kann nicht erfolgreich sein, wenn die Antwortmechanik zu kompliziert für die Zielgruppe ist oder die Botschaften nicht verstanden werden. Eine einfache Erklärung sollte deshalb stets prominent in das Werbemittel eingebettet sein.

6 Zusammenfassung: Sechs gute Gründe Mobile Marketing in Ihrem Unternehmen einzusetzen

Mit der rasch ansteigenden Bedeutung der nicht-klassischen Medien geht ein Hoheitsverlust der klassischen Medien einher. Im selben Maß wird auch das Mobile Marketing stark an Bedeutung gewinnen. Je früher ein Unternehmen beginnt, sich mit diesem neuen Medium vertraut zu machen, desto eher kann es die spezifischen Vorteile des neuen Kanals nutzen – nämlich Kunden(daten) zu gewinnen und bestehende Kunden stärker zu binden, bevor Wettbewerber dies tun. Die Top-Marken haben das bereits erkannt: Coca Cola, McDonalds, Ferrero, Mercedes-Benz, BMW, Volvo und viele mehr. Mobile Marketing löst dabei kein existierendes Medium ab, sondern ergänzt die etablierten Medien um einen leistungsstarken Kanal mit unübersehbaren Trümpfen:

1. Die Kundenansprache erfolgt mit einem 1:1-fähigen Massenmedium.

2. Die personalisierte Ansprache ist orts- und zeitunabhängig. Sie kann aber auch bewusst orts- und zeitgebunden eingesetzt werden, wenn der Anlass entsprechend sinnvoll gewählt ist.

3. Die Echtzeit-Interaktion ermöglicht eine ständige Erfolgsmessung und Optimierung der Maßnahmen ebenso wie eine kontinuierliche Feinjustierung der Zielgruppe.

4. Der Mobile-Kanal kann als kostengünstiger Rückkanal für klassische Medien fungieren und komplettiert somit das integrierte Marketing.

5. Der First-Mover Advantage verschafft dem Absender einen positiven Image-Effekt.

6. Der Kunde führt das Medium fast zu jeder Zeit und an jedem Ort mit sich - „always on!"

Literatur

Becker, J.: Marketing-Konzeption: Grundlagen des ziel-strategischen und operativen Marketing Managements, 8. Auflage, München 2006

Bruhn, M.: Kommunikationspolitik, 3. Auflage, München 2005

Hennig-Thurgau, T.; Hansen, U.: Relationship Marketing – Gaining Competitive Advantages through Customer Satisfaction and Customer Retention, Springer Verlag, Heidelberg 2000

Hesselborn, O.; Fremuth, N.: The Basic Book of Mobile Marketing – Secrets of Success and Best Practices and Results, Ocean Seven Consulting, Published in Cooperation with Detecon Consulting 2004

Kotler, P.; Bliemel, F.: Marketing-Management – Analyse, Planung, Umsetzung und Steuerung, 9. überarbeitete und aktualisierte Auflage, Stuttgart 1999

Link, J.; Schleuning, C.: Das neue interaktive Direktmarketing: Die neuen elektronischen Möglichkeiten der Kundenanalyse und Kundenbindung, Ettlingen 1999

Lönneker, J.: Futuring Communication: Herausforderungen an die Kommunikation der Zukunft, Studie von rheingold, Institut für qualitative Markt- und Medienanalysen 2005

Oswald, A.; Tauchner, G.: Mobile Marketing – Wie sie Kunden direkt erreichen: Instrumente, Ausstattung, Kosten, Kampagnenbeispiele, rechtliche Rahmenbedingungen, Wien 2005

Deutsche Post: Direktmarketing Monitor: Direktmarketing Deutschland 2005, Studie 17, 2005

RegTP: http://www.bundesnetzagentur.de/enid/6121eea8ea4cb8d02d8c7e0711430124,0/Marktbeobachtung/Mobilfunkdienste_vw.html#mobiltelefondienst_teilnehmerentwicklung, Zugriff am 02.11.2006

Sidow, H.; Goeltzer, G.: Mobile Gaming – Realisable Opportunity or Market Hype? Opinion Paper, Detecon Consulting 2004

Turowski, K.; Pousttchi, K.: Mobile Commerce – Grundlagen und Techniken, Springer Verlag, Berlin Heidelberg 2004

Zobel, J.: Mobile Business und M-Commerce – die Märkte der Zukunft erobern, München/Wien 2001

160 Zeichen: SMS

300 kB: MMS

384 kB/s: Videotelefonie

8760 Stunden/Jahr: Telefonie

∞ **Möglichkeiten**

rms.
relationship marketing solutions

| Forststraße 9 · D-70174 Stuttgart
| Tel.: +49 (0) 711 / 28 470 -356
| Fax: +49 (0) 711 / 28 470 -051

| http://www.rm-solutions.de
| mail to: info@rm-solutions.de

Das bieten wir Ihnen im Bereich Mobile- und Online-Marketing:
- Strategieentwicklung, Konzeption
- Design und Umsetzung der Kampagnen
- Integration der Kanäle in Ihren Kommunikationsmix
- Ausschöpfung der Dialogpotentiale
- ∞ kreative Kampagnen

Intelligentes Prozess-Management bringt loyale Kunden

Michael-Maria Bommer

Zusammenfassung: Was will der Kunde wirklich vom Unternehmen und was das Unternehmen von ihm? Geht es um Beziehungs-Management, wie landauf, landab zu lesen ist? Der Kunde möchte eigentlich keine Beziehung zum Unternehmen, vielmehr geht es ihm um ein gutes Produkt und um einen vernünftigen Service – und beides zu einem akzeptablen Preis. Auch das Unternehmen ist nicht an einer Liaison mit seinen Kunden interessiert, sondern loyalen Käufern, die zum einen wiederkommen und zum anderen das Unternehmen weiterempfehlen. In dem Beitrag wird erläutert wie ein Unternehmen die kundennahen Prozesse effizient gestaltet und dabei die internen Abläufe – das so genannte Backoffice – nicht vernachlässigt. Denn nur wenn Workflows, Informationen und Strategien vor und hinter der Haustür aufeinander abgestimmt sind, klappt es auch mit dem Kunden. Welche Methoden lassen sich heute für die Feststellung des Kundenwertes heranziehen? Wie können Arbeitsabläufe (Prozesse) sinnvoll organisiert und wie kann die Interaktion mit dem Kunden für beide Seiten über alle zur Verfügung stehenden Kommunikationskanäle gewinnbringend realisiert werden? Antworten auf diese Fragen gibt der Autor.

Schlüsselwörter: Business Process Routing, Call and Contact Center, Multimedia Contact, Cross- und Upselling, Kundeninteraktion

Inhaltsverzeichnis

1   Einleitung 409

2   Intelligente Steuerung von Kunden-Interaktionen 410

3   Erkennung und Wahrnehmung von Cross- und Upselling-Chancen .. 412

4   Exzellenter Kundendienst durch Business Process Routing 413

5   Effektive Steigerung der Kundenzufriedenheit über intelligente
    Anfragenzuweisungen 415

6   Optimierung des Kundenservice-Prozesses durch Integration von
    Front - und Back-Office 416

Literatur 418

1 Einleitung

Was lange währt, wird nicht immer gut und nicht unbedingt richtiger: So galt und gilt noch immer die These: „Unternehmen, die erfolgreich sein wollen, müssen die „Beziehungen" zu ihren Kunden managen. Doch Beziehungsmanagement trifft nicht den Punkt. Denn weder will das Unternehmen seinen Kunden heiraten, nur weil er ein zahlungskräftiger Konsument ist, noch wird sich der Käufer mit dem Verkäufer verehelichen wollen. „Von der Kunst, den Kunden nicht zu Tode zu lieben" berichtete Roland Gieske, Berater von Iceberg Consulting, schon auf der CRM Expo im Jahr 1999.

Erfolgreiches Kundenmanagement spielt sich dagegen auf einem klar umrissenen Feld mit eindeutigen Wünschen und Zielvorgaben ab: Der Kunde will ein ausgezeichnetes Produkt, das ihn emotional anspricht, und er möchte professionell behandelt werden. Fühlt er sich gut betreut, ist er loyal und empfiehlt das Unternehmen und seine Produkte im besten Falle sogar weiter. Mundpropaganda ist immer noch ein sehr wirkungsvolles Werbemittel – es ist quasi die höchste Stufe des Marketings. Fred Reichheld, der bekannte US-amerikanische Wirtschaftsautor und -stratege, den die New York Times als Hohepriester der Kundenloyalität tituliert, behauptet sogar, dass die Weiterempfehlung das einzig tragfähige Kriterium ist, mit dem sich messen lässt, wie es um das Wachstum eines Unternehmens bestellt ist (vgl. Reichheld 2006).

Net Promoter Score

„Die Wachstumsrate von Unternehmen, die führend in der Kundenloyalität sind, ist doppelt so hoch wie von anderen Firmen", konstatierte Fred Reichheld in einem Interview mit dem renommierten Analystenhaus Gartner. Reichheld gilt als Loyalitäts-Guru und als einer der 25 einflussreichsten Consultants weltweit. Seinen Forschungen zufolge ergab sich, dass es nur eine einzige Kennziffer gibt, aus der abgeleitet werden kann, wie es um das Wachstum eines Unternehmens bestellt ist: Der so genannte Net Promoter Score. Reichheld hat diesen in einem Artikel im Harvard Business Review

> (Dezember 2003) unter dem Titel "The One Number You Need To Grow" vorgestellt. Ermittelt wird der Net Promotor Score indem man (möglichst vielen) Kunden/Konsumenten eines Anbieters dieselbe Frage stellt: Wie wahrscheinlich ist es, dass Sie [Marke/Firma] X an einen Freund oder Kollegen weiterempfehlen würden? Die Befragten sollen auf einer Skala von 0 bis 10 antworten. Die Befragung soll sehr regelmäßig und für alle Produktgruppen, Services und Unternehmen gestellt werden.
>
> Anschließend muss der prozentuale Anteil der Befragten ausgerechnet werden, die 9 oder 10 geantwortet haben. Sie gelten als die "Promoters". Außerdem muss der Anteil derjenigen errechnet werden, die null bis 6 geantwortet haben – sie sind die „Detractors". Anschließend wird die Prozentzahl der Detractors von der Prozentzahl der Promoters abgezogen. Das Ergebnis: der Net Promoter Score.

2 Intelligente Steuerung von Kunden-Interaktionen

Auch Unternehmen streben nicht wirklich eine Beziehung zu ihren Kunden an. Ihnen geht es vielmehr um den Customer Lifetime Value – also darum, welchen Wert ein Kunde für das Unternehmen besitzt. Ebenso ist Kundenloyalität ein Ziel, wenn bekannt ist, dass es um ein Vielfaches teurer ist, einen neuen Kunden zu gewinnen, als einen bestehenden glücklich zu machen. Ferner ist eine Firma daran interessiert, wie sich neue Umsatzmöglichkeiten erschließen lassen. Das Stichwort dafür lautet: Cross- und Upselling. Dabei werden dem Kunden zusätzliche Services und Waren angeboten. Dass das Unternehmen dabei effizient vorgehen sollte, ist eine Selbstverständlichkeit.

Erfolgreiches Kunden-Management bedeutet heute daher, zum Zeitpunkt der Kontaktaufnahme des Kunden zum Unternehmen oder vice versa, die richtigen Dinge tun zu können und die Interaktionen mit dem Kunden intelligent zu steuern. Dabei kommt es gar nicht darauf an, die einzelnen Prozesse für das Kunden-Management neu zu erfinden, sondern vielmehr darauf, sie in die richtige Reihenfolge zu bringen.

Doch was ist bisher geschehen? Brav der „Beziehungsthese" folgend, haben Unternehmen mächtige Datenbanken aufgebaut und speichern darin Informationen über den Kunden: was er wann und wo gekauft hat, ob und wie oft er sich beklagt hat und was mit der Beschwerde passiert ist. Um einen Durchblick in dieses Datendickicht zu bekommen, stellen diese Firmen ausufernde Analysen an: Wer sind die guten Kunden, wer die schlechten Käufer. Was darauf folgt, sind teure Massen-Mailings, umfangreiche nervtötende abendliche „Call-Center-Attacken" sowie streuverlustbehaftete Werbemaßnahmen. Soweit so gut. Gut organisiertes Services- und Sales-Management statt ineffektiver Vergangenheitsbewältigung.

Das Problem liegt darin, dass die gesammelten Daten aus der Beziehung lediglich einen statischen Zustand wiedergeben, der sich in der Historie abspielte. Was hat diese Vergangenheitsbewältigung jedoch mit Beziehungsmanagement zu tun? Was nützt das statische, rückwärtsgewandte Beziehungsmanagement, wenn zum Zeitpunkt der Interaktion mit dem Kunden alle vor Schreck den Füller fallen lassen, weil sie nicht wissen, was sie ihm verkaufen sollen und nicht verstehen, wie beispielsweise Cross- und Upselling funktionieren.

Ein Beispiel, wie ineffektiv heutzutage im großen Stil agiert wird, bringt es auf den Punkt. Bekannt ist, dass bei Massen-Mailings lediglich drei bis fünf Personen von tausend Angeschriebenen auf die Maßnahme reagieren – ein Verlust von 99,5 bis 99,3 Prozent. Wie gesagt, die Menschen reagieren auf die Aktion, ob sie etwas kaufen, steht dann noch in den Sternen. Abrufbar sind dagegen die Erfahrungen namhafter Unternehmen, die auf Abschlussquoten von über neun Prozent verweisen. Das bedeutet: Fast jede zehnte Person, die Kontakt zu dem Unternehmen hat, kauft ein neues Produkt oder einen Service. Diese Steigerung von rechnerisch rund 3000 Prozent klingt nach Hexenwerk, hat jedoch einen simplen Grund: die Unternehmen wissen zum Zeitpunkt der Kontaktaufnahme mit dem Kunden sehr genau, was sie ihm anbieten können und geben ihm gleichzeitig das Gefühl, gut behandelt zu werden.

Der Clou: Die Marketingkosten für diese Maßnahmen gehen gegen Null, beispielsweise im Vergleich zu teuren Massen-Mailings. Denn der Kunde ruft in den meisten Fällen selbst an, hat eine E-Mail geschrieben oder einen Brief. Selbst wenn sich ein Käufer beschwert und mit dem berühmten „dicken Hals" anruft, lässt sich durch ein gut organisiertes Services- und Sales-Management eine enorm hohe Abschlussrate erzielen und loyale Kunden gewinnen. Die Frage ist: Können sich Unternehmen überhaupt noch ineffektive Kampagnen leisten?

3 Erkennung und Wahrnehmung von Cross- und Upselling-Chancen

Skeptiker werden nun anführen, dass hier Äpfel mit Birnen verglichen werden. Sind doch Mailings und Wurfsendungen in der Regel auf die Gewinnung von Neukunden ausgerichtet. Der Anrufer im Service oder Vertrieb dagegen wird im Normalfall ein Bestandskunde sein. Dazu folgendes: Erstens: Auch ein Bestandskunde kann ein Neukunde werden, etwa für ganz neue oder erweiterte Produkte (Cross- und Upselling). Beispielsweise zählt ein bekannter deutscher Telekommunikationsanbieter jeden Monat rund 500.000 Anrufe. Darunter sind viele Beschwerden oder Service-Anfragen. Das sind aber auch 500.000 Cross- und Upsell-Chancen, die das Unternehmen mittlerweile sehr erfolgreich nutzt. Eine weitere Möglichkeit, Verkaufschancen gewinnbringend und sehr effizient zu nutzen, besteht beim Check-in am Flughafen oder auch beim Abstempeln des Bahntickets. Der Kunde hat Kontakt zum Unternehmen, zu einem seiner Mitarbeiter und an dieser Stelle kann seine Neugier für neue Offerten gelockt werden.

Zweitens haben sich Websites sowie Sales- und Service-Center als probate Kanäle für die Neukundengewinnung etabliert. Der Interessent tritt also aktiv an das Unternehmen heran. Drittens: Ist es durchaus sinnvoll, Marketing-Maßnahmen zu kombinieren. So können Anschreiben oder Prospekte, die postalisch verschickt wurden, aktiv kompetente Nachfassaktion per Telefon folgen (Outbound). Die Marketingkosten gehen dann zwar nicht gegen Null, doch die Abschlussquote liegt dramatisch höher als bei der bloßen Wurfsendung.

Diesen ausgezeichneten Service und die Verkaufschancen bei dem das ganze Unternehmen zum Service-Center werden muss, erschafft sich eine Firma nicht zum Nulltarif. Es bedeutet zweierlei: Organisatorische Brüche zwischen Unternehmenseinheiten zu schließen, insbesondere zwischen dem Front Office, das dem Kunden zugewandt ist, und dem Back Office, dass für die interne Abwicklung zuständig ist. Gleichzeitig müssen alle Zugangs- und Ausgangskanäle ganz gleich ob Telefon, Brief, Fax, E-Mail oder Website vom und zum Kunden integriert werden und sich übergreifend kontrollieren lassen.

4 Exzellenter Kundendienst durch Business Process Routing

Das Management von Kundenanfragen über das gesamte Unternehmen hinweg schafft eine einzige Interaktionsdrehscheibe für die Kommunikation. Diese ermöglicht exzellenten Kundendienst im gesamten Unternehmen auch außerhalb des Kunden-Contact-Centers. Die Kommunikationsdrehscheibe integriert die verschiedenen Bereiche: Zweigstellen, externe oder Heimarbeitsplätze, interne „Experten" sowie Außendienstmitarbeiter. Es werden jedoch nicht nur Arbeitsbereiche in das Contact Center eingebunden, sondern auch umgekehrt – Contact-Center-Aufgaben in unternehmensinterne Geschäftsabläufe. Dieses Konzept bezeichnet man auch als „Business Process Routing" (BPR, vgl. Abbildung 1).

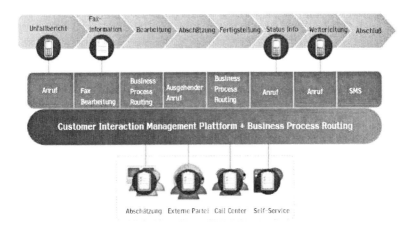

Abbildung 1: Business Process Routing (BPR)

Als Vordenker dieses Ansatzes gilt Henry Ford, der sich weniger Gedanken um einen Teilprozess gemacht hat – etwa wie man eine Schraube fertigt – sondern das Ganze im Blick hatte. Jeder Arbeitsvorgang wird in einer vorgegebenen Zeit von einem Spezialisten ausgeführt. Außerdem wird die Arbeit im Push-Modell an den richtigen Ort geleitet. Die Einführung solcher Routing-Mechanismen ist absolut konform mit den bestehenden Vorschriften im Unternehmen und kann im Rahmen von Betriebsvereinbarungen eingeführt werden. Alle Fähigkeiten der Mitarbeiter, im Fachjargon „Skills" genannt, sind in einer zentralen Datenbank hinterlegt. Sobald eine Anfrage eingeht, die eine spezielle Fähigkeit erfordert, entscheidet BPR in Echtzeit, welcher Mitarbeiter verfügbar ist und die Aufgabe am besten erledigen kann (vgl. Abbildung 2).

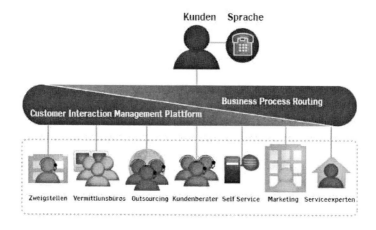

Abbildung 2: Schnittstellen des Business Process Routing (BPR)

Das Beispiel einer Versicherung verdeutlicht die Vorteile von BPR. Nach einem Hagelsturm rufen sofort alle Geschädigten aus der betroffenen Region die Schadensabteilung an. Einige Tage später folgen Faxe und Briefe, die bearbeitet werden müssen. Mittels intelligentem Routing lässt sich sofort ein Überlauf aktivieren. Dieser bindet nahtlos weitere Mitarbeiter in den Prozess ein, um so die Spitzenbelastung aufzufangen. Zusätzlich lässt sich das Service-Level-Problem für Mails und Briefe durch die Einbindung weiterer Fachabteilungen entschärfen.

BPR ist keine Theorie, die in staubigen Regalen vor sich hin schlummert. Das beweisen bereits zahlreiche Telekommunikations-, Versicherungs-, Pharma- sowie Handelsunternehmen, die bereits BPR-Prozesse erfolgreich implementiert haben. So setzt beispielsweise ein führendes Telekommunikationsunternehmen diese Technologie für 4.000 Mitarbeiter ein, um das steigende Arbeitsvolumen mit der gleichen Mannschaft bewältigen zu können, während BPR bei Handels- unternehmen dazu genutzt wird, die Aufgaben vom Back Office, wie Kreditan- fragen und Bonitätsprüfungen, in die Online- und Contact-Center-Abwicklung zu integrieren.

5 Effektive Steigerung der Kundenzufriedenheit über intelligente Anfragenzuweisungen

Eine enorme Verbesserung im Bereich der Produktivität und Leistung wird bei BPR mittels intelligenter Zuweisung von Anfragen in Echtzeit erzielt. Die Kun- denberater bearbeiten genau die Anfragen, für die sie auch speziell ausgebildet wurden. Dies führt zu einer Erhöhung der Problembehebung nach dem ersten Anruf (First Call Resolution) und zu einer Verbesserung der gesamten Leistun- gen. Dies erhöht gleichzeitig die Kundenzufriedenheit. Mit der Zunahme von verteilten Contact Centern und multimedialen Anfragen per E-Mail, Webformu- laren und Chats hat sich ein weiterer neuer Ansatz etabliert: Der „Universal- Workflow" bedient Kommunikation jeglicher Art. Er stellt sicher, dass in Echt- zeit alle Anfragen demjenigen freien Mitarbeiter zugewiesen werden, der die entsprechenden Kompetenzen und Fähigkeiten besitzt. Soweit die Sicht auf den Teil des Unternehmens, das dem Kunden zugewandt ist – dem Front Office.

Verglichen mit dem Contact Center scheint der Rest des Unternehmens – das Back Office – bei der Kundenabwicklung wesentlich weniger effizient zu arbei- ten: Egal, ob es um die Klärung von Versicherungsansprüchen, die Gewährung von Hypotheken, die Einteilung von Kundendiensttechnikern oder die Abwick- lung von Zahlungen geht. Workflow Tools haben standardisierte Abläufe einge- führt, so dass insgesamt weniger Fehler passieren können. Dennoch hat das Back Office im Vergleich zum Contact Center keinen großen Fortschritt bezüglich der

Produktivität gemacht. Folgende Gründe werden immer wieder genannt, um die Schwierigkeiten bei der Verbesserung der Produktivität des Back Office zu erklären: Komplexe Abläufe, die notwendige Beteiligung Dritter, Erreichbarkeit von Experten und aufwändige schriftliche Bearbeitungen.

Das leuchtet ein. Denn anders als im Contact Center sind im Back Office viele Kundeninteraktionsprozesse langwierig und ziehen Anträge, Einschätzungen und Überprüfungen nach sich. Die Abwicklung kann in jedem Stadium ins Stocken geraten, beispielsweise wenn ein Kunde ein wichtiges Dokument nicht rechtzeitig zurücksendet. Geschäftsabläufe involvieren zudem häufig unterschiedliche Abteilungen oder Dritte, die nicht der direkten Kontrolle des Back Office unterstehen. Oft werden Abläufe dadurch blockiert, dass Mitarbeiter anderer Abteilungen oder Firmen „ihre eigenen Aufgaben" zuerst erledigen.

Auch die Erreichbarkeit von Experten kann zu schleppenden Prozessen führen. Gleichzeitig erfordert aber die Kundeninteraktion immer stärker die Einbeziehung eines Fachmanns, was zeit- und beratungsintensiv ist. So kann es beispielsweise bei einem Personenschadensanspruch vorkommen, dass die Versicherung das Gutachten eines sachverständigen Mediziners benötigt. Die Untersuchung des Anspruchstellers durch den Experten und die Erstellung eines Berichts nimmt dabei Zeit in Anspruch und unterbricht den laufenden Prozess. Trotz fortgeschrittener Digitalisierung müssen viele Kundenabläufe immer noch schriftlich bearbeitet werden – zum Beispiel als Korrespondenz per Brief und Fax oder durch das Ausfüllen von Antragsformularen. Die Ablage solcher Dokumente ist sehr aufwändig und Mitarbeiter benötigen Zeit, um Einzelheiten nachzuschlagen und die Daten innerhalb des Ablagesystems auf dem neuesten Stand zu halten.

6 Optimierung des Kundenservice-Prozesses durch Integration von Front - und Back-Office

Bedingt durch die genannten Gründe liegt das Verhältnis von Front- und Back-Office-Personal je nach Branche bei 1:3 oder höher. Konkret: Auf jeden Kundenberater im Contact Center kommen etwa drei Mitarbeiter im Back Office, die für Nachbearbeitung oder für administrative Aufgaben wie beispielsweise Ablage, Zulassungen, Archivierung oder Wiedervorlagen zuständig sind. Wären Effizienz und Beständigkeit von Kundenabläufen hier genauso hoch wie im Contact Center, welches bis auf Sekundenbasis gesteuert wird, dann wären die Verbesserungen der Produktivität und die Einsparungen an Betriebskosten immens.

Unternehmen, die eine effiziente Abwicklung von Kundenanfragen anstreben, brauchen allerdings flüssige Arbeitsabläufe nach dem Ford'schen Modell – auch und gerade zwischen Back- und Front Office. Diese müssen mit den Funktionalitäten der intelligenten Arbeitszuweisung zusammen wachsen, um ein System zu kreieren, das den gesamten Kundenservice-Prozess aktiv leitet und ausführt. Eine solche Anwendung kann sämtliche Entscheidungsfindungen steuern: Es kontrolliert, welcher Kundenberater für welchen Teil des Geschäftsprozesses verantwortlich ist. Es stellt sicher, dass jeder Kundenberater über alle aktuellen Daten des Kunden verfügt und alle notwendigen Informationen besitzt, um die zugeordnete Aufgabe ausführen zu können. Kundenanfragen aus sämtlichen Kommunikationskanälen – Telefon, E-Mail, Chat, SMS, Brief, Fax – werden verteilt und entsprechend der vorab definierten Geschäftsprozessregeln eingeordnet.

Das Konzept des Business Process Routing unterstützt die Erstellung einer „globalen" Aufgabenliste, um so Servicestandards zu sichern. Gleichzeitig ermöglicht es die nahtlose Integration von Contact Center und Back Office. Die Technologie, die im Contact Center angewandt wird, führt die gleiche Effizienz auch in die Kundeninteraktionen, die im Unternehmen selbst bearbeitet werden, ein.

Das hier beschriebene Routing von Prozessen forciert ebenfalls ein intelligentes Reporting. Das Ziel sollte dabei sein, die Kosten der einzelnen Prozessschritte zu identifizieren, um so die richtigen Dinge tun zu können. Nur so kann festgestellt werden, ob es sich beispielsweise lohnt, Aufgaben an einen Partner auszulagern (Outsourcing). Die Implementierung von intelligentem Routing ermöglicht hierzu Lösungsansätze, die ein prozessorientiertes Controlling erlauben. Ein solches System bietet Kennzahlen und Analysen, um Leistungen in Echtzeit messen, bewerten und optimieren zu können. Alles andere wäre vergebliche Mühe! Denn was sich im Unternehmen nicht messen lässt, lässt sich auch nicht bewerten und somit verbessern.

Literatur

Reichheld, F.: „Die ultimative Frage": Mit dem Net Promoter Score zu loyalen Kunden und profitablem Wachstum, München 2006

Response-Messung im multikanalen Kundenmanagement – Cross Media Response-Messung

Stefan Helmke, Matthias Uebel

Zusammenfassung: Gerade in integrierten Ansätzen der Kommunikation und des Kundenmanagements wirken vielfältige Maßnahmen über verschiedenste Kanäle auf den Kunden ein. Entscheidungen über den Einsatz der Maßnahmen basieren in der Praxis häufig mehr auf dem Glauben an die Wirkung als auf einer validen rationalen Wirkungsmessung. Die Wirkungs- bzw. Erfolgsmessung gilt häufig als zu komplex und wird deshalb als nicht umsetzbar eingestuft. Der hier vorgestellte Ansatz löst dieses Problem und zeigt ein datenanalytisches Vorgehen, um Verbundwirkungen im Multikanalmanagement aufzuzeigen und fundiertere Aussagen über die Wirksamkeit bzw. die Response von Maßnahmen treffen zu können. Methodisch basiert der Ansatz auf dem Data Mining-Verfahren der Analyse strukturierter Wirkungsmuster (ASW-Ansatz).

Schlüsselworte: Kundenmanagement, Responsemessung, Cross Media, Wirkungsmuster, Data Mining

Inhaltsverzeichnis

1 Ziele der Cross Media Response-Messung 421

2 Vorgehensweise 422

    2.1 Datenaufnahme 423

    2.2 Strukturierung der Wirkungsmuster 424

    2.3 Messung der Cross Media-Response 426

3 Ergebnisse 428

1 Ziele der Cross Media Response-Messung

Der Erfolg von Maßnahmen im Kundenmanagement und Direktmarketing wird zumeist lediglich über die unmittelbare Response (Direct Response) in der Kennzahl „Anzahl der Reagierer" auf die Werbemittel/Gesamtauflage gemessen. Vor dem Hintergrund der Vielfältigkeit von Maßnahmen und einer zunehmenden Reizüberflutung des Kunden sind die Wirkungsmuster, bis der Kunde sich zum Kauf entscheidet, häufig nicht mehr auf ein einzelnes Werbemedium zurückzuführen. Vielmehr wirkt das Aktionsmuster eines Verbundes an Werbemitteln auf den Kunden, das letztendlich einen Kauf auslöst. Die Betrachtung der klassisch isolierten Direct Response eines Marketing-Instrumentes greift dann zu kurz. Ein Mailing weist z. B. eine geringe Response von 0,15 % aus. Dies würde auf Basis der Direct Response ggf. bedeuten, diesen Postwurf einzustellen. Ggf. löst das Mailing aber eine hohe Anzahl an Bestellungen im Internet aus, die ohne den Erhalt des Mailings nicht getätigt worden wären. Das Mailing fungiert dann nur als Interest-Starter, dessen Wirtschaftlichkeit erst über die Summe der Direct Responses und der ausgelösten Verbundwirkung beurteilt werden kann.

Das Beispiel zeigt, dass für rationale Entscheidungen im Direktmarketing die Verbundwirkungen zwischen den Werbemitteln zu berücksichtigen sind. Neben der Direct Response ist die Cross Media-Response (CMR) zu erheben, um die Messung der Wirtschaftlichkeit des Einsatzes von Maßnahmen in den einzelnen Werbewegen zu verbessern. Abbildung 1 verdeutlicht die Einordnung der Cross Media-Response in die Werbewirkungsmessung.

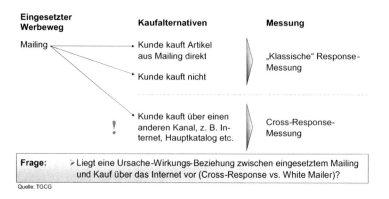

Abbildung 1: Einordnung der Cross Media-Response in die Werbewirkungsmessung

Die Aufgabe bei der Cross Media-Response-Messung im Kundenmanagement besteht darin, die in der Realität vorkommenden Ausstrahlungseffekte (Verbund- und Substitutionseffekte) abzubilden, zu quantifizieren und in die Planung einzubauen. Dies erhöht die wertorientierte Ausgestaltung des Werbewege-Mixes und damit den effizienten Einsatz von Werbemittelbudgets. Interessant ist der Einsatz der Messung der Cross Media-Response insbesondere, je größer die Vielzahl an Werbemitteln und deren Varianten ist.

2 Vorgehensweise

Voraussetzung für die Cross Media-Response ist, dass bereits die Direct Response der Werbemittel gemessen wird. In vielen Unternehmen existiert ein hoher Anteil an Kunden, die auf den ersten Blick nicht unmittelbar auf die Werbewirkung eines Werbemittels zurückgeführt werden können. Dies sind die so genannten White Mailer, die in der Versandhandelsbranche beispielsweise aus einem Katalog bestellen, den sie nicht persönlich erhalten haben, sondern z. B. der Nachbar. Durch die Cross Media-Response wird auch der Anteil vermeintlicher White Mailer reduziert, da die dahinter stehende Wirkung z. B. in Verbindung mit Instrumenten der klassischen Werbung verdeutlicht wird und somit einer Steuerung zugänglich wird. Durch den Profiling-Ansatz wird dieser Thematik insofern Rechnung getragen, als dass neben der Cross Media-Response zwischen

Werbemitteln des Direktmarketings auch die Ausstrahlungseffekte klassischer Werbung gemessen werden können.

Für die Messung der Cross Media-Response empfiehlt sich ein dreistufiges Projektvorgehen unter Anwendung des Profiling-Ansatzes, das die folgende Abbildung 2 verdeutlicht. Phase 1 dient der Datenaufnahme zur Vorbereitung von Phase 2, der Strukturierung der Wirkungsmuster. Die anschließende Phase 3 dient der Messung der Cross Media-Response, deren Ergebnisse im Rahmen der Planung umzusetzen sind.

Phase 1: Datenaufnahme	Phase 2: Strukturierung	Phase 3: Messung
• Aufnahme bestehender Datenstrukturen • Bestimmung der relevanten Daten	• Aktionsmusterbildung (Input, Output, Time) • Umsetzung der Datensätze in codierte Aktionsmustertupel	• Durchführung einer Kausalanalyse auf Basis von Interkorrelationsmessungen • Bestimmung der Wirkungsmuster
Data Kernel	**Profile Sheet**	**Cross Media Responses**

Abbildung 2: Vorgehensweise des Profiling-Ansatzes

2.1 Datenaufnahme

In Phase 1 sind zunächst die eingesetzten Webemittel zu strukturieren. Festzulegen ist, für welche Werbemittel und welche Varianten der Werbemittel die Cross Media-Response zu messen ist. Der Profiling-Ansatz erlaubt eine Betrachtung von bis zu 400 verschiedenen Werbemitteln.

Zudem sind die vorliegenden Daten des Werbemitteleinsatzes für die Cross Media-Response zu systematisieren, wie z. B. Erhalt nach Kundengruppen, Prioritätsregeln, Zeitspannen des Versandes, Bestellwerte, bestellte Artikel, Varianten etc. Aus dieser Vielzahl an Daten sind diejenigen herauszuarbeiten, die einen Einfluss auf die Cross Media-Response aufweisen. Diese Daten bilden den Data Kernel für die weiteren Analysen.

2.2 Strukturierung der Wirkungsmuster

In Phase 2 sind auf Basis der identifizierten Daten des Data Kernels die Aktionsmuster der Cross Media-Wirkung zu erarbeiten. Dazu erfolgt die werbemittelabhängige, individualisierte Aufnahme des Kaufverhaltens. Grundsätzlich sind dabei die drei Datengruppen Input (auf Basis der erhaltenen Werbemittel), Time (Spezifikationen bezüglich der Kaufzeitpunkte) und Output (Bestellverhalten des Kunden) zu unterscheiden. Diese Daten sind entsprechend für die Berechnung in Aktionsmustern zu codieren und in einem Mengenkonzept abzubilden.

Für die Betrachtung der Datengruppe Input ist zu dokumentieren, welche Kunden welche Werbemittel erhalten haben. Dabei sind sowohl diejenigen Kunden zu berücksichtigen, die in der geplanten Saison gekauft haben, als auch diejenigen Kunden, die in der betrachteten Saison nicht gekauft haben. Die geplanten Werbestrecken der Werbemittel werden somit in den Ist-Kundendaten abgebildet. Abbildung 3 verdeutlicht dies vereinfacht für die Datengruppe Input bezüglich des Werbemittelerhalts, welche Kunden welche Werbemittel erhalten haben. Wenn die Wirkung von Instrumenten der klassischen Werbung zusätzlich abgebildet werden soll, sind entsprechende Mengenkonzepte bezüglich der Werbereichweiten zu bilden und simulativ auf die Kunden zu projizieren.

Phase 1: Datenaufnahme

Kunde	Erhaltene Werbemittel	Zeitpunkte	Käufe in der Saison	Zeitpunkte	Kaufkanal
Meier	M, C, K	1.4.,...	3; 374 €	13.4.,...	I, I, K
Müller	M	15.6.,...	1; 120 €	1.7.,...	M
Schulze	P, C, M	15.1.,...	2; 220 €	1.2.,...	M, K
...	...	...	...	...	...

Phase 2: Codierung

Kunde	Aktionsmustertupel				
Meier	1	3	1	2	1
Müller	1	1	3	2	1
Schulze	3	2	1	2	1
...	...	...	...	...	...

M Mailing, C Call, K Katalog, I Internet

Quelle: TGCG

Abbildung 3: Datencodierung am Beispiel der Datengruppe Input

Zusätzlich sind für die Datengruppe Time Zeitspannenindikatoren, z. B. bezüglich des Zeitraums des Erhalts des Werbemittels und des Kaufs, zu erheben. Diese Zeitspannenindikatoren sind mit einem Scoring zu versehen. Eine geringe Zeitspanne deutet auf eine hohe Cross Media-Response hin und ist entsprechend mit einem hohen Scoring zu versehen. Wiederum ist eine Differenzierung nach Kundengruppen möglich.

Für die Datengruppe Output sind die Wirkungsmuster bezüglich des Kaufs, ggf. differenziert nach Kundengruppen, z. B. Neukunden versus Stammkunden oder Familien versus Senioren, zu erheben. Die Wirkungsmuster sind mit einem Scoring zu versehen und bilden das Ausmaß unterschiedlicher Wirkungsstufen der Cross Media-Response ab. Die unterschiedlichen Wirkungsstufen sollen wiederum an dem Beispiel zwischen Mailing und Internet vereinfacht dargestellt werden. Wirkungsstufe 1 stellt dabei die stärkste Cross Media-Wirkung dar. In einem Mailing wird ein Sommerkleid beworben. Eine Kundin, die dieses Mailing erhalten hat, bestellt über das Internet...

- genau das gleiche Sommerkleid (Wirkungsstufe 1),
- das gleiche Sommerkleid in einer anderen Farbe (Wirkungsstufe 2),
- ein anderes Sommerkleid (Wirkungsstufe 3),
- einen anderen Artikel aus der Warengruppe Bereich DOB/Damenoberbekleidung (Wirkungsstufe 4),

- einen anderen Artikel aus dem Sortimentsbereich Textil (Wirkungsstufe 5),
- einen anderen Artikel aus einem anderen Sortimentsbereich (Wirkungsstufe 6).

Dieses einfache Wirkungsmuster ist zu erweitern, z. B. um die Betrachtung über mehrere Werbemittel hinweg oder um die Anzahl der Käufe bis hin zu Betrachtung des jeweils erzielten Bestellwertes. Für die einzelnen Werbestrecken und damit Kombinationen an Werbemitteln, die zum Kauf führen, sind unterschiedliche Wirkungsmuster unter Berücksichtigung des jeweiligen Anwendungskontextes zu definieren.

Die codierten Aktionsmuster der drei Datengruppen Input, Time und Output sind für die anschließende Berechnung der Cross Media-Response zusammenzuführen. Sämtliche erhobenen Primär- und Sekundärdaten auf Basis der Wirkungsmuster sind somit in Aktionsmustertupeln zu codieren und in einem Profile-Sheet zu dokumentieren, welches das Ergebnis der Projektphase 2 liefert.

2.3 Messung der Cross Media-Response

Auf Basis des Profile Sheets erfolgt die Messung der Cross Media-Response mit Hilfe von Verfahren der multivariaten Statistik. Die TGCG hat dazu ein Verfahren auf Basis der Analysesoftware SPSS (Statistical Package for the Social Sciences) entwickelt. Das Verfahren arbeitet im Wesentlichen auf Basis einer Kausalanalyse unter Verwendung der LISREL-Algorithmik zur Messung der Interkorrelationen zwischen den einzelnen Merkmalen.

Daraus ergeben sich in der Verdichtung die einzelnen Cross Media-Weights für die einzelnen Werbemittel bzw. Werbemittelverbunde. Die Cross Media-Weights sind in Response-Werte umzurechnen und ergeben in Summation mit der Direct Response die Total Response des Werbemittels, auf deren Basis optimierte Entscheidungen bezüglich der Werbemittelbudgetierung getroffen werden können. Eine Cross Media-Response-Messung bei einem Werbemittel auf ein anderes führt zu einem Substitutionsabzug der Direct Response bei einem anderen, außer wenn die Cross Media-Response auf bisherige White Mailer zurückzuführen ist.

Die Response-Wert-Ermittlung zeigt Abbildung 4 wiederum vereinfachend am Beispiel des Werbemittels Mailings.

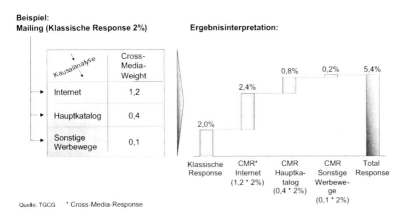

Abbildung 4: Ergebnis der Cross Media-Response-Messung am Beispiel Mailing

Anschließend erfolgt die Anwendung der Cross Media-Response in der Werbemitteleinsatzplanung. Dazu sind die ermittelten Total-Response-Werte an Stelle der Direct Response-Werte in der Werbemittelbudgetplanung bzw. im eingesetzten Simulationswerkzeug zur Planung zu berücksichtigen, um den Werbemitteleinsatzplan zu optimieren.

Die Cross Media-Response sollte differenziert nach Kundengruppen erfolgen, für die ein grundsätzlich unterschiedliches Kaufverhalten angenommen werden kann. Dies ist notwendig, um Verwässerungseffekte der Cross Media-Response zu vermeiden.

Durch die Betrachtung der Cross Media-Response können nicht nur die Verbundwirkungen zwischen den Werbemitteln des Direktmarketings, sondern auch die Verbundwirkungen zu Instrumente der klassischen Werbung abgebildet werden.

Die Messung der Cross Media-Response sollte dauerhaft erfolgen, da diese Größe ebenso wie die Direct Response schwanken kann. Deshalb sind Profiling-Sheet und Berechnungsalgorithmik so auszugestalten, dass Anpassungen, z. B.

hinsichtlich der eingesetzten Werbemittel, aufwandsarm eingearbeitet werden können.

3 Ergebnisse

Die Cross Media-Response-Messung verdeutlicht die tatsächliche Wirkung eines Werbemittels. Die Entscheidungsbasis für den Einsatz von Werbemitteln bzw. die Ausgestaltung eines Werbewegemixes wird dadurch erweitert und verbessert. Der Werbemitteleinsatz erfolgt zielgerichteter. Der messbare Erfolg äußert sich sowohl in einer gesteigerten Anzahl bestellender Kunden, geringeren Werbekosten pro Kunde als auch in einer höheren Kundenprofitabilität. Erfahrungswerte zeigen, dass die Anzahl bestellender Kunden um bis zu 13 Prozent gesteigert werden und die Kosten pro Neukunde um bis zu 11 Prozent gesenkt werden können.

Homo Digitalis:
Der neue Konsument in seinem digitalen Lifestyle

Tobias Kirchhofer

Zusammenfassung: Die Diskussion über digitale Technologien ist heute einfacher als noch vor zehn Jahren. Der Kulturschock ist verflogen, die Einsicht, dass die wachsende Komplexität einer globalisierten Gesellschaft mit digitalen Medien zu bewältigen ist, hat gesiegt. Die Bewunderung für die digitale Revolution und das neue Medium sind einem angenehmen Realismus gewichen. Es setzt sich mehr und mehr die Erkenntnis durch, dass die digitalen Werkzeuge Mittel zum Zweck und nicht Selbstzweck sind. Wäre da nicht der neue Hype um „Web 2.0", man könnte sich auf einfache Dinge verständigen: Auf die Währung, die „Nutzen" heißt. Dieser Beitrag wird als vehementes Plädoyer für den nutzenorientierten Einsatz digitaler Technologien verstanden und bettet die aktuellen Entwicklungen im Bereich der Digitalen Wirtschaft in ihren Gesamtkontext ein. Nur so lassen sich fundierte Empfehlungen für die zielgerichtete, unternehmerische Verwertung digitaler Innovationen ableiten.

Schlüsselworte: Digitale Technologien, Web 2.0, Zukunftstrends

Inhaltsverzeichnis

1 Einleitung 431

2 Das Setting der Digitalisierung 433

3 Kurz & Knapp: Empfehlungen 458

Literatur 460

1 Einleitung

Der folgende Beitrag stellt den Konsumenten in den Mittelpunkt. Das klingt banal, ist aber angesichts der weit verbreiteten Technikverliebtheit und dem Hang zur Kreativität im Agenturenkosmos, zu dem auch Blue Mars zählt, nicht immer die Regel. Zugegeben: Im Zeitalter des „Homo Digitalis" werden wir auch auf den nächsten Seiten nicht umhin kommen, über Technologien zu reden. Denn: Digitale Technologien haben Einfluss auf unser Kommunikationsverhalten, ja auf unser soziales Verhalten genommen. Daher wird zu betrachten sein, wie sich Kommunikation, Zusammenleben, Arbeitswelt, Freizeit- und Konsumverhalten verändert haben und weiter verändern werden. Schließlich beschleunigt sich die Entwicklung, die in den letzten zehn Jahren in Gang gekommen ist, weiter – mit radikalen Veränderungen für die gesamte Gesellschaft und damit natürlich auch für die Wirtschaft. Angesichts des rasanten Tempos kann dabei schnell der Eindruck entstehen, dass es sich um eine Revolution der Massenkommunikation handelt, was die Bezeichnung digitale Revolution schließlich nahe legt. Doch dieser Eindruck täuscht. Wir haben es hier nicht mit einer Revolution, sondern viel mehr mit einer Evolution zu tun. Der Begriff der Revolution greift zu kurz, auch wenn er der Radikalität der Veränderung Rechnung trägt. Trotzdem: Er erkennt nicht an, dass es nach wie vor sowohl im Privatbereich als auch in der Ökonomie Zauderer gibt, die die Entwicklung der letzten zehn Jahre immer noch für ein vorübergehendes Phänomen halten. Das Stichwort Entwicklung führt uns automatisch zur Terminologie „Evolution". Wo vor wenigen Jahren noch Bücher gewälzt wurden, gibt heute die freie Wissensenzyklopädie wikipedia.org im Internet Auskunft. Das deutet an, was passiert ist: Auch hier werden Informationen reproduziert, variiert und selektiert – ein evolutionärer Prozess, wie wir ihn in vielen Bereichen der Massenkommunikation momentan beobachten können.

Es sei angemerkt, dass dieser Prozess, der sich stetig beschleunigt, auch für diesen Beitrag nicht ohne Folgen bleibt. Daher sei der Hinweis erlaubt, dass einige der folgenden Inhalte und Thesen möglicherweise schon in wenigen Monaten – wenn schon nicht komplett, so doch in Teilen – „renovierungsbedürftig" sind. In der digitalen Welt ist es ein bisschen wie mit den Lottozahlen: Was heute zum großen Gewinn verhilft, kann schon kurze Zeit später nutzlos sein. Zwar sind die Innovationszyklen der Digitalen Wirtschaft nicht ganz so kurz wie die Bekanntgabe der Lottozahlen, zumindest aber sind auch die folgenden Informationen aus dem angeführten Grund im weitesten Sinne „ohne Gewähr". Anders formuliert: Nichts ist beständiger als der Wandel. Die Bereitschaft zum Wandel ist daher die Grundvoraussetzung für langfristigen Erfolg.

Am Anfang war das Feuer

In kaum einem anderen Zeitalter konnte ein Geistesblitz derartige „Flächenbrände" entfachen, wie das im Internetzeitalter der Fall ist. Ausgehend vom Startpunkt des WorldWideWeb im Jahre 1993 hat das Internet wie kein anderes Medium zuvor innerhalb von gerade einmal zehn Jahren den Sprung zum globalen Massenmedium mit weltweit über einer Milliarde Usern geschafft. Um die beeindruckende Bilanz mit weiteren Zahlen zu belegen, reicht eine entsprechende Internetrecherche. Fakt ist: Längst wird im Internet nicht mehr nur nach Informationen gesucht oder per E-Mail kommuniziert. Mit Anwendungen, die vor weniger als fünf Jahren so gut wie niemand kannte, werden heute in Deutschland dreistellige Millionenbeträge umgesetzt. Die besten Beispiele hierfür sind Suchmaschinen- oder Affiliate-Marketing, also die provisionsbasierte Vermarktung im Anzeigenbereich der Suchmaschinen oder auf (mal mehr, mal weniger) affinen Websites Dritter. Unternehmen wie eBay, Google oder Yahoo haben in wenigen Jahren, ja teilweise Monaten, eine Entwicklung genommen, die andere Unternehmen nicht in hundert Jahren hinbekommen. Auch wenn die Popularität dieser Namen an der einen oder anderen Stelle inzwischen Risse bekommen hat, sie stehen für einen rasanten Aufstieg, der allein durch das Internet und seine weitverbreitete Nutzung möglich geworden ist.

Der Feuereifer, mit dem viele der Internetpioniere in den ersten Jahren des „Goldrausches" zu Werke gegangen sind, war mit dem Platzen der Blase verflogen. Und doch: Vieles von dem, was uns heute als Trend verkauft wird, erlebte seine Geburtsstunde bereits im vergangenen Jahrtausend.

Das zeigt, dass die Zeit für einige Entwicklungen noch nicht reif war – es mangelte am Interesse der breiten Masse oder aber schlicht an angemessenen technischen Infrastrukturen. So haben sich einige Ideen erst mit einer gewissen Verzögerung durchgesetzt. Vieles, was heute unter dem Deckmantel des Web 2.0 daher kommt, ist in Wahrheit ein „alter Hut". Fairerweise muss dazu gesagt werden, dass die Definition dessen, was Web 2.0 ist, mal enger mal weiter gefasst wird. Die Conclusio sei dennoch erlaubt, dass es sich eben manchmal lohnt, etwas genauer hinzusehen, Ideen reifen zu lassen und vor allem immer wieder den Bezug zwischen den „Trends" und den eigenen Dialoggruppen herzustellen. Eins haben die Treiber der Internetgründergeneration, die bis heute erfolgreich im Online-Geschäft unterwegs sind, gemein: Sie haben trotz des bisweilen bunten Treibens den Blick fürs Wesentliche nicht verloren, nämlich für den Nutzer. Zwar gibt es in der Trend- und Zukunftsforschung sehr vielversprechende Ansätze, kommende Entwicklungen vorherzusagen. Der wichtigste Parameter aber bleibt die Akzeptanz der Konsumenten. Und so werden alle Entwicklungen und Ideen immer erst den Praxistest bestehen müssen.

Erfindergeist bleibt trotz allem die entscheidende Triebfeder für Innovationen – in der Digitalen Wirtschaft mehr als anderswo. Aber: Nur die Guten kommen durch. Diese aber erobern die Herzen der Nutzer im Sturm und sorgen so für dynamische Wandlungen innerhalb unserer Gesellschaft. Dass und wie davon auch Unternehmen profitieren können, wird Teil der weiteren Betrachtungen sein. Eins aber soll schon hier festgehalten werden: Kein Unternehmen kann es sich heute leisten, zu verharren und bestehende Erfolge als gesetzt anzusehen. Um den Finger am Puls der Zeit zu haben, bedarf es dabei jedoch mehr, als ständig Trends hinterher zu laufen. Vielmehr scheint es angebracht, den Gesamtkontext auszuleuchten. Wie also sehen Bühnenbild und Kulisse des „digitalen Schauspiels" aus?

2 Das Setting der Digitalisierung

Trends kommen und gehen, daher scheint es angebracht, technologische Entwicklungen vor dem Hintergrund der relevanten Rahmenbedingungen zu betrachten: die aktuellen politischen, gesellschaftlichen und demografischen Voraussetzungen und vor allem die Veränderungen der vergangenen eineinhalb Jahrzehnte.

Urbane, internationale, globale Netzwerke

Eine wesentliche Entwicklung, die das Aufkommen interaktiver Medien und deren Weiterentwicklung beeinflusst, wenn nicht gar überhaupt erst ermöglicht hat, ist die zunehmend globalisierte Gesellschaft. Wir leben heute in einer weltumspannenden Wissensgemeinschaft. Die Teilnahme an Ereignissen der Weltpolitik findet heute in allen Ecken der Erde zeitgleich statt. In Sekundenschnelle verbreiten sich Nachrichten über Katastrophen oder weltpolitische Geschehnisse um den gesamten Erdball. Wo früher noch Zeit blieb, sich eine Meinung zu bilden, kursieren heute mit Bekanntwerden bereits verschiedene Bewertungen einzelner Vorgänge. Wir erleben den Synchronismus von Ereignissen und dem dazugehörigen Informationsaustausch. In dem Maße, wie die Beschleunigung von Informationen zugenommen hat, hat deren „Halbwertzeit" im öffentlichen Bewusstsein abgenommen. Hinzu kommt die so genannte digitale Lücke. Mit der nichts anderes beschrieben ist, als der Umstand, dass die Verfügbarkeit von Informationen und Wissen letztlich von den infrastrukturellen Voraussetzungen, also dem Zugang zum digitalisierten Wissensnetzwerk, abhängt.

Aber auch in ökonomischer Hinsicht hat sich die Globalisierung bemerkbar gemacht. So ist durch den Abbau von Handelsbeschränkungen ein Weltwirtschaftssystem entstanden, das einen fruchtbaren Nährboden für den E-Commerce bereitet hat. Waren und Dienstleistungen – das zeigt sich vor allem innerhalb Europas – sind weitestgehend frei verfügbar. Im Fahrwasser der Globalisierung haben sich dabei transnationale Unternehmen entwickelt, die den globalen Weltmarkt als Netzwerk begreifen und nutzen. Globalisierung und Digitalisierung bedingen sich hier gegenseitig. Es wird noch zu betrachten sein, wie sich die Abhängigkeiten, die Interdependenzen, der Marktteilnehmer untereinander auswirken und inwieweit sich diese Abhängigkeiten noch kontrollieren lassen.

Trotzdem lässt sich nicht von einer globalen Gesellschaft reden, im Gegenteil: Der Drang nach Selbstverwirklichung und Individualität sprengen einst homogen erscheinende gesellschaftliche Gruppen und traditionelle (Werte-)Gemeinschaften auseinander. Wertegemeinschaften wandeln sich zu Bedürfnisgruppen, die sich in immer kürzeren Zeitintervallen zusammenschließen und wieder voneinander lösen. Gleichzeitig führt diese Überhöhung des „Ichs", diese radikale Subjektivierung dazu, dass der Einzelne ein permanentes Mitteilungsbedürfnis hat – die Mitteilung des Erfahrenen wird genauso wichtig wie die Erfahrung selbst.

Eine weitere unmittelbare Folge der zunehmenden Globalisierung ist die wachsende Urbanisierung des Lebens. So entstehen an vielen Orten unserer Welt regelrechte Megastädte. Aber auch hierzulande zieht es die Menschen bei der Suche nach Arbeit und Bedürfnisbefriedigung in die Metropolen und Großstädte. Damit aber steigt der Wunsch der Menschen nach Orientierung und Strukturierung des öffentlichen Raums. Er will sich zurechtfinden in dieser neuen, zunehmend komplexen Umgebung.

„Always on" im öffentlichen Raum

Neue Dienste, die u.a. durch die Handys der neuen Generation ermöglicht werden, liefern dem Einzelnen diese Orientierungshilfen: satellitengestützte Systeme ermöglichen Location Based Services, UMTS- und GPRS-Handies den zeit- und ortsunabhängigen Zugriff auf Internetdienste. Der öffentliche Raum wird dadurch „interaktiviert". Der Vernetzungsgrad und die Mobilität des Einzelnen steigt. Er ist immer erreichbar, „Always on". Was für sein privates Umfeld gilt, gilt in steigendem Maße auch für sein berufliches Umfeld. Die Grenzen zwischen Lebenswelten verwischen immer stärker. Schon ist eine neue Arbeitshaltung ist erkennbar: „Always on" ist der Mitarbeiter eben auch zu Hause in Firmenprozesse eingebunden. Die allgegenwärtige Verfügbarkeit digital ablaufender, immer mobilerer Kommunikation lässt den Menschen einerseits die Fesseln des Schreibtischs ablegen, andererseits bewirkt sie eine Intimisierung des Öffentlichen Raums. Private Situationen finden immer häufiger auf der Straße statt. Wer ist nicht schon einmal Zeuge eines Telefonats geworden, das für den Betreffenden einigermaßen peinlich war – egal ob Auseinandersetzung oder Liebesgeflüster mit dem Partner.

Bei all diesen Entwicklungen gilt es einen weiteren Mainstream, der insbesondere für die westlichen Industrienationen zur immer größeren Herausforderung wird, nicht aus dem Blick zu verlieren: der demographische Faktor. Keine zweite gesellschaftlich relevante Entwicklung lässt sich so treffgenau vorhersagen. Und kaum eine andere wirkt sich derart massiv auf unser gesellschaftliches Leben aus. Kurz: Effizienz wird in einer immer älter werdenden Gesellschaft zum bestimmenden Faktor. Die interaktiven Medien helfen, Wege zu sparen und Kommunikation zu erleichtern. Aber nur dann, wenn sie auch tatsächlich auf den Nutzer zugeschnitten sind. Auch dieser Aspekt wird später genauer zu betrachten sein. Inwiefern sich die aufgeführten Entwicklungen auf das Kommunikationsverhalten und damit auf *Kundenbeziehungs-Management* von Unternehmen auswirken, lässt sich erst beurteilen, wenn noch deutlicher geworden ist, wie der Mensch in diesen veränderten Rahmenbedingungen agiert.

Im Mittelpunkt: der Mensch

Es ist kein Zufall, dass der Mensch, konkreter: der Konsument, mit seinen neuen Kommunikationsformen und veränderten Verhaltensweisen ziemlich genau in der Mitte dieses Beitrags eingehender analysiert wird. Er muss – und das ist die unumstößliche Prämisse – im Mittelpunkt jeglicher Vermarktungs- und Kundenbindungsstrategien stehen. Was so banal klingt, ist lange noch nicht selbstverständlich. Allzu oft wird – aus Gründen der Bequemlichkeit oder mangelnder Innovationsbereitschaft – an traditionellen, althergebrachten Instrumentarien festgehalten, ohne dabei zu berücksichtigen, was der Kunde eigentlich will.

Einer der wichtigsten Punkte scheint mir zu sein, dass der Verbraucher anno 2007 emanzipiert ist. Dazu hat auch, wenn nicht gar vor allem, das Internet seinen Beitrag geleistet. Als Informationsmedium ermöglicht es den heutigen Konsumenten, sich über Waren und Dienstleistungen vorab zu informieren – bis hin zum Preis. So hat sich das Internet bei (insbesondere größeren) Anschaffungen zum wichtigsten Entscheidungsmedium entwickelt. Und nicht nur das: Es ist auch immer häufiger das Transaktionsmedium. Aus gutem Grund: Rund um die Uhr kann hier eingekauft werden. Ist die Entscheidung einmal gefallen, ist der Kauf oft nur wenige Klicks entfernt. Mit weiter steigendem Vertrauen und einer Erweiterung der Servicefunktionen der Online-Händler wird auch die Relevanz des Internets als Vertriebs- und Verkaufskanal steigen. Das müssen Unternehmen bei ihrer Kundenansprache heute berücksichtigen und nach kreativen Wegen suchen, ihre Klientel hier zu finden und zu binden. Vermarktung und CRM „von der Stange" gehören der Vergangenheit an, zu individuell gestalten Verbraucher heute ihre Mediennutzung.

Der Zugang zum weltweiten Netz der Informationen und virtuellen Mikrokosmen wird dabei immer schneller und immer günstiger. Das gilt auch für die digitalen Tools. Egal ob Handy oder Notebook – die drahtlosen Rechner heutiger Machart sind über den Ausbau der (öffentlichen) Hotspot-Netze immer stärker (miteinander) vernetzt. Das hilft dem Einzelnen bei der Befriedigung seiner verschiedenen Bedürfnisse, er ist in zunehmendem Maße ortsunabhängig. Es erleichtert die Suche nach Informationen oder den Aufbau (und die Pflege) von Kontakten und Beziehungen. Die Bindung des Einzelnen an die immer öfter ausschließlich an gemeinsamen Bedürfnissen ausgerichteten Gruppen ist indes nicht besonders intensiv, zumal diese „Bedürfnisgruppen" nicht selten weitgehend anonymisiert, wenigstens aber „pseudonymisiert" sind. Nur das virtuelle Gegenüber, nicht aber die reale Person, ist bekannt.

Dabei stehen wir immer noch ganz am Anfang dieser Entwicklung. Wir befinden uns noch in einer sehr frühen Phase der Digitalisierung. Unser Bedürfnis nach Kontakt, Beziehungen, Verbindungen und (Informations-)Austausch ist sehr groß und steigt stetig weiter. Damit nimmt auch der Vernetzungsgrad des Einzelnen zu. Der Mensch ist ein soziales Wesen – das macht die Verbindung zu anderen Menschen so wichtig. Dass diese Verbindung heute anders aussieht als noch vor wenigen Jahren, hängt damit zusammen, dass wir die neuen Tools, die uns die Kommunikation mit anderen ermöglichen, ganz natürlich in unseren Alltag integriert haben.

Das hat dazu geführt, dass sich die neue Generation der Mediennutzer in einer Art „Informationswolke" bewegt, die ihn ständig umgibt. Dieser „infogene" Mensch pflegt dank der internetbasierten Dienste, die ihn auch unterwegs begleiten, den interaktiven Austausch mit den Mitgliedern seiner Bedürfnisgruppen. Zusätzlich erweitert er seine Sinne durch spezialisierte digitale Assistenten, die es ihm ermöglichen, etwa via satellitengestütztem Navigationssystem mehr als nur vorausschauend Auto zu fahren, permanenten Zugriff auf Kontextinformationen zu haben oder seine möglicherweise geringeren körperlichen Kräfte durch intelligente Bremsassistenten zu verstärken. All das sind Beispiele dafür, wo und wie digitale Tools unseren Alltag und unser Verhalten verändern.

Längst hat „Continuous Computing", also die Verbindung von Software und Mobilität, die zu einer permanenten Online-Präsenz führt, aber auch die soziale

Hemisphäre erfasst. Nicht nur die 15- bis 23-jährigen stehen heute mit den ersten SMS und MMS auf und gehen mit den letzten zu Bett. Für kommende Generationen wird es allerdings immer selbstverständlicher werden, diese Art permanenter, verteilter Präsenz ihrer Freunde und Kontakte zu erleben. Ihnen wird immer ein Kommunikationskanal offen gehalten, der wiederum für andere tabu ist – auch marketingwillige Unternehmen müssen das akzeptieren. Die Wahl des Kanals wird zudem nach der Intensität der Bindung differenziert. In jedem Fall aber führt die allgegenwärtige Erreichbarkeit zu einer Auflösung der tradierten Raum-/Zeitgefüge. Die sozialen Gruppen werden so um das Merkmal der „Fernpräsenz" erweitert.

Inwiefern die neuen Kommunikationstools und deren Nutzung Einfluss auf unser soziales Verhalten nimmt, hat die Keio University (Japan) untersucht. Dabei kamen die Verfasser in der Studie „Technosocial Situations: Emergent Structuring of Mobile Email Use" zu dem Schluss, dass die Toleranzgrenze für die Beantwortung einer SMS bei maximal 30 Minuten liegt. Das bedeutet, dass unter den Nutzern eine Erwartungshaltung verbreitet ist, die auf eine „sofortige Belohnung", quasi „on demand", hinausläuft. Bedürfnisse sollen sofort befriedigt werden.

Ein weiteres, aufschlussreiches Ergebnis dieser aktuellen Studie zum Nutzungsverhalten von Mobile E-Mail: Eine Person wird nicht als „zu spät" eingestuft, wenn sie zwar nicht physisch, so aber doch per SMS oder Telefon „präsent" ist. Hier verschwimmen die Grenzen der Wahrnehmung regelrecht. Die Studie hat auch festgestellt, dass eine Verabredung häufig mit einer Serie von SMS vorbereitet wird und kurz vor dem eigentlichen physischen Treffen noch einmal telefoniert wird, um die „letzten" Meter abzustimmen. Hand aufs Herz: Wer hat nicht schon einmal in Sichtweite des Pendants „Wo bist Du?" ins Mobiltelefon gefragt? Das zeigt, was sich verändert hat: Niemand möchte auf seine digitalen Begleiter verzichten. Der Verlust des Handys, in dem möglicherweise die meisten persönlichen Kontakte eingespeichert sind, ist für viele mit einem Verlust der eigenen Identität (in mehrfacher Hinsicht) gleichzusetzen.

Grundsätzlich können Menschen heute immer und überall über ihr persönliches Informationsfeld interagieren. Dabei erleben sie einen durchgehenden, sozialen Raum – auch zwischen dem periodischen Austausch von Nachrichten. Das ist wichtig: Sie sind permanent Teil ihres von digitalen Tools bestimmten persönlichen Informationsfeldes und nicht nur dann, wenn die Tools auch benutzt werden. Die „Werkzeuge" sind Mittel zum Zweck. Sie dienen der Erfüllung von Bedürfnissen oder helfen bei der Selbstinszenierung.

Selbstinszenierung und Selbstverwirklichung sind symptomatisch für die individualisierte Gesellschaft, in der wir heute leben. Privates wird nach außen gekehrt und damit zugleich der öffentliche Raum intimisiert. Eine weitere Folge ist die radikale Subjektivierung: Die eigene Interpretation der Welt, der Ereignisse und die damit verbundenen Emotionen und Befindlichkeiten sind so wichtig geworden, dass sie anderen mitgeteilt werden. Es gibt heute keinen Grund mehr, darauf zu warten, bis man sich das nächste Mal sieht. „Social Software" macht es möglich, dass jeder in der Lage ist, Informationen oder Wissen über die digitalen Medien zu veröffentlichen. Aus dem einst passiven Medienkonsument ist ein aktiver Medienproduzent geworden. Auf welchen Wegen der „Homo Digitalis" sein Mitteilungsbedürfnis befriedigen und mal einer größeren, mal einer kleineren Interessensschar zur Schau stellen kann, ist Teil des nächsten Kapitels. Festzuhalten aber bleibt: Gefühle, Meinungen oder Informationen können in jeder erdenklichen Form ohne Kosten- und Zeitaufwand prinzipiell immer und überall veröffentlicht werden. Der radikale Wandel des Kommunikationsverhaltens geht dabei Hand in Hand mit dem der Medienlandschaft.

Es zeigt sich, dass Konsumenten heute weit mehr Medienkompetenz erlangt haben, als das noch vor wenigen Jahren der Fall gewesen ist. Gleichzeitig sind Kommunikation und Mediennutzung mit dem Internet und den interaktiven Medien viel näher zusammengerückt. Es gibt kaum noch die klassischen Zielgruppen der Medien, eher übergreifende Bedürfnismuster, Mikrokosmen mit ähnlichen Interessen und vergleichbarem Lebensgefühl. Ein Wort macht die Runde, das vor nicht allzu langer Zeit noch verpönt war: Communities.

Genauer betrachtet sind Communities nichts anderes als Plattformen, die unterschiedlichen Bedürfnisgruppen online zur Verfügung stehen, Hier trifft sich eine Gemeinschaft von Menschen, die sich via Internet begegnet und austauscht. Chat, Instant Messenger und Foren sind die ältesten und bekanntesten „Social Software"-Tools, die die Kommunikation zwischen den Mitgliedern dieser Online-Communities ermöglichen. Neuere Formen sind Blogs, Wikis oder Podcasts, die ihren Platz im nächsten Kapitel haben.

Neben den oft angeführten, extrem erfolgreichen Beispielen für Online-Communities, den Partnerschaftsbörsen wie neu.de oder parship.de, existieren eine Vielzahl von kleineren, mittleren und größeren Communities, die sich aus völlig unterschiedlichen Motiven zusammen finden. Eins aber ist allen erfolgreichen Online-Communities eigen: Treibende Kraft ist immer das intrinsische Bedürfnis der Teilnehmer. Das müssen Unternehmen verinnerlichen, wenn sie versuchen wollen, an diesen Communities teilzuhaben. Marketingideen jedenfalls haben bisher keine Community dauerhaft in Schwung halten können, so viel darf schon jetzt verraten werden, ohne den Implikationen für ein zukunftsfähiges Kundenbeziehungs-Management vorgreifen zu wollen.

Die Herausforderung für Unternehmen besteht im Verstehen und Bewältigen dieser „Mash-Up-Kultur[1]" im Netz. Alles ist in Bewegung geraten. Nichts bleibt wie es ist. Die einzige Konstante ist der Wandel. Das müssen Unternehmen begreifen, wenn sie heute das Internet für ihre Zwecke instrumentalisieren wollen. Das digitale Momentum wird zur Grundvoraussetzung: Produkte, Services, Informationen müssen miteinander verknüpft werden können, persönlichen Zuschnitt haben und offen sein. Die Instrumentarien der Web 2.0-Generation sind dabei nur Mittel zum Zweck – ihnen ist das folgende Kapitel gewidmet.

Es folgt: die Technik

Mit der Überschrift ist eigentlich schon das Wichtigste gesagt: Es folgt die Technik - und zwar dem Nutzer. Nur das, was jenseits technologischer Verliebtheit

---

[1] Unter "Mash-Up" wird eine Website oder Webanwendung verstanden, die Inhalte aus verschiedenen Quellen nutzt, um einen vollständig neuen Service hervorzubringen. Das Prinzip entspricht in etwa dem der Transklusion, bei dem Inhalte aus einer Quelle automatisiert in verschiedenen Dokumenten verwendet werden, also etwa eine Datentabelle als Diagramm in mehreren Artikeln. Inhalte, die in den "Mash-Ups" benutzt werden, stammen gewöhnlich von einer dritten Partei und werden über Programmierschnittstellen eingebunden. Andere Wege, Inhalte für "Mash-Ups" zu generieren, laufen über sogenannte Webfeeds (z.B. RSS) oder Javascripting. In dem Maße, in dem Blogs das Online-Publishing revolutioniert haben, revolutionieren "Mash-Ups" die Web-Entwicklung, indem sie vorhandene Daten verschiedener Quellen (die populärsten sind Amazon, eBay, Google, Windows Live oder Yahoo!) in wechselnden Zusammensetzungen miteinander kombinieren. Siehe auch: http://de.wikipedia.org/wiki/Mashup

Nutzen bringt, wird die Akzeptanz des Users finden. Diese Erfahrung mussten in den vergangenen Jahren viele Web- und Software-Entwickler machen. Die Tatsache, dass sich die SMS von einer Businessanwendung zu einem massentauglichen Kommunikationsformat entwickelt hat, obwohl viele Experten der Kommunikation via Webcam eine viel rosigere Zukunft vorausgesagt haben, zeigt, dass die Nutzer nicht jedem Trend folgen, sondern sich digitale Tools und Anwendungen nach ihrem konkreten Nutzwert auswählen.

Der Umkehrschluss könnte also analog zur Designerprämisse „Form follows function" lauten: Die Technologie folgt dem Nutzer. Wer interaktive Medien erfolgreich einsetzen will, muss sich an den Bedürfnissen der Nutzer orientieren und diese möglichst komfortabel und einfach erfüllen. Betrachten wir also das digitale Werkzeug, das der Homo Digitalis heute zur Bedürfnisbefriedigung nahezu ständig bei sich hat:

- Multimedia-Handy mit GPRS oder UMTS Datenverbindung
- Megapixel-Digitalfotoaparat
- Miniaturisierte Audio-Player mit Foto-Funktion
- Memory Sticks mit Datenvolumina im Gigabyte-Bereich
- Laptop mit Wireless LAN
- PDAs und andere digitale Assistenten

Diese Tools lassen sich schon heute problemlos miteinander vernetzen und dienen nicht zuletzt dazu, die im letzten Kapitel geschilderten Bedürfnisse zu befriedigen. Sie dienen der Kontaktaufnahme, dem (Informations-)Austausch, der direkten Kommunikation, der allgegenwärtigen (Fern)Präsenz, der kontinuierlichen Erreichbarkeit, dem Continuous Computing, aber auch der Selbstinszenierung und dem permanenten Knüpfen neuer Verbindungen, dem Einklinken in bestehende Bedürfnisgruppen oder Online-Communities.

Ein heiß diskutiertes Thema, das häufig Eins zu Eins mit Web 2.0 gleichgesetzt wird ist „Social Software". Gemeint sind damit die Anwendungen, die es den Nutzern heute ermöglichen, ohne Aufwand zu Medienproduzenten zu werden. Die unterschiedlichen Facetten der so genannten Social Software sollen im Folgenden tiefer betrachtet werden. Einsatzszenarien und Nutzungsmotive spielen dabei eine besondere Rolle, da sie Unternehmen entscheidende Hinweise liefern, wie sie an dieser „Mash-Up"-Kultur partizipieren können.

Grundsätzlich lässt sich sagen, dass alle Tools, die dem Bereich der „Social Software" zugeordnet werden können, das soziale Bedürfnis nach Austausch und nach Kommunikation bedienen. Wie zuvor bereits erwähnt, verschmelzen hier Kommunikation und Mediennutzung (im Sinne von Konsum und Produktion) miteinander. Folgende Begriffe gilt es in diesem Kontext mit Leben zu füllen: Community, Weblog, Live Blog, Flog, Vlog, Moblog, Wiki, Podcast und Vodcast.

Community

Für einige klingt der Begriff „Community" nach einem Griff in die Mottenkiste der Digitalen Wirtschaft. In der Tat ist der Begriff nicht wirklich neu. Das macht aber nichts, belegen doch viele Beispiele aus völlig unterschiedlichen Bereichen, dass Communities heute besser funktionieren denn je. Mit dem Wachsen der Internetgemeinde haben sich auf den verschiedenen Plattformen immer mehr Gruppierungen zusammen gefunden, die ihre Bedürfnisse, ihr Lebensgefühl und ihre Leidenschaften teilen. Ob Partnerschaftsbörse, Musikfans, Tauschbörsen für Panini-Fußballklebebildchen oder die von der Presse hochgejubelte Foto-Community flickr.com – Menschen suchen sich und finden sich im Internet. Zum Teil mit der Absicht, physische Treffen vorzubereiten, zum Teil aber auch, um in gegenseitiger Anonymität gemeinsame Leidenschaften zu teilen. Chat, Instant-Messaging und Foren sind hier die ältesten und bekanntesten Social Software-Tools, die die Kommunikation zwischen den Mitgliedern der Communities ermöglichen.

Welche Formen Communities heute aber noch annehmen können, zeigt ein aktuelles Beispiel aus Südkorea: die Cyworld. Hier können sich Teilnehmer einen Avatar (noch so einen „Mottenkistenbegriff": Begriffserläuterung laut Wikipedia: „Ein Avatar ist eine künstliche Person oder ein grafischer Stellvertreter einer echten Person in der virtuellen Welt, beispielsweise in einem Computerspiel.") ausgestalten, ein digitales Abbild des eigenen Ichs („Mini-Me"). Mit einem Baukastensystem können die Mitglieder der Cyworld dann das eigene Wohnzimmer, das „Mini-Hompy", mit Möbeln, Tapeten etc. ausstatten. Mehr als 14 Millionen

Südkoreaner sind hier bereits Mitglied. Die günstigen, infrastrukturellen Voraussetzungen (80 Prozent der südkoreanischen User sind breitbandig im Netz) bedingen dies. Cyworld macht täglich rund 200.000 Euro Umsatz. Das Geschäftsmodell der Online-Gemeinde ist vergleichsweise simpel: So müssen die Besitzer einer "Mini-Hompy" für Animationen, Grafiken, Musik zur Ausgestaltung ihres virtuellen Wohnzimmers und neue Kleidung für das „Mini-Me" bezahlen. Viele Teilnehmer besuchen ihre Freunde in der Community und bringen sich gegenseitig kleine (kostenpflichtige) Geschenke mit. Das Beziehungsgeflecht aus der realen Welt setzt sich in der virtuellen Welt fort.

Analogien bietet die Virtual-Reality-Plattform „Second Life" oder das in Europa und Deutschland meistverkaufte Adventure „World of Warcraft", ein Massen-Multiplayer-Online-Rollenspiel. Das Spiel wurde allein in Europa mehr als eine Million Mal verkauft, weltweit mehr als sechs Millionen Mal. Der (indirekte) Geldfluss erstreckt sich hier sogar auf das Auktionshaus eBay, wo digitale Güter (wie Waffen) für reales Geld verkauft werden. In Asien verdienen inzwischen Menschen ihr Geld damit, dass sie tagsüber die verschiedenen Level des Spiels durchlaufen und die hierbei gewonnenen Güter und Punkte über eBay verkaufen. Überflüssig zu erwähnen, dass bei diesem Massenpublikum Hörspiele, Filme mehr oder weniger als „Abfallprodukte" des Online-Spiels auf ebenfalls große Beliebtheit stoßen. Inzwischen haben auch Werbestrategen das Potential der so genannten Gamer-Community erkannt: Product-Placement, Sponsoring sowie eigenentwickelte Spiele sind die Folge.

Weblog

Ein Weblog[2] (Kunstwort aus 'Web' und 'Logbuch'), üblicherweise einfach nur „Blog" genannt, ist eine Webseite, die periodisch neue Einträge enthält. Neue Einträge in diesen „Online-Tagebüchern" stehen an oberster Stelle, ältere folgen in umgekehrt chronologischer Reihenfolge. Blog-Einträge lassen sich schnell und

---

[2] Wikipedia listet eine Reihe verschiedener Blog-Formen auf, darunter das „Watch-Blog", die kritische Beobachtung von Medien, sowie das Phlog („Foto-Weblog"), Moblog (Weblog mit multimedialen Inhalten, die mit Mobiltelefonen angefertigt wurden) oder Vlog („Video-Weblog"). Es fehlt hier allerdings der Live Blog, der vor allem dazu dient, Ereignisse und Veranstaltungen in Blogform zu begleiten, wie bspw. weblog.medienmittwoch.de.

einfach verfassen. Aufgrund ihrer schnellen Produktionszyklen und der Tatsache, dass Leser ebenso einfach kommentieren können, sind sie in kurzer Zeit zu einer enormen Beliebtheit gelangt. Per Trackback können die Autoren der Blogs zudem beobachten, ob in anderen Online-Journalen auf das eigene Weblog verwiesen wird. Erstmals richtig wahrgenommen wurden Blogs im Umfeld verschiedener Katastrophen (11. September, Anschläge in Madrid und London, Tsunami, New Orleans etc.). Die Tatsache, dass jeder Nutzer vor Ort aktuelle und persönliche Beiträge produzieren konnte, hat schnell dazu geführt, dass sich die Entwicklung dynamisiert hat. Es ist die einfache Funktionsweise und die Summe an Kleinigkeiten, die Blogs so beliebt macht. Wer eine E-Mail schreiben kann, kann auch bloggen.

Das hat dazu geführt, dass die „Blogosphäre" regelrecht explodiert: Mehr als 56 Millionen Blogs existierten laut einer Edelman-Studie bereits im September 2006 weltweit, angeblich wird jede Sekunde ein neuer freigeschaltet – darunter allerdings auch so genannte Spam-Blogs, die für die Manipulation des begehrten Google-Rankings erstellt und automatisiert gepflegt werden. Denn das ist wichtig zu wissen: Die Tatsache, dass Beiträge kommentiert, verlinkt oder übernommen werden, wird von den gängigen Suchmaschinen hoch bewertet. Das ist nicht nur für die Autoren der Blogs beachtenswert, lassen die Einträge doch möglicherweise Rückschlüsse auf die Person resp. die Persönlichkeit des Verfassers zu, auch für Unternehmen spielt diese Tatsache eine nicht zu unterschätzende Rolle. Und so haben sich auf den ersten Seiten der Trefferlisten schon Unternehmen wiedergefunden, die viel Geld für Suchmaschinen-Optimierung ausgegeben haben, aber feststellen mussten, dass sie die kritischen Einträge über das eigene Unternehmen oder die Produkte in verschiedenen Blogs nicht steuern konnten. Ein böses Erwachen hat es hier für Unternehmen wie Land Rover in England oder hierzulande für Jamba gegeben, die den Blog-Meinungen anfänglich keine große Bedeutung beigemessen haben. Gleiches gilt allerdings auch für Unternehmen, die versucht haben, diese Kommunikationsform gezielt für eigene Zwecke zu missbrauchen. So haben User vor nicht allzu langer Zeit einen entsprechenden Versuch von McDonald's als Fake-Log (kurz: Flog) enttarnt und entsprechend scharf kritisiert.

Wie Blogs auf Unternehmen rückwirken, veranschaulicht das einigermaßen skurrile Beispiel airlinemeals.net. Hier werden Fotos von Mahlzeiten in Flugzeugen veröffentlicht, nach Airlines kategorisiert und besprochen. Der bescheidene Anfang hat einen regelrechten Wildwuchs ausgelöst: Heute finden sich hier mehr als 18.000 Bilder, mehr als vier Millionen Besucher haben die Webseite besucht. Verschiedene Beiträge in namhaften Zeitungen rund um die Welt sowie Fernsehbeiträge sorgen dafür, dass es immer mehr werden und Rückwirkungen auf die einzelnen Fluglinie nicht ausbleiben. Das Prinzip der Partizipation hat aus einem privaten Spaß eine Webseite gemacht, die der einer Verbraucherinformation nicht unähnlich ist, bietet sie doch einen Überblick über den Service der Wettbewerber. Die so überraschend ins Blickfeld geratenen Fluglinien fühlen sich möglicherweise genötigt, an ihrem Service zu arbeiten. Ein weiteres Beispiel dafür, wie unkontrollierbar die Unternehmenskommunikation geworden ist und welchen Herausforderungen sich CRM-Spezialisten heute gegenüber sehen.

Pod- und Vodcast

Podcast ist ein Hybridwort aus iPod und Broadcast und bezeichnet das Produzieren und Veröffentlichen von Audiodateien über das Internet. Das Bereitstellen der Audio-Dateien verläuft dabei nach dem Weblog-Prinzip, allerdings existieren spezielle Funktionen zum Zugriff auf diese Dateien per PC oder mp3-Player. War das Medium Radio bisher für den Einzelnen im Grunde unerreichbar, kann beim Podcasting jeder seinen eigenen Radiosender betreiben. Podcasts kommen dem Selbstdarstellungsbedürfnis vieler User entgegen, machen ihn zum vermeintlichen Star, indem sie ihn in die Lage versetzen, sein eigenes Programm zu gestalten und zu produzieren. Weltweit agieren bereits rund 7.000 „Podjockeys". Mit den üblichen Tools, um Töne aufzunehmen und zu schneiden, produzieren sie ganze Serien für eine wachsende Schar von Fans.

Vodcasting ist ebenfalls ein künstliches Wortgebilde, das sich aus den Teilen Video-On-Demand und Broadcasting zusammensetzt. Auch ein Vodcast geht nach dem gleichen Prinzip vor wie ein Podcast oder ein Weblog, nur dass hier Bewegtbild-Formate und Streams angeboten werden. So haben User einerseits die Möglichkeit komplette Vodcasts herunterzuladen, um sie so auch auf portablen Mediaplayern abspielen zu können. Andererseits können sie sich die Vodcasts online als Stream ansehen. Das prominenteste Beispiel hierzulande, Vodcasts für eigene PR-Zwecke zu nutzen, stammt sicherlich aus dem Kanzleramt –

nicht ohne auf massive Kritik bei einschlägigen PR-Experten zu stoßen, die Angela Merkel mangelnde Glaubwürdigkeit vorwerfen. Der zurzeit populärste Vodcast heißt Ehrensenf und erfreut sich im Gegensatz zum vorgenannten Beispiel mittlerweile großer Beliebtheit. Der Name Ehrensenf ist im Übrigen ein Anagramm des Wortes Fernsehen. Und wer sich das Programm ansieht, wird schnell feststellen: Es ist in der Tat das etwas „andere" Fernsehen.

Wikis

Ein Wiki, auch WikiWiki und WikiWeb genannt, ist eine im World Wide Web verfügbare Seitensammlung, die von den Benutzern nicht nur gelesen, sondern auch online geändert werden kann. Der Wortursprung ist hawaiianisch und bedeutet soviel wie „schnell" (hawaiianisch: wikiwiki). Wikis sind pragmatische Werkzeuge im Wissensmanagement. Unternehmen setzen Wikis ein, um das kollektive Wissen ihrer Mitarbeiter allen anderen im Intranet verfügbar zu machen. Das prominenteste Beispiel ist jedoch die freie Wissensenzyklopädie „Wikipedia", die in diesem Beitrag bereits mehrfach als Quelle in den Fußnoten angeführt worden ist. Das sagt einiges über die Qualität der Beiträge aus. In der Regel sind sie aktuell, werden von mehreren Autoren erweitert und bearbeitet und stehen der Allgemeinheit zur Verfügung. Dank umfangreicher Sekundärangaben (Links, Literatur und Quellen) hat sich wikipedia zu einer umfassenden Enzyklopädie entwickelt, an der zwar in erster Linie eine Community arbeitet, deren Inhalte allerdings von jedem Besucher online geändert werden kann. „Vandalismus" an den Einträgen wird jedoch in der Regel schnell erkannt und so kann der „Maintainer", also der ursprüngliche Autor, den ursprünglichen Stand jederzeit wieder herstellen.

Auch hier haben Unternehmen wie Interessensgruppen (Parteien) wiederholt versucht, die Anwendung zu instrumentalisieren, indem sie Beiträge oder auch Lebensläufe einiger Repräsentanten geschönt haben. Im Ergebnis waren diese Versuche jedoch kontraproduktiv. Einmal entdeckt war die Empörung umso größer und der negative PR-Effekt nur schwer reparabel.

Bestandsaufnahme

Zusammenfassend lässt sich sagen, dass Konsumenten heute in der Lage sind, die „neuen" Medien nach ihren Bedürfnissen zu nutzen und zu gestalten. Die Möglichkeiten für Unternehmen mit ihren Kunden hier in Kontakt zu treten, sind zwar vielschichtig, bergen aber auch gewisse Risiken. Wer den Bezugsrahmen und die Nutzungsmotive seiner Zielgruppe hier nicht Ernst nimmt, kann auf Dauer nicht erfolgreich sein. Wie Web 2.0-Anwendungen dennoch sinnvoll in der Kommunikation mit Kunden eingesetzt werden können, soll im Folgenden beleuchtet werden.

Was bleibt: Digitale Kommunikation als Weg zum Kunden

Der Verbraucher anno 2007 mischt sich immer mehr ein. Er vertritt eine eigene Meinung und will zur Belohnung auch noch individuelle Produkte. Er ist anspruchsvoll, aber seine Bedürfnisse sind nicht unerfüllbar. Unternehmen sind gezwungen, heute viel genauer hinzusehen und hinzuhören, was ihre Kunden wollen. Schon dämmert am Horizont eine Machtverschiebung. Konnte der Konsument bisher nur an der Ladenkasse seine Stimme abgeben, also Produkte oder Dienstleistungen kaufen oder nicht kaufen, so ist er heute – als „User" - zum bestimmenden Faktor, zum „Prosument" , geworden. Ein uraltes marktwirtschaftliches Prinzip greift: Die Nachfrage bestimmt das Angebot. Verbraucher können heute viel unmittelbarer an der Ausgestaltung von Produkten und Dienstleistungen beteiligt werden. Der Schlüssel dazu liegt im richtigen Einsatz der digitalen, interaktiven Medien.

Eines der bekanntesten Beispiele für diese These liefert die Musikindustrie. Lange hat sie sich den Mechanismen der Internettechnologie verweigert. Heute zeigt der Erfolg von iTunes, das Musikportal zu Apples iPod, und Musicload von T-Online, was der Konsument tatsächlich möchte. Hier haben die Verbraucher durch ihr Verhalten, im konkreten Fall die Nutzung der (illegalen) Musiktauschbörsen, die Digitalisierung der Musikindustrie aktiv vorangetrieben.

Ähnliches vollzieht sich gerade in der Verlagswelt. Sie sind nicht mehr Alleinherrscher über das geschriebene Wort. Blogs und Wikis erlauben es heute jedem, etwas öffentlich zu machen, zu publizieren. Und genau das sollte Unternehmen aufhorchen lassen. Denn der Kunde ist emanzipiert. Dank seiner Medienkompetenz, der vergleichsweise einfachen Anwendungen und Abläufe im Internet und der inzwischen über alle Grenzen hinweg vorhandenen Reichweite des Internets stellt er die Unternehmen vor enorme Herausforderungen. Unternehmen müssen sich dem Kommunikationswandel stellen und die neuen Erwartungen ihrer Kunden Ernst nehmen. Das Internet sollte daher für Unternehmen den gleich hohen Stellenwert haben, den es auch für die Kunden hat.

Ansatzpunkte, sich via Internet dem Kunden zu nähern, bieten sich den Unternehmen jede Menge. Dort, wo Menschen sich zusammenschließen, um ihre Bedürfnisse zu teilen, geben sie in der Regel auch viele Informationen (über sich) preis. Jeder Nutzer hinterlässt heute digitale Spuren, so genannte Footprints, die Aufschluss über persönliche Netzkarrieren oder aber über verschiedene Kundentypologien geben können. Diese digitalen Footprints können sich Unternehmen auch zu Nutze machen. Das erfordert jedoch eine andere, eine neue Form des statistischen CRM. So ermöglicht die differenzierte (auch automatisierbare) Recherche von Verhalten und Meinungen einzelner verhaltensähnlicher Kundentypen (Kundentypologien) Unternehmen, Rückschlüsse auf die eigene Strategie zu ziehen. Das Internet liefert Echtdaten für das "klassische Kundenbeziehungs-Management", also etwa datenbasierte Auswertungen oder die Bildung von Kundenclustern. Unternehmen können heute dank einschlägiger Suchmaschinen und verschiedener registrierungspflichtiger Dienste über eine wahre Flut an persönlichen Informationen verfügen. Google hat seine jugendliche Unschuld längst verloren. Das durften nicht nur potentielle Bewerber feststellen, deren (untilgbare) persönliche, digitale Karriere den Personalverantwortlichen nicht angemessen erschien. Positiv gesehen, versetzen die großen Datensammler á la Google & Co Unternehmen in die Lage, Meinungsbilder zum eigenen Image, den eigenen Produkten oder Dienstleistungen einzufangen.

Neben der (passiven) Auswertung vorhandener Daten und Profile, können Unternehmen aber natürlich auch aktiv über die digitalen Medien auf ihre Klientel zugehen. Wichtig ist jedoch, dass sie sich dabei an den Nutzungsmotiven ihrer Zielgruppen orientieren. So müssen sie vor allem ein klares Nutzenversprechen geben und dabei im Idealfall die Bedürfnisbefriedigung ihrer Kunden unterstützen. Kein Nutzer lässt sich heute mehr auf ebenso blumige wie vage Marketingversprechen ein. Der Nutzwert muss erkennbar und nachvollziehbar sein – unabhängig davon, welches Motiv er dabei unterstützt: Selbstdarstellung, Kontakte knüpfen, Information oder geldwerter Vorteil.

Für Marken und Unternehmen ist es wichtiger denn je, authentisch zu sein. Nur die wahre Bedürfnisbefriedigung innerhalb der neu entstandenen sozialen Netzwerke ist erfolgversprechend. Alles andere ist rausgeschmissenes Geld, weil es den Kunden nicht langfristig an eine Marke/ein Unternehmen binden kann. Nur authentische Marken, glaubwürdige Unternehmen gelangen in die Nähe des Kunden. Dabei spielt auch die wachsende Emotionalität, die im Internet (speziell in der Online-Werbung) zu beobachten ist, eine Rolle.

Um mit Hilfe der digitalen Medien in das soziale Umfeld des Kunden zu gelangen, müssen Unternehmen diese neue Generation von Nutzern und ihre Beweggründe verstehen lernen. Gelingt ihnen das, dankt es der Kunde mit seiner großartigen Loyalität. Denn Konsumenten kritisieren Unternehmen, Produkte und Dienstleistungen im Web 2.0-Zeitalter nicht nur, sie empfehlen sie auch. Und was könnte glaubwürdiger sein als die Empfehlung eines (wenn auch virtuellen) Bekannten?

Aber: Alles ist in Bewegung. Mash-Up-Kultur heißt eben auch, dass die angesprochenen Bewertungs-, Themen-, "Werte"- oder Fach-Gemeinschaften im Netz anders funktionieren als in der physischen Welt. Ihre "Aura" ist schwächer, der virtuelle Kontakt unverbindlicher. Das weitgehend anonymisierte Spektrum des Internets erlaubt es dem Einzelnen, sich jederzeit aus einer „Community" wieder aus- oder in eine neue einzuklinken. Das macht es den Unternehmen nicht gerade leicht, ihre Kunden zu erreichen. Die folgenden Beispiele zeigen, dass es trotzdem geht.

Konkret: So kann's klappen!

Wie erreichen Unternehmen Menschen in ihrem Informationsraum oder virtuellen Beziehungsnetzwerk? Unternehmen bietet sich die Chance, zum „Beziehungsgenerator" zu werden. Mit Hilfe von Agenturen können sie Plattformen aufbauen, über die unterschiedliche Menschen miteinander Kontakt knüpfen können. Denn für Unternehmen gilt heute: Beziehungen werden heute nicht mehr primär über das Produkt hergestellt, sondern über die bereitgestellte Verbindung.

Die folgenden zwei Beispiele der Agentur Blue Mars verdeutlichen, wie aus Unternehmen Beziehungsgeneratoren werden.

Der deutsche Telekommunikations-Vize Arcor ist Sponsor des Fußball-Bundesligisten Hertha BSC Berlin. Fußball ist ein Massensport und spätestens seit der Fußball-WM im eigenen Land die unumstrittene Nummer Eins der deutschen Sportfans. Mit dem Arcor Freundschaftsspiel hat das Unternehmen einen Amateurfußballverein oder eine Hobbymannschaft gesucht, die gegen den Bundesligisten antreten durfte. Fans sollten ihre ganzen Freunde, das ganze Dorf, die ganze Stadt motivieren für ihren Verein abzustimmen. Denn: Die Mannschaft mit den meisten Stimmen gewinnt. Über 1.600 Vereine mit mehr als 150.000 Fans waren innerhalb von nur drei Wochen alleine an der Abstimmung beteiligt. Ein Vielfaches davon hat die Microsite besucht. Am Ende haben 13.000 Fans live das Spiel verfolgt und eine große Party veranstaltet. Und Arcor war wie selbstverständlich als Freund immer mit dabei. Hier hat Arcor als Unternehmen ein ganzes soziales Netzwerk erreicht und nebenbei glaubwürdig die eigenen Produkte angeboten (http://www.freundschaftsspiel.arcor.de/).

„Unternehmen als Beziehungsgenerator":

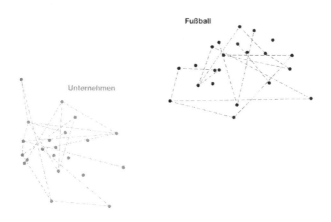

Das Unternehmen identifiziert ein relevantes Bedürfnis oder Interesse der Menschen - im Falle Arcor die Lust am Fußball.

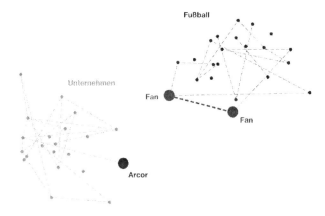

Das Unternehmen bewegt sich auf das soziale Netzwerk zu.

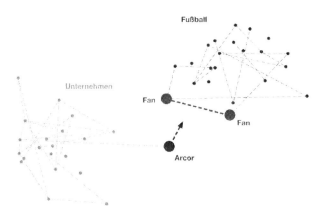

Das Unternehmen macht dort ein Dialogangebot bzw. schafft neue Verbindungen oder verstärkt bereits vorhandene Verbindungen.

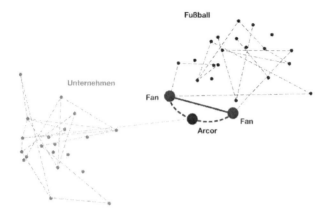

Das Unternehmen wird in das soziale Netzwerk als akzeptierter und authentischer Partner aufgenommen.

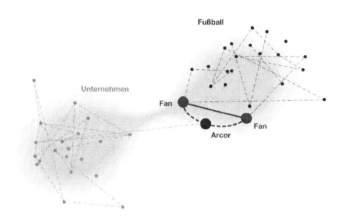

Die beiden Sphären sind nun verbunden und Arcor kann den Dialog weiter führen.

Grundvoraussetzung hierfür ist jedoch, dass die Begeisterung für diesen Dialog auch auf Anbieterseite vorhanden sein. Im Fall Arcor war das gegeben. Andernfalls wäre das Vorhaben gescheitert, zu schnell enttarnt der User heute Gauklerei.

Beim zweiten Beispiel handelt es sich um das Projekt „Mondialogo" (das Projekt Mondialogo ist dokumentiert unter http://www.bluemars.net/de/online-community/ und unter http://www.mondialogo.net/) für den globalisierten DaimlerChrysler-Konzern. Seit 2003 betreibt der Automobilkonzern das Projekt zur Förderung des interkulturellen Dialogs. In einer Online-Community haben sich hier 24.000 Schüler aus 126 Ländern versammelt, um in 1.466 Teams online gemeinsam an Projekten zu arbeiten, die dann einmal im Jahr im Rahmen eines großen Treffens vorgestellt und prämiert werden. Jeder User ist hier Teil einer weltumspannenden Community, die zudem gemeinsam mit der UNESCO initiiert wurde. Die Webseite inspiriert junge Menschen, sich über andere Länder zu informieren, Menschen aus der ganzen Welt kennen zu lernen und miteinander zu kommunizieren. Ein Anliegen, dass die globale Marke DaimlerChrysler extrem glaubwürdig transportiert.

Implikationen

Auf die soziale Evolution sollten Unternehmen mit einer Evolution des Marketing antworten. Spätestens die heranwachsende Generation besteht aus den „neuen Konsumenten", die in ihren sozialen Netzwerken erreicht werden wollen und zwar mit den Tools, die sie selbst nutzen.

Die digitalen Medien komprimieren und differenzieren das gesamte Geschehen. Die Menschen nehmen die (neuen) Möglichkeiten des Netzes an. Mit dem veränderten Mediennutzungsverhalten hat sich auch das Konsumverhalten der Menschen verändert. Es ist heute schneller, kompetenter und unabhängiger denn je. Die alte Markenwelt ist tabu. Die Aufmerksamkeitsspanne der Konsumenten wird immer geringer und verteilt sich zudem auf mehr Kanäle. Um das Interesse der Kunden zu gewinnen, sind daher schnelle und variationsreiche Impulse nötig. Dann haben Marken und Unternehmen eine Chance, in den zerfaserten Bedürfnisgruppen einen Platz zu erobern. Sie müssen dabei ihre Kunden, genauer: ihre Dialogpartner, mit authentischer Kommunikation, passenden Tools und ernsthafter Aufmerksamkeit abholen. Werden sie analog zu ihren Zielgruppen selbst zum „Netzknoten", erlangen sie die Vertrauenswürdigkeit ihrer Kunden, werden in ihrem persönlichen Ich- resp. dem individuellen Community-Kosmos akzeptiert und als "Freund" angenommen. Ein Freund aber hat auch Verpflichtungen und ist an erster Stelle zur Ehrlichkeit verpflichtet.

Das ist nicht immer einfach, aber unbedingte Voraussetzung. Das Beispiel der Blogosphäre zeigt, welche Kreise die Mash-Up-Kultur zieht. Die Blogosphäre ist ein eigenes Netzwerk im Netz. Blogger verlinken sich gerne untereinander, in der Konsequenz sind Themen-Blogs daher bei Suchmaschinen wie Google häufig sehr gut platziert. Sie stehen dort, wo Unternehmen gerne stehen möchten: Auf den ersten Seiten der Trefferlisten. Daher sind Blogs für die werbetreibende Wirtschaft, neben der Möglichkeit auf authentische und relevante Weise Menschen zu erreichen, interessant. Da sich Glaubwürdigkeit und Authentizität allerdings nicht kaufen lässt, kann unmotiviertes Vorgehen schnell kontraproduktiv werden, wie das Beispiel des Marketing-Blogs von McDonald's verdeutlicht.

Dennoch: Die Tatsache, dass Konsumenten heute „always on" sind, bietet auch zahlreiche Chancen, über verschiedene Kanäle mit ihm in Kontakt zu treten. Die Gefahr, der sowohl User als auch indirekt Unternehmen, die auf ihn einwirken möchten, ausgesetzt sind, ist die Tatsache, dass Konsumenten angesichts der permanenten Informationsflut einen latenten Hang zum so genannten „Fresh Start" haben. Mit „Fresh Start" bezeichnet Mark Granovetter in seiner Netzwerk-Theorie der „Strentgh of weak ties" (Granovetter 1973) das Bedürfnis der Reizüberflutung durch einen Befreiungsschlag, nämlich der Zerstörung alter Verbindungen, zu entkommen. Dass die alten Verbindungen durch neue ersetzt werden, liegt nicht nur in der Natur des Menschen, sondern ist der eigentlich interessante Aspekt dieser Netzwerk-Theorie. So haben Unternehmen immer wieder die Gelegenheit, einen Platz im sozialen Umfeld der User zu erobern.

Wie das funktioniert und wie dabei die Mechanismen der Web2.0-Generation berücksichtigt werden, hat beispielsweise Apple vorgelebt. Mit der Software-Suite iLife bedient der Softwareriese das Bedürfnis der User, selbst Content herzustellen. Hier können Nutzer in einem kompletten Hardware/Software-Umfeld mit einfachen Mitteln semi-professionelle Multimedia-Ergebnisse produzieren, digitalen Lifestyle kreieren, der dank einer entsprechenden Schnittstelle auch gleich der Online-Community zur Verfügung gestellt werden kann. Ein Lehrbeispiel für Marken und Unternehmen, wie Zielgruppen bei ihren Bedürfnissen, etwa sich über die interaktiven Medien auszutauschen oder selbst darzustellen, unterstützt werden können. Wichtigste Voraussetzung hierfür ist jedoch, dass in den Unternehmen ein Klima herrscht, dass die Beobachtung derartiger Weitentwicklungen und deren Integration in die eigenen Strukturen ermöglicht.

Plädoyer für eine mutige Unternehmenskommunikation

Für Marken und Unternehmen ergeben sich aus dem fortschreitenden Kommunikationswandel vor allem Implikationen für die Unternehmensphilosophie. Nur eine aus Sicht der Unternehmen mutigere Kommunikation, die mehr Transparenz, Offenheit und einen ehrlicheren Umgang mit den Kunden ermöglicht, versetzt sie in die Lage mit der temporeichen Entwicklung, die durch die digitalen Medien aufrecht erhalten wird, Schritt zu halten.

So sollten die klassischen Unternehmensstrukturen um autonome Mitarbeiterteams ergänzt werden, die Netzeffekte wie „Social Commerce", Empfehlungsmarketing, Peer-To-Peer-Mechanismen oder virale Effekte verinnerlicht haben. Als konstruktive "Störer" können diese Teams (eingefahrene) Unternehmensabläufe positiv in Richtung "Neue Welt" beeinflussen. Ihre Funktion ist vergleichbar mit der Funktion der Mystiker der großen monolithischen Weltreligionen. So halten sich beispielsweise die so genannten Sufis (der Sufismus gilt als islamische Mystik und ist während der gesamten Menschheitsgeschichte, zu jeder Zeit und in jeder Kultur, in unterschiedlichen Aspekten präsent.) nicht zwingend an die islamischen Regeln. Dennoch sind sie bei den Religionsführern akzeptiert, da sie für die gesamte Weltanschauung überlebenswichtig sind. Sie sorgen für die notwendige Frische, die dem Religionssystem die dauerhafte Stabilität und Anerkennung bei ihren Anhängern verleiht. Bezogen auf die Unternehmenskultur könnten hier „digitale Sufis" mit Rückendeckung der Unternehmensleitung entgegen der allgemeinen Policy durch den konsequenten Bruch mit gewohnten Verhaltensweisen für die erforderliche Systemfrische sorgen. Nur Querdenker ermöglichen es den Unternehmen heute, im Gesamtkonzert der Marktwirtschaft die entsprechende Aufmerksamkeit bei den Adressaten zu verschaffen. Geschäfts- und Vertriebsmodelle müssen sich kontinuierlich weiterentwickeln und den Marktgegebenheiten immer wieder anpassen. „Digitale Sufis" können die Triebfeder eines solchen evolvierenden Systems sein.

„Digitale Sufis"

So sollten die klassischen Unternehmensstrukturen um autonome Mitarbeiterteams ergänzt werden, die Netzeffekte wie „Social Commerce", Empfehlungsmarketing, Peer-To-Peer-Mechanismen oder virale Effekte verinnerlicht haben.

Als konstruktive "Störer" können diese Teams (eingefahrene) Unternehmensabläufe positiv in Richtung "Neue Welt" beeinflussen. Ihre Funktion ist vergleichbar mit der Funktion der Mystiker der großen monolithischen Weltreligionen. So halten sich beispielsweise die so genannten Sufis nicht zwingend an die Islamischen Regeln. Dennoch sind sie bei den Religionsführern akzeptiert, da sie für die gesamte Weltanschauung überlebenswichtig sind. Sie sorgen für die notwendige Frische, die dem Religionssystem die dauerhafte Stabilität und Anerkennung bei ihren Anhängern verleiht. Bezogen auf die Unternehmenskultur könnten hier „digitale Sufis" mit Rückendeckung der Unternehmensleitung entgegen der allgemeinen Policy durch den konsequenten Bruch mit gewohnten Verhaltensweisen für die erforderliche Systemfrische sorgen. Nur Querdenker ermöglichen es den Unternehmen heute, im Gesamtkonzert der Marktwirtschaft die entsprechende Aufmerksamkeit bei den Adressaten zu verschaffen. Geschäfts- und Vertriebsmodelle müssen sich kontinuierlich weiterentwickeln und den Marktgegebenheiten immer wieder anpassen. „Digitale Sufis" können die Triebfeder eines solchen evolvierenden Systems sein.

Der Kunde als „Prosument"

Mit geringem Aufwand können Unternehmen heute von ihren Kunden lernen und sie gleichzeitig an sie binden. Unternehmen und Marken müssen hierzu lediglich eine Portion Mut investieren. Warum lässt kein Unternehmen auf seinen Produktbeschreibungsseiten zu, dass die Menschen ihre Bewertung und Meinung zum jeweiligen Produkt abgeben? Auf den ersten Blick ist diese Forderung sehr radikal. Aber ist sie das wirklich? Schließlich müssen sich die Verantwortlichen fragen lassen, wovor sie eigentlich Angst haben. Ist es nicht besser, die Diskussion über einzelne Produkte an Ort und Stelle zu führen? Ist es nicht vorteilhafter, wenn Unternehmen die Möglichkeit haben, in diese Diskussion einzugreifen anstatt sie an anderer Stelle (in Blogs beispielsweise) ausufern zu lassen? So gesehen ist die Forderung nicht radikal, sondern konsequent. Alle Vermarktungsprozesse ließen sich so konstruktiv beeinflussen, denn die Meinung der Kunden hat schließlich allerhöchste Priorität. Servicequalität und Produktentwicklung lassen sich so direkt durch die Kunden steuern. Der Kunde wird zum „Prosument". Eine Vision der Neunziger Jahre wird endlich Realität.

Man kann es drehen und wenden, wie man möchte: Echtes Customer Relationship Management findet nur im Netz statt. CRM heißt nicht, treuen Kunden Gutscheine ins Haus zu schicken oder statistische Artefakte zur Grundlagenentscheidung heranzuziehen. CRM, also das Managen von Kundenbeziehungen, bedeutet, den Kunden als das anzuerkennen, was er ist: Ein Freund und Partner, der glücklich gemacht werden soll. Denn das ist das Ziel einer Beziehung, sonst verdient sie den Namen nicht.

Das zeitgenössische Web ist eine Community des „Copy & Paste" geworden, in der Inhalte beliebig verteilt werden und Botschaften ihren originären Wert verlieren. Den Konsumenten, der Teil dieser Community ist, interessiert es nicht, ob die Realität dieser „Mash-Up-Kultur" akzeptiert wird oder nicht. Er ist schon heute viel radikaler und egozentrischer als es vielen Unternehmen gefallen könnte, die gerne die Hoheit über die eigene Marke und das eigene Image behalten wollen. Viele Unternehmen und Marken haben diesen Paradigmenwechsel noch nicht erkannt oder, wenn sie ihn erkannt haben, noch nicht in der eigenen Kommunikationspolitik vollzogen.

Die globale Kommunikation vollzieht sich in einem atemberaubenden Tempo und sorgt für eine hohe Interdependenz aller Marktteilnehmer. Für Unternehmen wie Menschen gilt es, die verschiedenen Abhängigkeiten im Griff zu behalten. Das bedeutet aber den Bruch mit statistischen Prinzipien. Stabilität liegt allein in der ständigen Veränderung. Unternehmen müssen offener werden, Meinungen aushalten und sie zum Anlass nehmen, sich weiterzuentwickeln. Alles ist im „Fluss"- auch die Marktwirtschaft. Das war schon immer so, nur ist aus dem Fluss heute ein reißender Strom geworden, massiv beschleunigt, dabei aber komprimiert und differenziert. Wer sich hier zurechtfinden will, muss lernen mit dem Strom zu schwimmen. Wer nur am Rand steht und zuschaut, den wird diese Entwicklung nicht mitreißen. Wer vorankommen will, muss den Sprung ins (manchmal) kalte Wasser wagen. Hier wird er lernen, sich zu behaupten und mitzuschwimmen. Das geht am einfachsten, wenn man sich zur richtigen Zeit den vorhandenen Schwärmen anschließt.

Brand follows user – das ist es, was Unternehmen immer mehr begreifen (müssen). Markeninszenierung funktioniert künftig nur noch, wenn sie in den Kontext des Konsumenten passt. Wer hier seinen Beitrag leistet, also Identität stiftet,

Mehrwerte schafft und authentisch bleibt, dem dankt es der Kunde mit überzeugter Loyalität. Vor dem Hintergrund, dass das Internet längst zum Entscheidungs- und immer häufiger zum Transaktionsmedium geworden ist, müssen Unternehmen sich an den sozialen Prinzipien ihrer Kunden orientieren, wenn sie in ihre Nähe gelangen wollen. CRM heißt hier: Vom Kunden lernen, um schneller auf die Bedürfnisse eingehen zu können. Letztlich geht es dabei darum, die Produkt- und Servicestrategien im Netz zu finden, die auch künftig am Markt funktionieren. Unternehmen werden so - wie der Konsument – zum „Knoten" im Netz. Hier gilt es, das Digitale Momentum perfekt umzusetzen, also Produkte, Services, Objekte und Informationen miteinander zu verbinden, den Kunden persönlich und offen anzusprechen. Wer dabei relevant und authentisch kommuniziert und zudem die wahren Trends und Bedürfnisse der privaten Cliquen und Individuen erkennt, hat gute Chancen dauerhaft zu bestehen.

3 Kurz & Knapp: Empfehlungen

1. Hinhören & hinschauen

Internetagenturen sind mit den Online-Medien in den letzten Jahren gewachsen. Mit ihrer Unterstützung können Web2.0-Anwendungen zu Seismographen werden, durch die sich Kundenbedürfnisse, Unternehmens- und Markenimage bestimmen lassen.

2. Öffnen & einbinden

Wer seinen Kunden eigene Plattformen (von der Community bis zum Blog) bietet, bindet sie an das eigene Unternehmen, die eigene Marke, und begrenzt so Diskussionen außerhalb der eigenen Hemisphäre. Aber nur dann, wenn er offene Debatten auf den angebotenen Plattformen auch tatsächlich zulässt.

3. Lernen & verwerten

Wer Kritiker nicht als Nörgler, sondern als selbstbewussten Verbraucher wahrnimmt, kann Kritik in Prozess- und Produktverbesserungen überführen.

Nur wer experimentierfreudig ist, wird herausfinden, welche Angebote für seine Zielgruppen die richtigen sind. Hierzu wird er sich auf die Fährte begeben und ausprobieren müssen, welche Wege die Kunden in Zeiten von Web2.0 eingeschlagen haben. Auf diese Weise und mit der Unterstützung einer kompetenten Internetagentur können sich Marketingverantwortliche die Medienkompetenz aneignen, die spätestens mit dem Eintritt in das Zeitalter des Homo Digitalis über Erfolg und Nichterfolg von Unternehmen entscheidet.

Literatur

Granovetter, M.: "The strength of weak ties." American Journal of Sociology, Vol. 78, No. 6 (1973), S. 1360-1380

http://www.oreillynet.com/pub/a/oreilly/tim/news/2005/09/30/what-is-web-20.html

http://www.modernlifeisrubbish.co.uk/

http://www.web2null.de/

http://de.wikipedia.org/

http://www-5.ibm.com/de/pov/integration/The_Globally_Integrated_Enterprise.pdf

Teil D:

Kundenbeziehungs-Management im praktischen Einsatz

Kundenbeziehungs-Management im Industriegütersektor – Wann ist welche Strategie die Richtige?

Gunter Gehrke

Zusammenfassung: Topkundensicherung sowie die intensivere Bearbeitung von Potenzialkunden gehören zu den größten Herausforderungen für Industrieunternehmen in den nächsten Jahren. Die wichtigste Voraussetzung für die Bewältigung dieser Aufgabe ist operative Exzellenz, also echte Spitzenleistungen bei Preis, Qualität und Lieferzeit. Immer öfter wird es dabei zu einem Kopf-an-Kopf-Rennen mehrerer Anbieter kommen. Am Ende wird dann meist derjenige die Nase vorn haben, der dem Kunden unaufgefordert einen echten werthaltigen Zusatznutzen bietet. Richtig modelliert, kann dieser Zusatznutzen nicht nur helfen einen Kunden zu gewinnen. Er dient auch dazu, Wechselbarrieren zu errichten und die Geschäftsbeziehung zu festigen.

Schlüsselwörter: Marketing, Industriegüter, Geschäftsbeziehung, Kundenbeziehungs-Management, Kundenbindung, Customer Relationship Management (CRM), Kundenwissen

Inhaltsverzeichnis

1 Besonderheiten industrieller Geschäftsbeziehungen 465

2 Kundenbeziehungs-Management in der Industrie 466

3 Wirkungsvolle Kundenbindungsstrategien 468

4 Handlungsanleitung für bessere Kundenbeziehungen 469

5 Erfolgskontrolle für Kundenbindungsmaßnahmen – Ein qualitativer Ansatz 480

6 Key Take-Aways – Erfolgreiches Management von industriellen Geschäftsbeziehungen 482

Literatur 484

1 Besonderheiten industrieller Geschäftsbeziehungen

Industrielle Geschäftsbeziehungen sind im Wesentlichen dadurch gekennzeichnet, dass Anbieter und Nachfrager nicht-private Organisationen sind, die Sachgüter oder Dienstleistungen, sog. Industriegüter, tauschen (vgl. Backhaus 2003). Ein Blick auf deren Charakteristika sowie die Besonderheiten von Kunden und Märkten legt die Randbedingungen für Kundenbeziehungs-Management in industriellen Geschäftsbeziehungen dar und weist den Weg für die Entwicklung von Kundenbindungsstrategien.

Was kennzeichnet Industriegüter?

Industriegüter inkorporieren häufig zahlreiche Technologien und sind oft aufwändig konstruiert und hergestellt. Die Funktionalität steht bei ihnen im Vordergrund. Sie sind nicht selten besonders erklärungsbedürftig. Meist dienen sie der Erstellung anderer Leistungen, d.h. sie gehen in das Produkt des Abnehmers ein. Kaufentscheidungen sind hier eher rationaler Natur. Kosten, Verlässlichkeit, Verfügbarkeit und Nutzen sind die wichtigen Größen. Gefälliges Design spielt zwar eine zunehmende Rolle, es darf allerdings die Verwendbarkeit des Produkts nicht einschränken und in aller Regel keine zusätzlichen Kosten verursachen.

Die Einsatzdauer von Industriegütern kann sich über mehrere Jahre erstrecken. Für ihre Abnehmer ist es deshalb besonderes wichtig, dass der Lieferant über ein leistungsfähiges Servicenetzwerk verfügt.

Was kennzeichnet industrielle Kunden?

Industrielle Geschäftsbeziehungen halten im Vergleich zu anderen Geschäftsbeziehungen überdurchschnittlich lange. Kaufentscheidungen werden häufig durch interdisziplinär besetzte Buying Center getroffen. Oft ist der dabei zugrunde liegende Prozess stark formalisiert und langwierig.

Industrielle Kunden haben bisweilen einen hohen unmittelbaren Einfluss auf die Produktspezifikationen. Nicht selten werden Produkte gemeinsam mit dem Lieferanten entwickelt, da der Kunde eine ganz individuelle Lösung benötigt. Kunde wie Lieferant weisen dann ein besonders hohes Involvement hinsichtlich der Geschäftsbeziehung auf. Im Extremfall sind industrielle Geschäftspartner über einen langen Zeitraum stark aufeinander angewiesen. Persönliche Interaktionen zwischen Mitarbeitern beider Parteien spielen dann eine besondere Rolle. Sie sorgen dafür, dass beide Geschäftspartner das für die Zusammenarbeit notwendige Vertrauen in die andere Seite entwickeln und aufrechterhalten können.

Was kennzeichnet industrielle Märkte?

Das Geschäft mit Industriegütern ist vergleichsweise stark internationalisiert. Anders als in Konsumgütermärkten jedoch ist im Industriegütergeschäft die Anzahl an Anbietern und Nachfragern relativ überschaubar. Dies führt zu einer hohen Transparenz im Markt. Konkrete Kundenbedarfe sind, genauso wie das Wissen um technische Konzepte oder Preise der potenziellen Anbieter, verhältnismäßig gut bekannt. Ein Grund dafür ist sicher die in Industriegütermärkten sehr häufig anzutreffende Vertriebsform: der direkte, einstufige Vertrieb. Der Kontakt zwischen Kunden und Lieferant erfolgt hier auf sehr persönlichem und unmittelbarem Weg, was letztlich einen umfassenderen und regelmäßigeren geschäftsbezogenen Informationsaustausch fördert. Die Auftragsvergabe bei Industriegütern erfolgt oft im Rahmen von Ausschreibungen oder Auktionen, was gleichbedeutend ist mit einer auftragsbezogenen Marktpreisbildung. Die nachgefragte Menge für ein Industriegut ist eine Funktion der Nachfrage nach dem Endprodukt. Man spricht in diesem Zusammenhang deshalb auch von abgeleiteter Nachfrage.

2 Kundenbeziehungs-Management in der Industrie

Kundenbeziehungs-Management zielt im Grundsatz darauf ab, Folgegeschäft zu generieren. Dies ist für Lieferanten besonders attraktiv, da es in aller Regel profitabler ist, vorhandene Kunden zu pflegen als ständig neue zu akquirieren. Als Lieferant erfährt man im Laufe der Zeit außerdem, worauf ein Kunde besonderen Wert legt. Man lernt, wie seine Entscheidungsprozesse ablaufen oder welche

Anwendungserfahrungen er beispielsweise mit dem Produkt gemacht hat. Dieses sog. Kundenwissen ist die Basis für die Entwicklung von wirksamen Kundenbindungsmaßnahmen.

Exkurs Kundenwissen

Kundenwissen ist ein mehrdimensionales Konstrukt. Es setzt sich zusammen aus, *erstens*, Wissen für den Kunden, *zweitens*, Wissen des Kunden und, *drittens*, Wissen über den Kunden (vgl. Nohr 2004).

Wissen für den Kunden umfasst die Dimensionen technische Beratung und Lösungskompetenz, also Wissen, das dem Unternehmen hilft, die Bedarfe des Kunden bestmöglich zu decken, auch hinsichtlich Prozessen. Wissen des Kunden erwächst aus der Nutzung des Produkts, die Wahrnehmung seiner Stärken und Schwächen sowie Erfahrungen mit Wettbewerbern. Es umfasst aber auch Ziele des Kunden, seine Präferenzen, Bedürfnisse oder Erwartungen. Wissen über den Kunden entsteht aus der Analyse der bereits erfolgten Transaktionen (Kaufhäufigkeiten, Bestellumfänge usw.).

In den meisten Fällen umfassen industrielle Geschäftsbeziehungen verschiedene Produkte, deren Auswahl und Verwendung mit einer Vielzahl an Geschäftsvorfällen verbunden sein kann. Einzelne Transaktionen können unterschiedlich lange dauern, aus Sicht des Lieferanten in unterschiedlichen Stadien des sog. Sales Cycles angesiedelt sein und unterschiedliche Personen oder Personengruppen einbeziehen. Um erfolgreich zu sein, müssen B2B-Kundenbindungsstrategien deshalb auf der grundlegenden Ebene einer Geschäftsbeziehung ansetzen, dem Produkt. Die einzelnen Maßnahmen sollten sich auf spezifische Geschäftsvorfälle und Transaktionen zwischen Lieferant und Abnehmer beziehen, sowie die Randbedingungen, unter denen sie ablaufen.

Kundenbeziehungs-Management ist also ein Modell, das „ab Werk" noch viele Freiheitsgrade hat und von einem Lieferanten erst individualisiert werden muss, bevor es funktionieren kann.

3 Wirkungsvolle Kundenbindungsstrategien

Blickt man in die betriebliche Praxis des Kundenbeziehungs-Managements, lassen sich zahlreiche unentgeltliche Zusatzleistungen identifizieren, die auf den eben beschriebenen Grundgedanken aufbauen. Lieferanten setzen sie mit Erfolg ein, um die Bindung ihrer Kunden zu erhöhen. Aus der Vielzahl der anzutreffenden Maßnahmen lassen sich die folgenden vier Kundenbindungsstrategien ableiten.

	Value Added	Business Integration	Best Supply	Shock Absorption
Besondere Idee, unentgeltlicher Mehrwert	Kunde erhält wertvolle Zusatzleistungen vom Lieferanten	Kunde erhält verbesserte Prozesse mit dem Lieferanten	Kunde erhält mehr Gewissheit über die Kompetenz und Fairness des Lieferanten	Kunde erhält Zugriff auf Pufferressourcen des Lieferanten
Anforderungen an den Kunden	Keine, er muss die Zusatzleistung jedoch annehmen	Kunde muss die Aktivitäten des Lieferanten unterstützen	Keine	Keine
Wirtschaftlicher Vorteil des Kunden	Kunden erhält einen größeren Leistungsumfang	Kunden profitiert von reduzierten Kosten		
Stärke der psychologischen Bindungswirkung	Hoch, durch gegenseitiges Geben und Nehmen (Reziprozität)	Hoch, durch die häufigen Interaktionen zwischen Mitarbeitern	Gering	Gering
Bindungswirkung insgesamt	Relativ hoch	Hoch	Relativ hoch	Relativ gering
	Konkrete, bewertbare Handlungen, die dem Kunden unmittelbar Nutzen stiften		Vergleichsweise abstrakte Nutzenpotenziale, von denen der Kunden nicht zwangsläufig profitiert	
Welche spezifischen Investitionen muss der Lieferant tätigen?	Investitionen in unentgeltliche Zusatzleistungen, als Vorleistung	Investitionen in Maschinen, Werkzeuge, Mitarbeiter, Prozesse	Nicht erforderlich	Nicht erforderlich, falls freie Kapazitäten vorhanden

Tabelle 1: Vier Kundenbindungsstrategien für Industriegüterhersteller

All diese Kundenbindungsstrategien entfalten grundsätzlich eine positive Bindungswirkung. Je nach dem, wie intensiv ein Lieferant sie im Vergleich zu seinen Wettbewerbern verfolgt, verändert sich die Wahrscheinlichkeit, dass er einen Folgeauftrag von seinem Kunden erhält (vgl. Gierl/Gehrke 2004).

4 Handlungsanleitung für bessere Kundenbeziehungen

Wie wirksam die verschiedenen Ansätze zur Verbesserung von Kundenbindung in einem konkreten Fall sind, variiert mit dem Produkt, um das es geht. Die wichtigsten Einflussgrößen auf die Wirksamkeit sind die Produktmerkmale Wertanteil und Technische Überlegenheit. Sie determinieren das sog. kundenbindungsrelevante Produktprofil, an dem sich die besonders vorteilhaften Maßnahmenbündel für das Beziehungsmanagement festmachen lassen. Ein entsprechender vierstufiger Leitfaden hierzu ist im Folgenden dargestellt. Die damit gewonnenen Empfehlungen, wie eine produktbezogene Kundenbindung am besten herzustellen ist, gelten dann prinzipiell für alle Kunden, die dieses Produkt oder diese Produktgruppe nachfragen.

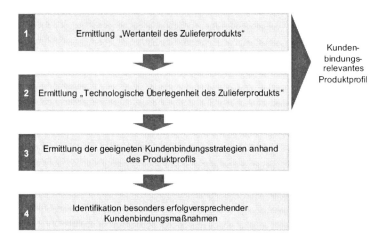

Abbildung 1: Modell zur Verbesserung von Kundenbeziehungen

Weitere Merkmale einer Geschäftsbeziehung, wie etwa ihr Alter, das Größenverhältnis zwischen Kunde und Lieferant, das Einkaufs- bzw. Absatzvolumen, die Anzahl der Mitbewerber des Lieferanten oder das Vorhandensein einer für den Endkunden relevanten Marke des Lieferanten, spielen entgegen der landläufigen Meinung keine signifikante Rolle, wenn es darum geht den wirkungsvollsten B2B-Kundenbindungsansatz zu finden (vgl. Gehrke 2003).

Schritt 1: Ermittlung des Wertanteils eines Zulieferprodukts

Das erste der beiden kundenbindungsrelevanten Produktmerkmale ist der Wertanteil des Zulieferprodukts. Er leitet sich aus dem Kostenanteil des Zulieferprodukts am Abnehmerprodukt ab. Zulieferprodukte mit einem hohen Wertanteil umfassen in aller Regel viele Teilleistungen und sind daher vergleichsweise komplex und koordinationsbedürftig. Die Lieferqualität – Menge, Zeit, Ort – ist bei ihnen sehr wichtig, da alternative Bezugsquellen kurzfristig oft nicht vorhanden sind. Häufig haben Kunde und Lieferant für die Zusammenarbeit sog. spezifische Investitionen getätigt, die in anderen Geschäftsbeziehungen nahezu oder völlig wertlos sind.

	A	B	C	D
Die Anzahl der Einzelleistungen und Arbeitsschritte, die das Zulieferprodukt umfasst, sind...	[ ] Hoch	[ ] Eher hoch	[ ] Eher gering	[ ] Gering
Das Zulieferprodukt ist seinem Typ nach...	[ ] System	[ ] Modul	[ ] Komponente	[ ] Teil
Die Position des Zulieferers in der Wertschöpfungskette ist...	[ ] Tier 0,5 oder 1	[ ] Tier 2	[ ] Tier 3	[ ] Tier 4
Die wertschöpfungspartnerschaftliche Ausprägung der Geschäftsbeziehung („design to order") mit dem Kunden ist...	[ ] Hoch	[ ] Eher hoch	[ ] Eher gering	[ ] Gering
Der Lieferant wird vom Kunden in die Planung neuer Produkte und Produktionskonzepte einbezogen...	[ ] Immer	[ ] Häufig	[ ] Selten	[ ] Nie
Anzahl der Nennungen		+		+
Lesehinweis: Ist die Summe der Nennungen in den Spalten A und B größer als die Summe der Nennungen in den Spalten C und D, so hat das Produkt einen hohen Wertanteil am Abnehmerprodukt, ansonsten nicht.					

Checkliste 1: Wie hoch ist der Wertanteil des Zulieferprodukts am Abnehmerprodukt?

Bei einem Pkw beispielsweise haben der Antriebsstrang oder das Fahrzeug-Frontend, also Zulieferprodukte mit System- oder Modul-Charakter, einen eher hohen Wertanteil. Kabelbäume oder die Scheibenwaschanlage besitzen einen eher geringen Wertanteil.

Schritt 2: Ermittlung der technischen Überlegenheit eines Zulieferprodukts

Die zweite wichtige Einflussgröße auf die Wirksamkeit von Kundenbindungsstrategien ist die technische Überlegenheit des Zulieferprodukts. Um als technisch überlegen zu gelten, muss ein Produkt im Vergleich zu seinen Wettbewerbsprodukten eine herausragende Qualität hinsichtlich vieler kundenrelevanter Merkmale aufweisen. In industriellen Geschäftsbeziehungen gehören hierzu neben den technischen Features in erster Linie Kosten- und Qualitätsvorteile, die dem Kunden aus dem Einsatz des Zulieferprodukts erwachsen. Technisch überlegene Produkte entstehen meist aus optimierten Prozessen, wie sie etwa in einem TQM- oder QFD-Umfeld anzutreffen sind, und in enger Zusammenarbeit zwischen Kunde und Lieferant. Mit ihnen verbunden ist ein hoher Entwicklungs- und Koordinationsaufwand.

	A	B	C	D
	Trifft voll zu	Eher zutreffend	Eher nicht zutreffend	Trifft nicht zu
Das Zulieferprodukt ist Wettbewerbsprodukten klar überlegen hinsichtlich ...				
... Standfestigkeit (MTBF)	[ ]	[ ]	[ ]	[ ]
... Montageaufwand	[ ]	[ ]	[ ]	[ ]
Das Zulieferprodukt verleiht dem Endprodukt des Kunden einen klaren USP am Markt.	[ ]	[ ]	[ ]	[ ]
Das Zulieferprodukt hat eine Monopolstellung hinsichtlich seiner technologischen Vorteile für den Abnehmer.	[ ]	[ ]	[ ]	[ ]
Das Zulieferprodukt erhöht die Wettbewerbsfähigkeit des Abnehmerprodukts signifikant.	[ ]	[ ]	[ ]	[ ]
Anzahl der Nennungen	+		+	
Lesehinweis: Ist die Summe der Nennungen der Spalten A und B größer als die Summe der Nennungen der Spalten C und D, so ist das Produkt technisch insgesamt überlegen, ansonsten nicht.					

Checkliste 2: Ist das Zulieferprodukt technisch überlegen?

Beispiele für technisch überlegene Zulieferprodukte im Automobilsektor waren in der jüngeren Vergangenheit beispielsweise ein integriertes ABS-ESP-ASR-System, der Lenkbewegung folgende Frontscheinwerfer oder automatische Schaltgetriebe mit sechs oder sieben Gängen.

Schritt 3: Identifikation der geeigneten Kundenbindungsstrategien

Kombiniert man die möglichen Ausprägungen von Wertanteil und Technischer Überlegenheit entstehen vier Produktprofile. Die vorgestellten Kundenbindungsstrategien funktionieren bei jedem von ihnen unterschiedlich gut. Hat ein Lieferant anhand der Checklisten 1 und 2 die Ausprägungen von „Wertanteil" und „Technischer Überlegenheit" für ein Produkt ermittelt, kann er die am besten geeigneten Kundenbindungsstrategien aus Checkliste 3 ablesen. Das ebenfalls zugeordnete Lieferanten-Profil dient zur Überprüfung seiner Selbsteinschätzung.

Bei näherer Betrachtung der Produktprofile fällt auf, dass Business Integration in allen vier Fällen gut geeignet ist, die Kundenbindung zu erhöhen. Lieferanten, die ihre Kundenbeziehungen stärken wollen, sollten sich also auf jeden Fall ansehen, ob und wie sie sich hier verbessern können.

Wenn das Zulieferprodukt technisch überlegen ist, ist auch Added Value fast ein Muss für den Lieferanten. Der Kunde ist bei den entsprechenden Produktprofilen für kontinuierlichen Know-how-Transfer im Rahmen von beratenden Aktivitäten des Lieferanten besonders empfänglich. Zum einen, um schneller Vertrauen in neue Ideen und Produkte zu fassen, zum anderen, um das Gefühl der technologischen Abhängigkeit zu vermeiden. Added Value wirkt außerdem besonders gut, wenn das Zulieferprodukt relativ leicht austauschbar ist – hier allerdings eher im Sinne einer kostenlosen Mehrleistung, einer „Draufgabe". Diese reichert die Kernleistung an und verbessert das vom Kunden wahrgenommene Kosten-Nutzen-Verhältnis.

Dem Ansatz Best Supply – der Aufbau einer B2B-Marke gehört hierzu etwa – sollte insbesondere bei Produktprofil 1 Aufmerksamkeit gewidmet werden. Die Kunden sind hier besonders stark in die Geschäftsbeziehung involviert und brauchen die Bestätigung, den richtigen Partner gewählt zu haben. Bei anderen Produktprofilen verbessert Best Supply zwar auch die Kundenbindung, allerdings ist die Wirkung dort schwächer.

Aufgrund der Merkmale von Best Supply und Added Value liegt die Vermutung nahe, dass beide Strategien schon in der Pre-Sales-Phase, d.h. vor der Vergabe eines Auftrags, eine Art akquisitorische Wirkung entfalten. Mit anderen Worten, sie favorisieren einen Lieferanten. Business Integration und Shock Absorption hingegen halten den Kunden eher in einer Geschäftsbeziehung. Sie hindern ihn am Wechsel zu einem anderen Lieferanten. Um über den Lebenszyklus einer Geschäftsbeziehung möglichst erfolgreich zu sein, müssen Lieferanten also die vier Ansätze des Beziehungsmanagements miteinander kombinieren.

Produkt-Profil	Wert-anteil	Technische Überlegenheit	Charakteristisches Lieferantenprofil	Überlegene Kundenbindungsstrategie(n)	Ansatz für die Wirkung der Kundenbindungsstrategie(n)
1	Hoch	Ja	Innovativer Integrationschampion für Systeme und Module	**Business Integration** **Best Supply Added Value** Shock Absorption	Hoher Koordinationsbedarf auf Grund hoher Verzahnung in relativ investitionsintensiven Geschäftsbeziehungen mit komplexen Zulieferprodukten
2	Gering	Ja	Innovativer Spezialist für Teile und Komponenten, Auftragsentwickler auf Systemebene	**Business Integration** Added Value Shock Absorption Best Supply	Sicherung von für den Kunden strategisch wichtigen und/oder wettbewerbsrelevanten Zulieferprodukten
3	Hoch	Nein	System- oder Modulintegrator ohne USP (Auftragsmontierer)	Business Integration **Shock Absorption** Best Supply Added Value	Aufrechterhaltung von Versorgungssicherheit für den Kunden bei workflow-kritischen Zulieferprodukten, auch im Extremfall
4	Gering	Nein	Zulieferer von Standard- oder Me-too-Teilen und Komponenten, Auftragsfertiger	**Added Value** Business Integration Best Supply Shock Absorption	Verbesserung des Preis-Leistungs-Verhältnisses bei einem austauschbaren Zulieferprodukt, Kreation eines nicht-technischen Alleinstellungsmerkmals

Lesehinweis: Kundenbindungsstrategien sind sortiert nach ihrer Wirksamkeit in absteigender Reihenfolge, signifikant überlegene Strategien sind fett hervorgehoben.

Checkliste 3: Welches ist die richtige Kundenbindungsstrategie?

Schritt 4: Identifikation besonders Erfolg versprechender Kundenbindungsmaßnahmen

Nachdem die für ein Produktprofil optimalen Kundenbindungsstrategien ermittelt sind, müssen nun noch konkrete Maßnahmen identifiziert werden. Wichtig ist hierfür die Selbsteinschätzung des Lieferanten betreffend seiner aktuellen Kundenbindungsaktivitäten. Die Befragung von kundennahen Experten in der eigenen Organisation hat sich hierzu als probates Mittel erwiesen. Sie ist vergleichsweise schnell und einfach durchzuführen und kostengünstig. Gleichzeitig ist die Qualität der Aussagen in aller Regel sehr gut. Wichtige Ansprechpartner sind z.B. Key Account-Manager, Vertriebs- und Serviceingenieure oder Entwickler mit Kundenkontakt.

Zunächst gilt es einzuschätzen, wie intensiv die eigenen Bemühungen sind, einen Kunden zu binden. Als Ausgangsbasis dienen die nachfolgenden Tabellen, in denen je Kundenbindungsansatz konkrete Aktivitäten aufgelistet sind. Nicht alle von ihnen machen für jeden Lieferanten Sinn. Sie decken jedoch die Maßnahmen im Beziehungsmanagement ab, derer sich Unternehmen heute verbreitet bedienen oder von denen sie glauben, dass sie zukünftig besonders wichtig für das erfolgreiche Management von industriellen Geschäftsbeziehungen sind.

Die Messlatte für die optimale Ausgestaltung des eigenen Beziehungsmanagements ist das Aktivitätsniveau des Wettbewerbs. Im Vergleich zu diesem sollten die eigenen Maßnahmen ein wenig stärker ausgeprägt sein. Aus Kosten-Nutzen-Überlegungen heraus muss das allerdings mit Maß und Ziel geschehen, denn zu starke Bindungsbemühungen sind in jedem Fall unwirtschaftlich. Im Falle der Strategien Value Added und Business Integration können sie aufgrund der ausgeprägten psychologischen Komponente beim Kunden sogar Ablehnung erzeugen. Im Falle von Best Supply und Shock Absorption wird ein Sättigungsniveau erreicht, das weitere Bindungsbemühungen überflüssig macht. Regelmäßige Feedback-Schleifen sind also nötig, um das eigene Beziehungsmanagement mit sinnvoller Intensität zu betreiben.

Für die folgenden Tabellen gilt: Liegt die mit den In-house-Experten ermittelte Ist-Ausprägung bei einer in den Tabellen dargestellten Maßnahme unter der markierten Soll-Ausprägung, so sollte der Lieferant hier mehr tun. Liegt sie über dem Zielwert, empfiehlt es sich, die Aktivitäten etwas zurückzufahren.

Value Added – Vor allem für Standard-Produkte erste Wahl.

Der Grundgedanke der Kundenbindungsstrategie Value Added besteht darin, dem Kunden für ihn nützliche, wertvolle Leistungen unentgeltlich zur Verfügung zu stellen. Dieser Ansatz ist bei Produktprofil 4, Standardteile und -

komponenten, überlegen und deshalb besonders wichtig. Er wirkt auch gut bei Produktprofil 1, innovative Systeme und Module.

Umsetzung der Kundenbindungsstrategie „Value Added"	Maßnahme ist im Vergleich zum Wettbewerb [...] ausgeprägt			
	Schwach	Eher schwach	Eher stark (Soll-Ausprägung)	Stark
Transfer von Grundlagenwissen betreffend des Zulieferprodukts	[ ]	[ ]	[ ]	[ ]
F&E-Unterstützung des Kunden	[ ]	[ ]	[ ]	[ ]
Kaufmännische Fachberatung	[ ]	[ ]	[ ]	[ ]
Technische Fachberatung	[ ]	[ ]	[ ]	[ ]
Zurverfügungstellung von Marktstudien (z.B. zum besseren Endkundenverständnis)	[ ]	[ ]	[ ]	[ ]
Customizing des Produkts	[ ]	[ ]	[ ]	[ ]
Angebot von Finanzierungsdienstleistungen	[ ]	[ ]	[ ]	[ ]
Erstellung von Lastenheften	[ ]	[ ]	[ ]	[ ]
Proaktive Konzeptentwicklung	[ ]	[ ]	[ ]	[ ]
Durchführung von Wertanalysen am Zulieferprodukt	[ ]	[ ]	[ ]	[ ]
Unterhalt einer Service-Hotline	[ ]	[ ]	[ ]	[ ]

Checkliste 4: Identifikation der Handlungsfelder bei Value Added

Business Integration – Wenn man aufeinander angewiesen ist.

Der Grundgedanke der Kundenbindungsstrategie Business Integration besteht darin, für den Kunden wichtige Kernprozesse zu verbessern und die Zusammenarbeit mit ihm dahingehend zu intensivieren. Besondere Aufmerksamkeit sollte ein Lieferant hierbei der Produktentwicklung des Kunden, dessen Beschaffungs- und Absatzlogistik oder dessen Wertschöpfung widmen. Interessante Ansatzpunkte für Business Integration ergeben sich auch aus der Anwendung des Zulieferprodukts.

Umsetzung der Kundenbindungsstrategie „Business Integration"	Maßnahme ist im Vergleich zum Wettbewerb [...] ausgeprägt			
	Schwach	Eher schwach	Eher stark (Soll-Ausprägung)	Stark
Übernahme von Logistikdienstleistungen (z.B. auch Montagearbeiten)	[ ]	[ ]	[ ]	[ ]
Umfangreiche Unterstützung von elektronischem Datenaustausch (z.B. Geschäftsprozess, Entwicklung)	[ ]	[ ]	[ ]	[ ]
Unterhalt von Standorten/Büros in unmittelbarer Nähe des Kunden (gemeinschaftliche Globalisierung)	[ ]	[ ]	[ ]	[ ]
Logistikoptimierung (z.B. Einbindung in JIT/JIS-Systeme des Kunden)	[ ]	[ ]	[ ]	[ ]
Simultaneous Engineering mit dem Kunden	[ ]	[ ]	[ ]	[ ]
Unterhalt von Resident Engineers beim Kunden	[ ]	[ ]	[ ]	[ ]
Kundenintegrierte Entwicklung (z.B. durch gemischte F&E-Projektteams)	[ ]	[ ]	[ ]	[ ]
Instandhaltung und (Fern-)Wartung von Anlagen und Maschinen	[ ]	[ ]	[ ]	[ ]
Spezielle Schulungen betreffend des Zulieferprodukts	[ ]	[ ]	[ ]	[ ]
Besondere Inbetriebnahme-Betreuung von Anlagen und Maschinen	[ ]	[ ]	[ ]	[ ]
Komplexitätsmanagement (z.B. Optimierung von Varianten des Zulieferprodukts, Etablierung und Nutzung technischer Standards)	[ ]	[ ]	[ ]	[ ]
Gemeinsame Marketing-Aktivitäten	[ ]	[ ]	[ ]	[ ]
Key-Account-Management	[ ]	[ ]	[ ]	[ ]

Checkliste 5: Identifikation der Handlungsfelder bei Business Integration

Der Kundenbindungsansatz Business Integration ist bei den Produktprofilen 1, innovative Systeme und Module, 2, innovative Komponenten und Teile, und 3, System- und Modulintegration ohne USP, besonders wirksam und deshalb empfehlenswert.

Best Supply – Hier besteht Nachholbedarf für fast alle!

Der Grundgedanke der Kundenbindungsstrategie Best Supply besteht darin, dem Kunden das Gefühl zu vermitteln, dass er mit dem Lieferanten einem kompetenten, verlässlichen und fairen Partner gewählt hat. Offenheit und Ehrlichkeit spielen hierbei eine besondere Rolle. Wichtig ist auch, regelmäßig entsprechende Signale zu senden. Einmalige „Best Supply-Eruptionen" hinterlassen keine Bindungswirkung.

Umsetzung der Kundenbindungsstrategie „Best Supply"	Maßnahme ist im Vergleich zum Wettbewerb [...] ausgeprägt			
	Schwach	Eher schwach	Eher stark (Soll-Ausprägung)	Stark
Aufbau einer Marke und deren professionelles Management	[ ]	[ ]	[ ]	[ ]
Umfassende Unterstützung von Grundlagenforschung in neutralen Forschungseinrichtungen	[ ]	[ ]	[ ]	[ ]
Erfolgreiche Teilnahme an Design-Wettbewerben	[ ]	[ ]	[ ]	[ ]
Erarbeitung und Anmeldung von Patenten	[ ]	[ ]	[ ]	[ ]
Teilnahme an Benchmarkings	[ ]	[ ]	[ ]	[ ]
Regelmäßige Reportings über eigene Liefer-Performance (z.B. Qualitätskennzahlen)	[ ]	[ ]	[ ]	[ ]
Veröffentlichung von allgemeinen Geschäftszahlen	[ ]	[ ]	[ ]	[ ]
Gezielte, teilweise Weitergabe von realisierten Kosteneinsparungen (z.B. durch Verbesserung eigener interner Prozesse)	[ ]	[ ]	[ ]	[ ]
Übererfüllung von Zielkosten	[ ]	[ ]	[ ]	[ ]
Aktive Mitarbeit in für den Kunden relevanten Verbänden und Organisation	[ ]	[ ]	[ ]	[ ]
Durchführung von Kundenzufriedenheitsanalysen und konsequente, wahrnehmbare Umsetzung der Ergebnisse	[ ]	[ ]	[ ]	[ ]

Checkliste 6: Identifikation der Handlungsfelder bei Best Supply

Der Kundenbindungsansatz Best Supply ist insbesondere bei Produktprofil 1, innovative Systeme und Module, empfehlenswert. Obwohl er auch bei den anderen Produktprofilen wirkt, wird er im Schnitt häufig vernachlässigt. Die meisten industriellen Lieferanten werden also davon profitieren, wenn sie ihre Aktivitäten bei dieser Strategie intensivieren.

Shock Absorption – Wenn Unvorhergesehenes an der Tagesordnung ist.

Der Grundgedanke der Kundenbindungsstrategie Shock Absorption besteht darin, für den Kunden sog. Pufferressourcen bereit zu halten. Damit wird für ihn auch bei unvorhergesehenen Nachfrageschwankungen die Versorgungssicherheit gewährleistet. Der Wirkmechanismus von Shock Absorption lässt sich auch mit den Worten des Automobilfabrikanten Henry Ford ausdrücken: Erfolg hat derjenige, der genau das liefern kann, was gerade gefragt ist. Insbesondere bei Produktprofil 3, System- und Modulintegration ohne USP, trägt Shock Absorption besonders gut dazu bei, die Kundenbindung zu erhöhen.

Eigeneinschätzung zur Kundenbindungsstrategie „Shock Absorption"	Maßnahme ist im Vergleich zum Wettbewerb [...] ausgeprägt			
	Schwach	Eher schwach	Eher stark (Soll-Ausprägung)	Stark
Bereitstellung von Lagerflächen für den Kunden	[ ]	[ ]	[ ]	[ ]
Vorhaltung von Maschinenkapazitäten für den Kunden	[ ]	[ ]	[ ]	[ ]
Unterhalt von Beständen an Halbfertigen und Fertigen, z.B. zur drastischen Verkürzung von Lieferzeiten	[ ]	[ ]	[ ]	[ ]
Mitarbeiterüberlassung oder -leasing, z.B. für Montagearbeiten on-site beim Kunden im Rahmen dessen eigener Wertschöpfung	[ ]	[ ]	[ ]	[ ]
Einrichtung von kundenfokussierten Arbeitszeit-Systemen, z.B. um sehr kurzfristig Kapazitäten zu erhöhen oder die eigenen Arbeitszeiten mit denen des Kunden zu synchronisieren	[ ]	[ ]	[ ]	[ ]

Checkliste 7: Ermittlung der Handlungsfelder bei Shock Absorption

5 Erfolgskontrolle für Kundenbindungsmaßnahmen – Ein qualitativer Ansatz

Um den Erfolg von Kundenbindungsmaßnahmen zu bewerten gibt es zahlreiche quantitative Ansätze (vgl. u. a. Becker 2001). Viele sind umsatz-, auftragseingangs- oder ergebnisbezogen. Es werden dabei Werte ermittelt je Periode, je Auftrag oder kumuliert für die gesamte Dauer einer Geschäftsbeziehung. Ihr Bezug zu Konstrukten wie dem Kundenwert oder Instrumenten wie der sog. Customer Scorecard ist sehr eng. Eingang in quantitative Ansätze finden auch Größen wie die Anzahl der vom Kunden gekauften Produktgruppen, seine mittlere Bestellhäufigkeit, der Anteil des Lieferanten am produktbezogenen Gesamtbeschaffungsvolumen des Kunden und ähnliche mehr. Viele dieser Kennzahlen haben eine Aussagekraft und besitzen deshalb ihre Berechtigung. Allerdings bedarf es einer gewissen Zeitreihe, um allein anhand von ihnen ein Urteil über die Qualität einer Geschäftsbeziehung fällen zu können.

Zusätzlich sollte die Stärke der Kundenbindung deshalb auch anhand von qualitativen Kriterien beurteilt werden. Sie lassen schon in einem sehr frühen Stadium einer Geschäftsbeziehung eine Aussage über die Stärke der Kundenbindung zu und stellen deshalb eine wichtige Ergänzung zu rein quantitativen Kennzahlen-Systemen dar. Gerade zu Beginn einer Geschäftsbeziehung, wenn das Risiko für die Abwanderung eines Kunden noch besonders hoch ist, können durch qualitative Bewertungen Ansatzpunkte zur Adjustierung des Beziehungsmanagement gewonnen werden.

Während Kennzahlen eher vergangenheitsbezogen sind und die Historie einer Geschäftsbeziehung beschreiben, ermöglichen qualitative Messgrößen zusätzlich Aussagen über zukünftiges Verhalten des Kunden. Wichtig ist aber auch hier: Es sollten nicht die absoluten Ausprägungen der Kundenbindungsindikatoren isoliert betrachtet werden, sondern deren Veränderungen im Zeitverlauf.

	Grad der Zustimmung			
	Trifft voll zu	Eher zutreffend	Eher nicht zutreffend	Trifft nicht zu
Der Kunde vermittelt dem Lieferanten das Gefühl, dass dieser auch zukünftig ein wichtiger Geschäftspartner sein wird.	[ ]	[ ]	[ ]	[ ]
Der Kunde tätigt Investitionen, die in Geschäftsbeziehungen mit anderen Anbietern wertlos würden.	[ ]	[ ]	[ ]	[ ]
Der Kunde verändert extra für die Zusammenarbeit mit dem Lieferanten bereits bestehende etablierte Prozesse.	[ ]	[ ]	[ ]	[ ]
Der Kunde gibt vertrauliche Informationen, z.B. über die eigene Unternehmensplanung, in ungewöhnlichem Maß an den Lieferanten weiter.	[ ]	[ ]	[ ]	[ ]
Der Lieferant nimmt die Zusammenarbeit mit dem Kunden in den verschiedenen betrieblichen Funktionen als überdurchschnittlich intensiv wahr.	[ ]	[ ]	[ ]	[ ]
Der Kunde nimmt ungewöhnlich viel Rücksicht auf die Interessen des Lieferanten.	[ ]	[ ]	[ ]	[ ]
Der Kunde gibt dem Lieferanten unaufgefordert und sehr deutlich ein positives Feedback über die Geschäftsbeziehung.	[ ]	[ ]	[ ]	[ ]
Der Kunde „bekennt" sich öffentlich und regelmäßig zu seiner Zusammenarbeit mit dem Lieferanten, z.B. in Broschüren.	[ ]	[ ]	[ ]	[ ]

Checkliste 8: Qualitative Ermittlung der Kundenbindung

6 Key Take-Aways – Erfolgreiches Management von industriellen Geschäftsbeziehungen

- Kundenbeziehungs-Management geht alle im Unternehmen an. Um es jedoch erfolgreich zu implementieren, bedarf es eines zentralen Koordinators, der von einem interdisziplinär besetzten Team unterstützt wird.

- Umfassendes Kundenwissen ist die beste Basis für die erfolgreiche Ausgestaltung von Geschäftsbeziehungen.

- Die vorgestellten Kundenbindungsstrategien Added Value, Business Integration, Best Supply und Shock Absorption sind durchwegs geeignet, die Kundenbindung zu verbessern. Welcher der überlegene Ansatz ist, variiert mit dem Produktprofil.

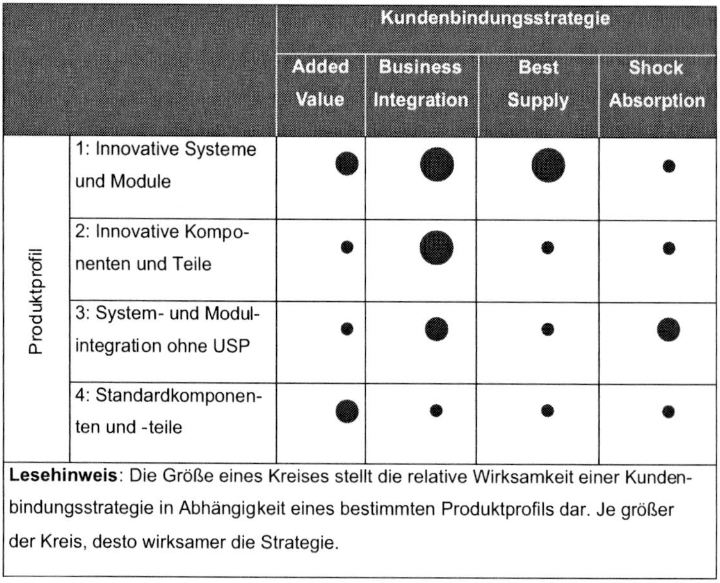

		Kundenbindungsstrategie			
		Added Value	Business Integration	Best Supply	Shock Absorption
Produktprofil	1: Innovative Systeme und Module	●	●	●	·
	2: Innovative Komponenten und Teile	·	●	·	·
	3: System- und Modulintegration ohne USP	·	●	·	●
	4: Standardkomponenten und -teile	●	·	·	·
Lesehinweis: Die Größe eines Kreises stellt die relative Wirksamkeit einer Kundenbindungsstrategie in Abhängigkeit eines bestimmten Produktprofils dar. Je größer der Kreis, desto wirksamer die Strategie.					

Abbildung 2: Das 4x4 der Industrie-Kundenbindung

- Die Auswahl der Kundenbindungsstrategien, die Entwicklung der entsprechenden Maßnahmen und die Festlegung der individuellen Verantwortlichkeiten bei der Umsetzung sollten in Zusammenarbeit zwischen Marketing, Vertrieb, Technik und Service erfolgen.

- Regelmäßige Feedback-Schleifen mit Mitarbeitern, die unmittelbaren Kundenkontakt haben, helfen die Kundenbindungsaktivitäten des Wettbewerbs zu erfassen und die richtige Intensität der eigenen Maßnahmen sicher zu stellen.
- Kundenbeziehungs-Management muss mit Maß und Ziel erfolgen. Übertriebene Aktivitäten sind unwirtschaftlich und können beim Kunden sogar Ablehnung erzeugen.
- Die verschiedenen Kundenbindungsstrategien beeinflussen sich gegenseitig nicht negativ. Eine Kombination von unterschiedlichen Einzelmaßnahmen ist möglich und sinnvoll.
- Wenn ein Kunde bestimmte Kundenbindungsmaßnahmen nicht akzeptiert oder man selbst bestimmte Kundenbindungsmaßnahmen nicht einsetzten will, kann und sollte man auf andere Maßnahmen umschwenken. Selbst wenn die Bindungswirkung dann schwächer ist, der Effekt wird dennoch positiv sein.
- Kundenbindungsaktivitäten erfordern eine Erfolgsmessung. Qualitative und quantitative Indikatoren für die Stärke der Kundenbindung müssen dabei kombiniert und regelmäßig verfolgt werden. Das gilt auch für schwer zu erfassende Verbundeffekte wie z.B. den Referenzcharakter eines Kunden oder sein Cross-Buying-Verhalten.

Literatur

Backhaus, K.: Industriegütermarketing, 7. Auflage, München 2003

Becker, J.: Strategisches Vertriebscontrolling, 2. Auflage, München 2001

Berling, S./Birl, P./Ludwig, A./Reichert, I./Töttel, S.: Vertrieb 2010, Arbeitspapier, Lehrstuhl für Betriebswirtschaft, Schwerpunkt Marketing und Vertrieb, Fachhochschule Trier 2004

Cannon J.P./Homburg, Ch.: Buyer-Supplier Relationships and Customer Firm Costs, in: Journal of Marketing, Vol. 65 (2001), S. 29-43

Cannon, J.P./Perreault, W.D.: Buyer-Seller Relationships in Business Markets, in: Journal of Marketing Research, Vol. 36 (1999), S. 439-461

Ganesan, S.: Determinants of Long-term Orientation in Buyer-Seller Relationships, in: Journal of Marketing, Vol. 58 (1994), S. 1-19

Gehrke, G.: Kundenbindungsstrategien industrieller Zulieferer, Aachen 2003

Gierl, H./Gehrke, G.: Kundenbindung in industriellen Zuliefer-Abnehmer-Beziehungen, in: Zeitschrift für betriebswirtschaftliche Forschung, Jg. 56 (2004), S.203-236

Homburg, Ch./Jensen, O.: Kundenbindung im Industriegütergeschäft, Mannheim 2004

Homburg, Ch./Schäfer, H./Schneider, J.: Sales Excellence, 3. Auflage, Wiesbaden 2003

Kaplan, R./Norton, D.: Balanced Scorecard, Stuttgart 1997

Morgan, R./Hunt, S.D.: The Commitment-Trust Theory of Relationship Marketing, in: Journal of Marketing, Vol. 58 (1994), S. 20-38

Nohr, H.: Ein Ansatz für das Management von Kundenwissen für kundenorientierte Innovationsprozesse, in: Chamoni, P. et al. (Hrsg.): Multikonferenz Wirtschaftsinformatik 2004, Band 2, Berlin 2004, S. 1-12

o.V.: VDMA-Kennzahlen Vertrieb 2004, Verband Deutscher Maschinen- und Anlagenbau e. V. (VDMA), Frankfurt am Main 2004

Walter, A./Ritter, T./Gemünden, T.C.: Value Creation in Buyer-Seller Relationships: Theoretical Considerations and Empirical Results from a Supplier's Perspective, in: Industrial Marketing Management, Vol. 30 (1999), No. 4, S.365-377

Kundenbeziehungs-Management aus der Sicht eines Industrie-Analysten

Rüdiger Spies

Zusammenfassung: Kundenbeziehungs-Management oder Customer Relationship Management (CRM) lässt sich in drei große Teilgebiete einteilen: operatives, analytisches und kollaboratives CRM. CRM als Geschäftsphilosophie fokussiert nicht nur auf technische Themen der Implementierung eines Software-Systems, sondern betrachtet auch andere unternehmerische Teilbereiche wie Organisation, Mitarbeitermotivation und Integration sowohl in technischer als auch Prozessicht.

Schlüsselwörter: CRM-Ökosystem, operatives CRM, analytisches CRM, kollaboratives CRM, Kundenlebenszyklus

Inhaltsverzeichnis

1 Grundsätzliches in Kürze 487

2 CRM-Ökosystem 490

3 CRM-Teilbereiche 492

4 Kundenbeziehungs-Management-Praxis in Deutschland 493

5 Software-Trends im Kundenbeziehungs-Management 495

6 Erfolgfaktoren: Mitarbeiterqualifikation und -motivation 498

Literatur 502

1 Grundsätzliches in Kürze

Der Kampf ums Überleben am Markt wird zwischen den beteiligten Unternehmen im 21. Jahrhundert unter anderem durch langfristige und gute Kundenbeziehungen ausgetragen. Von zentraler Bedeutung wird daher Kundenloyalität bzw. Kundentreue sowie die Markenstärke eines Unternehmens sein, die auch mit Hilfe von Customer Relationship Management etabliert und aufrechterhalten werden soll. Die EXPERTON Group definiert Customer Relationship Management (CRM) als „(Geschäfts-)Philosophie zur Optimierung der Kundenidentifizierung, Kundenbestandssicherung und des Kundenwertes. Die Umsetzung dieser Philosophie erfolgt durch die Integration und potenzielle Automatisierung aller horizontal integrierten Geschäftsprozesse, die die drei zentralen Kundenkontaktpunkte Vertrieb, Marketing und Kundenservice über eine Vielzahl von Kommunikationskanälen involvieren."

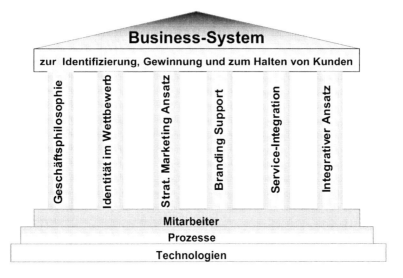

Abbildung 8: Kundenbeziehungs-Management als gemeinsame Basis

Seit dem Jahre 2000 hat sich der Marktplatz für CRM – entsprechend der von der EXPERTON Group aufgeführten Definition – massiv verändert: Ab Mitte der 90-iger Jahre stand vornehmlich die Automatisierung der Vertriebsprozesse und der Einsatz entsprechender IT-Werkzeuge in diesem Bereich im Vordergrund. Erst nach und nach wurden weitere Unternehmensbereiche - wie Marketing und Kundenservice - mit in die Betrachtung einbezogen; die kundenzentrische Unternehmensausrichtung hat heute in weiten Teilen der Industrie eine umfassende Form erhalten (vgl. META Group Research Note 1999). CRM hat sich dabei als Katalysator für die Veränderung von Unternehmen beweisen können und dient sehr häufig als Gradmesser für eine tragfähige Brücke zwischen dem IT-Bereich und den betriebswirtschaftlichen Funktionen eines Unternehmens (vgl. Schwede/Spies 2001, S. 21 ff.).

Diese Entwicklung ist hauptsächlich darauf zurückzuführen, dass der Bedarf bei den Unternehmen an geeigneten Maßnahmen zur Beibehaltung der Wettbewerbsfähigkeit massiv gestiegen ist und noch weiter steigen wird. Insbesondere Unternehmen in globalen oder deregulierten Märkten sind davon betroffen. Produkte und Dienstleistungen werden immer vergleichbarer und damit austauschbar. Produktionsstätten werden in Niedriglohnregionen verlegt, Produktlebens- und Vertriebszyklen werden kürzer. Die Produktion geschieht häufig nur noch auf der Basis eines konkreten Kundenauftrages, und die Ansprüche der Kunden steigen insgesamt. Zusätzlich zu diesen erschwerenden Rahmenbedingungen sind Unternehmen gezwungen, den Forderungen ihrer Shareholder nach jährlichen Umsatz- und Profitsteigerungen gerecht zu werden.

Ein Großteil der Unternehmen hat bereits durch den Einsatz von geeigneten Back-Office- bzw. Enterprise-Resource-Planning (ERP)-Systemen den Geschäftsbetrieb effizienter gestaltet und Kostensenkungspotenziale ausgeschöpft. Der steigende Wettbewerbsdruck erfordert jedoch weitere Aktivitäten. Ein großes noch zu erschließendes Potenzial liegt im Ausbau und der Stabilisierung erfolgreicher, langfristiger Kundenbeziehungen. Die meisten Unternehmen können sich heute nur noch durch einen exzellenten Kundenservice vom Wettbewerb abzusetzen. Alternative Strategien wären Innovationsführerschaft oder Niedrigpreisführerschaft. Doch beiden alternativen Unternehmensstrategien stehen in der Gesamtheit aller Unternehmen nur relativ wenigen zur Verfügung.

Im Gegensatz zu den effizienzsteigernden Maßnahmen im Rahmen des ERP-Einsatzes ist ein wesentliches Ziel von Customer Relationship Management, Effektivitätssteigerungen im Unternehmen zu realisieren. Im Vordergrund steht dabei nicht vorrangig das Ziel der Kostenminimierung, sondern die Gewinnmaximierung als Ergebnis einer Geschäftsprozessoptimierung. Es gilt, langfristig eine möglichst hohe Kundenloyalität aufzubauen und den Wert jedes einzelnen Kunden für das Unternehmen zu maximieren: Die Kosten, die einem Kunden durch einen Anbieterwechsel entstehen („switching costs"), müssen so hoch sein, dass er darauf verzichtet, den Produktanbieter oder Dienstleistungsanbieter zu wechseln.

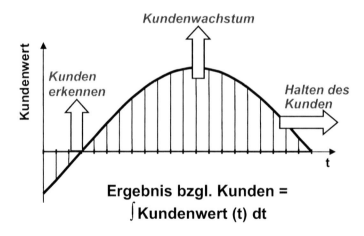

Abbildung 2: Maximierung der Kundenprofitabilität

Wie aus Abbildung 2 ersichtlich wird, ist es das vorrangige Ziel des Customer Relationship Management, die Kundenprofitabilität im Verlauf des ‚Lebenszyklus' eines Kunden zu optimieren. Dies soll durch effektive Maßnahmen in den Bereichen Kunden-Identifizierung, Kunden-Bestandssicherung und Kundenwert-Optimierung ermöglicht werden: In der Phase der Kunden-Identifizierung gilt es, die Investitionskosten für die Kundensuche gering zu halten, indem möglichst schnell die für das Unternehmen profitablen Kunden identifiziert werden. Im weiteren Verlauf des Kundenlebenszyklus' ist es erforderlich, u.a. durch geeignete Up- bzw. Cross-Selling-Maßnahmen, möglichst viel aus dem Produkt- oder Dienstleistungsportfolio des Unternehmens an den Kunden zu verkaufen. Schließlich sollen umfassende und optimale, d.h. kundenspezifische Vertriebs-, Marketing- und Service-Aktivitäten dafür sorgen, den Kunden langfristig an das Unternehmen zu binden, indem die für ihn entstehenden Kosten eines Anbieterwechsels möglichst hoch gehalten werden.

Das Wesentliche bei der prozessorientierten Sichtweise besteht auch darin zu erkennen, dass Geschäftsprozesse nicht an den Grenzen des Unternehmens enden. Das Netzwerk interner, voneinander unabhängiger Geschäftseinheiten pflanzt sich über die Unternehmensgrenzen hinaus fort. Der Kunde wird schließlich zur treibenden Kraft, zum Maßstab und Designpunkt aller Unternehmensaktivitäten; kundenzentrisches Handeln muss zum erklärten Unternehmensziel werden. Die neue kundenzentrische Unternehmensausrichtung berührt alle Unternehmensbereiche und hat Auswirkungen auf die Unternehmensorganisation: Neue Informationssysteme werden erforderlich. Eine wesentliche Erfolgskomponente für den Einsatz von Informationstechnologie ist die Kooperation der Fachabteilungen, um gemeinsam die Aufgaben Kundenidentifizierung, Kundenakquirierung und Kundenbestandssicherung zu meistern.

2 CRM-Ökosystem

Entsprechend der Definition der EXPERTON Group wird Customer Relationship Management getragen bzw. technisch ermöglicht durch drei CRM-Säulen, die erst durch den gemeinsamen und gleichzeitigen Einsatz ein stabiles System und damit ein Optimum bei der Umsetzung von CRM ermöglichen. Entsprechend Abbildung 3 handelt sich dabei um:

- **Operatives CRM:** umfasst Lösungen für Kundenkontaktmanagement, Marketing Automation, Call Center/Customer Interaction Center;

- **Analytisches CRM:** umfasst Lösungen im Umfeld von Datenanalysen, Data Warehouse und Data Mining der im operativen CRM-Bereich generierten Daten;

- **Kollaboratives CRM:** umfasst Kanäle (Kommunikationslösungen wie E-mail, Fax, Web/E-Commerce, Computer Telephony Integration/CTI, mobile Lösungen etc.), die eine direkte Interaktion zwischen Kunden und Unternehmen ermöglichen (inklusive des Managements und der Synchronisation dieser Kanäle).

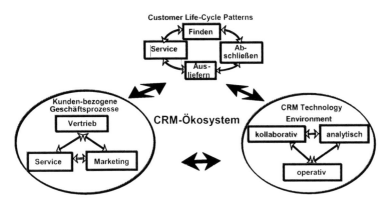

Abbildung 3: Customer Relationship Management-Ökosystem

In einem typischen Unternehmen werden häufig 80% des Gesamtumsatzes mit nur 20% der Kunden erwirtschaftet. Unter den restlichen 80% der Kunden befindet sich wiederum ein großer Anteil an Kunden, der ausschließlich verlustbringende Transaktionen für das Unternehmen mit sich bringt. Etwas vereinfacht ausgedrückt gilt daher für Unternehmen, die profitablen bzw. unprofitablen Kunden zu identifizieren und durch entsprechende Vertriebs-, Marketing- und Service-Maßnahmen zu betreuen. Die Herausforderung besteht für die Mehrheit der Unternehmen jedoch erst einmal darin herauszufinden, wer überhaupt Kunde welchen Typs ist. Der Einsatz analytischer CRM-Systeme ist in diesem Zusammenhang unerlässlich. Es sei darauf hingewiesen, dass es sich hierbei um eine zugespitzte Darstellungsweise handelt, da zum Aufbau oder Ausbau eines tragfähigen Branding auch eine zeitweise Investition in Verlust bringende Transaktionen erforderlich ist. Eine detaillierte Betrachtung dieser Aspekte würde allerdings den vorgegebenen Rahmen sprengen.

3 CRM-Teilbereiche

Für die Maximierung der Kundenprofitabilität stehen Unternehmen im Rahmen von Customer Relationship Management eine Vielzahl an „Werkzeugen" zur Verfügung, dabei benutzen verschieden Hersteller immer wieder unterschiedliche Bezeichnungen für die gleichen Inhalte. Es hat sich bewährt, für das eigene Projekt herstellerunabhängige Kategorien zu benutzen. Der Bereich des operativen CRM berücksichtigt Kundentransaktionen, die im Wesentlichen eine Inbound-Aktivität für das Unternehmen darstellen, d.h. dass die eigentliche Transaktion vom Kunden ausgeht. Etwas vereinfacht ausgedrückt und technisch betrachtet geht es hier in erster Linie um das Erfassen von Daten aus Interaktionen mit Kunden. Erst durch den Einsatz von analytischen bzw. Closed-Loop-CRM-Lösungen (insb. Outbound-Systemen) werden Unternehmen in die Lage versetzt, proaktiv Transaktionen mit dem Kunden durchzuführen und zu steuern. Durch die Sammlung, Verwaltung, Kontrolle und Verwertung der Kundendaten in Data Marts für Kundenaktionen, Kundendaten und Produktdaten ist es Unternehmen möglich, die Ergebnisse des operativen Geschäfts bzw. CRM zu messen. Auf Basis der ermittelten Daten verschafft sich das Unternehmen eine umfassende Sicht auf den Kunden und kann ihn individuell ansprechen und bedienen. Die Kundenprofitabilität wird maximiert und der Kundenwert kann optimiert werden. Die meisten Closed-Loop-Systeme sind im Bereich Marketing im Einsatz.

Funktional gesehen bestehen operative, transaktionsbezogene CRM-Systeme aus den Kunden-Interaktions-Applikationen, die Mobile-, Front- und Back-Office-Aufgaben integrieren. Es lassen sich drei verschiedene Komponenten unterscheiden:

- Vertriebsautomatisierung/Computer-Aided Selling: umfasst Funktionen wie Lead und Account Management, Kontakt-Management, Quoten-Management, Marketing-Enzyklopädie, Vertriebsplanung/-informationsverwaltung,

Gewinn-/Verlust-Analyse, mobile Synchronisation, Produktkonfiguration, Preisalgorithmen, Echtzeitauftragsbestätigung, Echtzeit-Kundenbonitätsprüfung, Provisionsermittlung für den Vertrieb etc.

- Marketingautomatisierung: umfasst Funktionen wie Kampagnen-Management, Event-Management, Promotion-Management, Marketingmaterialien-Management, Outbound Call Center etc.

- Kundenservice: umfasst Funktionen wie Inbound Call Center/Customer Interaction Center, Wartungsdienststeuerung, Qualitäts-Management, Routenplanung, Knowledge-Management etc.

4 Kundenbeziehungs-Management-Praxis in Deutschland

CRM ist auch in Deutschland eine gängige Disziplin für die Unternehmen geworden. Zwar gibt es noch bei den Großunternehmen Ausprägungsunterschiede von Industriesektor zu Industriesektor, aber im Großen und Ganzen setzen alle Unternehmen mehr oder weniger ausgeprägt CRM-Systeme ein. Des Weiteren sind auch in aller Regel sektorspezifische Spezialfunktionen im Einsatz.

Im deutschen Mittelstand stellt sich die Situation noch etwas anders dar. Häufig ist die Anzahl der im Vertrieb tätigen Mitarbeiter wesentlich überschaubarer als bei Großunternehmen, so dass viele integrative Geschäftsprozesse "auf Zuruf" realisierbar sind. Das macht ja gerade die hohe Flexibilität des Mittelstands aus. Unberücksichtigt bleibt dabei allerdings, dass die Erwartungshaltung der Kunden keinen Unterschied zwischen Großunternehmen und Mittelstand macht. Eine Konsistenz der Aussagen auch über einen langen Zeitraum und insbesondere auch bei Mitarbeiterwechseln wird zum entscheidenden Faktor in der mittelständischen Kundenbetreuung. Der Durchdringungsgrad mit entsprechenden integrierten technischen Hilfsmitteln variiert stark von Industriesektor zu Industriesektor und erreicht nach Schätzungen häufig nicht die 50%-Marke.

Die Gründe hierfür sind vielfältig. Zum einen gibt ist nach wie vor eine nicht unerhebliche Anzahl von Unternehmen, die für ihre CRM-Abstinenz einen nicht erkennbaren Nutzen der CRM-Lösungen für ihr Unternehmen angeben. Bei anderen sind Kostengründe ausschlaggebend, und wiederum andere sehen eine mangelnde organisatorischer Vorbereitung als Haupthinderungsgrund. Anbieter und Dienstleister von CRM-Systemen haben hier je häufig nur nach wie vor ein breites Betätigungsfeld.

Unternehmen, die bereits CRM-Software im Einsatz haben, nutzen diese zu häufig nur in ausgewählten Bereiche wie direktes Kundenmanagement, Order Management, Kundendienst/Wartung und Marketing Automation. Das Thema E-Commerce und M-Commerce ist zwar im Rahmen des Kundenmanagements durchaus adressiert, jedoch ist der Integrationsgrad solcher Lösungen mit anderen Teilbereichen von CRM noch relativ gering.

Die Erfolgsmessung des Einsatzes von CRM-Lösungen bleibt bei den meisten Unternehmen aus. Nur ein geringer Teil von Unternehmen gibt an, durch direkte Befragung oder Feedback der Kunden den Erfolg ihrer CRM-Software direkt und quantitativ zu messen. Eine geringe Anzahl an Unternehmen leitet den Erfolg oder Misserfolg aus der Anzahl der Beschwerden bzw. der allgemeinen Zufriedenheit ab. Nach wie vor ist nur die der kleinere Teil der Unternehmen sind in der Lage, den Erfolg des CRM-Einsatzes an Hand von Umsatz- oder Gewinnsteigerungen oder anderen quantitativen, messbaren Parametern zu belegen. Dieses sollte aber das ultimative Ziel bei der Erfolgsmessung sein.

Die anfängliche Unzufriedenheit der Unternehmen mit den eingesetzten CRM-Lösungen liegt oftmals nicht in anfangs zu niedrig kalkulierten Kosten für die Implementierung oder in Folgekosten begründet, sondern in einer überzogenen oder gar falschen Erwartungshaltung gegenüber der eingesetzten Technologie bzw. Softwarelösung. Die historisch hohe Misserfolgsrate bei Projekten im Bereich direkter Kundenbetreuung ist gegenüber der Vergangenheit deutlich zurückgegangen. Die Anbieter aber auch die Anwender betrachten CRM-Projekte nicht mehr durch die rosarote Brille. CRM-Systeme sind ein Teil der IT-Landschaft geworden und werden inzwischen genau so nüchtern betrachtet wie andere Business-Support-Systeme. In den meisten Fällen lag die Ursache für das Scheitern solcher Projekte in einer überzogenen Erwartungshaltung begründet, den Vertrieb „gläsern" zu machen und ein verlässlicheres Zahlenmaterial für das Forecasting zu generieren, um so schließlich eine bessere Kontrolle über die Vertriebsmitarbeiter und deren Eigenheiten bei der Akquise von Kunden bzw. Projekten zu erlangen. Im Vordergrund standen in diesen Projekten nicht die

Kundenorientierung und die Optimierung der Vertriebsaktivitäten mit dem Ziel, schneller erfolgreiche Kundenbeziehungen aufzubauen. Vielmehr lag der Fokus dieser Unternehmen auf Zielen, die stark nach innen gerichtet waren und vorwiegend unter Kontroll- und Kostengesichtspunkten formuliert wurden.

Ein in der Vergangenheit häufiger Grund für das Scheitern von CRM-Projekten lag in der fehlenden Abstimmung zwischen den einzelnen Geschäftsbereichen begründet. Dieser Aspekt spielt heute nur noch untergeordnete Rolle, da sowohl die Unternehmen erkannt haben, dass nur einen integrativen Ansatz erfolgreich sein kann, und auch die CRM-Anbieter auf diesem zentralen Punkt des langfristigen Erfolges mehr Wert legen als auf den kurzfristigen Erfolgs des Verkaufes von zusätzlichen CRM-Lizenzen.

5 Software-Trends im Kundenbeziehungs-Management

Heute sind schwerpunktmäßig CRM-Softwarelösungen am Markt, die in andere Systeme integriert sind. Die Interoperabilität spielt hier die entscheidende Rolle. Einzellösungen wurden in den Hintergrund gedrängt. Trotzdem finden sich immer noch Punktlösungen, wie z.B. Produktkonfiguratoren, die im Wesentlichen funktionsorientiert sind. Diese werden vereinzelt ihre Berechtigung behalten. Grundsätzlich ist aber heute die Integration der Back-Office-Systeme die Regel geworden. Die große Herausforderung liegt bei den CRM-Punktlösungen schließlich darin, den Integrationsschritt zu vollziehen – unabhängig davon, ob die Lösungen von einem oder mehreren Anbietern kommen. Nichtintegrierte CRM-Lösungen werden auf Dauer kaum eine Zukunft haben. Dieser Trend ist auch deutlich an der Übernahmewelle der Jahre 2004 und 2005 erkennen. Sämtliche einstmals großen unabhängigen CRM-Systemanbieter sind heute Teil eines ERP-Herstellers geworden. Somit bestimmen heute die ERP-Hersteller das wesentliche Geschehen im CRM-Markt. Einzige Ausnahme ist Microsoft. Dieses Unternehmen versucht – nach einigen Fehlversuchen – nun über eine perfekte Integration in die Office-Landschaft und über den Preis im Markt zu punkten. Dabei spielt CRM für Microsoft auch in anderer Hinsicht eine zentrale strategische Rolle: CRM à la Microsoft soll dem Unternehmen die Tür bei den Kunden öffnen, um später dann andere ERP-Komponenten anzubieten.

Lösungen im Umfeld von analytischem CRM spielen heute bei der erfolgreichen Praktizierung von Customer Relationship Management eine dominante Rolle. Anwenderunternehmen erkennen immer mehr den Nutzen dieser analytischen CRM-Lösungen für die Auswertung und Nutzung aller im Unternehmen bereits angesammelten und verfügbaren wertvollen Kundendaten. Ziel der analytischen CRM-Lösungen ist die Modellierung des Kundenverhaltens: Unternehmen werden in die Lage versetzt, entsprechend den Kundenwünschen proaktiv zu agieren. Es ist ein klarer Trend in Richtung Micro-Campaign-Management zu erkennen, das überhaupt erst durch den Einsatz von analytischen CRM möglich wurde.

Das Thema Kundenservice bzw. Customer Self-Service gewinnt massiv an Bedeutung und macht eine zusätzliche softwaretechnische Infrastruktur notwendig. Es gilt in diesem Zusammenhang, dem Kunden nach Möglichkeit eine Vielzahl unterschiedlicher Kommunikations- bzw. Interaktionskanäle (Multi-Channel CRM) für die Kontaktaufnahme mit dem Unternehmen zur Verfügung zu stellen. Der Kunde soll selbst auswählen können, über welchen Kanal er mit dem Unternehmen kommunizieren möchte. Der Vorteil, der sich durch das Bereithalten komplementärer Interaktionskanäle für die Unternehmen ergibt, liegt in der Möglichkeit, im Rahmen des Kundenservices z.B. auf unausgelastete Interaktionsmedien ausweichen zu können oder aber kostenintensive Kanäle (z.B. Call Center, Vor-Ort-Service) nur den profitablen Kunden bereitzustellen. Weiterhin ist damit zu rechnen, dass erfolgreiche Unternehmen die Kommunikationsvorlieben von einzelnen Kundengruppen berücksichtigen. Derjenige, der lieber das Telefon benutzt, wird schließlich überwiegend telefonisch angesprochen; derjenige, der lieber per Chat oder Email den Kontakt zu seinem Lieferanten aufnimmt wird automatisch mittels dieses Kanals betreut, usw. Auf diese Weise lassen sich die Vorlieben der einzelnen Kundengruppen berücksichtigen. Auch Marketingmaßnahmen werden pro Kanal unterschiedlich ausfallen. Schließlich wird erwartet, dass es einzelne Zielvorgaben pro Kommunikationskanal gibt, was eine neue Herausforderung für das Management darstellt.

Der Bereich Web/Internet wird schließlich in Verbindung mit den drei CRM-Typen die größte Integration erfordern. Dies liegt im Wesentlichen daran, dass heute Kunden die Vorteile des Internets als virtuellen Markt, Informationsquelle bzw. Kommunikationskanal flächendeckend entdeckt haben. Das Internet ermöglicht, dass die zwei wesentlichen Marktkomponenten Raum und Zeit überwunden werden. Diese Entwicklung hat bereits zu völlig neuen und intensiveren Wettbewerbsbedingungen für die Unternehmen geführt, denn der Kunde entscheidet mit einem „Maus-Klick", von welchem Anbieter er seine Waren/ Dienstleistungen beziehen möchte. CRM-Softwarelösungen, die es ermöglichen, in Echtzeit sowohl unterschiedliche Daten und Informationen zu analysieren als auch in Echtzeit auf verändertes Kundenverhalten bzw. veränderte Markt- und Wettbewerbssituationen zu reagieren, kommen zunehmend zum Einsatz. Die Bereiche CRM und E-Commerce (als ein Kanal von CRM) werden immer mehr miteinander verschmelzen. Die EXPERTON Group empfiehlt Anwenderunternehmen daher, Investitionen in diese Bereiche unbedingt vor dem Hintergrund einer Gesamtstrategie zu betrachten. Weiterhin gewinnt der Bereich M-Commerce international an Bedeutung. In Deutschland ist dieser Trend bisher nur bedingt angekommen. Es wird zwar diskutiert, aber zum Durchbruch ist es bisher nicht gekommen.

Die Komponentenarchitektur – heute unter dem Stichwort SOA = Service-Orientierte-Architektur geläufig – die alle Bereiche der Softwareindustrie erreicht hat, kommt CRM-Systemen entgegen. Einerseits können die Hersteller, die CRM-Systeme auf der Basis von SOA besser integrieren, andererseits können Zusatzkomponenten, die anwenderspezifisch oder lösungsszenariospezifisch dazuentwickelt worden sind, besser zu einer Gesamtlösung integriert werden. Drittens gibt es Ansätze, Geschäftsprozesse graphisch zu modellieren und diese dann von den Unternehmens-Applikationen direkt ausführen zu lassen. Ein langwieriger und teurer Umweg über Mitarbeiter von Systemintegratoren könnte so umgangen werden. Bisher ist diese Vision allerdings nur in Ansätzen erkennbar. Bis zum Jahre 2008 sollte diese Konfigurationsmöglichkeit für Unternehmens-Applikationen allerdings erfolgreich einsetzbar sein. Bisherige Ansätze, so etwas zu realisieren, sind aus verschiedenen Gründen immer gescheitert. Ein wesentlicher Grund war die Inkompatibilität der Systemschnittstellen. Heute ist diese Hürde genommen. Als Standard haben sich Web-Services heraus kristallisiert. Zwar sind diese nach wie vor nicht in einem vollständig notwendigen System standardisiert; aber es führt kein Weg mehr daran vorbei. Ein CRM-System, das heute nicht auf der modernen Basis von Web-Services und SOA aufsetzt, hat am Markt praktisch keine langfristige Überlebenschance mehr.

6 Erfolgfaktoren: Mitarbeiterqualifikation und -motivation

Ein wesentliches Ergebnis der Kundenorientierung ist die wiederhergestellte Macht und der Einfluss des Kunden auf die Geschehnisse im Anbieterunternehmen. Kunden im 21. Jahrhundert sind anspruchsvoller denn je und erwarten von Unternehmen nicht nur qualitativ hochwertige Produkte und Services, sondern vor allem auch Schnelligkeit und Individualität bei Interaktionen und Transaktionen. Eine Vielzahl neuer Kundeninteraktionspunkte sowie Transaktionskanäle, insbesondere webbasierende, erfordern neue Formen des Beziehungsmanagements sowie Änderungen der althergebrachten Geschäftsprozesse (Vertriebs-, Marketing- und Serviceprozesse). Um diesen neuen Anforderungen gerecht zu werden, bedarf es in erster Linie einer qualifizierten Ausbildung oder Weiterbildung der betroffenen Mitarbeiter. Während die Geschäftsprozesse und IT-Systeme mit mehr oder weniger hohem Aufwand umgestaltet werden, bleibt die parallel dazu erforderliche Mitarbeiterqualifizierung und -motivation, etwa im Rahmen von Change-Management-Maßnahmen, meist auf der Strecke. Das Ergebnis sind in den meisten Fällen nicht zufriedenstellende Projektergebnisse oder gar scheiternde Projekte. Nach wie vor messen CRM-implementierende Anwenderunternehmen dem Thema Change Management (Umschulung bzw. Vorbereitung der Mitarbeiter auf die neue Unternehmensausrichtung) viel zu wenig Bedeutung bei. Zwar werden die Vorschläge von Unternehmensberatungen und Systemintegratoren, bereits vor Projektbeginn einen Teil des Projektvolumens und -zeitaufwandes für Change-Management-Maßnahmen zu reservieren, von einer hohen Anzahl betroffener Unternehmen immer noch als überflüssig abgewertet und bleiben somit in der gesamten Projektkalkulation unberücksichtigt. Es wird nach wie vor davon ausgegangen, dass die implementierte CRM-Software von den Anwendern ohne weiteres akzeptiert und auch effizient genutzt wird. Diese Rechnung geht jedoch für viele Unternehmen nicht auf, da die Anwender den Nutzen der Software für sich nicht immer schlüssig erkennen können. Die Folge ist, dass Mitarbeiter diese Systeme boykottieren oder aber nur halbherzig oder auf falsche Weise nutzen. Der Erfolg bleibt in jedem Fall aus.

Vor diesem Hintergrund ist es für die erfolgreiche Implementierung eines CRM-Projektes eine Grundvoraussetzung, neben der CRM-Prozessdefinition sowohl die IT-Mannschaft auf die CRM-Initiative vorzubereiten als auch die zukünftigen Anwender rechtzeitig und entsprechend ihrer neuen Aufgabe und Verantwortung auszubilden. Die Verantwortung der Mitarbeiter ist um ein Vielfaches höher als noch vor einigen Jahren: Als erste und oftmals einzige Kontaktstelle für den Kunden repräsentieren sie das Unternehmen und tragen damit erheblich zur Kundenzufriedenheit, Kundengewinnung und Kundenbindung bei. Diese neue Verantwortung erfordert nicht nur umfangreiche Trainings- und Weiterbildungsmaßnahmen, sondern auch neue Konzepte bei der Einkommens- und Provisionsgestaltung. Der von den Mitarbeitern geleistete Beitrag zur Sicherung der Kundenzufriedenheit und Kundenbindung muss honoriert werden. Führende Unternehmen tragen dieser neuen Situation bereits Rechnung, indem sie ihre Mitarbeiter entsprechend der von einer externen Organisation gemessenen Zufriedenheit seiner Kunden bezahlt bzw. entlohnt. Dass eine solche Funktionalität in modernen CRM-Systemen seine Berücksichtigung finden muss, sei hier nur am Rande erwähnt.

Um Maßnahmen in einem kundenorientierten Unternehmen auch nachhaltig umsetzen zu können, bedarf es einer neuen Rolle im Unternehmen: dem Chief Customer Officer. Er ist der zentrale Treiber und Ansprechpartner für alle kundenbezogenen Maßnahmen und sollte einen starken Fokus auf Prozesse und Integration haben. Der CCO sollte direkt an die Geschäftsleitung oder den Vorstand berichten. Mit der Errichtung und Einführung dieser neuen Position signalisiert die Geschäftsleitung zum einen ihre Bereitschaft für unternehmerische und organisatorische Veränderungen und erzeugt damit eine positive Aufbruchstimmung, zum anderen zeigt sie ihr Commitment zur Kundenorientierung. Diese Position ist insbesondere in den ersten Phasen eines CRM-Systems von besonderer Bedeutung. Wenn das System voll eingeschwungen ist, kann die Rolle des CCO wieder überflüssig werden.

Die wichtigsten Phasen und Fallgruben können der nachfolgenden Graphik entnommen werden.

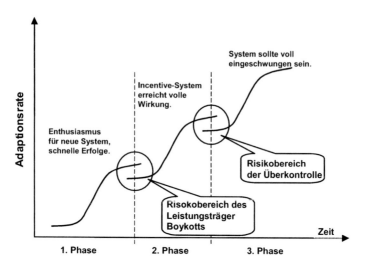

Abbildung 4: Phasen der Anpassung an ein CRM-System

Die in Abbildung 4 dargestellten typischen Phasen der Anpassung eines Unternehmens an ein CRM-System lassen sich immer wieder erkennen. Jede Phase hat ihre eigenen Gesetzmäßigkeiten, aber insbesondere der Übergang von einer Phase in die nächste birgt Gefahren für den Gesamterfolg (vgl. META Group Research Note 1999).

In der ersten Phase überwiegt der Enthusiasmus für das neue System. Internes Projektmarketing zeigt seine Wirkung. Die von den Systemintegratoren so geliebten „Quick-Wins" verfehlen ihr Ziel nicht. Am Ende der ersten Phase klingt die Anfangseuphorie ab, und die Mitarbeiter erkennen, dass sie mit dem System arbeiten müssen und es immer nur so gut sein kann, wie auch tatsächlich Daten eingegeben werden. Insbesondere obliegt es den Mitarbeitern, die Konsistenz der Daten sicherzustellen. Das ist zunächst eine Mehrbelastung der betroffenen Mitarbeiter. Dabei kommt es bei den Leistungsträgern – meist im Vertrieb – immer wieder zu Unmutsäußerungen und gelegentlichen Boykotten. Dieses ist eine gefährliche Phase. Wenn sich einmal die Leistungsträger vom System und von der kollektiven Verpflichtung der Systembenutzung freigemacht haben, droht ein Exodus des Systems wegen mangelnder Benutzung einhergehend mit mangelnder Datenqualität, die wiederum die Benutzung des Systems wenig attraktiv erscheinen lässt.

In der zweiten Phase erreicht dann das häufig eingeführte Incentive-System, das zur Benutzung des CRM-Systems motivieren soll, seine volle Wirkung. Die erste Klippe des Boykotts ist erfolgreich umschifft, die im System vorhandenen Datenmengen wachsen, und die verantwortlichen Mitarbeiter bleiben motiviert, die Datenpflege fortzuführen, da sich das CRM-System inzwischen als unverzichtbares Hilfsmittel herausgestellt hat. Allerdings lauert jetzt ein viel größere Gefahr: eine potentielle Kontrollwut des Managements. Dieses ist eine sehr kritische Phase. Einerseits war zumindest teilweise größere Transparenz im den Kundenprozessen einer der Treiber der Systemimplementierung, andererseits bleiben kundenorientierte Mitarbeiter individuelle Persönlichkeiten, die auch Ihren Freiraum benötigen. Trotz aller Trends zur „Industrialisierung der White Collar Worker" ist hier äußerstes Fingerspitzengefühl des Managements angezeigt, um den Messübereifer der Controller unter Kontrolle zu halten. Wenn das CRM-System zur reinen Kontrollinstanz für den Vertrieb herunterkommt, verpufft seine Wirkung. Die Mitarbeiter fühlen sich überkontrolliert und bedienen das System „nach Vorschrift" aber nicht unbedingt zum Gesamtvorteil des Unternehmens. An dieser Stelle zeigt sich das wahre Talent eines CCO (Chief Customer Officer) und des Managementteams. Ist auch diese kritische Phase durchlaufen steht einem langfristig, gewinnbringenden Einsatz als unverzichtbares Hilfsmittel in allen Kundenprozesses kein wesentliches Hindernis mehr im Weg. Die Aufgaben, um die sich die Weiterentwicklung kümmern sollte, sind sehr unternehmensspezifisch. Auf der Aktivitätenliste sollte allerdings die permanente Weiterbildung der Mitarbeiter bei der Nutzung des Systems sein, um es immer besser einzusetzen, eine Hinzunahme weiterer Funktionen und Bereich (z.B. Service, Wartung) und eine laufend bessere Integration. Dazu kommen technische Aspekte wie Datenqualitätsmanagement, Customer Data Integration CDI/Customer Master Data Management (MDM), Ausbau technischen Zugriffskanäle (mobiles CRM) und Sicherheitsanforderungen.

Literatur

Schwede, S./Spies, R. (2001): Customer Relationship Management: Rettende Oase oder Fata Morgana in der Servicewüste? – Eine internationale Betrachtung durch die META Group, in: Moormann, J./Rossbach, P. (Hrsg.): Customer-relationship-Management in Banken, 1. Aufl., Frankfurt 2001, S. 21-41

META Group Research Note: European enterprises slow to adapt CRM?, 1999

META Group Research Note: How Much CRM is Enough?, 2003

Internationale Kundenbeziehungs-Management-Implementierungen – am Praxis-Beispiel von integriertem Kampagnenmanagement im Automotive-Sektor

Thiemo Rusch

Zusammenfassung: Es wird zunehmend schwerer, die Anforderungen an Kundenbeziehungs-Management bzw. Customer Relationship Management (CRM) aus Sales, Marketing, After-Sales mit Standardsoftware zu unterstützen. Vor dem Hintergrund des Wunsches nach Flexibilität und geringen Kosten muss sehr genau abgewägt werden, bis zu welchem Grad Prozesse aus einer einzigen Softwarelösung unterstützt werden oder ob verschiedene kleinere Lösungen zur Unterstützung von Teilprozessen integriert werden können. CRM umfasst inhaltlich und auch organisatorisch ein breites Spektrum an Prozessen aus Sales, Marketing, After Sales und Finanzdienstleistungen bishin zur unterstützenden Informationstechnologie, die es zu kombinieren und zu integrieren gilt. Dieser Beitrag beschreibt kritische Erfolgsfaktoren einer internationalen CRM-Implementierung für Kampagnenmanagement und Analytik und gibt Tipps, wie modernste Informationstechnologie als Enabler für erfolgreiches Kundenbeziehungs-Management genutzt werden kann, um alle Kommunikationsprozesse eines Unternehmens ideal auf den Kunden auszurichten.

Schlüsselworte: Kampagnen-Management, CRM-Prozesse, Internationales CRM-Projekt; CRM-Lösung

Inhaltsverzeichnis

1 **Integriertes Kampagnenmanagement** **505**

   1.1 Die Kombination von Kommunikationskanälen 507

   1.2 Der Aufbau einer Kommunikationsmatrix 509

   1.3 Erfolgskontrolle 511

2 **Unterstützung von CRM-Prozessen mit Hilfe von Informationstechnologie** **512**

   2.1 Standardsoftware 513

   2.2 Individualsoftware 513

   2.3 Die perfekte IT-Kombination für CRM 514

3 **Die kritischen Phasen eines internationalen CRM-Projekts** **515**

   3.1 Die CRM-Prozess- und -Softwareimplementierung 516

   3.2 Kultur und Sprache 520

4 **Zusammenfassung** **520**

   4.1 Wirtschaftlichkeit einer CRM-Lösung 521

   4.2 Fazit 522

1 Integriertes Kampagnenmanagement

Der Grundgedanke des Kundenbeziehungs- bzw. Customer Relationship Management, existierende Kunden zu binden, bestmöglich zu betreuen und neue Kunden zu gewinnen, kann durch gut organisiertes Kampagnenmanagement mit Unterstützung von CRM-Software einfach umgesetzt werden.

Im Rahmen von Kampagnen werden Produkte beworben, die das Interesse beim Kunden wecken sollen. Die Einbindung aller beteiligten Unternehmensbereiche ermöglicht eine auf das Interesse des einzelnen Kunden ausgerichtete Kommunikation. CRM-Systeme helfen bei der Versorgung aller Beteiligten mit den richtigen Daten vom Beginn des Verkaufsprozesses bis zum Verkauf des Produktes und danach.

Im Kampagnenmanagement werden potentielle und existierende Kunden im Rahmen unterschiedlicher Kampagnen, wie Produkteinführungen, Service-, Finanzierungs- und Accessoires-Angeboten sowie Newslettern, über unterschiedliche Kommunikationskanäle kontaktiert.

Neben einer Regelkommunikation, zu der z.B. Magazine, Geburtstagsmailings oder Erinnerungen an Servicetermine zählen, gibt es ebenso produktbezogene Kampagnen, die z.B. eine Fahrzeugeinführung begleiten. Zusätzlich ermöglicht gutes CRM individuell gestaltete Mailings für besonders wertvolle Kunden neben den Massenkampagnen, deren Ziel es ist, möglichst viele potenzielle Käufer anzusprechen.

Integrierte Kampagnen können sehr komplex sein und erfordern die Einbindung aller beteiligten Bereiche, vom Sales, Marketing über After-Sales, Finanzdienstleistungen und Kundenservice bis hin zum Händler, um eine konsistente Kundenansprache zu schaffen. Informationen über Kunden werden nämlich in einer Vielzahl von Prozessen und Systemen über verschiedene Vertriebsstufen (z.B. durch Kundenbetreuung, Werkstatthistorie, Accessoiresverkäufe) erfasst und sollten dann in einem CRM-System konsolidiert werden.

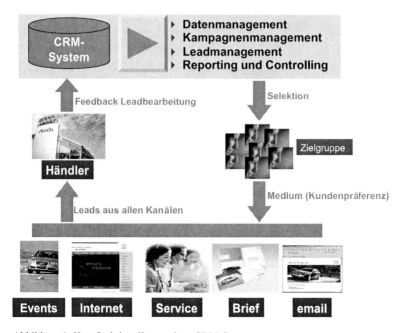

Abbildung 1: Kernfunktionalitäten eines CRM-Systems

Abbildung 1 zeigt, dass alle erhobenen Kundendaten zentral in einer CRM-Lösung gespeichert werden. Kundenprofildaten können in dem System validiert und angereichert werden. Mit Hilfe statistischer Methoden werden diese Daten analysiert und bilden die Grundlage für Zielgruppenselektionen im Kampagnenmanagement. Ziel es ist, die richtigen (wertvollen) Kunden mit der richtigen Information zum richtigen Zeitpunkt zu versorgen.

Der Kunde kann zwischen verschiedenen Kommunikationskanälen entscheiden, wie er kontaktiert werden möchte. Selbstverständlich ist es für den Kunden jederzeit möglich, den Kanal zu wechseln.

Kampagnenmanagement ist eng verzahnt mit dem angeschlossenen Prozess des *Leadmanagements*, in dem es darum geht, einen potentiellen Kunden bestmöglich weiter zu betreuen. Unter Einbeziehung der zuständigen Händlerorganisation soll der Interessent in seiner Kaufentscheidung bekräftigt werden und sich für ein Produkt des Unternehmens entscheiden. Dazu bekommt der Handel alle bisher gewonnenen Informationen über den Kunden.

Kommt der Kunde zum Handel und wird dort weiter betreut, meldet der Handel das Bearbeitungsergebnis an den Hersteller zurück, z.B. als abgeschlossener Verkauf oder als Interesse für ein anderes Produkt. Diese Information sorgt für ein vollständiges Kundenprofil und für die Verbesserung von analytischen Methoden bei der Auswahl der wertvollsten Kunden in zukünftigen Kampagnen.

Da nicht jedes CRM-System alle Prozesse inkl. die der Handelsorganisation abdeckt, ist es oftmals notwendig, eine Integration von CRM – und Lead Management und/oder Dealer Management-Systemen herbeizuführen.

1.1 Die Kombination von Kommunikationskanälen

Kampagnenmanagement wird über alle Kommunikationskanäle betrieben. Von Telefonkampagnen, Briefen, Online-Newslettern über spezifischen Microsites bishin zu Events werden alle Medien genutzt, die eine direkte Kommunikation und Interaktion mit dem Kunden erlauben.

Das Internet hat in der Vergangenheit stark an Bedeutung gewonnen, da sich Inhalte, im Vergleich zu Offline-Medien, interaktiv und individuell zu deutlich geringeren Kosten gestalten lassen.

Online versus Offline

E-Mails werden heute deutlich häufiger geschrieben als Briefe. Dies ist vor allem mit der höheren Wirtschaftlichkeit begründbar. Zudem landen viele Werbebriefe ungelesen im Papierkorb. Ein Großteil der Kunden hat nicht die Zeit, Antwortkarten auszufüllen und diese dann per Post wieder zurückzuschicken.

Kunden präferieren die Online-Mail, die sich schnell lesen lässt, die Links zu speziellen Microsites enthält, über die mehr Informationen zu interessanten Themengebieten für den Kunden abrufbar sind.

Zudem lassen sich auch Online-Fragebögen in den E-Mails integrieren. Der Kunde kann diese entweder direkt in der E-Mail ausfüllen oder er wird auf eine entsprechende Website geleitet. Das Auswählen von verschiedenen Frage-Antwort-Kombinationen geht per Mausklick viel schneller als mit dem Kugelschreiber. Das Abschicken der Antworten erfolgt ohne Zeitaufwand und für den Kunden völlig kostenneutral.

Hat der Kunde im Internet agiert, sich z.b. registriert oder einen Fragebogen ausgefüllt, wird diese Information realtime an ein CRM-System weitergegeben und es lassen sich automatisch kunden- bzw. kampagnen-individuelle Aktionen auslösen (wie z.B. eine Broschürenbestellung, Eventeinladung etc.). So wird sichergestellt, dass der Kunde schnell mit den Informationen versorgt wird, die er angefordert hat.

Telefon

Telefonkampagnen sind gemäß ihrer Natur deutlich aufwendiger und kostenintensiver. Je nach Kundenstatus und Art der Kampagne kann es jedoch von Vorteil sein, auf das Telefon zurückzugreifen, da viele Kunden nach wie vor den persönlichen Kontakt mit einem Servicemitarbeiter schätzen.

Events

Abhängig von der Art eines Events werden Kunden entweder eingeladen oder nehmen einfach teil. Events eignen sich hervorragend dazu, dem Kunden Produktdetails zu erklären und ihn in seiner Kaufentscheidung maßgeblich zu beeinflussen. Wichtig für eine 360°- Sicht auf den Kunden ist, dass der entsprechende Kontakt und das Ergebnis von dem Event festgehalten wird, um die Erwartungshaltung des Kunden zu erfüllen (z.B. weitere Informationen zukommen zu lassen).

Der richtige Mix

Wesentlicher Bestandteil eines guten Kundenbeziehungs-Managements ist, die vorhandenen Kommunikationsmedien optimal zu kombinieren, sie ideal auf die Kundenpräferenzen auszurichten, um somit die Kundenwünsche zu erfüllen. Dazu müssen alle Kundenkontakte zentral konsolidiert werden, um sie für eigene Analysezwecke nutzen zu können und um dem Kunden die bestmöglichen Informationen zukommen zu lassen. Ein CRM-System ermöglicht z.B. vollautomatisch einen vom Kunden gewünschten Kanalwechsel von offline zu online oder umgekehrt.

Die Einbindung der Handelsorganisation als Vertriebsstufe ist zwingend erforderlich, da viele der Kunden dem Handel schon lange persönlich bekannt sind. Der Händler ist oftmals die Vertrauensperson des Kundens und somit der Verkaufskatalysator des Herstellers. Ein gut informierter und eingebundener Handel vermittelt dem Kunden ein positives Bild vom Unternehmen, da alle Aktionen aufeinander abgestimmt sind.

1.2 Der Aufbau einer Kommunikationsmatrix

Kundenbeziehungs-Management umfasst alle Kundenkontakte vor und nach dem Kauf eines Produktes.

In großen Unternehmen kommt es sehr oft vor, dass die Marketingmaßnahmen von verschiedenen Abteilungen wie Sales, Marketing, After Sales und Finanzdienstleistungen völlig autark geplant und ausgeführt werden. Eine Integration aller Kommunikationselemente findet nur in sehr wenigen Fällen statt.

Bevor mit der Implementierung eines CRM-Systems begonnen wird, müssen alle Kommunikationselemente abteilungsübergreifend erfasst und dokumentiert werden.

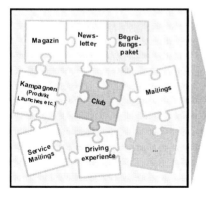

Abbildung 2: Strukturierte Kommunikation

Abbildung 2 zeigt, dass eine klare Strukturierung hilft, verschiedene Komponenten aufeinander auszurichten und eine in sich konsistente Kommunikation zum Kunden aufzubauen.

Es wird so vermieden, dass Kunden mehrfach zum gleichen Thema aus unterschiedlichen Abteilungen angeschrieben werden. Ebenso werden Kunden, die kein Interesse an den Produkten haben, nicht mehr angeschrieben. Das hat den positiven Nebeneffekt, mit gut organisiertem CRM Kosten reduzieren zu können.

Die einzelnen Marketingelemente lassen sich in einem Marketingkalender darstellen. Innerhalb des Kalenders können dann die einzelnen Elemente in Marketingplänen für die verschiedenen Abteilungen – oder abhängig vom Kommunikationsmedium – geordnet werden.

Durch den Aufbau eines Communication Streams wie in Abbildung 3 zu sehen, lassen sich die Elemente perfekt aufeinander abstimmen. Wartezeiten, z.B. für das Erfassen von Antwortkarten und Abhängigkeiten, wie die Verfügbarkeit einer zur Kampagne erstellten Microsite oder auf eine Kampagne ausgerichteter Events, können so berücksichtigt werden.

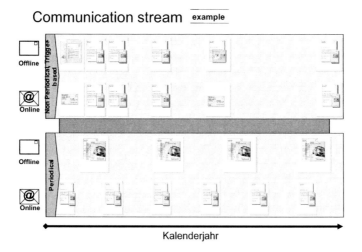

Abbildung 3: Ausrichtung verschiedener Kommunikationselemente

Viele der gängigen CRM-Standardlösungen unterstützen dieses Vorgehen mit in Microsoft Projekt integrierbaren Marketingkalender und -plänen, so dass auch zeitliche Abhängigkeiten schnell und übersichtlich dargestellt werden können. Die abteilungsübergreifende Struktur wird dann zentral in einem System gepflegt und sichert einen einheitlichen Kenntnisstand innerhalb der einzelnen Abteilungen.

1.3 Erfolgskontrolle

Moderne CRM-Systeme mit integrierten Data Warehouses ermöglichen ein umfassendes Reporting, das die Effizienz und Effektivität von Kampagnen misst. Sowohl quantitative als auch monetäre Faktoren können in die Erfolgskontrolle eingebracht werden. Eine umfassende Erfolgskontrolle ist ein Muss für die Akzeptanz der Lösung im Management.

Das Messen von Kennzahlen zeigt Stärken und Schwächen von Kampagnen auf und ist ein sehr gutes Instrument, um zukünftige Kampagnen hinsichtlich Effizienz und Effektivität zu optimieren.

Prozessintegration ist ebenso entscheidend, denn sind Prozesse und Systeme nicht integriert, lässt sich keine Effizienz bzw. Effektivität bestimmen. Werden z.B. Sales nicht zentral erfasst und verwaltet, ist der Bezug eines Verkaufs zu einer bestimmten Kampagne nicht herzustellen.

Im Rahmen eines operativen Kampagnenreporting ist es wichtig, sich nicht im Detail zu verstricken. Die Konzentration auf einige wichtige Kennzahlen ermöglicht eine hohe Aussagekräftigkeit gegenüber dem Management und kann mit der steigendem Reifegrad von CRM im Unternehmen flexibel geplant und bei Bedarf erweitert werden.

Beispiele für gängige Kennzahlen sind:

- Wie viele der angeschriebenen Kunden haben auf die Kampagne geantwortet? (Responserates)
- War der Zukauf externer Adress-Listen erfolgreich?
- Welches war das effektivste Kommunikationsmedium?

- Wie viele Leads (Händlerkontakte) wurden im Rahmen einer Kampagne generiert?
- Wie viele Produkte wurden an die angeschriebenen Kampagnenteilnehmer und wie viele an die generierten Leads verkauft? (Closing- and Salesrates)
- Haben Kampagnenteilnehmer minder- bzw. höherwertige oder komplett andere Produkte des Unternehmens gekauft? (Up, Down- and Cross-selling Rates)

Wie bei der Unterstützung von Prozessen muss auch beim Reporting betrachtet werden, wann und wo sich ein System zur Unterstützung bezahlt macht.

Einfache Kennzahlen können auch mit Hilfe von Tabellenkalkulationsprogrammen errechnet werden, wobei für komplexe analytische Methoden, wie dem Data-Mining, Softwareunterstützung zwingend erforderlich ist.

2 Unterstützung von CRM-Prozessen mit Hilfe von Informationstechnologie

Eine Vielzahl von Prozessen im Rahmen von Customer Relationship Management lässt sich mit Hilfe von IT-Lösungen optimieren und transparent darstellen. Da CRM-Lösungen mitunter sehr kostenintensiv sind, muss sehr sorgfältig abgewägt werden, bis zu welcher Tiefe Prozesse mit automatisierter Informationstechnologie wirtschaftlich unterstützt werden können. Es ist zudem abzuwägen, ob das Unternehmen in ein eigenes System investiert oder bei einem Komplett-Anbieter CRM-Services einkauft.

Die Fachabteilungen aus Sales, Marketing, After Sales und Finanzdienstleistungen legen sehr großen Wert auf eine flexible Lösung, da viele Anforderungen nicht lange im Voraus planbar sind, sondern sehr spontan entstehen.

Ebenso muss ein CRM-System in der Lage sein, Kundeninformationen aus unterschiedlichsten Datenquellen (externe Systeme, Websites, etc.) zu konsolidieren und für Analysezwecke performant und flexibel bereitzustellen.

2.1 Standardsoftware

Auf dem Markt ist eine Vielfalt verschiedener Standardsoftwarelösungen erhältlich, die von Speziallösungen für bestimme CRM-Anwendungsgebiete (z.B. Kampagnenmanagement, Callcenter) bis hin zur „All In One-Lösung" reicht. Zwischen den großen Anbietern von Komplettlösungen unterscheiden sich die Funktionalitäten nicht mehr wesentlich.

Bei der Auswahl der Lösung ist darauf zu achten, dass die Software möglichst viele der geplanten Prozesse unterstützt, flexibel erweiter- bzw. änderbar und hoch performant ist. Auch die Integration von weiteren Systemen sollte bei der Auswahl des Herstellers betrachtet werden. Besonders Schnittstellen sind häufig Kostentreiber bei CRM-Implementierungen. Andererseits kann auch die Einführung schlanker Prozesse anlehnend an die Systemmöglichkeiten deutlich zur Effizienzsteigerung beitragen.

Die Standardlösungen bieten vor allem bei der Automatisierung von wiederkehrenden Prozessen- bzw. einzelnen Prozessschritten Vorteile. Automatische Selektionen werden einmal eingerichtet und bedürfen nach der ersten Ausführung keiner manuellen Interaktion mehr. Die Einbindung in ein Standardmonitoring ermöglicht das schnelle Erkennen und Beheben von eventuellen Fehlern.

Ebenso eignen sich die angebotenen Standardlösungen dazu, eine 360°-Sicht auf den Kunden zu ermöglichen, da sie unterschiedlichste Datenquellen integrieren und alle Kundenkontakte konsolidieren können.

2.2 Individualsoftware

Jede Kampagne hat neue Bestandteile, die oftmals unter hohem Zeitdruck umzusetzen sind. Nicht immer ist der Einsatz von einer Standardlösung wirtschaftlich möglich, da Standardsoftware oftmals Release-Zyklen unterliegt, um den Betrieb und die Wartung einer Lösung sicherzustellen. CRM Prozesse, wie Kampagnenmanagement und Analytik, unterscheiden sich aufgrund der hohen Flexibilität somit im Wesentlichen von einem Callcenter-Betrieb, in dem Prozesse jeden Tag gleich ablaufen.

Tools, die es ermöglichen, Antwortkarten des Kunden einzulesen oder per manueller Eingabe zu erfassen, sollten hochperformant ausgelegt sein. Dafür eignet sich eine individuelle Entwicklung einer Webapplikation eher als eine Standardlösung, da z.b. für die Responseerfassung kein Fach- und Prozesswissen nötig ist. Individuallösungen haben den Zweck, eine sehr spezielle Anforderung äußerst genau zu erfüllen, z.b. die Auslosung eines Preisausschreibens oder die Bearbeitung von Registrierungen für Events bei beschränkten Kapazitäten.

Da während Kampagnen auch externe Partnerschaften eingegangen werden, ist die Nutzung eines einheitlichen Systems meist nicht durchzusetzen, zu groß sind Abstimmungsaufwände und die damit verbundene Ressourcenbindung. Der Fokus sollte deshalb auf der Integration aller existierenden und gewonnenen Daten liegen, damit keine Information über den Kunden verloren geht.

2.3 Die perfekte IT-Kombination für CRM

Die Kunst, wirtschaftlich effizientes und effektives Kampagnenmanagement zu betreiben, besteht darin, die optimale Mischung aus Standard- und Individualsoftware zu finden. Es muss frühzeitig definiert werden, welche wiederkehrenden Standardprozesse umgesetzt werden sollen und wofür Einmallösungen, aufgrund des hohen Flexibilitätswunsches, geschaffen werden müssen.

Abhängig vom Stadium und dem Erfolg einer Kampagne können sehr kurzfristig neue Anforderungen aus den verschiedenen Fachbereichen kommen. Deshalb lassen sich während der Durchführung von Kampagnen über unterschiedlichste Kommunikationskanäle oft nicht alle Anforderungen voraussehen bzw. aufeinander abstimmen. Die operative Ausführung von Kampagnen, in Kombination mit Autoshows, Probefahrt-Events, Preisausschreiben und sonstigen Veranstaltungen, sind auch nur selten in einer einzigen (Standard-) Softwarelösung abbildbar.

Wiederkehrende Tätigkeiten wie das Einladen von externen Listen oder automatisierte, regelmäßige Selektionen sind ein ideales Einsatzgebiet von Standardsoftware. Die Definition von Standardformaten für den Datenaustausch erleichtert die Zusammenarbeit mit und unter den Dienstleistern maßgeblich.

Die Durchführung von Tätigkeiten, die sich quasi täglich ändern und trotzdem kostengünstig sein müssen, sollten individuell gestalteten Systemen überlassen werden.

Der wichtigste Ansatz des CRM, nämlich ein konsistentes Kundenprofil mit einer 360°- Grad Sicht auf den Kunden und alle Aktivitäten mit ihm zu schaffen, kann nur durch Integration aller eingesetzter Softwarelösungen erreicht werden. Eine CRM Standardlösung bietet umfangreiche Funktionalitäten, um eine hohe Datenqualität zu erreichen und das Kundenprofil mit internen und externen Daten anzureichern. Leistungsfähige Schnittstellen in der Standardsoftware, die mit XML-Dateien aus unterschiedlichsten Systemen bestückt werden können, ermöglichen das Auslösen von dynamischen Prozessen, wie das Ändern von Kundenstatus bzw. das Zuordnen von Aktivitäten wie einer Broschürenbestellung oder den Wunsch einer Probefahrt. Auch diese automatischen Prozesse bedürfen einer genauen Definition und Abstimmung vor der Durchführung.

3 Die kritischen Phasen eines internationalen CRM-Projekts

Zu Beginn eines CRM-Projektes, unabhängig ob es um Prozesse oder Software geht, muss durch das Topmanagement unternehmensweit sichergestellt werden, dass das Unternehmen darauf vorbereitet ist, sich und seine Prozesse organisatorisch auf den Kunden auszurichten.

Eine CRM-Strategie muss definiert sein, in der genau beschrieben ist, welche Ziele das Unternehmen bezüglich Kundenorientierung hat und wie diese umzusetzen sind. Erst dann sollte über die Notwendigkeit einer Software diskutiert werden.

Bei einer Implementierung von CRM-Prozessen und -Software muss ein kommunikativ starkes und integratives Projektmanagement die Anforderungen aus verschiedenen Fachabteilungen ganzheitlich betrachten, um Prozesse abteilungsübergreifend in einer Standardlösung abbilden zu können.

Für den Erfolg einer CRM-Softwareimplementierung ist es zwingend erforderlich, dass alle Ressourcen die nötige Zeit zugewiesen bekommen, um die erforderliche Mitarbeit im Projekt zu leisten. Es darf nicht unterschätzt werden, dass viele Mitarbeiter stark im operativen Tagesgeschäft eingebunden sind und dies die Projektmitarbeit beeinträchtigt.

Die Priorität einer CRM-Prozess- und -Systemimplementierung ist entsprechend vom Management eines Unternehmens in den einzelnen Teams zu setzen, damit die hohen Erwartungen an CRM-Projekte nachhaltig erfüllt werden können.

Während der Integration von Prozessen über verschiedene Abteilungen hinweg kommt es sehr häufig auch zu organistorischen Veränderungen. Einzelne Aufgabengebiete oder unter Umständen auch ganze Teams können in andere Abteilungen verlagert werden, um die gewünschte Customer Relationship Management-Strategie umzusetzen.

3.1 Die CRM-Prozess- und -Softwareimplementierung

Um die hohe Erwartungshaltung an CRM-Projekte zu erfüllen, sollte die Implementierung auf die wichtigsten Prozesse beschränkt werden. In der Vergangenheit scheiterten viele CRM-Projekte, da der Projektumfang viel zu hoch war, organisatorische Änderungen unterschätzt wurden oder das ausgewählte System die Anforderungen nicht erfüllen konnte.

Ebenso bedeutet ein internes CRM-System den Aufbau von Know-how in Fachabteilungen, da diese bisher autark agierten bzw. sehr viele Funktionen an externe und häufig wechselnde Dienstleister auslagerten. Mit einer CRM-Strategie und einem CRM-System sind eine hohe Integrität und Prozessqualität gefordert.

Die Phasen einer CRM-Prozess- und -Softwareimplementierung entsprechen im Wesentlichen den Phasen jeglicher Art von Softwareimplementierungen.

Dennoch sollen die fünf Phasen Lastenheft, Realisierung, Testing, Change Management und Betrieb der Lösung nach GoLive hervorgehoben werden, da diese absolut entscheidend für den Erfolg und die Akzeptanz der implementierten Softwarelösung sind.

3.1.1 Das Lastenheft

Im Lastenheft werden die fachlichen Anforderungen definiert, die später die Basis für das technische Pflichtenheft bilden. In dieser Phase ist es zwingend erforderlich, dass alle Vertreter aus den betroffenen Abteilungen in den Informationsfluss eingebunden sind, um spätere Überraschungen zu vermeiden. Alle Mitarbeiter, die den Erfolg des Projekts beeinflussen können, müssen in die Definition der künftigen Soll-Prozesse eingebunden werden und die Entscheidung über Veränderungen sowie die spätere Umsetzung vorantreiben.

Bereits in der Phase des Lastenhefts ist darauf zu achten, dass die Anforderungen an die zukünftige Software wirtschaftlich und realistisch definiert werden. Oft wird erst viel zu spät in der Realisierungsphase festgestellt, dass sich die Anforderungen technisch entweder nicht so einfach oder gar nicht wie geplant umsetzen lassen.

Existiert ein Altsystem oder unter Umständen auch mehrere, erleichtert vorhandene Dokumentation der existierenden Prozesse die Ist-Soll-Analyse und ermöglicht eine realistischere Kostenschätzung der zu implementierenden Prozesse. Ohne Dokumentation kommt es recht häufig vor, dass einzelne, aber wichtige Prozessschritte vergessen werden und während der Realisierung zu teuren Change Requests führen.

Ein entscheidender Punkt für den Erfolg einer Systemeinführung ist die Integration des neuen Systems in die bestehende Systemlandschaft und IT-Organisation. Besonders der Datenaustausch zwischen neuen und bestehenden Systemen ist eine Fehlerquelle, da Systeme logisch völlig unterschiedlich aufgebaut sind. Werden für einen zu implementierenden Prozess aus einem System Aktionen in einem anderen System angestoßen, kann dies eine Fehlerquelle darstellen, die es im Projektverlauf sehr ausführlich zu beschreiben und zu testen gilt. Auch die Einbindung von Helpdesk und Hotlines in einer sehr frühen Projektphase trägt zum erfolgreichen Projektstart bei.

3.1.2 Die Realisierung

In Kampagnen- und Analytik-Projekten werden recht komplexe Anforderungen umgesetzt und es muss eine Vielzahl von sich gegenseitig beeinflussenden Faktoren bzgl. Daten- und Prozesskonsistenz beachtet werden.

Deshalb ist es für den erfolgreichen späteren Betrieb und die Akzeptanz nötig, dass die zukünftigen Anwender frühzeitig Einblick in das System bekommen und sich mit den komplexen Zusammenhängen auseinandersetzen. Das hilft zudem, Zeit und Aufwände in der Phase des Change Managements einzusparen und ermöglicht in einer frühen Phase das kostengünstige Beseitigen von kleinen Schönheitsfehlern.

3.1.3 Das Testing

Während der Implementierung muss sich das Projektmanagement frühzeitig Gedanken darüber machen, wie das Testen einer Softwareimplementierung zu organisieren ist. Sowohl technische Tests durch die Entwickler als auch das Testen durch Anwender ist zwingend notwendig.

Die von Entwicklern gemachten Tests gewährleisten nur die technische Funktionalität der implementierten Prozesse, geben aber die fachliche Komplexität nicht oder nur eingeschränkt wider. Außerdem finden Entwickler ihre eigenen Fehler nur selten selbst. Anwender, denen dagegen der spezielle technische Hintergrund fehlt, die aber dafür die fachliche Komplexität überblicken, können anhand ersteller Testpläne sicherstellen, dass die implementierte Lösung die Prozesse qualitativ wie gewünscht unterstützt bzw. abbildet. Ein Testing durch die zukünftigen Anwender trägt wesentlich zum Projekterfolg bei.

3.1.4 Das Change Management

Das Changemanagement ist für den Projekterfolg die entscheidendste Phase. Abhängig davon, ob bereits ein Altsystem oder Teile der implementierten Prozesse existieren, sind unterschiedliche Vorgehensweisen zu empfehlen.

CRM-Implementierungen bringen immer Veränderungen in organisatorischen Strukturen, Prozessen und (Alt)-Systemen. Wichtig ist, dass diese Veränderungen rechtzeitig kommuniziert werden, damit alle involvierten Fachabteilungen ihre Arbeit in der gewohnten Qualität verrichten können. Es ist von Seiten des Managements sicherzustellen, dass die neuen Prozesse und Systeme im Unternehmen gelebt und genutzt werden.

Entsteht die neue Lösung auf der „grünen Wiese", muss sichergestellt sein, dass anhand der Dokumentation die technischen Funktionalitäten und die fachlichen Zusammenhänge für die zukünftigen Nutzer des Systems klar verständlich sind. So können Abweichungen vom Sollzustand frühzeitig entdeckt und behoben werden.

Werden dagegen existierende Prozesse oder Systeme abgelöst, muss mit Widerständen innerhalb der Organisation gerechnet werden. Da diese oftmals nicht einschätzbar sind, ist ein sequentielles Ablösen der existierenden Prozesse einem „Big Bang Approach" vorzuziehen. Ein gut ausgeplanter Transition-Plan, der die aktuellen Prozesse/Systeme so wie deren systematische Ablösung durch die neuen Prozesse/Systeme beschreibt, verhindert „böse" Überraschungen und hilft, strukturiert Veränderungen umzusetzen.

3.1.5 Der Betrieb nach GoLive

Im operativen Regelbetrieb stellt sich relativ schnell heraus, ob das System die Erwartungen aus den Fachabteilungen erfüllt und ob die neuen Prozesse dazu beitragen, die Kundenzufriedenheit zu erhöhen und um gleichzeitig Kosten einzusparen.

Die IT-Organisation muss beweisen, dass sie die Betreuung des neuen Systems leisten kann, genau wie die Fachabteilungen für die integrative Umsetzung von CRM Standardprozessen verantwortlich sind.

Es empfiehlt sich, regelmäßig Reviews, basierend auf einem Prozess- und Kostenreporting, durchzuführen, um weiteres Optimierungspotenzial aufzudecken. Reviews helfen zudem, kleine Änderungen und Anpassungen zu besprechen, bevor sich bei den Anwendern Frustration über das neue System einstellt.

Erst nach dem erfolgreichen Betreiben der implementierten Lösung sind Projekte für funktionelle Erweiterungen bzw. zum Abbilden weiterer Prozesse anzustoßen.

Wird z.B. mit einer Callcenter-Implementierung begonnen, die später in weiteren Projektphasen um Kampagnen- oder Leadmanagement ergänzt werden soll, ist sicherzustellen, dass die Anwender sehr zufrieden mit der Lösung sind. Es ist nur schwer möglich, ein negativ belastetes System weiter auszurollen bzw. zu erweitern.

3.2 Kultur und Sprache

Kulturelle und sprachliche Unterschiede dürfen bei internationalen Projekten nicht unterschätzt werden. So ist es ist für den Projekterfolg sehr wichtig, ein gemeinsames Projektverständnis zu schaffen und sich auf ein einheitliches Projektreporting mit abgestimmten Berichtswegen zu einigen.

Am besten funktioniert die Arbeit in internationalen Projekten mit Teams, die gemischt besetzt sind (z.B. der Rollout einer Lösung aus Deutschland in den USA: Besetzung deutsche und amerikanische Projektmitarbeiter). So lassen sich Differenzen beseitigen, bevor es zu Konflikten oder Konfrontationen kommt. Zudem erleichtert ein gemischtes Team die Integration und das Zurechtfinden in der „anderen" Welt.

Es ist sehr zu empfehlen, dass Projektmitarbeiter, die im Ausland eingesetzt werden, vor dem Einsatz ein interkulturelles Training absolvieren, in dem die wichtigsten Unterschiede im Berufs- und Privatleben besprochen werden.

4 Zusammenfassung

Ist das Unternehmen für die Umstellung auf eine kundenorientierte Organisation vorbereitet und sind die Strategie und die Ziele des Customer Relationship Management definiert, kann mit der Definition der Anforderungen an ein CRM-System begonnen werden.

Ziel einer CRM-Softwareimplementierung ist es, alle Kunden(-kontakt)-informationen zentral in einer Datenbank, auf die zu Analysezwecken flexibel zugegriffen werden kann, konsistent abzulegen. Zudem wird mit einer zentral gepflegten, strukturierten Darstellung aller geplanter Marketingaktivitäten sichergestellt, dass die Kommunikation unternehmensweit optimal auf den Kunden ausgerichtet ist.

4.1 Wirtschaftlichkeit einer CRM-Lösung

Bei einer CRM-Systemimplementierung gibt es vier sich gegenseitig beeinflussende Faktoren, die sowohl die Implementierungskosten als auch den erfolgreichen und wirtschaftlichen Betrieb der Lösung maßgeblich mitbestimmen.

- Automatisierung,
- Qualität,
- Flexibilität,
- Konsistenz.

Ein hoher Grad an *Automatisierung* gewährleistet eine hohe *Qualität* der unterstützten CRM-Prozesse. Eine zu hohe *Automatisierung* kann unter Umständen aber zu hohen Implementierungskosten führen und die *Flexibilität* eines Systems deutlich einschränken, da das System auf festgelegte definierte Prozesse ausgerichtet wird.

Soll die CRM-Lösung hochflexibel sein, erfordert das entsprechenden Aufwand während der Implementierung und endet in hohen Wartungskosten für die implementierte Software. Bei einer hohen *Flexibilität*, die oft durch individuelle Programmierung erreicht wird, wird häufig die *Konsistenz* von Prozessen und Daten unternehmensweit vernachlässigt. Die *Konsistenz* von Prozessen ist aber für erfolgreiches und qualitatives CRM zwingend erforderlich. Abbildung 4 zeigt die Zusammenhänge der vier Faktoren unter Betrachtung der Wirtschaftlichkeit einer Standardlösung.

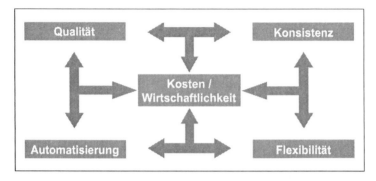

Abbildung 4: Einflussfaktoren auf die Wirtschaftlichkeit eines CRM-Systems

4.2 Fazit

Aus den bislang gemachten Erfahrungen im Rahmen von internationalen CRM-Imlementierungen im Automotive-Sektor sind die folgenden Aussagen für den Erfolg einer Implementierung von grundsätzlicher Bedeutung:

Customer Relationship Management Systemimplementierungen sind keine reinen IT Projekte. CRM ist ein ganzheitlicher Ansatz, der in der Unternehmensphilosophie verankert sein und von allen beteiligten Abteilungen wie Sales, Marketing, After-Sales, Finanzdienstleistungen und Informationstechnologie gelebt werden muss.

Ein CRM-System kann keine Prozesse automatisch re-designen und keine komplexen Zusammenhänge selbständig erkennen.

ABER: Ein CRM System kann unterstützen, die Qualität von Prozessen deutlich zu verbessern und auf den Kunden auszurichten, wenn alle CRM-Verantwortlichen Hand in Hand zusammenarbeiten.

Kundenbindung durch den Aufbau einer starken Retail Brand und den Einsatz spezifischer Kundenbindungsinstrumente

Bernhard Swoboda, Frank Hälsig, Thomas Foscht

Zusammenfassung: Zu den größten Herausforderungen, mit denen der Handel seit langem konfrontiert ist, zählt die hohe Austauschbarkeit und ein damit verbundenes Profilierungsdefizit einzelner Unternehmen aus Kundensicht. Seit Mitte der Neunzigerjahre erfolgen nicht nur deutliche Veränderungen im Handelsmarketing – insbesondere die Erweiterung um Kundenbeziehungsinstrumente und -programme – sondern zunehmend begreifen sich Handelsunternehmen aus ganzheitlicher Sicht selbst als Marke, d.h. als Retail Brand. Dieser Beitrag geht der Frage nach, wie durch den Aufbau einer starken Retail Brand und den Einsatz spezifischer Kundenbindungsinstrumente Kundenbeziehungen aufgebaut werden. Ersteres wird anhand von empirischen Ergebnissen aus einer aktuellen Studie der Professur für Marketing und Handel der Universität Trier in fünf Handelsbranchen und zweiteres anhand eines Best Practice-Beispiels von dm-drogerie markt behandelt.

Schlüsselworte: Retail Branding, Kundenbindung/Kundenbindungsinstrumente im Handel, Handelsmarketing-Mix

Inhaltsverzeichnis

1 Einführung 525

2 Besonderheiten von Handelsmarketing und Retail Branding 527

3 Instrumente zum Aufbau einer Retail Brand 529

4 Markenbilder sowie Intensität und Fit der Instrumente im Hinblick
   auf die Retail Brand 533

5 Mitarbeiterführung und CRM als Quellen der Exzellenz:
   Das Fallbeispiel dm-drogerie markt 536

6 Zusammenfassung 541

Literatur 543

1 Einführung

In den letzten Jahren wurde das Handelsmarketing nicht nur um Kundenbeziehungsinstrumente und -programme erweitert, sondern erhielt auch eine strategische Aufwertung, da Handelsunternehmen sich zunehmend selbst als Marke begreifen (gefordert bereits bei Esch/Levermann 1993, S. 79; Swoboda/Morschett/ Foscht 2004). Branding ist eine bekannte Strategie bei Markenartikeln (Product Branding) und auch bei Unternehmen (Corporate Branding). Der Begriff „Retail Brand" (alternativ Store Brand, Betriebstypenmarke etc.) steht nachfolgend für die Markenpolitik eines Handelsunternehmens auf der Ebene der Verkaufsstellen (z.B. Aldi, Media Markt usw.), wobei die Marke als Leitlinie für das gesamte Handelsmarketing anzusehen ist. Eine Reihe wissenschaftlicher Untersuchungen (vgl. z.B. Burkhardt 1997; Morschett 2002 und 2006; Swoboda/Hälsig/Morschett 2006) und auch praktischer Studien deuten die zunehmende Bedeutung eines ganzheitlichen Retail Branding in Handelsunternehmen an (siehe Abbildung 1).

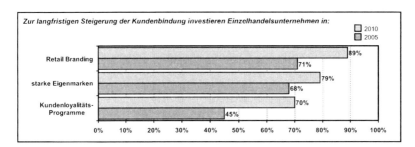

Abbildung 1: Bedeutung der Instrumente zur langfristigen Steigerung der Kundenbindung im Handel (Hundt/Pälike 2003, S. 23)

Diese Entwicklung geht mit der zunehmenden Emanzipation des Handels gegenüber der Industrie, so in der Food- und Near-Food-Branche (vgl. Zentes/Swoboda 2001; Zentes/Swoboda/Morschett 2005) und auch mit der Vertikalisierungstendenz, so in der Fashion-Branche, einher (vgl. Swoboda/Harnack/Janz/Foscht 2006). Im Extremfall treten einzelne Herstellermarken in den Hintergrund und der Handel bzw. die Corporate Brand übernimmt die Markenführerschaft im Absatzkanal. Man denke nur an Beispiele wie Aldi oder H&M, welche (fast) ohne Markenartikel agieren, oder auch an dm-drogerie markt oder Media-Markt und Saturn, welche zunehmend als „Retail Brand" in den Köpfen der Verbraucher verankert sind.

Bekanntlich ist der Aufbau von Marken – und deren Verankerung in den Köpfen der Verbraucher – nicht nur ein langwieriger Prozess, sondern hat auch die langfristige Bindung von Kunden zum Ziel. Gelingt es, eine Retail Brand in Form von positiven inneren (Gedächtnis-) Bildern aufzubauen, handelt es sich um ein Wahrnehmungs-, Identifikations- und Vertrauenspotenzial, d.h. um einen Erfolgsfaktor bzw. um eine Wertschöpfungsquelle eines Handelsunternehmens. Hieraus erwächst – und dies ist als Besonderheit dieses Beitrages anzusehen – eine handelsunternehmens- bzw. einkaufsstättenspezifische Kundenbindung, welche nicht nur auf Kundenbindungsmaßnahmen basiert, sondern die gesamte Marktkonzeption eines Handelsunternehmens umfasst. D.h. explizite Kundenbindungsprogramme und Programme zur Steigerung der Kundenloyalität sind Bestandteil der ganzheitlichen Konzeption des Retail Branding und beides verfolgt eine vergleichbare Zielsetzung, nämlich die langfristige Bindung der Kunden an ein Handelsunternehmen (zu den Kundenbindungszielen vgl. Jungwirth 1997, S. 22f.; Homburg/ Bruhn 2005, S. 3f.), im Handel z.B. Vertrauen, Verbundenheit, Cross-Selling- und Preispremiumeffekte etc.). Entsprechend ist die Retail Brand als strategisches Dach anzusehen, das den darunter angebotenen Leistungen zugute kommt und umgekehrt, die sorgsamen und gezielt gepflegten Einzelleistungen und -instrumente tragen das Dach der Retail Brand. Insofern stehen nachfolgend zunächst die Besonderheiten des Handelsmarketing und die Instrumente des Retail Branding im Vordergrund, bevor anhand einer empirischen Studie im Vergleich verschiedener Handelsbranchen und anhand einer Fallstudie das Retail Branding und das Kundenbeziehungs-Management bzw. Customer Relationship Management (CRM) behandelt werden.

2 Besonderheiten von Handelsmarketing und Retail Branding

Das Handelsmarketing nimmt eine Zwischenposition zwischen dem Marketing für tangible Güter (Konsumgütermarketing) und dem Dienstleistungsmarketing ein, da die Handelsleistung mit der tangiblen Leistung des Sortiments und der intangiblen Leistung des Service, der Warenverfügbarkeit und -präsentation usw., Komponenten beider Bereiche umfasst. Daraus resultiert eine Reihe von Besonderheiten (vgl. Corstjens/Corstjens 1995; Swoboda/Morschett/Foscht 2004):

- Auf Grund der intangiblen Leistungselemente ist das Vertrauen der Konsumenten in den Anbieter ein zentraler Erfolgsfaktor, der zugleich als eine der zentralen Funktionen der Corporate Brand des Handelsunternehmens angesehen werden muss.

- Zugleich sind Retail Brands durch eine enorme Komplexität gekennzeichnet, die einhergeht mit einer schwierigen Standardisierbarkeit (ein Merkmal, das dem Dienstleistungscharakter der Handelsleistung Rechnung trägt). Während Hersteller meist nur relativ wenige Produkte unter einer Marke führen und der (industrielle) Produktionsprozess durch eine Qualitätsprüfung abgeschlossen werden kann, ist der Handel häufig durch mehrere hundert Verkaufsstellen, mit teilweise unterschiedlichen Sortimenten und sonstigen Leistungen sowie die Interaktion zwischen Mitarbeitern und unterschiedlichen Kundencharakteren geprägt. Die Gewährleistung der konsistenten Markenbotschaft ist schwieriger.

- Zudem ist durch den direkten Kontakt zwischen Handelsunternehmen und Konsument eine multimodale Beeinflussung des Konsumenten möglich – insbesondere im stationären Handel. Raumgestaltung, akustische Einflüsse (z.B. musikalische Gestaltung), olfaktorische Reize (z.B. Düfte), taktile Stimuli (z.B. Gestaltung der Böden und Wände) können zu einem umfassenden Markenerlebnis verknüpft werden.

Lebensmittelhandel			Textilhandel			Do-It-Yourself-Handel		
1.	Aldi	35 %	1.	H&M	42 %	1.	OBI	49 %
2.	Edeka	19 %	2.	C&A	25 %	2.	Praktiker	21 %
3.	REWE	11 %	3.	Peek&Cloppenburg	15 %	3.	BAUHAUS	12 %
4.	METRO	11 %	4.	UNITED COLORS OF BENETTON	8 %	4.	HORNBACH	12 %
5.	Lidl	9 %	5.	ESPRIT	5 %	5.	hagebaumarkt	4 %
6.	sonstige	15 %	6.	sonstige	5 %	6.	sonstige	2 %

Abbildung 2: Die stärksten Marken in unterschiedlichen Branchen (ungestützte Nennungen; vgl. Swoboda/Morschett/Foscht 2004 und die dort zitierte Literatur)

Aus Expertensicht zählen zu den stärksten Retail Brands oftmals marktführende Unternehmen (vgl. Abbildung 2). Im Lebensmitteleinzelhandel (LEH) steht Aldi, der Marktführer im Discount-Bereich, mit Abstand vor den größeren LEH-Konkurrenten Edeka und Rewe. Im Textilhandel hat H&M traditionellen Unternehmen wie C&A und P&C nach Ansicht der Experten den Rang abgelaufen; es folgen mit Benetton und Esprit vertikalisierte Unternehmen. Im Do-it-Yourself-Handel dominiert entsprechend den Marktanteilen Obi vor Praktiker. Eine marktführende Position bestimmt die Bekanntheit des Unternehmens, hinzu kommen muss die möglichst positive und einzigartige Verankerung im Gedächtnis der Verbraucher, was im Handel standortspezifisch zu sehen ist. Dennoch bildet die Bekanntheit und das in der Psyche des Konsumenten verankerte, unverwechselbare und subjektive Vorstellungsbild die Grundlage der vielfachen Ansätze, welche die Markenbildung zum Gegenstand haben (z.B. Aaker 1996 und 2004; Bick/ Jacobsen/Abratt 2003; Burmann/Meffert 2005; DeChernatony/McDonald 2003; Esch 2005; Kapferer 2004; Keller 2003). Eine Retail Brand ist mit einer Vielzahl von Assoziationen und Vorstellungen verbunden, entsteht infolge emotionaler und kognitiver Prozesse in den Köpfen der Konsumenten (vgl. Foscht/Swoboda 2005) und zwar als Ergebnis des wahrgenommenen Zusammenwirkens der eingesetzten Marketing-Instrumente des Handelsunternehmens.

3 Instrumente zum Aufbau einer Retail Brand

Um das Ziel der langfristigen Verankerung des unverwechselbaren Wahrnehmungsbildes im Gedächtnis der Verbraucher zu erreichen, steht dem Handel ein differenziertes Marketing-Instrumentarium zur Verfügung, das sogar noch breiter ist als das der Industrie. Zu den Handelsmarketing-Instrumenten zählen Sortimentspolitik, Preispolitik, Kommunikationspolitik, Standortpolitik, Kundenbindungspolitik, Instore- und Outstore-Management sowie Service- und Personalpolitik (vgl. Liebmann/Zentes 2001). Diese Marketing-Instrumente, gestützt auf den Daten- und Informationspool aus Scanner-, Kundenkarten- und Marktforschungsdaten, bilden die Säulen der Retail Brand (vgl. Abbildung 3).

Die Handelsmarketing-Instrumente können aber auch zur Gestaltung des Kundenbeziehungs-Managements eingesetzt werden (vgl. Foscht 2002; Zentes/Swoboda/ Morschett 2005, S. 183; Bruhn 2001, S. 143). Auch Homburg (1999, S. 878) behandelt den geeigneten Einsatz der Handelsmarketing-Instrumente im Hinblick auf die Kundenbindung. Die bekannten Prinzipien und Möglichkeiten des Kundenbindungsmanagements, so

- das Sammeln umfassender und aktueller Information über den Kunden,
- das Eingehen auf persönliche Präferenzen,
- eine Individualisierung der Geschäftsbeziehung oder
- die Einbeziehung der Kunden im Wege der Integration und Interaktion,

sind – wie auch die Marketing-Instrumente – im Handel vielfältiger als in der Konsumgüterindustrie (Homburg 1999, S. 880f.). Während bspw. Konsumgüterhersteller bei der Vermittlung von für die Bindung wichtigen emotionalen Inhalten oder Zusatznutzen in der Regel auf die Werbung bzw. auf die (Massen-)Kommunikation angewiesen sind, hat der Handel dazu im Rahmen von persönlichen Kontakten, so von Beratungs- und Serviceleistungen prinzipiell vielfältigere Möglichkeiten. Diesen „menschlichen Faktor" können Hersteller nur schwierig in Geschäftsbeziehungen einbringen (vgl. Goerdt 1999, S. 19). Zugleich erschweren persönliche Beziehungen zwischen Mitarbeitern und Kunden das Abwandern der Kunden bzw. fördern den Stammkundenaufbau (vgl. Homburg 1999).

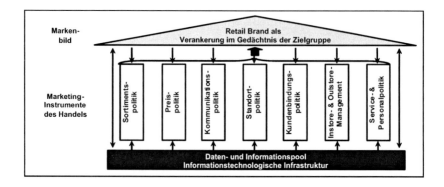

Abbildung 3: Retail Branding als Markenbild und strategisches Dach (in Anlehnung an Swoboda/Morschett/Foscht 2004)

Prägnante Änderungen in den Instrumenten des Handels sind in jüngerer Vergangenheit vor allem in der Kommunikationspolitik, der Kundenbindungspolitik sowie der Service- und Personalpolitik zu beobachten, weshalb diese zumindest kurz angesprochen werden sollen.

Auch im Handel bildet die **Kommunikationspolitik** bzw. die Werbeinvestitionen eine Voraussetzung zur Verankerung einer starken Marke in den Köpfen der Verbraucher. Tatsächlich ist festzustellen, dass die Werbeausgaben des Handels – insbesondere in Massenmedien – zunehmen und zudem die Handelsunternehmen mit den höchsten Werbeausgaben sicherlich auch zu den stärkeren Retail Brands zählen. Heute gehören Handelsunternehmen absolut zu den am stärksten werbetreibenden Unternehmen in Deutschland: Die klassischen Konsumgüterhersteller (Unilever mit 341 Mio. € oder Procter&Gamble mit 294 Mio. € Werbeausgaben in 2005) wurden von den Handelsunternehmen eingeholt. Im „Produktranking" von Nielsen wird Lidl gefolgt von Aldi als das werbestärkste „Einzelprodukt" aufgeführt (siehe Abbildung 4). Im Elektronikbereich dominieren Media-Markt und Saturn.

	Werbeausgaben 2005 in Tausend Euro
Lidl	344.637
Aldi	263.812
Media Markt	238.851
C&A	160.333
Saturn	157.154
Penny	111.095
McDonald's	97.489
Schlecker Drogeriemarkt	88.046
Premiere Pay-TV	70.252
Ing-Direkt Bank	61.883

Abbildung 4: Am stärksten beworbene „Produkte" 2005 in den klassischen Mediengattungen (vgl. Nielsen 2006)

Augenscheinlich ist zudem im Handelsmarketing der verstärkte Einsatz von **Kundenloyalitätsprogrammen** bzw. des Mikro-Marketing (vgl. Zentes/Swoboda/Morschett 2005). Umgesetzt wird dieses bspw. auf der Basis von Kundenkarten/-clubs oder umfassenden Mailing-Aktivitäten und CRM-Lösungen. Eine (auch emotionale) Kundenbindung erreicht man damit langfristig, wenn die Instrumente sich tatsächlich an den Bedürfnissen der Konsumenten orientieren (vgl. Homburg 1999), d.h. wenn die erhebliche Menge an Kundeninformationen, die Stammdaten und die Kaufhistorie auch genutzt werden (vgl. Liebmann/Zentes 2001, S. 447). Wie dies aussehen kann, wird am Beispiel von dm-drogerie markt darzulegen sein, ein Unternehmen, das am Payback-Programm, dem erfolgreichsten deutschen Kartenprogramm, mit über 30 Mio. Karten partizipiert (vgl. hierzu Zentes/Janz/Kabuth/Swoboda 2002).

Eine zunehmende Bedeutung im Handel gewinnen die **Servicepolitik** und die **Personalpolitik** und zwar als zentrales Element des Retail Branding wie auch als Basis des Kundenbeziehungs-Management.

Zum einen streben Handelsunternehmen in vielen Ländern nach größerer Unabhängigkeit vom Preis – ganz nach dem Vorbild englischer Handelsunternehmen in den neunziger Jahren. Dabei bietet die Servicepolitik durch vielfältige Kombinationsmöglichkeiten der einzelnen Erscheinungsformen bzw. Arten von Serviceleistungen einen wesentlich größeren Handlungsspielraum als andere Marketing- bzw. Profilierungs-Instrumente. Doch nur partiell können sich in Deutschland Handelsunternehmen durch am Kundennutzen ausgerichtete Serviceleistungen dem Preiswettbewerb entziehen, wie etwa Versuche von REWE in neuen Betriebstypenkonzepten mit Kinderspielecken, Ruhezonen, kostenlosen Kühlfächern oder Wasserspendern etc. zeigen. Freilich ist dies branchenspezifisch zu sehen.

Abbildung 5: Das Eisberg-Phänomen des Handels

Die Personalpolitik ist im Handel komplementär zur Servicepolitik zu sehen. Den Mehrwert für den Kunden, der durch den Mitarbeiter, sei es durch dessen Kompetenz oder auch rein durch dessen Freundlichkeit, geschaffen wird, ist von der Konkurrenz nur schwer zu imitieren (vgl. Scholz 1998; S. 524; Liebmann/Zentes 2001, S. 764). Er bestimmt die Wahrnehmung der Serviceleistungen und flankiert letztlich den sichtbaren Einsatz der Kundenbindungsinstrumente, wie im Sinne des Eisberg-Phänomens in Abbildung 5 angedeutet. Indessen ist die Tendenz im Handel ungebrochen, Kosteneinsparungen vorwiegend im Personalbereich zu erreichen. Bereits *Kirchner* (1996) zeigte, dass die aktive Verkaufszeit pro Käufer von 24 Minuten im Jahre 1985 auf 18 Minuten im Jahre 1994 sank. Da das Personal eine der zentralen Faktoren des Retail Branding bildet, stellt gerade die Mitarbeiterführung im Handel eine zentrale Herausforderung dar.

4 Markenbilder sowie Intensität und Fit der Instrumente im Hinblick auf die Retail Brand

Bereits mit dem Urvater der Markenführung Domizlaff (1937) kann geschlussfolgert werden, dass ein konsistentes Markenbild als strategischer Rahmen für das Handelsmarketing die Konzentration auf wenige Unique Selling Propositions (USP) erfordert. Dies führt aus praktischer Sicht – wie in Abbildung 6 angedeutet – zu unterschiedlichen Markenbildern der Handelsunternehmen.

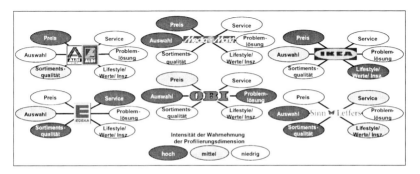

Abbildung 6: Markenbilder als Kombinationen von Profilierungsdimensionen (Studie der Professur für Marketing und Handel der Universität Trier 2006)

In der Forschung kann die Intensität der einzelnen Marketing-Instrumente im Hinblick auf die Bildung der Retail Brand und die Bindung der Kunden empirisch betrachtet werden. In einer – bisher unveröffentlichten – Studie wurden rund 2.500 Konsumenten zu den Dimensionen einer starken Retail Brand befragt. Die Zusammenhänge sind im grundsätzlichen Modell in Abbildung 7 dargestellt.

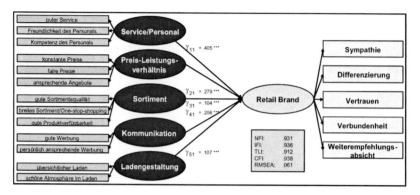

Abbildung 7: Branchenübergreifendes Kausal-Modell des Einflusses der Handelsmarketing-Instrumente auf die Retail Brand (vgl. Swoboda/Hälsig/Morschett 2006)

Die Besonderheit der Studie liegt jedoch darin, dass in ihr die Befunde für fünf Branchen im Vergleich ermittelt wurden, so LEH, Textilien und Bekleidung, Möbel und Einrichtungsgegenstände, Unterhaltungselektronik und Elektro, Do-it-Yourself-Handel. Die an dieser Stelle hervorzuhebenden Kernergebnisse sind:

- In 4 von 5 Branchen bildet Service/Personal das wichtigste Instrument zum Aufbau einer Retail Brand und zur langfristigen Kundenbindung.

- Die Ergebnisse bzgl. des Sortimentes sind recht unterschiedlich: Im Unterhaltunselektronik- und Möbelbereich nehmen die Kunden keine signifikanten Differenzen bzgl. des Sortimentes wahr, womit sich die Unternehmen hiermit nicht klar von der Konkurrenz abheben können und es somit nicht eindeutig zur langfristigen Kundenbindung beiträgt (bspw. sind die Sortimente von Media-Markt, Saturn und Promarkt sehr ähnlich). Hingegen leistet das Sortiment als Profilierungsdimension in den anderen Branchen einen Beitrag zum Aufbau einer Retail Brand. Dabei sind unterschiedliche Ausprägungen des Sortimentes eines Handelsunternehmens bzgl. dessen Tiefe und Breite erfolgsversprechend. In Abstimmung zu den anderen Instrumenten kann sowohl ein übersichtliches, konzentriertes als auch ein breitgefächertes, umfangreiches Sortiment zum Aufbau einer starken Retail Brand beitragen.

- In allen 5 Branchen trägt die Kommunikationspolitik ähnlich positiv zum Aufbau einer Retail Brand und zur langfristigen Kundenbindung bei. Die Kommunikation sollte sich auf die Kernelemente der Retail Brand fokussieren; so ist eine reine Preiswerbung nur bei Discountern zu empfehlen, wobei diese bei anderen Unternehmen sich eher negativ auf die Retail Brand auswirkt. So sollte sich ein Unternehmen wie das Bekleidungshaus Sinn-Leffers, das sich mit dem Claim „Stil" positioniert, in der Werbung nicht auf niedrige Preise reduzieren (oder Edeka im Lebensmittelbereich).

- Die Bedeutung des Preises ist unterschiedlich, so stellt der Preis bei Baumärkten nur ein recht schwaches Mittel des Branding, bzw. um sich von der Konkurrenz abzuheben, dar. Dieses Ergebnis wird durch die Realität der Baumärkte bestätigt, da in diesem Bereich in Deutschland ein regelrechter Preiskrieg herrscht und einzelne Unternehmen sich kaum von den Konkurrenten über den Preis abheben können. Dennoch hat der Preis bzw. das Preis-Leistungsverhältnis in den anderen Branchen einen starken Einfluss auf die Einkaufsstättenwahl des Kunden und ist im Möbelbereich das wichtigste Instrument zum Aufbau einer Retail Brand.

- Die unterschiedlichen strategischen Ausrichtungen eines Unternehmens müssen sich in der Ladengestaltung widerspiegeln, so zählt bei gewissen Unternehmen die Vermittlung des Einkaufserlebnisses (bspw. P&C oder Galeria Kaufhof), bei anderen wiederum steht die Übersichtlichkeit und Einfachheit im Vordergrund (bspw. Kik oder Aldi). Die Ladengestaltung hat in jeder der fünf Branchen einen nicht allzu großen, aber einen auch nicht zu vernachlässigenden Einfluss auf die Retail Brand. Welche Art der Ladengestaltung vom Käufer als positiv angesehen wird, ist sicherlich von der spezifischen Kaufsituation bzw. vom Kaufmotiv des Konsumenten abhängig (vgl. Morschett/Swoboda/ Foscht 2005). So nimmt ein Käufer, der in Eile ist, eine einfache, klare Ladengestaltung positiv wahr, wohingegen eine Ladengestaltung, die auf eine Erlebnisvermittlung abzielt, eher als störend wahrgenommen wird.

Die Studie belegt branchenübergreifend die Bedeutung einer starken Retail Brand auf die Kundenbindung und den unmittelbaren Erfolg eines Handelsunternehmens, selbst wenn der Einfluss der unterschiedlichen Instrumente in den Branchen variiert. Wichtig ist, dass die Instrumente zueinander passen. Damit ist die Problematik angesprochen, dass Marken und damit auch Retail Brands vielschichtige und komplexe Konzepte sind, deren Etablierung und Stärkung von einer Vielzahl von Einflussgrößen abhängt. *Konsistenz* und *Kontinuität* des Einsatzes der Instrumente, also ein „Fit" des Handelsmarketing-Mixes aus Sicht der Kunden ist für ein einheitliches Markenbild unabdingbar. Morschett (2002, S. 445ff.) zeigt im LEH einen deutlichen Einfluss des Fit auf die Wertschätzung einer Marke. Konsumenten, welche die Handelsmarketing-Instrumente als besser „aufeinander abgestimmt" wahrnehmen, messen der Marke auch eine höhere Wertschätzung bei. Dabei wirkt gerade dieser Fit am deutlichsten auf das Vertrauen in die Retail Brand, was einen Zusammenhang zwischen der wahrgenommenen „Harmonie" im Marketing-Mix und einer höheren wahrgenommenen Zuverlässigkeit der Marke impliziert.

Zu Erreichung eines „Fit" wird in der Handelspraxis u.a. das organisatorische Konzept des Category Management (CM) behandelt, bei dem einzelne Warengruppen als Strategische Geschäftseinheiten geführt werden. Bereits der Grundansatz des Category Management beinhaltet eine stärkere Integration der mit der Warengruppe verbundenen Entscheidungen. Im Sinne der Retail Brand werden dabei die Warengruppen als wesentliche Profilierungsinstrumente im Handel gesehen und mit einzelnen Rollen versehen, so Profilierungs-, Pflicht-, Ergänzungs- oder Saisonalrolle. Dabei wird i.d.R. in einem Stufenprozess sichergestellt, dass, ausgehend von übergeordneten Zielen, die entsprechenden Handelsmarketing-Instrumente auf diese Ziele abgestimmt werden (vgl. z.B. Liebmann/Zentes 2001, S. 289ff; Swoboda/Morschett 2003; Zentes/Janz/Kabuth/Swoboda 2002).

5 Mitarbeiterführung und CRM als Quellen der Exzellenz: Das Fallbeispiel dm-drogerie markt

Spezifische Elemente des Kundenbindungsmanagements, welche Teil des Retail Branding sind und vielfach im Handel diskutiert wurden (vgl. Foscht/Angerer/ Swoboda 2005; Swoboda/Morschett 2003; Zentes/Swoboda/Morschett 2005), sollen in diesem Abschnitt exemplarisch anhand der Mitarbeiterführung und des Customer Relationship Management (insb. des Dialogmarketing) bei dm-drogerie markt behandelt werden. Abbildung 8 gibt einen Überblick über ausgewählte Kennzahlen des Unternehmens.

	Geschäftsjahr 2002/03	Geschäftsjahr 2003/04	Geschäftsjahr 2004/05
Umsatz			
dm-Gruppe	2.833 Mio. EUR	3.060 Mio. EUR	3.327 Mio. EUR
dm-Ausland	787 Mio. EUR	840 Mio. EUR	910 Mio. EUR
Filialen			
dm-Gruppe	1.422	1.497	1.642
dm-Ausland	762	795	843
Mitarbeiter			
dm-Konzern	20.179	21.239	23.125
dm-Ausland	7.422	7.671	8.587

Abbildung 8: Unternehmensdaten dm (dm-drogerie markt, 2006)

dm charakterisiert sich selbst als Unternehmen, dessen Erfolg auf ganzheitlichem unternehmerischem und sozialem Denken beruht: Seit Gründung der ersten Filiale im Jahre 1973 bewährt sich das Konzept, Menschen – ob Kunde, Partner oder Mitarbeiter – in den Mittelpunkt zu stellen. Im Fokus steht der Dialog mit dem Verbraucher und den Mitgliedern des Unternehmens. Respekt vor der Individualität des Mitmenschen, aber auch vor dem regionalen Umfeld der Filialen ist die Grundlage für das langjährige organische Wachstum (vgl. dm-drogerie markt, 2006). Die Profilierung des Unternehmens beruht in erster Linie auf der Unternehmensphilosophie. dm profiliert sich im Wesentlichen über Service und Preis, so über freundliche, gut ausgebildete und hilfsbereite Mitarbeiter, die den Kunden das Gefühl vermitteln sollen, als Mensch respektiert und als Gast behandelt zu werden. Diese Grundphilosophie trägt zur emotionalen Profilierung bei und sorgt für eine hohe Identifikation der Kunden mit dem Unternehmen. Sie wird von den Mitarbeitern getragen. Grundgedanke ist es, den Menschen als Ganzes und somit bspw. den Mitarbeiter nicht als Unternehmensangestellten zu sehen, sondern als Teil einer Gemeinschaft, in die er sich einbringen kann und – die sich umgekehrt – um ihn kümmert. Unternehmensgründer Götz Werner stellt den beschriebenen Zusammenhang zwischen der Mitarbeiterführung und dem Aufbau einer starken Marke bzw. dem Gesamtauftritt eines Unternehmens in den Vordergrund seiner Unternehmensführung. Er führt aus, dass „das kundengemäße Mitarbeiterverhalten sowie die entsprechende Atmosphärengestaltung in einer Filiale – gerade wenn es gelingt, den Kunden damit positiv zu berühren – keinesfalls in einer Diskrepanz zur unternehmerischen Wirklichkeit stehe. Die Kundenfreundlichkeit darf nicht nur authentisch scheinen, sie muss wirklich authentisch sein, wenn sie nicht letztlich irgendwann den gesamten Unternehmensauftritt bloßstellen soll. [...] Angeordnete Freundlichkeit führt zur aufgesetzten, wenn nicht gar verquälten Freundlichkeit, die so niemand schätzt. In der Arbeit von dm besteht dagegen die klare Gewissheit, dass sich ein kundenfreundliches Verhalten als Folge einer bestimmten Qualität von Führung ergibt und dass die Führung darauf ausgerichtet sein muss, dass sie zu einem kundenfreundlichen Verhalten der Mitarbeiterschaft führt" (vgl. Werner 2006, S. 27f.).

Beispielhaft im deutschen Einzelhandel und ebenfalls auf einen engen Kontakt zum Kunden abzielend ist das Dialogmarketing-Programm von dm (vgl. hierzu ausführlich Zentes/Janz/Kabuth/Swoboda 2002; Swoboda/Morschett 2003). Das CRM-System bzw. der Kundenmanagementprozess besteht aus vier Komponenten und ist mit Blick auf die Umsetzungsprofessionalität sowie den Kundenbetreuungsumfang ein deutscher Benchmark (vgl. Abbildung 9).

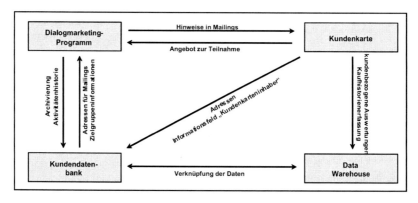

Abbildung 9: dm – Customer Relationship Management: Gesamtdarstellung (in Anlehnung an Zentes/Janz/Kabuth/Swoboda 2002, S. 40)

Im Zentrum des Kundenmanagementprozesses steht das Dialogmarketing-Programm in Verbindung mit einer hierfür konzipierten Kundendatenbank. Die Verknüpfung der kundenbezogenen Daten mit dem unternehmenseigenen Data Warehouse bildet die Basis des Customer Relationship Managements. Das Unternehmen verfügt in großem Umfang über Kundenadressen und Kaufhistorien auf

Basis eines Gesamtlebenszyklus der Kunden, wovon ein Teil aus dem Dialogmarketing-Programm und ein Teil von der dm-/Payback-Kundenkarte stammt.

Nachfolgend wird exemplarisch ausschließlich das Dialogmarketing-Programm näher betrachtet. Hierbei handelt es sich – in Ergänzung zu anderen Kundenbindungsmaßnahmen – um ein systematisches Direktmarketing mit z.T. zielgruppenspezifischen Mailings im Laufe eines Jahres als Planungszeitraum, wodurch das Unternehmen den Kontakt zu seinen Kunden intensivieren, systematisieren und personalisieren will. Das Dialogmarketing-Programm besteht im Wesentlichen aus vier Komponenten, den

- nationalen Mailings,
- Zielgruppenmailings,
- filialindividuellen Briefen und dem
- dm-Kundenforum.

Basiskomponente des Programms sind die *nationalen Mailings*, die einmal pro Quartal an alle Kunden, die an dem Programm teilnehmen, verschickt werden. Grundsätzlich wird dieses Mailing an alle Kunden aus der Datenbank versandt, es werden aber systematisch „Nicht- bzw. Negativ-Reagierer" identifiziert und ausgeklammert. Jedes der Mailings ist verbunden mit einem Gewinnspiel. Hierzu müssen die Kunden eine bestimmte Frage beantworten und den beigefügten Antwortcoupon entweder per Post an dm zurücksenden oder aber in einer dm-Filiale abgeben. Somit erhält dm auf diesem Wege eine Möglichkeit, die Responsequote als Indikator für den Erfolg einer Mailingaktion zu ermitteln.

In den Monaten, in denen keine nationalen Mailings erfolgen, werden *Zielgruppenmailings* an dm-Kunden mit bestimmten Sortiments- bzw. Interessenschwerpunkten verschickt. Hierbei kann ein Kunde mehreren Zielgruppen zugeordnet werden, z.B. junge Eltern, junge, sportliche Frauen usw. Die Anzahl dieser Zielgruppenmailings wurde in den letzten Jahren sukzessive erhöht, da hier insbesondere bedürfnisgerechte Angebote (so im Rahmen von Preisaktionen, von Neuprodukteinführungen in Zusammenarbeit mit der Industrie, von Handelsmarkenprogrammen) gemacht werden können. Allerdings besteht ein dm-internes Limit, um eine Überlastung des Kunden zu vermeiden.

Zusätzlich können die Filialen in einem bestimmten Umfang *filialindividuelle Mailings* versenden. Hierdurch werden Kunden auf spezielle Aktivitäten in der Filiale aufmerksam gemacht, z.b. im Zusammenhang mit dem Umbau, dem Jubiläum einer Filiale oder auch bei Sonderangeboten im Sortimentsbereich oder bei Sonderaktionen, wie Schminkkursen, Hautpflege- und Elternberatung.

Das *Kundenforum* umfasst die treuesten dm-Kunden aus der Kundendatenbank. Diese Kunden erhalten über das „normale" Dialogprogramm hinausgehend viermal im Jahr einen speziellen Kundenforum-Newsletter und nehmen in regelmäßigen Abständen an Umfragen teil. Weiterhin werden für diese Kunden in regelmäßigen Abständen regionale Veranstaltungen organisiert, wo der Dialog mit dm-Mitarbeitern intensiviert und somit ein entsprechendes Feedback von den Kunden eingeholt wird. Häufig besteht auf solchen Veranstaltungen auch die Möglichkeit, bestimmte Produkte zu testen oder weitergehende Informationen zu erhalten.

Die Kernaktivitäten des Dialogmarketing-Programms von dm werden i.d.R. für ein Jahr im Voraus geplant. Diese Planung umfasst die Zeiträume bzw. die Themen der nationalen Mailings, der Zielgruppenmailings, der Aktivitäten im Rahmen des Kundenforums sowie den Versand der Kundenkontoauszüge der Payback-Kunden. Der Zeitpunkt des Mailing-Versands sowie das Generalthema können im Planungsjahr kaum verändert werden, was allerdings auf Grund der i.d.R. längeren Vorlaufzeiten noch Ausbaupotenziale im Timing eröffnet. Derartige denkbare Änderungen betreffen die Aufmachung der Mailingaktion, die inhaltlichen Komponenten der Mailings, flexible Reaktionen oder Aktionen gegenüber den Konkurrenten. Insgesamt kann aus dieser hier nur kurzen Beschreibung des Dialogmarketingprogramms – hinter der die Verbindung von Kundendatenbank und Data Warehouse steht, aber auch die Kreativität der Mitarbeiter im Hinblick auf Innovationen im Kundenbindungsmanagement und bei Kundenbindungsaktionen – geschlussfolgert werden, dass es dm-drogerie markt gelingt, die unterschiedlichen Handelsmarketing-Instrumente hervorragend zu verbinden. Hervorzuheben wäre etwa das starke Eigenmarkenprogramm, die Preis- und Standortpolitik, welche gemeinsam einen Beitrag zum Aufbau einer einzigartigen und starken Retail Brand leisten. Im Hinblick auf den Dialog mit dem Kunden ist zu konstatieren, dass dieser langfristig auf zwei Ebenen angesprochen und betreut wird, nämlich

- während eines üblichen Kaufzyklus, d.h. vor dem Kauf, während dem Kauf im Laden und auch nach dem Kauf sowie

- während seines Bedarfs-Lebenszyklus, in dessen Verlauf sich die Bedürfnisse und Interessen wandeln, man denke bspw. an junge und reife Frauen im Hinblick auf unterschiedliche Anforderungen im Rahmen der Hautpflege (vgl. dazu Foscht/Swoboda 2005).

Diese Vorgehensweise – in vielen Branchen bekannt – ist bei so genannten „fast moving consumer goods" (FMCGs) bzw. bei entsprechenden Handelsunternehmen keinesfalls trivial zu realisieren. dm hat es aber trotzdem geschafft, sich in der Wahrnehmung der Kunden als starke Retail Brand zu etablieren. Insofern bildet dm einen deutschen Benchmark.

6 Zusammenfassung

Abschließend sollen kurz die Hauptpunkte zusammengefasst und im Sinne dieses Buches in Handlungsempfehlungen (DOs und DONTs) kanalisiert werden. In zunehmendem Maß versuchen Einzelhandelsunternehmen, die Vorteile der Markenpolitik für sich zu nutzen und sich selbst als Marken zu etablieren. Hierbei sind folgende Punkte zu beachten:

- Das Branding bzw. Retail Branding einerseits und die spezifischen Kundenbindungsinstrumente bzw. das Kundenbeziehungs-Management anderseits verfolgen das gleichgerichtete Ziel der langfristigen Bindung der Kunden und der damit verbundenen Verankerung der Retail Brand im Gedächtnis des Kunden.

- Auf Grund der hohen Austauschbarkeit von Sortimenten wird im Handel eine deutliche Abgrenzung von der Konkurrenz und die Profilierung der Einkaufsstätten bzw. der Handelsunternehmen als Ganzes immer wichtiger. Ein klares Markenbild ist der wesentliche Ausgangspunkt für die Etablierung einer starken Retail Brand.

- Kundenbindung wird auch durch attraktive, auf den Kunden individuell zugeschnittene Kundenbindungs- bzw. Dialogmarketingprogramme aufgebaut, wie das Beispiel dm zeigt.

- Darüber hinaus sind alle Handelsmarketing-Instrumente unter dem Dach der Retail Brand auf den Aufbau einer engen Kundenbindung ausgerichtet. Die Retail Brand wird als strategischer Rahmen angesehen, der die Leitlinien für den Einsatz aller Marketing-Instrumente des Handels vorgibt.
- Zur langfristigen Etablierung einer Marke stehen i.d.R. nicht einzelne Handelsmarketing-Instrumente im Vordergrund, sondern die geeignete Kombination der Instrumente im Handelsmarketing-Mix. Je besser der Fit der Handelsmarketing-Instrumente ausgeprägt ist und je besser die einzelnen Instrumente den Markenkern der Retail Brand isoliert und in ihrem Zusammenwirken unterstützen, desto eher kann die Retail Brand ihre Wirkung auf das Konsumentenverhalten entfalten. Eine isolierte Betrachtung der Instrumente würde nicht zum gewünschten Erfolg führen.
- Einzelhandelsbranchenübergreifend lässt sich eine hohe Bedeutung der Service- und Personalpolitik identifizieren. Sicherlich sind die expliziten Kundenbindungsprogramme auch für den Aufbau einer Retail Brand von Bedeutung, jedoch sollte dabei nicht die fundamentale Bedeutung der Servicepolitik und insbesondere des Personals (sowohl dessen Kompetenz als auch dessen Freundlichkeit gegenüber dem Kunden) vernachlässigt werden.

Insgesamt ist davon auszugehen, dass die Innovation und der Einsatz spezifischer Kundenbindungsinstrumente wie auch die übergeordnete Thematik des Retail Branding Handelsunternehmen in den nächsten Jahren intensiver beschäftigen wird. Bisher ist die hier behandelte Frage nach den Gemeinsamkeiten und Wechselwirkungen der beiden Perspektiven im Hinblick auf die Kundenbindung selten betrachtet worden.

Literatur

Aaker, D. A.: Building Strong Brands, New York 1996

Aaker, D. A.: Brand Portfolio Strategy, New York 2004

Bick, G.; Jacobsen, M.; Abratt, R.: The Corporate Identity Management Process Revisited, in: Journal of Marketing Management, 19. Jg. (2003), Nr. 7-8, S. 835-856

Bruhn, M.: Relationship Marketing, München 2001

Burkhardt, A.: Die Betriebstypenmarke im stationären Einzelhandel, Erlangen-Nürnberg 1997

Burmann, C.; Meffert, H.: Theoretisches Grundkonzept der identitätsorientierten Markenführung, in: Meffert, H.; Burmann, C.; Koers, M. (Hrsg.): Markenmanagment, 2. Aufl., Wiesbaden 2005, S. 37-72

Corstjens, J.; Corstjens, M.: Store Wars, Chichester 1995

DeChernatony, L.; McDonald, M.: Creating powerful brands in consumer, service and industrial markets, 3. Aufl., Oxford 2003

dm-drogerie markt (Hrsg.): Das Unternehmen – Porträt, http://www.dm-drogerie.de, 2006

Domizlaff, H.: Die Gewinnung des öffentlichen Vertrauens, Hamburg 1937

Esch, F.-R.: Strategie und Technik der Markenführung, 3. Aufl., München 2003

Esch, F.-R.; Levermann, T.: Handelsunternehmen als Marken, in: Trommsdorff, V. (Hrsg.): Handelsforschung 1993/94, Wiesbaden 1993, S. 79-102

Foscht, T.: Kundenloyalität, Wiesbaden 2002

Foscht, T.; Angerer, T.; Swoboda, B.: Customer Relationship Marketing (CRM) in Retailing, in: Kotzab, H.; Bjerre, M. (Hrsg.): Retailing in a SCM-Perspective, Copenhagen 2005, S. 247-263

Foscht, T.; Swoboda B.: Käuferverhalten, 2. Aufl., Wiesbaden 2005

Goerdt, T.: Die Marken- und Einkaufsstättentreue der Konsumenten als Bestimmungsfaktoren des vertikalen Beziehungsmarketing, Nürnberg 1999

Homburg, Ch.: Kundenbindung im Handel: Ziele und Instrumente, in: Beisheim, O. (Hrsg.): Distribution im Aufbruch, München 1999, S. 873-890

Homburg, Ch.; Bruhn, M.: Kundenbindungsmanagement – Eine Einführung in die theoretischen und praktischen Problemstellungen, in: Bruhn, M.; Homburg, Ch. (Hrsg.): Handbuch Kundenbindungsmanagement, 5. Aufl., Wiesbaden 2005, S. 3-37

Hundt, M.; Pälike, F.: Handel als Marke, Grey Global Group 2003

Jungwirth, G.: Geschäftstreue im Einzelhandel, Wiesbaden 1997

Kapferer, J.-N.: Strategic Brand Management, Creating and Sustaining Brand Equity Long Term, 3. Aufl., London 2004

Keller, K.: Strategic Brand Management, 2. Aufl., Upper Saddle River/NJ 2003

Kirchner, J.: Beziehungskrise ohne Personal, in: absatzwirtschaft, 39. Jg. (1996), Nr. 1, S. 194-197

Liebmann, H.-P.; Zentes, J.: Handelsmanagement, München 2001

Morschett, D.: Retail-Branding – Strategischer Rahmen für das Handelsmarketing, in: Zentes, J. (Hrsg.): Handbuch Handel, Wiesbaden 2006, S. 525-546

Morschett, D.: Retail-Branding und Integriertes Handelsmarketing, Wiesbaden 2002

Morschett, D.; Swoboda, B.; Foscht, T.: Perception of store attributes and overall attitude towards grocery retailers: The role of shopping motives, in: The International Review of Retail, Distribution and Consumer Research, 15. Jg. (2005), Nr. 4, S. 423-447

Nielsen Media Research (Hrsg.): Top 10 Produkte in den klassischen Mediengattungen, http://www.nielsen.de, 2006

Scholz, C.: Personalmanagement internationaler Handelsunternehmen, in: Zentes, J.; Swoboda, B. (Hrsg.): Globales Handelsmanagement, Frankfurt a.M. 1998, S. 523-550

Swoboda, B.; Harnack, K.; Janz, M.; Foscht, T.: Sortimentsmanagement in der Fashion-Branche – Was in zweistufigen Systemen von vertikal integrierten Unternehmen zu lernen ist, in: Thexis, 23. Jg. (2006), Nr. 2, S. 38-46

Swoboda, B.; Hälsig, F.; Morschett, D.: Intersectoral Analysis of the Impact of Retailer Attributes on Customer-Based Retail Brand Equity: An Integrated Model and an Empirical Comparison between Different Retail Sectors, in: Proceedings of the Academy of Marketing Science und Academy of Consumer Research (AMS/ACR), 8th Triennial Retailing Conference 2006, Orlando 1.-4.11.2006

Swoboda, B.; Morschett, D.; Foscht, T.: Retail Branding – Das Handelsunternehmen als Marke, in: Boltz, D.-M.; Leven, W. (Hrsg.): Effizienz in der Markenführung, Hamburg 2004, S. 298-321

Swoboda, B.; Morschett, D.: Electronic Business im Handel – Gestaltungsoptionen der marktorientierten Kernprozesse des Handelsmanagements, in: Weiber, R. (Hrsg.) Electronic Business, 2. Aufl., Wiesbaden 2003, S. 775-807

Werner, G.: Führung für Mündige – Subsidiarität und Marke als Herausforderungen einer modernen Führung, Karlsruhe 2006

Zentes, J.; Janz, M.; Kabuth, P.; Swoboda, B.: Best Practice im Handel, Frankfurt a.M. 2002

Zentes, J.; Swoboda, B.: Hersteller-Handels-Beziehungen aus markenpolitischer Sicht, in: Esch, F.-R. (Hrsg.): Moderne Markenführung, 3. Aufl., Wiesbaden 2001, S. 889-912

Zentes, J.; Swoboda, B.; Morschett, D.: Kundenbindung im vertikalen Marketing, in: Bruhn, M.; Homburg, Ch. (Hrsg.): Handbuch Kundenbindungsmanagement, 5. Aufl., Wiesbaden 2005, S. 163-192

Der Einsatz kundenorientierter Informationssysteme bei Banken und Versicherungen

Eckhard Reimann, Hagen J. Sexauer

Zusammenfassung: Der Finanzdienstleistungsbereich hat in den vergangenen Jahrzehnten radikale Veränderungen erfahren. Untersuchungen bei Finanzdienstleistern haben gezeigt, dass jedes dritte kundenorientierte System im Bereich der Unterstützung für Marketing, Vertrieb und Service noch nicht mit anderen Systemen verbunden ist, dass 78 Prozent der Systeme für das Online-Marketing Insellösungen sind und ihr marketingstrategisches Potenzial bei weitem nicht ausgeschöpft wird. Es ist daher ein hoher Integrationsbedarf festzustellen und somit dringend eine Anbindung der Systeme unter einander erforderlich. Um von echtem Management der Beziehungen sprechen zu können, bedarf es eines intelligenten und vor allem umfassenden Umganges mit den Kundendaten, damit im Kundenkontakt schneller, flexibler und individueller agiert und reagiert werden kann. Anhand einiger Beispiele erfolgreichen Einsatzes von Systemen für das Kundenbeziehungs-Management bei Banken wird aufgezeigt, welchen Nutzen Banken und auch Kunden daraus erfahren konnten.

Schlüsselworte: Banken, Call Center, Computer Aided Selling (CAS), Customer Relationship Management, Database Marketing, Finanzdienstleister, Online-/Internet-Marketing, Versicherungen

Inhaltsverzeichnis

1 Das Privatkundengeschäft der Banken im Umbruch 547

2 Einsatz kundenorientierter Informationssysteme bei Banken 550

3 Integration als Voraussetzung für ein erfolgreiches Kundenbeziehungs-Management 557

4 Beispiele einer erfolgreichen Umsetzung von Kundenbeziehungs-Management 558

5 Zusammenfasung 561

Literatur 564

1 Das Privatkundengeschäft der Banken im Umbruch

Der Finanzdienstleistungsbereich hat in den vergangenen Jahrzehnten eine radikale Veränderung erfahren. In den Siebziger- und Anfang der Achtzigerjahre betrieben die Finanzdienstleister, speziell die Banken, keinen organisierten, initiativen Vertrieb. Es war durch sog. „Holgeschäft" geprägt, das die Kreditinstitute durch entsprechende Aktionen, vornehmlich Produktaktionen forcierten. Waren bis Mitte der Achtzigerjahre die primären Ziele im Privatkundengeschäft auf Wachstum und Marktdurchdringung ausgerichtet, so erlangten anschließend Ertragsziele Vorrang. Dies führte zu einer Konzentration der Marktaktivitäten auf Geschäfte mit hohen Ergebnisbeiträgen, einer Standardisierung und Automatisierung des Mengengeschäfts bei Einbeziehung neuer Technologien sowie einer verstärkten Ausnutzung der in großem Maße vorhandenen Rationalisierungsreserven zugunsten einer intensiveren Marktorientierung. Das Marktverhalten wurde durch die zunehmenden Zweit- und Drittbankverbindungen sowie die Aktivitäten bankfremder Wettbewerber geprägt. Die Intensivierung der Geschäftsverbindung gewann Vorrang vor der Neukundengewinnung. Das meist aktionsorientierte Holgeschäft wurde durch eine permanente Vertriebsorganisation abgelöst.

Das komplexe Umfeld der Kreditinstitute hat sich in den Neunzigerjahren fundamental verändert. Diese Veränderungen haben bewirkt, dass die Branche einen gravierenden Umwandlungsprozess durchgemacht hat. Der schnelle technologische Fortschritt in den Bereichen Telekommunikation und Computertechnik sowie die Etablierung neuer Wirtschaftszweige wie Netzbetreiber und Information Broker erzwangen geradezu eine Neustrukturierung im Retail Business. Das bewusste Schaffen und Nutzen von Größenvorteilen hat als Erfolgsfaktor inzwischen deutlich an Bedeutung gewonnen. Um diese Strukturen zu schaffen, war eine radikale Veränderung aller wichtigen Kernprozesse im Gange und die Einheit von Produktion, Vertrieb und Transaktionen von Finanzdienstleistungen wurde weitgehend aufgehoben. Durch die abnehmende Arbeitsteilung zwischen den heute noch differenzierten Finanzdienstleistern, insbesondere Banken und Versicherungen sowie spezialisierten Anbietern, bildete sich ein einheitlicher

Markt für Problemlösungen in finanziellen Fragen heraus. Eine eindeutige Formulierung von Marktpositionierung und Kundennutzenkonzept ist deshalb zur unabdingbaren Grundlage für den dauerhaft erfolgreichen Marktauftritt im Privatkundengeschäft geworden. Durch die weitgehende Homogenität und dadurch Austauschbarkeit der Finanzprodukte kommt neben dem Preis vor allem der Marke eines Produktes sowie den Added Services für den Kunden eine immer größere Bedeutung zu.

Neben der Entkoppelung der „Vertriebs-" und „Produktionsbank", der „Modularisierung der Produkte" sowie der „Fokussierung der Kundenbeziehung", d.h. der Kundenorientierung zur Überwindung der Distanz zu den Kunden, ist aber auch der bequeme Zugang zum Finanzdienstleister über alle Vertriebswege hinweg einer der wesentlichen Erfolgsfaktoren geworden. Der Wandel von der „Produktionsfabrik" zum „Lösungsanbieter" erforderte neben einem fundamentalen kulturellen Wandel vor allem auch eine offene, flexible Architektur, die folgende Kennzeichen aufweist:

- Zunächst steht der Kunde mit seinen Bedürfnissen am Anfang der Wertschöpfungskette.

- Der Finanzdienstleister als „Lösungsbroker" bildet die „Drehscheibe zwischen Kundenanforderungen und Produkt- und Dienstleistungsangeboten. Maßgeschneiderte, an den Kundenbedürfnissen und Kundenanforderungen sowie an den Produktions- und Vertriebskosten ausgerichtete Lösungen werden im Unternehmens-Netzwerk aus eigenen und fremden Produkten und Dienstleistungen zusammengesetzt. An die Stelle einer am Sortiment des eigenen Instituts orientierten Beratung tritt damit die auf den Kundenbedarf ausgelegte Lösungspartnerschaft. An die Stelle des oftmals unreflektierten Cross Sellings treten daher individuelle Problemlösungspakete wie z.B. zum Thema Vorsorge, Bauen und Wohnen, die eine maßgeschneiderte Kombination von Bank- und Versicherungsprodukten bieten.

- Das „Gesicht des Finanzdienstleisters" ist durch einen multi-optionalen Zugang geprägt: eine intelligente Kombination aus innovativen Filialkonzepten und differenziertem, auf den jeweiligen Bedarf ausgerichtetem elektronischen Medieneinsatz überwindet die Barrieren zwischen dem anonymem Cyberspace und persönlichem Gespräch. Der Besuch in einer Filiale muss gegenüber der virtuellen Filiale im Internet wieder attraktiv und durch unterschiedliche Gestaltungsvarianten (Mitarbeiter, Technik, Angebot, Architektur, Einrichtung, Öffnungszeiten und Events) zum Erlebnis werden.

- Um Fehlallokationen sowohl der personellen als auch der sachlichen Ressourcen möglichst gering zu halten, müssen Beratungsgespräche vorstrukturiert und muss der Beratungsprozess – ggf. in Module – zerlegt werden. So kann z.B. die Beratung je nach Bedarf entweder durch einen Berater oder durch einen virtuellen Berater (z.B. auf Basis intelligenter Agentensysteme) erfolgen.

- Die eigentliche Drehscheibe für das Wissen über die Kunden- und Partnerbeziehungen (via Customer Relationship Management) sowie Anforderungen, Produkte und Lösungen bildet den Kern der Finanz-IT-Architektur. Flexible Auswertungssysteme liefern Führungsinformationen für das Kunden- und das Partner-/Service-Management (Data Warehousing und Business Intelligence).

Die Schlüsselfrage lautet daher: inwieweit kann der Finanzdienstleister mit all seinen Leistungen dazu beitragen, die Wertschöpfung des Kunden nachhaltig – und zwar besser als der Wettbewerb – zu steigern? Die genaue Kenntnis der heutigen und zukünftigen, auch verdeckten Kundenbedürfnisse ist die Voraussetzung dazu. Der Verkäufer, der Berater ist gefordert, im persönlichen Kontakt einen echten Mehrwert zu bieten. Denn je informierter die Kunden bereits sind, desto anspruchsvoller werden sie. Die Mehrzahl der Verkäufer hat hier aber noch Nachholbedarf. Sie müssen umdenken, nämlich weg vom Fokus auf einzelne Verkaufsabschlüsse hin zu strategischen Partnerschaften. Dazu gehört ihre Befähigung, in unterschiedlichen Rollen zu agieren:

- Als Unternehmer planen und realisieren sie die ökonomischen Ziele wie Umsatz, Marktanteil und Deckungsbeitrag in ihrem Verantwortungsbereich;

- als Beziehungs-Manager pflegen sie den persönlichen Kontakt zu den Kunden, sind Ansprechpartner bei akuten Problemen und bieten individuellen Service und Hilfestellung;

- als Berater entwickeln sie langfristige Konzepte zur Steigerung der Wertschöpfung ihrer Kunden;

- als Informations-Makler stellen sie den Informationsfluss vom Unternehmen zum Markt und umgekehrt her und

- als Netzwerk-Manager koordinieren sie das Verkaufsunterstützungs-Team aus Spezialisten aller Bereiche und Hierarchien einschließlich des Multi-Channel-Managements und setzen es aufgaben- und zielbezogen ein.

Moderne Computer Aided Selling- oder Sales Force Automation-Lösungen tragen diesen Aspekten Rechnung, um den Verkäufer, den Berater noch näher am Ohr des Kunden zu haben, ihn damit schneller im Markt agieren zu lassen und damit dem Wettbewerb voraus zu sein. Durch CAS-gestützte, interaktive Verkaufstechniken wird der persönliche Verkauf unterstützt, indem er die Möglichkeiten aller Neuen Medien, abhängig von der jeweiligen Verkaufssituation, sozusagen in einem Technologie-Mix einsetzt. (vgl. Reimann 2000, S. 3 ff.).

Doch die Umsetzung dieser Konzepte bei deutschen Banken und Versicherungen ist zwar nicht mehr mangelhaft, doch bei weitem noch nicht so, wie notwendig. So schneiden deutsche Banken im weltweiten Vergleich beim Kundenservice immer noch schlecht ab, wie eine von IBM und Siebel Systems in Auftrag gegebene Studie von Datamonitor ergeben hat. Danach nutzen 93 Prozent der Banken während des Kundenkontaktes keine zusätzlichen Verkaufsmöglichkeiten durch so genanntes Cross- und Up-Selling und 65 Prozent gehen nicht auf die Interessen des Kunden ein, bevor sie ihm Produkte empfehlen. Auf E-Mail-Anfragen von Kunden reagieren 32 Prozent der untersuchten Banken überhaupt nicht und 97 Prozent haben keinen Einblick in vorherige Kundenaktivitäten über andere Kommunikationskanäle (vgl. Siebel 2005).

2 Einsatz kundenorientierter Informationssysteme bei Banken

Kundenbeziehungs-Management – oder auch als Customer Relationship Management (CRM) bezeichnet – wird zumeist als Werkzeug für die ganzheitliche Beziehung zum Kunden verstanden, die also Kommunikations-, Vertriebs- und Angebotspolitik umfasst. Sie sind nicht losgelöst voneinander zu betrachten, sondern integriert an den Kundenbedürfnissen auszurichten und müssen folglich alle Unternehmensbereiche (wie Finanzwesen, Marketing, Executive Information Systems, Enterprise Resource Planning, Datensynchronisation, E-Commerce, Field Service, Vertriebsorganisation und Vertriebssteuerung, Telemarketing und Telesales, Workgroup Management, Kundenservice, klassischen Support, Vertragsmanagement) einbeziehen (vgl. Wolbersen 2000). Und nach Gartner Group hat CRM das Ziel, unternehmensweit Kundendaten abteilungsunabhängig zu sammeln, in einer zentralen Datenbank zu konsolidieren und zu analysieren und die daraus gewonnenen Informationen an die verschiedensten Kunden-Kontakt-Punkte zurückzuspielen, um sie letztlich über Internet, Telefon, Call Center oder Direkt-Marketing zu nutzen (vgl. Stojek 2000, S. 8 ff.).

In Analysen bisheriger Kundenbeziehungs-Management-Projekte sind vor allem folgende Zielsetzungen genannt worden (vgl. Strohmeier 2000, S. 100 ff.):

- Kundentreue gewinnen (4,4),
- Personalisierter Kundenservice (4,4),
- Bessere Kundenkenntnis (4,3),
- Differenzierung zum Wettbewerb (4,1),
- Identifizierung der profitabelsten Kunden (3,9),
- Umsatzsteigerung pro Kunde (3,9),
- Kundenneugewinnung (3,8),
- Kosteneinsparung durch verbessertes Kundenhandling (3,3),
- Kosteneinsparung bei der Neukundengewinnung (3,1).

Untersuchungen der Universität Hamburg haben ergeben, dass vornehmlich eine höhere Kundenzufriedenheit (94%), die Steigerung der Wettbewerbsfähigkeit (93%), die höhere Transparenz der Kundendaten und Optimierung des Vertriebs (jeweils 92%) sowie die Optimierung des Marketings und die Sicherung der Bestandskunden/Kundenloyalität (jeweils 91%) als Ziele des Kundenbeziehungs-Management genannt worden sind (vgl. Benkendorf/Janke 2004, S. 26).

Als wesentliche Ziele des Einsatzes von CRM-Systemen haben sich in einer empirischen Studie von *Sexauer* über alle Branchen hinweg folgende Schwerpunkte feststellen lassen (vgl. Sexauer 2006):

- Optimierung der Geschäftsprozesse in Marketing, Vertrieb und Service (2,26),

- Steigerung der Rentabilität bestehender Kundenbeziehungen (2,38),

- Verlängerung der Lebensdauer von Kundenbeziehungen (2,38),

- Erringung strategischer Wettbewerbsvorteile (2,40),

- Interaktion zwischen Anbieter und Kunde (2,91).

Retention Marketing, nämlich die besondere *Ansprache profitabler Kunden*, das heutzutage stark diskutierte Thema der *Individualisierung der Kundenbeziehung*, die *Integration der Kunden* in die Unternehmensprozesse und letztlich auch die *Gewinnung von Neukunden* sind zwar keine unbedeutenden Zielsetzungen, doch werden sie im Mittel zwischen 1 (höchste Bedeutung) und 7 (keine Bedeutung) nur ein klein wenig besser als mittel-wichtig eingestuft (vgl. Tabelle 1).

Alle Branchen	Banken und Sparkassen	Versicherungen
Geschäftsprozess-Optimierung in Marketing, Vertrieb und Service (2,26)	**Verlängerung der Lebensdauer einer bestehenden Kundenbeziehung (1,79)**	Selektion aussichtsreicher Kunden (2,77)
Rentabilitätssteigerung bestehender Kundenbeziehungen (2,38)	**Selektion aussichtsreicher Kunden (1,94)**	Verlängerung der Lebensdauer einer bestehenden Kundenbeziehung (2,85)
Verlängerung der Lebensdauer einer bestehenden Kundenbeziehung (2,38)	**Rentabilitätssteigerung bestehender Kundenbeziehungen (2,06)**	Erringung strategischer Wettbewerbsvorteile (3,15)
Erringung strategischer Wettbewerbsvorteile (2,40)	Geschäftsprozess-Optimierung in Marketing, Vertrieb und Service (2,27)	Gewinnung neuer Kunden (3,23)
Interaktion zwischen Anbieter und Kunde (2,57)	Erringung strategischer Wettbewerbsvorteile (2,64)	Interaktion zwischen Anbieter und Kunde (3,31)
Selektion aussichtsreicher Kunden (2,66)	Interaktion zwischen Anbieter und Kunde (2,70)	Rentabilitätssteigerung bestehender Kundenbeziehungen (3,33)
Individualisierung der Kundenbeziehung (2,76)	**Gewinnung neuer Kunden (2,79)**	Geschäftsprozess-Optimierung in Marketing, Vertrieb und Service (3,62)
Integration des Kunden (2,91)	Individualisierung der Kundenbeziehung (2,91)	Individualisierung der Kundenbeziehung (3,69)
Gewinnung neuer Kunden (2,97)	Integration des Kunden (3,06)	Integration des Kunden (4,00)

Anmerkung: **fett** = besser als der Branchendurchschnitt

Tabelle 1: Ziele Kundenorientierter Informationssysteme

Bei Banken und Sparkassen und bei Versicherungsunternehmen liegt der Fokus kundenorientierter Informationssysteme noch stärker auf der *bestehenden Kundenbeziehung*; sie liegt bei Banken und Sparkassen weit über dem Branchendurchschnitt, bei Versicherungen dagegen weit unter dem Branchendurchschnitt. Interessant ist, dass sowohl bei Banken als auch bei Versicherungen das Thema der *Individualisierung* noch weniger bedeutend ist als im Branchendurchschnitt. Das ist deshalb verwunderlich, weil die befragten Versicherungen noch vor den

Banken und Sparkassen hauptsächlich im Business-to-Consumer-Bereich, d.h. bei Endkunden tätig sind. Und so lässt sich auch erklären, warum die Qualität der Anlageberatung nach Erhebungen z.b. der Stiftung Warentest sich immer noch unzureichend ist: häufig wurde gar nicht oder nur sehr oberflächlich nach den wichtigsten Kundendaten wie dem verfügbaren Einkommen, den Wünschen und Bedürfnissen der Kunden, den Zielen einer Geldanlage sowie der Risikobereitschaft gefragt worden. Aber auch hinsichtlich des *Spezifikationsgrades ihrer Produkte und Dienstleistungen* sind sowohl Banken als auch Versicherungen nur mittel ausgeprägt.

Die Bedeutung der *Schnelligkeit* ist für alle Branchen von sehr hoher Relevanz. Von größter Bedeutung ist die *Schnelligkeit der Reaktion auf Kundenanfragen* (1,68) sowie die *Schnelligkeit der Lieferung* (2,12), während der Komplex *Schnelligkeit der Angebotserstellung* nur einen Mittelwert von 2,26 erhalten hat. Die *Produkt-/Leistungsqualität* erlangt den höchsten Mittelwert von 1,54 und ist somit für die antwortenden Unternehmen mit Abstand das wichtigste der einbezogenen Kriterien. Im Gegensatz dazu erreichte die *Preisgünstigkeit* mit einem Mittelwert von 2,78 den geringsten Bedeutungsgrad. Untersuchungen der Mummert+Partner Unternehmensberatung ergaben, dass 56 Prozent der befragten Versicherungskunden sich nicht gut beraten fühlen; bemängelt wurden vor allem die schlechte telefonische Erreichbarkeit, ungeklärte Zuständigkeiten sowie die schleppende Bearbeitung von Kundenanfragen.

Folgt man der Annahme, dass das gemeinsame Merkmal kundenorientierter Informationssysteme in der Interaktion mit dem Einzelkunden liegt, so kommt den Arten des Kundenkontaktes im Rahmen des Customer Relationship Management eine besondere Bedeutung zu. Aus diesem Grund wurde die Bedeutung des Kundenkontaktes gesondert betrachtet. Branchen-übergreifend ist erwartungsgemäß der *persönliche (Face-to-Face-) Kontakt* allen Unternehmen besonders wichtig. Dieser hat einen Mittelwert von 1,59 erhalten. Als zweitwichtigstes Kriterium wird der *telefonische Kundenkontakt* (2,33) eingestuft, während *der indirekte Kontakt* zum Kunden (unpersönlich) erwartungsgemäß mit Abstand den niedrigsten Wert bekommen hat (4,65). Den *virtuellen Kundenkontakt* haben die Unternehmen wie folgt eingestuft: der Kontakt zum Kunden über das *Internet* erhält einen Mittelwert von 2,98 und der mittels *E-Mail* lediglich 3,05. Im Prinzip gilt dies auch für Banken und Versicherungen, wobei der *telefo-*

nische Kontakt mit 2,92 bei Versicherungen erstaunlicherweise den niedrigsten Mittelwert aufzeigt und auch beim Internet mit 3,54 am niedrigsten eingestuft wird.

In einer Untersuchung der Katholischen Universität Eichstätt und der Zeitschrift absatzwirtschaft wurde festgestellt, dass 23 Prozent der befragten 148 Unternehmen bereits CRM-Systeme einsetzen und 31 Prozent die Einführung planen, allerdings 46 Prozent sich damit noch nicht auseinander gesetzt haben. Und nach der Studie der Meta Group Deutschland „Agenda 2000" haben gerade einmal 34 Prozent der Unternehmen CRM-Software im Einsatz oder planen deren Einsatz, während eine parallel in den USA durchgeführte Befragung ergab, dass dort bereits 80 Prozent eine Lösung im operativen Bereich einsetzen (vgl. Simon 2000, S. 18 – 24).

Der mögliche Leistungsumfang von Database Marketing-Systemen ist in Abbildung 2 dargestellt. Die einzelnen Blöcke ergeben sich aus einer prozessorientierten Betrachtung, die auf dem Regelkreisansatz im Database Marketing basiert und die um übergreifende Marketing- sowie sonstige Unternehmensaufgaben erweitert worden ist (vgl. de Fries/Gietzen/Reimann 1998, S. 557 ff.).

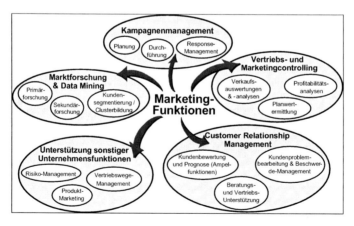

Abbildung 1: Marketing-Funktionen in einem Database Marketing-System

Das Ziel einer von traditionellen und elektronischen Vertriebswegen geprägten Multi-Dialog-Bankenwelt lautet daher: Generierung von Kundeninformationen über die Kontakthistorien aller Vertriebswege hinweg in einer zentralen Datenbasis (vgl. Kleingarn 1999, S. 36 – 38).

Die *Selektion hinsichtlich der erfolgversprechendsten Kunden bzw. Zielgruppen* ist mit Abstand der wichtigste Verwendungszweck des Database Marketing (2,09) vor der *individuelleren Kundenansprache* (2,24) und den *Marketingaktivitäten entsprechend der Investitionswürdigkeit* des einzelnen Kunden (2,65). Die *Früherkennung von (Markt-)Entwicklungen bei Kunden* erhält 2,96, während die *Früherkennung bei Konkurrenten* mit einem Mittelwert von 3,65 als weniger wichtig eingestuft wird.

Für die Banken und Sparkassen und mit etwas Abstand auch für die Versicherungen war die *Selektion von Kunden/Zielgruppen* (1,67) besonders wichtig, um *Marketingaktivitäten entsprechend der spezifischen Investitionswürdigkeit* fahren und auch eine *individuellere Kundenansprache* vornehmen zu können. Dies führt dazu, dass für beide Branchen das *Ausloten von Cross-Selling-Chancen* von überproportionaler Wichtigkeit ist.

Call Center entwickeln sich zunehmend zu universellen Kommunikationsplattformen, hier hilft auch der boomende E-Commerce-Markt mit, dass sich Call Center zu sog. Customer Interaction Center bzw. medienübergreifenden Communication Center weiterentwickeln (vgl. Stojek 2000, S. 8 ff.). Call Centern kommt in diesem Zusammenhang die Rolle eines kleinen Marktforschungsinstituts zu: es registriert den Bedarf des Marktes und richtiges Kundenbeziehungs-Management bedeutet dabei, den Bedarf des Kunden zu erkennen und zu wissen, zu welchem Zeitpunkt man mit dem Kunden in einen Dialog treten muss; dafür ist eine umfangreiche Marketing-Datenbank unverzichtbar (vgl. Hafner/Hohlfeld/ Weißhaar 2000, S. 88 ff.).

Für Call Center haben sich hauptsächlich drei Verwendungszwecke als wichtig herausgestellt – nämlich die *ständige Erreichbarkeit* mit einem sehr hohen Mittelwert von 2,38, die *Anfragenbeantwortung* (2,62) sowie das *Beschwerde-Management* (2,72); weniger wichtig ist den Unternehmen die *Verkürzung der Lieferzeit* (5,0), die *Erhebung von Marktforschungsdaten* (4,57) sowie die *Adressakquisition* (4,41) mittels eines Call Centers.

Die wichtigsten Verwendungszwecke des Online Marketing für Banken und Sparkassen sind vor allem die *Produktpräsentation* (2,33), die *Neukundengewin-*

nung (2,50) sowie *Online-Public Relations* (2,59), im Prinzip ähnlich den Versicherungen, bei denen jedoch die *schnellere interpersonelle Kommunikation* den zweiten Rang eingenommen hat – was sich bei etlichen Versicherungen z.B. durch sog. Call-Back-Buttons ausdrückt. Bis auf dieses Merkmal sind alle gewünschten Verwendungszwecke bei den Banken und Sparkassen über dem Branchendurchschnitt. Dennoch ist es erstaunlich, dass die besonderen Vorteile des Internet auch unter dem Gesichtspunkt des viel gepriesenen One-to-One-Marketing sowohl bei den Finanzdienstleistern, als auch den Versicherungen wenig zum Ausdruck kommen. Es überwiegt häufig noch der reine Brochureware-Charakter.

Interpersonelle Kommunikation, schnelle Erreichbarkeit und Geschwindigkeit sind durch das Internet erst richtig möglich geworden. Doch gerade in diesen Punkten zeigen sich gerade bei Finanzdienstleistern erhebliche Mängel: so laufen beim Bundesamt für den Wertpapierhandel massenhaft Beschwerden zur schlechten Erreichbarkeit von Direktbanken. Banken haben es vielfach versäumt, den Herausforderungen der neuen Medien durch die Schaffung interner Infrastrukturen Rechnung zu tragen und das Potenzial der E-Mail-Kommunikation wird nur mangelhaft und nicht einmal in Ansätzen zur Generierung von Kundenservice genutzt, wie Tests bei 50 Banken und Sparkassen gezeigt haben (vgl. Birkelbach 2000, S. 8 ff.).

Die Bedeutung, die Banken dem Medium Internet zumessen, entspricht auch heute noch nicht der Qualität der Internet-Auftritte, wie Untersuchungen des TNS Infratest Finanzforschung sowie der Fachhochschule Düsseldorf in Kooperation mit dem Rheinisch-Westfälischen Genossenschaftsverband (RWGV) belegen. Sie folgen meist ihrer eigenen Logik statt der Interessenlage ihrer Kunden. Dies ist umso erstaunlicher,

- da 53 Prozent der Bankmanager davon überzeugt sind, dass der Kunde eine integrierte Betreuung voraussetzt, die das Internet nahtlos mit dem E-Mail-Verkehr und dem Call Center verbindet,

- da 40 Prozent der Bankmanager glauben, dass der Kunde, nachdem er sich angemeldet hat, von seiner Bank personalisierte, auf seine individuellen Belange zugeschnittene Webseiten verlangt und

- da immerhin noch 25 Prozent der Bankmanager davon überzeugt sind, dass die Banken ihren Kunden individualisierte, schon vorausgefüllte Formulare zum Download bereitstellen sollten. (vgl. Pelzl 2005a, S. 20 f.)

3 Integration als Voraussetzung für ein erfolgreiches Kundenbeziehungs-Management

Um von „echtem" Management der Beziehungen sprechen zu können, bedarf es eines intelligenten und vor allem umfassenden Umgangs mit den Kundendaten, damit im Kundenkontakt schneller, flexibler und individueller agiert und reagiert werden kann (vgl. Behnam 1999, S. 32). Vor allem ist jedoch eine Integration über alle Kommunikationswege hinaus erforderlich.

Die Befragung von *Sexauer* ergab immerhin, dass zwei Drittel der eingesetzten CAS-Systeme und Call Center mit einem Database Marketing-System verbunden gewesen sind. Auch etwa jedes dritte Online Marketing-System weist eine Anbindung zum Database Marketing auf. Im Gegensatz dazu ist die Anbindungsquote von CAS-Systemen bzw. Call Center zu Online Marketing-Systemen noch relativ niedrig. Das bedeutet, dass etwa nur jedes achte Online Marketing-System mit einem CAS-System bzw. einem Call Center integriert ist.

Daraus resultiert, wie aus einer Studie der Universität Münster zum Customer-Value-Management hervorgeht, dass...

- 62 Prozent der Banken den Nutzen von Marketing-Maßnahmen nicht direkt feststellen können,
- nur 50 Prozent der Banken Informationen über die Profitabilität ihrer Kunden zur Verfügung stehen,
- 56 Prozent der Banken keine Informationen über das Kundenpotenzial zur Verfügung haben,
- 62 Prozent der Banken die Historie der letzten Kontakte im täglichen Kundenkontakt nicht vorliegen haben und

- schließlich 77 Prozent der Banken nicht in der Lage sind, den Potenzialwert, den zukunftsgerichteten Wert eines Kunden zu ermitteln (vgl. Ahlert/Gust 2000, S. 16).

4 Beispiele einer erfolgreichen Umsetzung von Kundenbeziehungs-Management

Die Bankenwelt hat in den vergangenen Jahren eine erhebliche Fusionswelle erlebt; Experten schätzen, dass mittelfristig noch etwa 500 Bankinstitute vor der Verschmelzung stehen werden. Diesem umfassenden Fusionsprozess folgte ein ebenso umfassender Integrationsprozess, der dazu führte, dass man im Grunde noch einmal ganz von vorne anfangen musste. In einer Telefonaktion hat beispielsweise die VR-Bank West-Thüringen ihre Kunden mit ins Boot genommen und sie befragt, was die neue VR-Organisation leisten sollte. Dabei kam heraus, dass sie schnell sein, über alle möglichen Kommunikationskanäle verfügen und natürlich eine hohe Produktqualität zu guten, transparenten Preisen bieten sollte (vgl. Neuhierl/Lamge 2005, S. 16 f.). Im Folgenden sind ein einige Beispiele erfolgreichen CRM-Einsatzes bei einigen Bankinstituten aufgeführt, die aufzeigen, welchen Nutzen Banken und auch Kunden daraus erfahren konnten.

Beispiel 1: Die DAB bank AG startete 1994 als erster Direct Broker Deutschlands mit einem innovativen Bankenkonzept: obwohl die ersten Kundenbeziehungs-Management-Ansätze erst zu diesem Zeitpunkt aufkamen, hatte die DAB bereits Ende 1998 ein integriertes Kunden- und Interessenten-Management-System im Einsatz. Im Sommer 2001 wurde damit begonnen, aufgrund der gemachten Erfahrungen ein CRM- und Loyalitäts-Managementsystem der zweiten Generation in Angriff zu nehmen. Als Hauptziele wurden die Markenbildung, die Steigerung der Kundenloyalität, die Aktivierung der inaktiven Kunden, die intensive Bearbeitung gefährdeter Kundenbeziehungen sowie die Senkung der Abwanderungsrate erreicht. Auf der Kundenseite wurde die Transparenz erhöht, umfassende Informationen geliefert, die Erwartungen der Kunden gesteuert, ein psychologischer Mehrwert für die Kunden sowie eine stärkere Identifikation mit dem Unternehmen erzielt (vgl. Heck 2005, S. 1 ff). Mit dem Account Data Management wurde die ehemals kontenzentrierte Sicht auf die Kundendaten durch eine kundenzentrierte Sicht abgelöst. Dieser Blickwinkel ermöglicht es den Servicemitarbeitern im Customer Interaction Center eine Gesamtsicht auf alle Konten und Rollen eines Kunden (vgl. Materna 2005, S. 13 ff).

Beispiel 2: Die ING DiBa hat sich zum Ziel gesetzt, ihren Kundenstamm weiter auszubauen und bestehende Kunden über eine optimierte Betreuung zu binden. Mittels Data Mining-Analysen werden neue Kunden kostenoptimiert akquiriert und gemäß ihrer individuellen Präferenzen betreut. Die ständige Auswertung der Kampagnen bringt Lerneffekte, die wiederum für noch effizientere Kampagnen sorgen (Learning Relationships), z.B. das Anbieten logischer Folgeprodukte für den jeweiligen Kunden. Diese Informationen stehen z.B. den Mitarbeitern im Call Center zu Verfügung, indem sie automatisch bei Anrufen darüber informiert werden, welches Produkt sie dem Kunden aktiv anbieten sollten. (vgl. Pelzl 2005b, S. 36 f).

Beispiel 3: Auf Grund unterschiedlicher und in der Regel nicht integrierter Informationssysteme gelingt es aber sehr vielen Bankinstituten nicht, den Kunden komplett abzubilden, um ihm gezielt Produkte anbieten zu können. Es gibt noch zu viel Bankabwicklung und zu wenig Dienstleistung. Die SEB Bank hat sich daher dem Spaß, am Kunden zu arbeiten, verschrieben, weil dies das einzige vom Wettbewerb differenzierende Unterscheidungsmerkmal ist. Und so wurde der TÜV Saarland damit beauftragt, Kundenorientierung und Service durch entsprechende Kundenbefragungen bewerten zu lassen. Die Auszeichnung „TÜV-Service tested" führt dazu, dass die Aussagen und Beratungsleistungen der SEB Bank deutlicher wahrgenommen werden und die unterbewusste Qualitätsvermutung beim Kunden steigt. Zudem sehen die Kunden diesen TÜV-Siegel auch als Herausforderung an, sie werden noch kritischer und verleitet sie dazu, die Bank auch auf die Probe zu stellen (vgl. Hanser 2005, 42 f.).

Beispiel 4: Die DekaBank hat Sparkassen für ihr Kampagnenmanagement ein Werkzeug zur Verfügung gestellt, das ihnen ermöglichte, Kunden noch zielgerichteter und damit erfolgreicher zu kontaktieren und zu beraten. Es wurde ein Servicepaket geschnürt mit Verkaufs- und Werbematerialien sowie einer Selektionsliste mit den laut Scoring als am interessantesten für den neuen Garantiefond bewerteten Kunden der jeweiligen Sparkasse. Die Abschlüsse der 160 teilnehmenden Sparkassen stiegen durchschnittlich um den 3,3-fachen Wert, maximal sogar um den Faktor 8,8 verglichen mit den Sparkassen, die an der Aktion nicht teilnahmen (vgl. Thomas 2005, S. 12 f).

Beispiel 5: Das Projekt „CRM im Firmenkundengeschäft" der Dresdner Bank wird in der Literatur oft als CRM-Branchenbeispiel genannt und wurde dafür auf der CRM Expo 2002 mit dem „CRM-Best-Practise-Award 2002" ausgezeichnet. Besonders wichtig für die Umsetzung war die koordinierte Abstimmung und Entwicklung aller Komponenten. Die Produktkompetenzzentren wurden durch die Übernahme von Kundensegmentverantwortungen aktiv in den Kundenprozess einbezogen, sodass die Abdeckung der jeweiligen Nachfrage und Bedürfnisse durch individuelle Produkte und Dienstleistungen gewährleistet werden konnte. Die Motivation und Akzeptanz der Mitarbeiter wurde erreicht durch Befragung der Mitarbeiter und ständige Kommunikation der am Projekt beteiligten Mitarbeiter und vor allem durch Einbeziehung in das Projekt, indem ihre Anregungen aufgenommen und auch beantwortet wurden. Das Projekt stand von Anfang an unter dem Motto „von Anwendern für Anwender", sodass aus Betroffenen schließlich Beteiligte geworden sind. Zudem ist dieses Projekt von Anfang an intensiv vom Vorstand begleitet worden. Diesem Umstand sowie der ständigen Kommunikation und mitarbeiternahen Umsetzung ist schließlich ein erheblicher Anteil am Gelingen des Kundenbeziehungs-Management-Projektes und des Change Management Prozesses beizumessen. Die Bearbeitungszeit von Kundenbeschwerden konnte somit um 40 Prozent reduziert werden, je Kundenbetreuer konnte eine tägliche Zeitersparnis von 60 bis sogar 90 Minuten durch den Wegfall von Doppeleingaben und manuellen Überwachungen sowie höherer Transparenz der Kundenbedürfnisse erreicht werden. Letztendlich konnte somit der Gesamtertrag seit 1997 um 60 Prozent gesteigert werden (vgl. Benkendorf/Janke 2004, S. 36 ff.).

Beispiel 6: Durch die Einführung eines Nachfrage- und Reklamations-Managementsystems bei der Commerzbank konnte neben erheblichen Kosteneinsparungen eine Reduktion der Bearbeitungszeit um 50 Prozent und des Aufwandes um über 30 Prozent und damit eine Verringerung der Verlustrisiken erreicht werden. Das führte zu einer spürbar höheren Serviceleistung und einer signifikanten Steigerung der Kundenzufriedenheit (vgl. Reimann/Nagtegaal 2005, S 1f.).

Beispiel 7: Eindrucksvoll sind die Ergebnisse der Chinatrust Commercial Bank in Taiwan, die Anfang 2005 ihr CRM-System implementiert und bereits im ersten Halbjahr 2005 ihre ersten zehn Life-Event basierten Kampagnen mit einer Erfolgsquote von 25 Prozent durchgeführt hat – im Gegensatz zu einer sonst branchenüblichen 1- bis 2- prozentigen Rücklaufquote. Diese zehn Kampagnen – speziell auf Neukundenakquise angesetzt – erbrachten einen ROI von 168 Prozent. Die erfolgreichste Kampagne zielte auf die Wiedergewinnung früherer Kunden und erbrachte eine Erfolgsquote von 52 Prozent. Andere Kampagnen erbrachten Erfolgsquoten von 32 Prozent oder einen ROI von 220 Prozent.

Beispiel 8: Spanische Banken haben sich immer schon durch innovative Konzepte profiliert. Ihr konsequenter Fokus auf den Vertrieb wird sehr deutlich in den umfangreichen Marketing- und Kommunikationsbudgets, die doppelt so hoch sind als bei deutschen Banken. In erster Linie werden die Marketingaufwendungen zur Begleitung expansiver Marketingaufwendungen verwendet, wie z.B. die Ansprache neuer Zielkunden und die Auslagerung bzw. Bereitstellung zahlreicher Serviceprozesse und -Funktionen über Selbstbedienungsterminals. Kleingewerbetreibende und KMUs werden wesentlich intensiver und erfolgreicher betreut als vergleichsweise deutsche Mittelständler in Deutschland. Ein besonderes Augenmerk haben die spanischen Bankinstitute auf die Erschließung der Einwanderer gelegt und in ihnen ein dauerhaft wachsendes Marktsegment mit spezifischer und steigender Nachfrage nach Finanzdienstleistungen entdeckt – und zwar mit klar differenzierten Betreuungskonzepten, die sich an der Bedürfnisstruktur der Einwanderer orientieren, von der Auslandsüberweisung bis hin zum Immobilienkauf. So ist bei den spanischen Großbanken bereits jeder dritte Neukunde ein Nicht-Spanier bzw. Einwanderer. Bei deutschen Banken sind solche spezifischen Betreuungsmodelle und Produktkonzepte für die knapp zwei Millionen in Deutschland lebenden Türken sowie türkischen Einwohner mit deutschem Pass dagegen Mangelware (vgl. Eichelmann 2005, S. 6).

5 Zusammenfassung

Der Finanzdienstleistungsbereich hat in den vergangenen Jahrzehnten radikale Veränderungen erfahren. Durch die weitgehende Homogenität und der damit einhergehenden Austauschbarkeit der Finanzprodukte kommt neben dem Preis vor allem der Marke eines Produktes sowie den Added Services für den Kunden eine immer größere Bedeutung zu. Neben der Entkoppelung der „Vertriebs-" und „Produktionsbank", der „Modularisierung der Produkte" sowie der „Fokussierung der Kundenbeziehung", d.h. der Kundenorientierung zur Überwindung der Distanz zu den Kunden, ist aber auch der bequeme Zugang zum Finanzdienstleister über alle Vertriebswege hinweg einer der wesentlichen Erfolgsfaktoren geworden. Die Schlüsselfrage lautet daher: inwieweit kann der Finanzdienstleister mit all seinen Leistungen dazu beitragen, die Wertschöpfung des Kunden nachhaltig – und zwar besser als der Wettbewerb – zu steigern? Die genaue Kenntnis der heutigen und zukünftigen, auch verdeckten Kundenbedürfnisse ist die Voraussetzung dazu. Der Verkäufer, der Berater ist gefordert, im persönlichen Kontakt einen echten Mehrwert zu bieten. Moderne Computer Aided Selling- oder Sales Force Automation-Lösungen tragen diesen Aspekten Rechnung, um den Verkäufer, den Berater noch näher am Ohr des Kunden zu haben, ihn damit schneller im Markt agieren zu lassen und damit dem Wettbewerb voraus zu sein. Durch CAS-gestützte, interaktive Verkaufstechniken wird der persönliche Verkauf unterstützt, indem er die Möglichkeiten aller Neuen Medien, abhängig von der jeweiligen Verkaufssituation, sozusagen in einem Technologie-Mix, einsetzt.

Doch die Umsetzung dieser Konzepte bei deutschen Banken und Versicherungen ist zwar nicht mehr mangelhaft, doch bei weitem noch nicht so, wie notwendig. So schneiden deutsche Banken im weltweiten Vergleich beim Kundenservice immer noch schlecht ab. Danach nutzen 93 Prozent der Banken während des Kundenkontaktes keine zusätzlichen Verkaufsmöglichkeiten durch so genanntes Cross- und Up-Selling und 65 Prozent gehen nicht auf die Interessen des Kunden ein, bevor sie ihm Produkte empfehlen. Auf E-Mail-Anfragen von Kunden reagierten 32 Prozent der untersuchten Banken überhaupt nicht und 97 Prozent hatten keinen Einblick in vorherige Kundenaktivitäten über andere Kommunikationskanäle. Es ist daher ein hoher Integrationsbedarf und somit dringend eine Anbindung insbesondere an die Bereiche Marketing und Vertrieb notwendig. Um von „echtem" Management der Beziehungen sprechen zu können, bedarf es daher eines intelligenten und vor allem umfassenden Umgangs mit den Kundendaten, damit im Kundenkontakt schneller, flexibler und individueller agiert und reagiert werden kann. Anhand einiger Beispiele erfolgreichen CRM-Einsatzes bei Banken wird abschließend aufgezeigt, welchen Nutzen Banken und auch Kunden daraus erfahren konnten.

Literatur

Ahlert, D.; Gust, E.-M.: Customer-Value-Management-Studie: Und was ist Ihr Kunde wert?, in: geldinstitute, Nr. 5 (2000), S. 16-19

Behnam, F.: Das Erfolgselixier Kundenbeziehungen – Customer-Relationship-Management auf dem Prüfstand: Die Vorteile moderner Systeme gegenüber dem herkömmlichen Database-Management, in: HORIZONT Nr. 41 (1999), S. 32

Benkendorf, M.; Janke, B.: CRM in Banken: Aufzeigen von Grundstrukturen und Entwicklung eines CRM-adäquaten Organisationsmodells, Sozioökonomischer Text Nr. 113, HWP – Hamburger Universität für Wirtschaft und Politik, September 2004

Birkelbach, J.: Deutsche Banken in der E-Mail-Wüste? – Euphorie wird durch erhebliche Leistungsmängel getrübt, in: geldinstitute, Nr. 5 (2000), S. 8-15

de Fries, D.; Gietzen, S.; Reimann, E.: Database Marketing in den Sparkassen, in: Betriebswirtschaftliche Blätter des Deutschen Sparkassen- und Giroverbandes (DSGV), Nr. 12 (1998), S. 557-559

Eichelmann, Th.: The Spanish Way of Banking: Erfolgsmodell für Deutschland, in: IT Finance, Nr. 3 (2005), S. 6-9

Hafner, B.; Hohlfeld, Th.; Weißhaar, K.: Die hohe Kunst der Beratung, in: HORIZONT Nr. 14 (2000), S. 88-90

Hanser, P.: Die Lust, am Kunden zu arbeiten, in: absatzwirtschaft, Nr. 12 (2005), S. 42-43

Heck, K.: Kundenbeziehungsmanagement der DAB bank AG, in: Albers, S.; Hassmann, V.; Tomczak, T. (Hrsg.): Digitale Fachbibliothek – Vertrieb: Planen, Umsetzen, Optimieren, Kapitel 06.01, Düsseldorf 2006

Kleingarn, H.: Database-Marketing für die individuelle Kundenansprache, in: geldinstitute, Nr. 11/12 (1999), S. 36-38

Materna GmbH: Kunden-Management-Prozess verbinden, Materna Monitor, 01/2005, S. 13-15

Neuhierl, R.; Lamge, P.: Die Bank von morgen, in: Funkschau, Nr. 3 (2005), S. 16-17

Pelzl, U.: Internetauftritte: Virtuelle Filialen für die Kunden gestalten, in: Banken+Partner, Nr. 1 (2005a), S. 20-21

Pelzl, U.: Kundenorientierung vorleben, in: Banken+Partner, Nr. 4 (2005b), S. 36-37

Reimann, E.: Multimediale Kiosksysteme für Banken – Strategien zum Erfolg: Situation, Visionen & Erfolgsfaktoren, Vortragsmanuskript, Ueberreuter Managerakademie, Frankfurt/Main, 28./29. Nov. 2000, S. 1-28

Reimann, E.; Nagtegaal, L.: Ready for SWIFT Investigations? Nachfrage- und Reklamations-Management, www.Competence-Site.de, 03. Mai 2007

Sexauer, H.J.: Einsatzdeterminanten und Integrationsgrad kundenorientierter Informationssysteme – Ein empirischer Beitrag zum Customer Relationship Management (CRM), Wiesbaden 2006

Siebel Systems: Deutsche Banken schneiden beim Kundenservice schlecht ab, CRM Forum, 07. April 2005

Simon, R.: CRM? Nein danke! Studie stellt geringen Einsatzgrad von Software-Lösungen für Customer Relationship Management fest, in: CYbiz, Nr. 06 (2000), S. 18-24

Stojek, M.: Mehr Profit durch Nähe zum Kunden – Customer Relationship Management als Form des E-Business zielt vorrangig auf Umsatzmaximierung, in: CYbiz, Nr. 6 (2000), S. 8-15

Strohmeier, W.: Lies mir meinen Wunsch vom Munde, in: Net Investor, Nr. 6 (2000), S. 100-103

Thomas, G.: Ohne Datenpool kein CRM, in: geldinstitute, Nr. 6 (2005), S. 12-13

Wolbersen, J.E.: CRM – ein strategisches Geschäftsmodell, in: Zum Thema, Nr. 36, http://www.zumthema.at (07.01.2000)

Kundenbeziehungs-Management-Prozesse in IT und Organisation: Innovation und Erfahrungen von Cortal Consors S.A. und simple fact AG

Richard Graf, Torsten Krüger

Zusammenfassung: Gerne positionieren sich heute Unternehmen am Markt mit „Wir bieten unseren Kunden einen optimalen Service und betreuen sie individuell und persönlich!" Die Umsetzung wird oft nur auf ein gesteigertes Marketing-Budget und moderne IT-Werkzeuge für Customer Relationship Management (CRM) und Data Warehousing ausgerichtet. Damit bleiben die realisierten Effekte und der Nutzen oft marginal und sind selten konkret messbar. CRM muss zur Chefsache werden und neben der Produktpalette sollte die gesamte Organisation am Kunden ausgerichtet werden. Nur ein durchgängiges Kundenbeziehungs-Management, orientiert am Kunden und IT-seitig als wirklich durchgängige Closed Loop-CRM Lösung abgebildet, kann einen wirklichen Nutzen hervorbringen. Für einen nachhaltigen Erfolg braucht es eine durchgängige Ausrichtung am Kunden, die Anpassung der Prozesse in der eigenen Organisation und die Unterstützung durch eine solide Technologie. So entwickelt sich das Closed Loop-CRM zu einer effektiven und sich selbst optimierenden Umgebung, die einen hohen Return on Invest (RoI) verspricht. Mit dieser Orientierung und auf Basis einer integrierten CRM-Plattform können kundenorientierte Aktionen und die Messung des entsprechenden Antwortverhaltens abgebildet werden. Wer auf einem kundenzentrischen Data Warehouse (DWH) mit zentraler Datenhaltung nach dem Enterprise-Ansatz aufbauen kann, hat bereits ein solides Fundament, um den Ausbau kundenorientierter Aktivitäten zu forcieren. Dieser Beitrag zeigt anhand „best practice Erfahrungen", wie der in der Literatur vielzitierte „Marketing-Kreislauf" mit einem evolutionär-iterativen Vorgehensmodell und technologisch unterstützt durch ein Closed Loop-CRM systematisch entwickelt und geschlossen werden kann.

Schlüsselworte: Closed Loop, Marketingkreislauf, Kundenbeziehungs-Management, Data Warehouse, Business Intelligence, Data Mining, Prozesse, Architektur

Inhaltsverzeichnis

1 Vom Produktvertrieb zum kundenoptimierten Service 569

2 Was ist unter einem Closed Loop-Ansatz zu verstehen? 570

3 Erfolgreiche Umsetzung 573

4 Auf sicherem Kurs bleiben trotz großer Stolpersteine 578

5 Der Nutzen 579

6 Fazit 580

Literatur 581

1 Vom Produktvertrieb zum kundenoptimierten Service

Die Kundenbetreuung ist eine sehr aufwendige Aufgabe und ist in den Unternehmen „mission critical". Hier arbeiten Marketing, Vertrieb, Produktmanagement und IT eng zusammen. Für eine ganzheitliche Strategie „one face to the customer" kann beliebig viel Geld investiert werden, ohne genau zu wissen, welche der Botschaften über welche Kanäle letztlich einen entscheidenden Beitrag zum Kaufabschluss bzw. zur Zufriedenheit des Kunden lieferten. Trotz dieses Risikos ist eines sicher: die Zeit des manuellen Kundenmanagements ist endgültig vorbei. Nur einer intelligenten, kundenorientierten Organisation mit einer entsprechenden Systemunterstützung gelingt die Pflege und das Wachstum eines zufriedenen Kundenstamms. So lassen sich bei einem hohen Automatisierungsgrad nachhaltig Kosten einsparen und Maßnahmen auf Wirksamkeit überprüfen.

Cortal Consors, der Marktführer für das „Internetbasierte Personal Investment" in Europa, meistert seit fünf Jahren diese Herausforderung. In einem evolutionären Prozess wurden mit einer klaren CRM-Strategie die Organisation und die IT-Systeme stufenweise auf Basis eine Data Warehouses (DWH) ausgerichtet. Bereits nach drei Jahren wurde der „circle of customer intelligence" in einer integrierten Systemwelt erfolgreich geschlossen. Customer Relationship Management ist Chefsache und neben der Produktpalette wurde die gesamte Organisation am Kunden ausgerichtet. Als logische Konsequenz wurde eine Schnittstelle zwischen Marketing und Vertrieb sowie der IT-Abteilung eingerichtet. Die Investitionen werden jetzt mit einem nachweisbaren signifikanten ROI im täglichen Business belohnt. Der Aufbau der notwendigen Infrastruktur geschah in einem überschaubaren, risikoarmen Prozess. Der Erfolg beruht auf 2 essentiellen Voraussetzungen: Zum einen steht bei Cortal Consors mit dem CEO direkt die Geschäftsführung hinter einer kundenzentrischen Organisationsentwicklung: „Erfolgreiche Kunden bilden das Potenzial der Bank und gestalten den Unternehmenserfolg.". Zum zweiten braucht es den „richtigen Motor" in Form eines zentralen, kundenzentrisch ausgerichteten Data Warehouse. Die simple fact

AG unterstützte Cortal Consors beim Aufbau und ist bis heute bei der Verbesserung und Erweiterung des Closed Loop-CRM beteiligt.

2 Was ist unter einem Closed Loop-Ansatz zu verstehen?

> Mit dem Management-Konzept eines Kundenbeziehungs-Managements wird die zentrale Frage gestellt: „Wie kann das Unternehmen seinen Kunden einen optimalen Service bieten?"
> Hier liefert der Ansatz „Closed Loop CRM" die nötigen Antworten.

Das operative CRM dient der täglichen Kundenbetreuung. Ein kundenzentrisches DWH ermöglicht die Analyse zur Anreicherung des Wissens über die Kunden und dessen Erwartungen. Dabei wird der Kunde in den Phasen seines Lebenszyklus nachverfolgt: vom potenziell interessierten Menschen über einen Interessenten, einen sich orientierenden Neukunden, dem etablierten Bestandskunden bis zum ehemaligen Kunden, den es wieder zu gewinnen gilt. Die Begleitung durch diese Phasen erfordert ein durchgängiges Kundenmanagement über die beteiligten Organisationsbereiche in Marketing, Vertrieb, Lieferung/Produktion und Service.

In einer Closed Loop CRM-Plattform mit einem DWH werden die kundenorientierten Aktionen und das Responseverhalten jedes Empfängers automatisiert festgehalten. Erst dadurch wird das jeweilige Antwort- und Kaufverhalten bezüglich der ganz konkreten Werbemaßnahmen transparent und messbar. Das DWH als kundenzentrisches Gedächtnis ermöglicht eine evolutionär reifende Planung von Marketingkampagnen und Produkten in einer „selbst lernenden Schleife", eben auch als Closed Loop CRM oder Marketingkreislauf bezeichnet. Im Mittelpunkt des CRM steht bei Cortal Consors eine ausgefeilte Segmentierung des Kundenbestandes, auf deren Basis zielgruppenspezifische, mehrstufige und auf die individuelle Anlagesituation des Kunden ausgerichtete Aktivitäten ermöglicht werden. Die breite Kundenbasis wird anhand spezifischer Merkmale in Kundengruppen analoger Bedürfnisse eingeteilt. Damit entsteht einerseits ein umfassender Blick auf die individuellen Bedürfnisse des Kunden, andererseits aber auch eine verallgemeinerbare Ansprachestruktur, die treffsichere Marketingaktionen mit automatisiert ableitbaren, „maßgeschneiderten" Angeboten ermöglicht. Die resultierenden Segmente werden dem gesamten Unternehmen kommuniziert, und dienen als Basis zur zielgruppen-, also segmentspezifischen Bedarfsanalyse, Produktentwicklung, Serviceplanung bis hin zu entsprechenden Marketingaktionen und Kundenbetreuungsaktionen. Die Segmentierung der Kunden wird historisiert und damit können Wanderbewegungen zwischen den einzelnen Segmenten erkannt werden. Mit dieser Information können systematisch Marketingaktionen aktiv dafür sorgen, dass die für das Unternehmen positiven Bewegungen hinsichtlich wachsender Loyalität, Cross- und Upselling verstärkt und die Abwanderung reduziert wird. Voraussetzung dafür ist die integrierte Abbildung der Prozesse innerhalb der Kundenbetreuung als durchgängige Verzahnung zwischen den Ebenen der Organisation und der Technologie, wobei hier der Kunde den Takt angibt und dirigiert (vgl. Abbildung 1).

Abbildung 1: Closed Loop CRM

So können alle ein- und ausgehenden Informationen über die Kanäle wie Brief, E-Mail, Portal und über die persönliche Ansprache im Call Center und Außendienst zusammengeführt und darauf basierend über mehrstufige Prozesse hinweg im Sinne des Kunden gesteuert werden. Die konkreten Aufgaben der integrierten Technologien im Closed Loop CRM fasst Tabelle 1 zusammen (vgl. Tabelle 1).

Aufgabe	Technologie
• Steuerung operativer Aktionen der Kundenansprache und Bedürfnisbearbeitung • Dokumentation operativer Kontakte • Dokumentation kanalübergreifender Responses • Darstellung elektronischer Kundenakte als integrierte Gesamtsicht	• operatives CRM • Telefonie

• Vorauswahl von Zielkunden über definierte Merkmale
• Integration Transaktionsdaten
• Generierung und Aktualisierung 360° Kundensicht
• Auswertung der Ergebnisse von Maßnahmen und Kampagnen
	• Analytisches CRM im DWH
	  o BI Analyse & Reporting
	  o EAI / ETL Datenintegration

• Identifizierung Kundensegmente • Positionierung des Kunden in Segment und Lebenszyklus • Bewertung der Affinität der Zielkunde für Angebote • Identifizierung Potential für Cross- und Upselling • Bewertung Störfaktoren und Identifizierung abwanderungsgefährdeter Kunden	• Data Mining
• Anlage der Kampagne • Generierung der Aktionen • Controlling der Ausführung	• Kampagnenmanagement
• Zuteilung der Aktionen zu Ausführendem	• abhängig von Organisationsstruktur und Reifegrad: Business Process (BPM) bzw. Workflow Management
• Darstellung von personalisierten Angeboten • Bereitstellung personalisierter Kundenservices • Tracking Response	• Portal

Tabelle 1: Aufgaben der Closed Loop-CRM integrierten Technologien

> Closed Loop CRM ist eine Plattform für marketingorientierte Kundenaktionen und Messung des jeweiligen Antwort- und Kaufverhaltens in einer selbst lernenden Schleife mit 3 Integrationsebenen: Organisation, Prozesse und Informationstechnologie.

3 Erfolgreiche Umsetzung

Die Closed Loop CRM-Lösungsarchitektur integriert alle Kommunikationskanäle zum und vom Kunden im DWH. Ziel ist, die kanalübergreifend ausgetauschten Botschaften im DWH als „single point of truth and contact" zu konsolidieren, um damit auch eine einheitliche und konsistente Kundenansprache zu ermöglichen. Das DWH wird hiermit zur elektronisch aktuell verfügbaren „Kundenakte" mit allen Kontakten, Aktionen und Responses mit lückenloser Historie. Damit wird es zum Kernstück des „one face to the customer", mit dem auch eine komplexe, ggf. virtuelle Organisationsstruktur mit einer Vielzahl von Beteiligten eine konsistente und einheitliche Kommunikation leben kann. Grundvoraussetzung dafür ist die erfolgreiche Umsetzung des Closed Loop-CRM mit einem gemeinsamen Business-Verständnis über den Kunden, die betreffenden Vorgänge und den resultierenden Informationsobjekten.

Neben der formalen, eher technisch motivierten Definition des Kundenbegriffs ist die Ausrichtung des Kundenmodells auf klar identifizierte Phasen des Kundenlebenszyklus und den Stufen der Wertschöpfung entsprechend der Abbildung 2 wichtig. Nur so besteht die Möglichkeit zur konsequenten Ausrichtung von Kundenbetreuungsmaßnahmen am Unternehmenserfolg. Gleichzeitig ermöglicht diese Struktur den Aufbau eines wertorientierten Controlling- und Steuerungssystems, indem eine integrierte, durchgängige Sicht dieser Entwicklungsstufen in Business Modell, Prozessen, Datenspeicherung und deren Aufbereitung in Kennzahlen, Segmente und Maßnahmen im kundenzentrischen Data Warehouse geschaffen wird.

Abbildung 2: Stufen der Wertschöpfung der Kundenbeziehung aus Unternehmenssicht

Vor diesem Hintergrund wird eine formale, technische Beschreibung des Kundendatenmodells mit Abbildung der Kundenbeziehungen möglich, zu dem die Prozesse der Kundenbetreuung und die kundenfokussierten Services „gemappt" werden können. Gerade die Abbildung der Beziehungen zwischen den beteiligten Parteien ist für die Definition leistungsfähiger Kundenservices essentiell. Für einen passenden Service werden beispielsweise im Private Banking bzw. Privatkundenvertrieb neben der traditionell transaktionsorientierten Fokussierung eine Vielzahl beteiligter Personen in verschiedenen Rollen individuell und als gemeinschaftlich handelnder Verbund auswertbar abgebildet. Die Tabelle 2 zeigt wesentliche Leitfragen zur Ausarbeitung eines entsprechend harmonisierten Kundenmodells. So kann beispielsweise „der Kunde" im Falle einer Familie mit einem Gemeinschaftskonto völlig verschieden abgebildet werden:

- ein Ehepartner als Kunde1 mit einem Konto und dem verfügungsberechtigten Partner als Kunde2

- ein Konto mit zwei in der Rolle „Verfügungsberechtigter" zugeordneter Personen

- die Familie als 1 Kunde mit einem Gemeinschaftskonto und 2 zugeordneten Einzelkunden, den Ehepartnern, usw.

Fokus	Leitfrage
• Kunde	• Was ist ein Kunde? • Wie wird der Kunde abgebildet? • Wie können die Kunden strukturiert werden?
• Produkt	• Was ist ein Produkt? • Wie wird das Produkt abgebildet? • Wie ist die Struktur der Produktpalette?
• Geschäftsbeziehung	• Wie werden die Produkte verkauft? • Welche Vorgänge initiiert der Kunde? • Was bewegt den Kunden?
• Jeweils	• Neben der zentralen Sicht, unternehmensweit und fokussiert auf das allgemeine Kundenmodell, sind spezifische Varianten "maßzuschneidern". Hierzu ist beispielsweise zu betrachten: • Welche landesspezifischen Besonderheiten sind relevant? • Welche Besonderheiten von "Kleingruppen" sind relevant und ggf. für Mikro-Segmentierung lohnenswert?

Tabelle 2: Leitfragen für ein harmonisiertes Kundenmodell

Die Closed Loop-CRM-Strategie schafft damit ein gemeinsames Verständnis der Geschäftsprozesse, die mit einem Business-Process-Reengineering-Ansatz neu definiert werden sollten. Eine vermittelnde Instanz wie „Customer Intelligence" zwischen den Fachbereichen und der IT ist dringend anzuraten. So gelingt die Abstimmung für einen fachlich zielführenden Prozessentwurf und einer tragfähigen IT-Umsetzung mit stimmigen Zahlen. Hier kann auch ein zwingend notwendiges Change Management installiert werden, um den begleitenden „Mind Change" zu steuern. Auf dieser Basis können die beteiligten Informationssysteme angepasst und zu einem Closed Loop CRM integriert werden. Erst bei der Integration wird sichtbar, wie weit die Harmonisierung wirklich gelungen ist. Das zentrale, kundenzentrische DWH hat sich auch bei anspruchsvollen Anforderungen und einer komplexen Umgebung bewährt. Eine tragfähige systemtechnische Umsetzung der Informationsobjekte erfordert global eindeutige und durchgängige Identifikatoren, auch wenn dadurch Transformationen zwischen den beteiligten Systemen nicht vermeidbar sind. Ansonsten sind die vom Markt und den Fachbereichen geforderten Qualitätskriterien wie kurze Durchlaufzeiten, hohe

Flexibilität und notwendige Detailtiefe für eine durchgängige Personalisierung nicht erfüllbar. Die Integration der „Nutzdaten" zwischen den beteiligten Systemen erfordert die Integration und Verwaltung der Metadaten. Die erforderlichen Metadaten sind in aller Regel spezifisch abgestimmt und in der jeweiligen Software integriert. Diese Metadaten in einheitlicher Struktur und standardisierter Definition zusammenzuführen, in dem ein globales Repository geschaffen wird, ist technisch wünschenswert, aber unter Berücksichtigung des Kosten-Nutzen-Verhältnis nicht praktikabel. Es gibt jedoch alternative, sehr leistungsfähige Gestaltungswege, beispielsweise durch Systemintegration auf Basis standardisierter Strukturen. In einer geschickten Synchronisation werden nach einmaliger Erfassung im führenden Prozess die Metadaten in identischer Form an die weiterführenden Schritte durchgereicht. Damit basieren alle im Modell definierten Auswertungshierarchien, Kennzahlen, DWH-Berichte, Analysen, Data Mining zur Zielgruppenselektion und dem Kampagnenmanagement auf eindeutigen Metadaten. Diese hohe Integration erlaubt die gemeinsame Steuerung aus Sicht des Kunden, zum einen für die klassischen aktionsorientierten Vertriebskampagnen und zum zweiten für permanente Basiskampagnen als Anstoßketten über...

- die Zeit, also z. B. im Produktlebenszyklus, Newsletter etc.
- persönliche Kundenstammdaten, z. B. Geburtstage, Risikoklassen etc.
- das historische Kundenverhalten und
- externe Ereignisse, wie z. B. gesetzliche Veränderungen und Feiertage.

Abbildung 3 zeigt die erfolgreich implementierte Closed Loop-CRM Infrastruktur.

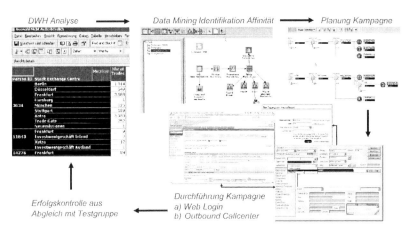

Abbildung 3: Integrierte Closed Loop CRM-Infrastruktur

Wenn diese anspruchsvolle Infrastruktur einmal steht, dann können leistungsfähige Kundendienste aufgesetzt werden, die das Potenzial jedes einzelnen Kunden personalisiert entwickeln. Ein Beispiel hierfür ist der Personal Portfolio Service von simple fact. Damit wird beispielsweise im Fall einer Direktbank dem Endkunden ein individuell aufbereiteter Beratungsbericht geboten, der 2 konkurrierende Sichten zusammenbringt: Einerseits wird detailliert aufbereitet, welche Performance mit welchem Risiko das eigene Depot bietet. Demgegenüber wird der anonymisierte Durchschnitt beider Kenngrößen einer vergleichbaren Referenzgruppe dargestellt und die Tops & Flops markiert. Das Erkennen signifikanter Abweichungen produziert klare Emotionen beim Empfänger, und das Verkaufen beginnt: Es können direkt optimierende Tradeaktivitäten zum WIN-WIN für den Kunden und die Bank angestoßen werden

> Die Umsetzung des Closed Loop-CRM setzt ein harmonisiertes Kundenmodell mit der Orientierung auf das Business voraus. Letztlich bewertet der Nutzer anhand der Oberfläche seines Arbeitsplatzes den Erfolg der Integration. Unabhängig von der zugrunde liegenden Technik kann nur ein begleitendes Change Management die nötigen Verhaltensänderungen bewirken, die zum gewünschten Nutzeffekt führen.

4 Auf sicherem Kurs bleiben trotz großer Stolpersteine

Eine erfolgreiche Closed Loop CRM-Implementierung ist kein „nice-to-have feature", sondern Existenzsicherung. Diese Erkenntnis verändert die Unternehmensstruktur und Kultur vom klassischen Produktbezug zu einer Kundenbezogenheit. Die erforderlichen organisatorischen, fachlichen und technischen Veränderungen müssen vorab geplant, abgestimmt und gemeinsam getragen sein. Bereits die einfache Frage „Was ist ein Kunde?" wird oftmals schon zur Gretchenfrage, wenn die an der Kundenbetreuung beteiligten Organisationseinheiten im Unternehmen und die entsprechende Implementierung der ihnen zur Verfügung stehenden Systeme analysiert werden.

Die Umsetzung der Strategie sowie laufender Betrieb und Pflege erfordern ein deutliches Investment. Nur eine klare ROI-Betrachtung zeigt den richtigen Maßstab und notwendigen Fahrplan. Die initiale ROI-Vorkalkulation dient als Leitfaden zur Ableitung der Kernaufgaben aus den wesentlichen Zielen und verhindert ein „Verirren" bei den vielen Detailherausforderungen.

Der größte Fehler für den Aufbau des Closed Loop-CRM ist, alles gleichzeitig machen zu wollen. Als Orientierung dient ein evolutionäres Vorgehensmodell mit klar abgegrenzten Entwicklungsstufen. Wesentliches Element ist hier der frühe Aufbau eines zunächst stark vom Umfang beschränkten Funktionsdurchstichs des Kernsystems, fokussiert auf die funktionalen „Knackpunkte" und Performance. Dies liefert einen ersten stabilen und produktiv einsetzbaren Piloten, der zwei Komponenten umfassen sollte. Die Glieder der Closed Loop CRM-Kette sollten darauf schrittweise aufgebaut und immer wieder validiert werden. Die beschriebene Harmonisierung des Business Modells wird als Kernelement im konsolidierten kundenzentrischen DWH integriert. Darauf aufsetzend wird zunächst das operative CRM entsprechend angepasst, um dann Nutz- und Metadaten durchgängig zu integrieren. Die Ausrichtung der Systeme auf identische Modelle und Schlüssel ist das zentrale Instrument für echte Einsparungen der laufenden Pflegeaufwände und die Minimierung des Projektrisikos. Grundsätzlich wird die Kundensicht aus dem DWH abgeleitet. Das Maß ist natürlich vom Reifegrad der Systemlandschaft abhängig. Die vielfältigen Abhängigkeiten erfordern einen frühzeitigen und gemeinsamen Abstimmungsprozess zwischen den beteiligten Systemen und deren konsistente Abbildung im DWH. Unabgestimmte

Änderungen können im Folgesystem fatale Folgen haben und erhöhen das Projektrisiko.

5 Der Nutzen

Der Nutzen einer Closed Loop CRM-Infrastruktur ist nicht einfach in Euro darstellbar. Die konkreten Erfahrungen der letzten Jahre zeigen einen positiven ROI im zweistelligen Prozentbereich. Ein Beispiel ist die Reduktion des Aufwands zur Veränderung eines Vertriebsschwerpunktes im Fondsvertrieb auf 3 Personentage. Die Integration der Systeme und der Organisation schafft Synergien, Qualität und Akzeptanz und reduziert die „time to market". Die wirklich gute Nachricht ist: Der Kunde dankt die für ihn maßgeschneiderten Produkte mit einer stabilen Kundenbeziehung. Aus der aufgebauten umfassenden 360 Grad-Sicht werden wichtige Leitfragen beantwortet und führen zu einer WIN-WIN Beziehung mit dem Kunden:

- Wer sind meine Kunden?
- Warum sind sie Kunde?
- Was wollen die Kunden?
- Welchen Nutzen bringt das Unternehmen dem Kunden?

Aus diesem Wissen lassen sich fokussierte Marketingkampagnen generieren, deren Kosten signifikant sinken und deren Antwort- und Abschlussquote deutlich steigt. Damit wächst beim Kunden das positive Gefühl, als Partner ganzheitlich betreut zu werden. Die internen Kosten im Unternehmen werden reduziert, vor allem aus Prozesseffizienz, stabiler Qualität und hohem Automatisierungsgrad.

6 Fazit

Die Potenzialausschöpfung aus der Umsetzung des Closed Loop-CRM ist groß, und durchaus rasch erreichbar. Investition und Nutzen haben aber nicht immer eine direkt vergleichbare Beziehung, Fehlinvestitionen sind leicht getätigt, und teure Infrastruktur-Investitionen erfordern anschließend organisatorische Prozessanpassungen, ehe der messbare Nutzen wirklich eintritt. Erforderlich ist eine systematische Erfolgssteuerung mit messbaren Kennzahlen, um auch wirklich den Erfolg erreichen und belegen zu können. Hier ist ein organisationsweiter Change Management Prozess erforderlich. Grundlage ist wieder der bekannte Grundsatz aus dem Data Warehousing: „think big, start small". Die Tragfähigkeit der hier aufgezeigten Lösung in einem komplexen und internationalen Umfeld hat Cortal Consors erfolgreich unter Beweis gestellt. Die Leistungsfähigkeit des initial geschaffenen DWH bildet das Rückgrat aller Kommunikation über und mit den Kunden für die erfolgreiche Umsetzung verschiedener Maketingmaßnahmen. Mit einer ertragsorientierten Zielgruppensegmentierung ist die gezielte Ansprache möglich und erlaubt die optimale Verwendung des Marketingbudgets. Das rechtzeitige Erkennen von Wanderungstendenzen zwischen einzelnen Kundensegmenten ermöglicht, Trends zu unterstützen bzw. gegenzusteuern, indem für gezielte Marketingaktionen Fakten geliefert werden, wie z.B. anzusprechende Kunden, richtiger Anspracheezeitpunkt und erfolgversprechendste Botschaft. Damit lassen sich Cross- und Up-Selling Potenziale gezielt ausschöpfen. Grundlage für die operative Umsetzung sind gezielte Kundenservices, wie z.B. der hier vorgestellte Personal Investment Report, der die handlungsrelevanten Informationen für den Endkunden oder seinen Kundenbetreuer aufbereitet und diese handlungsfähig und damit erfolgreich macht.

Literatur

Graf, R.; Krüger, T.: ROI-Kalkulation in DWH-Projekten, in: IT Management, 10. Jg. (2004), Nr. 9, S. 22-28

Graf, R.; Krüger, T.: Konsolidierung von DWH- und BI-Systemen, in: IT Management, 10. Jg. (2004), Nr. 10, S. 60-68

Krüger, T.; Graf, R.: Planung eines Data-Warehouse-Service, in: IT Management, 11. Jg. (2005), Nr. 3, S. 2-7

Krüger, T.; Graf, R.: Realisierung und Betrieb eines Data-Warehouse-Service, in: IT Management, 11. Jg. (2005), Nr. 4, S. 50-56

Krüger, T.; Graf, R.: Service Level Reporting, in: IT Management, 11. Jg. (2005), Nr. 6, S. 32-35

straight · simple · together

simple fact

BI & CRM – informieren – entscheiden – steuern

Die simple fact AG ist ein renommiertes DWH Systemhaus, spezialisiert auf Business Intelligence (BI), Data Warehouse (DWH) und analytisches CRM. Im Fokus stehen die strategischen Prozesse der TOP 500 Unternehmen in D, A, CH.

Als unabhängiger Systemintegrator bietet die simple fact AG hohe technologische Kompetenz, insbesondere durch strategische Partnerschaften mit Cognos, Informatica, Oracle, Microsoft und anderen Herstellern, und blickt stolz auf 15 Jahre Erfahrung zurück.

Die erfolgreiche Projektabwicklung in time, in budget und in specification gewährleistet simple fact AG u.a. durch Einsatz eigener, bewährter Lösungen: Finance Closed Loop CRM, personalisiertes Massenreporting und Service Level Management.

Im abgelaufenen Geschäftsjahr 2005 betrug der Umsatz 3,5 Mio. Euro. Zu den Kunden der simple fact AG zählen unter anderem BMW Financial Services, Cortal Consors, die Deutsche Bank, ING-DiBa, die NÜRNBERGER VERSICHERUNGSGRUPPE und Siemens.

Closed Loop CRM –
Wir unterstützen Sie beim Ausbau Ihres Kundenpotentials.

- Mit Closed Loop CRM erschließen Sie Ihr Kundenpotential, personalisieren Botschaften und verknüpfen sie mit einem maßgeschneiderten Produktangebot.
- Profitieren Sie von sinkenden Kosten für Kampagnen, steigenden Trefferquoten und erhöhten Abschlussraten.

Personalisiertes Massenreporting –
Wir ermöglichen kostengünstige Kundenservices.

- Wir stellen eine Infrastruktur, mit der Sie Ihrem gesamten Kundenbestand persönliche Informationsdienste bieten können.
- Profitieren Sie von minimalen Kosten je Nutzer in einer hoch skalierbaren Umgebung, ohne Engpässe Ihres Wachstums befürchten zu müssen.
- Integrieren Sie Ihre Informationskanäle, wie zum Beispiel das Data Warehouse, den Kontoauszug und die Berichtswerkzeuge der Fachbereiche in eine Botschaft an den Kunden.

Service Level Management –
Wir bieten revisionsfähiges Reporting mit Frühwarnfunktion.

- Wir bieten eine schlanke, integrierte Lösung für Abbildung, Bewertung und Reporting zu SLA Verträgen.
- Sie erhalten automatisierte, revisionsfähige Endkundenberichte zu Verträgen, Problemen und Kosten, z.B. SAP Systemverfügbarkeit oder Call Center Erreichbarkeit.

Setzen Sie sich mit uns in Verbindung! Wir zeigen Ihnen, wie Sie die Tragfähigkeit und Wirtschaftlichkeit Ihrer CRM/DWH/BI-Lösungen aus „buy and make" steigern können.

simple fact AG, Stroberstraße 52, 92318 Neumarkt
Fon +49-9181/4768-0, Fax +49-9181/4768-68, www.simplefact.de, info@simplefact.de

Teil E:

Anhang

Zusammenfassung der Beiträge und Checklisten zum erfolgreichen Einsatz von Kundenbeziehungs-Management-Lösungen

Eckhard Reimann, Hagen J. Sexauer

Zusammenfassung: Basierend auf den Beiträgen aller Autoren dieses Handbuches sowie einiger ergänzender Literatur ist eine zusammenfassende Checkliste einschließlich von Empfehlungen für die Ein- und Durchführung von Kundenbeziehungs-Management-Lösungen erstellt worden. Sie mögen im Zusammenhang mit der Tabelle im Einführungsbeitrag mit dazu beitragen, die in diesem Handbuch aufgezeigten Ansätze und „Tipps und Tricks" in der unternehmerischen Praxis erfolgreich umzusetzen.

Schlüsselworte: Customer Relationship Management: Checkliste & Empfehlungen

Inhaltsverzeichnis

1 Vorgehensmodell zur Einführung eines CRM-Systems 589
- „Customerize"- Prozess
- Strategischer Ansatz von CRM
- Auswahl eines CRM-Tools
- Fachkonzeption von CRM
- Umsetzungsstrategie für das CRM-System
- Realisierung der CRM-Lösung
- Testing der CRM
- Betrieb nach dem GoLive
- Informations-Architektur

2 CRM-Prozessmodell 591
- „Blick von Oben"
- Prozessmodell für den Ist-Zustand
- Zielvorgaben für die Prozessgestaltung
- Prozessveränderungen und Neugestaltung
- Aufgaben des CRM-Prozessmodells zur CRM-Systemauswahl
- CRM-Prozessmodell als Basis für kontinuierliche Prozessverbesserung

3 CRM-Vision: Zielvorgaben / Zieldefinition 596
- Customer Intimacy
- Operationelle Effizienz
- Individualisierung
- Bedürfnisbefriedigung
- Zielstruktur / Strategy Map
- Budget

4 CRM Audit: Situationsanalyse / Ausgangslage 597
- Interne Perspektive des CRM Audit
- Externe Perspektive des CRM Audit
- Unternehmensbezogene Vorgaben und Rahmenbedingungen
- Konkrete Probleme bezüglich CRM
- CRM Action Mapping und Umsetzung
- Maßnahmen zur Gewinnung von Kundendaten
- Datenschutz

5 Kundensegmentierung / Customer Profiling 601

- Kundensegmentierung
- „Learning Relationship" / Closed Loop CRM
- „CRM Cockpit"
- Entwicklung eines Kundensegment-Management

6 Kundenzufriedenheit / Kundenabwanderung 604

- Analyse der gelebten Kundenorientierung
- Analyse der Kundenzufriedenheit
- Entwicklungsstufen der Kundenzufriedenheit
- Optimierung im Marketing-Mix
- Analyse des Loyalitätswertes eines Kunden
- Errechnung des Customer Loyalty Value
- Analyse der Kundenabwanderung (Churn)
- Analyse des Kundenwertes / Customer Lifetime Value
- Customer Retention Marketing

7 Kundenbindung / Retention Marketing 609

- Kundenbindungs- / Kundenkarten-Programme
- Nutzen
- „Behavoural Loyalty"
- „Emotional Loyalty"

8 Industrielle Kundenbindungsstrategien (B-to-B) 611

- Industrielle Kundenbindungsstrategien (B-to-B)
- „Value Added" - Strategie
- „Business Integration" – Strategie
- „Best Supply" – Strategie
- „Shock Absorption" – Strategie
- Quantitative Ermittlung der Kundenbindung

9 Customer Experience Management / Mystery Shopping 622

- Customer Experience Management (CEM)
- „Mystery Shopping"

10 Kampagnenmanagement 624

- Kundenmanagement-Aktivitäten
- Kampagnen-Prozess
- Kampagnen über SB-Systeme / Bankautomaten
- Kampagnen über Mobile Marketing
- Permission-based / Request-based Kundenansprache
- Response-Messbarkeit

- Auswahl passender Werbeträger in integrierten Kampagnen

11 Customer Lifecycle Management 628
- Life-Event-orientiertes Kundenlebenszyklus-Konzept
- Life Event Segmentierung / Segmentierung nach dem Lebenslagen-Konzept
- „Zeitfenster"

12 Multi Channel Management 629
- Optimierung der kundenorientierten Unternehmenskommunikation
- Mehrstufiger Prozess
- Umfang und Qualität der Nutzung der Interaktionsmedien

13 Aufbau einer Multi Channel Company 633
- Organisationsaufbau
- Channel Management
- IT-Umsetzung
- Kanalmanagement-System
- Prozess-Plattform / Prozess-Schicht
- Business Process Routing (BPR)

14 Organisatorische Optimierungen in allen Unternehmens-Bereichen .636
- Organisatorische Optimierungen
- CRM-Projekt-Team
- Kundenorientiertes Personalmanagement
- „Verkaufs-Cockpit"
- Change Management
- Mitarbeitermotivationsprogramme

15 CRM Controlling / CRM Performance Measurement 639
- CRM-Kundenbewertung
- CRM-Prozessanalyse
- CRM-Außenwirkungsanalyse
- Erarbeitung eines kundenorientierten Controllings
- Abschätzung des Kundenwertes
- ROI-Kontrollen bezüglich der CRM-Investitionen
- Cross Media Response (CMR) - Messung

Literatur (in Ergänzung zu den Autoren des Handbuches) 643

1 Vorgehensmodell zur Einführung eines CRM-Systems

○ **„Customerize"-Prozess**
  - Top Management Commitment
  - Verständnis des Kunden
  - Kundenorientierungs-Strategien
  - Pflege / Kultivieren von Pro-Kunden-Mitarbeiter- und Service-Programmen
  - Schwerpunkt auf Kundenbindung / Retention Marketing
  - Gewinnung von Neukunden
  - Einsatz von IT- sowie Kundeninformationssystemen
○ **Strategischer Ansatz von CRM**
  - Definition der CRM-Strategie
  - Abgleich mit Unternehmens- und IT-Strategie
  - Analyse der betroffenen Aufbau- und Ablauforganisation
  - Ist-Analyse der IT-Landschaft und der Schnittstellen
  - Wirtschaftlichkeitsberechnung / Kundenbewertung
    - wert- und potenzialorientierte Kundensegmentierung
    - Bewertung der Kundenstabilität
    - Bestimmung des Kundenwertes
  - ROI-Berechnung
  - Integrierte CRM-Strategie
○ **Auswahl eines CRM-Tools**
  - Ausschreibungsunterstützung
  - Produktempfehlung
  - Lösungsorientierter Kriterienkatalog
  - Bewertungsschema
○ **Fachkonzeption von CRM**
  - Erstellung eines Lastenheftes
  - Ist-Soll-Prozessmodellierung
  - Gap-Analyse der Abbildung von Soll-Prozessen in den IT-Systemen
  - Aufbauorganisationsoptimierung / Berechtigungskonzept
  - Definition fachlicher, technischer und wirtschaftlicher Anforderungen
    - aus heutiger Sicht
    - unter Berücksichtigung künftiger Anforderungen
  - Kostenschätzung
  - Kosten-/Nutzen-Analyse
  - Berücksichtigung bestehender IT-Systemlandschaft und IT-Organisation
○ **Umsetzungsstrategie für das CRM-System**
  - Definition der Vorgehensweise / Projektorganisation
  - Feinprozessspezifikation

- Masken- und Datenmodellierung
- Schnittstellenspezifikation
- Schulungskonzepte
- Test-, Betriebs- und Wartungskonzepte
° **Realisierung der CRM-Lösung**
- Prototyping
- Customizing
- Schnittstellenentwicklung und Einführung von Middleware
- Rapid Application Development
- Implementierung
- Qualitätssicherung
- Change Management und frühzeitiger Einblick für künftige Anwender
- Evaluierung der Erfolge und Anpassung (Strategic Alignment)
° **Testing der CRM-Lösung**
- Organisation der Tests
  - technische Tests durch die Entwickler
  - Testen durch künftige Anwender
° **Betrieb nach dem GoLive**
- Durchführung regelmäßiger Reviews, basierend auf einem Prozess- und Kostenreporting
- erst nach erfolgreichem Betreiben der implementierten Lösung Projekte für funktionelle Erweiterungen bzw. zum Abbilden weiterer Prozesse anstoßen
° **Informations-Architektur**
- Priorität verdeutlichen
  - Pflege und Management der Kundendaten darf keine untergeordnete Rolle im Unternehmen spielen
- Bewusstsein schaffen
  - allen Mitarbeitern klarmachen, wie wichtig ein valider Bestand der Kundendaten ist
- Anforderungen definieren
  - Bedürfnisse der einzelnen Abteilungen feststellen
  - ggfs. ganze Geschäftsprozesse neu ordnen
- Umstellung kommunikativ begleiten
  - alle Mitarbeiter über die Fortschritte auf dem Laufenden halten
- Fehlerquellen ausfindig machen
  - mögliche Fehlerquellen entsprechend der Checkliste des Arbeitskreises für Information Quality Management (AG IQM) identifizieren
- Projektschritte festlegen
  - nach dem Motto „Think big, start small" Zwischenschritte bestimmen
  - Abläufe implementieren
  - Prüfungsstufen festlegen
  - Datenerfassung: Angaben mit einheitlicher Schreibweise in die richtigen Felder eintragen

- Anpassungen / „Strategic Alignment"
  - Klar erkennbare Diskrepanzen zwischen Anforderungen und Fähigkeiten der Software müssen durch Ergänzungen ausgeglichen werden

2 CRM-Prozessmodell

° **„Blick von Oben"**
  - ermöglicht umfassenden „Blick von Oben" auf die Vielzahl von Geschäftsfällen
  - „Prozesslandkarte"
    - auf der die „Wege" eingezeichnet sind vom ersten Kontakt bis zum Abschluss und gemeinsame Eigenschaften – dargestellt durch Prozesse, für Klassen von Kunden, Produkten und Geschäftsarten:
    - vom Markt zum Kontakt
    - vom Kontakt zum Auftrag
    - vom Auftrag zur Zahlung
    - von der Anforderung zur Leistung
    - Darstellung auch aller möglichen Varianten („Hauptstrassen, Nebenstrassen und Verbindungswege")
° **Prozessmodell für den Ist-Zustand**
  - ist ein CRM-Ist-Modell notwendig?
  - Erstellen einer CRM-Prozess-Übersicht und einer Prozess-Gliederung
  - Modellieren der Geschäftsprozesse
    - Prozessgliederung
      - Verfeinerung und detaillierte Beschreibung der Prozesse
      - Prozessvarianten aufgrund unterschiedlicher Auslöser
      - Bildung von Klassen, die zu unterschiedlichen Prozessen führen
    - Prozessdiagramme
      - Zerlegung in 5 bis 10 Teilprozesse mit Auslösern und Ergebnissen
      - Darstellung des kompletten Prozessflusses
      - Erkennen von „Freiräumen" / „weißen Flecken" und als eine Art „Black Box" abbilden
  - Wissen des Projektteams über die Modellierungsmethode
  - Dokumente von Geschäftsfällen - wie Fax vom Kunden (als Auslöser), Angebot an Kunden (als Ergebnis) oder Kalkulationsblatt (als internes Zwischenergebnis)
  - Zeitvorgaben aus der Projektplanung
  - Organisation des Modellierungsprozesses
    - Festlegen, welche Prozesse an welchem Tag zu bearbeiten sind
    - Festlegen von Zeitkontingenten pro Prozess und Teamsitzung
    - Festhalten aller Ergebnisse im Modell

- Offene Fragen an Teammitglieder zur „Hausarbeit" weiter delegieren
    - Schwachstellen und Verbesserungsvorschläge
      - vermutete Ursachen für die Schwachstelle
      - Auswirkungen und Folgen für welche Aktivitäten, intern und extern
      - Häufigkeit des Auftretens und „Höhe des Schadens"
      - Verbesserungsmöglichkeiten (Ideen für Veränderung)
      - Indikatoren zur Initialisierung des Schwachstellenanalyse-Prozesses
        - Qualitätsprobleme aus Sicht interner und externer Prozesskunden
          (Inhalte, Form, Zeitpunkt)
        - Reklamationen und Nachbearbeitungsaktivitäten
        - Doppelarbeiten und „Blindleistungen", Medienbrüche
        - Kontrollaufwand (im Vergleich zum „Fehlerwert") + Korrekturaufwand
        - Aufwand für Kommunikation / Recherchen
        - Zeitaufwand für manuelle Tätigkeiten aufgrund fehlender Automation
        - Zeitaufwand für Tätigkeiten, um Automation zu ermöglichen
    - Bemaßung des Modells durch Kennzahlen und Eigenschaften
      - durchschnittliche Mengen pro Periode / Objekt(klasse)
        - Eingaben / Auslöser, wie z.b.
          - Kundenanfragen
          - Bestellungen
          - Bescheid von Behörden
        - Prozessergebnisse, wie z.B.
          - Angebote
          - Auftragsbestätigung
          - Einreichplan
          - Kalkulation
        - verbrauchte Ressourcen, wie z.B.
          - Mitarbeiterzeiten
            - Normalzeit
            - Reisezeiten
            - Überstunden
          - Sachmitteleinsatz
      - durchschnittliche Zeitdauern pro Periode / Objekt(klasse)
        - Bearbeitungszeiten
        - Durchlaufzeiten
        - Liege- und Wartezeiten
      - durchschnittliche Qualitätseigenschaften / Periode
        - vereinbarte Produkteigenschaften
        - vereinbarte Prozesseigenschaften (Liefertermintreue, Service Level)
    - Überprüfung des Prozessmodells
    - Publikation und Präsentation

  ○ **Zielvorgaben für die Prozessgestaltung**

- „Blick von Oben" auf die „Prozesse als Handlungsregeln" in den Bereichen Marketing, Vertrieb und Service
- Bekannte Probleme (z.B. fehlende Informationen über Kundeneigenschaften) direkt den einzelnen Prozessen zuordnen
  - objektive Feststellung der Ursachen
  - Abschätzung der Auswirkungen auf andere Prozesse und/oder auf Kunden und Interessenten
  - Erarbeitung von Verbesserungsvorschlägen
- Konkretisierung der CRM-Zielvorgaben und Ableitung von Maßnahmen für die Prozessveränderungen oder für neue Prozesse
  - Oberziel
  - Unterziel
  - Maßnahmen / Prozessgestaltung
- Verarbeitung der Verbesserungsvorschläge mit CRM-Visionen zu einer CRM-Strategie und zu einem Zielsystem mit Zielvorgaben und Handlungsrahmen für die Prozessgestaltung
  - Ableitung der Zielvorgaben aus CRM-Gesamtzielen
  - Gliederung nach verschiedenen Kriterien (Vertriebsgebiete und/oder Kundengruppen)
  - Konkretisierung der Vorgaben durch Subziele bis auf die Ebene der Prozesskennzahlen
    - für jede Maßnahme Prozesskenngröße definieren, die durch Prozessveränderungen erreicht werden soll

○ **Prozessveränderungen und Neugestaltung**
  - Änderung von Freiheitsgraden
    - Frage nach der Notwendigkeit von Prozessvorgaben
    - „weiße" Flecken auf der Prozesslandkarte
      - Auslöser ohne Empfangsregel
      - Ergebnis ohne Weitergaberegel
      - nicht geregelte Transaktionen
  - Änderung von Prozessfrequenz
    - bei Erhöhung der Frequenz:
      - Ergebniszuwachs muss größer als der zusätzliche Aufwand sein
      - Leistungen vorgelagerter Prozesse sind zu berücksichtigen (z.B. mehr Angebote erfordern mehr Anfragen)
    - bei Senkung der Frequenz:
      - zusätzlicher Aufwand ist größer als der Ergebniszuwachs
      - Leistungen nachgelagerter Prozesse sind zu berücksichtigen

  - Änderung der Kunden/Prozesszuordnung

- können wesentliche Vorteile erzielt werden durch eine Änderung der Zuordnung von Prozessvarianten zu Kunden?
- Arbeitszeiteinsparungen können z.b. in andere Kunden „investiert" werden
- Veränderung und Neugestaltung der Prozesse
  - Veränderung der Prozessergebnisse (Steigerung des Outputs, bessere Qualität)
  - Veränderung der Prozessaktivitäten (geänderte Reihenfolge, geänderte Inhalte, zusätzliche / Entfall von Aktivitäten)
  - Veränderung der Arbeitsorganisation (Aufgabenzuordnung, Verantwortung, Kenntnisse / Fähigkeiten, Motivation der Mitarbeiter)
  - Einsatz der Informations- und Kommunikationstechnik (CRM-Systeme)
- Prozessvarianten und Bewertung
  - CRM-Prozessmodell liefert anschauliches Bild von aktuellen und zukünftigen Prozessen
  - Möglichkeit der Durcharbeitung verschiedener Prozessvarianten in einer Modellumgebung („Sandkasten") mit minimalem Aufwand
  - Möglichkeit der Bewertung der Prozessvarianten nach verschiedenen Kriterien (Zielerreichung, Machbarkeit, Änderungsrisiken)
° **Aufgaben des CRM-Prozessmodells zur CRM-Systemauswahl**
- CRM-Systemauswahl
  - Erstellung des Lastenheftes
    - auf Basis der Sollprozesse des CRM-Prozessmodells
    - Anforderungen an IT-Unterstützung
    - Abschätzung des Aufwandes für erforderliche Softwareanpassungen
    - CRM-Prozessmodell möglichst zu Bestandteil des Liefervertrages mit CRM-Systemanbieter machen
- CRM-Systemeinführung
  - CRM-Prozessmodell = Grundlage für die Umsetzung der neu gestalteten Prozesse
  - Entwicklung unterschiedlicher Umsetzungsstrategien und Rollout-Strategien nach verschiedenen Kriterien
  - Vorbereitung und Schulung der Prozessmitarbeiter
  - bei geänderten Prozessen:
    - Vergleich mit „Vorgängern"
    - Lernprozess wird durch die Gegenüberstellung „alt-neu" unterstützt
  - Festhalten von „Kommentaren" zu den Prozessen (wie Fragen, Hinweise, Änderungsvorschläge) oder sonstige „Erkenntnisse" im Modell festhalten
  - CRM-Prozessmodell = „Kommunikationsdrehscheibe" für die Sammlung von Prozesserfahrungen und die Aufbereitung zu Prozesswissen

- formeller Projektabschluss mit CRM-Systemlieferant dann möglich, wenn

alle in der Bestellung definierten Prozesse eingeführt und/oder abgenommen worden sind
- Vorgezogene Maßnahmen im CRM-Projekt („Quick Wins")
  - CRM-Prozessmodell ermöglicht Prozessverbesserungen – parallel zur CRM-Systemauswahl
  - Prozesse, die vorwiegend organisatorische Veränderungen umfassen
  - Veränderung der Freiheitsgrade
  - Prozesszuordnung
  - Mitarbeiter „lernen", mit Prozessvorgaben zu arbeiten
  - kurzfristig erzielbare Erfolge sollten
    - sich positiv auf Motivation der Mitarbeiter auswirken
    - Projektbudget entlasten
○ **CRM-Prozessmodell als Basis für kontinuierliche Prozessverbesserung**
  - Ein kontinuierlicher „Überprüfungs- und Verbesserungsprozess" ist erforderlich, um den Prozesserfolg nachhaltig sicherzustellen - unabhängig davon, ob und wie Kunden und Interessenten ihr Verhalten ändern oder ob intern Prozessveränderungen durchgeführt werden
  - CRM-Prozessmodell unterstützt diesen „Verbesserungsprozess"
    - durch Erfahrungen aus der Prozessdurchführung (Kommentare, Hinweise)
    - durch Vorschläge für verbesserte Prozessvarianten und Prozesskennzahlen (Ist-Werte und Zielvorgaben)
    - durch periodische Ermittlung der aktuellen Kennzahlen aus den Geschäftsfällen und Überprüfung, ob die Zielvorgaben erfüllt wurden
    - bei Abweichungen
      - Frage nach der statistischen Aufbereitung der Kennzahlen:
        - wie viele Geschäftsfälle wurden verarbeitet?
        - ist die Abweichung als „Ausreißer" anzusehen oder signifikant?
        - gibt es Kennzahlen aus Vorperioden und in welcher Relation stehen sie zum aktuellen Wert?
      - Frage nach dem Kundenverhalten:
        - haben Kunden ihr Bedarfsprofil geändert?
        - hat sich die Entscheidungssituation verändert?
        - sind zusätzliche Wettbewerber aufgetreten?
      - Frage nach den eigenen Prozessen:
        - wurden die Geschäftsfälle abweichend von den Prozessvorgaben durchgeführt - aus welchen Gründen?
        - gibt es an der aktuellen Prozessvariante vermeintliche Schwachstellen bzw. Verbesserungsmöglichkeiten?
  - Änderungsvorschläge anschaulich darstellen
    - Vor- und Nachteile für jeden einzelnen Prozessschritt erarbeiten
    - mit allen Beteiligten abstimmen

3 CRM-Vision: Zielsetzungen / Zieldefinition

- **Customer Intimacy**
  - Kennen wir unsere Kunden?
  - Kennen wir ihre Rollen und Motivationen?
  - Haben wir Einblick in ihr Verhalten?
  - Haben wir Überblick über unsere Kundenstruktur?
- **Operationelle Effizienz**
  - Sind unsere Prozesse effizient?
  - Sind unsere Produkte und Prozesse zuverlässig?
  - Sind unsere kundengerichteten Aktivitäten erfolgreich?
- **Individualisierung**
  - Welche Ansatzpunkte gibt es im Unternehmen zur Individualierung, um …
    - … auf individuelle Kundenbedürfnisse angepasste und damit maßgeschneiderte Produkte zu gestalten?
    - … nach einer dialogorientierten Kundenansprache zu differenzieren (Kommunikationsbedürfnisse des Kunden, etc.)?
    - … spezifische Kundengruppenaffinitäten in Bezug auf Preisbereitschaften zu identifizieren?
- **Bedürfnisbefriedigung**
  - Entsprechen die Leistungsmerkmale den Ansprüchen?
  - Sind Kundeninteraktionen einfach und bequem?
  - Welche Marken- / Imagefaktoren sind zu erfüllen?
- **Zielstruktur / Strategy Map**
  - erlaubt Transparenz über die CRM-Zielhierarchie für alle CRM-Stakeholder im Unternehmen, ist Grundlage für die Kommunikation und Akzeptanzerzielung der CRM-Strategie intern und extern und gibt Input für die CRM-Erfolgsmessung
  - Zielbestimmung: genaue Beschreibung des angestrebten Zielzustandes
  - Strategie zur Zielereichung: grundlegende Maßnahmen und Zwischenziele (Milestones), dabei kurzfristig messbare Erfolge („QuickWins") berücksichtigen
  - Erfolgstreiber: welche Prozesse werden beeinflusst, über welche Indikatoren / Messgrößen ist der Erfolg der Strategie nachweisbar?
  - Potenziale: welchen Nutzen bringt die Zielereichung aus Kunden- und aus Unternehmensperspektive?
  - Ziele beim Einsatz von CRM
    - Geschäftsprozess-Optimierung in Marketing, Vertrieb und Service
    - Steigerung der Rentabilität bestehender Kundenbeziehungen
      - Kosteneinsparung durch verbessertes Kundenhandling
      - Kosteneinsparung bei der Neukundengewinnung
      - Identifizierung der profitabelsten Kunden
      - Umsatzsteigerung pro Kunde

- Verlängerung der Lebensdauer von Kundenbeziehungen durch die Erhöhung der Kundenzufriedenheit
- Erhöhung der Kundenbindung ; jedoch kein „Bindungswettbewerb" um jeden Preis
- Senkung der Reklamationsrate
- Senkung der Kundenverlustrate
- Verbesserung des Zusammenarbeitsklimas
- Erringung strategischer Wettbewerbsvorteile, Differenzierung zum Wettbewerb
- Interaktion zwischen Anbieter und Kunde
- Beschaffung von Kundeninformationen für eine möglichst individuelle Kundenbetreuung
- Aufbau einer kundenorientierten Unternehmenskultur
- Definieren von klar quantifizierbaren, messbaren Zielen und Metriken
- Optimierung und Automatisierung von kundenorientierten Prozessen
- Erhöhung von Effektivität und Effizienz in direkten Kunden-Kontakt-Prozessen
- Festlegung der Verantwortlichkeiten für das Steuern der Ziele
- Strukturierung und Management von Kundendaten
- Automatisierung des Vertriebscontrollings

○ **Budget**
- Vertriebsziele und Budgets klar aufeinander abstimmen
- Budgetierung der obenstehenden Maßnahmen: Externe und interne Kosten
- Festlegen der Incentivierungen bzw. Anreizsysteme
  - Kunden- / Segmentprofitabilität einbeziehen

4 CRM Audit: Situationsanalyse/Ausgangslage

○ **Interne Perspektive des CRM Audit:**
 - Review früherer CRM-Initiativen
   - Herausarbeitung, Strukturierung und Analyse aus Projektunterlagen, Interviews und Workshops von Erkenntnissen und Lernpunkten, die für die aktuelle Strategieentwicklung und -implementierung relevant sein können
   - Vorgehensmodelle
   - interne Prozesse
   - Akzeptanzschwellen bei Kunden und Mitarbeitern
   - Kooperationsformen zwischen Organisationseinheiten (OEs)
   - IT-Anforderungen
   - etc.
 - Analyse der Ist-Situation und Strukturierung aus Prozessdokumentationen, Interviews und Workshops

- Erstellung von Customer Touch Point (CTP)-Matrizen für die verschiedene Kundensegmente
- Erstellung standardisierter CRM-Bewertungsmodelle (z.B. CRM Maturity Model)
- Analyse der Ist-Situation gegen Best Practice-Referenzen über verschiedene Kategorien
  - Strategic Alignment
  - Customer Insight
  - Kundensegmentierung
  - Multi Channel Management
  - Prozessdesign / -effizienz
  - Performance Measurement
° **Externe Perspektive des CRM Audit**
- Kundenzufriedenheits- oder Kundenloyalitätsanalysen über CRM-Attribute und –Prozesse zur Identifikation der Potenziale der aktuellen Kundenorientierung
- Bildung von Bedeutungs- / Performance-Cluster als Zielsystem der CRM-Strategie
- Integration eines Branchenvergleichs zur Stärkung der Aussagekraft
° **Unternehmensbezogene Vorgaben und Rahmenbedingungen**
- Benennung von vier Gründen, warum das Unternehmen ein CRM-Programm braucht
- Benennung der wichtigsten Wettbewerber, die bereits Schritte in Richtung CRM unternommen haben
- Welche Praktiken wenden diese an?
- Auflistung der Anbieter, zu denen man als Kunde bereits individuelle Beziehungen im Sinne des CRM aufgebaut hat (in beruflichem und auch im privaten Umfeld) – welche Aktivitäten unternehmen diese Anbieter?
° **Konkrete Probleme bezüglich CRM**
- Was könnten die größten Hindernisse für ein CRM-Programm im Unternehmen sein?
- Feststellung, worüber sich die meisten der Kunden beschweren und welche der Probleme durch ein CRM-Programm überwunden werden könnten
° **CRM Action Mapping und Umsetzung**
- Ermittlung von Strategy Gaps zwischen Ist-Zustand und Ziel-Zustand auf Basis der Strategy Map und den Ergebnissen des CRM Audits
  - CRM-Funktionalitäten
  - CRM-Kanäle / -Prozesse
  - CRM-Nutzer
  - benötigte CRM-Informationen
  - IT-Infrastruktur
- Analyse und Visualisierung der Beziehung von Zielen zu Maßnahmen
- Action Bundling: Zusammenfassung gleichgerichteter / ähnlicher Maßnah-

men zu CRM-Initiativen
- Bewertung der Einzelmaßnahmen auf die Stärke und Breite ihrer Auswirkungen in den Bereichen Organisation, People, Prozesse und Systeme
  - Organisation:
    - Auswirkung auf Interaktion und Kooperation von Organisationseinheiten auf allen Ebenen
    - Identifizierung und Adressierung von organisationalen Ineffizienzen
    - Optimierung der Organisation
  - People:
    - Auswirkung auf Rollen und Verantwortlichkeiten
    - Bedeutung der Akzeptanz und Motivation der Mitarbeiter
    - Auswirkung auf die Leistungsmessung
    - Implikation für Kommunikation und Koordination
  - Prozesse:
    - Auswirkung auf Prozesse und Arbeitsabläufe
    - Einfluss auf die Organisation der Prozessverantwortlichkeiten
    - Implikationen für die Koordination zwischen Organisationseinheiten
    - Notwendigkeit von Change Management
  - Systeme:
    - Auswirkung auf IT-Architekturen
    - Anforderungen an Systementwicklung
    - Anforderungen an Systemstandardisierung und –integration
    - Scope der betroffenen Systeme
- vertiefende Bewertung folgender Faktoren:
  - erwarteter Nutzen der Maßnahme
    - direkter Business Impact
    - Enabler-Funktion für andere Maßnahmen
    - mit der Maßnahme verbundene Risiken
- Erwartungen bezüglich der Akzeptanz bei Mitarbeitern, Kunden und anderen Stakeholdern
  - Konsistenz mit Unternehmenskultur
  - Einflüsse auf die Außenwirkung des Unternehmens (Marke, Image, PR)
- notwendiger Ressourceneinsatz für die Umsetzung
  - Art und Umfang der notwendigen Ressourcen
    - Manpower / Skill-Profile
    - finanzielle Ressourcen
    - etc.
- minimaler Umsetzungszeitraum (bei Verfügbarkeit aller notwendigen Ressourcen)

- Erstellung eines konsolidierten Umsetzungs-/Maßnahmenplans mit Priorisie-

rung der einzelnen Maßnahmen und Ergebnisständen / Milestones zu relevanten Zeitpunkten sowie Zuteilung der Verantwortlichkeiten zur Optimierung der Kundenorientierung
- ° **Maßnahmen zur Gewinnung von Kundendaten**
  - Erstellen eines Verzeichnisses all der Kundendaten, die bereits in elektronischer Form vorliegen
  - dazu gehört an erster Stelle die Kundendatenbank
  - auch an anderen Stellen im Unternehmen gibt es Informationen über die Kunden, die eingebunden werden müssen
  - haben Sie eine WebSite, auf der sich die Besucher registrieren können?
  - sammelt das Call-Center Kundennamen als Bestandteil der Behandlung von Beschwerden, Garantieansprüchen oder Anfragen?
  - können Sie auf Kreditkarteninformationen oder andere Kaufdokumentationen zurückgreifen?
  - Datensammlung in Echtzeit mittels Customer Experience Management
  - Suche nach Informationen über die Kunden, die noch nicht zentral elektronisch abgespeichert sind – wie z.B.:
    - „private" Datenbanken einer einzelnen Abteilung
    - Daten der Reparaturabteilung
    - Daten der Buchhaltung
  - weitere Quellen zur Sammlung von Kundendaten:
    - Rechnungen, Preisausschreiben, Garantiedaten, Rabattaktionen, Kundenanfragen, Kundenbeschwerden, Marktforschungsdaten, Außendienst, Mailing-Aktionen, Frequent Buyer Programme, Kundenclubs, spezielle Anwendergruppen, Zeitschriften oder Newsletter, Kooperationen mit Handel / Weiterverkäufer, Austausch der Kundendaten mit „Wettbewerbern", Broker von Adressdaten.
- ° **Datenschutz**
  - hohe Ansprüche an Datenschutz und gesetzliche Bestimmungen berücksichtigen
  - Verbindlichkeit: keine Möglichkeit zum Abstreiten oder Ändern der Vereinbarungen
  - Authentizität: Möglichkeit der eindeutigen Identifikation der Beteiligten
  - Datenintegrität: Sicherheit vor Manipulation der Transaktionsdaten während oder nach dem Kaufabschluß
  - Vertraulichkeit: Kunde kann die Nutzung und Weitergabe seiner personenbezogenen Daten an Dritte kontrollieren und auch verhindern
  - Einhaltung gesetzlicher Bestimmungen
  - Integration akzeptanzfördernder Maßnahmen (z.B. durch den Open Profiling Standard sowie allgemein akzeptierter Leitlinien)

5 Kundensegmentierung / Customer Profiling

° **Kundensegmentierung**
  - Welche Ansatzpunkte gibt es im Unternehmen zur Selektion, um ...
  - ...den individuellen Beitrag von Kunden bzw. Kundengruppen zum Unternehmenserfolg zu messen?
  - ...mehr über die Investitionswürdigkeit der Kunden zu erfahren und darauf aufbauend die knappen unternehmensinternen Ressourcen zu verteilen?
  - Sind die Kunden in Gruppen eingeteilt und werden sie auch einzeln betreut?
  - Wie eindeutig sind die Kriterien zur Kundeneinteilung?
  - Kennen alle Mitarbeiter die Einteilungskriterien?
  - Hat die Marketingabteilung die Kundenbedürfnisse der einzelnen Gruppen ermittelt?
  - Segmentierungsmethode muss berücksichtigen:
    - welcher Kunden soll wann mittels welchem CRM-Instrumentarium angesprochen werden?
    - wie oft wird ein Kunde ein Produkt kaufen?
    - wo befindet sich der Kunde im Rahmen des Kaufprozesses?
  - Wertorientierte Kundensegmentierung
    - welchen Wertbeitrag liefern die wichtigsten Kunden(-segmente)?
    - welche der Kunden leisten die höchsten bzw. niedrigsten Wertbeiträge?
    - in welche Kundenbeziehung soll zukünftig überproportional investiert werden und bis zu welcher Höhe?
    - welche Kunden bieten keine Ertragsperspektiven?
    - welche Kundengruppen sollen zukünftig verstärkt erschlossen werden?
  - „Dynamic Customer Profiling"
    - berücksichtigt verändertes Kundenverhalten und Lebenslage
    - Kunden kaufen weniger häufig bis relativ häufig – rangierend von „mehrmals im Jahr" bis mehrmals im Monat"
    - Kunden werden in Nutzer-Segmente eingeteilt (z.B. Rotweintrinker, Weißweintrinker, Rot- und Weißweintrinker)
    - jeweils letzte Interaktion bzw. Transaktion des Kunden wird registriert und mit bisheriger Segment-Einteilung verglichen und bestätigt oder aber ...
    - die Segmentzuweisung wird automatisch / dynamisch geändert aufgrund des veränderten Kundenverhaltens
° **„Learning Relationship" / Closed Loop CRM**
  - iterativer Vorgang zur Erhebung und Feststellung von Kundendaten bzw. –präferenzen über die gesamte Beziehungsdauer hinweg zur Generierung eines immer exakteren Kundenprofils – ähnlich der Simulation des erfolgreichen Verkäufers alter Prägung
  - Plattform für marketingorientierte Kundenaktionen und Messung des jeweiligen Antwort- und Kaufverhaltens in einer selbst lernenden Schleife mit den Integrationsebenen Organisation, Prozesse und IT

- setzt Prozeß- und Systemintegration voraus
- Aufgaben des Closed Loop CRM
  - Steuerung operativer Aktionen der Kundenansprache und Bedürfnisbearbeitung
  - Integrieren der vertriebs- und Kommunikationskanäle
  - Abbildung eines durchgängigen Kundendatenmodells
  - Dokumentation operativer Kontakte
  - Dokumentation kanalübergreifender Responses
  - Darstellung elektronischer Kundenakten als integrierte Gesamtsicht
  - Abbildung einer integrierten 360° Einzelkundensicht
  - Ergänzung seiner Bezugspersonen
  - Auswertung der Ergebnisse von Maßnahmen und Kampagnen
  - Positionierung des Kunden in Segment und Lebenszyklus
  - Bewertung de Affinität der Zielkunden für Angebote
  - Identifizierung des Potenzials für Cross- und Upselling
  - Bewertung der Störfaktoren und Identifizierung abwanderungsgefährdeter Kunden
  - Anlage der Kampagne
  - Generierung der Aktionen
  - Controlling der Ausführung
  - Zuteilung der Aktionen zu Ausführendem
  - Bereitstellung personalisierter Kundenservices
  - Tracking Responses
- ○ „CRM Cockpit"
  - vereinbart Aspekte einer beschreibenden mit einer wertbestimmenden Kundensegmentierung
  - ermöglicht die Identifizierung von Potenzialen und Gefahren in den einzelnen Kundensegmenten auf einen Blick
  - Branchenunabhängige Kriterien:
    - Dauer der Kundenbeziehung
      - Neukunden
      - Bestandskunden
      - langjährige Kunden
    - Finanzieller Wert der Kundenbeziehung
      - wertvolle Kunden
      - Wachstumskunden
      - Kunden mit positivem Deckungsbeitrag
      - Kunden mit negativem Deckungsbeitrag
  - Zuordnung der Kunden zu Kundentypen
    - A priori – Selbstselektion durch den Kunden
    - Ex post – Zuordnung durch das Kundenverhalten
    - Ex post – Befragung der Kunden
  - Ableitung von Kundensegment-Strategien

- Verknüpfung einzelner Zellen des CRM-Cockpits zu Zellencluster aus verschiedenen Blickwinkeln:
  - Bedürfnis-Segmente
    - Fokus liegt auf Wachstum, Diffenzierung und Innovation
    - Berücksichtigung der Kundenbedürfnisse bei der Angebotserstellung
  - Wert-Segmente
    - Fokus liegt auf Kostensenkung und Ressourcen-Optimierung
    - Berücksichtigt die finanzielle Wertigkeit des Kunden bei der Ressourcen-Allokation
  - Wert- und Bedürfnis-Segmente
    - verknüpft sowohl die Kosten- als auch Wachstumsperspektive
    - Berücksichtigung sowohl der Kundenbedürfnisse als auch der Kundenwertigkeit
  - Strategie-Segmente
    - Fokus liegt darin, verschiedene Segmente unter strategischen Stossrichtungen zusammenzufassen
    - Berücksichtigung sowohl der Kundenbedürfnisse als auch der Kundenwertigkeit
  - Mikro-Segmente
    - Fokus liegt auf Identifikation von segmentübergreifenden Kleingruppen
    - meist temporär befristete Segmente für z.B. gezielte Marketing-Aktionen
- **Entwicklung eines Kundensegment-Managements**
  - Rolle des Segment-Management im gesamten Unternehmen im Verhältnis zu den Dimensionen „Produkt" und „geographische Region"
    - operatives Segment-Management: Optimierung einzelner, zumeist isolierter oder temporär befristeter Aktivitäten in den Bereichen Marketing, Vertrieb oder Service
    - strategisches Segment-Managent: folgt einem cross-funktionalem Ansatz und steuert den Kunden über alle Prozesse in den kundennahen Funktionen Marketing, Vertrieb, Service und Produktentwicklung vor dem Hintergrund einer definierten Strategie
  - Grad der Differenzierung der Angebote und Beziehungsmodelle zwischen den einzelnen Kundensegmenten
  - Prozesse zur Steuerung, Umsetzung und Monitoring des Segment-Management
  - Grad der organisatorischen Umsetzung, Verteilung der Verantwortlichkeiten und Kompetenzen sowie Umsetzung in der Kultur
  - Kennzahlen, Reports, Tools und Entlohnungsmodelle, die das Segment-Management unterstützen
  - Anpassung der IT-Systeme an die veränderten Anforderungen zur erfolgreichen Umsetzung von Segment-Management

6 Kundenzufriedenheit / Kundenabwanderung

° **Analyse der gelebten Kundenorientierung**
- Welchen Stellenwert hat die Kundenorientierung im Unternehmen?
- Welche Kundenorientierungsmaßnahmen werden durchgeführt?
- Wird über die Kundenorientierung im Unternehmen diskutiert?
- Ist die Kundenorientierung ein Unternehmensziel?
- Besteht ein Konzept für die Kundenorientierung?
- Wird die Kundenorientierung in allen Unternehmensbereichen gelebt?
- Ist jemand für die Kundenorientierung verantwortlich?
  - Bestimmung einer verantwortlichen Person oder eines verantwortlichen Teams für die Kundenorientierung
- Werden Kunden nach dem Kauf eines Produktes persönlich befragt?
- Was wird unternommen, damit für den Neukunden der Erst-Kauf lange und positiv in Erinnerung bleibt?
- Wird dem Kunden für seinen ersten Kauf gedankt?
- Gibt es ein Willkommensgeschenk?
- Besteht ein internes Kunden-Analysesystem?
- Wird es bemerkt, dass der Kunde zum Wiederkäufer wird?
- Was wird unternommen, eine noch junge, noch empfindliche Geschäftsbeziehung zu festigen?
- Werden Kundenorientierung und Kundenzufriedenheit überprüft?
- Welche Ansatzpunkte gibt es im Unternehmen zur Integration, um ...
  - ... die Kunden bei der Produktentwicklung in den Leistungserstellungsprozess zu integrieren?
  - ... Produktvorschläge und Verbesserungsmöglichkeiten systematisch zu erfassen und in kundenorientierte(re) Produkte bzw. Dienstleistungen umzusetzen?

° **Analyse der Kundenzufriedenheit**
- Auswertung aus dem Kundenzufriedenheitscontrolling: Reklamationsraten, Kundenverlustraten, Befragungen zur Kundenzufriedenheit, ...
- Kundenbefragungen zur Kundenzufriedenheit
- Auswertung von Verkäufer- und Kundendienstberichten
- Permanente Erfassung der Bedürfnisse, Erwartungen und Wünsche der Kunden (als Aufgabe der Geschäftsleitung und des Vertriebs)
- Regelmäßige Überprüfung der Zufriedenheit der Kunden
- Beachtung der tatsächlichen und der vom Kunden wahrgenommenen Qualität – unter Einbeziehung des Kunden in die Entscheidungsfindung
- „Orientierung an der Qualitätswahrnehmung des Kunden" (Qualität aus Marktsicht)
  - der Kunde hat eine Qualitätswahrnehmung, die seiner eigenen entspricht
  - diese wird zur Zielgröße für unternehmerische Aktivitäten
  - das Unternehmen entspricht ihr nachweisbar, messbar

- Meßlatte für den Markterfolg ist daher die Objektivierung (Messbarkeit) der Subjektivität von Qualitätswahrnehmungen
° **Entwicklungsstufen der Kundenzufriedenheit**
  - Anpassung
    - Fokus: interne operative Vorgänge
    - Passive Anpassung an Kundenerwartungen
    - Null-Fehler-Programme
    - Reduzierung von Ausschuss und Nacharbeit
  - Kundenzufriedenheit
    - Fokus: Kunden
    - Anlehnung an den Kunden
    - Aktives Verständnis von Bedarf und Erwartungen
    - Kundenorientierung
  - Qualität aus Marktsicht
    - Fokus: Zielmarkt und Leistung im Wettbewerbsvergleich
    - Anlehnung and den Markt (Kunden und Wettbewerbskunden)
    - Verständnis von Gründen für Gewinn und Verlust von Aufträgen
    - Marktorientierung
  - Wertwahrnehmungsmanagement
    - Fokus: zentrale Rolle von Wertwahrnehmung für Markterfolg im strategischen Zusammenhang
    - Analyse der Wettbewerbsfähigkeit
    - Entscheidung über Zielmärkte
    - Anpassung der gesamten Organisation an das Bedarfsprofil des Zielmarktes
  - Optimierung des Marktpotenzials
    - Fokus: Bewertung von Qualität nach betriebswirtschaftlichen Erfolgskriterien
    - Gewichtung von Qualitätsmaßnahmen hinsichtlich ihrer betriebswirtschaftlichen Bedeutung
    - Optimierung des Geschäftspotenzials des Zielsegments
    - Kundengeführte Qualität als strategische Orientierungsgröße
    - Total Loyalty Marketing
      - Käufernutzen
      - Kosten des Kaufs
      - Kaufprozesse
      - Kommunikation als Dialog / kundenzentrierte Kommunikation
      - Kultur des Unternehmens
° **Optimierung im Marketing-Mix**
  - Optimierungen im Bereich des Produkt- und Dienstleistungs-Mix, des Preis- und Konditionen-Mix, des Kommunikations-Mix sowie des Distributions-Mix
  - Spezifikation der Kundenerwartungen als Leistungsanforderungen

- Kundennutzen („Value-to-Customer") bewerten
- Kenntnis der Wünsche und Bedürfnisses des Kunden anhand der Bedürfnis- / Befriedigungs-Kette
- jederzeitige Rückkoppelung und Übereinstimmung der operativen Entscheidungen im personellen, technologischen und organisatorischen Bereich mit der Gesamt-Unternehmensstrategie und Fähigkeit zur permanenten Anpassung an die rasche Veränderung der Rahmenbedingungen von Markt, Wettbewerb und Kundenverhalten („Strategic Alignment")

° **Analyse des Loyalitätswertes eines Kunden**
  - Womit sind die Kunden am meisten zufrieden? Welcher dieser Punkte reflektiert bereits erste Ansätze von CRM?
  - Ist bekannt, warum die Kunden loyal sind?
    - Einstellung gegenüber Marke, Qualität und gelebte Kundenorientierung
    - Marken-Image als Marktführer, als vertrauenswürdige Firma und innovativer Anbieter
    - Erfahrungen mit der Produktqualität, den Verkaufsprozessen, der technischen Unterstützung, dem Kundenservice sowie der Beratung
  - Gibt es Pläne, die Kundenbindung der einzelnen Gruppen zu optimieren?
  - Ist der Marketing-Mix (Produkte, Preise, Kommunikation, Distribution) kundenorientiert?
  - Faire Behandlung und Gleichbehandlung der Kunden zur Festigung der Kundenbindung (z.B. durch Anbieten der richtigen, passenden und nicht der unbedingt teueren Produkte)
  - Wird das Unternehmen regelmäßig von bestehenden Kunden weiterempfohlen?
  - Wieviele Kunden empfehlen das Unternehmen weiter?
  - Warum genau empfehlen sie das Unternehmen weiter?
  - Wie wird den Empfehlern gedankt?
  - Wieviele Kunden sind aufgrund einer Empfehlung gekommen?
  - Warum sind sie gekommen?
  - die regelmäßige Ermittlung der Empfehlungsquote gehört zu den wichtigsten betriebswirtschaftlichen Kennzahlen

° **Errechnung des Customer Loyalty Value**
  - Recommendation Value (Empfehlungswert) 1 = Umsatz der neuen Kunden plus Kostenersparnisse
  - Recommendation Value (Empfehlungswert) 2 = Empfehlungsgeschäft der Empfohlenen

- Customer Lifetime Value (CLV) + Recommendation Value 1 + 2
- Net Promoter Score:
  - „wie wahrscheinlich ist es, dass Sie [Marke/Firma] X an einen Freund oder Bekannten weiterempfehlen würden?"
  - „Promoters" = Prozentzahl der Antworten mit der Skala 9 und 10
  - „Detractors" = Prozentzahl der Antworten mit der Skala 0 bis 6
  - Net Promoters Score = Prozentzahl der Promoters minus Prozentahl der Detractors

° **Analyse der Kundenabwanderung (Churn)**
- Wie hoch ist die Reklamationsrate?
- Werden die Reklamationen ausgewertet und für die Kundenorientierung genutzt?
- Ermunterung der Kunden, sich – falls notwendig – zu beschweren, um durch eine schnelle und zur Zufriedenheit des Kunden gelöste Problembehandlung den Kunden noch stärker an sich zu binden
- Kosten für die Reklamationsanrufe und –lösung der verursachenden Abteilung belasten
- Wie hoch ist die Kundenverlustrate?
- Analyse der wahren Abwanderungsgründe & nicht der vermuteten Gründe: warum verlassen Kunden das Unternehmen tätsächlich?
- Werden abgewanderte Kunden persönlich kontaktiert?
- Sind die Kunden frustriert, weil sie bei Anfragen oder Bestellungen bei Mitarbeitern oder im System Daten wiederholen oder erneut eingeben müssen?
- Gibt es Service-Probleme mit den Kunden (keine Antwort auf Beschwerden oder lange Warteschleifen bei Anrufen)–oder: können sie das Gefühl haben, nicht korrekt behandelt zu werden?
- Identifizieren der potentiellen Abwanderungskandidaten durch Überprüfen der Indikatoren, die eine Kundenabwanderung vorhersehbar machen:
  - die Zusagen des Kunden auf Vorschläge kommen schleppender
  - die Kontakte zum unteren Management nehmen ab
  - die Anzahl der Kundenaktivitäten verlangsamt sich bzw. nehmen ab
  - die Pläne für eine weitere Zusammenarbeit werden zunehmend kurzfristiger Natur
  - ein oder mehrere Produkte oder Dienstleistungen werden nicht mehr fortgesetzt
  - das Geschäftsvolumen mit dem Kunden nimmt ab
- Gibt es Möglichkeiten, dem Kunden zu zeigen, wie wichtig er ist, dass man sich um ihn kümmert?
- Wechselhemmnisse einrichten – z.B. durch formale Mitteilung vor einer Kündigung, um gfs die Angelegenheit in Ordnung zu bringen, bevor der Kunde gegangen ist

° **Analyse des Kundenwertes / Customer Lifetime Value**
- Aufstellen einer Risiko / Umsatz-Matrix

- Ermittlung des Kundenwertes der Kunden während der Kundenbeziehung (Customer Lifetime Value - CLV) und nach hohem, mittlerem und niedrigem Wert unterteilen
- Festlegen der Kunden-Abwanderungs-Wahrscheinlichkeit und die Kunden in die Wahrscheinlichkeitskategorien hoch, mittel, niedrig unterteilen
- Für Kunden mit höchstem CLV und höchster Abwanderungswahrscheinlichkeit speziellen Service, wie z.B. Serice-Hotline-Nummer einrichten

° **Customer Retention Marketing**
- Aufbau von Wechselbarrieren auf rationalere Ebene (Verträge) und emotionaler (persönlicher) Basis
- Entwicklung einer Kunden-Rückgewinnungsstrategie unter Berücksichtigung der Beschwerderate und pro Kunde anfallenden Kosten
- Identifikation wechselwilliger Kunden, um rechtzeitig Gegenmaßnahmen einzuleiten
- Bestimmen, welche Kunden man gerne zurückgewinnen möchte
- Herausfinden, warum sie damals wirklich gegangen sind
- Beseitigung des seinerzeitigen Problems
- Einladen, wieder zurückzukehren
- Berechnung eines „zweiten Customer Lifetime Value" während der erneuten Kundenbeziehungsdauer
  - Basis-Umsatz (Anzahl Aufträge/Jahr x durchschnittlichen Auftragswert)
  - plus Cross-Selling-Betrag (15 % des Basis-Umsatzes)
  - plus Informations-Umsatz (10% des Basis-Umsatzes)
  - minus Kosten (direkte Kosten, Rückgewinnungs-Kosten)

7 Kundenbindung / Retention Marketing

° **Kundenbindungs- / Kundenkarten-Programme:**
  - Identifikation: der Kunde muss sich registrieren
  - Investition: das Programm muss dauerhaft angelegt sein
  - Information: das Programm vertieft kontinuierlich die Kundenkenntnis über seine Mitglieder
  - Interaktion: das Programm muss mit seinen Teilnehmern Dialoge führen
  - Integration: das Programm muss mehrere Marketinginstrumente integrieren
  - Kundenkarten zur Verstärkung der Kundenbindung
  - Einlösemöglichkeiten
    - über das Internet
    - per Offline-Formular und Versand per Post
    - über Instore Redemption Terminals (Kiosks)

° **Kundenkarten-Besitzer**
  - kaufen vorwiegend / überwiegend beim Karten-Anbieter
  - kaufen mehr Produkte, auch bislang nicht gekaufte Produkte
  - empfehlen häufiger den Anbieter
  - kaufen bei Einsatz von Instore-Kioskterminals als „Advantage Points" für besondere Angebote ...
    - ... dreimal soviel wie Nichtkartenbesitzer
    - ... doppelt soviel wie Kartenbesitzer, die Kiosk nicht aufsuchen
  - erhalten am Kioskterminal persönlichen Service, indiviuelle Angebote, Gutscheinen und Coupons und werden persönlch begrüßt
  - können am Kioskterminal ihre persönlichen Daten jederzeit einsehen und ändern und wird die Angst vor dem „gläsernen Kunden" genommen

° **Nutzen**
  - Dialog mit den Kunden führen
  - durch Koppelung mit anderen Anreizsystemen (Rabattmarke, Coupons, Gutscheine) Informationen über das Kundenverhalten gewinnen
  - individuelle Rabatt-Angebote möglich direkt an der Kasse durch Check-out-Couponing auf Basis des aktuellen Warenkorbes und ohne Streuverluste
  - erhebliche Kosten (z.B. Portogebühren) durch Einsatz von Kioskterminals einsparen
  - durch Einlösung der Bonuspunkte von Partnerprogrammen an Instore-Kioskterminals einen erheblichen Anteil der Konsumausgaben der Kunden auf eigenes Angebot umlenken
  - Nutzung der Kartendaten
    - für individuelle Angebote

- zur Maximierung des Direktmarketing-Erfolges
- zum Entgegenwirken von Kundenabwanderungen
- zur Unterstützung der Filialleiter, das Sortiment und die Marketingaktivitäten auf den örtlichen Kundenstamm zuzuschneidern

○ **„Behavoural Loyalty"** (Verhaltenskomponente)
- Valenz
  - bei nur einer Prämienart Sachprämien gegenüber Geldprämien vorziehen, da diese im Wert häufig überschätzt werden
  - hedonistische Prämien nützlichen Prämien vorziehen, da diese weniger häufig gekauft werden und damit einen Belohnungscharakter haben
  - Belohnungen mindestens alle 2 Jahre aktualisieren, da sonst der Anreiz des Programms verloren geht
- Instrumentalität
  - Einlöselogistik sollte einfach sein
  - Muß-Zuzahlungen vermeiden, da sie das Image des Programms negativ beeinflussen
  - Kann-Zuzahlungen nur in Verbindung mit einer Mindestanzahl von Bonuspunkten
  - Verfallbarkeit der Bonuspunkte erst nach mehreren Jahren
- Erwartung
  - Incentivierung sollte transparent sein
  - Incentivierung von Umsatz und Verhalten sinnvoller als die reine Umsatz-Incentivierung, da der Kunde hierbei mehr Entscheidungen treffen kann
  - das incentivierte Verhalten muss in jedem Fall durch den Kunden steuerbar sein (z.B. Incentivierung der jährlichen Vertragsverlängerung sinnvoller als nur die Incentivierung des Verbrauches)

○ **„Emotional Loyalty"**
- es sollte exklusive Serviceleistungen geben
- es sollte nichtkäufliche Prämien geben
- es sollte ein geschlossenes Statussystem existieren, bei dem der Status erworben werden muss und nicht gekauft werden kann
- Artikel können z.B. bis zu 10 Tage mit nach Hause genommen werden
- persönlicher Gutschein z.B. als Geburtstagsbonus
- exklusive Informationen über Aktionen, Preisvorteile und Rabattspecials
- exklusive Clubabende
- Gratisproben für eine gewisse Zeit überlassen („Reziproksregel")
- Registrierung mit „Willkommenspunkten" belohnen, um Anreiz zu schaffen

8 Industrielle Kundenbindungsstrategien (B-to-B)

° **Industrielle Kundenbindungstrategien (B-to-B)**
  - Ermittlung „Wertanteil des Zulieferprodukts"
    - Anzahl der Einzelleistungen und Arbeitsschritte, die das Zulieferprodukt umfasst, sind ...
      - hoch
      - eher hoch
      - eher gering
      - gering
    - Zulieferprodukt ist seinem Typ nach ...
      - System
      - Modul
      - Komponente
      - Teil
    - Position des Zulieferers in der Wertschöpfungskette ist ...
      - Tier 0,5 oder 1
      - Tier 2
      - Tier 3
      - Tier 4
    - Wertschöpfungspartnerschaftliche Ausprägung der Geschäftsbeziehung („design to order") mit dem Kunden ist ...
      - hoch
      - eher hoch
      - eher gering
      - gering
    - Lieferant wird vom Kunden in die Planung neuer Produkte und Produktionskonzepte einbezogen ...
      - immer
      - häufig
      - selten
      - nie
    - Summe der jeweils ersten beiden Nennungen ist größer als die Summe der jeweils beiden letzten Nennungen ➔ Produkt hat einen hohen Wertanteil am Abnehmerprodukt
    - Summe der jeweils ersten beiden Nennungen ist kleiner als die Summe der jeweils beiden letzten Nennungen ➔ Produkt hat einen geringen Wertanteil am Abnehmerprodukt
  - Ermittlung „Technologische Überlegenheit des Zulieferprodukts"
    - Zulieferprodukt ist Wettbewerbsprodukten klar überlegen hinsichtlich z.B. Standfestigkeit (MTBF), Montageaufwand, etc., ...
      - trifft voll zu
      - eher zutreffend

- eher nicht zutreffend
- trifft nicht zu
- Zulieferprodukt verleiht dem Endprodukt des Kunden einen klaren USP am Markt
- trifft voll zu
- eher zutreffend
- eher nicht zutreffend
- trifft nicht zu
- Zulieferprodukt hat eine Monopolstellung hinsichtlich seiner technologischen Vorteile für den Abnehmer ...
- trifft voll zu
- eher zutreffend
- eher nicht zutreffend
- trifft nicht zu
- Zulieferprodukt erhöht die Wettbewerbsfähigkeit des Abnehmerprodukts signifikant ...
- trifft voll zu
- eher zutreffend
- eher nicht zutreffend
- trifft nicht zu
- Summe der jeweils ersten beiden Nennungen ist größer als die Summe der jeweils beiden letzten Nennungen ➜ Produkt ist technisch insgesamt überlegen
- Summe der jeweils ersten beiden Nennungen ist kleiner als die Summe der jeweils beiden letzten Nennungen ➜ Produkt ist technisch insgesamt unterlegen
- Ermittlung der geeigneten Kundenbindungsstrategien anhand des Produktprofils
  - Produktprofil 1: hoher Wertanteil, technische Überlegenheit
    - Lieferantenprofil: innovativer Integrationschampion für Systeme und Module
    - überlegene Kundenbindungsstrategie(n)
      - Business Integration
      - Best Supply
      - Added Value
    - Ansatz für die Wirkung der Kundenbindungsstrategie(n): hoher Koordinationsbedarf auf grund hoher Verzahnung in relativ investitionsintensiven Geschäftsbeziehungen mit komplexen Zulieferprodukten
  - Produktprofil 2: geringer Wertanteil, technische Überlegenheit
    - Lieferantenprofil: innovativer Spezialist für Teile und Komponenten, Auftragsentwickler auf Systemebene
    - überlegene Kundenbindungsstrategie(n)
      - Business Integration

- Ansatz für die Wirkung der Kundenbindungsstrategie(n): Sicherung von für den Kunden strategisch wichtigen und/oder wettbewerbsrelevanten Zulieferprodukten
- Produktprofil 3: hoher Wertanteil, technische Unterlegenheit
- Lieferantenprofil: System- oder Modulintegrator ohne USP (Auftragsmontierer)
- überlegene Kundenbindungsstrategie(n)
  - Business Integration
  - Shock Absorption
- Ansatz für die Wirkung der Kundenbindungsstrategie(n): Aufrechterhaltung von Versorgungssicherheit für den Kunden bei workflow-kritischen Zulieferprodukten, auch im Extremfall
- Produktprofil 4: geringer Wertanteil, technische Unterlegenheit
- Lieferantenprofil: Zulieferer von Standard- oder Me-too-Teilen und Komponenten, Auftragsfertiger
- überlegene Kundenbindungsstrategie(n)
  - Added Value
- Ansatz für die Wirkung der Kundenbindungsstrategie(n): Verbesserung des Preis-Leistungs-Verhältnisses bei einem austauschbaren Zulieferprodukt, Kreation eines nicht-technischen Alleinstellungsmerkmals
- Identifikation besonders erfolgversprechender Kundenbindungsmaßnahmen
  - Selbsteinschätzung des Lieferanten hinsichtlich seiner aktuellen Kundenbindungsaktivitäten
    - durch Befragung kundennaher Experten (wie z.B. Key Account Manager, Vertriebs- und Serviceingenieure, Entwickler mit Kundenkontakt)
○ **„Value Added" - Strategie**
- vor allem für Standard-Produkte erste Wahl
  - Grundgedanke besteht darin, dem Kunden für ihn nützliche, wertvolle Leistungen unentgeltlich zur Verfügung zu stellen
- Besondere Idee, unentgeltlicher Mehrwert: Kunde erhält wertvolle Zusatzleistungen vom Lieferanten
- Anforderungen an den Kunden: keine, er muss die Zusatzleistungen jedoch annehmen
- Wirtschaftlicher Vorteil des Kunden: Kunde erhält einen größeren Leistungsumfang
- Stärke der psychologischen Bindungswirkung:hoch, durch gegenseitiges Geben und Nehmen (Reziprozität)
- Bindungswirkung insgesamt: Relativ hoch; konkrete, bewertbare Handlungen, die dem Kunden unmittelbar Nutzen stiften
- Welche spezifischen Investitionen muss der Lieferant tätigen? Investitionen in unentgeltliche Zusatzleistungen, als Vorleistung
- Umsetzung der „Value Added" – Kundenbindungsstrategie
  - Transfer von Grundlagenwissen betreffend des Zulieferprodukts

- Maßnahme ist im Vergleich zum Wettbewerb ...
  - schwach ausgeprägt
  - eher schwach ausgeprägt
  - eher stark ausgeprägt (Soll-Ausprägung)
  - stark ausgeprägt
- F&E-Unterstützung des Kunden
  - Maßnahme ist im Vergleich zum Wettbewerb ...
  - schwach ausgeprägt
  - eher schwach ausgeprägt
  - eher stark ausgeprägt (Soll-Ausprägung)
  - stark ausgeprägt
- Kaufmännische Fachberatung
  - Maßnahme ist im Vergleich zum Wettbewerb ...
  - schwach ausgeprägt
  - eher schwach ausgeprägt
  - eher stark ausgeprägt (Soll-Ausprägung)
  - stark ausgeprägt
- Technische Fachberatung
  - Maßnahme ist im Vergleich zum Wettbewerb ...
  - schwach ausgeprägt
  - eher schwach ausgeprägt
  - eher stark ausgeprägt (Soll-Ausprägung)
  - stark ausgeprägt
- Zurverfügungstellung von Marktstudien (z.B. zum besseren Endkundenverständnis)
  - Maßnahme ist im Vergleich zum Wettbewerb ...
  - schwach ausgeprägt
  - eher schwach ausgeprägt
  - eher stark ausgeprägt (Soll-Ausprägung)
  - stark ausgeprägt
- Customizing des Produkts
  - Maßnahme ist im Vergleich zum Wettbewerb ...
  - schwach ausgeprägt
  - eher schwach ausgeprägt
  - eher stark ausgeprägt (Soll-Ausprägung)
  - stark ausgeprägt
- Angebot von Finanzierungsdienstleistungen
  - Maßnahme ist im Vergleich zum Wettbewerb ...
  - schwach ausgeprägt
  - eher schwach ausgeprägt
  - eher stark ausgeprägt (Soll-Ausprägung)
  - stark ausgeprägt
- Erstellung von Lastenheften

- Maßnahme ist im Vergleich zum Wettbewerb ...
  - schwach ausgeprägt
  - eher schwach ausgeprägt
  - eher stark ausgeprägt (Soll-Ausprägung)
  - stark ausgeprägt
- Proaktive Konzeptentwicklung
  - Maßnahme ist im Vergleich zum Wettbewerb ...
    - schwach ausgeprägt
    - eher schwach ausgeprägt
    - eher stark ausgeprägt (Soll-Ausprägung)
    - stark ausgeprägt
- Durchführung von Wertanalysen am Zulieferprodukt
  - Maßnahme ist im Vergleich zum Wettbewerb ...
    - schwach ausgeprägt
    - eher schwach ausgeprägt
    - eher stark ausgeprägt (Soll-Ausprägung)
    - stark ausgeprägt
- Unterhalt einer Service-Hotline
  - Maßnahme ist im Vergleich zum Wettbewerb ...
    - schwach ausgeprägt
    - eher schwach ausgeprägt
    - eher stark ausgeprägt (Soll-Ausprägung)
    - stark ausgeprägt

○ **„Business Integration" - Strategie**
- wenn man auf einander angewiesen ist:
  - Grundgedanke besteht darin, für den Kunden wichtige Kernprozesse zu verbessern und die Zusammenarbeit mit ihm dahingehend zu intensivieren
- Besondere Idee, unentgeltlicher Mehrwert: Kunde erhält verbesserte Prozesse mit dem Lieferanten
- Anforderungen an den Kunden: Kunde muss die Aktivitäten des Lieferanten unterstützen
- Wirtschaftlicher Vorteil des Kunden: Kunde profitiert von reduzierten Kosten
- Stärke der psychologischen Bindungswirkung: hoch, durch die häufigen Interaktionen zwischen Mitarbeitern
- Bindungswirkung insgesamt: hoch; konkrete, bewertbare Handlungen, die dem Kunden unmittelbar Nutzen stiften
- Welche spezifischen Investitionen muss der Lieferant tätigen? Investitionen in Maschinen, Werkzeuge, Mitarbeiter, Prozesse
- Umsetzung der „Business Integration" – Kundenbindungsstrategie
  - Übernahme von Logistikdienstleistungen (z.B. auch Montagearbeiten)
    - Maßnahme ist im Vergleich zum Wettbewerb ...

- schwach ausgeprägt
- eher schwach ausgeprägt
- eher stark ausgeprägt (Soll-Ausprägung)
- stark ausgeprägt
- Umfangreiche Unterstützung von elektronischem Datenaustausch (z.B. Geschäftsprozess, Entwicklung)
  - Maßnahme ist im Vergleich zum Wettbewerb ...
  - schwach ausgeprägt
  - eher schwach ausgeprägt
  - eher stark ausgeprägt (Soll-Ausprägung)
  - stark ausgeprägt
- Unterhalt von Standorten/Büros in unmittelbarer Nähe des Kunden (gemeinschaftliche Globalisierung)
  - Maßnahme ist im Vergleich zum Wettbewerb ...
  - schwach ausgeprägt
  - eher schwach ausgeprägt
  - eher stark ausgeprägt (Soll-Ausprägung)
  - stark ausgeprägt
- Logistikoptimierung (z.B. Einbindung in JIT/JIS-Systeme des Kunden)
  - Maßnahme ist im Vergleich zum Wettbewerb ...
  - schwach ausgeprägt
  - eher schwach ausgeprägt
  - eher stark ausgeprägt (Soll-Ausprägung)
  - stark ausgeprägt
- Simultaneous Engineering mit dem Kunden
  - Maßnahme ist im Vergleich zum Wettbewerb ...
  - schwach ausgeprägt
  - eher schwach ausgeprägt
  - eher stark ausgeprägt (Soll-Ausprägung)
  - stark ausgeprägt
- Unterhalt von Resident Engineers beim Kunden
  - Maßnahme ist im Vergleich zum Wettbewerb ...
  - schwach ausgeprägt
  - eher schwach ausgeprägt
  - eher stark ausgeprägt (Soll-Ausprägung)
  - stark ausgeprägt
- Kundenintegrierte Entwicklung (z.b. durch gemischte F&E-Projektteams)
  - Maßnahme ist im Vergleich zum Wettbewerb ...
  - schwach ausgeprägt
  - eher schwach ausgeprägt
  - eher stark ausgeprägt (Soll-Ausprägung)
  - stark ausgeprägt
- Instandhaltung und (Fern-)Wartung von Anlagen und Maschinen

- Maßnahme ist im Vergleich zum Wettbewerb ...
  - schwach ausgeprägt
  - eher schwach ausgeprägt
  - eher stark ausgeprägt (Soll-Ausprägung)
  - stark ausgeprägt
- Spezielle Schulungen betreffend des Zulieferprodukts
  - Maßnahme ist im Vergleich zum Wettbewerb ...
  - schwach ausgeprägt
  - eher schwach ausgeprägt
  - eher stark ausgeprägt (Soll-Ausprägung)
  - stark ausgeprägt
- Besondere Inbetriebnahme-Betreuung von Anlagen und Maschinen
  - Maßnahme ist im Vergleich zum Wettbewerb ...
  - schwach ausgeprägt
  - eher schwach ausgeprägt
  - eher stark ausgeprägt (Soll-Ausprägung)
  - stark ausgeprägt
- Komplexitätsmanagement (z.B. Optimerung von Varianten des Zulieferproduktes, Etablierung und Nutzung technischer Standards)
  - Maßnahme ist im Vergleich zum Wettbewerb ...
  - schwach ausgeprägt
  - eher schwach ausgeprägt
  - eher stark ausgeprägt (Soll-Ausprägung)
  - stark ausgeprägt
- Gemeinsame Marketing-Aktivitäten
  - Maßnahme ist im Vergleich zum Wettbewerb ...
  - schwach ausgeprägt
  - eher schwach ausgeprägt
  - eher stark ausgeprägt (Soll-Ausprägung)
  - stark ausgeprägt
- Key-Account-Management
  - Maßnahme ist im Vergleich zum Wettbewerb ...
  - schwach ausgeprägt
  - eher schwach ausgeprägt
  - eher stark ausgeprägt (Soll-Ausprägung)
  - stark ausgeprägt

○ **„Best Supply" - Strategie**
- Nachholbedarf für fast alle
  - Grundgedanke besteht darin, dem Kunden das Gefühl zu vermitteln, dass er mit dem Lieferanten einen kompetenten, verlässlichen und fairen Partner gewählt hat

- Besondere Idee, unentgeltlicher Mehrwert: Kunde erhält mehr Gewissheit

über die Kompetenz und Fairness des Lieferanten
- Anforderungen an den Kunden: keine
- Wirtschaftlicher Vorteil des Kunden: Kunde profitiert von reduzierten Kosten
- Stärke der psychologischen Bindungswirkung: gering
- Bindungswirkung insgesamt: relativ hoch; vergleichsweise abstrakte Nutzenpotenziale, von denen der Kunde nicht zwangsläufig profitiert
- Welche spezifischen Investitionen muss der Lieferant tätigen? Nicht erforderlich
- Umsetzung der „Best Supply" – Kundenbindungsstrategie
  - Aufbau einer Marke und deren professionelles Management
    - Maßnahme ist im Vergleich zum Wettbewerb ...
      - schwach ausgeprägt
      - eher schwach ausgeprägt
      - eher stark ausgeprägt (Soll-Ausprägung)
      - stark ausgeprägt
  - Umfassende Unterstützung von Grundlagenforschung in neutralen Forschungseinrichtungen
    - Maßnahme ist im Vergleich zum Wettbewerb ...
      - schwach ausgeprägt
      - eher schwach ausgeprägt
      - eher stark ausgeprägt (Soll-Ausprägung)
      - stark ausgeprägt
  - Erfolgreiche Teilnahme an Design-Wettbewerben
    - Maßnahme ist im Vergleich zum Wettbewerb ...
      - schwach ausgeprägt
      - eher schwach ausgeprägt
      - eher stark ausgeprägt (Soll-Ausprägung)
      - stark ausgeprägt
  - Einarbeitung und Anmeldung von Patenten
    - Maßnahme ist im Vergleich zum Wettbewerb ...
      - schwach ausgeprägt
      - eher schwach ausgeprägt
      - eher stark ausgeprägt (Soll-Ausprägung)
      - stark ausgeprägt
  - Teilnahme an Benchmarkings
    - Maßnahme ist im Vergleich zum Wettbewerb ...
      - schwach ausgeprägt
      - eher schwach ausgeprägt
      - eher stark ausgeprägt (Soll-Ausprägung)
      - stark ausgeprägt
  - Regelmäßige Reportings über eigene Liefer-Performance (z.B. Quali-

tätskennzahlen)
- Maßnahme ist im Vergleich zum Wettbewerb ...
  - schwach ausgeprägt
  - eher schwach ausgeprägt
  - eher stark ausgeprägt (Soll-Ausprägung)
  - stark ausgeprägt
- Veröffentlichung von allgemeinen Geschäftszahlen
- Maßnahme ist im Vergleich zum Wettbewerb ...
  - schwach ausgeprägt
  - eher schwach ausgeprägt
  - eher stark ausgeprägt (Soll-Ausprägung)
  - stark ausgeprägt
- Gezielte, teilweise Weitergabe von realisierten Kosteneinsparungen (z.B. durch Verbesserung eigener interner Prozesse)
  - Maßnahme ist im Vergleich zum Wettbewerb ...
  - schwach ausgeprägt
  - eher schwach ausgeprägt
  - eher stark ausgeprägt (Soll-Ausprägung)
  - stark ausgeprägt
- Übererfüllung von Zielkosten
  - Maßnahme ist im Vergleich zum Wettbewerb ...
  - schwach ausgeprägt
  - eher schwach ausgeprägt
  - eher stark ausgeprägt (Soll-Ausprägung)
  - stark ausgeprägt
- Aktive Mitarbeit in für den Kunden relevanten Verbänden & Orgaisationen
  - Maßnahme ist im Vergleich zum Wettbewerb ...
  - schwach ausgeprägt
  - eher schwach ausgeprägt
  - eher stark ausgeprägt (Soll-Ausprägung)
  - stark ausgeprägt
- Durchführung von Kundenzufriedenheitsanalysen und konsequente, wahrnehmbare Umsetzung der Ergebnisse
  - Maßnahme ist im Vergleich zum Wettbewerb ...
  - schwach ausgeprägt
  - eher schwach ausgeprägt
  - eher stark ausgeprägt (Soll-Ausprägung)
  - stark ausgeprägt
○ **„Shock Absorption" - Strategie**
- wenn Unvorhergesehenes an der Tagesordnung ist
  - Grundgedanke besteht darin, für den Kunden sog. Pufferressourcen bereit zu halten
- Besondere Idee, unentgeltlicher Mehrwert: Kunde erhält Zugriff auf Puffer

ressourcen des Lieferanten
- Anforderungen an den Kunden: keine
- Wirtschaftlicher Vorteil des Kunden: Kunde profitiert von reduzierten Kosten
- Stärke der psychologischen Bindungswirkung: gering
- Bindungswirkung insgesamt: relativ gering; vergleichsweise abstrakte Nutzenpotenziale, von denen der Kunde nicht zwangsläufig profitiert
- Welche spezifischen Investitionen muss der Lieferant tätigen? Nicht erforderlich, falls freie Kapazitäten vorhanden
- Umsetzung der „Shock Absorption" – Kundenbindungsstrategie
  - Bereitstellung von Lagerflächen für den Kunden
    - Maßnahme ist im Vergleich zum Wettbewerb ...
    - schwach ausgeprägt
    - eher schwach ausgeprägt
    - eher stark ausgeprägt (Soll-Ausprägung)
    - stark ausgeprägt
  - Vorhaltung von Maschinenkapazitäten für den Kunden
    - Maßnahme ist im Vergleich zum Wettbewerb ...
    - schwach ausgeprägt
    - eher schwach ausgeprägt
    - eher stark ausgeprägt (Soll-Ausprägung)
    - stark ausgeprägt
  - Unterhalt von Beständen an Halbfertigen und Fertigen, z.B. zur drastischen Verkürzung von Lieferzeiten
    - Maßnahme ist im Vergleich zum Wettbewerb ...
    - schwach ausgeprägt
    - eher schwach ausgeprägt
    - eher stark ausgeprägt (Soll-Ausprägung)
    - stark ausgeprägt
  - Mitarbeiterüberlassung oder –leasing, z.B. für Montagearbeiten onsite beim Kunden im Rahmen dessen eigener Wertschöpfung
    - Maßnahme ist im Vergleich zum Wettbewerb ...
    - schwach ausgeprägt
    - eher schwach ausgeprägt
    - eher stark ausgeprägt (Soll-Ausprägung)
    - stark ausgeprägt
  - Einrichtung von kundenfokussierten Arbeitszeit-Systemen, z.B. um sehr kurzfristig Kapazitäten zu erhöhen oder die eigenen Arbeitszeiten mit denen des Kunden zu synchronisieren

    - Maßnahme ist im Vergleich zum Wettbewerb ...

- schwach ausgeprägt
- eher schwach ausgeprägt
- eher stark ausgeprägt (Soll-Ausprägung)
- stark ausgeprägt
○ **Quantitative Ermittlung der Kundenbindung**
- Kunde vermittelt dem Lieferanten das Gefühl, dass dieser auch zukünftig ein wichtiger Geschäftspartner sein wird
  - trifft voll zu
  - eher zutreffend
  - eher nicht zutreffend
  - trifft nicht zu
- Kunde tätigt Investitionen, die in Geschäftsbeziehungen mit anderen Anbietern wertlos würden
  - trifft voll zu
  - eher zutreffend
  - eher nicht zutreffend
  - trifft nicht zu
- Kunde verändert extra für die Zusammenarbeit mit dem Lieferanten bereits bestehende etablierte Prozesse
  - trifft voll zu
  - eher zutreffend
  - eher nicht zutreffend
  - trifft nicht zu
- Kunde gibt vertrauliche Informationen, z.B. über die eigene Unternehmensplanung, in ungewöhnlichen Maß an den Lieferanten weiter
  - trifft voll zu
  - eher zutreffend
  - eher nicht zutreffend
  - trifft nicht zu
- Lieferant nimmt die Zusammenarbeit mit dem Kunden in den verschiedenen betrieblichen Funktionen als überdurchschnittlich intensiv wahr
  - trifft voll zu
  - eher zutreffend
  - eher nicht zutreffend
  - trifft nicht zu
- Kunde nimmt ungewöhnlich viel Rücksicht auf die Interessen des Lieferanten
  - trifft voll zu
  - eher zutreffend
  - eher nicht zutreffend
  - trifft nicht zu

- Kunde gibt dem Lieferanten unaufgefordert und sehr deutlich ein positives

Feedback über die Geschäftsbeziehung
- trifft voll zu
- eher zutreffend
- eher nicht zutreffend
- trifft nicht zu
- Kunde „bekennt" sich öffentlich und regelmäßig zu seiner Zusammenarbeit mit dem Lieferanten, z.B. in Broschüren
- trifft voll zu
- eher zutreffend
- eher nicht zutreffend
- trifft nicht zu

9 Customer Experience Management / Mystery Shopping

° **Customer Experience Management (CEM)**
- Unternehmen aus Sicht des Kunden durch Befragung des Kunden bei jeder Interaktion
- im Geschäft
- beim Händler
- im Call Center
- auf der Internetseite, Portal
- auf allen sonstigen Touch Points
- „Customer Value" als der vom Kunden empfundene Wert
- sofortige Reaktion mit dem richtigen Angebot / Vorschlag

° **„Mystery Shopping"**
- Messung der tatsächlichen Qualität von Transaktionen zwschen Kunden und Mitarbeitern
- Feststellung,
  - ob vorgegebene Verhaltensweisen der Mitarbeiter tatsächlich stattgefunden haben oder nicht
  - ob definierte Service-Standards, Service-Versprechen, Marken-Versprechen eingehalten wurden oder nicht
- das einzige präzise Instrument, das ein gezieltes und punktgenaues Veränderungsmanagement ermöglicht
- Vergleichsinstrument zwischen „Service Soll" und „Service Ist" auf
  - Filial-Ebene
  - Bezirks-Ebene
  - regionaler Ebene
  - nationaler Ebene
  - internationaler Ebene
- langfristiges Steuerungsinstrument zur Leistungsverbesserung

- Verbesserungspläne durchführen für jeweils drei gewichtete Service-Standards mit den niedrigsten Erfüllungsgraden in einem Rhythmus von drei Monaten oder drei Wellen
- nach weiteren drei Monaten Ergebnisse dieser Verbesserungspläne überprüfen und wiederum die drei schwächsten Standards aktionieren
- dadurch ergibt sich ein systematischer Verbesserungsprozess, der mittelfristig das Gesamtserviceniveau positiv beeinflusst
- Zu beachten bei der Einführung eines Mystery Shopping Programms
  - interner Stellenwert des Programms
    - reines Mess-System oder Charakter eines Leistungsverbesserungs-Programms?
    - Empfehlung: als Steuerungsinstrument für Filialleitung und Vertrieb positionieren
  - interner „Program Owner" sollte Sales / Marketing sein
  - Betriebsrat so früh, so umfassend, so transparent wie möglich einbeziehen
  - interne Kommunikation des Programms so früh, so offen, so transparent wie möglich
  - Verantwortlich für Struktur des Programms und die zu messenden Service-Standards sind Sales/Marketing, Regionalleitung, Filialleitung, Human Resources und Mystery Shopping-Partner
- Umfang des Programms
  - Pilot-Projekt über 3 Monate, das 10% des Filialnetzes umfasst
  - Messfrequenz sollte auf jeden Fall einer Regelmäßigkeit unterliegen
  - Dauer sollte unbefristet sein
  - idealerweise sollte jede Filiale einmal im Monat gemessen werden
- Programm mit einem Anerkennungsprogramm verknüpfen
- Programm nicht als Mitarbeitersteuerungsinstrument missbrauchen; d.h. keine Mitarbeiternamen nennen
- erste Programmüberprüfung sollte nach einem Dreivierteljahr bei monatlicher Messung erfolgen
- Mystery Shopping Programmkonzeption
  - Konzeption eines Messkonstrukts, das …
    - … in sich logisch ist
    - … das Markenversprechen bestmöglich repräsentiert
    - … operationell durchführbar ist
    - … sich auf die wichtigsten Dinge konzentriert
  - Untergliederung in Oberbegriffe als Hauptmesskriterien
    - für jeden Einzelbereich bestehen klare Vorstellungen, was jeder Kunde dort idealerweise erleben sollte, um das Markenversprechen bestmöglich zu erleben
  - Aufschlüsselung der Hauptmess-Kriterien in präzise Ja/Nein-Fragestellungen
    - wird dem Kunden in einem vorgegebenen Konzept der Grad an Auf-

merksamkeit, Freundlichkeit, Fachberatung und Service geboten, der die Loyalität des Kunden generiert oder gar erhöht?
- Annahme der Korrelation zwischen hohen Service-Standard-Erfüllungsgraden und steigender Kundenloyalität
- Gewichtung jeder einzelnen Fragestellung in sehr wichtige (Killerkriterien), wichtige und weniger wichtige Kriterien
- Qualität der Einführungskommunikation
- Vorbereitung des Einsatzes der Mystery Shopper/Service Checker (durch das beauftragte Mystery Shopping Unternehmen)
- Festlegung
  - der Messfrequenz der teilnehmenden Filialen
  - eventuelle Zeitfenster, in denen nicht gecheckt werden darf
  - Checker-Rotationsregeln
  - Regeln für evt. Produktkäufe und Umtauschmodalitäten im Rahmen des Service Checks
  - Inhalt und Liefermethode für die gesamte Resultatsübermittlung
  - etc.

10 Kampagnenmanagement

° **Kundenmanagement-Aktivitäten**
- Kennen die Kampagnenmanager die Verhaltensmuster der Kunden- und Interessentengruppen und werden diese bei Kampgnen auch berücksichtigt?
- Werden die Kernelemente der Kampagnen zielgruppenspezifisch ausgerichtet?
- Hat jede Kundengruppe ein spezifisches Produkt- und Serviceangebot?
- Gibt es gruppenspezifische Begrüßungspakete für neue Kunden?
- Existieren unterschiedliche Betreuungskonzepte für die Kundengruppen?
- Cross- und Up-Selling: Gibt es Unterstützung für die Kundenbetreuer, die auf der Gruppenplanung basiert?
- Können Probleme schnell und genau erkannt und entsprechende Lösungsvorschläge angeboten werden

° **Kampagnen-Prozess**
- Identifikation der Zielgruppe
- Zieldefinition
  - Übersetzung in Kundenbedürfnisse
  - Design der Kundenansprache (Inhalt, Text, Grafik), wobei der Individualisierung besondere Aufmerksamkeit gilt
  - Festlegung der Kommunikationskanäle
  - Gestaltung der eigentlichen Kampagne
- Prozessplanung

- Planung der Abläufe
- im Prozess eingebundene Abteilungen
- Einbindung des Vertriebs
- Verzahnung mit Lead Management
- Ressourcenplanung
  - Individualisierter Erst-Kontakt (persönlich, online, am SB-System): Anzahl, Art und Standort
  - Nachfass-Kontakt, Terminvereinbarung (Call-Center) : Produktinfos
  - Abschluss-Kontakt: Filialen, Verkaufsleitfaden, Schulung
- Festlegung der Mess- und Zielgrößen
- Aufbau des Vertriebscontrolling
- Start der Kampagne
- Auswertung der Kampagne
- Aktualisierung des CRM-Datenbestandes
- Initialisierung neuer Analyseprozesse
° **Kampagnen über SB-Systeme / Bankautomaten**
  - Individualisierter Erst-Kontakt am SB-System / Bankautomat
    - Leerlaufphase des Automaten (Begrüßung)
    - Wartephase des Kunden (vertrieblicher Dialog)
    - Abschluss der Transaktion (Verabschiedung)
  - Anwendungmöglichkeiten am SB-Automat / Bankautomat
    - Eigenwerbung
      - namentliche Begrüßung des Kunden
      - Präsentation eines Angebotes entsprechend der Lebens-/Bedarfssituation des Kunden
      - positive Reaktion geht unmittelbar an Berater, der einen Termin mit dem Kunden verenbart
    - Post- und Telefonersatz
      - für Terminvereinbarung
      - für wichtigen Geschäftshinweis
      - für eine Meinungsumfrage
      - für Analyse des Erfolgs und der Qualität des Mitbewerbs bei Nichtkunden
    - Vertrieb von Non-Banking-Produkten
      - Ticketverkauf für Nahverkehr und/oder Veranstaltungen
      - Informationsdienste
      - Handy-Pre-Paid-Karten
      - Fremdwerbung
° **Kampagnen über Mobile Marketing**
  - Kundenansprache erfolgt mit einem 1-to-1-fähigen Massenmedium
  - Personalisierte Ansprache ist orts- und zeitunabhängig
  - Personalisierte Ansprache kann bei sinnvollem Anlass auch bewusst orts-

und zeitgebunden eingesetzt werden
- Echtzeit-Interaktion ermöglicht ständige Erfolgsmessung, Optimierung der Massnahmen und eine kontinuierliche Feinjustierung der Zielgruppe
- fungiert auch als kostengünstiger Rückkanal für die klassischen Medien und komplettiert somit das integrierte Marketing
- First Mover Advantage verschafft dem Absender einen positiven Image-Effekt
- Kunde führt das Medium fast zu jeder Zeit und an jedem Ort mit sich – „always on"!
- Toleranzgrenze für die Beantwortung einer SMS von maximal 30 Minuten beachten
- Interaktivität nutzen und Kundenbindung erhöhen
  - Kunden im Anschluss an die durchgeführte Massnahme ein Opt-in für spätere Benachrichtigungen anbieten
  - anschließend – jedoch nicht häufig – Kunde mit Informationen, Unterhaltung oder Coupons versorgen
- Richtige Zielgruppenansprache
  - Personalisierung der Botschaft (One-to-One)
  - Kundensegmentierung nach Markt oder Kundenwert
    - A-Kunde erhält z.b. Coupon zugeschickt,
    - B- und C-Kunden erhalten z.b. nur einfache Werbe-SMS
  - Kunde zur richtigen Zeit ansprechen (z:B. an einem Samstagvormittag und damit pünktlich zum Wochenendeinkauf)

○ **Permission-based / Request-based Kundenansprachen**
  - Pull-Kampagnen
    - Kundenansprache über Zweit-Medien, die eine Kurzwahlnummer mit mobilen Diensten bewerben
    - Ziel: Generierung von eigenen Adressen für Push-Kampagnen – Erlaubnis der Nutzer wird dazu eingeholt
    - Einfaches Opt-in: der Kunde gibt einmalig seine Zustimmung
    - dem Kunden muss bei und nach dem Opt-in jederzeit die Möglichkeit zum Opt-out gegeben werden (siehe hierzu auch gesetzliche Bestimmungen)
    - Double Opt-in: es erfolgt eine doppelte Bestätigung durch den Kunden; bei der zweimaligen Zustimmung bestätigt der Nutzer die Anmeldedaten nochmals, um Missbrauch einzudämmen
    - nur bei Regel-Dialog sinnvoll, da Hürde höher ist als beim einfachen Opt-in und für den Nutzer gfs zusätzliche Kosten anfallen
  - Push-Kampagnen
    - Einkauf von Kundendatensätzen, die ihre Einwilligung zuvor gegeben haben (Opt-in) oder
    - Verwendung einer selbst aufgebauten Opt-in-Kunden-Datenbank
  - Virale Verbreitung

- Kunden tauschen Werbemittel untereinander aus
- Erfolgsfaktoren:
  - richtige Media-Selektion (Pull-Kampagnen)
  - möglichst maßgeschneiderte Adressliste (Push-Kampagnen)
  - Kompatibilität mit den unterschiedlichsten Gerätetypen
  - Einsatz zielgruppenspezifischer Kreation und Benefits
- Anreize und Mehrwert für den Kunden schaffen
  - Pull-Kampagnen: Kunden werden nur durch starke Anreize dazu animiert, ihre Daten preiszugeben, wie z.b.
    - Entertainment (Infotainment, Edutainment)
    - Informationen
    - soziale Anreize
    - monetäre Anreize
  - Push-Kampagnen:gute, innovative, witzige, überraschende Idee kann zur Akzeptanz des Kunden führen
○ **Response-Messbarkeit**
  - vorsehen durch Einbinden eines Reponse-Elements
    - Integration eines Abrufs aus einem System (IVR- oder SMS/MMS-Inbound- und Outbound-System)
    - Antwort oder sonstige Interaktion mi diesem System
    - Erfolgsmessung durch Codes, die den Nutzern zugeordnet werden
  - Ermittlung der Responserates: wie viele der angeschriebenen Kunden haben auf die Kampagne geantwortet?
  - war der Zukauf externer Adress-Listen erfolgreich?
  - welches war das effektivste Kommunikationsmedium?
  - wie viele Leads (Händlerkontakte) wurden im Rahmen einer Kampagne generiert?
  - Closing- & Salesrates: wie viele Produkte wurden an die angeschriebenen Kampagnenteilnehmer & wie viele an die generierten Leads verkauft?
  - Up-, Down- & Cross-Selling-Rates: haben Kampagnenteilnehmer minder- bzw. höherwertige oder komplett andere produkte des Unternehmens gekauft?
○ **Auswahl passender Werbeträger in integrierten Kampagnen**
  - Key Visuals, die in allen Medien wiederkehren und einheitliches Look & Feel erzielen
  - Bekanntmachung z.B. über TV & Aufdrucken von On-Pack-Codes auf Materialien wie Becher, etc.
    - eingängige Kurzwahlnummern
    - eingängige Keywords
    - problematisch: Autobahnplakate oder ähnliche Medien mit zu kurzer Betrachtungszeit

11 Customer Lifecycle Management

○ **Life Event-orientiertes Kundenlebenszykluskonzept**
  - Eignung des Ereignisses:
    - Ist das Life Event geeignet, um die „richtigen" Kunden zu erreichen (Häufigkeit / Relevanz)?
    - Besitzt das Kundensegment eine ausreichende Größe?
  - Relevanz des Life Events für das Unternehmen:
    - Kann das Unternehmen die betreffenden Kundenbedürfnisse durch sein Leistungsprofil befriedigen? (z.B. Geburt ersten Kindes vs. Hochschulexamen)
  - Identifizierbarkeit:
    - Bezieht sich das Life Event auf einen konkret identifizierbaren Zeitpunkt (z.B. Altersklasse: Volljährigkeit oder Renteneintritt vs Berufseintritt oder Heirat)?
    - Signifikante Kundenereignisse ständig aufspüren, beurteilen und bewerten hinsichtlich einer möglichen Vertiefung der Kundenbeziehung
  - Bewertung und Priorisierung:
    - aufgrund der Bedeutung des Ereignisses in Hinblick auf die jüngsten und vergangenen Verhaltensweisen des Kunden
    - aufgrund des für den Kunden geeignetsten Vertriebsweges
    - aufgrund der speziellen Kenntnisse des Kundenberaters
  - Erreichbarkeit:
    - Ist das das Life Event mittels CRM-Methoden erreichbar (Spezifität)?

○ **Life Event Segmentierung / Segmentierung nach Lebenslagen-Konzept**
  - „Magic Moments" bzw. „Sternstunden"
  - Kindheit
  - Volljährigkeit
  - Ausbildung / Studium
  - Berufsausbildung
  - Heirat
  - Umzug
  - Geburt / Familie
  - gfs. Scheidung
  - Bauen & Wohnen / Haus- oder Autokauf
  - Alter / Renteneintritt
  - Großeltern
  - Erbschaft

° „Zeitfenster"
  - Herausfinden der jeweils kurzen Zeitfenster, in denen ein Kunde offen für bestimmte Dienstleistungen ist:
    - aktive Suche nach einer Problemlösung, einem Produkt (=echter Bearf)
    - Entscheidung, ob eine Dienstleistung mit demselben Anbieter weitergeführt werden soll
    - Überprüfung, ob die bestehende Dienstleistung, das bestehende Produkt noch sinnvoll ist
    - Zeitpunkt, an dem eine neue Dienstleistung, ein neues Produkt in Betracht kommen könnte
    - Veränderung des Risiko-Profils

12 Multi Channel Management

° **Optimierung der kundenorientierten Unternehmenskommunikation**
  - Optimierung einer kundenorientierten, externen Kundenkommunikation bezüglich unternehmensbezogenen, abteilungsbezogenen, auftragsbezogenen und kundenbezogenen Informationen
  - Etablierung einer transparenten internen Kommunikation
  - Aufbau eines internen Kundeninformationssystems
  - Optimierung der Zugriffe auf das Kundeninformationssystem
  - Welche Ansatzpunkte gibt es im Unternehmen zur Interaktion, um ...
    - ... mit den Kunden einen beziehungsintensivierenden Dialog aufzubauen?
    - ... die Informationen über den Kundendialog so zu erfassen, dass er allen Mitarbeitern in Marketing, Vertrieb und Service zur Verfügung steht?
    - ... die kundenspezifischen Interaktionsmuster über alle Kanäle (Internet, Call Center, Außendienst, etc.) zu identifizieren und in erfolgreiche Kommunikationskonzepte umzusetzen?
  - Werden Kunden als „Freund & Partner", als „Prosument" anerkannt, die Einfluss auf die Produktentwicklung und Servicequalität nehmen können?
  - Können sie auf den Produktbeschreibungsseiten im Internet ihre Bewertung und Meinung zum jeweiligen Produkt abgeben?
  - Ist das interne Kommunikations- und Informationssystem optimal?
    - zum richtigen Zeitpunkt beim richtigen Kunden zum richtigen Preis in der richtigen, vom Kunden bevorzugten Ansprache mit den richtigen Argumenten ein richtiges, maßgeschneidertes Informations- bzw. Leistungsangebot über den für beide optimalen Kommunikations- und Vertriebsweg unterbreiten (Segment-of-One-Marketing)
  - Erhalten die Kunden einen qualifizierten Self-Service auch über Telefon und Internet?
  - Können die Kunden mit den Service-Mitarbeitern über Telefon, E-Mail,

Internet, Fax oder mobiles Geräte oder eine Kombination dieser Medien in Verbindung treten?
- Besteht ein zentrales Kundeninformationssystem?
- Über welche Medien werden das Maßnahmenprogramm und die jeweiligen Leistungen kommuniziert?
- Über welche Medien erfolgt die Kommunikation des Kunden mit dem Unternehmen?
- Werden wichtige Kundendaten regelmäßig erhoben?
- Gibt es eine regelmäßige Abfolge von Kontakten über das ganze Jahr verteilt mit den Kunden (durch Begrüßungspaket, Glückwunschkarten zu Geburtstagen oder anderen Feiertagen, etc.)?
- Werden die Wirkungen der Kommunikation mit Kunden analysiert im Vergleich zu Kunden, die nicht besonders angesprochen, angerufen, angeschrieben worden sind?

° **Mehrstufiger Prozess**
- Definition der strategischen Kerngeschäftsfelder des Unternehmens
- Erfassen der Anforderungsprofile der Zielkunden
- Definition möglicher Vertriebs- und Kommunikationskanäle
- Stärken-/Schwächen (SWOT)-Analyse der einzelnen Vertriebs- und Kommunikationskanäle
  - hinsichtlich ihrer zeitlichen Verfügbarkeit
  - hinsicht lich ihrer örtlichen Verfügbarkeit
  - hinsichtlich ihrer Anonymität
  - hinsichtlich ihrer Objektivität
  - hinsichtlich ihrer Kostenträgerschaft
  - hinsichtlich ihrer Erreichbarkeit
  - hinsichtlich ihres Raumbedarfes
  - hinsichtlicher Ownership
- Festlegung der Kundenprozesse pro Kundensegment und Kommunikationskanal anhand der strategischen Ziele des Unternehmens
  - für die derzeitige Kommunikation und
  - für die zukünftige Kommunikation
- Ableitung eines Maßnahmenkataloges, um entlang des Kommunikationsprozesses die Inhalte der Kommunikation zuordnen zu können
- Bündelung der Maßnahmen in Arbeitspakete unter Berücksichtigung der vorhandenen Ressourcen und entsprechende Umsetzung
- Festhalten der Ergebnisse
  - in einer Intensionslandkarte (Kundensegment-Produkt-Kanal-Matrizen)
  - in einer Vertriebswege-Produkte-Matrix

- Vernetzung aller Kanäle, nicht nur Bündelung separater Kanäle)

- Anpassung an die individuelle Situation des Kunden (dort, wo der Kunde Zeit hat, die emotionale Umgebung vorfindet und gezielt kommunizieren möchte)
- Ermöglichung eines Kanalwechsels auch während eines Kaufprozesses
° **Umfang und Qualität der Nutzung der Interaktionsmedien**
  - Direktvertrieb per Telefon / Call Center / Contact Center
  - In welcher Frequenz finden Verkaufsgespräche statt? Von welcher Substanz sind sie?
  - Welche Produkte und Leistungen werden in welchen Anteilen über direkten Telefonverkauf abgesetzt?
  - Gibt es eine Methode, um Kundengespräche nach der Priorität zu planen?
  - Wie werden Telefongespräche entgegengenommen?
  - Wie werden die Anrufe der verschiedenen Kundengruppen verteilt und unterschieden?
  - Ist ein Business Process Routing (BPR) implementiert?
- E-Mail und EDI
  - Wie viele der Kunden möchten elektronisch kommunizieren?
  - Welche Transaktionen können heute schon und welche in Zukunft online abgewickelt werden?
  - Welche Geschäftsprozesse könnten heute schon komplett online abgewickelt werden (Rechnungsstellung, Auslieferung, etc.)?
  - Wie wird auf E-Mail-Anfragen reagiert?
    - gar nicht
    - zu spät oder sofort
    - unvollständig oder vollständig
    - unfreundlich oder freundlich
  - Kann der Kunde angeben, welche Informationen er automatisch erhalten möchte (Permission Marketing)?
  - Gibt eine Online-Beratungsmöglichkeit auf der WebSite?
    - durch virtuelle Berater(innen)
    - in einem Text-Chat
    - über eine Online-Navigation am präsentierten Produkt
    - durch Herausfinden der Kontaktmöglichkeiten zu einem Händler   -
- Faxverkehr
  - Welche Informationen gibt es per Fax?
  - Bestehen Verbindungen zwischen dem Fax-System und anderen Kommunikationskanälen (kann z.B. ein Call-Center-Mitarbeiter per Knopfdruck ein Info-Fax versenden?)?
  - Wie werden eingehende Fax-Nachrichten empfangen, bearbeitet und weiter geleitet?

- Briefpost / Direkt-Mailing

- Welche Frequenz haben Ihre Direkt-Mailings? Welchen Erfolg?
- Welche Kunden bekommen die meiste Post?
- Verkaufspunkte / POS / Instore-Kioskterminals
  - Welche Informationen werden von den Kunden bei der Beratung, an der Kasse, bei der Auslieferung oder der Erbringung von Services erhoben?
  - Können Kunden am Kioskterminal ihre persönlichen Kundenkarten-Daten jederzeit einsehen und ändern und wird ihnen dadurch die Angst vor dem „gläsernen Kunden" genommen?
  - Sprechen Sie den Kunden persönlich am Terminal / Bankautomat an?
    - aktiviert die Aufmerksamkeit und schafft Vertrauen
    - fördert die Erinnerungsleistung
    - führt zu einer positiven Bewertung des Direktmarketings
    - führt zu weniger Ablehnungen des Angebots
  - Nutzen Sie Photo-Terminals auf Events, um von Kunden freiwillig persönliche Daten zu erhalten und One-to-One-Marketing-Kampagnen zu starten?
  - Analysieren sie die Kundenkarten-Daten, um aus dem Kundenverhalten die Marketing- und Dienstleistungsaktivitäten und das Sortiment auf den örtlichen Kundenstamm anzupassen?
- Internet-/Web-Site
  - Wie einfach finden Kunden Ihre Web-Site?
  - Welche Informationen können Kunden dort finden?
  - Wie aktuell sind die Informationen?
  - Welche Tools / Rückkanäle werden verwendet, um über die Web-Site Informationen über die Kunden zu erhalten?
    - E-Mail
    - Call-Back-Buttons
    - Gästebuch
    - Diskussionsforen
    - Communities
  - Passt sich die Web-Site an die Kunden an?
  - Welche Interaktionsmöglichkeiten bietet die Web-Site den Kunden an?
  - Können Kunden dort ihr Profil ändern, Leistungen konfigurieren, beraten werden, den nächsten Händler finden, den Status einer Bestellung abfragen, sich mit anderen Nutzern austauschen?
  - Welche Social Software-Tools (Communities, Chat, Instant-Messaging, Foren, Weblogs, etc.) nutzen Sie zur Kommunikation mit Kunden und potentiellen Kunden?
  - Analysieren Sie die digitalen Spuren, die „Footprints" der Internet-Nutzer?
    - passive Auswertung vorhandener Daten und Profile
    - aktive Orientierung an den Nutzungsmotiven der Zielgruppen

13 Aufbau einer Multi Channel Company

○ **Organisationsaufbau**
  - Orientierung an den Kundensegmenten
    - Ausrichtung nach dem Kundenwert
    - Ausrichtung nach der Kommunikationshäufigkeit
    - Ausrichtung nach Privat- oder Firmenkunde
    - Ausrichtung nach Branchen (B-to-B)
    - Ausrichtung nach demografischen Faktoren (B-to-C)
      - Ausrichtung nach Sinus-Milieus (speziell für Unternehmen mit einer großen Anzahl von Kunden empfehlenswert)
  - Strategieabteilung
    - dem Vorstand zugeordnet
    - schlägt gesamtbetriebliche Strategiedefinition vor
    - berät den Vorstand bei Strategieentscheidungen
    - überprüft Strategie auf Basis eines Kennzahlensystems
    - schlägt bei Bedarf Anpassungen vor
  - Kundenmanager einer Kundengruppe
    - umfassend verantwortlich für (s)ein Kundensegment
    - definiert in Koordination mit den anderen Kundenmanagern die Faktoren, die das jeweilige Kundensegment von anderen Kundensegmenten abgrenzt zwecks Sicherstellung einer optimalen Kundenbetreuung
    - Schnittstelle zu den Verantwortlichen für die einzelnen Kanäle des jeweiligen Segmentes, die in das Gesamtkonzept integriert sind
    - Schnittstelle zu den Abteilungen der Central Operations, um das Produktangebot entsprechend ausgestalten zu können und um Kennzahlen für das Kundensegment zu erhalten
    - Schnittstelle zu den Kunden, um deren Bedürfnisse zu erfahren und das Angebot entsprechend ausrichten zu können
    - Abteilung hat
      - Mitarbeiter für die einzelnen Kanäle
      - Mitarbeiter, die den Kunden entlang der gesamten Kommunikationskette betreuen
○ **Channel-Management**
  - als Teil der Central Operations dafür zuständig, das die im Rahmen der Multichannel-Strategie unterstützten Kanäle auch verfügbar sind
  - Definition von Funktionen, die auf den Kanälen angeboten werden sollen
  - Positionierung der einzelnen Kanäle
  - Abstimmung der Channel Manager mit den Kundenmanagern zwecks Erhaltung eines optimalen auf die Kundengruppe abgestimmten Channel-Konzeptes

  - enge Zusammenarbeit mit dem System-/IT-Bereich, um die notwendigen IT-

Systeme zu identifizieren und auszuwählen
- ° **IT-Umsetzung**
  - Erfassen und Bewerten der vorhandenen IT-Systeme (gfs. im Rahmen des IT-Management oder eines IT-Governance-Prozesses)
    - hat das System kanalspezifische Komponenten?
    - dient das System der Unterstützung kundenspezifischer Prozesse?
    - dient das Sytem der Unterstützung unternehmensspezifischer Prozesse?
    - welche (vorhandenen) Systeme ergänzen das System?
    - welche (vorhandenen) Systeme ersetzen das System?
    - wird das System zentral oder dezentral eingesetzt?
    - welche Kosten verursacht das System (Wartung, Ausfall, Updates)?
    - wie kann das System mit anderen zusammenarbeiten?
  - Entwurf einer Multichannel IT-Landschaft
    - horizontale und vertikale Prozesse miteinander verbinden und sie effektiv unterstützen
    - durch entsprechende Vernetzung der Systeme
    - durch genaue Kenntnis der Prozesse
  - Verbindung von bestimmten (den meist genutzten) Kommunikationskanälen über feste, möglichst standardisierte Schnittstellen oder WebServices
  - Verbindung von allen Kommunikationskanälen über flexible Schnittstellen und Synchronisation der Kanäle – mit der Möglichkeit, den Kunden bewusst auf bestimmte Kanäle lenken zu können
  - sukzessiver Ersatz von IT-Systemen durch multichannelfähige IT-Systeme
  - einheitliches Multi-Channel-System, das jedoch nicht als ein zentralistisches System zu verstehen ist, sondern vielmehr als eine Architektur, in der mehrere Systeme miteinander kommunizieren
- ° **Kanalmanagement-System**
  - hat die Aufgabe, Prozesse, Daten und Informationen, die auf den unterschiedlichen Kanälen entstehen und durchgeführt werden, mit allen anderen Kanälen zu vernetzen und zu synchronisieren, so dass jedem kanal-spezifischen IT-System und den Mitarbeitern alle Informationen über alle Kanäle hinweg zur Verfügung stehen
  - besteht aus folgenden Komponenten
    - Schnittstellen zu den vorhandenen Systemen
    - Routingregeln
    - Ausgabesteuerung
    - Rechte- und Sicherheitsarchitektur
    - Monitoring
  - baut im Optimalfall auf einer unternehmensweiten Prozess-Plattform auf, in der die interaktiven Kundenprozesse mit den eher langlebigen Unternehmensprozessen verbunden werden

- ° **Prozess-Plattform / Prozess-Schicht**

- in ihr wird anhand des angestossenen Geschäftsvorfalls die Behandlung und Reaktion der Kommunikation eingerichtet und gesteuert
- Geschäftsprozess muss von jedem Kommunikationskanal angestossen werden können, danach zwischengespeichert und auf einem anderen Kanal fortgesetzt oder aktiv vom Unternehmen fortgesetzt werden können
- innerhalb des Geschäftsprozesses werden dabei Routingregeln eingesetzt zur Gewährleistung der Datenumwandlung in kanalspezifische Ausgabeformate
- Geschäftsprozesse müssen auch durch den Kunden selbst über unterschiedliche Kanäle hinweg als Self-Service durchführbar sein und
- dem Kunden personalisierte Angebote und Kommunikationsinhalte anbieten
- kundenorientiertes Prozessmanagement muss in der Lage sein, basierend auf einem standardisierten Geschäftsprozess kundenspezifische Ausprägungen dieses Prozesses zuzulassen

° **Business Process Routing (BPR)**
- Management von Kundenanfragen über das gesamte Unternehmen hinweg
- Interaktionsdrehscheibe für die Kommunikation zur Intergation von
  - Zweigstellen, Filialen
  - externe Arbeitsplätze (Outsorcing)
  - Heimarbeitsplätze
  - interne „Experten"
  - Außendienstmitarbeiter
  - unternehmensinterne Geschäftsabläufe
- „Univeral-Workflow"
  - intelligentes Routing bindet entsprechend der Kundenanfrage Mitarbeiter gemäß ihrer (in Datenbank hinterlegten) „Skills" ein
  - stellt sicher, dass in Echtzeit alle Anfragen demjenigen Mitarbeiter zugewiesen werden, der die entsprechenden Kompetenzen und Fähigkeiten besitzt
  - effektive Steigerung der Kundenzufriedenheit über intelligente Anfragenzuweisungen

14 Organisatorische Optimierungen in allen Unternehmensbereichen

° **Organisatorische Optimierungen**
- Schaffung einer kundenorientierten Aufbau- und Ablauf-Organisation
- Anpassung der Organisation an die Bedürfnisse und Wahrnehmungen des Kunden, strukturiert entsprechend der Markterfordernisse (Customer Centricity)
- Wie sollen Service-Center und Programm-Management organisiert sein?
- Wie sehen die Prozesse für die verschiedenen Leistungen, für die unterschiedlichen Kommunikationskanäle und die damit verbundene Ablauforganisation zur Umsetzung des Programms aus?
- Einführen von QM-Systemen: Festlegen von Qualitätsstandards
- Kunden Sicherheit durch die Entwicklung einer Garantiepolitik geben
- Aufbau eines Kundeninformationssystems

° **CRM-Projekt-Team**
- Sinnhaft zusammengesetzte Teambildung
  - Benennung eines Projektverantwortlichen (z.B. „Manager Kundenbeziehungen", Chief Customer Officer)
  - Einbeziehung Vertreter aller Fachbereiche (Vertrieb, Marketing, Service, Controlling)
  - Integration derjenigen Personen im Unternehmen, die bei der Überwindung von Hindernissen im Unternehmen hilfreich sein können
  - Ergänzung um autonome Mitarbeiterteams, die Netzwerke wie „Social Commerce", Empfehlungsmarketing, Peer-to-Peer-Mechanismen oder virale Effekte verinnerlicht haben
  - als „Digitale Sufis" und Querdenker (eingefahrene) Unternehmensabläufe in Richtung „Neue Medien" beeinflussen
  - als Triebfeder eines evolvierenden Systems für Systemfrische sorgen
  - Einbeziehung von Praktikern in das Team
  - Aktive Untersützung durch die Geschäftsführung (Top Management Committment)
  - Integration von Kunden bei der CRM-Strategieentwicklung
- Etablierung einer Organisationseinheit als „Pate" der CRM-Strategie
  - bereichsübergreifende Organisationseinheit
  - Koordination und Kommunikation aller Aktivitäten zur Strategieentwicklung
  - verantwortlich für die kontinuierliche Anpassung der Strategie an Veränderungen der Unternehmens- bzw. Wettbewerbsstruktur sowie der Kundenbedürfnisse („Strategic Alignment")

- **Kundenorientiertes Personalmanagement:**
  - Umsetzung der Kundenorientierung bei der Personalplanung, Personalselektion, Personalschulung, Personalqualifikation, Personalentlohnung
  - Management der Personaleinsatzplanung und Produktivität der Mitarbeiter interaktiv und in Echtzeit
  - qualifizierte Aus- und Weiterbildung der betroffenen Mitarbeiter
  - Welche Anforderungen werden an das Personal gestellt?
  - Welche Leistungen werden von Mitarbeitern und welche von Partnerunternehmen erbracht?
  - Welche Partner werden zur Leistungserstellung ausgewählt?
  - Welche Kriterien zur Auswahl der Partner werden festgelegt?
  - Wie erfolgt die Schulung / Coaching der Mitarbeiter und der Partner-Mitarbeiter?
  - Ist eine technische Unterstützung, Training und Beratung der Kunden auch in Echtzeit möglich?
  - Optimierung des persönlichen Kundenbeziehungs-Managements:
    - Auf- und Ausbau einer persönlichen Kundenbeziehung
    - optimale Kundenbetreuung
    - optimaler Umgang bei Konfliktsituationen
- **„Verkaufs-Cockpit" des Verkäufers IT-mäßig ermöglichen**
  - höhere Beratungskompetenz durch umfassenden und schnellen Zugriff auf Kunden-, Produkt- und Verkaufsinformationen (Verkaufszyklus, Logbuch der Verkaufsprozesse, Verkaufshistorie)
  - Unterstützung durch Sales Intelligence-Systeme, um Verkäufer sich voll und ganz auf den Dialog mit den Kunden konzentrieren zu lassen und damit die Verkaufsproduktivität zu steigern
- **Change Management**
  - Umschulung bzw. Vorbereitung der Mitarbeiter auf die neue Unternehmensausrichtung
  - Mitarbeiterqualifizierung und –motivation
  - Berücksichtigung eines Teils des Projektvolumens und –zeitaufwandes für Change-Management-Maßnahmen
  - Entlohnung der Mitarbeiter entsprechend der (von einer externen Organisation gemessenen) Zufriedenheit der Kunden
  - Change Management beim Verkäufer erzielen – agieren in mehreren Rollen:
    - als Unternehmer ökonomische Ziele (Umsatz, Marktanteil, Deckungsbeitrag) in seinem Verantwortungsbereich planen und realisieren
    - als Beziehungs-Manager persönlichen Kontakt zu Kunden pflegen, Ansprechpartner bei akuten Problemen sein und individuellen Service und Hilfestellung bieten
    - als Berater langfristige Konzepte zur Steigerung der Wertschöpfung seiner Kunden entwickeln

- als Informations-Makler Informationsfluss vom Unternehmen zum Markt und umgekehrt herstellen
- als Netzwerk-Manager Verkaufsunterstützungs-Team aus Spezialisten aller Bereiche und Hierarchien einschließlich des Multi-Channel-Management koordinieren und aufgaben- und zielbezogen einsetzen

° **Mitarbeitermotivationsprogramme**
- Steigerung der Mitarbeitermotivation durch Optimierung des Führungssystems (kooperative Führungsstile, Personalmanagement, Informationssysteme, Innovationsmanagement, ...), materielle und immaterielle Motivationsanreize, Incentiveprogramme (Belohnungs-, Teambildungs- und Motivations-Events)
- können Mitarbeiter am Help Desk Kundenanfragen sofort vollständig und kompetent bearbeiten?
- haben die Mitarbeiter einen Echtzeit-Zugriff auf wichtige Datenbanken und die Kundenhistorie, so dass sie den Kundenkontakt profitabler und zur Zufriedenheit der Kunden gestalten können?
- Aktive Einbeziehung der Mitarbeiter in Unternehmensentscheidungen
- Ermittlung von Mitarbeiterverhalten, Mitarbeiterwünsche und -bedürfnisse
- Durchführung von Anwender- und Qualitätsschulungen für Mitarbeiter
- Förderung / Belohnung besonders kundenfreundlicher Mitarbeiter
- Auszeichnung nur derjenigen Manager, deren Filiale / Team eine Kundenzufriedenheitsrate von 50 und mehr Prozent aufweist (um damit ehrgeizige Manager zu motivieren)
- Sind die Mitarbeiter permanent überlastet?
- Sind die Mitarbeiter loyal, zufrieden und motiviert?
  - freiwillige, anhaltende Treue
  - hohes Engagement und Freude an der Arbeit
  - Ambitionen und unternehmerisches Handeln
  - Identifikation und emotionale Verbundenheit
  - aktive Mund-zu-Mund-Werbung
- Fünfstufige Achse im Total Loyalty Marketing
  - Kommen – Mitarbeiter gewinnen, die gut zur Loyalitätskultur passen und Loyalitätspotenzial mitbringen
  - Wissen – Mitarbeiter erlangen Loyalitätskompetenz
  - Können – Mitarbeiter erlangen Loyalitätskompetenz
  - Wollen – Mitarbeiter wollen Fähigkeiten und Fertigkeiten einsetzen
  - Lassen – Mitarbeitern „machen lassen", Verantwortung übertragen und Spielräume gewähren; setzt Vertrauen seitens der Führungskräfte voraus

15 CRM Controlling / CRM Performance Measurement

° **CRM-Kundenbewertung**
  - Eindimensionale Verfahren:
    - ABC-Analyse
    - Profitabilitäts-Analyse
    - Zukunftspotenzial-Analyse
  - Mehrdimensionale Verfahren:
    - Scoring-Modelle
    - Customer Lifetime Value (CLV)
° **CRM-Prozessanalyse**
  - CRM-Prozess-Erfolgs-Analysen
    - Abgechlossene (Teil-) Prozesse je Zeiteinheit
  - CRM-Prozess-Status-Analysen
    - Vorgänge pro Prozessstadium
  - CRM-Prozess-Qualitäts-Analysen
    - Wiederholungen von (Teil-) Prozessen
  - CRM-Prozess-Effizienz-Analysen
    - Prozess-Benchmarks
° **CRM-Außenwirkungsanalyse**
  - Kunden-Feedback-Analyse
  - Fragebogengestützte Interviews
  - Customer Scorecard
    - Kundenspezifische Potenziale
    - Ertrag & Kosten
    - Entwicklungspotenzial
    - Cross-Selling-Potenzial
    - Loyalitätspotenzial
    - Synergiepotenzial
    - Kooperationspotenzial
    - Informationswert
    - Referenzpotenzial
    - Finanzperspektive
    - Prozessperspektive
    - Kundenperspektive
    - Innovationsperspektive
  - CRM Dashboard
    - Kombination der relevanten Kennzahlen für einen schnellen Überblick über die CRM-Zielereichung im jeweiligen Verantwortungsbereich
° **Erarbeitung eines kundenorientierten Controllings**
  - Kundenbewertungen
  - Befragung der Kundenzufriedenheit
  - Reklamationsrate

- Anzahl Garantiefälle
- Auswertungen Terminverzögerungen
- Kundenverlustrate
- Neukundenrate
- Umsatzentwicklungen der bestehenden Kunden
- Persönliche Gespräche mit Mitarbeitern und Kunden
- Verankerung der Verantwortlichkeiten für Erfolgskontrollen sowohl in der Aufbau- als auch inder Ablauforganisation
- Festlegung einheitlicher Kennzahlen, mit dern Hilfe die Ziele des CRM nachgehalten und gesteuert werden können
- Einheitliche Erhebung der Kundenzufriedenheit für alle Kundengruppen
- Ist die durchschnittliche Kundenbindungsdauer in den einzelnen Gruppen bekannt?
- Regelmäßige Messung der Kundenbindungsquote der einzenen Gruppen
- Ermittlung der Einflussfaktoren, die in den einzelnen Kundengruppen entscheidend sind
- Durchführung der Erfolgskontrollen in allen Bereichen des Marketings (integriertes Marketing)
- Vorsicht: Messübereifer, „Kontrollwut" des Conztrollings hemmt CRM-Gesamtsystem

° **Abschätzung des Kundenwertes**
- vergangener und erwarteter Umsatz pro Kunde
- vergangener und erwarteter Gewinn pro Kunde
- Erwartung über die zukünftige Loyalität des Kunden
- Möglichkeiten für Up- und Cross-Selling
- Interaktionsbereitschaft (Teilnahme an Umfragen, Preisgabe von Informationen)
- Zahlungsmoral
- Bedeutung der Beziehung für den Kunden

° **ROI-Kontrollen bezüglich der CRM-Investitionen**
- Verzicht auf umfangreiche ROI-Analysen, die viel Zeit und Geld kosten, stattdessen Verwendung von Metriken, die „vor dem Kunden" messbar sind
- Messung des Wertbeitrags und ROI vertrieblicher Aktivitäten
- Bewertung und Filterung von Kundenanpassungen / -individualisierungen
- Zuordnung von Kundenindividualisierungskosten auf Kunden-P&L oder Unit-P&Ls
- klare Transparenz in Kundenumsätze und –wertbeitrag über Business-Units und Geografien
- Kunden- / segmentspezifisches P&L-Reporting

° **Cross Media Response (CMR)-Messung**
- zur Messung der Wirtschaftlichkeit des Einsatzes von Maßnahmen in den einzelnen Kommunikations- und Werbewegen
- Phase 1: Datenaufnahme

- eingesetzte Werbemittel strukturieren und festlegen,
  - für welche Werbemittel die Cross-Media-Response zu messen ist
  - für welche Varianten der Werbemittel die Cross-Media-Response zu messen ist
- Bestimmung und Systematisierung der relevanten Daten
  - Erhalt nach Kundengruppen
  - Prioritätsregeln
  - Zeitspannen des Versandes
  - bestellte Artikel
  - Varianten
- Data Kernel: Daten, die Einfluss auf die Cross-Media-Response haben
- Phase 2: Strukturierung der Wirkungsmuster
  - Aktionsmusterbildung der Cross-Media-Wirkung
    - Input (auf Basis der erhaltenen Werbemittel)
      - welche Kunden haben welche Werbemittel erhalten?
        - Kunden, die in der geplanten Saison gekauft haben
        - Kunden, die in der betrachteten Saison nicht gekauft haben
      - Umsetzung der Datensätze in codierte Aktionsmuster
      - Abbildung in einem Mengenkonzept und simulative Projektion auf die Kunden
    - Time (Spezifikationen bezüglich der Kaufzeitpunkte)
      - Erhebung von Zeitspannenindikatoren (z.B. bezüglich des Zeitraums des Erhalts des Werbemittels und des Kaufs)
      - Zeitspannenindikatoren mit Scoring versehen
      - Differenzierung nach Kundengruppen
    - Output (Bestell-/Kaufverhalten des Kunden)
      - Erhebung der Wirkungsmuster bezüglich des Kaufs
        - z.B. nach Kundengruppen: Neukunden vs Stammkunden, Familien vs Senioren
      - Erweiterung der Wirkungsmuster um ..
        - die Betrachtung über mehrere Werbemittel hinweg
        - die Anzahl der Käufe
        - die Betrachtung des jeweils erzielten Bestellwertes
      - Definition der Wirkungsmuster für die einzelnen Werbestrecken und damit Kombinationen an Werbemitteln, die zum Kauf führen, unter Berücksichtigung des jeweiligen Anwendungskontextes
  - Zusammenführung der codierten Aktionsmuster der Datengruppen Input, Time und Output für die Berechnung der Cross-Media-Response
    - sämtliche Primär- und Sekundärdaten auf Basis der Wirkungsmuster in Aktionsmustertupeln codieren und
    - in einem Profile-Sheet dokumentieren (= Ergebnis der Phase 2)

- Phase 3: Messung der Cross-Media-Reponse

- Durchführung einer Kausalanalyse auf Basis des Profile Sheets mit Hilfe von Verfahren der multivariaten Statistik / Messung der Interkorrelationen zwischen den einzelnen Merkmalen
  - in der Verdichtung ergeben sich Cross-Media-Weights für die einzelnen Werbemittel bzw. Werbemittelverbunde
- Umrechnen der Cross-Media-Weights in Response-Werte
  - sie ergeben in Summation mit der Direct Response die Total Response des Werbemittels
  - auf ihrer Basis können nun optimierte Entscheidungen bezüglich der Werbemittelbudgetierung getroffen werden
- Anwendung der Cross-Media-Response in der Werbemitteleinsatzplanung
  - Berücksichtigung der ermittelten Total-Response-Werte an Stelle der Direct-Response-Werte in der Werbemittelbudgetplanung bzw. im eingesetzten Simulationswerkzeug zur Planung
  - Differenzierung der Cross-Media-Response nach Kundengruppen

Literatur (in Ergänzung zu den Autoren des Handbuches)

Alms, W.: Schritt für Schritt zum erfolgreichen CRM, Teil 1: Nicht an der Software scheitern!, in: www.im-marketing-forum.de, 03/2004

Booz Allen Hamilton GmbH: Mehr Profit durch Kundenorientierung, in: absatzwirtschaft, August 2004, S. 37-38

Büning, M.: Meilensteine für erfolgreiche CRM-Projekte, in: CRM-Report 2004, Special für CRM von salesBusiness, März 2004, S. 16-19

Ceyp, M.: Erfolgskontrolle im Direktmarketing oder: Warum auch Sie Ihre Aktionen analysieren sollten, in: www.im-marketing-forum.de, 41/2003

Herstatt, C.: Kundendialog, in: Digitale Fachbibliothek „Kundenorientierung", Beitrag 03.05, Düsseldorf 2004, S. 1-16

Jünger, A.: Checkliste: Das CRM-Konzept, in: www.salesbusiness.de, 02. Juni 2006

o.V.: Wie der Aufbau eines effizienten CRM-Systems gelingt, in: Werben + Verkaufen, Nr. 13 / 2005, S. 20

Ullrich, J.: Wo sich der Nutzen von CRM messen lässt, in: CRM-Report 2004, Special für CRM von salesBusiness, März 2004, S. 24-27

Wübker, G.: Schritt für Schritt zum erfolgreichen CRM, Teil 2: Worauf kommt es an?, in: www.im-marketing-forum.de, 04/2004

Autoren-Kurzbiographien

Dipl.-Kfm. Oliver Arndt ist wissenschaftlicher Mitarbeiter am Kompetenzzentrum für Distribution und Kooperation des Instituts für Marketing und Handel an der Universität St. Gallen.

Kontakt: oliver.arndt@unisg.ch

Michael-Maria Bommer ist seit Juni 2002 für Genesys Telecommunications Laboratories tätig und verantwortlich für die Leitung der Unternehmensgeschäfte in Deutschland, Österreich und Schweiz. Vor seiner Tätigkeit bei Genesys war Michael-Maria Bommer Zentraleuropa-Direktor der Art Technology Group (ATG) sowie Geschäftsführer der Deutschen Niederlassung von SuperNova. Michael-Maria Bommer begann seine Laufbahn 1988 und arbeitete für verschiedene Blue Chip Unternehmen, unter anderem als Leiter der Information Management Group für Computer Associates in Deutschland.

Kontakt: genesys@lucyturpin.com

Prof. Dr. Thomas Foscht studierte Betriebswirtschaftslehre und habilitierte sich an der Karl-Franzens-Universität Graz. Er lehrt dort u.a. Marketing, Käuferverhalten und Kundenbeziehungsmangement. Er ist Referent bei Fachkonferenzen in den USA, Europa, Australien und Asien, Gutachter für verschiedene Fachzeitschriften sowie allgemein beeideter und gerichtlich zertifizierter Sachverständiger. Er war als Gastprofessor an der Johannes-Kepler-Universität Linz sowie als Referent u.a. an der Columbia Business School, New York, USA, der Temple University in Philadelphia, USA, der ETH, Zürich, Schweiz sowie an der City University of Hong Kong tätig. Darüber hinaus war er an einer Reihe von Projekten mit namhaften Unternehmen in den Bereichen Handel, Dienstleistung und Industrie beteiligt.

Kontakt: thomas.foscht@uni-graz.at

Dr. Gunter Gehrke studierte Betriebswirtschaftslehre an der Universität Augsburg mit den Schwerpunkten Marketing und Controlling. Sein beruflicher Weg führte ihn über die Branchen Maschinen- und Anlagenbau, Enterprise Software und Beratung zu MAN Diesel, wo er heute den Bereich Market & Product Support verantwortet. Herr Gehrke promovierte berufsbegleitend über das Management industrieller Geschäftsbeziehung in der Automobilzulieferbranche.

Kontakt: gunter.gehrke@de.manbw.com

Alexandra Geißler verfügt über langjährige Berufserfahrung als Marketingverantwortliche in verschiedenen Branchen. Von 2001 bis 2006 beschäftigte sie sich hauptberuflich mit den Themen Kundenbeziehungs-Management und Einsatz von CRM-Systemen in der Industrie sowie dem produzierenden Gewerbe. Frau Geißler ist seit August 2006 Leiterin der Unternehmenskommunikation, Region Nordbayern für die Siemens AG.

Kontakt: alexandra.geissler@siemens.com

Richard Graf studierte Mathematik an der FH Regensburg. Bereits seit 1979 beschäftigt er sich intensiv mit den technologischen Herausforderungen des Datenmanagement, die entscheidend für die Tragfähigkeit eines jeden CRM Systems sind. Hier bringt er zum einen die gesammelten Erfahrungen seiner beruflichen Entwicklung vom Produktmanager, als Consultant und zum Technischen Direktor in den Jahren 1979-91 mit den Stationen Siemens, DEC und Ingres ein. Aus langjähriger Kundenbegleitung in der Rolle des Projektmanagers kennt er Do's und Don'ts erfolgreicher CRM Projekte sowie die Möglichkeiten deren technischer Umsetzung. Als Gründer und Geschäftsführer der g&h Datenbanktechnologie erwarb er Know-how über das kundenbezogene Informationsmanagement. Darüber hinaus verfügt Herr Graf über umfangreiche Erfahrungen aus der Kundenbetreuungssicht einer stetig entwickelten Kundenbasis, die er in seiner mehrjährigen Funktion als Vorstand der simple fact AG verantwortet.

Kontakt: richard.graf@simplefact.de

Sebastian Grimm ist Director Marketing bei der Firma ICIDO GmbH, einem stuttgarter Softwareunternehmens. Davor war er als Head of Communications für die abaXX Technology AG tätig, einem auf Portaltechnologien spezialisierten Softwarehaus aus Stuttgart. Zuvor arbeitete er bei der DaimlerChrysler AG. Er ist Diplom-Betriebswirt und hält einen M.Sc. in Marketing. Schwerpunkte seiner Arbeit sind Multikanalstrategien und das Marketing für Hochtechnologiefirmen. Er veröffentlichte im Frühjahr 2003 zusammen mit Jürgen Röhricht vom Marketing der SAP AG bei Galileo Business den Titel „Die Multichannel Company". Sein neuestes Buch beschäftigt sich mit dem Marketing für High-Tech-Unternehmen und erschien Ende 2004 im Gabler Verlag. Daneben veröffentlichte er eine Reihe von Fachartikeln.

Kontakt: sebastian.grimm@gmx.net

Dipl-Kfm. Frank Hälsig studierte Betriebswirtschaftslehre an der Universität des Saarlandes mit den Schwerpunkten Marketing, Außenhandel & Internationales Management und Medien- & Kommunikationsmanagement. Seit Ende 2002 ist er wissenschaftlicher Mitarbeiter von Professor Swoboda (Professur für Marketing und Handel der Universität Trier). Neben praktischen Projekten mit Unternehmen und regelmäßigen Dozententätigkeiten an der Babeş-Bolyai-Universität in Klausenburg (Rumänien), der VWA in Trier und der National University of Ireland in Galway (Irland), beschäftigt er sich intensiv mit den Thematiken des Retail Branding, des Corporate Branding und des Kundenbeziehungs-Managements.

Kontakt: f.haelsig@uni-trier.de

Joachim Hauk ist bei der Detecon International GmbH in Eschborn als Senior Consultant in der CRM-Group tätig.

Schwerpunkte seiner Beratungstätigkeit sind CRM-Design- und Implementierungsstrategien, Kundenwertmanagement und CRM-Prozesse. Joachim Hauk hat Betriebswirtschaftslehre mit Vertiefung Marketing, Bankbetriebslehre und Publizistik in Mannheim und Mainz studiert und ist nach mehrjähriger Berufserfahrung im Bankenumfeld seit sieben Jahren in der Unternehmensberatung im Themenkomplex CRM tätig. Zu seinen letzten Projekten zählte eine CRM-Roadmap für einen führenden europäischen ISP, danach leitete er ein CRM-Strategieprojekt für ein südeuropäisches Telekommunikationsunternehmen.

Kontakt: joachim.hauk@detecon.com

Prof. Dr. Stefan Helmke ist Partner bei der TGCG – Management Consultants Düsseldorf. Die Managementberatung bietet Lösungen für eine wertorientierte Steuerung in den Bereichen Vertriebs- und Kundenmanagement für Markenartikelhersteller sowie Handelskonzerne. Zudem ist Prof. Dr. Stefan Helmke Dozent an der FHDW – Fachhochschule der Wirtschaft Bergisch Gladbach. Seine Forschungsschwerpunkte liegen in den Bereichen Kundenmanagement, Kundenbindungs- und Vertriebscontrolling sowie im Bereich Handels- und Prozessmanagement.

Kontakt: s.helmke@tgcg.de

Christian Jost arbeitet als Berater in der CRM-Group der Detecon International GmbH. Schwerpunkte seiner Beratungstätigkeit sind CRM-Strategien, CRM-Prozessdesign, Kampagnen-Management und Beschwerdemanagement. Christian Jost hat Betriebswirtschaftslehre mit Vertiefung Wirtschaftsinformatik und Dienstleistungsmanagement in Ingolstadt und Santiago de Chile studiert. Zu seinen letzten Projekten zählen ein CRM-Audit mit anschließender Strategieentwicklung für das führende Telekommunikationsunternehmen in Südost-Europa sowie die Konzeption und Auswertung von Mystery Shopping-Aktivitäten bei einem europäischen ITC-Dienstleister.

Kontakt: christian.jost@detecon.com

Tobias Kirchhofer ist seit 1997 Gründer und Managing Director von Blue Mars – Gesellschaft für digitale Kommunikation mbH, in Frankfurt am Main. Nach dem Studium für Bildende Künste an der Städelschule und ersten Informatik-Projekten war er Software-Entwickler und Projektleiter am Institut für Neue Medien, beide: Frankfurt am Main. Seit 10 Jahren ist er Berater von Unternehmen in der digitalen Kommunikation und Pionier im Bereich interaktive Medieninstallationen und Kommunikationsprojekte. Er besitzt langjährige Erfahrung und exzellentes Know-How in Internet-Technologie und Online-Marketing. Als Geschäftsführender Gesellschafter war er zwei Jahre bei dem internationalen Werbeagenturnetzwerk D`Arcy tätig. Seine heutige Agentur ist ein „zeitgemäßer Cutting-Edge Supplier für das so wichtige Digitale Momentum von Marken."

Kontakt: tobias.kirchhofer@bluemars.net

Bert Klingsporn ist seit 2005 Managing Partner der Strategieberatung OgilvyBrains. Er begann seine berufliche Laufbahn 1980 als Versicherungskaufmann beim Gerling Konzern in Bonn. Nach dem Studium der Betriebswirtschaftslehre und der Wirtschaftsinformatik baute er 1991 bis 1994 die dezentrale Allfinanzberatung bei der Commerzbank in Frankfurt auf und verantwortete danach das Business Consulting beim Data Warehouse Spezialisten NCR. Bei der Ogilvy Gruppe in Frankfurt startet er 1999 als Management Supervisor für OgilvyOne und übernahm dort 2002 die Position des Head of Consulting.

Kontakt: bert.klingsporn@ogilvy.com

Torsten Krüger studierte Wirtschaftsinformatik an der Technischen Universität in Ilmenau. Mit Gründung seines Unternehmens „Datenmanagement-Präsentationssysteme" in 1996 sowie Integration in die g&h Datenbanktechnologie war er in mehr als 30 Projekten mit der Konzeption, Implementierung und Einführung von operativen, analytischen CRM & DWH-Lösungen erfolgreich beschäftigt. Zu diesem Themenfeld veröffentlichte Herr Krüger bereits etliche Best Practice Erfahrungsberichte im „IT Management". Seit 2002 ist Herr Krüger als Director Technology bei der simple fact AG tätig. Er verfügt über fundierte Marktkenntnisse und solide Praxiserfahrungen, wie CRM-Projekte strategisch aufgesetzt, inhaltlich und technisch konzipiert und erfolgreich umgesetzt werden.

Kontakt: torsten.krueger@simplefact.de

Rolf Lichter arbeitet als Senior Consultant in der CRM Group der Detecon International GmbH. Schwerpunkte seiner Beratungstätigkeit sind CRM-Strategien, CRM-Prozessdesign, sowie das Spektrum rund um Order Handling, Customer Care und Vertrieb. Herr Lichter hat Wirtschaftsmathematik in Duisburg und Wirtschaftsingenieurwesen mit Vertiefung Absatzwirtschaft in Wilhelmshaven studiert. Die Entwicklung und Einführung eines neuen Pricing-Verfahrens für einen großen europäischen Paketlogistiker zählt ebenso zu seinem Erfahrungshintergrund wie Design und Implementierung eines Order Handling-Systems und diverser Customer Care-Projekte für einen deutschen Carrier und die Entwicklung von CRM-Strategie und Prozessen für einen südeuropäischen Telekommunikationsanbieter.

Kontakt: rolf.lichter@detecon.com

Oliver Mack studierte Mediendesign und -technik mit Schwerpunkt Interaktive Medien an der Hochschule für Druck und Medien in Stuttgart. In den Jahren 1992/1993 studierte er Filmwissenschaften an der University of Glasgow. Nach dem Studium entwickelte Herr Mack als Projektmanager der Promotion Software GmbH werbliche Computerspiele. Er arbeitete als Manager für Interaktive Medien bei Metabo Elektrowerkzeuge GmbH und für das Land Baden-Württemberg. Von 2001 an arbeitete er als Teamleiter bei OgilvyInteractive, wo er verantwortlich war für die Kunden wie Lufthansa Cargo, Mercedes-Benz, Merck Pigmente, PlayStation und Stinnes Logistik. Heute ist Oliver Mack Geschäftsführer und Gesellschafter der rms relationship marketing solutions GmbH in Stuttgart.

Kontakt: oliver.mack@rm-solutions.de

Dr. Wolfgang Martin studierte Mathematik an der Universität in Bonn. Bereits seit 1984 beschäftigt er sich intensiv mit der Thematik von Business Intelligence und seit 1996 des Kundenbeziehungs-Management. Herr Martin ist u. a. Vorsitzender der IIR Foren zu „Business Intelligence", „Business Integration", „SOA", „Customer Management", „Produkt, Daten & Media", Mitglied des CRM Expertenrates, Mitglied der Jury des Data Mining Cups, Ventana Research Advisor, Research Advisor am Institut für Business Intelligence der Steinbeis Hochschule Berlin und Mitgründer und Partner von iBonD Ltd. Vor der Gründung des Wolfgang MARTIN Teams war Dr. Martin über fünf Jahre bei der META Group, zuletzt als Senior Vice President International Application Delivery Strategies.

Kontakt: wolfgang.martin@wolfgang-martin-team.net

Werner Paulini ist Dipl.-Ing. (TU) Techn. Informatik. Er war für die Nixdorf Computer AG zunächst mehrere Jahre in der SW-Entwicklung tätig, anschließend seit 1987 im Marketing für Bankensysteme. Mit Wechseln zu jeweils zwei Rechtsnachfolgern des Nixdorf-Unternehmens war er seither für verschiedene Produkte und Lösungen als Senior-Produktmanager verantwortlich, u.a. bereits 1993 für eine objektorientierte CRM-nahe Bankenanwendung. Heute ist er im Marketing von Wincor Nixdorf u.a. für Direktmarketing über elektronische Vertriebskanäle zuständig.

Kontakt: werner.paulini@wincor-nixdorf.com

Dr. Frank Piller (piller@mit.edu) forscht seit vielen Jahren über kundenbasierte Wertschöpfungsstrategien wie Mass Customization, Kundenintegration und Open Innovation und ist Autor von fünf Büchern und vielen Artikeln zu diesen Themen. Er ist Privatdozent an der Technischen Universität München und leitet dort die Forschungsgruppe „Customer-Driven Value Creation". Seit Januar 2005 ist er als Visiting Research Fellow am MIT Innovation Lab der MIT Sloan School of Management, Massachusetts Institute of Technology, USA, tätig. Als Partner der Unternehmensberatung Think Consult hilft er Unternehmen auf dem Weg zu dauerhafter Kundenbindung auf Basis individueller Produkte und Leistungen. Seine Forschungsgebiete liegen im Technologie- und Innovationsmanagement sowie im Bereich strategisches Marketing.

Kontakt:piller@mass-customization.de

Eckhard Reimann studierte Volkswirtschaftslehre an der Rheinischen Friedrich-Wilhelms-Universität zu Bonn. Er ist Berater für Interaktive Medien-, Kiosk- und Rauminstallationen, war 7 Jahre Referent E-Kiosk beim Bundesverband Digitale Wirtschaft (BVDW) e.V. und zuvor 28 Jahre bei Unisys Deutschland GmbH (vormals Remington Rand bzw. Sperry Univac) als Marketing-Manager für Retail Banking und CRM-Lösungen und 2 Jahre bei METRA DIVO (vormals DIVO-Institut für Wirtschaftsforschung, Sozialforschung und angewandte Mathematik GmbH) als Projektleiter im Bereich Stadt- und Regionalforschung tätig. Er ist Autor von über 1.200 Fachartikeln über Multimedia, Self Services, Retail Banking, CRM und Multi Channel Management.

Kontakt:E.Reimann@ERCM.de

Stefanie Röhner studierte Betriebswirtschaftslehre mit Schwerpunkt Marketing an der Pforzheim University of Applied Sciences. Als Stipendiatin der Europäischen Union war sie an der Warsaw School of Economics und studierte dort European Business und International Marketing. Während des Studiums war sie unter anderem bei Saab Austria im Marketing und Vertrieb tätig. Das Thema Mobile Marketing war Gegenstand ihrer Diplomarbeit und beinhaltete die Konzeption und Umsetzung einer Kampagne für Mercedes-Benz. Dort war sie zuvor im Bereich Online Marketing, New Media und CRM tätig. Frau Röhner ist New Media Konzeptionerin bei der rms relationship marketing solutions GmbH in Stuttgart. Sie arbeitet dort unter anderem für Mercedes-Benz und T-Com.

Kontakt: stefanie.roehner@rm-solutions.de

Thiemo Rusch studierte Wirtschaftsinformatik an der Berufsakademie Mannheim. Nach seinem Studium stieg er bei der AUDI AG im Fachbereich Organisation und Informationsmanagement im Fachkompetenzfeld CRM ein. Dort beschäftigte er sich intensiv mit der Thematik des Kundenbeziehungs-Management mit den Schwerpunkten Kampagnenmanagement und Analytik. Von 2004 an war Thiemo Rusch für Audi of America im Experiential Marketing tätig und betreute dort als Projektleiter den Roll-out der internationalen CRM-Lösung der AUDI AG im Bereich Kampagnen- und Leadmanagement. Seit 2007 ist Thiemo Rusch im Vertrieb Deutschland bei der AUDI AG tätig.

Kontakt: Thiemo.Rusch@audi.de

Prof. Dr. Marcus Schögel ist Assistenzprofessor für Betriebswirtschaftslehre unter besonderer Berücksichtigung des Marketing an der Universität St. Gallen. Dort leitet er das Kompetenzzentrum Distribution und Kooperation am Institut für Marketing und Handel.

Kontakt: marcus.schoegel@unisg.ch

Mag. Dr. Michael Schröder studierte Betriebswirtschaftslehre an der Johannes Kepler Universität in Linz und Wirtschaftsinformatik an der Universität Erlangen-Nürnberg. Er war in leitender Funktion in Industrieunternehmen tätig und ist seit 1987 selbstständiger Unternehmensberater auf dem Gebiet der Geschäftsprozessgestaltung mit dem Schwerpunkt auf CRM. Seit 1997 ist Dr. Schröder zusätzlich zu seiner Beratungstätigkeit Lektor an der Johannes Kepler Universität Linz (Projekt- und Prozessmanagement) und hat an verschiedenen Projekten zur Weiterentwicklung von e-Learning mitgearbeitet. Seit 2001 ist er Lehrgangskoodinator und Referent des Lehrganges „Certified CRM- Projektmanager", der in Zusammenarbeit der Donauuniversität Krems und Business Circle Wien durchgeführt wird.

Kontakt: m.schroeder@crm-bpm.biz

Martin Schukart ist Senior Consultant für Online- und Mobile-Marketing bei der rms relationship marketing solutions GmbH. Er berät national- und international namhafte Unternehmen und leitet Interactive-Kampagnen und Projekte. Zuvor war er als Account Manager bei OgilvyInteractive tätig. Dort spezialisierte er sich unter anderem auf Kampagnen mit integriertem Kommunikationsansatz. Zu den betreuten Kunden zählen: Deutsche Bank Real Estate, GEA Group, Kaufhof Warenhaus AG, LOTTO, Payback, T-Com und Yahoo!. Herr Schukart studierte in Göttingen Betriebswirtschaftslehre mit den Schwerpunkten Marketing, Handelsbetriebslehre und Werbepsychologie.

Kontakt: martin.schukart@rm-solutions.de

Anne M. Schüller ist Management-Consultant und gilt als führende Expertin für Loyalitätsmarketing. Sie hat weit über 20 Jahre lang in leitenden Vertriebs- und Marketingpositionen verschiedener Dienstleistungsunternehmen gearbeitet und dabei mehrere Auszeichnungen erhalten. Heute steht sie interessierten Unternehmen für marketingorientiertes Management-Coaching und firmeninterne Seminare zur Verfügung. Sie ist siebenfache Buchautorin. Ferner ist sie Dozentin an der BAW (Bay. Akademie für Werbung und Marketing) und hat einen Lehrauftrag an der Fachhochschule Deggendorf im MBA-Studiengang Gesundheitswesen. Außerdem hält sie hochkarätige Impulsvorträge zu den Themen Kundenloyalität, kundenfokussierte Mitarbeiterführung, Empfehlungsmarketing und Emotionales Verkaufen. Sie zählt zu den besten Referenten im deutschsprachigen Raum und gehört zum Kreis der ‚Excellent Speakers'.

Kontakt: info@anneschueller.de bzw. www.anneschueller.de

Detlef Schulze ist Diplom-Betriebswirt (BA). Nach Tätigkeiten als EDV-Organisator in einem Industriebetrieb und Berater bei einem EDV-Hersteller wechselte er 1981 zur ehemaligen Nixdorf Computer AG. Dort war er langjährig im Banken- und Sparkassenumfeld als Systemintegrator, Berater und Projektleiter in der Softwareentwicklung und Projektdurchführung tätig. Seit einigen Jahren betreut er als Senior Consultant die Themenbereiche Kundenkontaktmanagement und Vertriebsunterstützung von Finanzdienstleistern durch SB-Geräte und Internetdienste.

Kontakt: detlef.schulze@wincor-nixdorf.com

Dr. Stephan W. Schusser ist Managing Partner von KEYLENS, einer auf Marken- und Kundenmanagement spezialisierten Unternehmensberatung. Zuvor war Herr Dr. Schusser Geschäftsführer von Vectia sowie Leiter des Projektes Zielkundenmanagement und Leiter der Abteilung Kundenanalysen bei der Deutschen Lufthansa AG. Er studierte Betriebswirtschaftslehre an der Ludwig-Maximilians-Universität in München und promovierte zum Thema „Eurostrategische Unternehmensführung". Er ist Referent bei nationalen und internationalen Konferenzen und Autor zahlreicher Publikationen.

Kontakt: stephan.schusser@keylens.com

Dr. Hagen J. Sexauer studierte Betriebswirtschaftslehre an der Johann Wolfgang-Goethe Universität in Frankfurt am Main mit den Schwerpunkten Marketing und Organisation. Bereits seit 1995 beschäftigt er sich intensiv mit der Thematik des Kundenbeziehungs-Management – ebenso promovierte er zu diesem Themengebiet. Darüber hinaus ist er Herausgeber mehrere Management-Bücher, unter anderem des Buches „Konzepte des Customer Relationship Management (CRM): Strategien – Instrumente – Umsetzung" sowie Autor zahlreicher Fachpublikationen. Herr Sexauer ist Principal bei der Strategieberatung SEMPORA Consulting in Bad Homburg.

Kontakt: h.sexauer@sempora.com

Rüdiger Spies konzentriert sich auf die Themengebiete erweiterte Enterprise Applications (ERP, CRM, SCM, EAI usw.), Data Warehouse/Analytics, Architekturen (z.B.: SOA), Intellectual Property Management und Open Source. In dieser Funktion berät Herr Spies IT-Hersteller und Endanwender gleichermaßen. Rüdiger Spies war zuvor bei Experton Group als Analyst/Executive Advisor und bei der META Group als Vice President für den Software Applikationsbereich und weltweiter Lead SAP Analyst tätig und gilt als einer der einflussreichsten IT-Meinungsbildner in Deutschland. Weitere Stationen seiner Karriere waren EDS/A.T.Kearney, Informix, IBM in Deutschland, Frankreich, England und USA sowie GEI, die heute zu T-Systems gehört. Herr Spies hat eine Vielzahl von Fachartikeln veröffentlicht, tritt bei Konferenzen und Kongressen als Sprecher auf. Herr Spies hat in Hamburg Physik und in Aachen Elektrotechnik studiert.

Kontakt: rspies@idc.com

Mag. Rupert Steffner studierte Handelswissenschaft an der Wirtschaftsuniversität Wien mit den Schwerpunkten Marketing und Management. Er beschäftigt sich seit vielen Jahren in wissenschaftlicher und praktischer Form mit der Analyse und dem Management von Kundendaten sowie der Modellierung von Kundenverhalten für Churn Prediction/Loyalty Management und Kundensegmentierung. Herr Steffner ist Autor mehrerer Fachpublikationen und Inhaber des Beratungsunternehmens javalon – Customer intelligence mit Firmensitz in Salzburg.

Kontakt: steffner@javalon.tv

Prof. Dr. Bernhard Swoboda hat Betriebswirtschaft an den Universitäten Gießen und Essen studiert, in Saarbrücken promoviert, sich habilitiert und ist seit April 2002 Inhaber der Professur für Marketing und Handel der Universität Trier. Er war visiting Scholar und Professor an den Universitäten in Berkeley, St. Gallen, Santiago de Chile, St. Thomas und ist Referent an den Universitäten Basel, WHU Koblenz, Shanghai, Cluj sowie Worcester/Ma. Zu seinen Interessensfeldern gehören Handelsmanagement, Konsumgütermarketing und Internationales Marketing-Management. Er hat eine Reihe von Projekten mit Unternehmen durchgeführt wie Coop, Karstadt, Kaufhof, REWE, SAP, Textilwirtschaft, Lorch Stiftung, Dresdner Bank, Henkel, etc.

Kontakt: b.swoboda@uni-trier.de

Stefan Tausche studierte Elektrotechnik und Nachrichtentechnik an der Universität der Bundeswehr Hamburg. Seit dem Jahr 2000 ist er bei der evosoft GmbH und seit 2005 bei der Tochtergesellschaft evosoft business relations GmbH für die fachliche und inhaltliche Begleitung aller CRM-Vertriebsaktivitäten verantwortlich. Stefan Tausche ist Vertriebsleiter und Senior Consultant bei evosoft business relations in Nürnberg.

Kontakt: stefan.tausche@evosoft.com

Bob Thompson ist CEO der Customer Think Corporation, einem unabhängigen CRM-Forschungs- und Verlagsunternehmen, sowie Gründer des Portals CRMGuru.com. Seit 1998 untersucht er die wesentlichen Trends in der CRM-Industrie einschließlich wie CRM-Konzepte in ausgedehnten Unternehmensbeziehungen eingesetzt werden können. Er ist regelmäßig Autor in führenden Publikationen wie BusinessWeek oder InformationWeek sowie Sprecher auf zahlreichen Konferenzen und Seminaren auf der ganzen Welt. Im Laufe seines Berufslebens hat er Unternehmen beraten, wie sie die Informationstechnologien strategisch einzusetzen haben, um Geschäftsprobleme zu lösen und Wettbewerbsvorteile zu erzielen. Vor der Gründung von Customer Think hat er 15 Jahre Erfahrungen in der IT-Industrie gesammelt, einschließlich Positionen wie Business Unit Executive und IT Strategy Consultant bei IBM.

Kontakt: bob@crmguru.com

Prof. Dr. Matthias Uebel ist Dozent an der Fachhochschule für Oekonomie und Management (FOM) in Essen. Die FOM ist eine der größten privaten Hochschulen Deutschlands. Die Forschungsschwerpunkte von Prof. Dr. Uebel liegen im Bereich CRM, Vertriebs- und Handelsmanagement. Er ist seit vielen Jahren als Managementtrainer und -berater für internationale Konzerne aus Industrie und Handel tätig.

Kontakt: matthias.uebel@fom.de

Reinhard Witek ist Diplom-Betriebswirt und ist mit dem Thema „Kundenbeziehungs-Management" beruflich seit vielen Jahren intensiv in engster Berührung. Einschneidende Erfahrung hierbei gewann er beim Aufbau der Deutschlandorganisation von FEDEX, einem der Weltmarktführer internationaler Expressdienste. Seit 2001 arbeitet er in leitenden Vertriebspositionen in der Mystery Shopping-Dienstleistungsbranche und ist seit 2005 Head of International Key Accounts von International Service Check Multisearch, einem der führenden Mystery Shopping-Unternehmen mit Sitz in München.

Kontakt: r.witek@internationalservicecheck.com

Stichwortverzeichnis

360 Grad-Sicht 50, 579

A

a priori 241, 602

ABC-Analyse 188, 197, 200, 639

Abgrenzung 25, 43, 69, 387, 541

Abhängigkeit 18, 62, 89, 163f, 239f, 256, 271, 303, 372, 387, 402, 434, 457, 473, 482, 510f, 531, 578

Ablauforganisation 228, 279, 589, 640

Abnehmerprodukt 470, 472, 611f

Abschlusskontakt 370, 625

Abstimmung 60, 193f, 199, 255, 280f, 316, 318, 450, 495, 514f, 534, 560, 575, 578, 633

Abwanderung 26f, 51, 83, 99ff, 104, 106ff, 111f, 114, 118f, 175, 195, 339, 351, 480, 558, 571f, 587, 602, 604, 607f, 610

Action Bundling 67, 599

Action Mapping 67ff, 586, 598

Adressdaten 215, 600

Advertising 388, 393, 395

After Sales 37, 108, 139, 503, 505, 509, 512, 522

After-Sales-Service 139

Agent 113, 206, 217f, 336, 549, 603

Agenten-Technologie 206

Agentur 206, 431, 449f, 458f

Akquisition 47, 57, 83, 156f, 159, 239, 241f, 359, 362, 555

Akzeptanz 26, 61, 63, 69f, 76, 297, 353, 365, 372, 382, 393, 402, 433, 441, 511, 516, 518, 560, 579, 596f, 599f, 627

Akzeptanzschwellen 597

Always on 33, 383, 404, 435, 454, 626

Analyse strukturierter Wirkungsmuster → ASW

Analytik 28, 36, 143f, 147f, 150ff, 503, 513, 518

analytisches CRM 36, 48, 51, 177, 363, 373, 491, 496, 572

Anerkennung 89, 139f, 293, 296, 304, 334, 455f, 623

Anforderungsprofile 344, 630

Anfragenzuweisung 408, 415

Angebotsdifferenzierung 237

Anlaufstelle 316

Anonymität 345, 442, 630

Anpassung 32, 48, 74f, 196, 210, 212, 218, 226, 228, 277, 309, 311, 313f, 343, 427, 500, 519, 567, 580, 590f, 594, 604f, 631, 633, 636, 640

Anreiz 91, 207, 212f, 352, 359, 393ff, 402, 609f, 627, 638

Anreizsystem 350, 597, 609

Applikation 178, 320, 322, 324, 326, 492, 497, 514

Arbeitsabläufe 34, 257, 270, 407, 417, 599

Architektur 32, 153, 309ff, 318, 320ff, 325, 338, 374, 497, 548f, 567, 573, 586, 590, 599, 634

ASW 35, 419

Audit 26, 62, 64ff, 76f, 586, 597f

Aufbauorganisation 228, 259, 589

Aufmerksamkeit 34, 139f, 292, 365f, 383, 398, 453, 455f, 473, 476, 624, 632

Ausschreibung 228, 466, 589

Außendienst 17, 50, 190, 198, 215, 240, 242, 256, 260, 266, 413, 572, 600, 629, 635

Außendienstmitarbeiter 50, 190, 256, 260, 266, 413, 635

Außenwirkung 64, 69, 71ff, 588, 599, 639

Austauschbarkeit 37, 523, 541, 548, 562

Authentizität 230, 454, 600

Automatisierung 320, 487f, 492f, 513, 521, 547, 569, 579, 597

Automobilhersteller 93, 205, 396

Automobilindustrie 36, 349, 389, 503, 522

Avatar 148, 442

B

B2B 63, 110, 161, 240, 242, 313, 467, 470, 473

B2C 63, 81, 110, 145, 240, 242, 313, 553

Back Office 34, 412, 415ff

Balanced Scorecard 73, 484

Bankautomat 33, 357f, 362, 365ff, 373, 376ff, 381f, 587, 625, 632

Barrieren 36, 463, 548, 608

Bedarfsprofil 280, 595, 605

Bedürfnisanalyse 315

Bedürfnisbefriedigung 161, 435, 441, 448f, 586, 596

Bedürfnisorientierung 156

Begrüßung 113, 289, 376, 624f, 630

Bekanntheit 297, 299, 394, 398, 528

Bekleidung 346, 425, 534f

Belohnung 89, 91, 120, 139, 438, 447, 610, 638

Bemaßung 592

Benchmark 194f, 198, 354, 478, 538, 541, 618, 639

Bequemlichkeit 28, 143, 146f, 149, 225f, 232, 346, 379, 436

Beratung 105, 120, 127, 165, 217, 221, 288, 292, 296, 316, 321, 324, 335, 337, 348f, 355, 359, 369, 371, 379, 396, 416, 467, 476, 529, 540, 548f, 553, 559, 564, 577, 606, 614, 624, 631f, 637

Beschaffungsmanagement 205

Beschwerde 46, 99, 116, 214f, 299, 411f, 494, 555f, 560, 600, 607f

Beschwerdemanagement 99

Best Practice 36f, 64, 276, 292, 296, 405, 523, 544, 567, 598

Bestandskunden 239, 241f, 248, 256, 359, 551, 570, 602

Betreuung 198, 218, 305, 347, 363, 366, 371, 477, 493f, 505, 519, 538, 556, 559, 561, 569ff, 573f, 578, 597, 617, 624, 633, 637

Bewertungsmodelle 64, 598

Bewertungsschema 228, 589

Billiganbieter 27f, 143, 145ff, 149ff

Bindungswirkung 468, 478, 483, 613, 615, 618, 620
Blog 440, 442ff, 447, 453f, 456, 458, 632
Blueprint 32, 309ff, 317ff, 325
Bluetooth 390
Blumenhändler 224
Bonusprogramm 83, 86f, 97, 350
Bonuspunkte 92, 350, 352, 609f
Botschaft 20, 45, 129, 281f, 335, 364f, 371, 375, 385f, 388, 393, 402f, 457, 527, 569, 573, 580, 626
BPR 34, 407f, 413ff, 417, 588, 631, 635
Branchenvergleich 65f, 598
Branding 492, 523ff, 530ff, 535f, 541f, 544
Brief 105, 113, 120, 148, 220f, 230, 232, 377, 385, 411, 413f, 416f, 507, 539, 571, 632
Broker 139, 206, 215, 547f, 558, 600
Business Intelligence 153, 549, 567
Business Process Routing → BPR
Business-to-Business → B2B
Business-to-Consumer → B2C

C

Call Center 49f, 150, 190, 243, 288, 338f, 363, 365, 371, 490, 493, 496, 545, 551, 555ff, 559, 571, 622, 629, 631
CAS 17, 227, 336, 545, 550, 557, 562
Category Management 536
CEM 28, 149ff, 185, 443, 508, 559, 587, 622
Change Management 26, 43, 48, 74ff, 299, 498, 516, 518, 560, 575, 577, 580, 588, 590, 599, 637

Channel Management 32, 307, 309, 314, 316ff, 321f, 326, 330, 336, 344, 419, 550, 588, 598, 629, 633f
Chat 148, 348, 355, 415, 417, 439, 442, 496, 631f
Checkliste 20, 25, 31f, 34, 36, 38, 187, 212ff, 220f, 223, 225f, 229, 285f, 303, 400, 470, 472, 474, 476ff, 481, 585, 590
Check-out 177, 350, 609
Churn 99, 175, 587, 607
Closed Loop 38, 567f, 570ff, 575ff, 587, 601f
Club 26, 83, 86f, 93, 95ff, 110, 120, 213ff, 247, 351f, 531, 600, 610
Cluster 66, 176, 207, 240, 244, 448, 598, 603
CLV 99, 114f, 160f, 172, 195, 338, 410, 587, 607f, 639
CMR 34f, 419ff, 588, 640
Coaching 637
Cockpit 31, 233, 235f, 238ff, 248f, 251, 337, 587f, 602f, 637
Commitment 333, 484, 499, 589
Community 148, 347, 439ff, 446, 449, 452ff, 457f, 632
Computer Aided Selling → CAS
Contact Center 34, 407, 413, 415ff, 631
Continuous Computing 437, 441
Controlling 19, 48, 71, 134, 195, 243, 250, 355, 368, 370f, 417, 484, 572f, 588, 597, 602, 604, 625, 636, 639
Convenience 28, 146, 345, 352, 392
Corporate Brand 525, 527

Coupon 350ff, 381, 387, 391f, 395, 400, 402, 539, 609, 626

CRM-Attribute 65, 598

CRM-Audit 26, 62, 64ff, 76f, 586, 597f

CRM-Cockpit → Kunden-Cockpit

CRM-Implementierung 36, 503, 513, 518, 578

CRM-Initiative 26, 64, 67, 72ff, 76, 157, 159, 161, 213, 229, 499, 597, 599

CRM-Ökosystem 485f, 490

CRM-Prozess 31, 44, 47, 65, 70ff, 145, 253f, 257, 259ff, 269ff, 276ff, 281f, 499, 503f, 512f, 515f, 521, 586, 588, 591, 594f, 639

CRM-Prozess-Effizienz-Analyse 639

CRM-Prozess-Erfolgs-Analyse 639

CRM-Prozessmodell 31, 253f, 259f, 270f, 276ff, 281f, 586, 591, 594f

CRM-Prozess-Qualitäts-Analyse 639

CRM-Prozess-Status-Analyse 639

CRM-Referenzmodell 275

CRM-Strategie 25f, 30, 43, 47, 55f, 58ff, 62ff, 66f, 69ff, 73ff, 118, 143, 148, 228f, 272, 355, 515f, 569, 575, 589, 593, 596, 636

CRM-Strategy Map 62

CRM-Systemanbieter 256, 276, 495, 594

CRM-Systemauswahl 31, 253f, 277f, 586, 594f

CRM-Tool 228, 586, 589

CRM-Vision 60ff, 77, 272, 586, 593, 596

Cross Media Response → CMR

Cross Selling 291, 357, 365, 382, 548

cross-funktional 247, 603

Cross-Selling 19, 33, 117, 216, 226, 387, 391, 490, 512, 526, 555, 608, 627, 639f

Customer Centricity 58

Customer Equity Management 185

Customer Experience Management 28, 143f, 149, 587, 600, 622

Customer Intelligence 569, 575

Customer Intimacy 586, 596

Customer Life Cycle Management 155ff, 588, 628

Customer Life Time Value → CLV

Customer Profiling 29, 169f, 176f, 587, 601

Customer Value 18, 25, 29, 39, 43, 47, 77, 114, 121, 129f, 172, 178, 185f, 188, 194f, 198, 201, 216, 235f, 239, 242, 245, 248, 251, 313f, 341, 354, 363, 402, 407, 480, 487, 489, 492, 587ff, 608, 622, 626, 633, 640

Customization 30, 51, 203, 222f

Customizing 187, 228, 336, 376, 476, 590, 614

D

Dashboard 73, 639

Data Mining 35, 51, 169, 250, 336, 343, 350, 369, 419, 491, 559, 567, 572, 576

Data Warehouse → DWH

Data Warehousing → DWH

Database Marketing 17, 112, 187, 189, 201, 329f, 334f, 338f, 343, 347, 350, 354, 545, 554f, 557, 564

Datenaustausch 477, 514, 517, 616

Datenbank 50f, 177, 187, 210, 214, 239, 259, 324, 334, 338, 375, 377, 388, 401f, 411, 414, 521, 538ff, 551, 555, 600, 626, 635, 638

Datenintegration 373f, 377, 572

Datenintegrität 230, 600

Datenqualität 242, 500f, 515

Datenquelle 215, 354, 512f

Datenschutz 30, 204, 219, 230ff, 334, 388, 586, 600

Deckungsbeitrag 198, 239f, 243, 332, 336, 549, 602

Design 37, 95, 193, 195, 200, 287, 369, 371, 395, 441, 465, 470, 478, 490, 522, 598, 611, 618, 624

Dialog 32, 50, 87, 134, 148, 187ff, 210, 220, 285, 335, 337, 347f, 350, 360, 365, 367, 371f, 374ff, 380, 383, 386, 397ff, 401, 433, 451ff, 536ff, 554f, 596, 605, 609, 625f, 629, 637

Dialogmarketing 383, 536, 538ff

Differenzierung 47, 89, 93, 97, 164, 187, 192, 205, 216ff, 223, 237, 246, 248, 354, 425, 551, 597, 603, 641f

digital 35, 215, 355, 383, 389, 395, 398, 416, 429ff, 437ff, 447ff, 453ff, 458f, 564, 632, 636

digitale Medien 383

digitale Technologien 429, 431

Digitalisierung 416, 430, 433f, 437, 447

Direktbank 556, 577

Direktmarketing 33, 77, 96, 119, 222, 232, 250f, 351, 357, 365ff, 373ff, 377, 381f, 385f, 388, 393, 395f, 405, 421, 423, 427, 539, 610, 632

Direktvertrieb 221, 631

Discount 528, 535

Diskriminanzanalyse 240

Do-it-Yourself-Handel 528, 534

Dokumentation 196, 214, 517, 519, 572, 597, 602

Drogerie 37, 352, 523f, 526, 531, 536f, 540, 543

Durchdringung 493, 547

DWH 38, 51, 251, 336, 338, 351, 354, 368, 491, 511, 538, 540, 549, 567, 569f, 572f, 575f, 578, 580f

Dynamic Customer Profiling 29, 169f, 176f, 601

dynamische Kundenprofile 169

E

E-Commerce 330, 346f, 354f, 387, 434, 491, 494, 497, 551, 555

E-CRM 348

E-Learning 293

E-Mail 105, 113, 148, 221, 224, 294, 347, 352, 364, 380, 385, 387, 396, 411, 413, 415, 417, 432, 438, 444, 507, 550, 553, 556, 562, 564, 571, 630ff

EAI 320, 322f, 572

Echtzeit 28, 34, 38, 46, 48, 92, 148, 150, 152, 383, 395, 399, 404, 414ff, 493, 497, 499, 519, 580, 600, 608, 626, 635, 637f

Ehrlichkeit 334, 453, 478

Eignung 162, 346, 628

eindimensional 72, 639

Einflussfaktoren 60, 99f, 104f, 118f, 522, 640

Einflussgröße 469, 471, 535

Einkaufserlebnis 288, 291, 295, 297, 535

Einkaufsstätte 344, 526, 535, 541, 543

Einkaufsverhalten 241, 350

Einwilligung 388, 400f, 626

Einzelhandel 285, 287f, 301f, 351, 528, 538, 541ff

Electronic Commerce → E-Commerce

Elektronik 530, 534

Emotion 27, 82, 85ff, 90, 93, 101, 105, 108, 112f, 128f, 133, 136, 140, 241, 345, 348, 396, 409, 439, 449, 528f, 531, 537, 577, 587, 610, 631, 638

Empfehlung 26, 35, 45, 53, 82, 85, 90f, 94, 100ff, 117, 122f, 126, 130f, 140ff, 176, 190, 228, 292, 299, 303ff, 363, 386, 409, 429f, 449, 455, 458, 469, 541, 585, 589, 606f, 623

Empfehlungsmarketing 142, 455

Empfehlungsquote 126, 140f, 606

Empfehlungswert 130f, 607

Endkunde 245, 470, 476, 553, 577, 580, 614

Enterprise Application Integration → EAI

Enterprise Resource Planning→ ERP

Entlohnungsmodell 246, 603

Entscheidungsprozess 248, 466

Entsorgung 218

Entwicklungsstufe 342f, 573, 578, 587, 605

ereignis-gesteuertes Kundenbeziehungs-Management 33, 330, 339

Erfolgsfaktor 31, 36, 47, 49, 55f, 59, 74, 99, 161, 246f, 253ff, 257, 282, 352, 358, 362, 384, 400f, 503, 526f, 547f, 562, 564, 627

Erfolgskontrolle 59, 365, 384, 399f, 464, 480, 504, 511, 640

Erfüllung 19, 209f, 287f, 290, 292, 296, 299, 304, 439, 478, 619, 623f

Ergebnisumsetzung 286, 295

Erlebnis 20, 140, 288, 291, 295, 297, 345f, 527, 535, 549

ERP 50f, 227, 256, 322f, 488f, 495, 551

Erreichbarkeit 162, 345, 361, 416, 438, 441, 553, 555f, 628, 630

Erwartung 46, 69, 88f, 91f, 102f, 129, 216, 241, 332f, 336, 345, 364, 366, 438, 448, 467, 493f, 508, 516, 519, 553, 558, 570, 599, 604ff, 610, 640

Evaluierung 64, 228, 377, 590

Event 28f, 33, 60, 67, 74f, 155f, 158ff, 292f, 347f, 352, 354, 493, 507f, 510, 513f, 549, 561, 588, 624, 628, 632, 638

Evolution 32, 58, 77, 251, 309, 313, 346, 354, 386, 429, 431, 453, 567, 569f, 578

ex post 242, 602

exklusiv 87, 93, 139, 610

explizite Verfahren 73

externe Kundenorientierung 186

F

Fachberatung 217, 288, 292, 476, 614, 624

Fairness 468, 618

Fashion-Branche 525, 544

Fast Food 289

Fax 50, 148, 221, 263, 413f, 416f, 491, 591, 630f

Feedback 50, 72, 134, 219, 287f, 347, 365, 372, 475, 481, 483, 494, 540, 622, 639

Feinprozessspezifikation 228, 589

Filiale 50, 117, 121, 287f, 291ff, 296, 299, 303f, 338, 359f, 365f, 370f, 379, 381, 392, 537, 539f, 548f, 564, 623ff, 635, 638

Finanzdienstleistung 37f, 165, 340, 355, 369, 373f, 503, 505, 509, 512, 522, 545, 547ff, 556, 561f

finanzieller Kundenwert 248

Firmenkunde 313, 560, 633

First Mover Advantage 34, 383, 387, 400, 404, 626

Flexibilität 26, 57, 75f, 127, 211, 274, 305, 398, 493, 503, 513f, 521, 576

Fluggesellschaft 103, 120

Fragebogen 293, 508, 639

Framework 17, 96, 167, 170, 176f, 185f

Frequent Buyer 213ff, 600

Frequenz 221, 226, 274f, 293f, 304, 365f, 371f, 379, 593, 623f, 631f

Freundlichkeit 288f, 292, 532, 537f, 542, 624

Front Office 50, 412, 415, 417

Führungskräfte 118, 120, 127, 137, 185, 638

Funktionalität 49, 65, 70, 86, 147f, 205, 348, 361, 367, 372, 397, 403, 417, 465, 499, 506, 513, 515, 518f, 598

G

GAA 33, 353, 357f, 361, 365f, 367, 370ff, 374f, 378ff

Gap 67, 106, 195, 228, 589, 598

Gap-Analyse 195, 228, 589

Garantiedaten 215, 600

Gebrauchsphase 218

Gefahren 218, 239, 265, 455f, 500, 602, 636

Geldautomat → GAA

Gemeinschaft 231, 434, 439, 449, 477, 537, 574, 616

Geschäftsbeziehung 18, 36, 47, 84, 101f, 128, 138, 240, 250, 463ff, 469ff, 473ff, 480ff, 529, 611f, 621f

Geschäftserfolg 237

Geschäftsfälle 31, 253, 258, 260, 262ff, 266ff, 279f, 282, 591, 595

Geschäftsführung 569, 636

Geschäftsleitung 46, 48, 50, 499, 604

Geschäftsmodell 27, 93, 143, 237, 239, 244, 380, 443, 565

Geschäftspotenzial 605

Geschäftsprozessmanagement 253, 322f

Geschäftsprozessoptimierung 48, 489

Geschäftsvorfall 195, 322, 635

Gewichtung 292, 605, 624

Gewinnspiel 86, 381, 394f, 539

Globalisierung 434f, 477, 616

GPRS 435, 441

Großunternehmen 493

Gutschein 93, 137, 350ff, 457, 609f

H

Handelsmarketing 37, 523ff, 529, 531, 533f, 536, 540, 542, 544

Handelsmarketing-Mix 523, 536, 542

Handheld → Mobiltelefon

Händler 20, 120, 145, 150, 221, 224, 247, 348ff, 352, 380, 392, 396f, 436, 505f, 509, 512, 622, 627, 631f

Handlungsbedarf 26, 74, 76, 254f, 265, 269, 271

Handlungsempfehlung 26, 53, 82, 90, 94, 190, 386, 541

Handlungsvorgabe 31, 253, 258f, 266, 279, 281

Handy → Mobiltelefon

Harmonisierung 575, 578

Haushalt 83, 158, 206

Helpdesk 49, 517

Hersteller 93, 102, 205, 211f, 217f, 230, 276, 324, 366, 374, 392, 396, 468, 492, 495, 497, 507, 509, 513, 525, 527, 529f, 544

Hindernis 101, 116, 229, 501, 598, 636

horizontal 75, 240, 319f, 487, 634

Hotline 115, 393, 476, 517, 608, 615

Hotspot 348, 437

Human Resources 303f, 623

I

Identifikation 17, 71, 82, 86, 90, 93, 136, 151, 158, 161, 163, 192, 194, 216, 230, 245, 472, 474, 476ff, 526, 537, 558, 598, 600, 603, 608f, 613, 624, 638

Identifizierung 18, 67, 388, 487, 489f, 551, 572, 596, 599, 602

Identität 86, 90, 438, 457, 543

Image 69, 91, 105, 117, 302, 364f, 388f, 404, 448, 457f, 596, 599, 606, 610, 626

Immobilien 325, 561

Implementierung 20, 26, 29, 36, 39, 56, 59f, 64, 67, 69, 74, 76, 78, 155, 174, 176, 193, 195, 200, 228, 246, 248f, 417, 485, 494, 499, 501, 503f, 509, 513, 515f, 518, 520ff, 578, 590, 597

Implikation 29, 60, 159, 164, 166, 200, 440, 453, 455, 599

Incentive 71, 120f, 501, 638

Incentivierung 89, 92, 597, 610

Indikator 48, 63, 67, 109f, 175, 205, 208, 265, 425, 480, 483, 539, 592, 607, 641

Indikatoren 48, 63, 109f, 175, 265, 425, 480, 483, 592, 607, 641

Individualisierung 30, 158, 184, 187f, 192, 199, 217, 222ff, 231, 369, 380, 529, 552, 586, 596, 640

Individualisierungsphase 192, 217

Individualität 75, 222, 232, 345, 434, 498, 537

Industrie 36, 83, 102, 105, 110, 115, 203, 205, 208, 240, 248, 289, 349, 389, 435, 447, 463ff, 471, 475, 479, 482, 484f, 488, 493, 497, 525, 527, 529, 539, 587, 611

Ineffizienz 599

Informationssystem 17f, 25, 37, 43, 52, 185, 202, 209, 256, 334, 337, 355, 490, 545f, 550, 552f, 559, 565, 575, 589, 629f, 636

Informationstechnologie 36f, 48, 185, 334, 490, 503f, 512, 522, 573

Infrastruktur 148, 317, 319, 363, 433f, 443, 496, 556, 569, 576f, 579f, 598

Inkonsistenz 67

Innovation 28f, 35, 38, 130, 145, 152, 164, 166, 243, 245, 364, 386, 389, 429, 432f, 436, 484, 488, 540, 542, 567, 603, 638f

Instore Redemption 350, 609

Instore-Kioskterminals 351, 609, 632

Instrumentalität 88f, 91, 610

Instrumente 17, 31, 37, 78, 83, 86f, 97, 186f, 201f, 213, 235, 238, 285, 294, 302, 345, 362, 368, 389f, 393, 400, 405, 421f, 424, 427, 480, 523ff, 528ff, 540ff, 609

intelligent 19, 27, 32, 34, 38, 125, 185, 189, 218, 302, 336, 407f, 410, 414f, 417, 437, 545, 548f, 557, 562, 569, 635

Intensität 175, 198, 341, 438, 475, 483, 524, 533

Interactive Voice Response → IVR

Interaktionsmedien 221, 496, 588, 631

interaktiv 33, 77, 250, 322, 334, 336, 383, 388, 396ff, 402, 405, 434ff, 439, 441, 447, 454, 507, 550, 562, 626, 634, 637

Interdependenz 60, 62, 67f, 434, 457

Interessen 45, 103, 136ff, 176, 231, 256, 258, 260f, 263f, 270f, 279, 292, 331, 335, 348, 351, 380, 394, 396, 398, 402, 412, 439, 446, 481, 506, 539, 541, 550, 556, 558, 562, 570, 593, 595, 621, 624

internationales CRM 503

interne Kundenorientierung 186

interne Perspektive 64f, 586, 597

Internet 33, 35, 50, 108, 110, 120, 129, 139, 146f, 150, 163, 190, 201, 203, 206, 209, 217ff, 227, 230ff, 295, 322ff, 326, 329f, 338, 344, 346ff, 352, 377, 380, 382f, 385ff, 392f, 396ff, 421, 425, 431ff, 435ff, 439f, 442, 445, 447ff, 458f, 496, 507f, 545, 549, 551, 553f, 556, 564, 569, 609, 622, 629f, 632

Internet-Dienstleister 110

Internet-Portal 322f, 326

Internet-Shop

Interview 64, 73, 108, 194, 288, 409, 598, 639

Intranet 269, 446

Investition 17, 19, 47, 86, 103, 107, 160, 185, 188f, 196f, 213, 373, 389, 468, 470, 474, 481, 490, 492, 497, 530, 555, 569, 580, 588, 601, 609, 612f, 615, 618, 620f, 640

Investitionsgüter 213, 389

Investitionswürdigkeit 188f, 196f, 555, 601

Investment 57, 96, 185, 569, 578, 580

Involvement 92, 466

Ist-Geschäftsvorfallanalyse 195

Ist-Situation 64, 288, 597f

Ist-Soll → Soll-Ist

IT-Einsatz 255, 257f, 309, 311

IT-Governance 317, 634

IT-Industrie 102, 105

IT-Landschaft 49, 316ff, 326f, 494, 589, 634

IVR 393, 397, 400, 403, 627

K

Kalkulation 263, 355, 498, 512, 578, 581, 591f

Kampagnenmanagement 36, 176, 357, 369f, 375f, 493, 503ff, 513f, 559, 572, 576, 587, 624

Kampagnen-Prozess 587, 624

Kanalmanagement → Channel Management

kanalübergreifend 190, 323, 325, 572f, 602

Kapazität 379, 403, 468, 479, 514, 620

Kasse 129, 138, 221, 226, 291, 366, 391f, 447, 552f, 555f, 559f, 564, 609, 632

Kaufabschluss 230, 255, 569

Kaufentscheidung 224, 255, 465, 506, 508

Kaufhistorie 531, 538

Kaufphase 192, 217, 223

Kaufprozess 134, 161, 213, 345, 601, 605, 631

Kaufzyklus 541

Kennzahl 31, 66, 73f, 141, 212, 239, 243, 246, 248, 253, 266ff, 271f, 278f, 314f, 417, 421, 478, 480, 484, 511f, 536, 573, 576, 580, 592f, 595, 603, 606, 619, 633, 639f

Kernprozess 68, 375, 476, 544, 547, 615

Key Account 475, 613

Kiosk 380, 564

Kioskterminals 329, 349ff, 355, 609, 632

Klassifizierung 29, 169, 178

KMU 561

Knowledge Management → Wissensmanagement

kollaboratives CRM 36, 51, 485, 491

Kommunikationsmatrix 504, 509

Kommunikationspolitik 393, 405, 457, 529f, 534

Kommunikationsverhalten 175, 431, 436, 439

Kompetenz 48, 137, 146, 153, 281, 334, 337, 341f, 415, 439, 448, 459, 467f, 532, 542, 560, 603, 618, 635, 637f

Komponenten 51, 85, 152, 218, 226, 241, 317, 322, 377, 474, 476f, 482, 492, 495ff, 510, 527, 538ff, 560, 578, 612f, 634

Konflikte 60, 62, 520

Konkurrenz 107, 109, 111, 115, 127, 139, 205f, 388, 395, 532, 534f, 541

Konsistenz 26, 60, 67, 69, 76, 338, 493, 500, 518, 521, 535, 599

Konsument 26, 35, 81, 84, 88, 97, 133f, 151, 163, 179, 205, 232, 287, 362, 364, 366, 385f, 394ff, 409f, 429, 431, 433, 436, 439, 447, 449, 453f, 457f, 527f, 531, 533, 535f, 542f

Konsumentenverhalten 26, 81, 84, 97, 179, 542

Konsumgüter 174, 201, 213, 389, 466, 527, 529f

Kontinuität 535

Kontrolle 18, 59, 134, 193, 200, 231, 237, 239, 281, 295, 324, 334, 365, 384, 393, 399f, 416, 464, 480, 492, 494, 501, 504, 511, 588, 640

Kooperationsformen 597

Koordination 74, 193, 199, 255, 315, 470f, 599, 633, 636

Koordinationsbedarf 474

Kosteneinsparung → Kostensenkung

Kostenreduktion → Kostensenkung

Kostenreduzierung → Kostensenkung

Kostensenkung 17, 28, 50, 130, 146f, 149, 152, 206, 245, 357, 359, 387, 478, 488, 532, 551, 560, 596, 603, 619

Kreativität 390, 431, 540

Kreditkarte 112, 205, 214, 600

Kreditwirtschaft 357

Kreislauf 38, 211, 363f, 368, 377, 567, 570

Kriterien 20, 68, 83, 86, 88f, 91, 151, 158, 160, 162, 173f, 187, 216, 228, 239, 259, 272f, 277, 291f, 305, 317, 342f, 365, 369, 480, 553, 575, 589, 593f, 601f, 623f, 637

Kundenabwanderung 26, 83, 99, 106, 108, 587, 604, 607, 610

Kundenadressen 538

Kunden-Anbieter-Interaktion 189

Kundenanfrage 34, 50f, 215, 267, 273, 413, 417, 553, 592, 635, 638

Kundenbedürfnis 17, 28f, 33, 51, 74, 121, 157, 159, 161ff, 166, 174, 178, 188, 206, 208, 218, 227, 236, 240ff, 245, 248, 329, 336, 341, 369, 458, 548ff, 560, 562, 596, 601, 603, 624, 628

Kundenbefragung 86, 392, 559, 604

Kundenbetreuung 371, 493f, 505, 538, 569ff, 573f, 578, 597, 633, 637

Kundenbewertung 71ff, 103, 160, 194, 201, 588f, 639

Kundenbindungsinstrument 37, 47, 128, 354, 523, 532, 541f

Kundenbindungsprogramm 26, 81ff, 88ff, 92ff, 103, 108, 110, 118, 121ff, 526, 542

Kundenclub 83, 86, 96f, 213ff, 600

Kunden-Cockpit 31, 235f, 238ff, 248f, 251, 603

Kundendaten 29, 38, 49ff, 110, 119, 145, 177f, 187, 192, 209, 213ff, 230f, 242, 319, 324, 334, 338, 348, 372, 395, 424, 492, 496, 506, 538, 540, 545, 551, 553, 557, 559, 562, 574, 586, 590, 597, 600ff, 626, 630

Kundendatenbank 50f, 177, 187, 214, 324, 334, 538, 540, 600

Kundeneinteilung 601

Kundenerfahrung 61, 105

Kundengruppe 25, 47, 52, 151, 188f, 197, 221, 239, 246, 248, 267, 272, 274, 315f, 350, 369, 423, 425, 427, 496, 570, 596, 601, 624, 631, 633, 640ff

Kundenhistorie 319, 351, 638

Kundeninteraktion 28, 34, 147, 150, 152, 407, 416f, 498, 596

Kundenkarte 26, 81, 83, 86, 93, 95ff, 329, 350ff, 529, 531, 539, 587, 609, 632

Kundenkenntnis 87, 351, 551, 609

Kundenkommunikation 39, 219, 319, 629

Kundenkontakt 31, 38, 46, 48, 50f, 74, 112f, 164f, 189, 209, 235, 237, 242f, 246, 340, 347, 359ff, 364f, 368, 370, 381, 475, 483, 487, 490, 508f, 513, 545, 550, 553, 557, 562, 613, 638

Kundenkontaktpunkte 31, 48, 165, 235, 237, 243, 246, 487

Kundenloyalität 27, 30, 65, 99, 102, 104f, 115, 119ff, 125ff, 135, 142, 158, 203, 205, 226, 292, 299, 409f, 487, 489, 526, 531, 543, 551, 558, 598, 624

Kundenmanager 314ff, 633

Kundenmodell 573ff, 577

Kundennähe 47, 225, 361

Kundenorientierung 17, 26, 31, 45, 58, 63, 65, 95, 105, 113, 121, 171f, 186, 190, 225, 253, 255, 257f, 282, 329, 331, 333, 343, 347, 355, 359, 495, 498f, 515, 548, 559, 562, 564, 587, 589, 600, 604ff, 637

Kundenperspektive 26, 62, 64, 76, 639

Kundenportfolio 243, 248, 250f

Kundenprofil 29, 169ff, 177f, 192, 324, 369, 506f, 515, 601

Kundenprofitabilität 35, 47, 237, 240, 428, 489, 492

Kundenprozess 18, 241, 309, 322, 325, 344, 501, 560, 630, 634

Kunden-Rückgewinnung 46, 608

Kundensegmentierung 30f, 160, 176, 183f, 188, 194, 196ff, 202, 235ff, 243, 245, 369, 587, 589, 598, 601, 626

Kundensegmentmanagement 31, 235ff, 243f, 246ff

Kundenselbstbedienung 370

Kundenservice 19, 37f, 68, 105f, 108, 110f, 113f, 116, 119, 243, 285, 334, 351, 354, 408, 416f, 487f, 493, 496, 505, 550f, 556, 562, 565, 572, 574, 580, 602, 606

Kundensicht 37, 94, 96, 111, 156f, 523, 572, 578, 602

kundenspezifisch 190, 245, 248, 315, 317, 319, 324f, 369, 490, 629, 634f, 639

Kundenstabilität 194f, 589

Kundenstamm 57, 125, 196, 198, 278, 332, 351, 559, 569, 576, 610, 632

Kundentreue 102, 143, 148, 487, 551

Kundentyp 240ff, 448, 602

Kundenverlust 597, 604, 607, 640

Kundenverständnis 312, 476

Kundenwert → Customer Value

Kundenwissen 18, 28, 151f, 463, 467, 482, 484

kundenzentriert 32, 58, 63, 75, 186, 313, 324, 327, 335, 559, 605

Kundenzufriedenheit 25, 32f, 43, 46, 62f, 65, 108, 121, 151, 174, 208, 225, 237, 266, 287f, 292, 299f, 303, 329f, 341ff, 368, 390, 408, 415, 478, 499, 519, 551, 560, 587, 597f, 604f, 619, 635, 639f

L

Lastenheft 277, 476, 516f, 589, 594, 615

LBS 390, 435

Lead Management 507, 625

Learning Relationship 30, 192, 210f, 224, 559, 587, 601

Leasing 113, 479, 620

Lebensdauer 552, 597

Lebenslage 158, 163f, , 363588, 601, 628

Lebensmitteleinzelhandel → LEH

Lebenssituation → Lebenslage

Lebenszyklus 47, 117f, 158f, 174, 195, 339f, 473, 485, 489f, 539, 541, 570, 572f, 576, 588, 602, 628

LEH 528, 534, 536

Leistungsmessung 599

Leistungsverbesserung 303f, 623

lernend 51, 210, 570, 573, 601

Lernpunkt 64, 597

Lieferant 51, 102, 135, 147, 178, 206, 295, 380, 465ff, 478ff, 496, 595, 611ff, 615, 617f, 620ff

Lieferantenprofil 474, 612f

Life Event 28f, 33, 155f, 158ff, 588, 628

Life Event-gesteuertes CRM 33

Lifecycle Management → Customer Life Cycle Management

Location Based Services → LBS

LookUp 177

Loyalität → Loyalty

Loyalitätsprogramm → Loyalty Program

Loyalitätstreppe 126, 136ff

Loyalitätswert → Loyalty value

Loyalty 26f, 30, 35, 65f, 81f, 85, 87, 89, 91, 93, 96f, 99ff, 102f, 105, 108f, 111, 115, 118ff, 120, 124ff, 130ff, 137, 139ff, 158, 174, 203, 205, 207, 210, 216, 226, 248, 251, 292, 299, 350, 355, 359, 409f, 449, 458, 487, 489, 526, 531, 543, 551, 558, 571, 587, 598, 605f, 607, 610, 624, 638ff

Loyalty Program 81, 120, 531

Loyalty Value 66, 125f, 130f, 587, 606f

Luftfahrt 61, 83

M

Magic Moments 335, 628

Mailing 215, 221, 347, 411f, 421, 425, 427, 505, 531, 539f, 600, 632

Management-Framework 17, 185f

Manager Kundenbeziehungen 193

Manpower 69, 599

Marge 27, 102, 125, 239f, 245

Markenbild 524, 528, 530, 533, 536, 541, 558

Markenführung 525, 533, 543f

Marken-Image 105, 606

Markenpolitik 525, 541

Markenversprechen 32, 285, 288, 290f, 295, 303, 623

Marketinginstrument 86f, 160, 361, 378, 609

Marketingkreislauf 38, 363, 377, 567, 570

Marketing-Mix 34, 186f, 290, 347, 383f, 389f, 523, 536, 542, 587, 606

Markteintrittsbarriere 224

Markterfordernis 46, 636

Marktforschung 28, 150, 152, 174, 215, 239, 288, 291, 301, 303, 364, 529, 555, 600

Marktleistung 31, 253ff, 270, 273

Marktorientierung 547, 605

Marktpotenzial 605

Marktsegment 179, 402, 561

Mash-Up 440, 442, 449, 453, 457

Mass Customization 30, 51, 203, 222f

Massenmarketing 171, 222, 232

M-Commerce 405, 494, 497

Measurement → Messung

Medien 33, 35, 45, 51, 128, 148, 213, 221, 266, 320, 329, 334, 336, 354f, 365, 368, 376, 383, 385ff, 393, 397f, 401ff, 429, 434, 436f, 439, 441f, 447ff, 453ff, 458f, 496, 507f, 530f, 544, 548, 550, 555f, 562, 588, 592, 626f, 630f, 636

mehrdimensional 47, 72, 167, 188, 467

Mehrwert 61, 86, 147, 238, 257, 336, 340, 365, 381, 402, 458, 468, 532, 549, 558, 562, 613, 615, 618, 620, 627

Meilenstein → Milestone

Mensch-Maschine 147, 150

Messbarkeit 34, 383, 388, 400, 403, 588, 605, 627

Messenger 439

Messfrequenz 293f, 304, 623f

Messung 25f, 34f, 55, 59, 63, 70ff, 76f, 167, 151, 268f, 286, 288, 298, 305, 383, 385, 387, 399f, 403f, 419ff, 426ff, 483, 494, 567, 573, 588, 598, 596, 599, 601, 622f, 626f, 639f, 642

Metrik 174f, 597, 640

Middleware 228, 325, 590

Mikro-Marketing 531

Mikrosegment 207, 245f

Milestone 63, 75, 193, 596, 600

Milieu 313f, 633

Mitarbeiter-Einbindung

Mitarbeiterfluktuation 135

Mitarbeiterführung 137, 524, 532, 536f

Mitarbeiter-Loyalität 27, 135f

Mitarbeitermotivation 36, 485, 588, 638

Mitarbeiterqualifikation 486, 498

Mitarbeiterqualifizierung 498, 637

Mitarbeiterzufriedenheit 300

Mittelstand 493

Möbel 51, 442, 534f

Mobile Marketing 17, 33, 383ff, 392ff, 400, 404f, 587, 625

Mobilfunk 115, 174f, 205, 246, 344, 386, 391ff, 405

Mobilität 163, 345, 435, 437

Mobiltelefon 33, 107, 112, 148, 338, 344, 383, 385ff, 392ff, 397ff, 402f, 405, 435, 437f, 441, 625

Modellierungsprozess 263, 591

Modellierungswerkzeuge 253, 260

Monitoring 246, 322, 513, 603, 634

Motivation 19, 36, 88, 167, 265, 275, 278, 312, 485f, 498, 560, 588, 594ff, 599, 637f

Multi Channel Management 32, 307, 330, 344, 588, 598, 629

Multi Channel Mix 329

Multi Channel Company 311f, 633

Multi Channel-Plattform 312

multidimensional → mehrdimensional

Multikanalsystem 164

Multimedia 28, 152, 217, 348f, 354f, 407, 415, 441, 454, 564

Multimedia Contact 407

Mundpropaganda 142, 409

Mund-zu-Mund 135f, 140, 638

Mystery Shopping 31f, 285ff, 587, 622ff

N

Nachfass-Kontakt 625

Nachgebrauchsphase 218

Near-Food 525

Neue Medien 355, 636

Neukunde 27, 35, 83, 99, 110, 118, 123, 126, 131, 138f, 203, 239, 241f, 331f, 334, 359, 362f, 395, 412, 425, 428, 547, 551f, 555, 561, 570, 589, 596, 602, 604, 640f

Neukundenakquisition 83, 241

Neukundengewinnung 27, 99, 203, 412, 547, 551, 556, 596

Newsletter 86, 215, 347, 354, 396, 505, 507, 540, 576, 600

Non-Banking 379, 625

Nutzungsverhalten 175, 438, 453

O

Objektivierung 342, 605

Offenheit 61, 334, 455, 478

One-to-One-Marketing 209, 211, 232, 338, 341, 347, 351f, 556, 632

Online-Banking 359

Online-Marketing 339, 385, 399, 545

operatives CRM 50, 485, 490, 572

Opt-in 394, 401f, 626

Opt-out 401, 626

Organisationsaufbau 310, 312, 588, 633

Organisationseinheiten 578, 597, 599

Organisationsform 32, 77, 312f

Organisationsstruktur 48, 311, 314, 572f

P

Paradigmenwechsel 457

Parameter 32, 73, 156, 158ff, 163, 274, 280, 294, 303, 433, 494

Partnerschaft 336, 440, 442, 470, 514, 548f, 611

Payback 352, 354, 531, 539f

PDA 148, 391, 441

Performance Measurement → Messung

Performance-Cluster 66, 598

Permission Marketing 336, 347, 388, 631

Personalabteilung personalisiert 34, 147f, 158, 219, 324, 327, 364, 367, 372f, 380, 383, 404, 551, 556, 572, 577, 602, 625f, 635

Personalisierung 258, 357, 364f, 367, 382, 402, 576, 626

Personalmanagement 544, 588, 637f

Personalpolitik 334, 529ff, 542

Pflichtenheft 517

Pilot 269, 276f, 303, 578, 623

Plakat 365, 403, 627

Podcast 385, 440, 442, 445

Point of Sale 295, 355

Portal 28, 143f, 147ff, 152f, 163, 263, 322f, 326, 391, 397, 447, 571f, 622

Portfolio 31, 163, 188, 235, 243, 248, 250f, 312, 315, 490, 543, 577

Positionierung 57, 133, 160, 316, 394, 548, 572, 602

Präferenz 95, 160, 175, 192, 339, 351, 467, 508, 529, 559, 601

Prämie 85, 89, 91ff, 95, 137, 352, 453, 610

Preis-/Leistungsverhältnis 205

Preisausschreiben 214f, 514, 600

Preis-Leistungsverhältnis 535

Pricing 175

Print 32f, 309ff, 317ff, 325, 348, 383, 397, 448, 632

Prinzipien des Kundenbeziehungs-Management 184, 187, 191, 199

Priorisierung 69, 341, 628

Privatkunde 357, 359, 361, 546ff, 574

Privatsphäre 219, 231f, 388

Problembehandlung

Problemlösung 45, 217, 340, 548, 629

Produktorientierung 45, 362

Produktprofil 469, 472ff, 482, 612f

Profilierung → Profiling

Profiling 37, 29, 169f, 176f, 348, 422f, 427, 523, 531, 533f, 536f, 541, 587, 600f

Profitabilität 20, 27, 35, 47, 99, 101, 103, 110, 196, 216, 237f, 240, 244, 332, 338, 357, 359, 361, 428, 489, 492, 557, 597, 639

Profitabilitäts-Analyse 639

Programm-Management 636

Projektbudget 278, 595

Projektmanagement 48, 193, 195, 515, 518

Projektplanung 263, 591

Projektteam 262, 269, 276, 477, 591, 616

Projektverantworlicher

Promotion 134, 384, 388, 393ff, 399f, 493

Prosument 447, 456, 629

Prototyp 228, 590

Prozessaktivitäten 257, 261, 275, 594

Prozessanalyse 64, 71ff, 588, 639

Prozessdesign 598

Prozessdiagramme 257, 259, 263, 591

Prozesseffizienz 579

Prozess-Effizienz-Analyse 639

Prozesserfahrungen 278, 594

Prozess-Erfolgs-Analyse 639

Prozessergebnisse 261, 266, 268f, 275, 592, 594

Prozessfrequenz 274f, 593

Prozessgestaltung 254, 268, 271ff, 276, 586, 593

Prozessgliederung 261ff, 591

Prozesskennzahlen 31, 253, 266ff, 271f, 278f, 595

Prozesslandkarte 72, 270, 273, 591, 593

Prozessmanagement 31, 253, 257, 279, 281f, 311, 322ff, 635

Prozessmodelle 31, 253f, 259f, 282

Prozessmodellierung 228, 259, 264, 589

Prozessplanung 370, 625

Prozess-Qualitäts-Analyse 639

Prozessschicht 322f

Prozessschritte 368, 417, 513, 517

Prozess-Status-Analyse 639

Prozessvarianten 260, 263f, 269, 274, 276, 279f, 591, 594f

Prozessveränderung 31, 253f, 271ff, 279f, 586, 593

Prozessverbesserung 31, 253f, 269, 278ff, 586, 595

Prozesswissen 278, 514, 594

Prozesszuordnung 274, 278, 594f

Pull 388, 401ff, 626f

Push 388, 392, 394, 401f, 414, 626f

Q

Qualifikation 486, 498, 637

Qualität 19, 32, 36f, 46, 61, 72, 89, 103, 105f, 139, 151, 202, 205f, 221, 228, 232, 242, 266, 275, 285, 287ff, 292, 294f, 297, 302, 305, 329f, 341f, 355, 365, 379, 446, 456, 463, 470f, 475, 478, 480, 493, 500f, 515f, 519, 521f, 527, 538, 553, 556, 558f, 575, 579, 588, 590, 592, 594, 605f, 622, 624f, 629, 631, 636, 638f

Qualität aus Marktsicht 342, 605

qualitativ 32, 73, 188, 197, 209, 236, 239f, 295, 298, 300, 302, 345, 403, 405, 464, 480f, 483, 498, 518, 521

Qualitätsmaßnahme 605

Qualitätssicherung 228, 590

Qualitätswahrnehmung 330, 341f, 605

quantitativ 32, 188, 197f, 209, 236, 239, 295, 298, 300, 302, 480, 483, 494, 511, 587, 621

Quick Win 19, 199, 278, 595

R

Rabatt 83, 85, 87, 93, 121, 137, 215, 350ff, 381, 387, 600, 609f

Rabattgesetz 83

Rabattmarke 350, 609

Radio 351, 365, 385, 397, 445

Radio Frequency Identification → RFID

Rationalisierung 74, 90, 192, 206, 256, 258, 271, 547

Recommendation Value → Empfehlungswert

Referenzmodell 275f

Regelkreis 363, 372, 554

Registrierung 94, 392, 448, 514, 610

Reibungsverlust 67

Reichweite 365, 381, 424, 448

Reklamation 266, 560, 564, 592, 597, 604, 607, 640

Reklamationsrate 597, 604, 607, 640

Rentabilität 196, 248, 552, 596

Reporting 294f, 304, 417, 478, 511f, 519f, 572, 581, 590, 619, 640

Repository 259, 576

Response 33ff, 175, 222, 242, 383, 385, 393, 396ff, 402f, 419ff, 511, 514, 539, 570, 572f, 588, 602, 627, 640ff

Response-Messung 34f, 419ff, 426ff

Responsequote 539

Ressourcenplanung 370, 625

Retail 26, 37, 93, 95, 97, 247, 304, 354, 359f, 378, 382, 523ff, 540ff, 547

Retail Banking 354, 360, 378, 382

Retail Brand 37, 523ff, 540ff, 544

Retention Marketing 99, 329ff, 334, 354, 552, 587, 589, 608f

Return on Investment → ROI

Review 64, 77, 96, 168, 179, 202, 296, 409, 519, 544, 590, 597

RFID 389

Risiko-Profil 340, 629

ROI 119, 185, 228, 561, 567, 569, 578f, 581, 588f, 640

Rollout 278, 520, 594

Routing 34, 248, 322, 324, 326, 407f, 413f, 417, 588, 631, 634f

Rückgewinnung 46f, 110, 117, 145, 608

Rückkanal 347, 386, 404, 626

Rückmeldung 134, 371

S

Sales 37, 39, 108, 139, 291, 303, 336, 372, 380, 382, 411f, 467, 473, 484, 503, 505, 509, 511f, 522, 550f, 562, 623, 627, 637

Sales Force Automation 336, 550, 562

SB-Terminal 33, 329f, 348f

Schnäppchen 128, 137

Schnelligkeit 346, 498, 553

Schnittstelle 47, 49, 69, 147f, 150, 186, 222, 228, 271, 315, 319ff, 367, 372f, 375, 414, 454, 497, 513, 515, 569, 589f, 633f

Schulung 46, 48, 50, 228, 278, 293, 312, 370, 477, 498, 590, 594, 617, 625, 637f

Schwachstelle 195, 265f, 268f, 271, 280, 592, 595

Scorecard 32, 73, 351, 480, 484, 639

Scoring 188, 197, 200, 216, 245, 351, 425, 559, 639, 641

Segmentierung 28ff, 38, 85, 155f, 158, 160ff, 166f, 169, 175f, 179, 183f, 188, 194, 196ff, 202, 207, 235ff, 242f, 245, 313, 369, 402, 570f, 575, 580, 587ff, 598, 601f, 626, 628

Segmentmanagement 31, 235ff, 243f, 246ff, 587, 603f

Segmentprofitabilität 597

Selbstbedienung 28, 33, 143, 146ff, 152, 230, 329, 348, 361, 370, 561

Selbstbedienungsterminals 348, 361, 561

selbstlernend 51

Selbstselektion 163, 241f, 602

Selektion 162f, 184, 187ff, 192, 199, 241f, 369, 401, 506, 513f, 552, 555, 559, 576, 601f, 627

Self-Service 324, 496, 629, 635

Service Check 287, 289, 293, 624

Service Management 179, 237

Service-Center 39, 412, 636

Service-orientierte Architektur → SOA

Servicepolitik 531f, 542

Servicequalität 285, 456, 629

Sinus-Milieu 313f, 633

Skalierbarkeit 372

Skill-Profile 69, 599

Smartphone 389

SMS 148, 295, 387, 391ff, 395f, 398f, 401ff, 417, 438, 441, 626f

SOA 153, 497

Software 25, 36, 44, 49, 52, 57, 209, 227, 229f, 259, 276f, 281, 322, 367, 375, 389, 426, 437, 439, 441f, 454, 485f, 494ff, 503ff, 512ff, 521, 554, 565, 576, 591, 594, 632

Soll-Ist 228, 269, 271, 278, 517, 589

Sortiment 153, 351, 426, 527, 529, 534, 539ff, 544, 548, 610, 632

Sozialwissenschaft 26, 81, 84

Spam 347, 444

Sparkasse 366, 552f, 555f, 559f, 564

Stakeholder 26, 63, 69, 74ff, 596, 599

Standardisiert 64, 146, 321, 325, 335, 376, 415, 497, 576, 598, 634f

Standort 64, 341, 370, 379f, 390, 477, 528f, 540, 616, 625

Statistik 134, 426, 642

Sternstunden 335, 628

Störfaktoren 572, 602

Strategic Alignment 33, 60, 62, 329, 343, 590f, 598, 606, 636

Strategic Gap 67

Strategieabteilung 314, 316f, 633

Strategiedefinition 186, 193f, 196, 200, 314, 633

strategieorientierte Einführung 183

strategieorientiertes Vorgehensmodell 184, 193

Strategy Map 62f, 67, 586, 596, 598

Streuverlust 157f, 163, 350, 385f, 388, 411, 609

Strukturierungsebene 199

Subjektivierung 435, 439

Suchmaschine 148, 432, 444, 448, 454

Supermarkt 83, 206, 229

SWOT 630

Synchronisation 50, 320f, 491, 493, 551, 576, 634

Synergie 367, 579, 639

Systemauswahl 31, 253f, 277f, 586, 594f

Systementwicklung 599

Systemintegration 576, 602

Systemstandardisierung 599

systemübergreifend 319

Szenarien 78, 273, 441

T

Taiwan 561

Tankstelle 229, 355, 380f

Technologie-Mix 336, 550, 562

Telefon 33, 50, 105, 107ff, 113, 148, 220f, 224, 246, 365, 377, 379f, 383, 385ff, 389ff, 394, 396ff, 402f, 405, 412f, 417, 435, 438, 496, 507f, 551, 553, 558, 572, 625, 629ff

Telekommunikation 109f, 355, 412, 415, 450, 547

Textilhandel 241, 528

Ticket 379, 387, 392f, 412, 625

Time-to-market 364

Top Management Commitment 589

Topmanagement 333, 515

Total Loyalty Marketing 27, 125f, 132ff, 137, 139, 142, 605, 638

Touch Point 64, 598, 622

Tourismus 137, 163, 165

TQM 167, 471

Tracking 399, 572, 602

Training 293, 301, 499, 520, 637

Transaktion 32, 35, 84, 172, 177f, 190, 206, 216, 221, 226, 230, 273f, 287, 303, 321, 324f, 327, 361, 365, 368, 370, 372, 376, 381, 387, 436, 458, 467, 491f, 498, 547, 572, 574, 593, 600f, 622, 625, 631

Transformation Mapping-Technik 195

Transparenz 26, 38, 63, 65, 67, 76, 146, 194, 196, 198, 295, 297, 455, 466, 501, 551, 558, 560, 596, 640

Transportdienstleistung 208

Traummanagement 20

U

Überprüfung 196, 268f, 305, 340, 416, 472, 592, 595, 604, 623, 629

Überwachung 324, 560

Umsatzsteigerung 151, 551, 596

Umsetzungsaufwand 68

Umsetzungsdefizit 26, 81, 84, 94

Umsetzungskonzept 183f, 191f, 212

Umsetzungsplan 67, 69

Umtausch 218, 293, 345, 624

UMTS 435, 441

Unique Selling Proposition → USP

Unternehmensabläufe 332, 455f, 636

Unternehmensbewertung 195

Unternehmenserfolg 27, 29, 125, 155, 157, 159, 164, 166, 188f, 192, 197, 240, 569, 573

Unternehmenskommunikation 445, 455, 588, 629

Unternehmenskultur 69, 75, 121, 127, 132, 134, 246, 312, 455f, 597, 599

Unternehmensperspektive 63, 596

Unternehmensphilosophie 37, 455, 522, 537

Up-Selling 29, 37f, 164, 166, 176, 226, 351, 387, 550, 562, 580, 624

USP 133, 387, 472, 474, 477, 479, 482, 533, 612f

V

Valenz 88f, 91, 610

Value-to-the-Customer 47

Veränderungsmanagement → Change Management

Veränderungsprozess 32, 302

Veränderungswille 312

Verantwortung 74, 137, 275, 280f, 292, 317, 319, 334, 336, 499, 549, 560, 637ff

Verbesserungsplan 296

Verbesserungsprozess 276, 279, 281, 292, 304f, 595, 623

Verbindlichkeit 120, 230, 600

Verbraucherverhalten 127

Verdrängungswettbewerb 206

Verhaltensmuster 624

Verhaltensweisen 105, 127, 288, 291, 336, 341, 436, 455f, 622, 628

Verkaufs-Cockpit 337, 588, 637

Verkaufsförderung 349, 393ff

Verkaufsgespräch 51, 221, 348

Verkaufspunkt 150, 221, 632

Vernetzung 231, 320, 363, 435, 437, 631, 634

Versandhandel 231, 351, 422

Vertrauen 17, 45, 102, 105, 137ff, 174, 230, 232, 331, 334, 365, 436, 453, 466, 473, 509, 526f, 536, 543, 606, 632, 638

Vertraulichkeit 230f, 600

Vertriebscontrolling 370, 484, 597, 625

Vertriebswege 33, 329, 338f, 341, 344f, 349, 354, 548, 554f, 562, 628, 630

Vertriebswege-Mix 33, 329, 338

viral 385, 387f, 400f, 455, 627, 636

Visualisierung 243, 296, 598

Vodcast 442, 445f

Vorgehensmodell 184, 191ff, 196, 227f, 338, 567, 578, 586, 589, 597

Vorkaufphase 217

W

Wachstumswettbewerb 206

WAP 391, 394, 396f

Warengruppe 425, 536

Web 2.0 35, 429, 433, 440f, 447, 449

Weblog 442ff, 632

WebService 321, 634

Website 214, 219, 221, 231, 412f, 432, 507, 512, 600, 631f

Wechselbarriere 36, 112, 116, 463, 608

Wechselhemmnis → Wechselbarriere

Werbemittel 35, 389, 401, 403, 409, 421ff, 627, 641f

Werbeträger 378, 397, 403, 588, 627

wertorientierte Kundensegmentierung 30, 183f, 196ff, 202, 601

Wertschöpfungsprozess 206, 216, 241

Wertwahrnehmungsmanagement 605

Wettbewerbsfähigkeit 196, 202, 317, 472, 488, 551, 605, 612

Wettbewerbsvorteil 29, 66, 135, 163f, 166, 201, 224, 237, 241, 301, 338, 342, 360, 552, 597

Wiederkäufer 138, 604

Wiki 431, 440, 442, 446f, 460

Win-Win 143, 146, 232, 251, 577, 579

Wirkungsmessung 34, 419, 421f

Wirkungsmuster 35, 419ff, 423ff, 641

Wirtschaftlichkeit 31, 228, 253, 273, 282, 421, 504, 507, 521f, 589, 640

wissensbasierte Kundenbeziehung 224

Wissensmanagement 446

Workflow 326, 368, 407, 415, 474, 572, 613, 635

Zusatzleistung 468, 613

Zusatznutzen 36, 463, 529

Z

Zahlungsmoral 216, 640

Zeitfenster 33, 293, 329, 340f, 588, 624, 629

Zeithorizont 68

Zeitschriften 205, 215, 241, 385, 387, 600

Zielkundenmarketing 207

Zielmarkt 605

Zukunftspotenzial 639

Zulieferprodukt 470ff, 476f, 611ff, 617